자유로운 마음

삶의 가치를 향해 피벗하는 길

Steven C. Hayes 저 | 문현미 · 민혜원 공역

A Liberated Mind

How to Pivot Toward What Matters

학지사

이 책은 심리적 유연성을 길러서 보다 건강하고 생명력 있는 삶을 살고자 하는 모든 사람들을 위한 안내서다.

이 책의 제목인 '자유로운 마음(직역하면, 해방된 마음)'은 심리적 유연성을 의미한다. 이는 개방적으로 느끼고 생각하는 능력이자 현재 순간의 경험에 자발적으로 주의를 기울이는 능력이며, 가치와 열망에 일치하는 삶을 살도록 습관을 길러서 삶을 자신에게 중요한 방향으로 이동시키는 능력이다. 이는 고통스러운 것을 외면하지 않고 의미와 목적으로 충만한 삶을 살기 위해 고통으로 향할 수 있는 능력으로서, 우리로 하여금 개방적이고 온화하며 호기심 어린 태도로 고통을 향해 나아갈 수 있게 해 준다. 우리에게 고통을 일으킬 만한 힘을 가진 것은 대체로 우리가 소중하게 여기는 것이기에, 심리적 유연성은 우리가 고통을 수용하고 그 고통과 함께 자신이 바라는 삶을 살아갈 수 있도록 힘을 준다.

심리적 유연성은 인간 기능에 관한 거의 모든 영역에서 그 효과를 입증한 1,000개 이상의 연구들로 뒷받침되고 있으며, 심리적 유연성을 목표로 하는 수용전념치료(ACT)는 범진단적인 속성을 띤다. 이 책에서 보면, ACT는 전통적인 정신 건강과 관련된 진단 범주를 아울러서 광범위하게 적용될 수 있으며, 더 나아가 신체 질환, 인간관계 개선, 스트레스 감소, 업무 효율성, 스포츠 경기력 향상, 그리고 사회적인 변혁까지도 도울 수 있음을 알 수 있다.

이 책은 저자의 수용전념치료 자조서인 『마음에서 빠져나와 삶 속으로 들어가라』가 출간되고 인기를 끌기 시작한 지 얼마 지나지 않아 기획되었는데, 그 후 10여 년에 걸쳐 축적된 수용전념치료의 기법과 연구 결과, 그리고 저자 자신의 개인적인 체험담을 더 담아냄으로써 보다 생생하고 감동적이며 과학적이고 실용적인 책으로 완성되었다.

저자는 공황장애와 수년간 투쟁하면서 불안과 공황이 마음의 평화를 빼앗아 가는 것을 경험했고, 머릿속의 목소리가 불안에 대해 도망치거나 싸우라고 요구하면서 자신을 살 수 없는 지점으로까지 몰아가는 것을 체험했다. 자애와 차분한 호기심의 태도로 자신의 불안을 마주하면서 자신의 진정한 열망을 향해 돌아서게 되었고, 이 책에 제시된 심리적 유연성 기르기의 길을 시작할 수 있었다.

마음의 평화와 의미를 찾기 원한다면 빠져나갈 길을 찾는 것을 내려놓고 대신에 들어갈 길을 찾는 쪽으로 피벗하라고 저자는 말한다. '피벗'이라는 개념이 이 책에서 새로이 제시되는데, 그 말의 어원은 경첩 안의 핀을 의미한다. 경첩 안의 회전축이 한 방향으로 향하는 에너지를 즉시 반대 방향으로 되돌리듯이, 피벗은 경직된 과정 속에 흐르는 에너지를 유연한 과정을 향해 흘려보내는 것을 의미한다. 유연성 피벗은 개인의 숨겨진 갈망을 실제적으로 만족시킬 수 있는, 더 개방적이고 유연한 삶의 방식으로 전환하는 것을 가능하게 해 준다. ACT가 개발한 하나의 큰 피벗은 실제로 여섯 개의 작은 피벗으로 구성되며, 이것들이 합쳐져 심리적 유연성을 갖추고 살아가게 해 준다.

저자는 심리적 유연성이 인간 해방을 실현하는 수단이라고 믿는다. 인간 해방이라…… 이는 역자가 인생의 방향을 돌려 심리상담의 길로 들어섰을 때 가슴에 품었던 말이며, 이 책을 번역하는 일에 다시 뛰어들게 한 개인적인 가치이기도 하다.

역자는 『마음에서 빠져나와 삶 속으로 들어가라』와 『우울증을 위한 ACT』를 번역하면서 짧은 어문 실력과 어두운 시력으로 고생스러웠기에 더 이상 번역을 하지 않겠다고 다짐했다. 그런데 어느 날 학지사 소민지 선생에게서 한 통의 메일이 왔다. 헤이즈의 신간 『A Liberated Mind』가 출간 예정인데, 이 책이 번역할 가치가 있겠는지 자문을 구하는 메일이었다. 우선 책 제목에 가슴이 뛰는 것을 느꼈다. '해방, 자유'라는 의미가 내 개인적인 가치와 연결되기 때문이다. 목차와 내용을 대략적으로 살펴보고, 누군가 번역을 해 주면 좋겠다는 강력한 추천의 답신을 보냈다. 그 누군가가 나는 아니라고 생각하면서 말이다. 그런데 다시 회신이 와서 번역을 맡아 줄 수 있겠냐고 물었다. 다시금 자유라는 가치가 나를 흔들었다. 하지만 '마음사랑의 집' 오픈으로 여유가 없는 때라 번역을 맡으면 힘에 부칠 것이 분명했다. 그러나 언제나 그렇듯이 가치가 나를 움직였다. 심리치료자의 길에 들어선 딸에게 같이 번역해 보겠냐고 제안을 해서 결국 번역을 시작하게 되었다.

박사과정 중에 연구문헌을 통해 ACT를 처음 접한 지 어느새 20년이 되어 간다. 내담자들과 함께 고통을 향한 탐구 여행을 하면서 고통 속에는 각자 열망하는 것이 숨어 있음을 보았고, 결국 고통은 전념을 향하는 길을 잉태하고 있음을 알 수 있었다. 그래서 이 책에 제시된 피벗의 의미가 내게 익숙하게 다가왔다. 피벗이라는 명칭은 낯설었지만 말이다.

이 책은 다른 ACT 책과는 달리, ACT의 창시자인 저자의 솔직한 개인적인 경험담이 담겨 있어서 보다 생생하고 감동적이며, 읽기가 수월하다. 역자는 많은 내담자들의 삶의 경험을 들어 오면서 가장 개인적인 것이 가장 보편적인 것임을 느껴 왔다. 이 책에 나오는 저자의 개인적인 경험 또한 보편적인 통찰로 이어지기에 충분함을 직감할 수 있었고, 번역하는 과정에서 저자와 교감하는 기쁨이 컸다. 그리고 그의 경험은 개인적 경험을 넘어서 우리의 경험이기도 하다는 점에서 우리가 하나임을, 모든 인류가 하나라는 연결감을 느낄 수 있었다. 이 책은 온 인류가 축적해 온 지혜를 모아 완성한 문헌으로서, 인간의 상징적 사고 능력이 어떻게 부정적인 결과로 이어지는지를 밝혀 줄 뿐만 아니라 그 부정적인 영향으로부터 우리가 어떻게 해방될 수 있는지를 조명함으로써 인류가 더 건강하게 진화해 가는 길을 안내하고 영감을 주는 책이다.

이 책은 민혜원 선생이 초역을 맡았고, 본 역자가 이를 원문과 대조하면서 뜻을 바로 잡고 문장을 다듬었다. 코로나가 한창일 때 결혼 준비로 정신없는 와중에 초역을 맡아 준 민혜원 선생에게 고마움을 전하며, 아울러 그 사이에 우리 가족이 되어 주고 딸의 번역 작업을 기꺼이 도와준 사위 김남우 선생에게도 고마움을 전한다. 같이 사는 동안 바빠서 많은 것을 챙기지 못했음에도 잘 자라 준 딸에게 이 기회를 빌려 고맙다는 말을 전한다. 아울러 번역 원고를 읽으며 교정을 도와준 남편 민병배 선생에게 감사를 드린다. 늘 변함없이 곁에 있어 준 그에게 감사를 보낸다. 엄마의 뇌를 연구하고 싶다고 농담하더니 결국 뇌과학 유학길에 들어선 아들 민석영, 일과 가정을 병행하느라 틈이 없는 엄마 밑에서 묵묵히 자기 길을 잘 헤쳐 나가 준 것에 대해 멀리서 고마움을 보낸다. 가족에 대한 사랑이 인생의 수고를 버티게 해 주었다. 마지막으로, 이 책을 번역할 엄두를 내도록 기회를 열어 준 학지사 소민지 대리님에게 감사를 드리며, 이 책이 멋진 모습으로 우리 손에 쥐어질 수 있게 해 준 편집부 박지영 대리님에게도 감사를 드린다.

심리적 유연성이 인간 진화의 도구가 되기를 바라며, 마음에서 해방되어 자유로운 마음, 유연한 마음으로 삶을 건강하게 살아가기를 원하는 사람들과, 그들을 돕는 일에 헌신하는 심리치료 전문가들에게 이 책이 널리 활용되기를 바란다. 이 책이 인간 해방을 기원하는 사람들에게 선물이 되기를 두 손 모으며…….

수유동 '마음사랑의 집'에서 문현미

"개인적인 성장을 공부하면서 보낸 모든 세월 동안, 수용전념치료는 내가 만난 가장 유용한 도구 중 하나였고, 헤이즈 박사는 이 책에서 그 어느 때보다도 더 깊고 명료하게 그것을 설명한다."

– 『뉴욕 타임스』가 선정한 베스트 셀러 『신경 끄기의 기술』의 저자, 마크 맨슨Mark Manson

"위기에 처한 우리 사회에서 우리는 그 어느 때보다 심리적 유연성이 필요하다. 스티븐 헤이즈 박사는 이 책에서, 얄팍하고 비효과적인 행동적 접근을 뛰어넘어 우리로 하여금 자기 한계로부터 자각과 자기 긍정적 행동으로 피벗할 수 있게 해 주는, 정서적 해방을 위한 방법론과 기술 세트를 제시한다."

– 『몸이 아니라고 말할 때』의 저자, 가보르 마테Gabor Maté MD

"우리를 고통스럽게 하는 생각과 감정을 회피하는 데 우리는 일생을 보낼 수 있다. 그러나 스티브 헤이즈는 우리를 고통스럽게 하는 것이 결국 우리가 소중하게 여기는 것이라는 점을 이해함으로써 자신의 분야에서 선도자가 되었다. 심리적 유연성을 활용하는 방법을 배움으로써, 우리는 더 풍성하고 의미 있는 삶을 살기 위해 역경을 향해 돌아설 수 있다. 자비롭고 유용하며 권위 있는 『자유로운 마음』은 충만한 삶에 대한 강력한 길을 우리에게 보여 준다."

– 『Emotional Agility』의 저자, 수잔 데이비드Susan David PhD

"의식을 진화시키는 열쇠는 개방적이고, 현존하며, 힘을 부여받고, 깊은 가치와 일치된, 유연한 마음을 기르는 것이다. 스티브 헤이즈는 그 방법을 보여 주는 훌륭한 작업을 해냈다. 이 책은 여섯 가지 심리적 기술을 발달시키는 방법으로 구성되어 있는데, 임상 연구에서는 그 기술들이 다른 모든 요인들을 뛰어넘어 유연성을 기르고 더 행복하고 건강한 삶으로 전환하는 길임을 보여 준다. 이 빛나는 책을 읽다 보면, 당신은 이 기술들이 어떻게 학습 가능한지, 지금 당장 시작할 수 있다는 것, 그리고 이 기술들을 함께 조합하면 내면의 자유에 이를 수 있다는 것을 알게 될 것이다."

– 『받아들임』의 저자, 타라 브랙Tara Brach PhD

"『자유로운 마음』은 가치에 중점을 두는 방향으로 돌아서게 함으로써 많은 삶을 변화시킨 심리적 접근법에 대해 뛰어난 지침을 제공한다. 여기에 소개된 아이디어와 조언들은 우리가 더 큰 자유와 용기, 기쁨을 가지고 살아갈 수 있도록 무엇이 중요한지를 진정으로 이해할 수 있게 도와준다."

– 『스트레스의 힘』의 저자, 켈리 맥고니걸Kelly McGonigal PhD

"스티븐 헤이즈는 뛰어난 세 가지 솜씨를 지니고 있다. 그는 천재적인 이론가이자 심리학 연구자이며, 자비심 많은 임상가, 그리고 훌륭한 작가다. 『자유로운 마음』은 개인적으로 또는 집단적으로 고통을 다루는 방식을 변화시킬 수 있는 통찰력과 정보의 보석들로 가득 차 있다. 실로 설득력 있고 계시적인 책이다."

– 『Finding Your Own North Star』의 저자, 마사 벡Martha Beck PhD

"스티븐 헤이즈 박사는 현존하는 가장 위대한 사상가, 심리학 이론가이자 임상가 중 한 명이다. 그는 심리학 분야에 거대한 기여를 했으며, 현재 많은 심리적 문제를 위한 제1선 접근법이 된 치료 이론 ACT(수용·전념치료)의 창시자로 잘 알려져 있다. 이 책, 『자유로운 마음: 삶의 가치를 향해 피벗하는 길』은 치료 이론의 기원과 발전 과정에 대한 상당히 개인적인 이야기를 들려준다. 광범위한 독자들을 위해 쓰인 이 책에서 헤이즈 박사는 치료 이론의 과학과 임상적 복잡성을 명료하게 풀어내어 사람들의 삶을 위한 원칙에 구체적인 지침을 제공하고 있다. 이 원칙들은 심리적 고통뿐만 아니라 신체적 질병, 관계, 기업, 사회, 문화에도 적용 가능하다. 이 책은 정직하고 자비로우며 심오한 통찰력을 준다. 이는 당신의 마음을 해방시켜서 인생을 바꿀 것이다."

– 보스턴 대학교 심리학과 교수, 스테판 호프만Stefan G. Hofmann

"아주 이해하기 쉬운 이 책을 통해 스티븐 헤이즈는 우리가 각자 가장 깊은 가치와 연결되어 진정으로 중요한 것을 추구할 수 있는 길을 밝혀 준다. 변화를 위한 자비와 지혜, 현실적인 방법들로 가득 찬 『자유로운 마음』은 장애물, 판단, 습관, 편견 등 삶을 가치 있게 사는 데 종종 방해가 되는 것들을 극복하기 위한 참신한 '길잡이' 매뉴얼이다."

– 호주 가톨릭 대학교 긍정심리 교육연구소 교수, 자기결정 이론의 공동 창시자,
리처드 라이언Richard M. Ryan

"우리의 많은 선천적 행동 경향성은 5만 년 동안 부단히 진화해 온 이 세계에 놀랍도록 잘 적응하였다. 그러나 우리가 유연하게 충동을 통제하기보다는 원시적이고 자동적인 충동이 경직되게 우리를 통제할 때 끔찍한 일이 일어난다. 헤이즈는 과학자의 정밀성과 시인의 감수성을 결합해서 우리를 해방하여 더욱 사랑하는 그리고 온전한 인간이 되도록 이끈다. 자조서를 읽으리라고는 꿈에도 생각지 못했던 사람들을 위한 훌륭한 자조서다."

– 듀크 정신의학부 명예교수, DSM-IV 태스크 포스 팀장,
『정신병을 만드는 사람들』의 저자, 앨런 프랜시스Allen Frances

9

"스티브 헤이즈는 뛰어난 사상가이자 행동가다. 그리고 이는 이 책에서 비교할 나위 없이 명백해졌다. 연구와 평생의 임상 경험을 엮어서 우리의 삶에 대해 근본적으로 더 도움이 되는 방식으로 생각하도록, 접근 가능하고 개인적이며 긍정적인 지침을 제공한다."

– 세계식량정책센터 소장, 듀크 대학교 공공정책학과 교수, 켈리 브라우넬Kelly D. Brownell PhD

"스티븐 헤이즈는 뛰어난 지성, 그리고 기초적인 지식과 실천적인 적용에 대한 열정을 동시에 지닌, 현시대의 B. F. 스키너Skinner다. 당신은 『자유로운 마음』에서 그를 한 개인으로 만나고 그의 지혜를 당신의 삶에 적용할 수 있게 될 것이다."

– 진화 연구소 소장, 『This View of Life: Completing the Darwinian Revolution』의 저자,
데이비드 슬로언 윌슨David Sloan Wilson

"세계 최고의 심리학자 중 한 명인 스티븐 헤이즈는 폭넓고 깊은 최신 심리과학적 지식과 철학적·종교적 지혜에 대한 폭넓은 이해를 바탕으로 인간 고통과 절망의 난제에 대한 해독제를 제공한다. 삶에서 불안, 우울, 고통을 경험하고 정서적 웰빙을 위해 분투하는 사람이라면 누구나, 잘 쓰이고 읽기 쉬운 이 책에 담긴 놀라운 계시를 깨달아야 한다."

– 보스턴 대학교 심리학 및 정신의학과 명예교수,
불안 관련 장애 센터 설립자이자 명예 이사 데이비드 발로David H. Barlow

　나는 내 첫 번째 자조서인 『마음에서 빠져나와 삶 속으로 들어가라(Get Out of Your Mind and Into Your Life)』가 인기를 끌기 시작한 지 얼마 지나지 않아 이 책에 대해 계획하기 시작했다. 제안서의 초안을 엉성하게 작성했으나, 그 내용은 다소 이상하고 지루했다. 나는 훈련과 성격 면에서 괴짜이며, 심지어 심리학자들 사이에서조차도 내가 이해하기 어려운 사람이라는 게 농담처럼 받아들여지고 있다. 몇 년 후에 린다 로웬탈Linda Loewenthal과 연락이 닿아 그녀가 내 에이전트가 되고 나서야 비로소 이 프로젝트가 힘을 받기 시작했다. 린다는 필요한 지지와 재촉, 지혜, 기술, 인내심, 애정의 일체를 보내 주었고, 그 결과 2011년 이 프로젝트는 실제적인 형태를 갖추게 되었다. 수년간 그녀는 나를 신뢰해 주고, 변함없이 솔직한 피드백으로 나를 일으켜 주어서 앞으로 나아가게 해 주었다.

　2006년 『마음에서 빠져나와 삶 속으로 들어가라』를 성공으로 이끈 기사를 써서 나를 어둠에서 끌어내 주었던 『타임』지 기자 고(故) 존 클라우드John Cloud는 훌륭한 첫 제안서와 견본 장을 만드는 데 도움을 주었다. 나는 그에게 이 책을 헌정했는데, 본래 내가 희망한 대로 그와 내가 전체 책의 내용을 다른 우주에서 함께 쓴 것이기 때문이다. 그는 총명한 작가이자 깊은 영혼을 가지고 있었으므로, 존의 영혼이 이 책에 담겨 있기를 바란다.

　전문적인 작가이자 『마음에서 빠져나와 삶 속으로 들어가라』의 공동 저자인 스펜서 스미스Spencer Smith도 제안서 작성에 도움을 주었다. 스펜서는 내 유태인 친척들이 멘쉬라고 부르곤 하는, 지조 있고 친절하며 믿을 만하고 윤리적으로 곧은 사람이다. 그를 친구요, 동료라고 부를 수 있는 것은 내게 있어 축복이다.

에밀리 루스Emily Loose는 이 책의 개발 편집자였다. 그녀는 놀랍도록 유능하고 현명하며 인내심 있는 사람으로 이 책의 아이디어들을 자신의 삶에 의도적으로 적용한 후 개발 과정에 그녀의 직감을 담아낼 수 있었다. 이러한 접근에 감동과 깊은 인상을 받았다. 그녀는 그야말로 최고의 편집자다.

Penguin/Avery의 캐롤라인 서튼Caroline Sutton은 개발 과정의 여러 핵심적인 지점에서 아주 유용한 의견을 제시했다.

이제 다 성인이 된 내 아이들, 카밀, 찰리와 에스더는 홍보 담당자였고, 에스더의 그림에서부터 카밀의 제목 아이디어까지 이들의 구체적인 도움을 받았다.

나의 아내 재크는 책의 출간에 이르기까지 수년에 걸친 끊임없는 수정의 과정에서 내 곁을 지켜 주었다. 여행과 인터뷰, 글쓰기, 연구에 이르기까지 모든 의무를 그녀의 어깨에 전가했다. 내가 결코 갚지 못할 양의 빚이지만, 이를 인정하고 기억하노라면 내 눈에 눈물이 글썽인다. 재크는 또한 이 책에서 새로운 아이디어에 관해 핵심적인 의견들을 제공했는데, 잠을 지연시킨 긴 토론에서 그것들을 한 번에 하나씩 점검했다. 그녀는 특히 사회적인 맥락과 특권의식의 쟁점을 좀 더 자세히 다루도록 조언했고, 이는 이 책의 핵심이다. 고맙다, 내 사랑.

지난 몇 년간 브랜든 샌포드Brandon Sanford, 프레드 친Fred Chin, 코리 스탠튼Cory Stanton, 패트릭 스미스Patrick Smith를 포함한 박사과정 대학원생들이 ACT 이론의 뉘앙스에 대한 토론을 도왔다. 이미 박사학위를 받은 48명의 학생은 이 책의 특정 부분의 배경이 되는 내용에 나온다. 그중 몇 가지만 본문과 미주에 언급했지만, 어쨌거나 그들은 나와 그들만이 명확하게 아는 방식으로 거기 존재하며, 독자들은 이로부터 유익을 얻을 것이다. 고맙다, 우리 패거리들. (그렇다고 너희가 비밀스러운 행동 악수를 사람들에게 말할 수 있다는 뜻은 아니다.)

그레그 스티켈리더Greg Stikeleather와 틸 그로스Till Gross로부터 여러 가지 제목 옵션을 고려하는 데 도움을 받았다. 행크 롭Hank Robb과 잉그 스킨스Inge Skeans는 혼란스러운 문장을 추려내 교정하는 과정을 친절하게 도왔다.

제4장에 등장하는 거짓말에 관한 내용은 본래 가이 리치Guy Ritchie와 내가 쓰려던 책을 위해 쓰였고, 이는 그가 자아의 영향에 관해 작업 중이던 영화와 맥을 같이한다. 그 책

프로젝트는 더 진전되지 못했지만(언젠가 영화가 개봉되기를 바란다. 이는 강력한 작품이다), 가이는 개념화된 자기와 거짓말 사이의 깊은 연결에 대해 처음으로 인식하게 해 준 사람으로 그의 명료한 관점이 지속적인 영향을 미쳤다. 그의 통찰에 대해 감사함을 전하고 싶다.

나는 또한 그들의 실제 삶을 통해 ACT 작업을 바꾸는 데 기여한 내담자들의 공로를 인정하고 싶다. 그들의 이야기 중 일부는 익명으로 이 책에 들어 있고, 다른 이들의 이야기 또한 그들의 고통과 용기가 작업에 방향을 제시했으므로 간접적으로 포함된 셈이다. 예컨대, ACT를 설명하는 데 활용된 비유의 상당 부분이 나나 다른 전문가가 아닌 내담자들로부터 나온 것이다. 우리 모두는 잊히겠지만 어쩌면, 정말 어쩌면 여러분의 용기가 문화 속에 담겨 오랫동안 울려 퍼질지도 모른다. 이는 간절히 바라는 결실이다.

나는 전체 맥락적 행동과학계에 깊은 감사의 인사를 전하고 싶다. 이는 전 세계에 퍼져 있는 임상가와 교사, 기초 연구자, 철학자, 응용 연구자, 정책 전문가, 진화학자, 행동주의자, 인지학자, 예방 과학자, 간호사, 의사, 코치, 심리학자, 사회복지사(이보다 더 많이 댈 수도 있다)로 이루어진 집단이다. 이 책에서 그들 중 일부의 개인적인 이야기를 소개한 바 있지만, ACT, 관계구성 틀 이론(RFT) 및 맥락적 행동과학(CBS)와 관련된 모든 주석의 모든 이름 뒤에는 전념하는 인간이 있었음을 독자들도 알 필요가 있다. 나는 많은 이들, 어쩌면 대다수를 알고 있을 것인데, 이들은 심리학이 인간 조건의 도전에 보다 가치 있는 일을 하도록 만들기 위해 협력하는 데 깊은 관심을 가지고 있다. 이들의 아이디어와 포부를 이 책에 표현해 보려 노력했다. 내가 이 작업을 부추겼을지 모르지만, 나는 단지 공동 설립자나 공동 개발자에 불과하다. 왜냐하면 1999년에 그것이 책의 형태로 합쳐졌을 때 커크 스트로살Kirk Strosahl과 켈리 윌슨Kelly Wilson의 유능한 손이 필요했고, 연구와 훈련으로 다듬어지기 위해 수백 명의 전문가와 연구자가 필요했기 때문이다. 이 작업이 세계 공동체로 들어옴에 따라 이러한 필요는 더욱 절실해졌다. 우리 모두는 집단으로 기능할 때 더 나은 인간이며, 내 동료들은 이 여정의 모든 단계마다 그들의 가치와 비전, 그리고 우정으로 나를 이끌었다.

이 책의 말미에서 반복하겠지만, 인생은 사랑과 두려움 사이의 선택이다. 나를 사랑해 온 인간들(친구와 가족, 동료들)은 내가 사랑을 선택하도록 도와주었다. 이보다 더 좋은 선물은 없다. 깊은 감사를 전한다.

네바다 리노에서 스티븐 헤이즈

13

이 책은 상당히 많은 인용을 포함하고 있지만, 독자의 시선을 분산시키지 않기 위해 거의 모든 설명을 미주에 담았다. 만약 내가 어떤 연구에 대해 기술하고 사실을 진술하고 책을 구할 수 있다고 제안하는 것을 보고, 당신도 어떤 후속 조치를 원한다면 책 뒤에 있는 미주를 확인하라. 이 주석들은 '블라인드' 처리되어 있어서 본문에는 참고문헌이나 코멘트, 자료의 출처에 대한 아무런 표시가 없다.[1] 그러나 잠재적인 필요가 발견될 때마다 이를 표기하려고 노력했으므로, 추가 정보가 필요할 때마다 미주를 확인해 보라. 일반 독자들이 알 필요가 없는 이름을 언급함으로써 책 읽는 속도를 늦추지 않기 위해서, 내 연구실이나 맥락적 행동과학계의 인물에 대해 말할 때 때때로 '내 동료들' 또는 '내 팀'이라는 말을 사용해서라도 특정인의 이름을 본문보다는 미주에 인용했다. 학계의 일반 독자들에게는 이것이 때로 자기중심적으로 보일 수 있겠지만, 이는 독자의 편의를 위한 것이고 이런 종류의 책에는 필수적인 것처럼 보인다. 내가 할 수 있는 최선은 이러한 결정에 대한 관용을 구하고 독자들에게 미주를 살펴보라고 요청하는 것이다.

---

1) 역자 주: 원서의 본문에는 실제로 미주를 안내하는 아무런 표시가 없다. 그러나 역자의 판단에 따라 이 역서에는 독자의 최소한의 편의를 위하여 해당 문장에 미주를 안내하는 번호를 표기하였다.

나는 또한 검사나 자료 목록을 위해 내 웹사이트(http://www.stevenchayes.com)를 자주 언급하고 있지만, 이 역시 성가신 일일 수 있어 최종 편집에서 이 부분을 상당히 줄이고, 대신 이 경우에 미주에 직접 주석을 달아 놓았다.

아울러 맥락적 행동과학회(Association for Contextual Behavioral Science: ACBS) 웹사이트(http://www.contextualscience.org)에도 여기서의 작업에 관한 많은 유용한 정보가 제시되어 있는데, ACBS는 이 책에 저술된 작업의 개발에 가장 중점을 둔 단체다. 해당 사이트의 일부 정보를 열람하기 위해 회원으로 로그인하는 것이 필요하지만, 대중 회원은 환영이며 비용도 저렴하다.

마지막으로, ACT의 YouTube 채널, ACT 기반 TED 토크(내 두 개의 TED 토크를 http://bit.ly/StevesFirstTED와 http://bit.ly/StevesSecondTED에서 볼 수 있다), Facebook 집단, 대중을 위한 ACT 토론 목록(Yahoo 그룹, http://groups.yahoo.com/neo/groups/ACT_for_the_Public/info) 등을 비롯해 온라인에서 무료로 이용 가능한 방대한 자료들이 있으니, 상세한 검색을 통해 확인할 수 있을 것이다.

기자이자 악동, 이야기꾼, 친구인 존 클라우드에게
이 책을 바친다.
그대는 나와 이 책을 믿어 주었고,
그래서 이 책을 쓰는 모든 날에
나는 힘을 낼 수 있었다.
세상은 그 대가를 이해하지 못한 채로
기자들에게 너무 힘든 일을 요구한다.
평안하기를, 내 친구여. 평안하기를.

자유로운 마음

차 례

제1부

제2부
ACT 여행 시작하기

제3부
삶을 발전시키기 위해 ACT 도구모음 활용하기

A Liberated Mind

제1부

제**1**장

피벗의
필요성

삶은 점점 쉬워져야 할 것 같지만 그렇지가 않다. 이는 현대 사회의 역설이다. 이전에는 상상할 수 없었던 장수와 건강, 사회적 교류를 과학과 기술이 우리에게 제공하고 있는 바로 이 순간에도 우리 중 대다수가 사랑과 공헌으로 가득 찬 의미 있고 평화로운 삶을 살고자 고군분투한다.

지난 50여 년간 우리가 놀라울 만큼의 발전을 이루었다는 것에 대해서는 의심의 여지가 없다. 핸드폰이라 불리는 호주머니 속 그 컴퓨터는 아폴로 11호(달에 사람을 착륙시킨 최초의 로켓)의 유도 컴퓨터보다 1억 2천만 배나 더 강력하다.[1] 건강 기술에서의 진보도 비슷하다. 50년 전에는 백혈병에 걸린 86%의 아이들이 죽었으나 지금은 사망률이 그 절반에도 미치지 못한다.[2] 지난 25년 사이에 아동 사망률과 산모 사망률, 말라리아로 인한 사망률 모두 40~50%까지 감소했다.[3] 만약 신체적 건강과 안전이 쟁점이고 누구에게가 아니라 어느 순간에 태어날지를 선택할 수 있다면, 오늘날을 선택하는 것보다 더 좋은 선택지는 없을 것이다.

행동과학은 또 다른 문제다. 물론 우리는 더 오래 살고 있다. 그러나 우리가 더 행복하고 성공적인 삶을 살고 있다고 주장하기는 어렵다.

주로 생활양식에서 기인한 질병에 대해서 우리는 그 어느 때보다도 정확한 정보를 가지고 있다. 그러나 연구에 수십억 달러를 투자했음에도 불구하고, 급격히 증가하는 비만, 당뇨, 그리고 만성 통증 속에서 우리의 의료 체계는 휘청거리고 있다. 정신질환은 더 적어지는 게 아니라 급속하게 더 많은 문제가 되고 있다. 1990년에 우울증은 호흡기 감염, 설사병, 그리고 태아기 문제에 이어 세계적인 장애와 질병의 주요 원인 중 네 번째에 해당했다. 2000년에는 세 번째 주요 원인이 되었다. 2010년에는 2위를 기록했다. 2017년에 세계보건기구(WHO)는 우울증을 1위로 평가했다.[4] 대략 4천만 명에 해당하는 18세 이상의 미국인들이 불안장애 진단을 받았다.[5] 그리고 미국인의 거의 10%가 '빈번한 정신적 고통'을 보고한다.[6] 우리는 충분한 시간이 있는 것처럼 느끼지 않는다. 우리가 원하는 방식으로 자신을 돌보지 않는다. 우리의 건강은 악화된다. 우리 중 대부분은 진정한 목적과 생기가 결여된 상태에서 한 걸음 한 걸음을 내딛고 있다. 잘 살고 있는 것처럼 보이는 사람도 하루 이상을 그냥 못 버티고 매일 알약 한 병을 먹기에 이른다.

어떻게 이러한 일이 일어날 수 있을까?

이는 현대 사회에서 우리가 인간이 되는 도전에 잘 대처하지 못했기 때문이라고 믿는다. 인간의 번영을 촉진하기 위해서 우리가 지난 백 년 동안 해 온 바로 그 일들 중 일부가 어려운 문제를 만들어 냈다. 기술에서의 혁신을 예로 들어 보자. 라디오에서 TV로, 인터넷에서 스마트폰으로 가는 각각의 과정이 더 큰 정신적·사회적 문제를 양산했고, 우리의 문화와 마음은 효과적이고 통제권을 갖는 방식으로 충분히 빠르게 적응하지 못했다.

테크놀로지의 결과로, 우리는 끊임없는 공포와 드라마 그리고 판단에 노출되어 있다. 게다가 우리 중 많은 이는 변화의 빠른 속도에 압도되고 위협받고 있다. 구체적인 예로, 불과 몇 십 년 전만 해도 아이들은 오늘날이었으면 위험하다고 지적을 받았을 방식으로 자유롭게 뛰어놀았다. 이렇게 보호가 늘어난 것은 세상이 실제로 위험해졌기 때문이 아니다. 연구에서도 그렇지 않다고 나온다.[7] 세상이 덜 안전하다는 우리의 인식은 오히려 미디어를 통해 흔치 않은 사건에 노출되는 것에 더 많이 좌우된다. 우리가 아무리 차분함을 느끼더라도, 컴퓨터를 켜면 불과 몇 분 전에 죽은 사람들의 모습이 고스란히 담긴 비극이 전개되는 것을 볼 수 있다. 24시간 돌아가는 뉴스에서는 내치락들이치락하는 폭력 영상이 끊임없이 제공됨으로써, 안전에 대한 우리의 장막이 산산조각난다.

외부 세상이 이런 속도로 변화한다면 우리 내부 세계 역시 변화해야 한다. 이는 논리적인 것처럼 들리지만, 우리가 어떤 조치를 취해야 하는지는 알기 어렵다.

한 가지 좋은 소식은 행동과학이 우리가 어떻게 더 잘해 낼 수 있는지에 대해 이치에 맞는 답을 발전시켜 왔다는 것이다. 지난 35년 동안 내 동료들과 나는 인간의 삶이 어떻게 전개될지에 대해 이전까지 학계에 알려진 어떤 정신적·행동적 과정들보다 더 많은 것을 알려 주는 일련의 작은 기술들을 연구해 왔다. 이는 과장이 아니다. 1,000개가 넘는 연구들에서 우리는 왜 어떤 사람들은 인생의 여러 도전에도 잘 살아남지만 다른 사람들은 그렇지 못한지, 왜 어떤 사람들은 기쁨, 감사, 연민, 호기심과 같은 많은 긍정적인 감정을 경험하지만 다른 사람들은 그렇지 못한지를 결정하는 데 이러한 기술들이 유용하다는 것을 발견했다. 그 연구들에서는 어떤 사람이 불안, 우울, 트라우마 또는 약물 남용과 같은 정신 건강 문제를 발전시키며, 문제가 얼마나 심각하고 오래 지속될 것인지를 예측한다. 또 이러한 기술들은 어떤 사람이 직장에서 효과적일지, 누가 건강한 관계를 맺을지, 누가 다이어트나 운동에 성공할지, 누가 신체 질환의 도전을 극복할지, 사람들이 운동 경기에서 어떻게 행동할지, 그리고 인간 활동의 다른 많은 분야에서 그들이 어떻게 수행할지를 예측해 준다.[8]

이러한 일련의 기술들은 우리에게 **심리적 유연성**을 준다. 심리적 유연성이란 개방적으로 느끼고 생각하는 능력이자 현재 순간의 경험에 자발적으로 주의를 기울이는 능력이며, 가치와 열망에 일치하는 삶을 살도록 습관을 기름으로써 삶을 당신에게 중요한 방향으로 이동시키는 능력이다. 이는 고통스러운 것을 외면하지 않기를 배우는 것에 관한 것이며, 대신에 의미와 목적으로 충만한 삶을 살도록 고통을 **향해** 방향을 돌리는 것에 관한 것이다.

잠깐, 고통을 **향해** 방향을 돌리는 것이라고?

그렇다. 심리적 유연성은 우리로 하여금 개방적이고 호기심 있는 온화한 태도로 불편감과 불안을 향해 나아갈 수 있게 해 준다. 이는 우리 자신과 우리의 상처받은 삶 속에 있는 공간을 비판단적이고 자애로운 방식으로 바라보는 것과 관련되는데, 우리에게 가장 큰 고통을 초래할 만한 힘을 가진 것은 대부분 바로 우리가 가장 깊이 아끼는 것이기 때문이다. 우리의 가장 깊은 염원과 가장 강력한 동기는 매우 건강하지 못한 우리의 방어 체계 속에 숨겨져 있다. 우리는 대개 억제 또는 자가 투약의 방식으로 우리의 고통을 부인하려고 시도하거나 또는 반추와 걱정을 통해 그것을 곱씹는 행위에 사로잡혀서, 그것이 우리의 삶을 대신하게 된다. 심리적 유연성은 고통을 수용하며, 고통이 있을 때 그 고통과 **함께** 우리가 바라는 대로의 삶을 살아갈 수 있는 힘을 우리에게 준다.

나는 심리적 유연성이 인간 해방을 실현하는 수단이라고 믿는다. 그것은 현대 사회의 가중되는 도전에 잘 대처하기 위해서 필요한 평형추다. 수많은 연구 결과들에서 보면, 심리적 유연성을 발달시키는 기술은 이 책과 같은 지침서들을 통해서도 일정 수준까지 학습될 수 있음을 보여 준다.[9] 이는 도전적인 주장이라는 것을 알지만, 내가 맡은 일을 잘해 낸다면, 이 책의 말미에서 여러분은 유연성 기술이 왜 그토록 강력한지와 어떻게 자신 안에 그것을 발달시킬 수 있는지를 이해하게 될 것이다.

영적 전통으로부터 발달한 마음챙김이나, 인지행동치료에서 노출을 강조하는 것과 같이 다른 접근법에서도 고통을 향해 나아가는 것에 대한 핵심 메시지가 반복되는 것은 아마 놀랍지 않을 듯하다. 그러나 심리적 유연성에 관한 새로운 과학은 오래된 주제를 정리한 것이 아니다. 이 새로운 과학은 이러한 기술이 왜 효과가 있는지에 대해 반복적으로 질문을 던짐으로써 유연성 기술의 중요성과 이를 확립하는 방법에 대한 보다 깊이 있는 이해에 도달했다. 이러한 이해는 새로운 연구의 길을 걷는 과학적 공동체에서 나왔으며, 그 결과 더 행복하고 건강한 삶을 살기 위한 새롭고 통합된 일련의 방법들이 탄생했다.

우리 자신의 자연적인 천성과 삶의 경험들이 내면의 깊은 지혜를 제공했기에, 과학이 증명하는 것이 삶의 도전에 잘 대처하는 건강한 방법이라는 생활 태도를 우리는 자연스럽게 갖게 된다. 내면의 지혜를 갖는 것이 우리를 건강한 경로로 이끌 것이라고 생각할 것이며, 이는 한 가지만 빼면 가능할 것인데, 바로 우리의 귀 사이에 있는 기관이다. 우리의 마음은 잘못된 방향으로 향하도록 우리를 끊임없이 유혹하고 있다.

우리 모두는 각자에게 최선의 이익이 아니라는 것을 내심으로는 깊이 알면서도 어떤 행동에 몰두할 때가 있다. 직장에서 힘든 하루를 보낸 뒤 아이스크림 한 통을 퍼먹고 실패한 다이어트, 다음 날 컨디션이 안 좋을 것을 알면서도 파티에서 추가로 마신 술, 계속 미루고 있는 일에 대해 다가오는 마감 시간, 그리고 별 이유 없이 배우자에게 시비를 걸었던 일 등 이러한 예는 셀 수 없이 많다. 이와 같은 각각의 사건 그 자체는 무해하다. 그러나 이러한 행동으로 이르게 하는 심리적 메커니즘은, 이를 검토하지 않은 채 내버려 두면 우리를 암흑으로 이끌 수 있다. 너무 많은 이들에게 간헐적인 폭식이 습관이 되어 버렸다. 파티에서 추가로 마신 술은 물질 의존으로 변했다. 마감 시간을 미루는 습관으로 인생의 꿈을 추구하지 못하는 쪽으로 전개된다. 사랑하는 사람에게 시비를 거는 행위는 당신이 그토록 간절히 바라는 친밀감을 피하는 방편이 되었다.

우리는 왜 이런 일을 하는가?

이에 대한 간단한 답은 마음이 방해를 한다는 것이다. 우리는 종종 **심리적 경직성**의 패턴에 빠지는데, 그러면 고통을 피하려고 시도하느라 당면한 정신적 도전으로부터 도망치거나 싸우며 반추나 걱정, 주의분산, 자기 자극, 일중독, 또는 여러 형태의 정신없음 속으로 사라진다.

힘든 경험을 하거나 이를 떠올릴 때 유발되는 부정적인 생각과 감정을 피하려는 시도의 핵심에는 심리적 경직성이 있다. 시험에 떨어졌다고 가정해 보자. '나는 실패자야.'와 같은 무서운 생각이 스치고 지나갈 수 있다. 이를 알아차리기도 전에 그런 생각을 구석으로 밀어내 가둬 두고 친구와 술을 마시러 나감으로써 자신을 위로하기로 결심한다. 이 자체는 아직 괜찮지만, 그 사이클 자체가 반복되어 다음 시험 준비를 피하기 시작한다면, 억제 및 건강하지 않은 형태의 자기 위로라는 병리의 초석을 깔고 있는 셈이다.

대신에 당신은 똑똑하고 유능한 사람이라며 스스로를 안심시키고자 노력한다고 가정해 보자. 피상적으로 이야기하자면, 이는 엄청나게 그럴듯한 이야기다. 긍정적으로 생각하는 것은 당연히 도움이 되지 않는가? 물론 그것은 합리적이지만 현명하지 않을 수도 있다. 만약 부정적인 생각을 피하거나 반박하고자 노골적으로 긍정적인 생각을 한다면, 이는 또 다른 형태의 심리적 경직성으로서, 이제 긍정적인 생각 자체가 당신이 피하고자 했던 바로 그 생각을 상기시킬 것이다. "나는 훌륭한 사람이야!"와 같은 긍정적인 확언은 우리가 그것을 정말 필요로 하지 않을 때만 비로소 효과가 크다는 것이 최근 연구에서 밝혀졌다. 자신에 대해 좋지 않게 여기기 시작할 때와 같이 우리가 이를 필요로 할 때에는 그런 확언이 우리의 기분과 수행을 모두 악화시킨다.[10]

이는 잔인한 농담이다.

여기서 핵심은, 어떤 대처든지 그 목적이 힘든 감정이나 불쾌한 생각을 피하고 고통스러운 기억이나 참기 힘든 감각을 없애 버리기 위한 것이라면 장기적인 결과는 거의 항상 좋지 않을 것이라는 점이다.

심리적 경직성[11]은 불안, 우울, 물질 남용, 트라우마, 섭식장애, 그리고 거의 모든 다른 심리·행동적 문제를 예측한다. 그것은 새로운 것을 배우고, 일을 즐기며, 타인과 친밀한 관계를 맺고, 신체적 질병을 극복하는 인간의 능력을 약화시킨다. 정신적 경직성은 우리가 예상치 못했던 영역에서조차 그 영향을 발휘한다. 예를 들어, 당신이 9·11 테러 당시 뉴욕 그라운드 제로 근처에 있었던 사람들의 트라우마 비율을 조사한다고 해 보자. 사람들이 뛰어내려 죽는 것을 보며 충격을 받은 사람들과 충격을 받지 않기로 결심한 사람들 중에 누가 나중에 더 큰 트라우마를 발전시켰다고 생각하는가? 이

에 대한 연구가 이미 진행되었고 우리는 그 답을 알고 있다. 답은 후자다.[12]

하지만 정신적 경직성은 더 많은 심리장애와 행동 문제를 야기할 뿐만 아니라 두 가지 끔찍한 궁극적 경로를 통해 더욱 파괴적인 결과를 초래한다. 첫째는 당신이 고통을 피하기 위해 경직성의 길로 들어서지만, 곧 기쁨마저도 피하게 된다는 것이다.[13] 연구에 따르면, 경직되고 회피적인 불안한 사람들은 불안을 견디지 못하며 결국 행복마저도 견디지 못하게 된다! 기쁨이 그들을 초조하게 만들기 때문이다. 만약 오늘 행복하다면 내일은 실망하게 될 테니, 무감각해지는 게 낫다.

둘째로, 경직성은 감정으로부터 배우는 것을 더 어렵게 만든다. 만성적인 감정 회피자는 감정인식 불능증(무엇을 느끼고 있는지 전혀 알지 못하는 상태)으로 이행될 수 있다. 이는 심리적 경직성의 가장 은밀하면서도 끔찍한 대가다. 즉, 당신이 싸우고 도망치며 내면을 외면할수록, 당신의 고유한 과거와 동기, 당신이 소중하게 여기는 것에서 멀어진다는 것이다. 연구들에 따르면 가족이 한 번도 감정을 다뤄 준 적이 없기 때문에 단순히 자신의 감정을 잘 이해하지 못하는 것이라면, 의식적으로 이를 배움으로써 감정에 대한 이해를 향상시킬 수 있으며 그 결과는 그리 나쁘지 않다. 그러나 감정을 피하기 위한 목적으로 어떤 것을 느껴야 할지 모르는 상태라면, 다양한 영역에서 파괴적인 결과가 초래될 것이다.[14] 몇 가지 예를 보자. 타인으로부터 학대를 당한 과거사가 있는 사람들은, 직접적인 인과관계가 있는 것은 아니지만 또 다른 학대의 희생자가 될 가능성이 높다. 이는 처음의 학대에 자신의 감정으로부터 멀어지는 방식으로 대응한 사람들에게 특히 일어나기 쉽다. 일단 감정의 결핍이 자리 잡기 시작하면 학대의 희생자들은 누가 안전한 대상이고 누가 그렇지 않은지를 읽어 내는 데 어려움을 겪게 되며, 다시는 학대를 당하지 말아야 할 바로 그 사람들이 다시 당하게 되는 것이다. 이는 불공평하고 잔인하지만 예측 가능하다.

왜 우리는 심리적 경직성에 그렇게 사로잡히기 쉬운가? 우리 마음의 현명한 부분은 어떤 것이 자신에게 유리한지를 안다고 하더라도, 폭군적인 문제해결 부분은 그렇지가 않다는 것이다. 우리 마음의 이러한 측면을 나는 **내부 독재자**라고 부르는데, 심리적 고통에 대해 끊임없이 '해결책'을 제안하기 때문이다. 우리가 주의 깊게 듣는다면, 우리 자신의 경험은 이 해결책이 유해하다고 속삭이는데도 말이다.[15] 많은 정치적 독재자와 마찬가지로 우리 마음의 목소리는 해로운 결과를 초래할 수 있다. 그것은 우리로 하여금 고통과 고통을 다루는 방법에 대한 해로운 이야기를 믿게 만들 수 있다. 그것은 우리의 어린 시절, 우리의 능력, 우리 존재 그리고 세상의 불공평함과 타인의 행동 방식에 대한 이야기를 충고로 엮어 낸다. 내면 깊숙한 곳에서는 무엇이 더 나은지 알고 있음에도 우리는 이러한 이야기에 따라 행동하는 유혹에 빠진다. 우리 스스로에게 속고 있는 것이다.

우리가 일상생활에서 두려워하는 것으로부터 얼마나 자주 도망가며, 그로써 얼마나 많은 불필요한 고통이 초래되는지 생각해 보라. 최근 들어 우울해졌고 이것이 운동을 충분히 하지 않음과 연관된다는 것을 어느 정도 알고 있음에도, 조깅 또는 등산을 하거나 체육관에 가는 게 버겁다고 느껴져서 대신에 TV를 켠다. 직장에서 프로젝트의 마감일이 다가오고 있음에도 이를 처리할 기분이 아니라고 느껴서 미루었고, 이는 문제를 더 꼬이게 만들 뿐이다. 일주일에 60시간을 사무실에서 보낸 탓에 당신은 완전히 지쳐 버렸다. 집에 일을 가지고 가거나 주말에 집에 들어가지 않으면 파국적인 일이 생길 것이라는 생각에 갇혀서, 휴식이 필요하다는 것을 알면서도 이를 실행에 옮기지 못한다. **독재자**는 정신적으로 경직된 회피 행동에 가담하는 것이 이치에 맞는 일이라고 우리를 설득한다.

고통으로부터 도망치거나 이를 부정하는 것은 합리적인 것처럼 보인다. 우리는 고통스러운 경험을 좋아하지 않기 때문에, 힘든 생각, 감정, 그리고 기억을 '문제'로 취급하고 그것을 제거하는 것이 '해결책'이라고 보는 것은 그럴듯해 보인다. 우리는 그 작업에 우리가 가진 문제해결 도구를 몽땅 투입시킨다. 불행히도 너무나 자주 이는 '없애기' '알아내기' '단지 문제해결하기'와 같이 뒤이은 경직된 문제해결 공식이나 규칙으로 이어진다.

삶을 살아가야 할 과정이라기보다 해결해야 할 문제로 취급하는 것은 정말 잘못된 것이기 때문에 우리는 심리적 대가를 치르고 있다. 외부 세계에서 고통을 제거하는 행위는 필수적인 생존 본능이다. 뜨거운 오븐에서 손을 떼거나 하루 종일 아무것도 먹지 않았기 때문에 먹는 것은 우리의 성공적인 기능을 위해 중요하며, 그런 명령을 무시하는 사람은 큰 대가를 치를 것이다. 그러나 생각과 감정의 내면세계에서는 이야기가 다르다. 기억이나 감정은 뜨거운 오븐이나 음식 결핍과 같지 않다. 외부 세계에서 논리적인 이치에 맞는 행위가 사고와 감정의 세계에서는 반드시 심리적으로 이치에 맞지는 않는다.

크나큰 배신이나 트라우마 같은 고통스러운 기억을 예로 들어 보자. 힘든 감정으로 말미암아 우리는 그 괴로움을 다시 경험해야 하는 것에 맞서 스스로를 보호하려고 애쓰고 그런 감정들을 **멈추게만** 하려는 유혹을 받는다. 그러나 어떤 것을 의도적으로 없애기 위해서는 그것에 집중하는 수밖에 없다. 만약 우리가 어떤 것을 제거하는 데 착수한다면 그것이 없어졌는지 확인해야 한다. 기억과 같이 우리 자신의 과거에 의해 생겨난 내적인 사건을 상대로 그렇게 할 때, 우리는 이 기억과 연관된 사건들을 또다시 상기하게 되는 것이다. 과거의 반향을 가지고 이렇게 할 때 우리는 그것의 중요성을 가중시키며 그것에 대해 또 다른 역사를 구축하게 된다.

대신에 고통을 처리하기 위해 좋은 책을 읽거나 좋아하는 음악을 듣는 것과 같이 주의를 분산하거나 자기 위로를 한다면, 이러한 다른 종류의 즐거운 활동은 실제로 시간이 지남에 따라서 우리가 회피하고자 하는 것과 **연관되거나** 그것으로 향하는 뒷문을 열어 줄 수 있다. 단 몇 번 만에, 마음을 달래 주던 책이나 음악은 당신이 피하고자 했던 바로 그 기억을 상기시키거나, 희미해지기를 바랐던 트라우마를 다시 촉발시킬 수 있을 것이다.

한편 우리는 뭔가를 하지 않으면 일어날지도 모르는 끔찍한 일에 대한 정신적인 위협을 바꾸려는 동기를 종종 부채질하려고 하는데, 이 또한 종종 고통스럽고 외상적인 기억을 더 강력하고 중요하게 만들 뿐이다. 그러한 위협은 감정적인 반응을 불러일으키며, 이는 우리가 피하고자 했던 바로 그 반응 자체와 때때로 닮아 있어서 우리가 느끼는 고통을 **증가시킨다**. 우리는 결국 일종의 악마 같은 피드백 고리에 빠진다. 예컨대, 불안과 싸우려는 노력은 불안에 대한 불안을 가중시킬 수 있다. 이와 유사하게, 반추에 빠져 있을 때 문제해결 방법을 알아내는 중이라고 스스로를 확신시키지만, 그것에 너무 집중한 나머지 그것이 우리 삶을 점점 더 지배한다. 불쾌한 경험을 없애거나 줄임으로써 마음의 평화를 찾으려는 열광적이지만 헛된 시도에 힘쓰는 가운데, 우리의 내면은 사실상 전쟁터로 변모한다.

적어도 직관적으로는, 당신이 모르는 어떤 것을 내가 말하고 있는 것이 아니다. 우리 중 대부분은 마음이 우리를 이상한 곳으로 이끌 수 있다는 것을 알고 있다. 그러나 고통스러운 기억이나 무서운 감정을 경험할 때 그것으로부터 도망치고자 하는 행위가 그것의 중요성을 증가시킨다는 점을 우리 중 대부분은 아직 이해하지 못한다. 만일 타인에게 거절당할 것을 두려워한다면 눈앞에 닥친 거절의 신호를 어디서나 발견한다. 그러한 두려움을 믿는 것이 우리를 속박할 것이라는 점을 알면서도 거절의 가능성이 너무도 두려운 나머지, 그 가능성에 주의를 기울이지 않는 것은 기본적인 논리를 위반하는 듯이 보인다. 추정된 약점에 대해 우리 자신을 협박하고 있는 경우에, 우리는 스스로를 더욱더 무능하고 실패하기 쉬운 사람으로 느끼는 것 같다.

경직성의 덫에서 해방되는 것은 대체로 문화로부터 받는 메시지에 의해 더 어렵게 된다. 많은 기업이 이러한 메시지를 통해 번영을 누린다. 외모가 걱정되십니까? 이 미용 제품이 그 걱정을 덜어 줄 겁니다. 불행한가요? 이 맥주가 기운을 북돋아 줄 거예요. 실제로 모든 주요 자기계발 서적과 프로그램의 주제가 이와 매우 비슷하다. 불안을 다스려라, 긍정적으로 느껴라, 생각을 조절해라, 삶이 나아질 것이다.

대부분의 자조서는 또한 사람들에게 여러 형태의 자기 위로 또는 자기 교정 행동을 하도록 요청한다. 어떻게든 우리는 긴장을 풀고, 긍정적인 것에 집중하며, 다르게 생각해야만 한다. 전통적인 개념 속에서 정신 중세에 대한 명칭은 감정과 생각에 비난의 꼬리표를 붙여 두었다. 우리는 '불안장애' 또는 '사고장애'를 가지고 있다. 일련의 약물 및 치료 접근은 힘든 생각과 감정을 없애 줄 것이라고 약속한다(예를 들어, '항우울제'에서 '항'이라는 단어에 주목하라). 그럼에도 불구하고 이러한 전체 모델의 채택이 전 세계로 확산됨에 따라 불행과 장애는 줄어들지 않고 증가해 왔다.

고통을 피하거나 근절하라는 이러한 격려의 메시지 위에, 이번에는 우리 자신을 타인과 비교하며 자신에게 집중하지 못하게 하는 소셜 미디어의 끊임없는 초대장이 쌓이고 있다. 우리가 아무리 성공해도, 주머니에 손을 넣어 다른 사람들이 외견상 훨씬 더 잘하고 있다는 것을 충직하게 보여 줄 소위 스마트폰이라는 사회적 비교의 수단을 강구한다.

심리학과 정신의학 분야도 역시 그 문제에 의도치 않게 기여해 왔다. 증거에 기반한 사상은 휴면 상태인 반면에, 프로이트의 오이디푸스 콤플렉스(당신은 부모에게 성적으로 끌리며, 이는 불안을 유발하는 숨겨진 갈등을 만들어 낸다는 주장)와 같이 증거에 기반을 두지 않은 사상이 빠르게 확산되었다.

그러나 과학에 기반을 둔 주요한 활동들조차도 대중이 필요로 하는 도구를 주지 않았다. 그것들 역시 부정적인 감정과 사고에 대처하는 방법에 대해 매혹적이지만 결함이 있는 이해를 부추겨 왔다. 20세기 중반에는 심리적인 힘이 종종 감정 회피와 같은 개념으로 정의되곤 했다. 수상작인 드라마 〈매드맨〉의 가장 유명한 장면 중 하나는 성공한 광고인인 주인공 돈 드래이퍼가 1960년에 원치 않는 아기를 출산한 후 병원에 입원 중인 젊은 동료와 면회하는 장면이다. 페기 올슨은 그녀 자신에게조차도 임신 사실을 부인해 왔으며, 출산 후 정신증에 이를 정도로 우울해지고 만다. 정신병동에서 드래이퍼는 올슨에게 기대어 거기서 빠져나오라고 속삭인다. 그는 그녀의 의료진에 대해 "그들이 시키는 대로 해."라고 말한다. "여기서 나가. …… 이는 결코 일어난 적이 없어. 결코 일어난 적이 없다는 게 얼마나 충격적인지 알게 될 거야." 다음 장면에서 그는 자기

사무실에 앉아 위스키 한 잔을 들이붓는다.

물론 이는 텔레비전 프로에 불과하다. 그러나 이와 같은 드라마 장면에서 전달되는 문화적 규칙, 즉 자신의 생각을 마음대로 바꿀 수 있고 그렇게 해야만 하며, 그래야만 불편한 감정을 줄이거나 제거할 수 있다는 규칙은 우리 마음속에 깊이 새겨졌다. 심리 치료에 대한 가장 저명한 접근 중 하나도 부분적으로 책임이 있다.

1960년대에 펜실베이니아 대학 정신과 의사인 아론 벡Aaron Beck과 뉴욕의 심리학자 앨버트 엘리스Albert Ellis(1913~2007)는 각자의 연구를 통해 많은 해로운 감정이 잘못된 인지로부터 야기된다고 주장하는 논문을 썼다. 예를 들어, '흑백논리'는 보다 미묘한 가능성을 고려하지 않은 채로 복잡한 관계나 생활 사건을 단순히 끔찍하게 보는 것을 말한다. 그들은 사람들이 상사와의 어려운 논쟁이나 오래된 친구와의 싸움과 같은 일상생활의 전형적인 사건들을 비현실적이고 비논리적이며 왜곡된 방식으로 바라본다고 주장했다.

제시된 해결책은 **인지행동치료(CBT)**라 불리게 되었다. CBT는 다양한 치료적 접근들의 전체적인 하나의 패키지로서 연구를 통해 충분히 입증된 많은 행동 변화 기법들을 포함하며, 내가 지지하는 방식으로 진화를 거듭해 왔다. 그러나 문제 소지가 있는 전통적 CBT의 핵심 원리가 이 접근에 대한 대중적인 이해를 지배하게 되었다. 즉, 부정적이거나 왜곡된 생각을 변화시키고 이를 긍정적이고 합리적인 생각으로 전환해야 한다는 원리 말이다. 우리의 감정을 통제하고 행동을 조성하는 데 가장 크게 기여하는 것이 프로이트의 '신경증'도 악몽도 억압된 기억도 아닌, 결함이 있는 생각의 습관이었기 때문에 이러한 '인지 재구조화'가 정신 건강으로 향하는 길이었던 듯하다.

그 관념이 우리 문화에 스며들었다. 예를 들어, 필립 맥그로Phillip McGraw(필명은 필 박사)의 조언 중 대부분이 인지행동적인 관점에 기인한 것이다. "당신은 스스로에게 해로운 환경을 적극적으로 만들어 내고 있지 않은가?" 그는 이렇게 자신의 웹사이트에서 반문한다. "아니면 당신이 자신에게 보내는 메시지는 합리적이고 생산적인 낙관주의 형태를 띠는가?"

이 책에서 서술하는 연구에서는 생각에 도전하고 재구조화해야 한다는 개념에 대한 근본적인 재평가로 이어졌다. 연구에 따르면, CBT 접근의 이 부분은 그리 강력하지 않으며, 불쾌한 감정과 생각을 가지고 있음을 수용하고 그것을 제거하려는 노력 대신에 그 역할을 줄이는 작업을 배우는 것만큼 효과적이지 않다.

병행하여, 정신의학은 수많은 심리적 증세를 마치 숨겨진 질병의 얼굴인 양 취급해야 한다는 생각을 강화시켜 왔다. 이는 결국 질병의 알려진 기저 원인과 발달 메커니즘, 그리고 치료에 대한 반응성을 밝혀낼 것임을 암시한다. 그러나 이를 위해 수십 년을 소비하고 수십 억 달러의 연구비를 들였음에도 불구하고, 단순한 증세가 알려진 원인이 있는 정신질환으로 밝혀진 경우가 얼마나 있는가?

답변이 충격적일지 모르겠다. 단 한 개도 없다. 정신 건강에 대한 진실은 당신이 들어 본 모든 정신적인 증세의 원인이 알려져 있지 않다는 것이며, 인간의 고통 뒤에 숨어 있는 '숨겨진 질병'이라는 관념은 완전한 실패다.

한편, 심리적 증세를 숨겨진 질병처럼 다뤄야 한다는 생각은 골칫거리를 낳게 되었다. 고통은 당신의 잘못이 아니라는 진리를 내포하고 있기 때문에 그것은 위안이 되는 생각이다. 그러나 사람들이 그 생각을 믿을 때, 내면에 감춰진 그들이 '지닌' 것 때문에 평생 약을 복용해야 한다고 종종 느끼기 시작한다.[16]

1998년부터 2007년까지 10년의 기간(확실한 통계치가 있는 가장 최근의 10년)과 심리적인 고통에 대한 치료를 찾았던 미국인들을 생각해 보라. 당시에 심리적 변화 방법만을 사용한 이들의 숫자는 50% 가까이 감소했고, 약물치료와 심리적 접근을 병행하는 숫자도 30%가량 감소했다. 어떻게 된 일인가? 사람들은 그들의 어려움을 다루기 위해 단지 약물만을 사용한다. 그 10년이 끝나갈 무렵에 심리적 질환이 있는 사람들 중 60% 이상이 오직 약물만을 사용하고 있었다. 그리고 이러한 현상은 그 뒤로 점점 악화되었다.[17]

그런 접근이 과학적으로 지지되었더라면 좋았겠지만, 그렇지 않다. 심리사회적인 측면을 보조하기 위해 보다 적은 용량과 보다 짧은 기간으로 약물을 사용했다면 약물요법이 도움이 될 수 있지만, 처방되는 약의 용량이 급증하고 오직 약물만 사용하는 것이 규준이 됨에 따라 정신 건강 문제의 발생률 또한 증가했다.[18] 더구나 사람들은 자신이 '정신적 질병'을 가지고 있다고 잘못된 확신을 갖게 될 때, 행동 변화를 통해서와 같이 자신의 상태를 개선시키기 위해 스스로 어떤 것을 할 수 있다는 견해에 대해 점점 더 비관적이 되는 경향이 있다. 친구와 가족들도 또한 그들에게 희망을 덜 느낀다.[19]

이 책에서는 어려운 생각과 감정을 뿌리 뽑거나 마비시켜 버리는 것이 아니라 심리적 유연성을 함양함으로써 그것들을 있는 그대로 수용하고, 그것들이 우리 삶을 지배하지 못하도록 함과 더불어 우리의 삶을 얼마나 많이 변화시킬 수 있는지를 밝힐 것이다. 우리의 생각을 제거하거나 완전히 재구조화하려는 노력은 불필요하며 심지어는 헛된 일이라는 것을 보여 줄 것이다. 우리의 신경계는 삭제 버튼을 가지고 있지 않고 사고와 기억의 과정은 너무도 복잡해서 이를 말끔하게 만드는 것은 거의 불가능하다. 이 책에서는 또한 사람들이 그들의 삶을 어렵게 만드는 무언가를 가지고 있다는 문화적 메시지가 얼마나 결함이 있는지 밝힐 것이다. 중요한 것은 우리가 무엇을 행하는가이며, 그것이야말로 어려운 도전에도 불구하고 우리에게 풍부하고 의미 있는 방식으로 살아갈 수단을 제공해 준다.

덫에서 빠져나오기

나는 개를 길렀던 적이 있는데, 그 개는 누울 자리를 잡기 위해 빙빙 돌며 양탄자를 긁곤 했다. 이러한 의례는 때때로 몇 분 동안 계속되곤 했다. 이런 긁는 행위로 인해 양탄자가 상하지는 않았지만 결국 내 불쌍한 개는 번번이 털썩 쓰러져 잠들어 버리곤 했다.

비유적으로, 우리도 원을 그리며 빙빙 돌고 있다. 온전한 느낌이나 마음의 평화, 삶의 의미가 나타나기를 기다리면서 바보 같은 TV 쇼를 보고 인터넷을 서핑하며 페이스북에 글을 올리면서 말이다. 주의분산, 회피, 그리고 탐닉과 같은 양탄자 긁기 행위는 중요한 것을 아무것도 바꾸지 않는다. 우리는 편안한(comfortable) 장소를 필요로 한다. 이 말의 본래 어원적인 느낌처럼 말이다. 즉, 힘(라틴어의 fortis에서 나온, '요새를 짓다'의 fort)과 함께(com). 이 세상에서 힘을 가지고 산다는 것은 주의분산, 회피, 그리고 탐닉보다 훨씬 많은 것을 필요로 한다. 마음의 평화와 의미 찾기를 원한다면, 빠져나갈 길 찾기를 내려놓고 대신에 들어오는 길 찾기 쪽으로 피벗[1]해야 할 것이다. 이를 실천에 옮기는 것보다 말하는 것이 훨씬 쉽다는 것을 나는 분명하게 알고 있다.

나는 힘든 길을 피벗하는 힘에 대해 배웠다. 나는 회복 중인 공황장애자다. 수년간의 투쟁을 거치면서 불안과 공황이 점차 내 마음의 평화를 빼앗아 가는 것을 보았다. 머릿속의 날카로운 목소리는 불안에 대항해 도망치거나 숨거나 또는 싸우라고 내게 요구하면서 내 경험이 나의 적인, 살 수 없는 지점으로 나를 점차 몰아갔다. 나는 불안 수용하기를 배움으로써 회복의 길로 들어섰고, 이 책에 제시된 심리적 유연성 기르기의 방법과 발견의 길이 시작되었다.

내 첫 공황 발작은 1978년 가을 심리학부 교수 회의 도중에 발생했다. 모든 교수들이

---

1) 역자 주: 축을 중심으로 회전하는 것을 의미한다. 농구 · 핸드볼 · 배드민턴 따위의 구기나 댄스에서 한 발을 축으로 하여 회전하는 일을 피벗이라고 일컫는다.

다시 싸우고 있던 참이었다. 젊은 조교수로서 나는 제발 그만하라고 그들에게 몹시 소리치고 싶었다! 나는 손을 들어 내 말에 집중해 달라고 요청했지만 그들은 싸우느라 이를 듣지 못했다. 일 분 여쯤 흘러 나는 손을 내리고 말았는데, 더 이상 이야기하고 싶지 않았기 때문이 아니라 기절할 것 같다는 생각이 들었기 때문이다. 심장이 너무 빠르게 뛰어 그 박자를 셀 수조차 없을 지경이었다. 그 끔찍한 싸움 속에 있는 무엇이 전에는 결코 느껴 보지 못했던 불안 발작을 촉발시켰다. 수년이 지난 후에야 그 계기가 무엇이었는지 파악할 수 있었는데, 이는 이런 종류의 괴물들을 마주하도록 돕는 치료적인 접근인 수용전념치료(ACT…… 이는 머리글자로 말고, 액트로 발음한다)를 개발한 뒤였다. 이 최초의 공황 경험 도중에 나는 불안에 완전히 사로잡힌 나머지 거기서 조금의 정신적 거리도 유지할 수가 없었다. 동료들에게 하려던 말은 도망치라는 긴박한 명령 속에서 모두 잃어버리고 말았다. 그러나 나는 문 건너편에 앉아 있어서 나가는 길은 의자와 사람들로 가로막혀 있었다. 거기서 빠져나오는 것은 불가능했다.

내가 필사적으로 탈출 계획을 세우는 동안에 방 안이 갑작스레 조용해졌고, 동료들이 손을 든 내 모습을 발견했다는 것을 깨달았다. 말하기를 기대하면서 그들은 모두 나를 바라보고 있었다. 나는 입을 열었으나 아무 소리도 나오지 않았다. 내 눈은 무력하게 방 안을 둘러보면서 그렇게나 많은 사람들이 나를 보고, 보고, 또 보는 무서운 광경을 받아들이고 있었다. 나는 숨을 쉬기 위해 허우적거렸다. 아마 10초에서 15초밖에 되지 않았겠지만 한참으로 느껴진 시간이 흐른 뒤, 당황했던 일동들은 다시 싸움으로 돌아갔고 나는 의자를 움켜쥔 채로 남겨져서 물 밖으로 나온 물고기처럼 소리 한 번 내지 못한 채 입만 뻐끔거릴 뿐이었다.

나는 굴욕과 공포를 느꼈다. 이전에도 강렬하고 예기치 못한 불안을 경험했던 적이 있지만, 전혀 기능할 수 없을 정도까지 이어졌던 적은 없었다. 악몽 같은 회의가 끝나자 나는 휘청거리는 발로 방을 빠져나가면서 내 동료들이 내게 무슨 문제가 있는지 궁금해하고 있을 것이라고 확신했다. 내 마음은 논리적으로 보이는 행동 경로를 이미 구상하고 있었지만, 그것이 공황장애를 악화시킨다는 것을 이제는 안다. 나는 미친 듯이 스스로에게 이렇게 묻고 있었다. 이것을 어떻게 통제할 수 있을까? 어떻게 하면 다시는 이런 일이 일어나지 않게 할 수 있을까? 이윽고 나는 불안이 갑작스럽게 내 정상적인 기능을 빼앗을 경우에 문제가 될 수 있는 상황과 장소, 행동을 피하고 통제하기 위한 여러 작은 조치를 취하기 시작했다. 이런 조치를 취하면서 처음에는 안도감을 느꼈다. 그러고는 공황장애 지옥으로의 여정이 시작되었다.

그 상황은 일종의 '원숭이 덫'과도 같았다. 아프리카의 일부 지역에서는, 원주민들이 벽에 작은 구멍을 뚫어 바나나 칩으로 채운 뒤 나무에 묶어 두곤 한다. 그 구멍은 원숭이가 손을 넣기에는 충분히 크지만 바나나 칩을 잡게 되면 주먹이 너무 커져 구멍을 통해 빼낼 수가 없게 된다. 원숭이는 덫에 걸린 것이다.

원숭이가 칩을 그냥 포기할 것이라 생각할지 모르겠지만 그렇지 않다. 그는 칩에 매달린 채 원주민이 그들의 보상을 받으러 돌아올 때까지 울부짖고 몸부림치며 싸운다.

나는 불안이 없는 삶, 적어도 아주 적은 수준의 불안만이 있는 삶이라는 '보상'에 집착하고 있었던 것이다. 그렇게 하는 것이 합리적으로 보였다. 제정신이 있는 자라면 누가 그런 것을 포기하겠는가? 대신에 나는 바나나 덫에 걸린 원숭이들처럼 소리 지르고 몸부림치며 싸웠지만 모두 소용이 없는 짓이었다. 불안의 덫에 걸려 버렸다.

불안을 통제하려는 시도를 버리고 나서야 비로소 나는 치유하는 방법을 발견하기 시작했다. 잘못된 시각을 포기하고 나서야, 즉 정신적인 바나나 칩을 놓아 버리고 나서야 비로소 내 마음은 미친 듯이 불안을 악화시키는 짓을 그만둘 수 있게 되었다.

결국 나는 자애와 차분한 호기심의 태도로 내 불안을 향해 돌아설 수 있게 되었고, 그다음에야 사랑하고 영향력이 있고자 하는 나 자신의 열망을 향해 돌아서게 되었다. 이는 내 삶에서 가장 취약하다고 느끼는 바로 그 영역이었음에도 불구하고 말이다. 이 경험을 통해서 나는, 우리의 과거사 중 힘든 부분의 영향을 변화시키기 원한다면 그 부분이 받아야 할 관심보다 더 많은 관심을 기울이지 않으면서 자애의 마음으로 가볍게 다루는 방법을 배울 필요가 있음을 배웠다. 공황은 점차적으로 물러났다. 내가 도망가기를 멈추고 내 고통과 괴로움을 향해 돌아선 바로 그 순간에, 불안의 여부와 관계없이 삶의 가능성이 열리기 시작했다.

나 자신의 경험은 왜 우리 마음이 **내부 독재자**와 문제해결을 통해 고통을 없애고자 하는 그 강력한 충동에 그토록 사로잡히기 쉬운지에 대한 해답을 찾도록 나를 이끌었다. 나는 또한 수용을 향해 피벗하는 것을 배우고 보다 건강한 생활 습관을 기르는 과학적으로 입증된 방법을 찾고 싶었다. 수십 년간의 연구를 통해, 마음이 어떻게 작동하는지에 대해 우리가 찾은 어떤 핵심적인 발견들을 사람들이 이해할 때 피벗하는 '방법'을 더 잘 이해하게 된다는 것을 알게 되었다. **독재자**가 행하는 방식을 보면, 당신은 새로운 형태의 마음 모드인 해방된 마음을 취하는 데 더 가까워질 것이며, 이는 인간 삶의 거의 모든 영역에 도움이 될 것이다.

심리적 경직성으로 향하는 경향성이 인간의 언어와 인지와 함께 진화해 왔다는 것을 우리는 배웠다. 문제해결을 위한 고상한 형태의 상징적 사고를 사용하고, 과학 실험을 수행하며, 위대한 문학을 창조하고, 새로운 기술을 발명하게 해 주는 이러한 엄청난 정신적 재능은 또한 우리 마음속 **내부 독재자**의 목소리를 불러일으킨다. 상징적 사고 능력은 우리의 생각에 외부 세계와 견줄 만한 현실감을 부여한다. 우리는 매우 생생하게 기억을 떠올릴 수 있기 때문에 기억을 회상하는 것은 실제 그 사건이 발생했던 때 느꼈던 것과 거의 같은 감정 및 뇌 반응을 불러일으킨다. **독재자**의 목소리를 통해 우리 자신에게 보내는 메시지는 단지 생각이 아니라 엄연한 진실처럼 들리게 된다. 그 내용이 위협적인 것이라면 우리는 세상의 위험에 맞서 싸우는 것과 똑같은 본능적인 방식으로 그것에 대응하게 된다. 우리의 생각은 고대 사바나에서 우리를 향해 돌진하는 사자와 마찬가지로 무서운 존재가 될 수 있고, 그것으로부터 도망치거나 숨거나 죽이는 데 투쟁-도피 충동을 똑같이 적용한다.

우리의 사고 과정이 진화해 온 방식 또한 마음이 얼마나 자동적으로 부정성을 촉발시키는가를 설명해 준다. 우리의 생각은 영구적으로 저장된 사고 패턴의 밀집된 네트워크에 심겨 있으며, 그는 나를 보고 기뻐하지 않는 듯해와 같이 어느 순간에 주어지는 생각은 우리에게 밀려오는 어린 시절의 실망스러운 순간에 대한 것인 양 부정적인 생각의 연속을 촉발시킬 수 있다. 이때 우리는 정지나 삭제 버튼을 누를 수가 없으며, 그렇게 하려는 노력은 부정적인 생각의 강도만 증폭시킬 뿐이다.

제1부에서 소개하겠지만, ACT 연구에서는 상징적 사고 능력이 어떻게 이러한 힘든 결과로 이어지는지를 밝혔을 뿐만 아니라 그 부정적인 영향으로부터 우리를 해방시키는 방법들을 조명했다. 심리적 유연성이 여섯 가지 기술을 수반한다는 것과, 이들 각각을 만드는 데는 경직된 정신적 과정으로부터 벗어나게 하는 특정한 종류의 피벗이 포함된다는 것을 발견했다. ACT가 개발한 하나의 큰 피벗은 실제로 여섯 개의 구체적인 피벗으로 이루어져 있으며, 이들이 합쳐져 우리가 좀 더 심리적 유연성을 갖추고 살아가는 것을 가능하게 해 준다.

피벗이 왜 그토록 강력한지를 이해하는 데 있어서 중요한 점은, 건강하지 않은 사고와 행동 패턴 안에 우리를 가두는 각각의 경직된 방식들에는 그 안에 깊이 감춰진 건강한 갈망이 포함되어 있다는 것이다. 우리가 잘못된 행동을 하고 있지만, 이는 타당한 이유들 때문이다. 즉, 우리 삶이 중요한 특성을 갖추기 원하기 때문이다. 유연성 피벗은 개인의 숨겨진 갈망을 실제적으로 만족시킬 수 있는 더 개방적이고 유연한 삶의 방식으로 전환하는 것을 가능하게 해 준다. 그러면 유연성 기술을 계속해서 발달시킬 수 있게 되며, 그 결과 우리의 가치와 열망에 일치하는 삶의 길에 머물 수 있다.

다음에는 각각의 기술과 각 피벗이 되돌리고자 하는 염원에 대해 간단히 소개한다.

1. 탈융합

인지적 융합에서 탈융합으로의 피벗이 필요하며, 통합성과 이해에 대한 갈망을 되살린다.

인지적 융합이란 생각이 전달하는 바를 믿는 것을 의미하며(말한 그대로, 문자 그대로 받아들이는 것), 생각이 말하는 것이 행동을 대신 결정하도록 놔두는 것이다. 인간은 오로지 생각에 의해 구조화된 방식대로만 세상을 지각하도록 프로그래밍되어 있기 때문에 이러한 마음의 속임수가 생겨난다. 즉, 우리는 이것저것 끔찍한 것을 보지만 우리가 생각하고 있다는 사실을 놓친다. 우리는 세상을 이해하려고 시도하면서 경험을 판단하는데, 이것이 판단에서 비롯되었다는 것을 자각하지 못한 채로 이를 믿어 버리고 만다. 융합을 뒤집은 쪽은, 지속적인 의미부여의 과정인 생각을 있는 그대로 바라본 다음에 그것들이 진정으로 제공하는 정도까지만 힘을 부여하기로 선택하는 것이다. 이러한 유연성 기술은 생각의 행위에 빠져들지 않으면서 단지 이를 알아차리는 것을 포함한다. '그저 알아차리기'에 대해 우리가 만들어 낸 말이 **탈융합**이다. 생각으로부터 거리를 두는 이 능력을 통해 우리는 부정적인 생각의 네트워크로부터 우리 자신을 해방시킬 수 있다.

2. 자기

개념화된 자기 또는 자아에 대한 충성에서 관점을 취하는 자기로의 피벗이 필요하며, 소속과 연결에 대한 갈망을 되살린다.

가장 간단한 의미로, **개념화된 자기**라고 말할 때 내가 의미하는 그것은 당신의 **자아**다. 즉, 당신이 누구이며 어떤 사람들과 관계 맺고 있는가에 대한 당신의 이야기인 것이다. 우리의 이야기 내에서 우리는 자신의 특정한 무엇인가에 주목하며(예: 특정한 기술이나 특정한 욕구 등), 이를 통해 우리가 집단에 소속될 수 있기를 바란다. 우리 모두는 이런 이야기들을 가지고 있으며, 이를 가볍게 붙들 때에는 도움이 될 수도 있다. 그러나 그것을 단단하게 붙들면 스스로에게 솔직해지기가 어렵고, 자신과 타인에게 유익하지만 이야기에는 맞지 않는 다른 생각과 감정 및 행동을 받아들이기가 점점 더 어렵게 된다. 이 사건에서 개념화된 자기는 마치 우리의 목숨이 달려 있다는 듯이 이러한 이야기를 변호하게끔 만들며, 이는 진정한 연결이 아닌 소외를 낳고 만다. 관찰, 목격 또는 순수한 자각의 감각인 **관점을 취하는 자기**에 깊게 연결하는 것이 그 대안이 된다. 이 자기 감각을 통해서 우리는 우리가 자신에게 말하는 이야기보다, 그리고 마음이 이야기하는 것보다 더 큰 존재임을 알 수 있게 된다. 또한 우리가 의식 안에서 모든 인류와 연결되어 있음을 안다. 이는 우리가 특별해서가 아니라 인간이기 때문이다. 어떤 사람들은 이를 초월적이거나 영적인 자기 감각으로 여긴다.

3. 수용

경험 회피에서 수용으로의 피벗이 필요하며, 느끼려는 갈망을 되살린다.

경험 회피란 우리의 개인적인 경험(사고, 감정, 그리고 감각)과 이를 일으키는 외부 사건(파티에 가는 것에서부터 사랑하는 사람의 죽음에 이르기까지 다양함)에서 도피하거나 이를 통제하려는 과정이다. 그것이 고통을 피하는 쉬운 방법이라고 마음이 말하기 때문에 우리는 경험을 회피하며, 이 경우에는 기분이 좋을 때에만 자유롭게 느낄 수 있을 것이다. 그러나 회피는 일반적으로 우리의 어려움을 더욱 악화시킬 뿐이며, 감정을 느끼는 능력 자체를 제한해 버린다. **수용**은 괴로운 상태가 아니라 힘이 있는 상태에서 개인적인 경험을 완전하게 끌어안는 것이다. 개방성과 호기심으로 느끼기를 선택하는 것이며, 이에 따라 함께 가도록 감정을 초대하면서 당신이 살고 싶은 종류의 삶을 영위할 수 있게 된다. 수용 피벗의 결과로, 초점이 기분 좋은 것에서 잘 느끼는 것으로 이동한다.

4. 현존

과거와 미래에 이끌린 경직된 주의를 현재에 기반을 둔 유연한 주의로 피벗하는 것이 필요하며, 목표 지향에 대한 갈망을 되살린다.

경직된 주의의 과정은 과거에 대한 반추나 미래에 대한 걱정, 또는 십 대들이 비디오 게임에 빠지는 것처럼 현재 진행되는 경험 속으로 정신없이 사라지는 형태로 나타난다. 삶의 도전과 씨름하는 동안 우리는 길을 잃을까 봐 두려워하며, 방향을 찾기 위해 과거나 미래를 떠올리는 경향이 있다. 그러나 일이 현재 **어떤지**만이 실제로 있을 뿐인 때에, 일이 어떠했고 어떻게 될 것인지로 가득 찬 마음의 안개 속에 잠겨 있는 우리 자신을 발견하게 된다. 현재에 기반을 둔 **유연한 주의** 또는 현존하기는 유용하고 의미 있는 지금 여기의 경험에 주의를 기울이도록 선택하는 것을 의미하며, 지금 그런 경험이 없을 경우에는 정신없는 끌림이나 혐오감에 사로잡혀 있기보다 다른 유용한 사건으로 옮겨 가도록 선택하는 것이다.

5. 가치

사회에 순응하기 위한 목표에서 스스로 선택한 가치로의 피벗이 필요하며, 자기주도와 목적에 대한 갈망을 되살린다.

사람들은 종종 해야만 한다고 느끼기 때문에 특정한 목표를 달성하고자 노력한다. 그렇게 하지 않으면 우리가 신경 쓰는 사람들 또는 우리가 그의 견해를 신경 쓰는 사람들이 불쾌해하거나, 아니면 그들은 자신에게 실망할 것이다. 연구에 따르면, **사회에 순응하기 위한 목표**는 약하고 효과 없는 동기를 일으킬 뿐이다. 우리가 그러한 외부적인 목표들을 위해 스스로를 몰아붙일 수 있지만, 그것이 우리의 잠재력이 펼쳐지는 과정을 약화시키기 때문에 우리는 또한 비밀리에 그것을 원망한다. 자기주도와 목적의식에 대한 갈망은 목표 성취를 통해서는 완전히 충족될 수 없는데, 왜냐하면 목표 성취는 항상 미래(나는 아직 내 목표를 달성하지 못했어) 또는 과거(나는 목표를 달성했어)의 속성을 띠기 때문이다.

가치는 자상한 부모가 되는 것, 신뢰할 수 있는 친구가 되는 것, 사회적으로 인정받는 것, 또는 충직하고 정직하며 용기 있는 것 등 자신이 선택한 존재와 행위의 방식이다. 가치와 일관된 삶은 결코 완성되지 않으며, 평생에 걸친 여행이다. 그리고 그것은 지속적인 동기부여의 원천을 만들어 내는 길을 알려 준다. 궁극적으로 당신의 가치가 무엇인지는 당신에게 달려 있다. 즉, 그것은 전적으로 당신의 일이다.

6. 행동

회피를 고수하는 것에서 전념 행동으로의 피벗이 필요하며, 유능하고자 하는 갈망을 되살린다.

우리는 습관이라는, 행동의 보다 큰 패턴을 항상 만들어 내고 있다. 습관을 기르는 것에 대해 생각할 때면, 우리는 담배를 완전히 끊는 것과 같은 완벽한 결과에만 집중하는 경향이 있다. 사실 습관을 기르는 것은 순간순간의 과정이다. 우리가 단숨에 습관을 바꾸려 시도할 경우에 우리의 노력은 미루기와 무활동, 충동성, 또는 지속적인 회피와 일중독으로 이어지는 경향이 있다. 그 대신에 전념 행동 피벗은 사랑과 보살핌, 참여하기, 창조하기, 또는 다른 모든 선택된 가치와 관련된 작은 단계들을 통해 충분하고 지속적으로 습관을 형성하는 과정에 초점을 둔다.

여섯 개의 피벗은 다음과 같이 간단하게 요약할 수 있다.

1. 충분한 거리를 두고 자신의 생각을 보라. 그러면 마음의 속삭임에 관계없이 다음 할 일을 선택할 수 있을 것이다.
2. 우리가 스스로에 대해 구상해 놓은 이야기를 알아차리고 우리가 누구인지에 대해 조망하라.
3. 감정이 고통스럽게 느껴지거나 취약성을 일으킬 때조차도 이를 느끼도록 스스로 허용하라.
4. 단순한 습관에 의존하기보다는 우리의 안과 밖, 지금 여기에 존재하는 것을 알아차리면서 의도적으로 주의를 돌리라.
5. 우리가 발전하기 원하는 쪽으로 존재와 행위의 방식을 선택하라.
6. 이러한 선택을 뒷받침하는 습관을 만들라.

나는 이러한 실행들을 포괄하는 첫 조치에 '피벗'이라는 별칭을 붙였는데, 영어의 피벗이라는 단어가 경첩 안의 핀을 가리키는 프랑스 고어에서 유래했기 때문이다. 경첩 안의 회전축은 한 방향으로 향하는 에너지를 취하여 즉시로 반대 방향으로 되돌린다. 피벗을 할 때, 우리는 경직된 과정 속에 흐르는 에너지를 유연한 과정을 향해 흘려 보내게 된다. 우리가 개방성과 호기심, 자애심을 가지고 감정을 있는 그대로 느끼는 법을 배우게 되면, **고통은 삶에서 강력한 지원군이 될 수 있다**. 가령, 경험 회피의 과정으로 이끌 수 있는 개인적인 배신의 고통을 예로 들어 보자. 수용 기법을 통해 우리는 사랑과 보살핌을 받기 원하기 때문에 촉발된 이 고통스러운 에너지를 원래의 목적으로 돌려보낼 수 있게 된다. 즉, 우리가 갈망하는 바로 그 관계를 만드는 것으로 말이다.

고통과 목적은 동전의 양면과도 같다. 우울증으로 괴로워하는 자는 충만하게 느끼기를 바라는 사람일 가능성이 매우 높다. 사회불안이 있는 자는 타인과의 연결감을 느끼기 바라는 사람일 가능성이 매우 높다. 당신은 당신이 관심을 가지는 데서 상처를 받으며, 상처받는 데에 관심을 가진다.

이러한 피벗 시도하기를 마치 무대에서 스텝을 따라 하듯 춤 동작을 배우는 것이라고 생각해 보라. 춤을 출 때의 스텝과 마찬가지로 피벗은 결합하여 매끄럽게 연결된 전체를 이루며, 각각의 스텝이 없이는 춤사위가 부드럽게 흐르지 않을 것이다. 이 기술을 연마할수록 유연성이 향상된다. 한 발짝 한 발짝씩 동작이 끊기는 파트너보다는 움직임이 유연한 파트너와 함께 할 때 춤을 추기 쉽듯이, 지속적으로 유연성 기술을 발달시킴으로써 기존의 생각과 감정, 심지어는 부정적인 생각의 에너지마저 성장을 위한 에너지로 변환할 수 있게 된다. 아이러니하게도, 우리가 피벗을 할 때, 타당하지만 그동안 잘못된 전략 속에 놓여 있었던 내면의 더 깊은 갈망을 진정으로 충족시키게 된다.

상대적으로 말하면, 이러한 유연성 연습은 심리적 건강의 큰 부분을 차지한다. 이를 배우는 것은 더욱 효과적인 패턴의 삶과 행동, 존재와 행위로 이어지게 한다. 달리 말하면, 유연성 기술은 우울증, 만성 통증 및 약물 남용과 같은 특정 삶의 문제에 맞서 싸우는 데 도움을 줄 뿐만 아니라, 우리로 하여금 더욱 건강하고 의미 있는 삶을 살 수 있게 해 준다. 그것은 번영을 촉진한다.[20]

피벗하는 것이 어려워 보일지 모르지만, ACT 연구에 따르면 상당히 간단한 방법으로 여섯 가지의 기술을 배우고 이를 삶의 습관으로 자리 잡게 할 수 있다. 피벗을 시도하는 법과 그 기술을 쌓는 방법을 제시하고, 그 실행이 성장과 삶의 질 향상에 미친 뚜렷한 긍정적 효과를 입증한 다수의 연구를 소개할 것이다.

이에 대한 맛보기로, 최근 연구의 한 예를 참고해 보자. 끔찍한 화학 요법과 수술 등 일련의 항암 치료 과정을 마치고 회복 중에 있는 수백 명을 보편적인 회복기 치료(재발을 막기 위해 필요한 식단 및 운동조절 등의 생활패턴 추적 관리와 같은)나 11회기의 짧은 ACT 기반 전화 치료(암 회복을 위한 도전에 유연성 기술을 사용하는 방법에 대한) 조건에 무작위로 할당했다. 심각하고 삶에 위협이 되는 질환에 걸렸다는 사실을 알게 된 것은 외상 경험일 수 있다. 그러나 6개월에서 12개월이 지난 뒤 보편적인 치료 집단에 비해, ACT 참가자들은 불안, 우울의 측면에서 더 낮은 수준을 보였을 뿐만 아니라 새로운 의학적 처방 계획을 더 잘 따르는 것으로 나타났다(예를 들어, 그들은 식이 요법과 운동을 더잘 지키기 시작했는데, 이는 재발을 막기 위한 핵심 단계였다). 또한 그들은 삶의 질, 특히 신체적인 웰빙의 관점에서 뚜렷하게 높은 수준을 보였으며, 더 나아가 더 높은 수용 및 외상 후 성장 수준을 나타냈다.

어떤 면에서는 마지막 결과가 가장 흥미로운데, 왜냐하면 삶의 도전에 유연하게 대처한다는 것이 무엇을 의미하는지 분명하게 보여 주기 때문이다. 물론 암은 충격적일 수 있지만, 이로부터 살아남는다면 삶으로부터 배우고 변화할 기회를 얻게 된다. 이것이 **외상후 성장**이 의미하는 바다. 6개월에서 12개월 이후 ACT 집단은 더 많은 삶에 대한 감사와 영적인 성장, 새로운 가능성에 대한 수용, 그리고 타인과의 관계에 더욱 집중하는 결과를 보였다. 그들은 **성장했으며**, 암으로부터의 회복을 자산(개인적인 힘의 원천)으로 바꾸었다.[21]

또 다른 연구에서, 동료들과 나는 많은 연구자들이 복잡성 때문에 연구하길 꺼려 왔던 한 모집단을 조사했다.[22] 이는 다중 약물 사용자에 관한 것이었다. 이들은 종종 재활시설에 나타나 "오, 다 마셔 버렸어요. 기분을 취하게 만들어 주기만 한다면 X가스도 다 마셔 버릴 거예요."라고 말하는 중독자들이다. 더욱 도전적인 목표를 위해 우리는 헤로인과 같은 아편 유사제에 중독되어 있고 이미 메타돈(합법적으로 장시간 작용하는 아편류)을 통해 치료받아 왔지만 치료 효과가 없는 사람들까지도 조사하기로 했다.

우리는 100명 이상의 참가자들을 세 집단에 무선 배정했다. 한 집단은 단순히 메타돈 치료를 지속하는 집단, 다른 집단은 메타돈 치료와 더불어 ACT를 배우는 집단, 마지막 집단은 메타돈 치료를 지속하면서 AA나 NA와 같은 12단계 프로그램을 차용한 프로그램에 노출시키는 집단이었다. 6개월 후, ACT 참가자 집단이 메타돈만을 투약한 집단에 비해 더 훨씬 적은 양의 아편제(소변을 통해 측정)를 사용하고 있었다. 12단계 프로그램 집단은 초기에는 변화를 보였으나 추적이 끝나 갈 무렵에는 메타돈 단독 사용 집단과 크게 다를 바가 없었다. 이 연구를 시작으로, 물질 사용에 대한 수십 개의 연구에서 ACT를 활용하여 보다 **빠르게** 담배를 끊고, 과도한 마리화나 사용을 줄이며, 디톡스를 끝내고, 알코올 중독 치료를 성공할 수 있다는 사실이 확인되었다.[23] 이 방법은 충동이 덜 지배적이 되고, 가치가 더욱 중요해지며, 불쾌한 감각에 덜 얽히게 함으로써 효과를 낸다. 당신이 하고자 하는 일을 선택하는 것이 가능해진 것이다.

현재 심리적 유연성의 과학은 인간 기능에 관한 거의 모든 영역에서 그 효과를 입증한 천 개 이상의 연구들로 뒷받침되고 있다. 임상 연구에서는 이처럼 넓은 범위의 연구를 **범진단적**이라 부르는데, 이는 심리적 유연성을 목표로 하는 치료가 전통적인 정신 건강과 관련된 진단 범주(불안, 우울, 물질 남용, 섭식장애 등)를 아울러서 광범위하게 적용될 수 있다는 의미다. 그런데 그것조차도 충분히 포괄적이지 않다는 것이 밝혀졌다. ACT는 스테로이드와 같이 범진단적인 속성을 띤다. 동일한 유연성의 과정은 또한 신체적인 질환의 도전을 향해 나아가고, 더 나은 관계를 유지하고, 스트레스를 줄이고, 업무를 효율적으로 조직화하고, 경쟁적인 스포츠 경기를 치를 수 있도록 돕는다. 심리적 유연성을 측정하는 도구들은 당뇨를 관리할 수 있는지 또는 전문 하키 선수들이 경기 도중 몇 개의 도움과 득점을 올리는지를 예측한다. 어떤 심리적 유연성 측정 도구는 안 좋은 일이 발생했을 때 트라우마를 발전시킬지 또는 유능한 부모가 될 수 있는지까지도 예측해 준다.[24]

이 책의 제1부에서는 ACT 방법을 개발하게 해 준 발견들에 대한 일화를 소개한다. 제2부에서는 유연성 기술이 왜 그토록 강력한지에 대해 중요한 증거들을 추가적으로 제시하고, 초기에 피벗을 하고 기술을 지속적으로 발전시키도록 돕는 풍부한 기법들을 나눈다. 제1, 2부 모두에 삶을 변화시킨 사람들의 이야기를 수록했다. 제3부는 물질 남용, 암 치료, 만성 통증 관리, 우울증 극복, 금연, 체중 감량, 수면 향상, 학습력 향상, 그리고 업무에 보다 적극적이고 성실하게 임하는 것과 같은 수많은 구체적인 도전에 대처하는 데 ACT 기술이 얼마만큼 도움이 되는지에 대한 증거를 소개한다.

인간의 문제와 어려움은 손가락 튕기기 한 번으로 해결되지 않는다. 대부분의 사람들에게 있어 근본적인 변화는 시간이 걸리는 일이다. 우리의 삶은 결코 순탄치 않고 우리의 성장은 절대 '완성'되지 않는다. 그러나 **방향** 전환은 전혀 긴 시간을 요하지 않는다. 코너를 돌면서 발의 공을 피벗하는 것처럼, 심리적으로 더 유연한 삶을 창조하는 핵심 과정은 순식간에 이루어질 수 있다. 특히 우리 마음의 속임수를 벗겨 내는 방법을 알고 있다면 더욱 가능할 것이다. 그런 식으로 피벗하는 방법을 배우는 데는 몇 년, 심지어 몇 달도 채 걸리지 않는다. 현재까지 발표된 250개가 넘는 ACT의 무작위 비교 연구 중 수십 개의 연구는 새로운 삶의 방향을 만들기 위해 투자한 시간이 몇 시간에 불과했다.[25]

그중 한 예는 나와 대학원생들이 수행한 것으로서, 이미 체중 감량 프로그램(예: 웨이트 워처스)에 등록한 사람들을 대상으로 비만과 과체중에 대한 수치심과 자기 낙인을 표적으로 일일 ACT 훈련을 진행한 결과를 조사한 것이다. 우리는 훈련을 통해서 수치심이 줄고 심리적 유연성과 삶의 질이 각각 향상되었음을 발견했다. 체중 감량 그 자체를 목표로 삼지 않았으므로, 비만인 사람들이 자신의 자기 수치심과 비난을 가지고 피벗하는 것을 배울 때 다음 3개월 동안 자연스럽게 체중이 감소했다는 것은 매우 놀랄 만했다. 일단 사람들이 비만에 대해 자학하는 것을 멈추고 대신에 스스로의 감정과 생각에 머무는 법을 배웠더니, 체중 감소는 저절로 따라오게 되었다. 관련된 연구에서 우리는 비만인 사람들의 심리적 유연성 수준과 그들의 체중 감량, 운동에의 참여, 폭식 멈추기 능력 간에 정확한 상관관계가 있음을 밝혀냈다.[26]

내가 전달하고자 하는 진짜 희망적인 메시지는 극적인 변화가 가능하며, 이는 그리 먼 이야기가 아니라는 것이다. 얼마나 멀까? 얼마나 많은 노력이 필요할까? 글쎄, 나는 다음과 같이 묻고 싶다. 당신이 한 방향으로 걷던 중에 발의 공을 다른 방향으로 돌렸다면 얼마나 걸렸는가? 얼마나 많은 노력이 필요했는가?

아마 이 질문에 사실상 시간과 노력이 전혀 들지 않는다고 대답하고 싶을지 모르겠다. 그러나 어느 정도만 사실이다.

걸음마 배우는 것을 본 적이 있는가? 그렇다면 걸음마를 배우기 위해 시간과 노력이 든다는 점을 알고 있을 것이다. 연구에 따르면 막 걸음마를 배우기 시작한 영아들은 시간당 2,400걸음 정도를 떼며(이는 일곱 개의 축구장을 가로지를 정도의 거리다!), 평균적으로 17번 정도 넘어진다. 계산을 해 보자. 만약 아기가 깨어 있는 시간의 절반 동안 걷는다고 가정하면, 이는 하루에 46개의 축구장을 돌며 100번씩 넘어진다는 것을 의미한다.[27] 첫 걸음마를 시작한 아기들의 부모가 피곤한 것은 당연한 일이다! 이 엄청난 양의 연습에도 불구하고, 처음에는 단지 매번 약간씩 방향을 조정하면서, 불안정하고 짧은 일련의 걸음을 통해서만 방향을 전환할 수 있다. 이것이 우리가 이들을 '아장아장 걷는 아기'라고 부르는 이유다. 결국 아기들은 새로운 기술을 습득하게 되며, 정상적인 아동과 성인은 한 발을 들고 이 여세를 몰아 다른 방향으로 이동시킴으로써 부드럽게 피벗할 수 있게 된다. 걷는 중에 하는 피벗은 노력이 들지 않지만, 이를 배우기까지는 노력과 연습이 필요하다.

한 가지 좋은 소식은 정신적인 피벗은 실제로 걸음마에 비해 배우기가 **훨씬** 더 간단하다는 것이다. 적절한 가이드가 있다면 유아처럼 여기저기서 자주 넘어지게 될 일은 없을 것이다.

내가 옳다면, 그리고 심리적 유연성이 현대 사회를 더 건강한 방향으로 이끄는 핵심적인 퍼즐 한 조각이라면, 이는 가정에서, 직장에서, 지역사회에서, 그리고 우리 마음속에 더 많은 사랑과 자율성이 부여된 환경을 창조하는 길이 그리 멀지 않다는 것을 의미한다. 환불에 대한 보장은 물론 없지만,[28] 한번 중추적인 심리적 기술의 핵심 세트를 배우면, 건강한 변화 과정을 시작하는 것은 **시작**이라는 말만큼 가깝다는 것이 되풀이해서 입증되어 왔다.

제**2**장

내부
독재자

어느 끔찍한 한밤중에 불안과의 싸움에서 바닥을 친 후, 나는 ACT 개발에 진심으로 몰두하기 시작했다. 불안장애의 과거사가 있는 많은 사람들, 그리고 중독, 우울증을 비롯해 다른 수많은 심리적 증세를 경험한 사람들은 내가 말하는 경험의 일부분을 인정할 것이다. 내 경험은 회피라는 심리적 경직성이 얼마나 치명적인 결과를 가져올 수 있는지를 보여 줄 뿐 아니라, 그날 밤에 나는 회복을 향해 몇 가지 중요한 첫걸음을 내딛을 수 있었기 때문에 이를 공유하고자 한다. 사실상, 나는 당시에 여섯 개 중 세 개의 피벗을 했던 셈인데, 그날 밤 내게 일어났던 일에 대해 훗날 집중적으로 충분히 숙고하고 연구한 다음에서야 비로소 이를 깨달았다. 이 경험담은 피벗하기 경험이 어떤 것인지, 우리가 얼마나 빠르게 피벗을 해낼 수 있는지(종종 한 번에 한 개 이상), 그리고 피벗이 어떻게 우리 삶의 새로운 길을 추구하고자 하는 신념으로 인도할 수 있는지를 보여 준다. 그날 밤의 경험을 통해서 나는, 많은 사람들이 바닥을 치지 않고도 피벗을 배워서 더욱 건강하고 충만한 삶을 살도록 진정 스스로 자유로울 수 있는 방법을 개발하는 것이 우리 심리학자가 해야 할 일이라는 신념을 갖게 되었다.

끔찍하지만 전환기적인 날 이후로 몇 년간 나와 내 팀이 수행해 온 연구를 통해서 다음과 같은 ACT의 핵심 가설을 확인했다. 생각과 감정의 내용을 변화시키려고 시도하기보다 그것들과의 관계를 변화시키는 것이 치유와 우리의 진정한 잠재력에 대한 깨달음의 열쇠라는 것이 그 핵심 가설이다. 내가 그날 밤 일련의 깨달음을 경험하지 못했다면, 이를 이처럼 빠르게도 완전하게도 이해하지 못했을 것이라고 생각한다. 나는 원숭이 덫에 단단히 걸려 있었던 것이다.

경험으로부터 도망칠 때

내 불안은 계속 커져 가고 있었다. 첫 번째 공황 발작을 촉발시킨 학과에서의 불미스러운 사건은 완전한 내전으로 불붙어서 내 동료들은 야생 동물과 다름없이 싸워 댔다. 게다가 첫 번째 공황 발작 직전에 시작된 이혼 절차도 점점 마무리 단계에 다다르고 있었다. 외견상으로는 내가 내 삶과 일에 잘 적응하고 있는 듯 보였음에도 불구하고, 공황은 점차적으로 삶의 중심점이 되었다.

나는 생각할 수 있는 모든 방법을 동원해서 공황에 대해 통제력을 발휘하려고 노력했지만, 그 모든 노력이 똑같이 결함 있는 전제에 바탕을 두고 있었음을 깨닫지 못하고 있었다. 즉, 그 모든 것이 어떤 식으로든 불안으로부터 도망치거나, 피하거나, 불안을 줄이고자 하는 노력이었던 것이다. 필요한 모든 수단, 그것이 상황적이든 화학적이든 인지적이든 감정적이든 또는 행동적이든 간에, 이들을 모조리 동원해 목적을 달성하려 했던 것이다. 내가 스스로에게 되뇌던 구체적인 전략은 다음과 같다.

- 두려워하는 상황에 자신을 노출하라. 그렇게 하면 공포가 가라앉을 것이니까.
- 이완 기법을 배우고 훈련하라.
- 더 합리적으로 생각하도록 노력하라.
- 쉽게 빠져나갈 수 있도록 문가에 앉으라.
- 심박동수가 증가할 수 있으니 회의 전에 서두르지 말라.
- 필요할 때를 대비해 늘 자리를 빠져나갈 변명을 준비해 두라.
- 심박동수가 정상인지 민감하게 체크하라.
- 맥주를 마시라.
- 웃어 넘기라.
- 철저하게 준비하라.
- 강연을 피하고 대학원생이 대신하게 하라.

- 안정제를 복용하라.
- 말할 때 눈에 띄는 곳에 친구를 앉게 하라.
- 마음을 달래 주는 음악으로 주의를 분산시키라.

이러한 전략 중 대부분은 단기간 사용할 경우에 그 자체로는 무해하다. 농담을 하거나 휴식을 취하고, 맥주와 함께 긴장을 푼다고 해서 문제될 것은 없다. 다른 상황에서 좀 더 이성적으로 생각하거나 불안을 유발하는 상황에 자신을 노출시키는 것과 같은 전략은 심지어 도움이 되기도 한다. 문제는 마음이 내게 보내는 근본적인 메시지(불안은 적이고 내가 이를 물리쳐야만 한다)가 해롭다는 점이었다. 나는 불안을 경계하고 관리하고 억압해야 한다. 불안 그 자체가 내 불안의 주요 원천이 되고 만 것이다.

불안을 철천지원수로 여기게 되자 공황 발작의 강도와 빈도가 증가했다. 어느 날 연구실 회의 도중에 너무나도 강렬한 발작이 찾아와서 아무런 설명도 하지 못한 채로 급작스럽게 도망치고 말았다. 콘퍼런스에 가던 비행기에서 발생한 발작으로 나는 동료들이 내게 일어나는 일을 보지 못하도록 자리를 옮겼고, 그 이후에도 반복해서 자리를 옮겨야 했다. 백화점에서는 에스컬레이터를 어떻게 찾아야 할지 기억이 나지 않을 정도로 강렬한 공황을 경험한 적이 있다. 이불 진열대 뒤에 앉아 조용히 눈물을 훔쳐야 했다. 수업 시간에 강의 대신 영상을 틀어 주려고 준비했는데, 그때에도 심지어 필름을 영사기에 넣는 것조차 어려울 정도로 심한 발작을 경험했다. 곧 어느 곳도 안심할 수가 없었다. 2년여쯤 지났을 무렵에는 일과 중 80~90%가량의 시간을 공황을 경험하지 않으려고 노력하는 데 소모했다. 남들이 보면 다소 위축되거나 멍하게 보였을지 모르지만 겉으로 나는 미소 짓고 웃으며 정상인 듯이 보이려고 애썼다. 그 와중에 내면에서는 다음 발작의 징후를 찾기 위해 끊임없이 정신적 지평을 훑고 있었다.

나는 마치 배가 고프면 주인의 발을 물어뜯는 아기 호랑이와 함께 사는 사람과도 같았고, 내 반응은 고깃덩어리를 던져 호랑이를 달래려는 시도였다. 그러한 시도는 단기적으로 효과가 있었지만 하루가 지남에 따라 호랑이는 점점 커지고 강해졌고, 그를 만족시키기 위해 점차 더 많은 고기가 필요하게 되었다. 내가 먹이로 주던 고기는 내 자유의 조각이자 내 삶의 조각과도 같았다. 호랑이가 자라남에 따라 온종일 내 관심은 다음 발작이 나타나는 경우에 어떻게 할지를 계획하는 데 쏠리게 되었다. 나는 지쳐 버렸다. 결국 집조차 쉴 만한 공간이 아니었고, 잠도 더 이상 피난처가 아니었다. 완전한 공황 상태에 빠진 채로 한밤중에도 잠에서 깨기 시작했는데, 이는 경직되고 회피적인 사고 과정이 얼마나 자동적인지를 놀라울 만큼 잘 보여 주는 증거다. 깨어 있지 않아도 특정 종류의 외부 자극이 주어지면 이 지독한 정신 과정이 활성화되기 시작했다.

나는 **내부 독재자**의 단단한 손아귀에 완전히 지배당하고 말았다. 머릿속의 목소리는 불안을 피하거나 이를 어떻게든 제압하라고 더욱더 다급하게 외쳐 댔다. 우리 모두는 자신의 마음 안에 있는 이런 자기비판적이고 괴롭히는 목소리의 존재를 안다. 사람들은 이를 내면의 조언자나 판사 또는 비평가로 여긴다. 그것을 길들이는 법을 배울 때, 이는 매우 유용할 수 있다. 그러나 그것이 멋대로 행동하도록 내버려 둔다면 그 목소리는 **독재자**라는 칭호를 얻게 될 만큼 강력해진다. 마치 진짜 독재자처럼, 목소리는 우리에게 많은 긍정적인 것들을 이야기해 줄 수 있다. 그 목소리는 "잘했어."와 같은 말로 우리의 자신감을 북돋울 수 있으며, 잘못된 일이 우리의 탓이 아니라고 안심시키기도 한다. 그 목소리는 우리가 똑똑하며 성실하다고 속삭인다. 그러나 또한 쉽게 등을 돌려 우리가 나쁘고 약하며 멍청하다고 비난할 수도 있다. 그 목소리는 우리에게 희망이 없고 삶이 가치 없다고 속삭이기도 한다.

그 목소리가 긍정적이냐 부정적이냐 하는 문제보다 그것이 우리를 지배하고 있는지 여부가 더 중요하다. 예컨대, 긍정의 이름으로 이들은 우리를 과대망상에 빠지게 할 수 있다. 자신이 너무도 특별하여 타인이 남몰래 자신을 시샘하고 있다거나, 자신이 타인보다 똑똑하며 자신은 명백하게 옳고 타인은 완전히 틀렸다고 확신시킴으로써 말이다. 한편, 건설적인 비판이라는 명목하에 우리를 자기혐오에 빠지게 하거나, 수치심으로 삶을 갈기갈기 찢어 놓거나, 삶을 기약 없는 정지 상태에 머무르게 할 수도 있다.

이 목소리의 영향력과 관련해서 잠재적으로 위험한 것은 우리가 심지어 목소리를 듣고 있다는 사실과도 접촉이 끊긴다는 점이다. 그 목소리는 내가 누구인지, 타인과 비교해서 내가 어떤지, 다른 사람이 나를 어떻게 생각하는지, 나 스스로가 괜찮으며 당면한 도전에 잘 대처하고 있다는 것을 확인하기 위해 무엇을 해야 하는지에 대해 거의 끊임없는 이야기를 짓고 있다.

그 지배가 너무도 끊임이 없고 매끄러워서 우리는 그 목소리 안으로 실종된다. 즉, 우리는 그것과 동일시하거나 '융합'된다. 누군가 그 목소리가 어디서 나오는 것인지 물을 때, 우리는 너무 당연하게도 그 **독재자**를 우리의 목소리, 또는 우리의 생각, 심지어는 **진짜 자기**로 여긴다. 이것이 우리가 이 목소리를 '나'라는 말의 라틴어인 '에고'라고 부르는 이유다. 그러나 그것은 실제로 내 이야기일 뿐이다. 너무 얽혀서 우리는 그것의 지시를 문자 그대로 받아들인다.

이는 공황장애로 투병하는 수년간 내가 엄청나게 많이 해 왔던 짓이기도 하다. 그 목소리는 나는 정신 바짝 차려야 해, 나는 완전 패배자야, 왜 나는 이걸 해결할 수 없지?, 스스로 고쳐야 해. 나는 심리학자인데, 세상에!와 같은 생각들을 계속해서 생성해 냈다. 돌이켜 보니 이 모든 생각 하나하나에서 '나, 나, 나'를 확인할 수 있었다. '내 이야기'는 점점 더 나를 얽어매고 압도했다.

사실상 내 모든 환자는 내부 독재자에게서 온 유사한 속 썩이는 메시지를 내게 들려주었다. 인지행동치료자들은 그런 부정적인 자동적 사고 패턴을 수집해서 부적응적인 사고 패턴을 평가하는 질문지로 만들었다. 예를 들어, 가장 잘 알려져 있는 초기 질문지 중 하나는 자동적 사고 질문지(Automatic Thoughts Questionnaire: ATQ)[1]로 1980년에 2명의 심리학자인 스티브 홀론Steve Hollon과 필 켄들Phil Kendall이 개발한 것이다. ATQ는 나는 사람들을 실망시켜, 내 삶은 엉망이야, 더 이상 견딜 수 없어, 나는 너무 약해와 같은 생각을 사람들이 얼마나 자주 하는지를 측정한다. 그런 생각은 여러 다른 종류의 정신적·신체적 결과와 연관되는데, 그중에서도 특히 우울 및 불안과 높은 상관을 나타낸다.[2]

내 임상 경험을 통해서도 그 영향을 분명하게 확인할 수 있었다. 예를 들어, 강박 성향이 있는 내 내담자는 그녀가 타인을 오염시킬 만한 모든 가능성에 대해 믿을 수 없을 만큼 상세하게 제시할 수 있었다. 그녀의 걱정이 마음을 지배하면서 그녀가 기능하는 모든 영역이 악화되었다.

생각의 부정적인 결과들을 고려해 볼 때, 인지치료자들이 이를 변화시키는 데 심혈을 기울였다는 점은 그리 놀랄 만하지 않다. 확실히 오염에 대한 반추 사고는 문제이지 않은가? 그리고 만약 그렇다면, 이는 분명히 바뀔 필요가 있지 않은가?

이 결론은 논리적이지만, 나는 불안과 씨름하면서 생각을 바꾸는 데 집중하는 행위가 **내부 독재자**에게 힘을 부여할 뿐이라는 것을 발견했다. 공황을 이겨 내야 한다고 굳게 결심할수록 나는 더 많은 공황 발작을 경험했다. 불안과 전쟁을 치러야 한다는 개념을 더욱 교묘하게 만들었던 것은 몇 분 또는 몇 시간 동안에는 내 노력이 효과가 있는 것처럼 보인다는 점이었다. 그러나 며칠, 몇 달, 몇 년이 지남에 따라 내 상태는 악화될 뿐이었다. 그런 다음에 새로운 길을 걷도록 이끈 경험을 했다.

경험을 향해 방향을 돌리기

1981년 추운 겨울 밤, 나는 왼팔에 찌르는 듯한 통증을 느끼며 깨어났고 심장이 마구 뛰는 것을 느꼈다. 나는 침대에서 기어 나와 바닥에 다리를 꼬고 앉아 두꺼운 황동색 양탄자를 움켜쥔 채 내게 일어난 일을 받아들이려고 애썼다. 가슴에 무거운 추가 올려져 있는 것 같았다. 그리고 심장마비가 왔다고 생각하면서 고약한 만족감을 느꼈다. 이는 아직 또 다른 불안 발작이 아니고, 아픈 마음 때문에 벌어지는 일도 아니었다. 이는 실제였다. 이는 신체적인 문제였다. 네게 심장마비가 왔어, 구급차를 불러야 해라고 스스로에게 속으로 외쳤다.

내가 심장마비를 일으키다니 얼마나 이상한 일인가라고 생각했으며, 스스로에게 이는 33세 남성에게 일어날 수 없는 일이야라고 말했던 기억이 난다. 내 아버지인 찰스는 43세의 나이에 심장마비를 경험했지만, 그는 과체중에 알코올 중독이 있었고 줄담배를 피웠다. 사랑스럽지만 슬픈 사람인 그는 유망했던 프로야구 선수 생활을 청산하고 외판원이 되었고(심지어 어떤 때에는 브러시를 팔기 위해 집집마다 돌아다니기도 했다), 이러한 운명의 변화를 받아들이지 못했다. 나는 담배를 피지도, 술을 많이 마시지도 않는다. 나는 진토닉 술로만 그 냄새를 덮을 수 있는 썩은 고깃자루와도 같은 삶의 실패를 짊어지고 다니지도 않는다. 나는 얼마 안 있어 유명 주립대학의 정교수 자리에 추천될 예정이었다.

그러나 그 징후는 틀림없었다. 나는 맥박을 확인하기 위해 목에 두 손가락을 갖다 대었다. 최소 분당 140회구나, 나는 스스로에게 말했다. 타당한 만족감으로 가슴이 부풀어 올랐다. 이는. 진짜. 였다.

머릿속 목소리는 이제 다급해졌다. 응급실에 가야만 해. 농담이 아니야. 구급차를 불러. 이런 상태로 넌 운전 못해. 나는 머뭇거렸지만 목소리는 훨씬 다급해졌다. 어서, 당장 해!

전화를 걸기 위해 손을 뻗었지만 손이 너무 심하게 떨려 전화기를 바닥에 떨어뜨리고 말았다. 그다음에는 마치 옆에 서서 스스로를 내려다보는 것처럼 몸으로부터 분리된 듯한 이상한 느낌이 들기 시작했다. 마치 슬로 모션 영화를 보는 것처럼 시간이 느리게 흐르는 것 같았다. 마음은 내가 죽음을 맞이하고 있다는 결론을 내렸지만, 나는 이 드라마와는 거리가 먼 곳에서 냉정하게 나 자신을 바라보고 있는 것 같았다. 나는 이제 바닥에서 삐삐거리고 있는 전화를 향해 손을 뻗었다가 그 손을 보고 놀라 주저하다가 다시 손을 거두어들였다. 그 손은 빠르게 뻗었다가 느리게 돌아오기를 반복하고 또 반복했다.

얼마나 신기한가. 저것 좀 봐 하고 나는 생각했다.

내가 만약 그 전화를 걸면 어떻게 될지 상상하기 시작했다. 마치 영화 예고편처럼 병원 응급실로 급히 후송되는 드라마가 펼쳐지는 것을 보았다. 마지막 장면에서 불현듯 나는 이 '영화'가 실제로 어떻게 끝날지를 깨닫고 공포에 사로잡혔다. 나는 안 돼라고 하며 집행 유예를 바라면서 속으로 애원했다. 신이시여, 제발 그것만은 안 돼요.

내 상상 속에서, 하얀 가운을 입은 거만한 젊은 의사가 거들먹거리며 간이침대로 걸어왔고, 그가 가까이 다가오자 나는 그의 표정에서 경멸을 읽을 수 있었다. 가슴이 무너져 내리고 차가운 전율이 온몸을 타고 흘렀다. 나는 그가 무슨 말을 할지 알고 있던 것이다.

"헤이즈 박사님, 당신은 심장마비를 일으킨 게 아닙니다." 그는 점점 더 능글맞게 웃으며 읊조렸다. "당신은", 그는 일부러 잠시 말을 멈추고 숨을 내뱉은 뒤 "공황 발작을 경험하고 있는 겁니다."라고 말했다.

나는 그가 옳다는 것을 알았다. 나는 더 이상 전화를 걸려고 하지 않았다. 그날 밤 의학 드라마는 일어나지 않았다. 나는 막 공황장애라는 지옥 구덩이 속으로 한층 더 떨어져 버린 참이었다. 마음이 몸으로 하여금 실제 심장마비를 흉내 내도록 속인 것이다.

내 안에 무언가 잘못되었고 아무도 어떤 것도 구해 줄 수 없었다. 불안을 정복하기 위해 내가 생각할 수 있는 모든 것을 시도해 보았음에도, 그것은 점점 강해져만 갈 뿐이었다. 출구가 없.었.다.

절망으로 인해 뜻하지 않게 길고 이상한 한숨 섞인 비명소리가 내 안의 깊은 곳으로부터 터져 나왔다. 이런 비명은 대학을 다니며 공장에서 일을 할 때 딱 한 번 들은 적이 있는 소리였다. 알루미늄 호일을 만드는 거대한 기계에 걸려 하마터면 죽을 뻔했을 때의 일이었다. 나는 그때와 똑같은 위험에 빠진 것을 느꼈다. 이는 단순한 비명소리가 아니었다. 이는 피할 수 없는 죽음에 대한 절망의 비명이었다.

그날 뭔가는 정말 죽을 것만 같았다. 그러나 내 육신은 아니었다. 죽은 것은 오히려 머릿속 목소리와의 동일시였다. 내 삶을 생지옥으로 변모시킨 끊임없이 판단하는 바로 그 목소리 말이다.

그 긴 비명소리는 희망적이지 않았다. 그 비명은 오직 한 가지를 의미했다. 그만하자. 나는. 끝.났.어.

나는 몇 분 동안 침묵 속에 앉아 있었다. 계획도, 해결책도, 반박하는 주장도 없었다. 단지 "그만, 그만!" 뿐이었다.

그때 그 일이 일어났다. 밑바닥에 부딪히자 문이 열렸던 것이다. 180도 반대 방향에 놓인 강력한 대안이 내게 있음을 발견했다.

불현듯 나는 나 자신을 지배하도록 허용했던 바로 그 **내부 독재자**를 마치 외계의 존재처럼 선명하게 자각할 수 있게 되었다. 그동안 내가 의식하고 선택할 수 있는 내 안의 일부를 그 목소리가 차지하도록 내버려 두었던 것이다. 그 경험은, 마치 영화 속으로 빠져들었다가 어느 순간 의자에 앉아 영화를 보고 있다는 사실을 깨닫게 되는 것과도 같았다. 수년간 나 자신의 마음과 그의 명령 속 끝까지 빠져들었던 것이다. 갑자기 나는 '내 이야기'라는 관점에서 내 상황을 바라보지 않게 되었다. 즉, 지켜보고 있는 '나'는 좋거나 나쁘거나 그저 그런, 자아의 이야기 너머에 있었다. 그 관찰하고 있는 '나'에게는 의식적으로 지각될 수 있는 경계가 없었다. 그것은 인식 그 자체, 즉 지금 여기 관점에서의 인식이었다. 심오한 의미에서 나는 인식 그 자체였던 것이다.

그것이 내 첫 번째 피벗으로서, **독재자**가 규정한 개념화된 자기로부터 관점을 취하는 자기로의 나아감이었다. 그 순간 분석적인 마음이 나 자신에 대해 들려준 이야기들이 내가 아니라는 사실을 뚜렷하게 알게 되었다. 그 이야기는 단지 내 안에서 일련의 사고 과정이 만들어 낸 부산물에 불과하다는 사실을. 그 사고 과정들은 내가 선택해 사용할 수 있는 도구이지만, 꼭 따라야만 하는 것은 아니었으며 나 역시도 그들에 의해 규정되는 자가 아니었다.

이와 같은 새로운 관점에서, 내 생각에서 탈융합하는 피벗(생각을 문자 그대로 받아들이는 것에서 생각의 과정을 하나의 과정으로서 바라보는 것)을 해내는 것은 단지 백지 한 장 차이였다. 그 목소리가 내게 말하려는 것은 내 마음을 스치는 다른 생각들에 비해 꼭 더 '비중' 있는 것이 아니라는 사실을 깨달았다. 그것을 반드시 믿어야 할 필요는 없던 것이다. '배가 고파오네, 아이스크림을 먹을 거야.' '빨래가 끝나면 좋겠다.'와 같이, 생각은 항상 자동적으로 마음의 안팎을 스친다. 또한 우리에게 주의조차 기울이고 있지 않던 사람이 자신을 쳐다보고 있다고 생각하는 것과 같이, 종종 근거 없는 생각이 떠오르기도 한다. 아울러 뚜렷한 이유도 없이 기억들이 갑자기 되살아나기도 한다.

우리는 자신의 사고 과정이 논리적이라 믿는 경향이 있지만 실제로는 전혀 논리적이지 않은 경우가 대부분이다. 생각은 끊임없이 자동적이고 자각 없이 생성된다. 어떤 생각이 튀어나올지는 선택할 수 없지만, 어떤 것에 집중하고 또 행동의 길잡이로 삼을지는 선택할 수 있다. 물론 그렇게 하는 데는 기술이 필요하지만, ACT 연구에서는 이것이 배울 수 있는 기술임을 보여 주었다.

탈융합을 떠올리는 데 유용한 방법은 의자에 앉아 영화를 보고 있다고 상상하는 것이다. 당신은 영화에 아주 몰두해 있지만, 이내 화면 한구석에서 동시에 상영 중인 작은 창을 발견한다. 이 또 하나의 영화는 메인 영화의 대사를 만드는 시나리오 작가에 대한 것이다. 이는 영화 대사를 쓰는 과정에 대한 영화이지 쓰인 이야기에 관한 것은 아니다. 메인 영화의 대사를 듣는 동안 그 내용에 집중하겠지만, 또한 작가에 대한 작은 영화로 눈을 돌려 그가 작업하는 장면을 볼 수도 있다. 관객들이 믿고 볼 만큼 매력적이고 일관된 이야기를 구성하려는 노력으로 한 줄 한 줄 써내려 가는 동안 작가의 마음속 바퀴가 굴러가는 것을 감지할 수 있을 것이다.

사고 과정을 그러한 방식으로 보는 것은 인지적 융합에서 탈융합으로 옮겨 가는 중요한 방법이며, 생각으로 구성된 세상('메인 영화' 또는 줄거리)을 보는 것에서 감정에 좌우되지 않는 호기심을 가지고 생각 자체를 보는 것으로 옮겨 가는 것이다.

차분하게 두 번째 영화를 보는 것은 매우 자유로운 행위다. 그 즉시 메인 영화의 줄거리가 사실인지 여부는 그것의 **유용성**에 비해 훨씬 덜 중요해지게 된다. 작가는 당신의 친구도 적도 아니다. 그는 그저 당신의 일부로서 생각의 끈을 만들 뿐이다.

일단 이런 방식으로 내 생각을 볼 수 있게 되자, 나는 회피에서 수용으로 재빨리 피벗을 하게 되었다. **독재자**가 불안은 나의 완전한 적이라고 나를 설득하면서 나 **자신으로부터** 도망치고 나 **자신과** 싸우라고 속삭이고 있었다는 사실을 불현듯 깨달았다. 나는 그 목소리에 따라 나 자신의 경험을 거부해야만 했는데, 그 경험을 한다는 것 자체가 나약함이나 심지어는 임박한 정신적 와해의 증거라고 여겨져서 이를 받아들일 수 없었기 때문이다. 그 순간에 나는 내가 이끌렸던 이야기의 줄거리가 내 존재에는 좋지 않은 것임을 깨달았다.

또한 내 행동을 선택하는 데 있어서는 내 마음이 예상했던 것보다 내가 훨씬 더 많이 자유롭다는 것을 깨달았다. 무한히 많이. 나는 그 자유를 느낄 수 있고 알 수 있었다. 그 목소리가 내가 아니라면, 그리고 내 생각들이 단지 그냥 생각일 뿐이라면, 생각이 말하는 것과 관계없이 나는 **무엇이든지** 할 수 있다. 심지어 나는 불안과 함께 180도 반대로 할 수도 있다. 불안과 싸우고 불안으로부터 도망치는 대신에 불안 느끼기를 선택할 수도 있다.

나는 일종의 정신적인 한계를 설정해 놓았던 셈이다. "그만, 그만!"의 외침 속 메시지는 새로운 의미를 담게 되었다. 즉, 더 이상 불안으로부터의 도망은 없다는 것 말이다. 나는 방어 없이 그것을 온전히 느낄 것이었다. 끝. 이게 전부다. 이 결론이 마음에 들지 않으면 나를 고소해도 좋다.

나는 우리가 회피하고자 해 왔던 불편한 경험을 수용하는 이 피벗을 **공룡을 향하는 것**으로 생각하게 되었다. 어렸을 때 나는 지속적으로 공룡에 대한 악몽을 꾸곤 했다. 꿈속에서 공룡들은 내 집에 찾아왔다. 그때마다 숨으려 했지만 그것들은 거대한 눈으로 창문을 훑어 나를 찾아냈다. 어쩔 수 없이 나는 집에서 도망쳐 나와야 했다. 그러나 아무리 열심히 노력하더라도 탈출할 수가 없었다. 이는 마치 슬로 모션으로 뛰는 것과도 같은 느낌이었다. 발버둥 치고 또 발버둥 쳐 봐도 벗어날 수가 없었다. 어떻게 하든지 결국 그들은 나를 찾아내고 말았고, 그들에게 꼼짝없이 붙잡힌 순간에 잠에서 깨곤 했다.

여느 때처럼 쥐라기 동물들과 헛된 경주를 하던 어느 날 밤, 번뜩 이 과정을 가속화할 수 있겠다는 생각이 들었다. 나는 돌연 뒤로 돌아 일부러 공룡을 향해 내달렸다. 거대한 이빨로 가득 찬 커다란 입 속으로 뛰어들었고…… 그리고 잠에서 깨어났다! 항상 이 해결책을 기억해 낼 수 있었던 것은 아니지만, 많은 경우에는 이 방법을 써먹었다. 점차적으로 악몽은 잦아들었다. 아마도 공룡들이 내 새로운 게임 방식을 좋아하지 않았던 것 같다.

이날 밤 나는 다시 몸을 돌려 꿈속의 공룡을 **향해** 내달렸다. 나 자신의 사고 과정과 그것들이 만들어 낸 감정이 그 공룡임을 깨달았던 것이다. 나는 그 커다란 입 구석구석을 보고 거대한 이빨을 일일이 센 뒤, 어찌 됐건 그 입 속으로 뛰어들었다. 그런 다음에 어릴 적 꿈에서처럼 잠에서 깨어났다. 단지 이번에는 그 깨달음이 더욱 심오하다는 차이가 있을 뿐이었다. 인생 일대의 선택을 해낸 것이다.

삶의 한 방향에서 다른 방향으로 피벗하는 이 모든 과정에 소요된 시간은 그것에 관해 읽는 데 걸린 시간보다 훨씬 짧았다. 현실에서는 이러한 피벗이 몇 초밖에 걸리지 않을 것이다. 나는 이 새롭게 떠오르는 자유와 해방감을 일종의 개인적인 독립 선언으로 여겼다. "나는 네가 누군지 몰라." 새벽 2시에 빈 방에서 **독재자**에게 소리쳤다. "분명 너는 날 아프게도 고통스럽게도 할 수 있어. 하지만 네가 할 수 없는 한 가지가 있어." 이제 그 단어들은 더욱 강력하게 들렸다. "너는-내-경험으로부터-날-돌릴 수 없어."

"너는…… 할…… 수…… 없어!"

내 다짐의 울림소리가 잦아들고 시간이 멈춰 버린 듯했던 감각이 희미해지면서, 나는 다시금 내 신체적인 눈의 시각으로 완전히 되돌아올 수 있었다. 고개를 숙이니 두 손이 꽉 쥐어져 있는 것이 보여 힘을 풀었다. 마치 내 안의 일부가 새로운 손가락으로 주위의 세계를 만지는 것과 같은 확장감을 느꼈다. 좀 전까지 카펫 위에서 버팅기고 있던 손가락의 감각과는 다른 느낌이었다. 나는 균형을 유지하거나 불안을 사라지게 만들 버팀대를 찾으려던 게 아니었다. 그 대신에 그저 존재하고 있었다.

이는 마치 나와 내 경험 사이에 있던 필터가 사라진 것과도 같았다. 실내에 들어와서도 깜빡하고 벗지 못했던 선글라스를 벗거나 이어폰을 빼내어 주변에서 흘러나오는 감미로운 음악을 듣게 되는 것과도 같이 말이다. 나는 차분하고도 생생한 감정을 느꼈다. 세상을 있는 그대로 보다 분명하게 볼 수 있는 능력을 얻은 듯한 감각을 느꼈다. 다시는 안 돼, 일어서면서 머릿속으로 이렇게 스스로에게 약속했다. "내게서 달아나지 않을 거야." 무릎이 아프고 얼굴에는 눈물 자국이 말라붙어 있는 것을 발견했다. 매우 긴 시간 동안 바닥에 앉아 있었던 것이다.

그 약속을 지키는 방법을 내가 항상 알지는 못할 것이다. 사소한 방식으로는 거의 매일, 더 큰 방식으로는 이따금씩 그것을 어길지도 모른다. 그러나 그날 밤 이후로 수십 년간 나는 그 약속을 한 순간도 잊지 않았고, 그 약속에 대한 내 헌신이 흔들리지도 않았다. 내 생각, 감정, 기억, 그리고 감각으로부터 더 이상 도망가지 않는다는 그 약속은 무조건적이었다. 나와 내 경험은 마치 한 가족과도 같은 공동체로서 함께 성공하거나 실패할 것이다.

그 당시에 나는 마음 깊은 곳에서 나 자신이 회피하고 있는 경험이 무엇인지 그리 많이 알지 못했다. 나는 불안에서부터 시작해서 무엇이 펼쳐질지 지켜보았다. 나중에야 공황 아래 뻔히 보이는 곳에 숨어 있었던 슬픔과 수치심, 그리고 다른 감정들을 발견할 수 있었다. 하지만 그 여정은 스스로에 대한 다음과 같은 다짐으로 시작되었다. 무슨 일이 일어나든 내 모든 부분, 즉 '강한' 부분과 두려워하는 부분 모두와 함께 삶을 향해 나아갈 것이다.

일어나면서, 나는 이미 감지했다. 앞으로도 계속 이어 가고자 하는 이 통찰이 나와 내 불안과의 관계를 변화시키기 위해서뿐만 아니라, 치료적 개입과 연구에서 새로운 길을 제시함으로써 내담자들과의 작업을 향상시킬 수 있는 방법을 찾기 위해서라는 것을. 그로부터 며칠쯤 지나서였을까, 나는 내게 일어난 일을 과학적인 의미로 이해할 필요가 있다는 것을 알았다. 그 일이 어떻게 가능했을까?

이러한 인생의 방향 전환의 이야기에 대해서는 영적인 서적이나 자기계발을 위한 블로그, 자조 서적에서 수많은 예시를 찾을 수 있을 것이다. 내 경험은 별로 특별할 것이 없다. 중독이나 불안장애 혹은 강박을 극복한 친구와 대화를 해 보면, 바닥을 치고 나서 새로운 방향을 잡을 수 있는 자원을 발견한 이야기를 아주 흔히 듣게 된다. 내 경우와의 차이는 나는 이 순간을 연구로 전환했다는 점이다.

새로운 연구의 여정

얼마 지나지 않아 5명의 임상심리학 박사과정 학생으로 구성된 내 연구팀은 그 답을 찾고자 고안된 과학적 연구 프로그램을 개발했다. 그렇게 하기 위해서는 지난 20세기 동안 차례로 학계를 지배해 왔던 각 심리학적 접근법의 한계를 완전히 뛰어넘어야 할 것임을 깨달았다. 거기에는 프로이트와 정신분석학자들뿐 아니라 인본주의, 행동주의, 그리고 근래에 점점 위상이 높아진 인지행동치료(CBT)까지도 포함되었다. 이들 선행 접근법 중 일부는 믿을 수 있는 실험 과학 연구를 기반으로 하지 않은 것들이다(예: 정신분석 및 인본주의). 그리고 몇몇 접근들은 생각이 우리 삶에 미치는 영향보다 생각의 내용 그 자체에 너무 많은 비중을 두기도 한다(예: 프로이트의 기억 및 꿈 분석, CBT에서 비합리적 사고 및 문제적인 사고에 대한 논박). 비록 몇몇 접근들에서는 생각이 영향을 미치는 과정에 관심을 두기도 하지만, 그 과정의 기저 이론에 대한 이해가 불충분한 경우가 많다.

연구와 치료의 방면에서 어떤 학설도 내가 지금 필수적이라고 인식한 일련의 질문들을 해결하려고 고심하지 않았다. **내부 독재자**의 목소리가 어떻게 우리 마음속에서 발달해 가는가? 우리의 사고 과정은 왜 그토록 자동적이며, **독재자**의 메시지는 왜 끊이지 않고 나타나는가? 내가 잠을 자는 동안에 공황발작을 일으켰던 것처럼 우리가 의식적이지 않은 순간에조차 극히 사소한 자극에 의해 부정적인 사고 패턴이 촉발되는 이유를 이해하고 싶었다. 게다가 우리는 왜 부정적 사고가 그토록 설득력 있다고 여기는 것일까? 이성적으로는 스스로에게 이롭지 않다는 것을 알고 나서조차도 어떻게 그것은 그토록 지속적이고 강한 영향을 미치는 걸까? 전통적인 CBT에서 가르치는 합리적인 논쟁을 통해 그 생각을 밀어내려는 노력은 왜 큰 효과가 없는 것일까?

이러한 질문들에 답하기 위해서는 인간의 언어와 인지 구조에 대한 깊이 있는 이해가 필요하다는 것을 깨달았다. 생각이 우리에게 영향을 미치는 강력한 방식에 대한 이해 없이는, 나와 같이 바닥을 치지 않는 이상 의식적으로 목소리로부터 거리를 두도록 도울 방법을 찾기 어려울 것이라고 예상했다. 또한 이 질문에 대한 해답이 무수히 많은 긍정적인 결과들을 낳을 수 있다고 믿었다. 가령 갖가지 건강하지 못한 방식으로 사람을 옭아매는, 생각이 만들어 낸 원숭이 덫에서 빠져나오도록 도울 뿐 아니라, 생각이나 정서적 기술이 부족한 아동에게도 합리적으로 판단하고 타인과 건강한 방식으로 관계 맺는 방법을 훈련시키는 결과도 말이다.

심리학 분야의 어떤 접근도 인간의 인지 구조에 대한 이 모든 질문에 만족할 만한 답을 제시하지 못했다. 그것이 나와 내 연구팀이 착수하기로 한 주제였다. 우리는 사람들이 생각과 벌이는 일을 예측하고 조절하는 방법을 밝힐 수 있는 강력한 증거 기반의 과학적인 이론을 도출하고자 했다.

물론 모든 해답을 제시하지는 못했지만 우리는 몇 가지 가설을 발견했는데, 이는 사람들이 **독재자**의 목소리에서 탈융합하며 수용을 향해 중요한 전환을 할 수 있도록 돕고, 전념 행동이라는 습관을 기름으로써 더 건강하고 충만한 삶을 살 수 있게 하는 것이었다. 또한 이러한 발견들은 실제로 스포츠 경기력을 향상시키는 것이나 식이조절에 성공하는 것, 전체 아프리카 공동체가 에볼라 전염병의 도전에 착수하도록 돕는 것과 같은 다른 많은 긍정적인 결과들과 더불어서 아이들의 언어와 인지 능력 발달을 돕는 새로운 방법들을 학계에 제공했다.[3] 우리의 발견은 맨 처음 세 가지 피벗의 필요성을 이해하는 데서, 그리고 사람들이 그렇게 해낼 수 있도록 돕는 방법을 찾는 데서 시작했다. 그러한 발견들을 통해서 사람들이 나머지 세 개의 피벗을 해낼 수 있도록 돕는 방법을 찾게 되었다.[4]

다음 장에서는 이와 같은 순서에 따라서 그 발견들을 소개할 것이다. 즉, 과학적 원리를 설명하고, 피벗을 시도하고 심리적 유연성 발달을 지속하기 위해 개발한 간단한 방법들을 소개하기 시작할 것이다. 이 방법들은 제2부의 각 장에서 더욱 자세히 다룰 것이며, 여러분이나 여러분의 소중한 사람들이 씨름하고 있는 삶의 문제가 무엇이든 간에 이를 적용할 수 있음을 보여 줄 것이다.

ACT 연습이 왜 그토록 효과적인지, 또 내가 왜 심리적 웰빙을 위해 새로운 접근을 개발할 필요성을 느꼈는지를 이해하려면 기존에 있는 주요 치료 접근법의 한계와 심리적 문제의 원인에 대한 대중 문화적인 가정 안에 있는 결함들에 대해 먼저 알아야 할 필요가 있다. 그러한 한계들을 인식하는 것 또한 중요한데, 기존의 전통이 현재 치료적인 접근에 강력한 영향을 행사하고 있을 뿐 아니라 그들의 힐링에 대한 개념 중 많은 부분이 광범위한 문화에 스며 있기 때문이다. 이러한 전통들이 낳은 통찰이나 훈련법 중 일부는 여전히 가치가 있는 반면에, 일부는 충만하고 의미 있는 삶을 추구하고자 하는 일상의 계획에 역효과를 가져올 수 있다는 점에서 완전히 잘못된 것들도 있다. 따라서 ACT에 대해 더 소개하기 전에 이전의 전통과 현재 인기 있는 한두 가지 접근법에 대해 잠깐 둘러보는 것이 순서일 것이다.

제3장

앞으로 나아가는 길 찾기

심리학과 정신과학의 몇몇 주류 전통들은 과학적으로 결함이 있음에도 불구하고 인간의 마음과 행동에 대해 생각하는 방식에 강력한 영향을 미쳐 왔다. 대중화된 몇몇 개념들은 부정확하고 심지어 역효과를 낳는 것으로 알려져 있다. 다른 개념들은 체계적인 연구를 통해 증명된 적이 전혀 없다. 그러한 접근법들이 어떻게 결함이 있는지를 이해하는 것은 ACT 연구 결과와 방법의 영향력을 평가하는 데 있어서 중요하다.

세상이 심리학과 정신과학의 치료적 개입에 기대하는 바는 다음과 같다. 삶의 중요한 변화를 실제로 만들어 내는 광범위하고 유용한 전략들이 있어야 하며, 왜 그런 개입을 하는지 우리가 이해할 수 있어야 한다. 광범위한 효과성이란 개입이 인간의 감정, 인지, 생리, 그리고 동기의 근원적인 측면에 다가갈 수 있다는 것을 뜻한다. 폭넓고 지속적인 유용성이란 사소한 세부 사항이 아니라 전체 그림에 초점을 맞추는 것을 의미한다. 우리는 모두 영양학과 같은 일부 분야에서 나오는 성분 분석에 의한 연구 결과들(유지방은 당신에게 치명적일 것이다, 아니 잠깐, 당신에게 유익할 것이다, 음…… 글쎄, 때로는 좋고 때로는 해로울 것이다 등)에 지쳐 있다. 사람들이 심리학자에게 필요로 하는 것은 삶을 잘 사는 데 유익한 것에 대한 보다 정교하고 모순된 조언이 아니다.

부주의로 오용할 가능성을 방지할 수 있도록, 어떤 방법이 왜 효과가 있는지를 이해하는 것 또한 중요한데, 예컨대 아이들에게 '타임아웃' 훈육 방법을 적용하고자 하는 사람은 그것이 정적 강화를 철회하는 힘을 전제로 한다는 점을 알아야 할 필요가 있다. 그렇지 않으면, 주머니 속에 있는 스마트폰을 없애는 것을 생각하지 못하고 열한 살 자녀에게 타임아웃을 적용할 것이고, 어린 자녀는 방해 없이 마인크래프트 게임을 할 기회가 좋아서, 결국 자녀의 나쁜 행동을 제지하는 대신에 오히려 이에 정적 강화를 제공하게 될지도 모른다.

그것이 유용하려면 '왜'에 대한 설명이 분명하고 구체적이어야 하며(그것을 **정확성**이라고 부른다), 동시에 다양한 조건에서 적용 가능해야 한다(그것을 **폭**이라고 일컫는다). 시간이 지나도 일관성을 유지하려면 우리가 아는 다른 학문 영역, 예컨대 유전학이나 뇌과학 연구의 중요한 결과와 모순되는 점이 없어야 한다(그것을 **깊이**라고 부른다). 심리학에서 이러한 설명은 또한 우리가 목표에 도달하기 위해 삶에 접근하고 있는 방식에 있어서 구체적인 변화를 만드는 방법을 우리에게 말해 줘야 한다(그것을 **변화 과정**이라고 부른다).

요점은 다음과 같다. 심리적 변화에 대해 조언을 구하는 소비자는 **정확성과 폭, 깊이**가 있는 **변화 과정**을 통해 작동하는 **광범위하고 유용한 변화 방법**을 요구해야 한다.

그게 전부다. 그 문장으로 끝내라. 세금으로 지원받고 있는 행동과학자들에게 소비자는 그 정도는 요구할 자격이 있다.

ACT와 그 기저 과정은 그런 테스트를 합리적으로 잘 충족시킨다. 앞으로 소개할 ACT 과학과 방법들에서 당신 스스로 이를 판단해 볼 수 있을 것이다. 충분한 근거를 바탕으로 주장하건대, ACT는 더 많은 유형의 문제와 상황에 적용 가능하며, 변화를 위한 접근에 보편적으로 사용되는 응용 심리학의 다른 접근들에 비해 '왜'라는 질문에 대해 더 나은 설명을 지속적으로 제공해 왔다. 이것이 어떻게 들릴지 알고 있고 이토록 대담하게 말하는 것이 약간 두렵기도 하다. 하지만 이것이 맞는다고 믿기에 나는 이를 고수한다.

행동 변화의 방법들 중에서 '왜'라는 질문에 대답하려고 실제로 노력하는 접근은 거의 없었다. 당신이 '심리학'이라고 생각하는 것의 대부분은 그것에 대해 별로 관심을 두지 않았다. 이는 아마도 '왜'라는 질문에 대답하는 것이 어렵고, 실제로 대답한 적이 결코 없기 때문일 것이다. ACT 연구자들은 계속해서 더 많은 답을 찾고 있다. 그런데 지금까지 발견한 것은 강력한 결과들로 이어졌다. 다른 심리학적 전통은 '어떻게'와 '왜'라는 두 가지 질문에 일관적이거나 널리 유용한 답변을 아직 제공하지 못하고 있다.

심리치료 개입의 15분짜리 역사

지난 세기의 첫 반세기 동안 심리치료 분야에서는 정신분석과 정신역동 이론이 지배적이었다. 이는 오늘날까지 막대한 영향력을 끼치고 있다. 지그문트 프로이트는 심리학뿐 아니라 어느 과학 분야에서도 세계에서 가장 많이 인용되는 학자일 만큼 그의 이론은 엄청난 영향을 미쳐 왔다.[1] 그는 신중한 임상적 관찰자로서 그의 통찰 중 일부는 입증되었으나 나머지는 과학적인 근거가 없고 공상적인 추측에 불과하다. 프로이트는 문제 행동 뒤에 숨겨진 혹은 억압된 동기에 관심을 가졌다. 특히 그는, 성적 충동이 일어날 때 깊은 내면에서 갈등과 공포가 유발되며 이러한 갈등과 공포를 회피하기 위한 일종의 대처(그는 이를 방어기제라 명명하였음)로서 병리적인 행동이 유발된다는 그 유명한 주장을 했다. 그의 주장은 유창하고 설득력이 있었으나, 초기에 프로이트와 그의 추종자들은 실험적인 뒷받침이라고 할 만한 것을 거의 하지 않았다.

정신분석학자들이 실제로 그들의 방법이 효과가 있는지를 검증하는 어려운 일에 착수하기까지는 수십 년이 걸렸고, 그 결과 이론의 많은 부분이 사실상 상대적으로 도움이 되지 않는다는 것을 발견했다. 오늘날까지도 그들의 작업이 왜 효과가 있는지에 대한 설명은 대체로 모호하고 경험적으로 일관성이 부족하다. 프로이트가 주장한 많은 세부 사항들이 심리학에서 점차 거부 혹은 무시되기 시작했다. 그의 이론은 넓은 범위(모든 사람에게 적용되는 것처럼 보이므로)를 확보했으나, 부정확하며 구체적인 변화 과정에 대한 증거를 충분히 제공하지 못했다.

프로이트가 1928년에 출간한 리틀 한스라는 유명한 사례를 보라. 프로이트가 사례에 대한 평가에서 주장한 '왜'를 입증하는 것이 얼마나 어려울지 즉시 느낄 수 있을 것이다. 한스는 학교에 가기보다 집에 있고 싶어 하는 어린 소년이었다. 한스는 수레 끄는 말을 두려워했고 그것이 그가 집을 떠나고 싶지 않은 이유라고 말했지만, 프로이트는 한스의 공포 속에서 깊은 상징성과 무의식적 동기를 발견했다. 그는 한스가 자기 어머니에 대한 성적인 충동을 숨기고 있었으며, 이로 인해 아버지에게 발견된다면 아버지에게 거세당할 것이라는 두려움이 생겼다고 믿었다. 집에 머물러 있음으로써, 한스는 보다 깊은 공포와 갈등을 피하는 일차적인 목적뿐 아니라 어머니와 함께 있고 싶은 은밀한 욕구, 또는 프로이트가 세운 가설처럼 어머니와 성관계를 맺고 싶은 욕구까지 부분적으로 충족시킬 수 있었다. 프로이트가 제시한 증거로는 한스가 목욕 중에 어머니에게 자신의 성기에 대해 언급한 이야기, 말의 눈가리개가 아버지의 큰 안경을 연상시켰을 가능성, 동물의 커다란 이빨이 무의식적으로 아버지가 자신의 비밀스러운 욕구에 대해 알게 되면 벌어질 일을 상기시켰을 가능성 등이 있다.

이쯤에서 모두 눈이 휘둥그레질 것이다.

프로이트는 근거 있는 원리를 찾으려 노력했으나 그의 이론을 실험적으로 검증할 방법을 고안하지 않았고, 지금은 우리가 아마도 상당히 중요하다고 인식하는, 환자의 행동 내 요인을 간과했다. 예컨대, 리틀 한스의 사례에서 한스는 기수들의 외침과 비명 소리가 들리는 가운데 말이 끄는 수레가 전복되는 것을 본 적이 있다. 그러나 프로이트는 어떻게 그와 같은 경험이 소년에게 아빠의 크고 무서운 안경과는 전혀 별개로, 말에 대한 공포를 자연스럽게 일으켰을 수 있는지를 고려하지 않았다.

공정하게 말하면, 프로이트의 견해 중 일부는 후대 연구자들의 연구를 통해 지금은 과학적으로 비교적 잘 뒷받침되고 있는 것들도 있다.[2] 예컨대, 방어기제의 개념과 관련해서는 좋아할 만한 것이 많다. 인정하기가 너무나 고통스러운 나머지, 강력한 증거에도 불구하고 자신에 대한 진실을 외면하기도 하는데, 이는 프로이트가 **부인**이라고 명명한 방어기제다. 진짜 감정을 인정하는 것이 너무 어려운 경우에 우리는 정반대의 감정과 행동을 만들어 내곤 하는데, 이는 **반동형성**이라고 불리는 방어기제다. 이러한 건강하지 못한 회피 경향성을 다루는 것은 ACT 작업의 주요 기능이기도 하다.

그러나 충동과 그것에 대한 제약 사이의 갈등이 비정상적인 행동(예: 리틀 한스의 '오이디푸스적' 충동과 아버지로부터의 거세 공포 등)의 배경이 된다는 이론은 대체로 근거가 부족하다. 더욱이 프로이트의 접근에서는 숨겨진 동기와 욕구를 발견하기 위한 깊은 탐색을 치료의 주요 기술로서 장려한다. 정밀성, 범위, 깊이를 겸비한 변화 과정의 측면에서 이를 지지하는 증거는 알려진 바 없다. 치료에서 생각과 감정을 완전하게 탐색하는 것은 도움이 될 수 있지만, 확실하고 과학적으로 증명된 원리로 뒷받침되는 지침이 없다면, 이러한 탐색은 종종 길을 잃기 쉬우며 행복하고 건강한 삶으로의 진보에도 별로 도움이 되지 않는다.

증거 기반 치료에 진입하기 시작한 많은 현대 버전의 정신분석적 접근법들도 있으나, 그것들은 공상적인 추측을 뒤에 남겨 두고 진입한 것이다. 대부분의 새로운 접근은 현재의 사고와 감정 또는 대인관계(때로 치료적 관계를 포함한)를 탐색하는 것, 그리고 다른 사람의 의도와 마음 상태를 인식하도록 배우는 것 등이 중요함을 강조해 왔다.[3] 이러한 연구 중 일부는 변화 과정에 대한 증거 기반 과학으로 가는 길을 열었다. 나는 개인적으로 이러한 현대적 형태의 정신분석에서 얻을 수 있는 많은 것, 특히 타인의 심리적 세계를 이해하고 사회적 맥락에서 우리 자신을 봐야 할 필요성 같은 것들을 발견한다. 그러나 대중이 정신분석적 설명으로부터 가장 많이 멀어지게 만든 프로이트식 접근의 한 부분, 즉 무의식적 갈등의 탐색에 깊이 들어가는 것은 도움이 되지 않는 듯하다.

인본주의 및 실존주의 치료

인본주의적 전통은 부분적으로 정신분석적 이론의 환상적인 특성에 반대하면서 탄생했고, 지난 세기의 중반부에 상당히 유행하는 이론이 되었다. 이는 사람들이 세계를 경험하는 방식, 그리고 우리가 스스로를 개념화하고 타인과 관계 맺는 방식 및 의미 있는 삶을 창조하는 방식에 초점을 맞춘다. 역점을 두는 핵심적인 과제인 공감, 진실성, 그리고 자기 감각이 중요하다.

나는 에이브러햄 매슬로Abraham Maslow(절정 경험의 중요성을 발견한 것으로 유명한)와 같은 인본주의자들로 인해 심리학에 관심을 가지게 되었고, 프리츠 펄스Fritz Perls(게슈탈트 치료), 빅터 프랭클Viktor Frankl(포로 수용소의 생존자이자 의미 창조를 강조하고 로고테라피를 창시한), 그리고 칼 로저스Carl Rogers와 같은 학자들을 좋아한다. 여전히 말이다. 그들이 단지 인간의 문제가 아닌 잠재력에 초점을 맞추고자 했던 방식을 사랑한다. 그들이 지닌 전체로서의 인간에 대한 이해와 인간 경험 전체에 대한 관심을 사랑한다.

문제는 인본주의자들이 초기부터 연구의 중요성에 대해 주장을 해 왔음에도 불구하고, 이를 실행할 방법에 합의하는 데 어려움을 겪었다는 점이다. 매슬로는 전통적인 과학적 접근법은 그 자체로 인간 경험의 본질을 포착해 낼 수 없다고 주장했다.[4] 로저스는 연구자의 자기기만을 피하기 위해 연구가 필요하다고 주장했지만, 동시에 그는 "사회과학에서 지식의 성장은 사회적 통제와 더불어 실존적인 인간을 약화시키거나 파괴하는 강력한 경향을 그 자체에 내포하고 있다."라고 주장했다.[5] 다시 말해서, 과학적인 원리가 의도적인 행동 변화에 직접적으로 연결될 경우에 인간의 자유를 약화시키는 방식으로 사용될 수 있으며, 인간의 자유가 너무나 중요해서 행동을 변화시키는 방법에 대한 지식은 잠재적인 위험이라고 우려했다.

그것이 사실임에는 의심할 여지가 없다. 광고주들이나 담배 회사들은 분명히 그러한 설명에 맞을 만한 연구를 진행해 왔다. 카지노나 제약업계, 식품업계, 그리고 비디오 게임 회사들 역시 마찬가지다. 실제로 그 목록이 짧지 않다. 그러나 그 주장에서 물러나서 보면, 인본주의자들이 그런 태도로 인해 왜 그들의 접근법이 광범위하게 효과적인지를 증명한 적이 전혀 없었는지, 그리고 왜 '왜'라는 어려운 질문에 적절하게 대답할 수 없었는지를 알 수 있다. 이러한 태도로 인해서 인본주의자와 실존주의자들은 제대로 된 변화의 과학에 대해 연구할 여지를 갖지 못했다. 그 결과로 대중은 검증 없이 많은 인본주의적 견해를 믿음으로 받아들여야 했는데, 이는 실로 큰 대가가 아닐 수 없다.

ACT는 때때로 인본주의 치료에 관한 책들과 함께 소개되며,[6] 나는 이를 좋아한다. 우리는 몇몇 최고의 아이디어들을 이 전통에서 가져왔고, 그것을 과학적으로 검증하는 방법에 대한 매슬로와 로저스의 우려를 극복할 만한 방법들을 발견해 냈다.

행동치료: 제1동향

많은 임상심리학자들은 심리학적 개입에 있어서 보다 과학적인 접근이 시작된 시점을 1960년대 행동치료와 행동수정의 부상으로 기억하고 있을 것이다. 정신분석적 전통이나 인본주의적인 접근도 과학적인 기반을 일부 갖는다는 점에서 이는 전적으로 타당하지는 않다. 하지만 행동 변화를 검증했던 잘 통제된 연구들은 획기적인 것이었고, 행동치료자들이 이를 제공했다.

나는 행동치료가 처음으로 부상하기 시작한 과정을 목격했을 만큼 나이가 든 사람이다. 나는 학부 시절 이러한 접근법을 열렬히 받아들였는데, 어떻게 행동이 학습되고 수정될 수 있는지에 대한 중요한 발견을 이룩한 스키너B. F. Skinner와 다른 행동과학자들이 더 나은 세상에 대한 매력적인 그림을 제시했기 때문이다. 스키너는 유토피아 소설 『월든 투(Walden Two)』에서 우리가 살고 있는 환경에서 인간의 협력과 더 나은 양육, 건강한 환경, 그리고 더 만족스러운 일터를 키워 낼 수 있는 미래 세상을 제시했다. 나는 그 아이디어에 너무나 감명을 받아서 1972년 행동주의의 중심지인 웨스트 버지니아 대학 박사과정에 등록했다.

행동주의자들의 주요 업적은 수반되는 결과에 따라 특정 행동의 빈도가 증가 또는 감소할 수 있다는 점을 보여 주었다는 데 있다. 환경, 행동, 그리고 결과 사이의 관계가 행동주의자들이 수반성이라고 부르는 그것이다. 상자 안의 비둘기가 색칠된 플라스틱 원반을 쪼을 때마다 먹이를 얻게 되면, 비둘기가 이 원반을 쪼는 행위는 더욱 자주 일어날 것이다. 이는 앞서 언급했던 '타임아웃' 기법처럼, 오늘날 많은 양육 방법이 기반하고 있는 **강화** 원리의 한 예다. 행동치료 운동의 또 다른 축은 러시아의 생리학자인 이반 파블로프Ivan Pavlov가 발견한 원리에 더 많이 의존한다. 그가 제안한 고전적 조건형성 원리에서는, 종 울리기와 같이 이전에는 중립 자극이었던 사건을 동물이 어떻게 종소리 직후에 먹이를 제시하는 사건과 연관 지을 수 있게 됨으로써 종소리에 침 흘리는 것을 배우게 되는지 설명한다.

초기의 행동치료자들은 내담자들과 작업할 때 이러한 원리들을 적용했는데, 그 연합이 불안을 감소시키고 좀 더 자연스러운 행동으로 나아가기를 바라면서, 가령 신체적 이완과 공포스러운 사건에 대한 점진적인 노출을 연합시키는 작업을 했다. 이는 **체계적 둔감화**라고 불리는 강력하고 새로운 심리치료 기법의 핵심인데, 공포증이 있는 사람들로 하여금 근육 이완의 방법을 통해 긴장을 푼 상태를 유지하면서 불안을 유발하는 이미지에 점진적으로 노출시키는 것이다. 둔감화는 그 전성기에 지구상에서 가장 많이 연구된 심리치료 기법이었다. 이는 상당히 효과를 거두었고 지금도 여전히 그러하지만, 궁극적으로 '왜'라는 질문에 대답하는 데에는 실패했기 때문에 오늘날에는 거의 사용되고 있지 않다.

치료법 중에서 이완 부분은 중요하지 않고, 공포의 원천을 상상하도록 요청함으로써 단지 상상 속에서만 노출을 진행해도 노출 기법 단독으로 효과가 있다는 것이 연구들에서 밝혀졌다.[7] 요즘 심리학자들은 광범위하게 노출을 이용하지만(가상현실을 통한 개인의 상상 속에서 또는 실제 생활 속에서), 일반적으로 이완이나 다른 둔감화 기법은 병행하지 않는다. 우리는 여전히 그것이 어떻게 작동하는지 완전히 확실하게 알지 못하지만, 둔감화 기법의 창시자인 남아프리카 정신과 의사 조셉 울프Joseph Wolpe는 그 해답을 찾기 위해 매우 진지하게 노력했다는 것에 대해서 인정을 받을 만하다.

나는 이 시기의 행동주의를 인지행동적 치료들의 첫 번째 동향이라고 불렀다.[8] 동물 연구를 통해 발전된 원리들이 인간 내담자들에게 체계적으로 검증되었고, 오늘날 증거 기반 치료 기법의 목록에 있는 다수의 효과적인 행동수정 기법들이 만들어졌다. 행동주의 심리학이 위대했고 또 지금도 위대한 점은 높은 정밀성, 범위, 깊이를 지닌 변화의 원리에 그 초점이 맞추어졌다는 것이다. 그러나 당시의 행동주의자들은 인간 사고의 복잡성과 사고가 행동에 미치는 역할을 적절하게 설명해 내지 못했다. 그들이 인간의 사고 과정과 감정을 분석하는 데 폐쇄적이었던 것은 아니다. 대중적인 인식과는 다르게, 그들이 '행동'이라 지칭한 것은 사고와 감정을 포함한 **모든** 인간 행동을 의미하는 것이었다. 하지만 그들은 인간 마음이 작동하는 방식에 대한 적절한 모형을 제시하지 못했다. 강화나 고전적 조건형성과 같은 원리들이 어떻게 우리의 생각이나 느낌 또는 관심의 복잡한 특징들을 만들어 낼 수 있는지에 대한 설명이 충분하지 못했다. 달리 말하면, 내가 아는 행동주의자들은 가슴은 지녔지만 실제로 우리의 머리를 설명하지는 못했다.

행동주의자들도 이것이 문제라는 것을 알았다. 아니, 적어도 스키너는 그랬다. 1957년에 그는 『언어적 행동(Verbal Behavior)』이라는 책을 저술했는데, 여기서 그는 인간이 어떻게 행동주의 원리에 따라 언어를 발달시키는지에 대해 설명하고자 했다. 이러한 아이디어는 획기적이었고 나 역시 처음에는 이에 매료되었지만, 차츰 그의 설명이 너무 제한적이라는 점이 우려되기 시작했다. 내가 박사학위를 받고 그의 아이디어를 이용한 연구를 시작한 후에야 그런 감정이 자라나기 시작했다. 학문적 경력의 초기에 나는 그 아이디어들이 대체로 틀렸다고 결론짓게 되었다. 스키너의 이론은 언어 발달의 초기 단계 중 일부만을 설명할 수 있었으며, 인간 인지에 대한 그의 아이디어는 주로 초기 언어 학습, 그중에서도 특히 심한 발달 지연이 있는 아동에게만 적용 가능한 것으로 점차 밀려나게 되었다.

대부분의 사람들은 행동주의를 실패한 것으로 보고 단념했는데, 그 부분적 이유는 인간 인지를 설명하는 데 실패했기 때문이다. 그러나 그들은 스키너와 다른 행동주의자들이 생각과 행동의 통제를 향해 위험스러운 노력을 추구하고 있다는 점에서도 행동주의를 멀리했다. 이는 사실이 아니었으나, 스키너가 『자유와 존엄을 넘어서(Beyond Freedom and Dignity)』를 저술한 것이 의도치 않게 마치 행동주의자들이 전체주의적 통제의 방법을 추구하는 것 같은 추측을 부채질했다. 이 책에서 그는 자신의 주장이 어떻게 비쳐질지에 대해 전혀 고려하지 않은 채로 **자유와 존엄**이라는 허울 좋은 표현이 우리가 행동 변화를 학습하는 방법을 발견하는 데 방해가 되지 않도록 해야 한다고 불평했다. 그 결과 당시 행동수정에 대한 기사를 쓴 기자들은 이를 **마인드 컨트롤, 세뇌**, 또는 심지어 **심리수술**이라는 용어와 자주 관련지었다. 행동치료가 이러한 활동과 아무런 관련이 없음에도 말이다. 이런 현상을 지켜보는 것은 고통스러운 일이었다.

나는 스키너 및 다른 초기 행동치료자들과 많은 시간을 함께 보냈으며, 그들이 냉정한 조작자라기보다는 따뜻하고 사려 깊으며 영감을 주는 사람들이란 것을 발견했다. 그들은 자신이 실험실에서 발견한 통찰력을 모든 종류의 긍정적인 영역에 사용하기를 원했다. 가령 에너지 소비량을 줄이기(이는 결국 내 학위 논문의 주제가 되었음[9]), 일터 환경을 좀 더 인간적인 곳으로 변화시키기, 부모가 아이 양육하는 것을 돕기, 환자들이 신장 투석기를 집에서 사용하는 방법을 배우도록 돕기 등과 같은 영역에서 말이다. 그러나 그들의 이론과 방법은 이러한 폭넓은 도전에까지 미치지 못했고, 주류 문화는 그들을 지나쳐 가기 시작했다.

전통적인 인지행동치료(CBT): 제2동향

행동치료가 창시된 지 채 10년도 되지 않아서 아론 벡과 앨버트 엘리스, 그리고 다른 연구자들이 CBT 개발에 앞장서기 시작했다. 행동주의의 두 번째 흐름의 핵심적인 초점은 우리의 생각이 행동을 지배하는 데 작용하는 역할을 설명하지 못한 것을 보완하는 데 있었다. CBT는 행동 기법을 포기하지 않았다. 예컨대, 공포증을 치료하기 위해 공포의 원천에 점진적으로 노출시키는 것과 같은 초기의 모든 행동적인 훈련법을 통합했다. 그러나 생각의 내용을 변화시키는 것을 목표로 하는 많은 훈련법들이 추가되었고, 이러한 새로운 기법들이 CBT의 심장부를 구성하게 되었다.

이 이론의 핵심은 부적응적인 사고가 부적응적인 감정을 만들어 내며, 결국 이상 행동을 야기한다는 것이다. 내담자의 부적응적인 사고를 변화시키기 위한 시도로서, CBT의 선구자들은 내담자가 그 순간 하고 있는 생각을 묻고 나서 다양한 이론적 견해들을 토대로, 병리를 만들어 내는 것으로 보이는 생각에 도전하는 방식을 취했다. 기본적인 방법은 내담자들이 그들의 생각과 감정을 합리적으로 생각해 보고, 그에 반대되는 증거를 검토하며, 상황에 관한 증거와 일치하는, 상대적으로 더 정확한 관점을 의도적으로 취사선택하는 것이다.

CBT 기저의 근본적인 논지는 명확하고 논리적인데, 이것은 CBT가 매력적인 이유 중 하나다. 이는 또한 친숙하다는 이점이 있다. 그 기본 개념은 오랫동안 문화적인 지혜의 일부였다. 아마 당신의 할머니는 "얘야, 너는 너무 유난을 떨고 있어, 모든 것이 항상 나쁘게만 끝나지 않는단다."와 같이 당신의 인지적 오류에 대해 짚어 줄 수도 있을 것이다. 하지만 나는 다시금 의심이 들었다. 그것도 아주 많이.

행동치료는 매우 정교하고 광범위한 동물 실험에서 나온 수천 개의 정밀한 실험 연구를 토대로 하고 있는 반면, 마음의 작동 방식에 대한 CBT의 개념은 주로 내담자들과 대화를 하거나 설문지를 작성하는 방식에서 도출되었다. 사실상 '생각'이 무엇인지에 대한 엄격한 정의조차 없었다! 실험실 과학은 여전히 인간의 인지를 적절하게 설명할 수 있는 수단을 갖추지 못했고, CBT 학파는 그러한 틈을 어떻게 메워야 할지 몰랐다.

CBT 기법들은 효과가 있으므로, 나는 초기의 CBT 방법을 훈련받았고 내담자들과의 작업에 이를 적용했다. CBT가 행동치료에 추가한 것은 생각이 어떻게 우리 행동을 지배할 수 있는지를 사람들에게 보여 주는 데 유익했다. 예를 들면, CBT의 연습 중 하나는 내담자에게 자신의 생각을 기록하게 하는 것인데, 이는 내담자들이 자신의 생각과 그 영향을 자각하는 데 도움이 되었다. 내 초기 내담자들 중 한 명은 자신을 화나게 만드는 생각이 있다는 것을 처음에는 부인했다. 그는 또한 목에 핏대가 설 정도로 화가 났을 때조차도 자신이 화났다는 것을 부인했다. 나는 그에게 생각이 떠오르기 직전의 내외부의 상황과 그 뒤에 발생한 일을 추적하는 생각 노트를 작성하도록 요청했다. 다음 회기에 그는 다른 사람이 되어 돌아왔다. "그게 있었어요!"라고 그가 외쳤다. "내가 그것을 포착했어요! 정말 놀라워요. 화가 나기 직전에 저는 '이건 공평하지 않아'라고 생각하고 있었어요!"

하지만 나는 CBT에서 주장하는 인지적인 변화가 때로 기분이나 행동 변화 이전이 아닌 이후에 온다는 사실도 또한 발견했다. 즉, 때로는 우리가 어떻게 느끼는가와 어떤 행동을 하는가에 따라 부적응적인 생각이 일어날 수도 있는데, 이는 CBT가 쉽게 설명할 수 없는 것이었다.[10] 실제로 제2동향 CBT가 흔들리기 시작한 것은 그들이 '왜'라는 질문에 봉착했을 때였으며, 이는 근래 대부분의 CBT 연구자들이 최소 어느 정도까지 인정하는 바다.

나는 주류의 CBT 이론이 정확한지 밝혀 보기로 결심했다.

전통적인 CBT에서 이동하기

ACT 연구의 초창기에 공황과 투쟁을 지속하는 동안 나는 CBT 방법을 엄밀하게 평가하는 데 내 연구팀을 집중시켰다. 내 제자들과 나는 CBT의 인지 모델에 대한 여덟 개의 연구를 수행해서 그것이 '왜'라는 질문에 대한 올바른 해답을 제공할 수 있는지 검토했다. 모든 경우에서 결과는 '아니요'였다.

이들 연구 중 내가 가장 아끼는 연구에 대해 소개하자면, 이는 학문적 경력이 오래된 어윈 로젠파브Irwin Rosenfarb가 석사학위 논문으로 수행한 것이다. 한 중요한 CBT 연구는 어둠에 대한 공포가 있는 아동이 자신의 공포에 대해 다르게 생각할 수 있도록 가르치는 짧은 비디오를 본 후에 어둠 속에 훨씬 더 오래 머물 수 있게 되었음을 입증한 바 있다. 비디오의 내용은 아주 간단했다. 아이들로 하여금 어둠 속에서 스스로에게 "나는 용감한 아이야. 나는 어둠 속에서 잘 지낼 수 있어!"와 같은 긍정적인 말을 건네도록 했던 것이다.[11] 연구자들은 아동이 더 긍정적이고 이성적인 방식으로 스스로에게 말하고 있었기에 어둠 속에 이제 더 오래 머물 수 있게 된 것이라고 결론을 내렸다.

우리는 그 설명이 틀릴지도 모른다고 생각했다. 어쩌면 "나는 용감한 아이야. 나는 어둠 속에서 잘 지낼 수 있어!"라는 말을 하고 난 후에 즉시 어두운 방을 빠져나오는 것이 단지 실험자의 눈에 자신이 실패자처럼 보일까 봐 어두운 방에 더 오래 머물었던 것일 수도 있다. 다시 말해, 마치 부모가 아이에게 "앞으로 1시간 동안 책을 읽어라. 컴퓨터는 안 된다!"라고 말하는 때와 같이 자신이 평가될 수 있다는 것을 알려 주는 일종의 사회적 기준을 그 비디오가 아이들에게 세워 준 것일지도 모른다.

이러한 가설을 검증하기 위해서 우리는 그들이 어떤 비디오를 봤는지 아무도 알 수 없다고 생각하게끔 하는 책략을 썼다. 우리 버전의 연구에서도 이전 연구와 마찬가지로 두려워하는 아이들이 방에 혼자 앉아 비디오를 시청하게 했다. 또한 원래 연구와 마찬가지로 어두운 방에 얼마나 오래 머물 수 있는지 전후 테스트를 거쳤다. 단, 속임수를 준비하기 위해서 모든 아이들에게 공포를 다룰 수 있도록 돕는 다른 많은 프로그램들이 있다고 말했다. 여러 TV 채널을 시청할 수 있는 듯이 보이는 여러 버튼이 달린 장치를 제공한 뒤, 연구자들이 방을 나간 후에 마음대로 버튼을 누르면 그들이 고른 프로그램이 상영될 것이라고 안내했다.

아이들은 두 가지 조건 중 하나로 무선 배정되었다(여기서 조건이란 연구자들이 실험에서 각 그룹에 대한 구체적인 설정을 지칭하는 방식이며, **무선 배정**이란 동전 던지기와 같이 조건이 임의로 할당되었다는 것을 의미한다). 한 조건에서는, 방을 떠나기 전 아이들에게 "네가 보고 있는 것을 우리도 알 수 있도록" 지금 즉시 버튼을 누르라고 지시했다. 이것은 원래 연구와 같은 방식에 해당한다. 속임수 조건에서는 "네가 보고 있는 것을 우리가 알 수 없도록" 어떤 버튼을 누를지 보여 주지 말라고 지시했다. 물론 실제로는 어떤 채널을 선택했는지에 관계없이 모두 똑같은 프로그램이 상영되었기 때문에 우리는 그들이 무엇을 보았는지를 알 수 있었지만, 아이들은 우리가 이를 모른다고 생각했다.

결과는? 연구 수행자가 자신들이 무엇을 보는지를 안다고 생각한 집단이 훨씬 더 오랜 시간 동안 어둠 속에 머물렀다. 이는 원래 연구와 정확히 같은 결과다. 그러나 다른 집단의 참가자들, 즉 그들이 무엇을 보았는지를 아는 사람이 아무도 없다고 생각하도록 속인 집단은 잠시도 그 방에 머물지 않았다. 그 조언은 아무런 효과가 없었던 것이다. 전혀. 아주 작은 동향도 발견되지 않았다.

초기 CBT 연구 결과에 관한 '왜'라는 질문에 대한 우리의 새로운 대답은, 당신이 아는 것이 중요한 게 아니라 당신이 아는 것을 누가 아는가가 중요하다는 것이다. 인지 모델에서는 생각이 놓인 사회적 맥락이 아니라 생각의 내용이 중요한 것이라고 설명한다. 이러한 고전적인 연구에서 '왜'라는 질문에 관한 결론은 단순히 틀렸다.

또한 나는 환자들과의 작업에서, 그리고 내 불안을 극복하기 위해 노력하면서 전통적인 CBT 접근이 종종 효과적이지 않음을 발견했는데, 특히 인지적 변화의 방법이 그러했다. 점점 커지는 불안장애에 대처하려고 시도하면서, CBT 방법을 적용하는 것이 효과적이지 않을 때 이를 사용하는 것은 내게 고문이었다. 그러나 그것은 그 당시 심리학에서 최고의 방법이었다. 나와 똑같은 문제를 가진 환자들에게 내가 실패한 훈련을 하라고 반복적으로 이야기하는 나 자신을 발견했다. 완전히 사기꾼이 된 기분이었다.

세월이 지난 지금, 상당수의 추가적인 연구들에서 CBT는 일반적으로 원래 상정한 방식으로 (적어도 일관되게) 작동하지는 않는다는 것이 밝혀졌다.[12] 세심하게 설계된 대규모 연구들에서 생각을 논박하거나 이를 변화시키려고 시도하는 것이 CBT 효과에 큰 영향을 미치지 않는다는 것이 밝혀졌다. 사실상, 인지적인 사고 변화 기법은, 우울한 사람들을 보다 활동적이 되도록 장려하는 것과 같은, 여전히 CBT의 일부인 행동적 기법의 효과를 감소시킬 수도 있다![13] 이제 우리는 CBT의 긍정적 효과의 대부분이 행동적인 요소에서 기인한다는 것을 알게 되었다. 많은 영역에서 '왜'라는 질문의 대답과 관련한 강력한 증거들이 전통적인 CBT를 빠져나갔다. 비록 그 효과가 여전히 황금 기준이라고 해도, 이들은 아직 정확성, 범위, 깊이를 지닌 변화 과정의 표준을 충족시키지 못한다.

제3동향

연구자들과 치료자들은 CBT의 한계에 대한 증거들이 가져온 파장을 받아들이기 위해 여전히 애쓰고 있는 중이지만, 많은 CBT 연구자들이 CBT 자체를 ACT의 방향으로 광범위하게 이동시키는 중대한 흐름이 진행 중인데, 이는 최근 몇 년 동안 빛의 속도로 움직이기 시작했다. 나는 우리가 지난 약 15년 동안 겪었던 변화의 시기를 인지행동적 치료들의 제3동향이라고 불러 왔다.

이동의 핵심은 당신이 무엇을 생각하고 느끼는가에서 당신이 생각하고 느끼는 것과 어떻게 관계하느냐로 초점이 옮겨진 것이다. 구체적으로 말하면, 새로운 방점은 당신이 생각하는 것으로부터 한발 물러서서 이를 알아차리고, 경험하는 것에 개방적이 되는 법을 배우는 것에 있다. 이러한 단계들을 통해서, 생각이나 감정을 피하고 통제하려는 노력으로 해를 입을 가능성을 방지하며 괴로움을 완화할 수 있는 긍정적인 행동을 취하는 데 에너지를 집중할 수 있게 된다.[14]

내가 이러한 변화를 옹호하고 ACT 방법을 발전시키는 데 있어서 인지행동적 치료들의 제1, 제2 동향에서 주요 자원들을 얻었다고 말하는 것은 중요하다. 그중 하나는 데이비드 발로가 고안한 새로운 형태의 노출 치료였다. 그는 불안 연구의 선구자 중 한 명이었고 여전히 그 명성을 유지하고 있다. 박사학위를 마치고 브라운 대학에서 임상 심리학 인턴십을 하는 동안에 그를 내 멘토이자 수퍼바이저로 만난 것은 행운이었다. 내가 브라운을 떠난 직후 그는 불안장애 치료에 대한 혁신적인 작업을 시작했다. 가령 높은 곳을 두려워하는 환자들에게 사다리를 오르게 하거나 유리 바닥으로 이루어진 고층 빌딩의 엘리베이터를 타는 것과 같이 그들이 두려워하는 **상황**에 점진적으로 노출시키는 대신에, 데이브는 내담자들로 하여금 그러한 상황 없이 점진적으로 공포에 대한 더 강렬한 내적 **감각**을 경험하도록 유도했다. 예를 들어, 그는 공황 문제가 있는 사람들을 회전의자에 앉혀 어지럽게 하거나 기절할 것 같은 감각을 느낄 때까지 숨을 매우 **빠**르게 쉬게 함으로써 과호흡 상태를 만들곤 했다. 또는 심장이 두근거릴 때까지 뛰게 만들었다. 이러한 아이디어는 당신이 회피해 온 강렬한 감각에 점진적으로 익숙해진다면, 높은 곳에 대한 공포가 있는 사람이 점진적으로 높은 높이에 익숙해지듯이 이러한 감각에 덜 민감해지고 과잉 반응할 가능성이 줄어든다는 것이었다.

당시 데이비드는 이러한 방식이 공황 감각에 대한 공포를 실제적으로 감소시킴으로써 효과를 낸다고 생각했다. 그러한 '왜' 가정은 상당 부분 틀린 것으로 판명되었다. 나는 그 대답이 약간 다를 수 있겠다는 생각을 했다. 내가 보기에 그의 연구 결과는 공포 그 자체 혹은 공포에 연합된 감각과 생각이 문제를 야기하는 것이 아니라 이러한 경험들과 맺는 관계가 해를 입힌다는 점을 시사했다. 그것이 결국 사람들에게 과호흡을 요청하는 암묵적인 메시지였다. 그 작업을 위해서 그들은 다가올 감각에 대해 개방적이 되어야 했다. 그러나 바로 그 기꺼이 하려는 마음은 문제가 감각의 내용 자체가 아님을 의미한다. 아무리 여러 번 과호흡을 일으킨다 하더라도, 과도한 산소와 낮은 CO_2 농도로 인해 그 행위 자체는 여전히 매우 이상하고 심지어는 혐오스러운 감각을 만들어 낼 것이다. 이 경우에 노출을 통해서 환자는 감각의 **기능**이 문제임을 암묵적으로 암시받았다. 달리 말하면, 감각으로부터 도망치는 것과 같이 감각이 우리에게 시키는 것이 문제라는 것을. 나는 감정, 생각뿐 아니라 불편한 감각과 의도적으로 새로운 관계를 맺는 다른 방식을 찾는 것이 개입을 위한 더 나은 접근의 열쇠일 것이라고 생각했다.

몇 년 전 그런 관점에서 몇 가지 생각을 적어 본 적이 있다. 심리학 학부의 내 첫 논문에서는 상황뿐 아니라 감정에 대한 개방성에도 초점을 맞추었는데, 노출을 활용하는 가능성에 관한 것이었다. 데이비드의 작업은 그 오래된 관심을 다시 불러일으켰고 변화의 원리에 대한 탐색에 연결하도록 도움을 주었다. 우리가 감각과 어떤 관계를 맺는가, 즉 감각을 없애려고 하지 않고 그것을 경험하는 법을 배우는 것이 중요하다면, 이를 생각과 감정을 포함해서 다른 모든 경험에도 동일하게 적용할 수 있을까? 불안을 향해 방향을 돌린 내 개인적인 경험을 통해서 이것이 핵심이라는 점을 암시받는 듯했다.

인본주의적 방법이나 마음챙김 훈련, 그리고 인간 잠재력 운동 역시 부정적인 사고와 감정을 수용하는 것이 중요함을 강조한 바 있다. 나는 1960년대와 1970년대에 캘리포니아에서 유년 시절을 보내면서 **내부 독재자**로부터 거리두기와 같은, 마음을 단련하는 다양한 방법을 경험해 왔다. 가령 명상 실습, 신체 알아차림, 독경, 요가, 환각제, 그리고 마음챙김 훈련과 같은 것들 말이다. 로스앤젤레스에서 대학 생활을 하는 동안 고조슈 사사키 로시Joshu Sasaki Roshi가 이끄는 선불교를 접할 기회가 있었다. 크리야난다Kriyananda라는 힌두교 종교 지도자가 이끄는 북부 캘리포니아의 동방 종교 공동체에 잠시 머물었던 적도 있다. 또한 대학에서 집단의 촉진자가 집단원들로 하여금 감정적 반응, 특히 다른 집단 구성원에 대한 반응으로 일어나는 것을 표현하도록 돕는 장기간의 비구조화된 모임인 참만남 집단과 감수성 훈련에도 참여했다. 이는 아무리 불편한 내용일지라도 우리가 감정과 사고에 충분히 개방적이 되고, 이를 자유롭게 표현할 수 있게 된다면 우리의 행동이 해방되고 보다 통합적이 될 것이라는 가정에 기초했다.

교수 임용이 되고 몇 년이 지난 뒤에 나는 에르하르트 세미나 훈련(EST)에 참가해서 깊은 영향을 받았다. 이는 큰 규모의 알아차림 훈련 집단으로서 인본주의적 접근의 연장선에 있었으며, 우리가 사고 및 감정과 관계 맺는 방식에 따라 그것들이 어떻게 힘을 부여받게 되는지를 탐구했다. 대학원 선배인 존 콘John Cone이 '그 훈련'을 경험한 후에 너무도 확연하게 바뀌어 그 훈련에 어떤 가치가 있을 것이라는 사실을 부정할 수 없게 되었기에 나는 그 집단에 참가해 보기로 결심했다. EST에는 성문의 전통이 없었으나 그 워크숍들은 믿기 어려울 정도로 좋았다. 마음이 어떻게 경험을 압도하며, 알아차림 자체가 어떻게 더 열린 방식으로 삶을 경험하게 하는 토대를 제공할 수 있는지에 초점이 맞춰져 있었다. 이 아이디어 중 많은 부분이 ACT로 귀결되었다.

그러나 이러한 방법들(참만남 집단, EST, 종교적인 독경 등) 중 어떤 것도 과학적으로 개발된 것이 없었으며 자칫 남용될 위험도 존재했다. 가령 진솔한 의사소통이라는 명목 하에 구성원들을 잔인하게 비난하는 것에 대한 정당성을 제공함으로써, 참만남 집단은 자칫 폭력적이 될 수도 있다. 나는 실제로 그러한 일이 벌어지는 것을 목격하기도 했다. 일부 인본주의적인 지도자들은 자신의 지위를 이용하여 제자들을 성적으로 괴롭히는 것으로 악명 높았다. 마음챙김 전통 분야 역시 동일한 일로 고통을 겪었다.

나는 크리야난다가 처음으로 공동체의 다수 여성들과 순결에 관한 서약을 어긴 혐의로 고소되었을 때 크게 충격을 받고 실망감을 느꼈다(내가 '처음으로'라고 언급한 이유는 그가 만든 공동체가 거의 해체된 후 말년에 이르러서도 이와 유사한 문제들에 다시 휘말렸기 때문이다). 심지어 존경받는 선불교의 거장 조슈 사사키 로시 역시 유사한 평판을 받았다. EST가 없었다면 그 카펫 위에서의 밤은 없었겠지만, 나는 대규모의 알아차림 훈련 집단에 대한 과도한 상업주의와 빈약한 경험적 증거들을 보면서, 그 훌륭한 아이디어들을 가지고 과학적인 연구와 개량을 할 수 있도록 개방적인 과정을 도입할 필요가 있다는 확신이 들었다. 나는 마음챙김 방법들을 중시했지만 그것들도 그 길을 따를 필요가 있다고 생각했다.

이후로 나를 포함한 많은 다른 연구자들은 1960년대와 1970년대에 떠돌던 과일 견과류 믹스와도 같은 발상들에 대한 탄탄한 과학적 연구를 수행해 나가기 시작했다.[15] 개중에는 가치 있다고 입증되었고, 결과적으로 지금은 ACT와 같이 제3동향 CBT 체계의 일부가 되었다.

뇌과학과 유전학

내가 심리학의 발전 과정에서 일어난 일을 요약했지만, 생물학에 대해서는 아직 언급조차 한 적이 없음을 여러분은 눈치챘을지도 모르겠다. 그렇게 한 이유의 한 가지는 인간 행위에 대한 생물학적인 이해에서 몇몇 중대한 진보가 있었다는 점을 대부분의 사람들이 알고 있기 때문이며, 다른 하나는 생물학이 어떻게 심리학을 결정하는지에 관한 몇 가지 해로운 관념들이 대중화되어 있기 때문이다.

내가 1970년대에 수련을 받을 때, 행동에서 유전자가 하는 역할을 연구하는 많은 연구자들은 언젠가 우리가 많은 심리학적 상태들(예: 주요 우울증이나 조현병과 같은)에 관여하는 소수의 유전자가 있다는 사실을 밝혀낼 것이라고 믿었으며 인간 행동의 많은 부분이 유전자에 의해 쉽게 설명될 수 있을 것이라고 믿었다. 그 사이에 신경과학 분야가 급속도로 발전하면서 뇌의 구조를 이해하게 되면 우리가 생각하고 느끼고 행동하도록 결정짓는 방식이 밝혀질 것이라는 관념이 대단히 강력해지고 있었다. 그러나 대부분의 행동심리학자들은 행동과 심리적 조건들이 유전이나 신경생물학적 요인에 의해 영향을 받듯이 삶의 경험에도 영향을 받으며, 이 둘이 하나의 체계에서 서로에게 영향을 미친다고 믿었다. 달리 말해서, 심리학은 생물학적이기는 하지만 생화학이나 신경생물학으로 환원될 경우에 중요한 것을 놓칠 수 있다.

생물학계는 대체로 그러한 관념에 그리 많은 관심을 두지 않았다. 1993년 캘리포니아 샌디에이고 대학의 행동유전 연구소에서 강연을 했을 때, 학습이 유전자와 뇌가 작동하는 방식에 강력한 영향을 미친다는 내 견해를 밝히자 학생들은 말 그대로 내 면전에 대고 웃음을 터뜨렸다.

오늘날 그런 관념은 그리 웃긴 내용이 아니다. 오히려 단순한 유전적 요인이 특정 정신 건강 상태들을 야기할 것이라는 꿈은 사라졌다. 행동심리학이 대체로 옳았다는 사실이 연구를 통해 입증되었다.

2003년 인간 게놈 지도가 완성된 이후에 특정 유전자와 행동 간에 명료한 인과성이 존재할 것이라는 기대감은 큰 타격을 입게 되었다. 유전자와 특정 기질 및 상태 간의 명료한 관계를 탐색하고 수십만 명의 사람들의 특정 게놈 지도를 만들고 샅샅이 뒤진 결과, 유전자와 상태 간의 단순한 상관관계는 점점 더 규정하기 힘든 것으로 판명되었다. 우울증에 '관여하는' 또는 낙관적인 사람이 되는 데 '관여하는' 유전자가 존재한다는 관념은 철저하게 반박되었다. 어떤 주어진 조건에서 수십 개의 유전자들이 연관되어 있다는 것이 시사될 뿐 아니라, 그러한 경우라도 유전자는 특정 조건을 발달시킬 가능성의 단지 몇 퍼센트만을 설명할 수 있을 뿐이다.

우리는 또한 신체가 광범위한 '후성 유전적' 과정(유전자의 활성화에 영향을 미치는 과정이 삶의 경험에 영향을 받는다는 것을 의미함)을 발달시켜 왔음을 알게 되었다. 유전학자들은 경험이 유전자를 바꿀 수 없다는 것에 오래전부터 동의해 왔고, 이는 여전히 기술적으로는 옳은 말이다. 하지만 몸 안에서 어떤 유전자가 작동하도록 허용하는가는 경험이 중요한 영향을 미친다는 것을 우리는 이제 안다. 그리고 우리의 생명 작용에 각인된 이런 후성 유전적 '코딩' 중 일부는 유전될 수 있다. 지난 세기 동안 유전학자들이 가졌던 일반적인 견해는 수정될 필요가 있다.

만약 조부모가 어린 시절 학대를 당한 경험이 있다면, 당신은 어쩌면 그러한 경험의 후성 유전적 영향의 일부를 물려받았을지도 모른다. 여러 연구들에서 홀로코스트를 겪었거나, 어린 시절 학대의 경험이 있거나, 또는 제2차 세계대전 동안 네덜란드에서 아사 직전까지 갔던 사람들의 손자들은 스트레스와 트라우마에 유전적으로 더 예민한 신체를 가지고 있다는 것이 밝혀진 바 있다. 이는 그들의 후성 유전자가 달랐기 때문이다.[16]

경험이 유전적 기능에 미치는 영향이 얼마나 복잡한지를 증명하는 유전학적 발견의 예를 하나 공유하고자 한다. 2003년 연구자들은 뇌의 화학 물질인 세로토닌의 흐름과 관련된 유전자의 변형이 우울증이나 다른 질병과 관련이 있다는 사실을 발견하고는 매우 흥분했다.[17] 최초의 '유레카!' 이후에 연구들이 쇄도하기 시작했다. 어릴 때 학대를 받은 경우에 유전자 변이가 우선적으로 중요해 보인다는 것이 곧 밝혀졌다.[18] 이후 많은 연구들에서는 그 변이의 중요도에 영향을 미치는 성별, 민족, 사회적 지지의 양을 포함한 몇몇 다른 요소들이 밝혀졌다.[19] 유전자는 경험에 대한 더 큰 민감성을 만들어 내며, 역경이 닥치고 사회적 지지가 부족할 때 특히 관련이 높아지게 된다는 것이 밝혀지기 시작했다. 이러한 요인들에 따르면, 더 많은 우울증을 예측하는 동일한 유전적 조건이 어떤 상황에서는 우울증의 감소를 예측하기도 한다!

심리적 안녕을 위해 고군분투하는 사람들은 단지 나쁜 유전자의 영향만을 받았다는, 주류 문화에 자리 잡은 생각은 대단히 부정확하다. 그리고 '나쁜 유전자의 영향'이라는 개념으로 말미암아, 삶의 질을 향상시키기 위해 당신이 할 수 있는 것을 하는 데 전념하지 않게 될 수 있다.

ACT 연구에서는 심리적 유연성을 발달시키는 것이 우리 유전자의 기능에 강력한 영향을 미칠 수 있음을 보여 주었다. 예를 들어, **메틸화**라고 불리는 후성 유전적 과정은 유전자를 읽어 내는 신체의 능력을 방해한다. 해로운 메틸화는 외상으로부터 기인할 수 있지만, 유연성 기술을 배움으로써 이러한 손상의 일부를 되돌릴 수 있으며, 최근 연구들에서는 이것이 메틸화 과정을 변화시킴으로써 가능해진다는 것이 밝혀졌다.[20] 유연성 과정은 문자 그대로 유전자가 작동하는 방식을 변화시킨다.

다음과 같이 말할 수 있다. 만약 여러분이 유연성 피벗을 함양함으로써 스트레스에 덜 반응적이 되는 방법을 배우게 되면, 신체는 여러분이 아니라 여러분의 부모나 조부모로부터 전해 내려왔을지 모르는 유전적 발현 스위치를 포함하는 반응 시스템을 끄기 시작한다.

이 얼마나 시원한가?

두뇌가 우리의 심리적 건강을 통제하는 방식은 어떠한가? 이 역시 유연성 기술들을 배움으로써 상당히 많은 부분이 변화될 수 있다. 만약 만성 통증이 있는 당신이 ACT 과정을 밟는다면, 당신의 두뇌는 의사 결정에 관여하는 뇌의 부분들에는 통증 정보를 이전보다 덜 보내기 시작할 것이다. 결과적으로 덜 아프다고 말하는 것은 정확하게 맞지 않다. 당신의 사고 과정에서 아픔이 덜 중심적이라는 말이 더 정확하다.[21]

경험 회피 수준이 높은 이들은, 발생 가능한 부정적 사건들을 탐지하면 어떻게 할지를 계획하고 스스로에게 되뇌면서 그런 사건들을 감시하느라 바쁜 두뇌를 지닌다. 심리적 유연성이 높아지면 두뇌도 조용해진다. 방어적인 감시와 계획 세우기에 시간을 덜 쓰게 되며, 그렇게 되면 일을 하거나 친구에게 사려 깊게 경청하는 것과 같이, 주의를 기울이기 원하는 것에 더 집중할 수 있게 된다. 주의력 조절이 향상되며 주의를 조절하는 뇌 영역이 강화되는 것이다.

그렇다. 두뇌가 행동을 결정한다고 말하는 것은 맞다. 그러나 행동이 두뇌를 변화시킨다고 말하는 것 역시 똑같이 맞다. 다른 하나가 없이 한쪽만 이야기하는 것은 마치 당신이 한 번도 운동을 하지 않았기 때문에 근육이 약해져 있다는 것을 알아차리지 못한 채 "나는 근육이 약하기 때문에 오십 파운드밖에 들지 못해."라고 말하는 것과도 같다.

방대한 양의 연구들은 ACT의 기술이 어떻게 두뇌나 유전자 발현에서 유익한 변화를 이끌어 내는지를 밝혀 준다. 이제 우리는 마음과 행동을 건강한 방식으로 변화시킬 때 몸에서도 거의 모든 세포에 이르기까지 건강한 변화가 뒤따른다는 것을 안다. 이 책의 뒷부분에서 이에 대한 증거들을 검토할 것이다. 지금으로서는 심리학이 더 이상 생명을 연구하는 분야에서 약골이 아니며, 이제 생명 작용이 작동하는 방식을 이해하는 데 가장 중요한 진보의 중심에 있다는 점만을 짚고 넘어가도록 하자.

ACT 연구의 출범

나는 사람들이 자신의 심리적 건강을 향상시키고 각자가 열망하는 삶의 과정을 추구하도록 돕는 더 나은 방법을 개발하려고 노력하면서 인간 사고의 독특한 복잡성을 이해하는 것이 적어도 유전학과 신경과학을 연구하는 것만큼이나 중요하다는 것을 깨달았다. 사람들이 그들의 생각 및 감정과 새로운 관계를 맺도록 돕는 법을 배우기 위해서는 우리가 어떻게 마음속 **독재자**의 목소리를 발전시키는지 이해해야 함을 깨달았다. 이는 '목소리'가 우리에게 엄청나게 큰 영향을 미치기 때문에 중요하다. 나는 그 목소리가 왜 그토록 설득력이 있으며, 그것이 종종 주는 나쁜 충고들을 무시하는 것이 왜 그토록 힘든지를 이해하고 싶었다. 사고 과정이 왜 그렇게 자동적이며 변화되기 어려운지를 파악하는 것 또한 중요함을 알았다. 아마도 나는 사람들이 **독재자**의 힘을 중화시키고 어려운 경험이나 사고, 감정에 건강한 방식으로 반응할 수 있도록 자유롭게 하는 방법을 나와 내 연구진이 찾을 수 있기를 희망했다.

다음 두 장에서는 인간의 사고에 대한 우리의 연구 결과들을 소개할 것인데, 이는 ACT와 다른 제3동향의 방법들이 왜 그토록 효과적인지를 설명하는 데 강력하기 때문이다. 우리는 그 결과에 대해 조금이라도 이해하는 것이 그 방법을 받아들이는 데 실제로 도움이 됨을 발견했다. 또한 여러분이 그 결과들이 대단히 흥미롭다는 것을 발견할 것이라고 생각한다. 우리는 인간의 언어와 상징적 사고에 관해 놀라운 것들을 배웠다. 우리는 이제 인간의 마음이 작동하는 방식에 대해 더 많이 안다. 그러나 이러한 발견들에서 가장 중요한 것은 우리가 어떻게 목적의식이 있고 보람 있는 삶을 살 수 있는가에 대한 명확한 지침이 생겼다는 것이다.

우리의 생각은 왜 그렇게
자동적이고 설득력이 있는가

내부 독재자가 어떻게 우리를 지배하게 되는가? 이는 단순히 추상적이거나 지적인 질문이 아니다. 인간 사고의 작동 방식을 이해하는 것은 자유와 번영에 필수적이다. 마음은 종종 우리에게 농간을 부리지만, 일단 속임수가 작동하는 방식을 알고 나면 그렇게 쉽게 홀딱 속아 넘어갈 수 없다.

고전 영화 〈오즈의 마법사〉에서, 마법사는 도로시와 그녀의 개, 3명의 동반자들에게 처음에 육체가 없는 무시무시한 머리의 형상으로 다가왔다. 마법사가 우렁찬 목소리로 "서쪽 마녀의 빗자루를 가져오너라!"라고 명령할 때면, 그들은 두려움에 움츠러들어 그 명령을 따르기 위해 목숨을 걸 정도였다. 그러나 작은 개 토토가 마법사의 커튼을 젖혀 버리고 난 뒤에는, "커튼 뒤에 있는 사람에게 주의를 기울이지 말라!"는 그의 명령이 그들에게 전혀 영향을 미치지 못했다. 속임수를 간파하자 환상의 힘이 사라진 것이다. "이 사기꾼!" 도로시가 울면서 외쳤다. "당신은 아주 나쁜 사람이에요." 그러자 커튼 뒤에서 노인이 걸어 나와 스스로를 변호했다. "이런, 이런. 사랑스러운 아가씨, 저는 아주 좋은 사람이랍니다. 단지 아주 나쁜 마법사일 뿐이지요."

ACT 개발 초기에 우리 연구팀은 사람들을 부정적인 사고의 패턴으로부터 해방시키려면, 사람들이 **독재자**를 알아보기 시작하고 스스로 그의 명령을 자동적으로 따르지 않으면서 자신을 해방시킬 수 있도록, 마음의 내부 작동 방식에 드리워 있는 커튼을 걷어 내는 것이 필요함을 점차 확신하게 되었다. 영화에서와 마찬가지로, 우리가 아주 나쁜 마음을 가지고 있기 때문이 아니라, 반대로 우리는 아주 좋은 마음을 가지고 있지만 단지 아주 나쁜 **독재자**가 존재하는 것이다. 일단 우리의 생각이 행동을 자동적으로 조종하게 하는 것을 멈추면, 우리는 인지적 자원들을 훨씬 유용하게 활용할 수 있다.

예로부터 학자와 연구자들은 우리가 생각을 구성하고 표현하는 방식이 근본적으로 상징적이며 인간의 언어와 연관된다고 믿어 왔다. 상징적인 의미는 실제로 외부 세계의 물리적 대상이나 사건과 같은 실재성을 단어나 정신적 이미지에 부여한다. 단어와 단어가 상징하는 것 간에 우리가 만든 그 관계는 그 대상이 전혀 존재하지 않을 때조차도 단어와 관련되는 대상을 떠올릴 수 있게 해 준다. 사과라는 단어를 들을 때, 우리는 상상 속에 떠오른 과일의 이미지가 너무도 생생해서 맛이나 냄새까지도 회상해 낼 수 있을 정도다. 단어를 들을 때 어쩌면 약간의 군침마저 돌지도 모른다(사과를 좋아한다면 말이다). 경험에 대한 우리의 기억은 종종 사건이 실제로 일어났을 때 느꼈던 것과 같은 공포나 고통, 슬픔이나 기쁨과 같은 강력한 느낌을 동반하므로 매우 강력할 수 있다.

순전히 하나의 생각일 뿐인 실재를 상기시키는 이런 능력은 문제해결과 창의적인 상상, 의사소통과 같은 놀라운 일들을 가능하게 하지만, 동시에 현실과 완전히 유리된 생각으로도 우리를 완전히 믿게 만들 수 있음을 의미한다. **독재자**의 목소리가 우리의 경험이 해롭다고 알려 주는 것을 믿고 행하라고 말할 때조차, 그 목소리가 너무 강렬함을 느끼는 이유 중 큰 부분을 차지하는 것이 언어의 상징적인 실재성이다.

심리학이 미흡했던 점은 이러한 능력의 정확한 속성, 또 그것이 어디서 왔으며 어떻게 변화시킬 수 있는지를 기술할 수 있는 설명을 갖추지 못했다는 것이다. 이는 마음의 '커튼을 젖힐 수 있는' 종류의 지식이다.

점점 더 늘어나는 동료 연구진들과 함께, 우리는 이와 같은 질문에 해답을 찾기 위한 연구를 수행하는 데 30년 이상을 보냈다. 우리는 언어 학습과 상징적 사고에 대한 포괄적인 접근법을 개발했다. 그리고 그 연구 결과를 아이들에게 언어와 추리력, 문제해결력을 가르치는 방법에 활용했고, 동시에 생각이 우리와 행동을 지배하는 공식을 깨뜨리는 데 사용했다. 심리치료에서 종종 장려되는, 우리의 생각을 정리하는 데 타당하게 보이는 접근법이 왜 거미줄을 너무 지저분해 보이지 않도록 조심스럽게 재배치하는 것과 같이 느껴지는지가 이 연구들에서 밝혀진다.

인간 특유의 축복과 저주

우리가 언어를 학습하는 방식은 **독재자**의 힘을 설명해 준다. 우리 연구의 핵심 발견 중 하나는 인간의 언어 학습이 언어 이론가들이 300년 이상 주장해 온 방식대로 이루어지지 않는다는 것이다.

언어 습득에 대한 연구를 지배해 온 잘못된 개념은, 이반 파블로프의 개들이 먹이를 받기 직전에 일관되게 울리는 종소리에 침을 흘리는 것을 학습한 것과도 같은 방식인 연합의 과정에서 의미가 파생된다는 것이다. 일단 이러한 연합이 강하게 형성되고 나면, 그 개들은 먹이가 주어지지 않더라도 종소리에 침을 흘리게 될 것이다.

연합의 기본 과정은 실제로 아이들이 첫 단어를 배우는 과정과도 같은데, 단어와 그것의 의미에 대한 연관성을 구체적으로 학습하게 되는 것이다. 아이가 '엄마'나 '아빠'라고 부르기를 간절히 바라는 부모들은 이러한 과정을 잘 알고 있다. 우리는 아이들에게 직접적인 연합을 가르치는데, 이는 심리학자들이 수반성이라 부르는 개념을 사용한 것으로서, '……할 때 만약 ……라면'과 같은 순서를 학습시키는 것이다. 예를 들어, 아이가 얼굴을 쳐다볼 때 "엄마."라고 이야기하면 미소를 지어 보이는 것이다. 아이에게 이름을 가르치기 위해서 우리는 부부 중 한쪽을 가리켜 "엄마야." 혹은 "아빠야."라고 말해 줄 것이다. 병, 우유, 공, 장난감, 개와 같은 단어의 경우, 이러한 사물을 볼 때 특징적인 이름을 예상하거나 이름을 들을 때 특징적인 사물을 예상하도록 아기들을 훈련시킨다. 아기들은 말을 떼기 시작하면서 '……할 때 만약 ……라면'이라는 정확한 순서를 나타내는 법을 배우게 되는데, 그리하여 특정 사물을 지칭하는 정확한 단어를 말하거나 그 명칭을 들을 때 정확한 사물을 가리키거나 또는 명칭을 말함으로써 정확한 사물을 표시하도록 요구할 수 있게 된다.

그러나 아동이 12개월 전후 시점이 되면 언어가 양방향의 길이라는 것을 보여 주기 시작한다. 이 경이로운 자연 발달 단계 동안에 모든 부모들은 아이가 특정 단어를 분명하게 배우지 않았음에도 갑작스럽게 뭔가, 예를 들면 사과 같은 것을 원한다고 말하는 것을 경험한 적이 있을 것이다. 아동들은 단어와 그것의 의미 사이의 관계가 양방향이라는 점을 이해하게 되는데, 만약 '엄마'라는 단어가 특정 사람을 지칭한다면 누군가 그녀를 가리키며 누구냐고 물을 때 '엄마'라는 단어가 정답이라는 사실을 이해하게 되는 것이다.

어떤 동물도 이러한 양방향의 길을 이해할 수 있는 능력을 보여 주지는 못했다. 오렌지를 볼 때마다 추상적인 기호를 가리키도록 침팬지를 훈련시킨 뒤 과일 바구니 옆에 그 기호를 놓아둘 때, 침팬지는 오렌지를 집어야 한다는 것을 알지 못할 것이다. 침팬지는 오로지 한 방향의 연합(오렌지⇒)만을 배운 것이다. 침팬지가 오렌지를 가리키길 원한다면, 침팬지에게 다른 방향의 연관성(⇒오렌지)을 학습시켜야 할 것이다. 이러한 현상은 이상하게 느껴질 텐데, 이는 성인인 우리에게 단어와 의미 사이의 관계의 양방향성이 너무도 자연스럽게 받아들여지기 때문이다.

일단 양방향의 관계를 만들 수 있는 능력을 발달시키고 나면, 우리의 사고력은 폭발적으로 증가하기 시작한다. 아동이 16개월 또는 17개월 정도 될 무렵에는 낯선 이름과 함께 친숙한 사물과 낯선 사물이 제시될 경우에 아동은 낯선 이름이 낯선 사물에 딸려 나온다고 가정하며 그 반대의 경우도 역시 마찬가지다(25년 전 내 연구실에서 이러한 이행 과정에 대해 처음으로 밝힌 바 있다[1]). 부모들은 그들이 가르친 말 하나하나가 아이로 하여금 환경 내의 낯선 사건과 사물을 찾아내고 이것과 새 단어 사이의 양방향 관계를 도출해 내는 재료로 쓰인다는 것을 깨닫지 못한 채 너무나도 빠르게 새 단어들을 학습해 나가는 아이들을 보고 종종 어안이 벙벙해지곤 한다.

1980년대 초반 나는 선임 동료인 아론 브라운스타인Aaron Brownstein과 함께 아동이 어떻게 이러한 양방향 소통을 학습하는지에 대한 연구를 시작했다.[2] 연합이나 수반성은 이러한 현상을 제대로 설명할 수 없다고 나는 생각했는데, 왜냐하면 그러한 학습은 한 방향 학습에 해당하기 때문이다. 그리고 극적인 한 주 동안 모든 것이 맞아떨어지는 것을 경험했다. 언어는 연합을 배우는 것이 아니라 관계구성을 배우는 것이었다. 아론은 이러한 개념을 좋아했는데, 이는 젊은 학도인 내게도 극도로 흐뭇한 일이었다.

관계구성 유도에 의한 학습은, 겉보기에는 작은 차이인 것처럼 보이지만 인간의 사고가 어떻게 그렇게 '실재'가 되는지를 설명하는 데 도움이 된다. 이는 우리의 사고 과정이 왜 그렇게 복잡하고 자동적이 되는지를 설명해 주며, 현재 순간의 실제 사건에 의해 촉발되든 기억에 의해 촉발되든 관계없이, 새롭게 주어진 생각이 어떻게 우리 마음속에 내재한 사고의 정교한 네트워크를 통해 파급 효과를 만들어 내는지를 설명하는 데 도움이 된다.

아론과 나는 학습될 수 있는 많은 유형의 추상적인 비교를 위해 **관계구성 틀**(relation frame)이라는 용어를 고안해 냈는데, 이는 그것이 마치 액자의 틀처럼 모든 종류의 사물과 개념을 집어넣을 수 있는 구조와도 같았기 때문이다. 예를 들어, 다음의 틀을 생

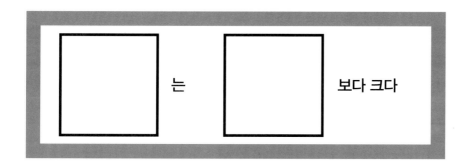

각해 보자.

우리는 이 관계구성 틀을 배운 아이에게 "이 집이 저 차보다 크다."뿐만 아니라 "신이 우주보다 크다."고 이야기해 줄 수 있고 아이도 이를 이해할 것이다. 아이는 또한 "우주는 신보다 작다."와 "내가 우주보다 작기 때문에 신이 나보다 크다."고 말할 수 있게 될 것이다. 그들은 관계구성 틀을 인지적 네트워크 안에 결합할 수 있다.

양방향 관계구성과 이것이 만들어 내는 네트워크는 우리의 상징적 사고력의 기초적인 골격에 해당한다. 우리가 빠르게 학습하는 관계의 종류들은 점차 복잡해져서, 단어와 구체적인 사물 사이의 직접적인 관계를 넘어 추상적인 관계로까지 넘어간다. 가령 어떤 대상이 다른 대상과 반대라거나, 더 나쁘다거나, 더 예쁘다거나, 더 가치 있다거나 하는 것과 같이 말이다. 마음은 언어를 이용하여 갈수록 더 복잡해지는 세상의 속성과 세상의 작동 방식을 이해하게 된다.

추상적인 관계를 이해하는 상상력이 없었다면 인간의 인지는 곤란에 처했을지 모른다. 우리는 이것이 지적 발달의 주요한 변곡점이었음을 깨달았다. 아이들이 이를 숙달하기까지는 몇 년의 세월이 걸린다. 세 살배기 아동들은 5센트짜리 동전을 10센트짜리 동전보다 좋아하는데, 아이들은 동전이 가치가 있는 물건(사탕처럼)임을 알고 있고 5센트 동전이 물리적으로 크기가 더 크기 때문이다. 이 시기의 나이까지 '더'라는 말은 여러 동물들이 가진 기술과도 같이 주로 물리적인 속성을 비교하는 것과 연관되어 있다. 그러나 대여섯 살이 된 아이들은 '값어치가 더 크기 때문에' 10센트짜리 동전을 선호할 것이다. 아이들은 이제 '더'라는 말이 물리적인 양을 추상화하지만 물리적으로는 명백히 '덜'한 것에도 적용될 수 있다는 것을 이해하게 된 것이다. 이 지점에 오면 인간은 당신의 개나 고양이가 결코 들어갈 수 없는 인지 세계로 진입하게 된다.

수많은 관계구성 틀을 배워 나감에 따라 우리는 세상의 사건을 관찰함으로써 관계구성을 도출하는 것에서 순전히 마음속에서 관계를 상상하는 능력으로 나아가게 된다.

이 지점에서 우리의 사고 과정은 극도로 복잡해진다. 관계들로부터 구성한 정교한 사고의 네트워크를 구축하게 되는 것이다. 많은 다양한 종류의 관계들을 아는 것에서 어떻게 이러한 복잡성이 나오는지를 이해하는 좋은 방법은 대가족 내의 관계가 얼마나 복잡한지를 생각해 보는 것이다.

30대 초반의 아시아 여성과 50대 후반으로 보이는 백인 여성의 사진을 앞에 두고 내가 당신에게 "이 두 사람은 같은 가족 출신이다. 어떤 질문도 하지 않고 두 사람이 어떤 관계인지 알아맞힐 수 있겠소?"라고 묻는 상황을 가정해 보자. 당신의 대답은 "아니요."여야 할 것인데, 그들 사이의 가능한 관계가 너무나도 많기 때문이다. 당신은 젊은 아시아 여성이 나이 든 백인 여성의 아들과 결혼했다고 짐작할 수 있을지 모른다. 그러나 젊은 여성이 백인 여성의 아버지가 재혼을 해서 얻은 딸로 그 둘이 의붓남매로 밝혀질 가능성도 있다. 또한 아시아 여성은 나이 든 백인 여성의 친딸 또는 수양딸일 수도 있다. 그리고 백인 여성의 사촌 중 한 명의 딸로서 육촌지간일 수도 있다. 어쩌면 그 둘은 결혼한 사이일지도 모른다.

이러한 가능성을 따지기 위해 마음속에서 그 둘과 직접적으로 연결된 가족 내의 다른 구성원들을 일일이 검토해 볼 필요는 없다. 앞서 언급한 모든 가능성들을 확인할 수 있을 텐데 이는 당신이 가족 내에서 가능한 많은 종류의 추상적인 관계들에 대해 이해하고 있기 때문이다(심지어 우리는 모든 친척들을 '관계'라고 부르지 않는가?). 이는 당신으로 하여금 두 여성이 서로 연관될 수 있는 많은 방식들을 상상할 수 있도록 해 준다. 그리고 만약 둘의 실제 관계에 대해 듣게 되면 나머지 다른 모든 가족에 대한 정보에도 영향을 받게 되는데, 이는 이러한 관계가 네트워크 내에서 얽혀 있기 때문이다.

여기서 핵심은 관계구성적 사고가 연합적 사고에 비해 훨씬 더 복잡하다는 것인데, 이는 관계구성적 사고가 추상적인 관념 속에서 관계를 조작하고 방대한 네트워크와 결합할 수 있게 해 주기 때문이다. 연합을 통해 우리는 대상들 혹은 사건들 간을 연관 짓는데, 이는 그 대상들의 물리적인 속성이 유사하거나 사건들이 동일한 시공간 내에서 함께 발생하기 때문이다. 그러나 관계구성적 사고를 통해 우리는 물리적인 관계가 없고 같은 시공간 내에서 발생하지 않는 사건들 사이의 연관성을 만들어 낼 수 있다. 단순히 이를 할 수 있는 능력을 넘어 우리는 항시 이 작업들을 하고 있으며, 우리가 만들어 내는 연결들은 극도로 복잡해져 가는 경향이 있다.

이는 떠오른 하나의 생각이 다른 생각을 촉발시킬 수 있는 이유인데, 가령 당신의 배우자가 얼마나 당신을 사랑스럽게 대하는지에 대해 생각하다가 과거에 당신에게 심한 배신감을 남기고 고통스럽게 끝난 관계가 기억나서 돌연 당신의 배우자의 충실을 의심하게 되는 것처럼 말이다. 당신은 '반대'의 관계구성 틀을 통해 배우자와의 관계를 과거의 관계에 연결시킨 것이다. 이렇듯 내재된 관계구성으로 인해 이와 유사하게 원치 않는 수많은 생각들이 촉발되며 이는 생각의 자동성의 많은 부분을 설명한다.

아론과 나는 이와 같이 인간이 언어와 고차원적인 사고력을 습득하는 방식을 설명하는 새로운 이론을 관계구성적 틀 이론(Relational Frame Theory: RFT)이라고 불렀다. 광범위한 연구들은 관계구성 배우기가 우리의 인지 능력과 자기 감각을 발달시키는 데 핵심적인 역할을 한다는 것을 확인시켜 주었다. 예를 들어, 언어장애가 있고 정상적인 자기 감각을 발달시키지 못한 아동들을 대상으로 한 연구에서, 이들에게 관계구성적 사고하기 방법을 가르칠 때 더 나은 언어 능력과 보다 정상적인 자기 인식을 발달시킨다는 것을 발견했다.

하지만 이 중 나를 가장 놀라게 만든 것은 임상적인 시사점이었다. CBT가 시도한 것처럼, 촘촘한 관계 네트워크를 풀고 재구조화하는 작업은 거대한 거미줄을 재배치하는 것과도 같았다. 이는 소용없는 일이다.

생각을 없애려는 시도는 이를 둘러싼 인지적 네트워크를 단지 추가할 뿐이다. 연관 짓기는 추상적일 수도 있다. 즉, 어떤 것이라도 다른 어떤 것과 연관될 수 있다.

내가 의미한 바를 당신 자신에게 적용해 볼 수 있다. 어느 두 대상을 떠올려 보라. 어떤 것이든 좋다. 두 대상이 떠올랐다면, 첫 번째 것이 두 번째 것보다 더 나은지 생각해보라. 당신은 곧 대답을 찾을 수 있을 것이다. 어떻게 두 번째 것이 첫 번째 것을 촉발시킬 수 있었는가? 깊이 생각해 보라. 그리고 다시 대답해 보라! 바로 생각이 본질상 어떤 것을 어떤 순간에든 어떤 방식으로든 세상의 다른 모든 것과 정신적으로 연관 지을 수 있다면 당신은 어떻게 이성적인 생각만을 할 수 있겠는가?

계산해 보니, 여덟 개의 단순한 사물과 그 이름 사이의 관계는 사천 가지 이상의 가능한 관계를 산출해 낼 수가 있다(사물과 사물, 이름과 이름, 관계와 관계, 모든 조합을 포함해서 말이다). 이는 우리 중 누군가의 머릿속에 이미 있는 모든 가능한 관계구성의 함의를 밝히는 데 무한대의 시간이 걸릴 수 있다는 것을 의미한다. 이와 같은 인지 네트워크 내에는 거의 무한대에 가까운 불일치가 존재할 것이다. 여기에 완전히 새로운 생각을 추가하는 것은 다른 모든 것들을 전혀 예측할 수 없는 방식으로 바꿔 놓을 수도 있다.

이러한 시사점들은 정신이 번쩍 들게 한다. 전통적인 인지적 관점은 생각의 연합적인 이론에 바탕을 두고 있었다. 만약 이것이 틀렸다면, 일부의 기법들이 효과가 있었다고 할지라도 전통적인 인지치료는 개념적으로 잘못된 것이다. 그리고 사물을 연관 짓는 마음의 작용을 완전히 억제할 수 없기 때문에 생각이 행동에 미치는 **영향**을 변화시키는 방법에 더 집중할 필요가 있음을 깨달았다.

이 밖에도 다른 보다 확장적인 시사점들이 존재하는데, 특히 인간 의식에 관한 우리의 견해에 대한 것이 주목할 만하다. 나는 단어와 사물에 대한 양방향의 길에 이미 일종의 관점 취하기가 내포됨을 깨달았다. 즉, 화자의 입장에서 볼 때 물체는 X라고 불리지만, 청자의 입장에서 X를 들으면 물체를 향하게 된다. 하지만 이는 우리가 말하는 모든 말 안에 관점 취하기가 내포되어 있음을 의미하며, 우리는 남이나 자신에게 이야기를 하면서 우리 내면에 '관점'을 쉽게 확립하기 시작할 수 있다는 것이다. 이것이 지금 묘사되고 있는 것을 특정 관점에서 목격하고 있는 내부 관찰자의 관점, 즉 초월적 자기 감각으로 이어질 수 있음을 깨달았을 때, 나는 이러한 주장을 담은 첫 번째 RFT 논문을 1984년에 발표했고, 그 제목을 '영성 이해하기'라고 붙였다(제21장 참조).

그것은 추측이었으나 결국 맞는 것으로 판명되었다. 이후 RFT 연구들에서 특정한 유형의 관계구성이 학습되고 나서야 분리된 존재로서의 자기 감각이 출현한다는 것이 밝혀졌다. 이러한 유형은 '실증에 의한 학습'을 의미하는 **지시적 관계구성**으로 언급되지만, 난해한 기술적 용어이므로 여기서는 **관점 취하기 관계구성**이라고 부르겠다. 이 모든 것들은 당신이 거기가 아닌 여기에 있음을 아는 것과 같은, 확실한 지점에 대한 이해를 필요로 한다. 그와 같은 관계구성은 아이들이 배우기에는 만만치 않을 수 있는데, 화자의 '여기'는 청자의 '거기'이며 화자의 '거기'는 청자의 '여기'이기 때문이다. 결과적으로 당신이 거기로 가면 거기는 여기가 되고 여기는 거기가 된다! (어린 아동들이 좌절에 차서 "하나만 좀 정해 줄래요?"라고 생각하는 것이 거의 보일 지경이다.) 하지만 충분한 설명을 통해 아동들은 관점 취하기 관계구성을 배워 나갈 수 있다. 가장 핵심적인 세 가지는 나대 당신, 여기 대 거기, 지금 대 그때다. 아이들은 보통 사람, 장소, 시간 순으로 이를 배워 나간다.[3]

보통 서너 살 전후로 마법 같은 일이 벌어진다. 사람, 장소, 시간에 대한 관점 취하기 관계구성이 통합된 관점으로 합쳐지는 것이다. 즉, '나/여기/지금'으로부터 관찰하는 의식이 생겨난다. 비유적으로, 당신은 당신의 눈 뒤에 있고 동시에 당신의 어머니가 그녀의 눈 뒤에 있다는 것을 안다. 당신은 의식이 있는 한 인간으로서, 한 관점을 가지고 세상을 살아가는 인식의 감각을 발달시켰다. 이와 같은 종류의 인식에는 '근원 (fromness)'의 특성이 있다. 당신은 볼 뿐만 아니라, 당신이 본다는 것을 보며, 또한 당신이 '나/여기/지금' 관점에서 본다는 것 역시 본다. 더 나아가 이러한 자기 감각은 상징적인 관계구성에 기반을 두고 있으며, 이는 관점 취하기 관계구성의 조합에서 비롯된다.

한번 시간, 장소, 사람이라는 측면의 관점을 수용하는 기술을 습득하고 나면, 이는 결코 당신 곁을 떠나지 않는다. 영아기 기억상실은 서서히 사라진다. 한 살 때는 그렇지 못하지만, 네다섯 살이 되었을 때 순조롭게 당신의 눈을 통해 세상을 다시 볼 수 있게 되는 이유가 된다. 의식이나 관점의 형태로서의 **'자기'**는 경험의 구슬을 끼워 넣을 수 있는 일종의 실이 되는 것이다. 당신이 어디에 가든지 거기에는 당신이 있다. 당신은 또한 다른 곳에 있는 당신을 상상할 수 있다. 예컨대, 중국 만리장성에 가 있는 자신을 말이다. 심지어 다른 사람인 자신, 혹은 나이가 많이 들었을 때의 모습을 상상할 수도 있다. 당신은 비록 세계의 반대편에 있는 사람들의 이야기일지라도 그들이 경험하는 것을 상상하면서 자신에게 다른 사람들의 이야기를 들려줄 수 있다. 상상 속에서 당신은 시간, 장소, 사람을 가로질러 관점 취하기를 확장할 수 있다.

관점 취하기는 또한 우리 자신에 대한 스토리텔링을 지원하는데, 이 부분은 통제하기가 어렵다. 언어적인 문제해결 능력이 생겨남에 따라 해방된 마음에 대한 필요와 더불어 **내부 독재자**가 탄생한다. 우리 자신의 정체성에 대한 이야기를 만들어 내기 시작하면서, 예컨대 우리는 자신을 되어야 할 사회적으로 이상적인 인물과 비교하기 시작한다. 그래서 우리 자신을 의식적인 인간이도록 해 주는 자기 감각과 동일한, 그 인지적 기술이 낳는 불행한 부작용으로 인해 우리는 종종 개념화된 자기를 빚어내기 시작하고 이 가상의 자기가 종종 '실제' 자기라는 환상을 받아들인다. 우리는 이야기의 내용이 **되기** 시작하고, **독재자**가 완전히 힘을 갖게 된다.

자기 이야기의 존재 자체가 문제는 아니다. 우리 모두는 이야기가 필요하다. 그러나 계속되는 이 스토리텔링 속으로 우리가 사라질 때, 즉 이야기와 융합될 때, 모든 종류의 정신 건강과 삶의 만족도에 어려움이 따르게 된다. 우리가 이야기에 맞게 살고 있는지 혹은 다른 사람들이 이를 믿고 있는지를 독재자가 평가하면서 이를 감독하고 방어하는 데 지나치게 몰두하게 되기 때문이다.

우리의 마음에 얽혀드는 것은 쓸쓸하지만 달콤한 구석이 있다. 상징적 사고는 나쁜 충동에서 비롯되는 것이 아니다. 하나의 종족으로서 집단 내 다른 이들과 어울리며 소속되고 협동하고자 하는, 우리 마음속에 깊이 내재된 어떤 경향성에서 비롯된다. 우리를 다른 모든 종들로부터 아주 극적으로 구별하는 능력이자 인간이 특히 잘 하는 세 가지, 고등 인지 능력, 문화, 그리고 협력이다.

인간은 천성적으로 협력적이다. 옮기고 싶어 하는 아동 벤치가 있을 때 두 아동이 한 아이는 한쪽 끝을 잡고 다른 아이는 다른 한쪽 끝을 잡는 것은 너무도 자연스러운 일이다. 동물 중 우리의 가장 가까운 친척인 침팬지조차 그런 경향을 거의 보이지 않는다 (이들은 꽤 협력적이기는 하지만 인간만큼은 아니다). 진화생물학자들은 인간은 협력이 이득이 되는 소규모 집단에서 살아왔기 때문에 그 충동을 발달시켰다고 주장한다.[4]

우리는 단지 원숭이의 일종이다. 정상적으로 발달하는 인간 아기는 사회적 애착과 사회적 협동에도 관심을 가진다. 인간의 영아는 들은 것보다 관찰한 내용에 기초해서 타인이 원하는 바를 알게 해 주는 인지적 능력을 의미하는 '마음 이론' 기술을 어느 정도 가지고 태어난다. 어린 아동조차 타인의 의도를 어느 정도 이해할 수 있다. 예를 들어, 어른과 아기가 함께 장난감을 가지고 놀다가 '정돈 시간'이 되어 어른이 자신의 손이 닿지 않지만 아기에게는 닿는 위치의 장난감을 가리킬 때, 아기는 그 장난감을 정리 상자에 담을 것이다.[5] 낯선 사람이 와서 이와 유사하게 가리킬 때, 아기는 자신의 장난감을 내어 줄 것이다. 이는 우리가 타인이 원하는 바를 어떻게 추측하는지, 그리고 타인을 기쁘게 하는 것이 선천적으로 우리에게 얼마나 중요한지를 보여 준다.

상징적 사고의 양방향의 길은 협력적인 청자가 다른 집단 구성원이 사용하는 용어 (예: 사물을 건네 달라고 요청하는 것)를 듣고 그가 명명한 사물을 전달해야 한다는 사실을 아는 것에서부터 시작된다. 이러한 양방향의 사회적 관계는 협동심을 즉각적으로 증대시키고 집단의 웰빙 증진에 기여한다. 심리적인 대가는, 상징적 사고가 내재화되고 문제해결에 초점화가 되는 시기 훨씬 더 이후에 나타난다. 인간의 문제해결 능력은 자연계에서 견줄 대상이 없는 수준이므로 어떤 의미에서는 굉장한 성공으로 여겨질 수 있다. 그러나 이는 우리 자신의 삶을 해결되어야 할 문제로 보게 만든다. 우리는 환경을 통제해서 얻은 것을 위해 마음의 평화가 결핍되는 값을 치렀다. 이런 일이 일어나는 한 가지 방식은 다음과 같다. 우리가 타인에게 받아들여지는 것에 너무도 몰두한 나머지 자신이 얼마나 가치 있고 사랑스러운지에 대한 왜곡된 이야기를 만들어 내면서 결국 우리가 받는 애정을 믿지 못하게 된다. 우리는 불필요하게 자신과 타인을 비교하고, 이로써 결국 부정적인 혼잣말과 정신적 고통에 더욱 얽히게 된다. 이는 계속 반복된다.

우리가 왜 거짓말을 하게 되는지에 대해 생각해 보면, 이러한 왜곡된 스토리텔링 과정이 활성화되는 것을 볼 수 있다. 당신이 한 일이나 한 말에 대해 왜 종종 거짓말을 하게 되는지 곰곰이 생각해 본 적이 있는가? 우리 모두는 적어도 이따금씩 소소하게 거짓말을 한다. 잠시 동안 거짓말하는 과정을 천천히 들여다보라. 마치 네 살짜리 아이가 처음 보는 부엌 거품기를 손에 쥐고 바라보듯 그 현상을 들여다보라. 그리고 스스로에게 질문해 보라. 당신은 왜 거짓말을 하는가?

곧바로 대답하려고 하지 말고, 질문을 그저 숙고하면서 당신이 타인을 호도하는 몇 가지 방식을 검토해 보라.

- 이야기의 전말을 전부 다 말하지 않는다.
- 아주 약간이라도 과장한다.
- 당신이 제시하고 싶은 이미지와 일치하도록 세부 사항을 살짝 수정한다.
- 냉정한 진실을 부정한다.
- 현재의 이야기에 들어맞지 않는 부분을 무시한다.

왜? 당신은 왜 그렇게 하는가?

뉴스를 보면, 거의 매일같이 거창한 거짓말의 예들이 나온다. 9·11 사태 이후 수천 명의 무슬림들이 축배를 들었다, 그 여성과 성관계를 한 적이 없다, 그 투자 회사는 다단계 사기꾼이 아니다. 대부분의 사람들은 거짓말을 그리 많이 하지는 않기에,[6] 이런 뉴스들을 접하면서 우리 대부분은 가만히 앉아 **나는 그들과 달라**라고 생각할 수 있다. 그럴 수도 있지만, 달콤한 자기 정당화는 정신적 마약과도 같아서 우리로 하여금 더 큰 진실을 놓치게 만든다. 즉, 우리 **모두**는 자신에 관해 **완전한** 진실을 이야기하기 어렵다. 연구에 따르면, 보통 사람은 그들이 만나는 4명 중 1명의 사람에게 작고 소소하게 거짓말을 한다. 십 대들은 하루에 여러 차례 거짓말을 한다고 인정한다.

우리 중 대부분은 그런 거짓말에는 대가가 따른다고 느낀다. 연구에서도 사실이라고 입증된다. 예를 들어, 누군가에게 거짓말을 하면 우리는 그들과의 관계를 평가절하하며, 거짓말로 꾸며진 말을 하는 동안에 우리의 두뇌는 효과적으로 대응하는 능력이 감소한다. 우리의 거짓말이 작고 중요하지 않다면, 왜 그런 일을 하는가라는 질문은 **특별히** 어려운 지점에 봉착한다.

물론 우리는 물질적인 이득을 위해 또는 타인의 감정을 보호하기 위해 종종 거짓말을 한다. 그러나 많은 거짓말은 자기 이야기의 어떤 부분, 그 이야기에 맞도록 우리가 타인에게 보이는 이미지의 일부를 보호하기 위해 행해진다. 이들은 우리 모두가 가진 페르소나를 강화한다[페르소나(persona)는 흥미로운 단어다. 우리는 이로부터 성격

(personality)을 형성하는데, 이는 본래 라틴어로 '가면, 배우가 쓰는 거짓 얼굴'을 의미했다].

내 아들 찰리가 자기 이미지를 보호하기 위해 내게 처음으로 거짓말을 했던 때의 기억이 다소 고통스럽게 남아 있다. 그의 방에 처음 보는 장난감이 생긴 것을 보고 어디서 난 것인지를 물었다. 사랑스러운 네 살배기 내 아이는 착한 일을 한 대가로 선생님이 주었다고 말하며 불안한 듯 말을 더듬었다. 뭔가 이상하다는 느낌을 받고 나는 의아해하며 찰리를 바라보았다. 찰나의 침묵이 흐른 뒤, 아이는 울음을 터뜨리면서 그 장난감을 학교의 장난감 상자에서 그냥 가져왔다고 털어놓았다. 나는 "왜 그런 짓을 했니?"라고 물었다. 아이는 엉엉 울면서 "왜…… 왜냐하면…… 그게 갖고 싶었어요…….."라고 흐느끼듯 대답하였다.

나는 아이와 함께 울고 싶은 심정이었다. 나를 슬프게 만든 것은 그가 도둑질을 했다는 것보다는 순수함을 잃은 아이의 모습을 보고 있다는 데 있었다. 부정하게 얻은 이득을 지키기 위해 이제 아이는 자신에 대한 타인의 생각을 고려하고 이러한 인식을 조작하는 데 노력을 기울여야만 하게 되었다. 아이는 타인에게 온전한 자기 자신이 아니라 거짓 자기를 보이는 방법을 배우고 있었다. "나는 선생님들이 장난감을 줄 만큼 착한 아이야, 암, 그렇고말고."

그는 개념화된 자기를 막 만들어 내기 시작하고 있었다.

생각은 삭제될 수 없다

우리가 제아무리 이러한 스토리텔링 과정을 중단시키고 정교화해 온 이야기를 변화시키고 싶어 할지라도, 우리의 정신적 네트워크 활동의 대부분은 자동적이고 잠재의식 수준에서 진행된다. 그리하여 우리 마음에 새겨진 사고의 패턴은 점점 얼어붙게 된다. 우리는 홀린 듯이 그것이 우리를 함정에 빠뜨렸음을 완전히 간과할 수 있다. 앞서 비유했던 거미줄처럼 말이다. 우리가 아무리 필사적으로 그것을 마음속에서 몰아내고 싶어 할지라도, 인간의 신경계에는 삭제 버튼이 없다. 모든 종류의 심리학에서 탈학습이라 불리는 것은 존재하지 않는다.

잊었다고 생각하는 사실들조차도 의식 아래에 숨은 채로 머물러 있다. 이는 나중에 그것들을 재학습하기가 더 수월한 이유이기도 하다. 심리학자들은 이를 **빠른 재습득 효과**라고 부른다. 파블로프의 개를 예로 들면, 반복적으로 종을 울리고 이에 따른 먹이를 제공하지 않을 수 있다. 결국 개는 종소리가 울려도 더 이상 침을 흘리지 않게 될 것이다. 이러한 효과를 소거라고 부른다. 조건형성이 사라진 걸까? 사실은 그렇지 않다. 이 분야에서의 전문가는 "소거는 본래의 학습을 없애는 것이 아니라 보다 더 맥락 의존적인 새로운 학습을 형성하는 것이다."라고 언급한다.[7] 다시 말해서 그 개는 "이전의 상황에서는 종소리가 울리면 먹이가 나왔지만, 지금 상황에서는 그렇지 않네."를 학습한 것이다. 종소리를 들려준 뒤 다시 먹이를 제공하면 어떻게 될지 짐작해 보라. 아마 침 흘리는 행동이 곧바로 나타날 것이다!

당신은 이런 경험을 해 본 적이 있을 것이다. 오래된 두려움이 서서히 사라지고 점점 자신감이 차오르는 느낌을 말이다. 그때 예상치 못한 배신이나 비난, 비극이 일어나면 그 즉시 겁에 질린 어린 꼬마로 되돌아간 것처럼 느끼게 되고 만다!

부정적인 사고 패턴은 심지어 긍정적인 생각이나 경험에 의해서도 다시금 촉발되어 행동으로 이어지기 쉽다. 공황과 투쟁하던 시절에 나는 신체적 이완에 집중하는 방식으로 정신을 공포로부터 분산시키고자 했다. 나는 "침착하고 이완하자, 침착하고 이완하자."라며 스스로에게 끊임없이 되뇌곤 했다. 내 생각에는 내가 듣던 테이프에서 이 구절을 따왔던 것 같으며, 이 문구가 이완 훈련 동안 느꼈던 느낌을 상기시켜 주길 바랐던 것 같다. 그래서 불안을 느낄 때마다 불안이 사라져 주기를 기도하면서 "침착하고 이완하자."를 되뇌곤 했다.

어느 날 책상 위에 쌓여 있는 서신들을 훑어 내려가다가 나 자신이 꽤 느긋해져 있다는 걸 알아차렸다. 이봐, 나는 혼잣말을 했다. 멋진데! 침착해지고 이완되어 있어! 어쩌면 진전이 나타난 것일지도 몰라! "무엇으로부터의 진전?" 마음속의 작은 목소리가 되물었다. 나는 그 질문에 대답하기 위해 필요한 그 무서운 단어를 감히 입에 올릴 수조차 없었다. 삼십 초쯤 흘렀을까, 심장이 조금씩 뛰기 시작했다. 침착하고 이완하자고 생각했으나 조금은 걱정이 되었다. 심장이 두어 박자씩 건너뛰는 것처럼 느껴졌다. 침.착.하.고. 이.완.하.자. 나는 속으로 거의 비명을 지르기 시작했고…… 그리고 몇 초 후 완전한 공황 발작을 경험했다.

이는 사실상 공황장애의 보편적인 양상으로, 이완 유도성 공황이라고 불린다.

이후에 나는 너무나 많은 시간을 불안해지지 않기 위해 침착하려 애쓰는 데 소비한 나머지 두 상태가 정신 속 엉덩이에 붙어 있는 것만 같았다. 내가 목청을 높여 **뜨겁다**고 말하면 마음은 **차갑다**고 되받아치는 것처럼, 내가 **이완하자**고 생각하면 불안이 되돌아왔다.

멈출 수 없는 관계구성 행위는, 왜 우리가 어떤 생각을 떨쳐내려고 할 때 사실상 마음속에서는 그 생각과 생각을 없애려고 하는 시도 사이에 새로운 관계를 형성하게 되는지를 설명해 준다. 이제 우리 마음 안에는 새로운 자동적인 사고가 흐를 것이다. 나는 그 생각을 없애게 되었어. 훌륭해. 이건 진보야, 아니야.

우리의 사고 패턴이 얼마나 자동적이고 복잡한지, 그리고 자신이 실제로 생각하고 있는 것에 대해 얼마나 잘 알아차리지 못하는지가 많은 연구들에서 밝혀졌다. 몇 년 전에 진행된 고전적인 연구[8]에서는 사람들에게 일련의 사진들을 보여 준 후에 가정용 세제의 이름을 지어 달라고 요청했다. 바다 사진을 다른 많은 사진들과 함께 섞어 보여 준 집단의 경우에 그렇지 않은 집단에 비해 '파도'라고 말하는 경향이 더 높았다. 그러나 이에 대해 질문하면 그들은 자신의 선택에 대해 "우리 어머니가 사용했던 것이에요."라고 이야기할 뿐, 아무도 "당신이 좀 전에 다른 많은 사진 가운데 바다 사진을 섞어 보여 줬잖아요. 그리고 바다에 가면 파도가 치죠. 그래서 파도를 떠올렸어요."라는 식으로는 이야기하지 않는다.

RFT 실험실에서는 암묵적인 관계구성적 평가 절차(Implicit Relational Assessment Procedure: IRAP)라고 불리는, 정신적인 습관을 측정하는 절묘하고도 민감한 도구를 통해 마음의 깊은 곳에서 어떤 일이 일어나고 있는지 평가하는 방법을 고안했다. IRAP는 연구자들로 하여금 사람들의 마음에 심어진 무의식적인 관계구성을 탐지하고 그것들이 행동에 미치는 영향을 파악할 수 있게끔 돕는다. 가령 당신의 마음속에 불안은 나쁘다는 관계구성이 존재한다고 가정해 보자. 이를 밝혀내기 위해 IRAP에서는 불안과 나쁜이라는 단어를 컴퓨터 스크린에 빠르게 제시한 뒤 참가자들에게 '다른'이라 적힌 버튼을 누르도록 지시한다. 여러 단어 쌍이 제시된 후 이번에는 다시 불안과 나쁜이라는 단어를 제시한 뒤 '같은'이라 적힌 버튼을 누르게끔 지시한다. 만약 당신이 불안은 나쁘다고 생각하는 데 익숙할 경우에 '같은'에 비해 '다른'에 반응하는 데 1,000분의 30초가량 더 소요될 것이고 컴퓨터가 이를 감지해 낼 것이다. 그런 추가적인 시간은 당신의 마음이 불안은 나쁘지 않다는 생각과 싸우는 것에서 비롯된다.

IRAP 테스트를 활용한 연구에서 빠른 관계구성적인 반응(또는 잠재의식적인 생각)[9]이 우리가 생각하고 있는 것에 대한 인식보다 우리의 행동을 종종 더 강력하게 예측한다는 것이 밝혀졌고, RFT 연구자들은 이를 확장되고 정교화된 관계구성적 반응이라고 불렀다. 예를 들어, 약물 문제와 씨름하고 있는 사람들을 대상으로 한 연구에서 IRAP를 통해 평가할 때, 이들의 마음이 약물을 '재미'와 더 자동적이고 강력하게 관계 지을수록 치료 프로그램을 조기 종결할 확률이 더 높았다. 그들이 자기보고로는 약물이 오직 고통만을 초래하여 정말로 약물을 끊고 싶다고 했을지라도 말이다.[10]

이는 논리적인 결과가 아니다. 이는 심리논리적인 결과다.

RFT를 이해함으로써 얻을 수 있는 이득 중 하나는, 피벗하는 여정에 동참하는 동안에 우리가 스스로를 더 자비롭게 대할 수 있게 된다는 것이다. 마음이 이런 식으로 작동하는 것은 우리의 잘못이 아니다. 또한 겉으로 보기에는 명백히 논리적인 해결책이라도 최선의 심리논리적인 해법이 아니며, 왜 ACT에서 제시하는 때로는 이상해 보이는 기법들이 실제로는 심리논리적으로 이치에 맞는지를 받아들이는 것이 도움이 된다.

기본적인 줄기를 쉽게 기억해 낼 수 있게 하는 RFT의 핵심을 뽑아낼 수 있도록, 다음과 같은 짤막한 가사를 만들어 보았다.

> 하나에서 배우고,
>
> 둘에서 끌어내어,
>
> 네트워크에 집어넣어라,
>
> 이는 당신이 하는 것을 변화시킬 것이다.

이는 인간 마음의 작용을 네 구절로 요약한 것이다. 가장 중요한 부분은 마지막 절이다. 우리가 만들어 낸 도움이 되지 않는 관계구성들을 삭제할 수는 없지만, 우리는 그것들이 하는 것을 변화시키는 방법을 배울 수 있다. 우리는 그것들이 우리 삶에서 기능하는 방식과, 그것들이 우리를 이끌도록 허용하는 것을 변화시킬 수 있다.

그리고 그렇게 된다면 이야기는 전연 달라진다.

탈융합 기법은 마법을 깬다

다행스럽게도 심리적 경직성으로 이끄는 정신적 과정을 공부하는 동안에 우리는 **독재자** 목소리와의 동일시에서 탈융합하고, 정신에 드리운 커튼을 젖히고 주의를 기울일 필요가 없는 생각을 단지 생각으로서 드러내는 방법을 또한 발견했다. 제2부에서 이 기법들을 다수 소개하겠지만, 여기서는 그중 한 가지를 잠시 소개할 것이다.

약 한 세기 전 초기 심리학의 아버지 중 한 명인 에드워드 티치너Edward Titchener는 스스로에게 소리 내어 단어를 빠르게 반복하는 연습을 소개한 바 있다.[11] 그는 단어의 의미가 얼마나 빠르게 사라질 수 있는지를 보여 주기 위해 이 기법을 사용했다. 그로부터 백년 후 우리 연구팀은 단어 반복 실습을 탈융합 방법으로 활용하기 시작했는데, 보아하니 우리가 임상적인 방법으로 그 연습을 활용한 첫 연구팀이었다.

강렬한 감각적 의미를 지닌 단어부터 시작해 보자. 여기서는 생선이라는 단어를 선택할 것이다. 요리된 생선이 어떻게 생겼는지를 떠올릴 수 있는지 보라. …… 이제 어떤 향이 풍기는지…… 이제 이를 입안에 넣을 때 어떤 느낌이 드는지…… 그 맛이 어떠한지 느껴 보라. 잠시 시간을 두고 이러한 경험이 일어나게 두어 보라.

지금 당신 눈앞에 생선이 없을 가능성이 매우 높지만…… 관계구성적인 학습의 마법을 통해 생선에 대한 당신의 실제 반응이 여기에서 메아리치고 있다. 그런 반응은 언어능력 덕분에 당신에게 일어났고, 당신이 이 글을 잉크나 픽셀을 통해 읽으면서도 생선이라는 두 글자 단어에 실제 요리된 생선 한 점을 보고 냄새 맡고 씹고 맛보는 것과 어느 정도 동일한 방식으로 반응하는 이유가 바로 그 능력으로 설명된다. 당신이 어떤 것을 생각할 때 당신의 두뇌에는 그것을 경험하는 것과 동일한 방식으로, 말 그대로 불이 켜지는 것을 쉽게 보여 줄 수 있다.

이제 이 마음의 환영을 얼마나 쉽게 되돌릴 수 있는지 보자.

시계나 스마트폰을 꺼내 지금부터 30초간 하려는 일에 타이머를 맞출 수 있게 해 보라. 지금부터 당신에게 요청할 일에 대해 몇 가지 연구를 진행해 본 결과, 30초가 너무 길지도 짧지도 않은 가장 최적의 시간이라는 점이 밝혀졌다. 이제 당신이 해야 할 일이 있다. 생선이라는 단어를 반복적으로 빠르고 크게 외쳐 보라(일 초에 한 번 정도가 가장 적절한 속도이며, 이 역시 연구된 바 있다[12]). 그리고 어떤 일이 일어나는지 그냥 지켜보라. 생각하지 말고 그냥 하라. 그리고 그 모습, 냄새, 느낌, 맛에 어떤 일이 일어나는지 보라. 준비가 되었는가? 좋다, 시작하라! 더 빠르게!

다 했는가? 좋다. 이제 생.선.이라 불리는 이 사물의 모습, 냄새, 느낌, 맛은 어떻게 되었는가?

백 번 중 아흔아홉 번의 경우, 30초 후 생선이라는 단어의 효과가 줄어들거나 심지어는 사라졌을 것이다. 우리는 문자 그대로의 의미에 더 이상 지배되는 느낌을 받지 않게 된다. 대신에 단어의 소리를 만들어 내기 위해 사용한 근육을 느끼기 시작하거나, 단어가 내는 이상한 소리를 알아차리게 될 것이다. 또는 단어의 끝과 시작점의 소리가 뒤섞

이는 과정을 목격하게 될지 모른다. 30초가 끝나갈 때쯤이면 어쩌면 단지 발음의 ㅅㅅ 소리만을 알아차리게 될지도 모른다(내 생각에 시끄러운 도서관 사서의 소리처럼).

이 연습이 생선이라는 단어의 의미를 **없애지는** 않는다. 당신은 여전히 생선이 무엇인지 알고 있다. 그러나 또한 단어가 하나의 발성된 소리라는 점을 알게 되었고, 단어의 소리를 그 의미로부터 탈융합했다.

이는 작은 변화일지 모르지만, 이 탈융합의 효과는 내면의 **독재자**가 충격을 가할 때 사람들로 하여금 선택을 하도록 돕기에 충분할 수 있다. 그것은 부정적인 내적 대화의 영향을 중화시키는 데 도움이 될 수 있다. 나는 물질 남용 입원환자 병동에서 수치심에 대한 연구를 진행할 때 이를 또렷하게 목격한 적이 있다.[13] 연구 초반 첫 번째 회기에서 집단원들에게 그들이 가장 간절하게 원하는 것이 무엇인지를 묻자, 전신에 문신을 하고 사슬이 달린 가죽 재킷을 입은, 상당히 무섭게 생긴 내담자는 그가 원하는 단 한 가지는 자신을 귀찮게 굴지 않는 것이라며 큰 소리로 선언했다. 그리고는 총 모양으로 손가락을 구부렸는데 이는 마치 그가 늘 권총을 휴대하고 다니며 그를 귀찮게 할 경우에는 총이 대신 말을 해 주리라는 암시 같았다. 나는 만약을 위해 거의 무의식적으로 근처의 출구를 찾았다.

다음 집단 회기에서 단어 반복 연습을 진행했는데, 생선에서 시작하여 그들 스스로 강력한 영향력을 갖는 단어를 선택해서 반복하는 것으로 이어졌다. 앞서 그 내담자는 **패배자**라는 단어를 골랐다. 그와 집단 전체가 **패배자**를 반복해 외치는 동안에도 나는 여전히 그의 거칠고 강인한 얼굴을 확인할 수 있었다. 1시간도 채 지나지 않아 그들이 가장 간절히 원하는 것이 무엇인지 재차 물었을 때, 이 겉보기에는 거친 사내가 자리에서 일어나 자신의 중독으로 인해 그의 가족이 너무나도 고통을 받았으며 그가 가장 원하는 것은 어린아이들에게 좋은 아빠가 되는 것이라고 털어놓았다. 그리고 그는 흐느껴 울었다.

약간의 탈융합만으로도 큰 변화를 가져올 수 있다.

독재자의 목소리, 그리고 스스로에게 속삭이는 해로운 이야기와의 융합을 깨뜨리면, 우리를 해방시켜서 유용한 생각에 주의를 기울이고 부정적인 생각은 무시하는 행위를 의식적으로 선택하기 시작한다. 심리적 유연성을 기르는 다음 단계는 우리의 다른 뛰어난 인지 능력과 문제해결 능력이 어떻게 방향을 잘못 잡아서 해로운 정신적 규칙을 노예처럼 따르게 되는 쪽으로, 내가 불안을 극복하기 위해 스스로 처방했던 것처럼 우리를 이끌 수 있는지를 인식하는 것이다.

제**5**장

문제와
문제해결

삶에서 겪게 되는 문제를 하나 떠올려 보라. 어떤 것이든 좋다. 예컨대, 학교에 아이를 데리러 가는 게 늦었고 제시간에 도착할 가능성이 전혀 없다는 사실을 이미 알고 있다고 가정해 보자. 당신의 마음이 이 문제를 해결하도록 내버려 둔다면, 머지않아 당신은 적절한 해결책을 고안해 낼 수 있을 것이다. 어쩌면 해결책이 다음과 같이 여러 가지일 수도 있다. 배우자나 다른 가족에게 전화를 건다, 친구에게 전화를 건다, 베이비시터에게 아이를 대신 데리고 와 줄 수 있는지 물어본다, 학교에 당신이 늦는다고 연락한다.

모두 다 좋은 아이디어다.

그러나 그와 같이 분석적이고 문제해결적인 도구를 우리의 내적인 투쟁에 똑같이 들이댈 때에는 결과가 매우 달라진다. 아이를 데리러 가는 게 늦으면서 시작될 수 있는 다음과 같은 생각에 시달리는 것을 상상해 보라. 나는 완전히 실패자야. 나는 충분하게 좋은 부모가 아니야. 당신의 마음은 거의 자진해서 즉시 이 다른 '문제'에 대한 '해결책'을 찾기 시작할 것이다. 당신이 실패자인지 아닌지, 충분히 좋은 부모인지 아닌지에 대해 정당화하는, 논리적인 듯 보이는 '증거'를 쉽게 떠올릴 것이다. 그리고 나서 문제해결 방법을 제시할 텐데, 이는 종종 문제 자체를 부정하려는 시도나 수많은 자기비난을 수반한다. 우리의 마음은 종종 내적인 논쟁의 양쪽 모두와 언쟁을 하며, 해결에 더 가까워질수록 다른 방향을 더 힘들게 잡아당길 것이다. '나는 최악의 실패자야!!'라는 생각을 떠올려 보라. 그러면 '나는 그렇게까지 최악은 아니야.'라고 반론하는 마음을 발견할 것이다. '그건 내 잘못이 아니야.'라는 생각을 해 보라. 그러면 당신 잘못이라는 증거 목록을 만들고 있는 마음을 발견할 것이다.

우리의 마음이 사고 과정에 갇히게 되는 가장 해로운 방법 중 하나는 우리가 반드시 따라야 한다고 확신하는 문제해결 규칙을 배우거나 추론하는 것이다. 규칙을 만들어 내고 따르는 능력은 인간의 가장 위대한 업적에 해당한다. 우리는 규칙들을 이용해서 해야 하는 일에 대해 타인에게 말할 수 있다. 우리는 아이들에게 위험에 대해 경고할 수 있고 미래에 대한 계획을 세울 수 있다. 우리가 배운 것들을 타인에게 물려줄 수 있고 스스로 이를 더 잘 기억하게 만들 수 있다. 하지만 이 강력한 도구는 양날의 검과도 같다.

ACT 연구의 초창기에 얻은 가장 중요한 통찰 중 하나는 이 엄청난 인지 능력이 동시에 우리에게 불리하게 작용할 수도 있다는 깨달음이었다. 언어로 된 규칙들을 과도할 정도로 충성스럽게 따르는 것은 심리적 경직성에 주로 기여한다. 그것이 문제를 종종 소름끼칠 정도로 악화시킬 때조차도 그것을 너무 엄격하게 따른 나머지 그것에서 벗어나지 못한다.

나 자신의 **내부 독재자**는 상당한 규칙 제정자였는데, 그 점이 내담자와 내가 가진 뚜렷한 공통점이었다. 내 내담자들도 역시 그들의 문제를 해결하기 위해 따라야 할 규칙들을 만들어 냈고, 그들의 삶은 대개 규칙들에 의해 지배받게 되었다. 우리 모두는 삶을 살아가면서 따라야 할 규칙들을 스스로에게 말한다. 우리가 자신에게 말하는 이런 규칙들 중 다수는 상당히 유용하다. 그러나 문제해결적인 마음은 언제 멈추어야 할지를 모르며, 설령 이를 안다 하더라도 멈추는 방법을 알지 못한다.

불안과 투쟁하는 개인이 갖는 '내게는 정말로 잘못된 게 있어.' '어떻게 해야 좋을지 모르겠어.' '이 정도로 지속되는 불안을 견딜 수 없어.'와 같은 간단한 생각의 끈을 예로 들어 보자. 우리는 이러한 생각을 모두 언어로 된 규칙이라기보다는 단순한 관찰로 여길지 모른다. 하지만 좀 더 깊이 파고들어 보면, "내게는 정말로 잘못된 게 있어."라고 스스로에게 속삭일 때 이는 동시에 '내 행동과 그 역사를 적절하게 공식화하고 무엇이 문제인지 이해한다면, 불안을 더 잘 통제하는 데 쓸 수 있을 거야.'라는 생각을 내포한다. "어떻게 해야 좋을지 모르겠어."라고 할 때, 이는 역시 '이 문제를 통제하기 위해서는 효과적인 계획이 필요해.'라는 가정을 암시한다. "나는 이 정도로 지속되는 불안을 견딜 수 없어."라는 주장의 이면에는 높은 수준의 불안은 위험하며 해롭거나 타당하지 않다는 규칙이 깔려 있다. 심지어 내가 만일 시끄럽고 격렬하게 불평하면 우주 안의 누군가가 이 불가능한 상황으로부터 나를 구해 줄지도 모른다는 규칙이 깔려 있는지도 모른다.

규칙을 따르는 방법에 관해 스스로를 '코치'하려고 할 때, 우리 마음이 만들어 내는 생각의 끈은 대단히 정교해질 수 있다. 이는 강박장애(obsessive-compulsive disorder: OCD)가 있는 개인에게서 극명하게 나타날 수 있다. 일전에 내가 만났던 OCD 내담자가 있었는데, 그녀는 아이들을 안전하게 만드는 규칙에 극단적으로 전념했기에, 아이들을 안전하게 보호하기 위해 그녀가 시도하는 수많은 불필요한 방식에 대해 회기마다 구구절절하고 복잡한 설명을 늘어놓곤 했다. 일례로, 그녀는 아이들을 침실에 들어가지 못하도록 했는데, 집에 오는 때면 끊임없이 경고하고 의심하면서 아이들이 방에 들어간 적이 없는지를 확인하느라 엄청난 에너지를 소모하곤 했다. 왜 아이들이 침실에 들어가면 안 되는가? 글쎄, 아마 그들이 침실 구석에 기어들어 갈지도 모르기 때문이다.

그게 왜 문제가 되는지를 묻자, 그녀는 일 년 전 방을 페인트칠하던 인부들이 판지 상자를 구석으로 옮긴 적이 있다고 대답했다. "그래서 뭐요?" 내가 되물었다. 음, 그 상자에는 차고에서 나온 비누들이 들어 있었다. 그리고? 그리고 비누가 저장되어 있는 차고의 일부는 그녀가 몇 년 전 애벌레를 본 장소였다. 그리고? 그리고 그런 애벌레들을 마당에 있는 나무에서도 보았다. 그리고? 그 나무는 3년 전 애벌레들을 없애기 위해 살충제를 뿌렸던 바로 그 나무다. 그래서? 침실 구석에 독이 남아 있어서 아이들을 심하게 다치게 만들지도 모른다.

좋은 엄마가 되겠다는 명목하에 그녀의 마음은 그녀에게 괴로움이 되어 있었다. 아마도 더 나쁜 것은, 그녀 또한 아이들에게 고통스러운 존재가 되어 버렸던 것이다. 그녀의 아이들은 사랑스럽지만 겁에 질려 과잉통제적인 엄마를 달래면서 그녀의 아이로 집에 머무는 것이 얼마나 고통스러웠는지에 대한 이야기를 죽는 날까지 반복할지도 모른다.

나는 OCD 환자들과 작업할 때 인간의 인지 능력에 대한 경탄과 깊은 슬픔이라는 진한 양가감정을 느끼지 않았던 적이 결코 없다. 내 어머니는 임상적으로 OCD 환자였다. 어렸을 때 마당의 협죽도(남부 캘리포니아에서 흔하게 볼 수 있는, 꽃이 피는 관목의 하나) 잎을 먹지 말라는 경고를 듣지 않은 채 현관을 나섰던 적이 없을 정도였다(물론 이 나무의 잎에는 독성이 있다). 집의 일부분은 출입금지 구역이기도 했는데, 가령 한때 좀벌레를 잡기 위해 퇴치 상자를 두었던, 겉보기에 (그녀에게) 무섭게 보이는 다락방과 같은 곳들이었다. 최악의 경우 그녀는 피가 날 정도로 손을 자주 씻곤 했다.

내 환자들 같은 어머니를 어머니로 두는 것이 어떤 느낌인지 나는 잘 안다.

언어로 된 규칙은 우리의 마음을 너무도 강력하게 지배하기에 그것으로부터 정신적 거리를 만들고 유지하기란 쉽지 않다. 그것이 우리 마음을 붙드는 본질을 이해할 때 그 주문으로부터 빠져나올 수 있는 통찰력을 얻을 것이라고 나는 희망했다.

이와 같은 갈래의 연구에 착수하면서 나는 1970년대 후반에 읽었던 행동심리학의 주목할 만한 발견들로부터 영감을 얻었다. 가장 잘 알려져 있는 몇몇 연구는 안식년인 1985년에 함께 수학했던, 저명한 행동심리학자인 찰리 카타니아Charlie Catania의 연구실에서 수행된 것이었다.

찰리와 그의 동료들은 사람들이 단순한 작업을 수행하는 데 있어서도 그들이 들은 지시를 따르기 위해서 얼마나 집요하게 규칙을 고수하는지를 탐구하는 일련의 실험을 진행했다. 사람들이 작업을 수행하는 더 효과적인 방식을 발견했을 때 기존의 규칙을 무시하는지를 살펴보기 위해서 이러한 실험을 특별히 설계했다. 놀랍게도, 인간은 종종 자신들의 행동을 조정하는 데 있어서 같은 실험을 적용한 원숭이나 새, 쥐, 개 또는 다른 동물들보다도 상당히 덜 똑똑해 보이는 결과를 보였다.

이 연구들[1]에서 인간 피험자가 버튼을 누를 때 이따금씩 동전과 같은 아이템이 나오는 장치를 제공했다. 실험을 시작하기 전에 '버튼을 눌러 돈을 획득하시오.'라는 규칙이 주어졌다. 당신이 실험을 진행하고 있고, 사람들이 버튼을 평균적으로 열 번 누를 때 10센트가 나오도록 기계를 조작하기로 결정했다고 가정해 보자. 어떤 경우에는 여덟 번째 버튼을 누른 뒤, 혹은 어떤 경우에는 열한 번 또는 열세 번의 버튼을 누른 뒤에 동전이 나오게 될 것이다. 경우의 수는 다양한데, 왜냐하면 사람들이 버튼을 정확히 몇 번 눌러야 동전이 나오는지를 파악하지 못하도록 하기 위함이다. 그렇지 않으면 확인하고자 하는 효과를 검증하기에는 과제가 너무 단순해진다.

참가자들은 점차 버튼을 더 빠르게 누르게 될 것인데, 빠를수록 얻는 돈이 많아지기 때문이다. 이제 버튼을 누른 특정 횟수가 아니라 첫 번째로 버튼을 누른 뒤 평균 몇 초가 지난 다음에 동전이 나오도록 설정을 바꾼다. 가령 평균 5초 후라면 때로는 3, 4초 후에, 때로는 6, 7초 후에 동전이 나오도록 설정한 것이다. 여기서 사람들이 변화를 감지하고 버튼을 누르는 속도를 조절하는지 확인하려고 한다. 결과적으로 참가자들은 10센트를 얻기 위해 노력을 덜 기울여도 되게 된 셈인데, 연속적으로 버튼을 누르는 대신에 한 번만 눌러도 알아서 동전이 나오게 될 테니 말이다.

돈 대신 먹이가 나오는 기계로 같은 실험을 진행했을 때 원숭이와 새, 쥐들은 이와 같은 변화를 쉽게 감지했다. 그들은 모두 이내 속도를 줄여 5초마다 한 번씩만 버튼을 누르기 시작했다. 반면, 인간은 미친 듯이 버튼을 두드릴 뿐이었다! 시간이 한참 지나도 말이다.

행동연구자들은 인간이 왜 그토록 융통성이 없는지에 대한 근거를 점진적으로 좁혀 나갔다. '버튼을 눌러 돈을 획득하시오.'라는 규칙을 제시하지 않고, 대신 원하는 대로 기계와 상호작용하라는 단순한 지시를 내리는 경우에, 인간은 보상을 얻는 조건이 바뀌었을 때 원숭이와 새, 쥐들이 보였던 우수한 감각을 보일 가능성이 훨씬 더 높아졌다.[2] 이와 같은 조건에서 인간은 순수한 시행착오적인 경험을 통해 보상을 획득하는 방법을 학습했다. 예를 들어, 이런 연구들에서 처음에는 피험자의 손이 버튼 근처에 있을 때 동전이 나왔고, 그다음에는 어떤 식으로든 버튼을 눌렀을 때 나왔으며, 이후에는 평균적으로 버튼을 열 번째 눌렀을 때마다 나오도록 점진적으로 설계되었다. 설정이 바뀌었을 때 사람들은 상당히 쉽게 반응을 조정하기 시작해서 새로운 해결책을 발견해 냈다.

지시한 규칙이 차이를 가져온다는 것은 명백해 보였다. 규칙이 주어지거나 그들 스스로 규칙을 추론해 냈을 때 인간의 마음이 나타내는 이와 같은 비타협적인 태도를 학계에서는 **둔감성 효과**라고 이름 붙이게 되었는데, 이는 규칙을 다루어야 하는 상황에서 변화에 대한 둔감성이 나타나는 경우를 지칭한다.

1980년대에 내 연구실에서도 이와 유사하게 언어로 된 규칙의 영향을 다루는 많은 연구들을 수행한 바 있다.[3] 우리의 발견 중 일부는 상당히 주목할 만한 것들이었다. 한 실험에서는 앞서 언급한 기본적인 설계와 동일하되 만약 기계의 설정 변화가 보다 명백하다면 피험자들이 그들의 행동을 조정할 수 있는지 여부를 탐색해 보기로 했다. 사람들이 잠시 동안 반응하기를 멈출 때까지(예: 10초간) 보상을 제공하는 것을 중단했다가, 이후에 첫 번째 반응이 나올 때 보상을 제공했다.

대부분의 사람들은 여전히 버튼을 누르고, 누르고, 또 누르면서 계속 앞으로 나아갔다.[4] 사람들이 지쳐 감에 따라 피험자들 중 대부분이 마침내 잠시 동안(예: 30초간) 멈추었다. 이후 그들이 버튼 누르기를 다시 시작했을 때, 첫 번째 누름으로 시계가 리셋되어 그들은 보상을 받았다. 그들은 마침내 누르는 전략을 수정해야 한다는 것과 일시 정지가 동전을 얻는 힌트라는 사실을 깨달았을까? 아니, 대체로 그들은 그렇지 않았다. 그들은 다시 미친 듯이 버튼을 눌러 대기 시작했다! 심지어 어떤 피험자의 경우 기계를 향해 "고장이 났다가 지금은 고쳐진 게 틀림없어."라고 소리쳤고, 나중에는 "다시 고장 났나 봐."라고 중얼거리기도 했다.

보편적인 일상생활 상황 중 규칙 따르기 행위에서 나타나는 둔감성을 살펴보기 위해 다음과 같이 어떤 가상의 부부 사례를 가정해 보려 한다. 이 가상의 남편은 대부분의 남성이 그러하듯이 '문제가 발생하면 이를 없앨 방법을 알아내야 한다.'는 도구적인 규칙을 과잉 학습한 인물이라고 상상해 보라. 이번에는 아내가 직장 동료 및 상사와 문제를 겪고 있으며, 이것이 프로젝트를 성공적으로 완수하는 데 걸림돌이 된다고 이야기하는 상황을 가정해 보라. 그녀의 남편은 즉각적으로 몇 가지 가능한 해결책들을 제시할 것이고, (남편에게는 이해되지 않지만) 아내는 남편에게 짜증이 난다.

아마도 아내가 진정으로 원한 것은 관심 있게 들어 주는 행위였을 것이다. 그녀에게 중요한 것은 아마 사랑하는 남편으로부터 그녀가 얼마나 힘들게 느꼈는지에 대한 타당화를 받는 것이었을지 모른다. 남편이 제시한 '해결책'이 그녀로 하여금 그가 잘난 체하고 둔감하며 감정을 타당화하지 않는다고 느끼게 했으므로 아내는 짜증이 난 것이다. 하지만 남편은 그의 접근이 효과가 없다는 것을 알았을 때 어떤 행동을 취하는가? 그가 동일한 문제에 얼마나 많이 봉착했는가와 관계 없이 전략을 수정하는 것은 매우 어려울 수 있는데, 이는 그 조언의 기저에는 문제해결이라는 규칙이 내재해 있기 때문이다. 그는 더욱 끈질기게 조언에 몰두할 가능성이 높으며, 이는 상황을 조금도 나아지게 만들지 못한다. 아니면 그는 다시금 조언을 시도하면서 이번에는 조금 더 큰 목소리로 이야기를 하려 할지도 모른다. 만약 아내가 속상해하는 모습을 보이거나 심지어 "당신은 너무 둔해요."라고 말을 하면, 남편은 아마 자신의 조언이 왜 유용한지에 대한 긴 설명을 늘어놓기 시작하면서 자신은 단지 도움이 되고자 했을 뿐이라고 해명할 수도 있다.

남편들에 대한 주의 사항: 그냥 입을 다물라!

이렇게 말하기는(그리고 밖에서 보기는) 쉽지만, 사실상 '첫 번에 성공하지 못한다면, 다시 또 다시 시도하라.' 또는 '누군가를 설득하는 최선의 방법은 뛰어난 설명을 제공하는 것이다.'와 같은 규칙을 일단 내재화하게 되면 이는 정.말.로. 실행하기(또한 내부에서 보기란) 어려운 일이다. 정말로 그렇다.

이 예는 나와는 관련이 없다(에헴).

비유연성의 세 가지 C

다른 연구자들이 그랬던 것처럼 나를 포함한 우리 팀 역시 우리가 왜 그토록 규칙을 엄격하게 따르는지를 깊이 조사했고, 세 가지 핵심 인지 과정이 문제에 기여한다는 점을 발견했다. 이들 중 첫 번째 C는 **확증 효과**(confirmation effect)라고 부를 수 있다. 스스로에게 따르라고 명하는 규칙들에 너무도 매료된 나머지 그 규칙이 옳다는 것을 확증하는 방향으로 경험을 왜곡한다. 예컨대, 도박사들은 '주사위는 정해졌다.' '몹시 흥분된다. 베팅 금액을 올려야 해.'와 같은 규칙들을 만들어 두었을지 모른다. 사실상 주사위 굴리기는 매 시행이 독립적인 사건이다. 주사위는 결코 '정해질' 수 없으며, 연승기세에 근거해 베팅을 변경하는 것은 무모한 짓이다. 그것이 승승장구의 기세이든 연전연패의 기세이든 중간이든 상관없이 말이다. 하지만 크랩스 게임을 해 보면 자신이 확률을 통제할 수 있다는 환상을 저버리기 어렵다. 리노의 주민으로서 친구들이 놀러 올 때마다 이를 여러 차례 목격했다. '도박사의 오류'에 대해 충분히 잘 알고 있는 고학력자들조차도 여전히 그들의 정신적 규칙이 주사위에 의해 증명된 것처럼 보인다.

확증 효과는 우리가 받는 피드백을 왜곡할 뿐만 아니라 규칙에 기반을 두지 않은 방식으로 학습하는 능력을 저해한다. 어떤 것들은 미리 정해진 것을 이용하기보다 해결책을 찾아 나가는 시행착오를 통해 배워야 할 필요가 있다.

60여 년 전 행동심리학자인 랄프 헤퍼린Ralph Hefferline이 수행한 훌륭한 연구[5]는 학습에서의 이런 간섭을 보여 주는 대단히 흥미로운 예다. 이는 감정적·신체적 반응을 쉽게 관찰할 수 있게 하는 컴퓨터와 기술이 나타나기 이전이다. 랄프는 근육의 미세한 움직임, 움직이는 사람이 움직인 줄도 모를 정도로 미세한 움직임을 감지할 수 있는 장치를 개발하는 데 상당한 공을 들여야 했다.

참가자들은 머리부터 발끝까지 뒤덮은 전선을 부착했는데, 이는 실험의 실제 목적을 감추기 위함이었고, 실제 목적은 피험자들이 크고 혐오스러운 소음을 없애기 위해 엄지를 아주 살짝 움직여야 한다는 사실을 배울 수 있는지 알아보고자 하는 것이었다. 참가자들은 전선으로 뒤덮여 있었으며 소음을 끄는 방법을 배우는 동안에 생리 작용을 모니터링할 것이라고 안내받았으므로, 어떤 움직임이 (만약 있다면) 그들의 과제와 연관되는지에 대해서는 아는 바가 전혀 없었다.

참가자들에게 따라야 할 규칙이 주어지지 않는 경우에는 장치와 함께 홀로 남겨졌을 때 대부분 시행착오적인 학습을 통해 결국 소음을 끌 수 있게 되었다. 그들은 때때로 자연스럽게 엄지를 눈에 띄지 않을 만큼 아주 약간 움직였고, 이 움직임은 소음이 사라지는 것을 통해 보상을 받았으므로, 참가자들은 이를 점점 더 자주 반복하기 시작했다. 여기서 정말로 매혹적인 사실은 그 움직임이 너무도 미세하여 참가자들은 그들 자신이 무엇을 하고 있는지조차 인식하지 못했다는 점이다. 소음을 끄기 위해 무엇을 했는지 질문했을 때, 그들은 예컨대 해변에서의 하루를 상상하는 것과 같이 연관성이 없는 일들을 보고하곤 했다.

실험에 참가한 또 다른 집단에게는 스스로도 움직임을 식별할 수 없을 만큼 아주 미세하게 움직이는 법을 배워야 한다는 구체적인 지시가 주어졌다. 그들에게도 과제 수행에 동일한 시간이 주어졌지만, 대부분의 참가자들은 필요한 움직임의 정도를 제대로 파악해 내지 못했다. 그들이 시도한 움직임들은 한결같게 너무 컸다. 이 경우 정확한 규칙을 아는 것이 실질적으로 학습을 간섭했다. 참가자들은 주어진 규칙을 따르고 있다는 것을 확인하려고 애썼지만, 그럴 때쯤이면 소음을 끄기에는 엄지를 너무 많이 움직여 버리고 말았다.

골프나 야구공을 치거나, 빠르고 유려한 음악을 연주하거나 춤을 춰 본 적이 있는 사람이라면 누구나 마음이 방해가 될 수 있다는 점을 자연스럽게 알고 있을 것이다. 마음이 해야 하는 일의 전부는 규칙을 고안해 낸 뒤에 그것을 잘 따르고 있는지 확인하라고 당신에게 끊임없이 요구하는 것뿐이다.

학습에서의 이러한 간섭은 **내부 독재자**의 통제를 해체시키는 것이 왜 그토록 어려운지를 설명하는 한 가지 이유가 된다. 그것은 단순한 지시를 통해 이루어질 수 없다. 우리에게 규칙에 지배당해서는 안 된다는 규칙이 주어진다고 가정하자. 그것은 그리 유용하지 않을 것인데, 왜냐하면 이제 우리가 새로운 규칙을 따르는지를 확인하려고 시도함으로써 또다시 함정에 빠지기 때문이다. 다시금 머릿속으로 빠져 들어가게 되는 것이다.

세 가지 C 중 두 번째는 일관성 효과(coherence effect)라고 불리는 것이다. 특정 상황의 원인에 대한 정밀한 평가는 너무나 복잡할 수 있기 때문에, 결국 우리의 마음은 종종 이에 대한 평가를 규칙이나 규칙 모음이 지시하는 바에 부합하는 극히 단순화된 설명으로 일축하곤 한다. 예를 들어, 아내와의 소통에 어려움을 겪고 있는 남편은 어쩌면 아내가 불평불만이 많은 사람이라거나, 단지 싸움을 좋아한다거나, 자신을 나쁜 사람으로 만들려 한다고 단정 지을 수도 있다. 그의 이면에는 '여성들은 미쳤어.'라거나 '너는 그들을 결코 기쁘게 만들 수 없을 거야.'라는 규칙이 내재화되어 있을지도 모른다. 마음 그 자체는 모든 규칙들이 잘 들어맞도록 노력하느라 바쁠 텐데, 그 일의 많은 부분이 잠재의식하에서 이루어진다. 이는 종종 자신과 삶에 대한 이야기를 창조하여 상황의 진정한 복잡성에 대한 불편함과 모호함을 차단해 버리는 결과를 초래한다.

일관성 효과가 어떻게 우리의 심리적인 건강을 저해하는지에 대한 극단적인 예는 편집증적 사고를 경험하는 사람들에게서 찾아볼 수 있다. 나는 내담자들의 편집증적인 사고에 도전하는 법을 배운 적이 없다. 정신질환자가 자신이 정부로부터 감시를 당하고 있으며, 정부가 그의 엄청난 지식과 권력을 두려워하기 때문에 적극적이지만 은밀하게 그의 잠재적인 성공을 저해하고 있다고 믿는 상황을 가정해 보자. 정신증적인 경험(예: 환청 또는 망상)과 투쟁하고 있는 사람들은 종종 관점 취하기 기술이 빈약한 경우가 많다. 예를 들어, 자신이 대법관이라는 신분증을 만들어 낸 조현병 환자는 버스 정류장에서 만난 낯선 사람에게 당당하게 카드를 보여 주면서 스스로가 바보같이 보일 수 있다는 점에 대한 인식이 거의 없을 수도 있다. 이와 같이 관점 취하기가 부족한 것은 타인의 동기나 행동을 완전히 이해하지 못한다는 것을 의미한다. 가령, 일자리를 구하는 데 실패하는 경우에 실패를 정부 탓으로 돌릴지도 모른다. 마음은 일관되고 논리적인 이야기를 유지하도록 작동할 것이다. 내가 이러한 사고에 도전한다면 내가 그 이야기에서 어디에 놓일지 짐작할 수 있다(힌트: 아마 지지적이고 배려하는 치료자의 자리는 아닐 것이다).

세 가지 C 중 마지막은 **순응 효과**(compliance effect)라 불리는 것으로, 우리가 규칙 제공자로부터의 사회적 승인을 얻고자 규칙을 따르는 것을 의미한다. 행동심리학자들은 이와 같은 종류의 규칙 따르기를 **응종**(pliance)이라고 부른다[이는 1980년대 초반에 연구자인 롭 제틀Rob Zettle과 내가 순응이라는 단어로부터 고안해 낸 용어로서, 학계에서는 이미 널리 받아들여졌다]. 우리는 부모에게 모든 종류의 규칙을 의심 없이 따르도록 교육을 받기에 이런 응종의 지배는 아주 일찍부터 우리 안에 내장되어 있다. 강아지의 꼬리를 잡아당기지 말거라, 변기 뚜껑을 가지고 놀지 말거라, 콘센트에 젓가락을 꽂지 말거라, 차도에 놓인 공이 아무리 재미있어 보여도 차도에 들어가지 말거라, 아무리 침대 위에서 뛰고 싶더라도 침대 위에 올라서지 말거라. 이렇듯 점점 늘어나는 규칙들은 특정 연령대의 아동들에게 짜증, 심지어는 격노를 유발하기도 한다. 응종에 대한 아이들의 이러한 저항으로 인해서 부모는 아이들의 반발에 대해 **내가 말했으니까**라는 악명 높은 반응을 하게 된다. 물론 부모들 역시 이런 규칙을 그토록 엄격하게 지키려는 타당한 이유들을 가지고 있는 경우가 많다. 차도로 뛰어드는 것이 좋은 생각이 아니라는 점을 아이들이 시행착오를 통해 배우도록 내버려 둘 여유가 없는 것이다.

하지만 어른으로서 응종은 또 다른 문제다. '타인이 원하는 대로 하지 않으면 그들이 너를 좋아하지 않을 것이다.'와 같이 일반적으로 학습된 규칙의 예를 보라. 비록 타인의 승인을 얻으려는 노력이 이따금씩 바라던 결과를 가져오기도 하지만, 이 규칙을 경직되게 따르다보면 자신의 욕구를 등한시하는 결과를 낳기도 하며, 이는 우울증과 같은 많은 심리적 문제를 야기하곤 한다.[6]

우리 모두는 이런 영향에 어느 정도 익숙해져 있다. 우리는 규칙이 마음 깊이 스며드는 것을 피할 수 없으며, 물론 규칙을 완전히 피하고 싶지도 않을 것이다. 그것들 중 일부는 너무나도 유용하기 때문이다. 문제는 그것들이 너무나도 단단히 자리 잡은 나머지 더 이상 도움이 안 될 때조차 그 너머를 볼 수 없게 만든다는 것에 있다.[7]

희망적인 소식은 ACT 연구가 규칙의 과도한 지배를 깨뜨릴 수 있는 간단하고도 매우 효과적인 다수의 방식을 개발해 냈다는 것이다. 도움이 안 되는 규칙의 주문을 깨뜨리는 효과가 얼마나 극적일 수 있는지, ACT의 성공적인 일화를 소개하려 한다.

앨리스가 ACT 치료를 시작했을 때 그녀는 거의 10년 남짓 일을 하지 못한 상태였다. 그녀는 한때 스웨덴의 스톡홀름에서 촉망받던 가게 매니저로 일을 해 왔다. 그러나 2004년 그녀의 아들이 사망했고 사인은 자살로 추정되었다. 앨리스는 "그 뒤부터 제 세계가 무너져 내렸어요."라고 말했다. "다시는 눈을 뜨고 싶지 않았어요."

아들이 죽은 뒤 몇 년 동안 앨리스는 자기 안에 갇힌 듯 점차 폐쇄적인 존재가 되어 갔다. 한 의사는 그녀에게 섬유근육통을 진단했는데, 이는 광범위한 통증과 수면장애, 근육 경직과 다른 문제를 포함하는, 의학적으로 밝혀진 바가 별로 없는 증후군이다. 이 진단에는 진통제와 진정제, 이완제와 같은 수많은 약물 처방이 뒤따랐고, 앨리스는 몇 년 동안 몽롱한 상태로 지냈다.

이후 그녀는 ACT 훈련자이자 연구자이며 저명한 저자가 된 조앤 달JoAnne Dahl과 치료를 시작했다. 조앤은 앨리스가 삶에서 진정으로 원하는 것이 무엇인지 물어봄으로써 회기를 시작했다. 앨리스는 "저는 제 자신과 평화롭고 싶고 제가 하고 싶은 일을 할 수 있는 에너지를 느끼고 싶어요."라고 답했다. 좋은 시작이었다.

"무엇이 당신을 가로막고 있나요?" 조앤이 물었다. 일부는 어린 시절의 기억과 뒤엉켜 있었다. 어느 날 집에 돌아와 보니 그녀의 아버지가 과음을 한 뒤 폭력을 행사하여 피투성이가 된 엄마를 발견했다. "저는 문을 닫아 버렸어요." 앨리스가 조앤에게 말했다. "살아남기 위해 감정을 통제해야만 했죠." "저는 규칙을 따르는 법과, 조용하고 경계를 세운 채 제 욕구를 억누르는 법을 배웠어요." 우리의 연구 결과가 보여 주듯이, 그녀의 높은 경험 회피 수준은 감정을 통제해야 한다고 그녀에게 말하는, **그렇지 않으면** 집을 떠날 수 없거나 끝없는 고통과 상실감에 대한 공포에도 울 수조차 없을 것이라는 생각과의 융합에서 비롯되었다. 조앤은 이런 생각들을 끌어내는 데 시간을 할애했지만, 이에 도전하거나 변화시키려는 시도는 하지 않았다. 그 대신에 조앤은 앨리스로 하여금 그것들을 적어 내려가게 한 뒤, 실제로 이를 앨리스의 셔츠에 쑤셔 넣으면서 물었다. "종이 쪼가리의 글자들처럼 이런 생각들을 지니고 다닐 수 있다면 어떨까요?"

조앤은 또한 앨리스가 집을 떠난다면 무엇을 하기 원하는지에 대해서도 탐색했다. 다시 일을 하고 싶어요, 앨리스는 말했다. 조앤은 앨리스의 블라우스에 구겨 넣은 생각들 중 일부를 연기하기 시작했다. "넌 이걸 할 수 없다는 걸 알잖아! 누가 너를 원하겠니?" 그런 식으로 **내부 독재자**가 연기되는 것을 듣고 깜짝 놀란 앨리스는 웃기 시작했다. 그리고 난 뒤 그녀는 공공 고용센터에 전화할 것이라고 말했다.

"무슨 짓이야?" 조앤은 앨리스의 블라우스 속에서 또 한 장의 종잇조각을 꺼내 흔들면서 소리쳤다. "다 잊어 버려. 가서 진정제나 먹고 와!" 앨리스는 단지 미소 지을 뿐이었다. 그녀는 **독재자**의 목소리로부터 탈융합되었고 이제 그 규칙들을 우스꽝스러운 존재로 볼 수 있었다. 그렇다면 이 피벗이 그녀를 자신의 진정한 자기와 자신의 열망에 다시 연결되도록 도운 것이다.

그녀는 모든 취약성을 감추고 고통을 부인해야 했던 어머니, 그리고 그런 어머니에 대한 아버지의 폭력에 트라우마를 입은 소녀라는 개념에 더 이상 집착하지 않게 되었다. 그녀는 자신이 확신했던 것처럼 실제로 그렇게 냉정하고 무감각한 사람이 아니라는 것을 알게 되었고, 감정으로 충만해 있었다. 그녀는 또한 바깥의 실제 세상에서는 어느 누구도 그녀에게 그런 금욕주의 기준을 지키게 만들지 않는다는 것을 알게 되었다. 아무도 그녀에게 그런 자기개념을 따르라고 종용하지 않았다. 자신이 어떤 사람이어야 하는지에 대한 관념을 강요한 것은 바로 앨리스 자신이었다. 이러한 깨달음을 통해, 치료 초기에 조앤에게 그녀가 원한다고 말했던 자신과의 평화를 찾을 수 있게 되었다.

다시 말해, 그녀는 **탈융합**과 **자기** 피벗을 한 것이다. 이 모든 규칙들을 따르도록 명령하는 **독재자**의 목소리가 그녀의 진짜 목소리가 아니라는 사실을 이해했다. 그것은 그녀가 자신에게 부과한 목소리였던 것이다. 이는 그 모든 규칙들을 따라야 할 명령으로서가 아니라 단지 마음속에 나타난 생각으로 여길 수 있는 자유가 그녀에게 있다는 것을 의미했으며, 그것들은 그녀의 관심사에 부합하는지 여부에 따라 인정하고 이용할 수 있는 것이었다. 결국 이러한 깨달음은 아들의 죽음에 대한 고통을 수용하기 시작하는 데 도움을 주었다. 그녀는 감정이 충만한 사람이었고 계속해서 전진하고 잘 느끼게 되었다.

앨리스는 그 회기 이후에 약 복용을 중단했다. 그녀는 다시 일을 시작했고 결국 치과에서 일자리를 구할 수 있었다. 그녀의 일화는 우리가 때때로 얼마나 쉽게 피벗을 할 수 있는지를 보여 준다.

생각과 자기 이야기로부터의 탈융합이 어떻게 우리를 해방시켜서 건설적인 생각에 집중할 수 있도록 하는지를 이해하게 되자, 우리 연구팀은 많은 탈융합 기법을 검증해 볼 수 있게 되었다. 그중 하나는 참가자로 하여금 생각을 알아차리면서 생각이 행동을 통제하지 못하게 하는 간단한 연습이었다. 가령, '이 펜을 집을 수 없어.'라고 생각하게 요청한 후에 그 펜을 집어 들게 하는 것이다.[8] 이렇듯 간단한 연습만으로도, 예컨대 술이 스트레스를 완화시켜 준다는 뿌리 깊은 관념 때문에 술을 마시러 나가는 것과 같은, 생각이 사람들의 행동에 미치는 영향을 완전히 감소시킬 수 있다는 것을 입증했다.

우리는 또한 사람들로 하여금 생각을 통제하고 재구조화하려는 시도가 사실상 생각의 힘을 가중시킬 수 있다는 점을 이해할 수 있도록 도왔다. 예를 들어, 참가자들에게 초콜릿 케이크를 생각하지 말라고 요청했고, 그 결과 그들은 그러한 노력이 케이크를 더욱 생각나게 만들고 심지어는 어쩌면 하나를 사게 할지도 모른다는 것을 발견하게 되었다. 이 연습을 거치면서 사람들은 이와 비슷하게 행동을 통제하려는 시도가 오히려 통제력의 상실을 경험하게 만들었던 기억들을 떠올릴 수 있었다(가령, 늦은 시각 아이스크림이나 감자칩, 도넛을 폭식했던 수많은 밤의 기억들을 말이다!).

우리의 사고 과정이 얼마나 해로울 수 있는지에 대한 발견을 우리 팀이 해 나가고 있을 때, 심리학 분야의 다른 연구자들 역시 유사한 결과들을 보고하고 있었다. 그중에는 **행동 활성화**라고 불리는, 우울증에 대한 강력한 치료법의 창시자인 고 닐 제이콥슨Neil Jacobson의 연구도 있었다. 그는 사람들이 자신의 행동에 대한 정신적인 이유들을 더 많이 믿을수록 더 우울해지거나 불안해지기 쉽다는 것을 발견했다.[9] 생각이 행동의 이유가 된다는 관념 전반에 결함이 있음을 생각해 보도록 내담자들을 이끌기 시작했고 그런 관념을 받아들일 수 있는 더 많은 연습들을 개발했는데, 그중 일부는 제2부에서 소개할 것이다. 생각은 생각 자체의 생명을 갖는 반면에, 생각이 행동에 미치는 영향은 우리가 그것과 맺는 관계로부터 그것에 따라 행동하는지 여부로부터 나온다는 자각,

그리고 그 선택은 전적으로 우리에게 달렸다는 자각을 촉진한다.

앨리스가 그랬던 것처럼 우리는 때때로 **탈융합**과 **자기**의 피벗을 상당히 **빠른** 시일 내에 만들어 낼 수 있기는 하지만, 이것이 우리 앞에 아무런 어려움이 없다는 걸 의미하지는 않는다. 우리가 회피해 오던 고통이 그리 단순하게 사라지지는 않으며, 미래에 우리를 기다리고 있는 어려운 경험들 역시 마찬가지다. 이러한 피벗들을 해내기 위해서 우리는 생각과 그것들이 짜내는 복잡한 거미줄로부터 지속적으로 탈융합하는 능력을 개발하는 데 착수하고 있다. 그 여정에서 우리는 거의 확실하게 **독재자**의 목소리에 다시금 사로잡혀 있는 자신을 발견할 것이다. 우리가 누구인가에 대해 스스로에게 말해 왔던 도움 되지 않는 이야기들, 이를테면 지나온 경험 속에서 얼마나 망가졌는가에 대한 이야기들이 분명 다시 등장하게 될 것이다. 우리는 분명히 우리 자신과 다른 사람들에게 거짓말을 하는 함정에 빠질 것이다. 우리가 다시 한번 매달리고 있는 자존감과 자기 개념을 떠받치려고 다시 애쓰기 위해서 말이다. 중요한 것은 빠져듦을 포착하고 **독재자**의 목소리와 다시금 융합되고 있을 때 이를 알아차려서 이러한 퇴보를 몇 달이 아닌 몇 분 또는 몇 시간만 유지하는 것이다. 정신을 바짝 차리고 방심하지 않는다면, 퇴보 역시 학습에 유용할 수 있다.

상황과 생각, 감정이 우리를 쓰러뜨릴 때 다시 균형을 잡을 수 있기 때문에 탈융합 및 진정한 자기에 연결하기라는 ACT의 방법은 중요하다. 제2부에서 소개할 연습들과 여기서 제시한 단어 반복 연습은 유연성 기술을 계속 연마시키는 도구로써 우리 삶의 일상에 쉽게 스며들 수 있을 것이다. 시간이 지남에 따라 생각으로부터의 탈융합과 진정한 자기에 연결되기는 제2의 천성이 되고, 우리는 부정적인 패턴이 재활성화되도록 위협하는 새로운 삶의 도전에 직면할 때마다 이러한 기술들을 쉽게 불러올 수 있게 될 것이다. 그 기술들은 우리가 어려운 생각과 감정을 수용하기 시작할 때 매우 도움이 된다.

제**6**장

공룡을 향해 돌아서기

2006년 고 존 클라우드(『타임』지 기자로 훗날 좋은 친구가 되었으며 내가 이 책을 바친 인물)가 내 작업에 대한 이야기를 '행복은 평범하지 않다'라는 제목으로 기고했을 때, ACT는 15분간의 명성을 누렸다. 나는 그러한 주장을 한 적이 없지만 그가 왜 그런 제목을 선정했는지 알고 있다. 고통을 향해 돌아설 필요가 있다는 원칙은 행복에 대한 희망을 버려야 한다는 암시처럼 보일 수 있다. 수용의 필요성에 대한 메시지가 논리적인 마음에는 마치 "당신은 불행하게 될 운명이다. 이겨 내라."와 같이 들릴지 모른다.

그런 슬픈 메시지가 떠오르는 것이 얼마나 쉬운지를 감안할 때, ACT가 이토록 인기를 끌게 되었다는 사실은 더 놀랍다.

이는 수용의 진정한 메시지와는 정반대되는 것으로, 수용의 진짜 메시지는 슬픔이 있더라도 삶이 풍성한 여정이 될 수 있다는 것이다. 단지 **내부 독재자**가 설정한 '좋게 느끼기' 의제를 버리기 전까지는 진정으로 즐거운 여행은 일어나지 않을 것이라는 의미다.

불안과 싸우는 경험을 하면서 나는 수용에 이르는 것이 얼마나 까다로울 수 있는지를 알았다. 그 이유는 무엇일까? 우선 한 가지는, 앞서 언급한 것처럼 힘든 생각과 감정을 부인하고 없애라는 문화적 메시지로부터 우리가 막대한 영향을 받고 있기 때문이다. 부모가 우는 아이에게 말할 때처럼, "쉿, 조용히 해라. 그렇게 나쁘지 않아." "울음

113

을 그치지 않으면 혼날 줄 알아."와 같이 부모의 명령 형태로 들어 본 사람들도 있을 것이다. 그리고 물론 자기개발서나 잡지, 라디오와 TV 쇼들도 역시 이런 조언들로 가득하다. 대중 서적에서는 우리가 좋게 느끼고 불안을 관리하며 우울을 없애는 법을 배워야 하고 또 배울 수 있다고 단언하지만, 정작 우리 자신의 경험으로부터 배우는 방법에 대해서는 그리 많은 정보를 주지 못한다. 우리가 처방받는 약들은 항우울제, 항불안제, 또는 항정신병제인데, 마치 유일한 합리적 목표가 그것들을 없애는 것인 듯하다. 장애 진단명은 '기분장애' '사고장애' 또는 '불안장애'로 칭하는데, 이는 고통스러운 어떤 것에 대해 종종 노골적으로 적대적인 문화적 관점을 다시 한번 제공한다. 우리는 진정으로 새로운 것을 시도할 공간을 만들기 위해 도움이 되지 않는 이런 메시지들을 잠시 제쳐 두어야 한다.

수용의 필요성을 받아들이는 것이 어려울 수 있는 보다 치명적인 이유는 우리의 투쟁-도피 본능이 너무나 강력하기 때문이다. 그것은 세상에 존재하는 물리적인 위협에 대응하여 생존하는 데 필수적이었고 지금도 종종 여전히 그러하다. 위협적인 내적 경험(고통스러운 생각과 감정)에 그 같은 방식으로 반응하는 것은, 언어 능력의 발달 덕분에 그런 경험들이 보다 생생하게 되면서 자연스럽게 발전된 듯하다. 우리의 상징적 사고 능력은 어떤 상황도 위협적으로 만들 수 있다. 우리의 마음 세계 안에서 말이다.

이에 더해서 유기체는 회피 행동에 대한 보상을 발견했다. 어렵거나 위협적인 상황을 피할 때, 뇌에서는 긍정적인 보상을 받을 때와 동일한 영역이 활성화되고 동일한 화학 물질의 일부를 방출한다.[1] "아아-" 당신의 신체가 말한다. "한결 낫군." 방금 큰 뿔을 가진 영양의 공격을 피한 것이라면 이는 옳은 지각일지 모르나, 직장에서 세간의 이목을 끄는 발표에 대한 불안을 피한 것이라면 어떠하겠는가? 자신을 위한 목표를 훼손하는 것에서 같은 화학적 타격이 올 수 있다.

매우 종종, 삶이 잘 굴러가지 않는 경우는 더 크고 더 늦은 대가를 치르면서 더 작고 더 즉각적인 이득이 되는 일을 하고 있기 때문이다. 회피가 주는 즉각적인 만족은 미래를 팔아 버리게끔 우리를 속인다. 건강한 발전에서는 우리의 단기적인 이득이 장기적 목표에 부합한다. 그러므로 우리의 상징적 사고 능력을 사용해서, 설령 단기적인 과정이 힘들어도 나중에 훨씬 더 크고 지속적인 보상을 가져오는 단기적 행동을 선택하는 것이 요령이다.

말하기는 쉬워도 행동으로 옮기기는 어렵다. 일단 우리 자신이 전진하기 시작하고 회피해 오던 고통을 느끼기 시작하면, **독재자**는 다시금 회피적인 생활로 돌아가도록 독촉할 것이며, 종종 정말로 우리에게 소리를 지르기도 한다.

사람들이 수용의 필요성을 받아들이면서 먼저 피벗하도록 돕는 방법을 고안하고, 다음으로 수용 근육을 기르는 것이 ACT 개발에 있어서 중요한 요소임을 나는 알 수 있었다. 1980년대 초 나와 내 연구팀이 ACT의 수용 기법을 개발하기 시작했을 때, 힘든 생각과 감정을 회피하는 것이 심리적으로나 신체적으로 인간에게 해롭다는 것이 심리학의 상당수 연구들에서 밝혀지고 있었다. 인본주의 심리학은 수십 년간 이 개념을 옹호해 왔으며, 합리적 정서치료와 같은 다른 심리적 전통 또한 이를 받아들였는데, 무조건적인 자기 수용을 치료의 목표로 제시한 바 있다. 이들 전통에서 빠진 것은 회피를 멈추도록 도울 수 있을 만큼 충분히 강력한 방법들, 그리고 수용과 변화의 다른 주요 특징들을 연결하는 이론이었다.

우리는 수용의 고통과 두려움에 대처할 수 있는 탈융합과 자기 기술을 적용하는 기법들을 만들기 시작했다. **독재자**의 목소리로부터 탈융합하는 법을 배우는 것은, 예컨대 "지금 나랑 장난해? 너는 절대 이걸 해낼 수 없어!"와 같이, 초대받지 않은 채로 마음에 튀어 오르는 부정적인 메시지로부터 건강한 거리를 유지할 수 있게 도와준다. 그것은 또한 생각 네트워크 안에 심어져 있는, 도움이 되지 않는 관계구성의 힘을 감소시키는 데 도움이 되는데, 이는 종종 수용에 수반되는 고통에 의해 활성화된다. 예를 들어, 담배를 피우는 것과 기분이 좋아지는 것 사이의 관계구성은 흡연에 대한 갈망에서 비롯된 불편감에 의해 촉발될 수 있다. 진정한 자기와 다시 연결하는 것은, 삶의 불편한 측면에 마음을 열고 실수를 저지르는 것이나 고통에 대한 공포를 느끼는 것에 대해 자신을 비난하지 않으면서 자기자비를 연습하는 데 도움이 된다. 상처받고 약하며 고통받는 자기 이미지 너머로, 고통 느끼기를 선택할 수 있는 강력하고 참된 자기를 알아차린다. 우리는 사람들이 수용에 뛰어들면서 새로운 기술을 의식적으로 적용할 수 있도록 돕는 것을 배웠다. 가령, 그 내용이 무엇이든지 간에 도움이 되지 않는 생각을 시냇물 위의 나뭇잎 위에 올려놓아 떠내려가도록 두는 기법이 여기에 해당한다.

회피로 인해 스스로 얼마나 많은 해를 입어 왔는지를 알기 시작하면서 불편함을 수용하려는 동기가 크게 증진될 수 있음을 또한 발견했다. 우리는 고통에 개방하면서 그 고통이 우리에게 반드시 제공하는 교훈을 듣기 시작한다.

제6장 수용을 향해 돌아서기

수용 안에 있는 지혜

흠결 없이 빛나는 당신의 주방 레인지 위에 이상한 색깔의 반점이 있는 상황을 가정해 보자. 그 보기 싫은 반점이 지워질 때까지 당신은 주방에 있는 레인지에 대해 결코 마음이 편치 않을 것이라는 생각에 사로잡혀 있다. 당신이 아는 모든 도구를 활용해서 문지르고 또 문질렀으나 소용이 없었다. 그 반점은 여전히 남아 있으며 심지어 다른 것들보다 더 눈에 뜨일 정도다! 그래서 이를 페인트로 덧칠했으나, 그것도 금방 벗겨져 버렸다. 당신은 다시 반점을 문지르기 시작한다.

하루는 이웃집 사람이 찾아와 당신이 열심히 문지르고 있는 것을 보고는, "당신에게 필요한 것이 내게 있어요!"라고 밝게 말하면서 밖으로 뛰어나갔다. 곧이어 그녀는 스크래퍼처럼 생긴 유리로 된 물건을 가지고 돌아와서 "이게 효과 있을 거예요."라고 말하고, 당신은 그녀에게 감사를 표한다.

사기가 충전된 당신은 그 연장을 쥐고는 긁고 긁고 또 긁어내기 시작했다. 한순간에 그 반점이 마침내 벗겨지는 듯이 보였다. 하지만 계속 긁어내면서 당신은 이게 단지 희망사항일 뿐이라는 사실을 깨닫는다. 크아아앙! 또다시 막다른 골목이다!

만약 당신이 연장의 끝을 돋보기처럼 눈에 대고 본다면, 처음으로 레인지 상단의 반점이 실제로는 요리법이 적힌 문구였다는 것을 명확하게 알아볼 것이다! 어떤 부분은 당혹스러운 잘못된 시도를 알려 주며 어떤 부분은 읽는 것조차 고통스럽다. 나머지는 요리 기술을 익히는 기쁨에 대해 그리고 사랑하는 사람들과 나누게 될 푸짐한 식사에 대해 적혀 있다. 당신은 그것이 얼마나 유익한지 한눈에 알아볼 수 있을 것이다.

이 예시의 교훈은 물론 인생사를 통해 남긴 흔적들을 지워 없애 버리려는 시도를 일단 멈추고 나면 그 모든 경험에서 중요한 배움의 선물을 받는다는 것이다. 나는 이를 위한 방법을 찾는 노력을 계속하면서 노출과 관련된 데이비드 발로와의 연구에서 배운 일부 기법들을 적용할 수 있으리라는 것을 깨달았다.

공포증이 있는 개인을 돕기 위한 발로의 기법을 내가 경험해 본 바로, 나는 이와 유사한 접근이 사람들로 하여금 다른 종류의 어려운 경험에 대처하는 법을 배우는 데 도움이 될 것이라고 생각했다. 발로는 내담자들이 두려워하는 실제 상황에 노출시키지 않고, 두려움과 공포로부터 야기된 불편한 감각에만 노출시켰다는 점을 기억하라. 그는 중간 정도의 감각에 대한 노출에서 시작해서 그 강도를 점진적으로 높여 갔다. 나는 어려운 삶의 경험과 기억에 대해 점진적으로 숙고해 보는 것 역시 좋은 방법이 되리라고 생각했다. 그러나 어려운 작업을 지속적으로 해 나가도록 어떻게 사람들에게 동기를 부여할 수 있을까? 불편한 생각과 감정이 사라질 것이라는 전제를 없앤다면 무엇이 그 노력을 지속시킬 수 있을 것인가?

어렸을 때 공룡을 향해 돌아선 경험에서, 나를 계속 가게 하는 보상이 있었다. 나는 깨어났던 것이다. 그와 같은 방식으로, 불편한 경험을 수용하고 고통을 향해 돌아서는 법을 배우는 것이 보상을 제공한다. 수용은 끝이 아니라 더 충만한 삶으로 나아가는 길을 시작하기 위한 수단이다. 나는 수용은 단지 우리 자신에게 피해를 입히지 않는 것이 아니라 경험으로부터 배울 수 있는 지혜를 얻는 것임을 이해하도록 사람들을 도와야 했다. 이 중요한 통찰은 초기의 ACT 방법에 대한 워크숍을 진행하던 날 겪은 심오한 경험을 통해 명확해졌다.

고통 속에 담긴 메시지

카펫 위에서 보낸 밤으로부터 2년 이내에 강렬한 불안을 갑작스럽게 경험했는데, 나는 그때 워크숍에서 많은 치료자들에게 우리의 첫 번째 방법들에 대해 가르치고 있었다. 이 시기 즈음에 나는 불안 경험에 대해 다소 긍정적인 속성을 실제로 발견했다(이는 오늘까지도 지속된다. 나는 여전히 이따금씩 불안해지기 때문이다). 나는 확실히 불안한 감정과 생각을 좋아하지 않았다. 그럼에도 왜 그 순간들이 긍정적이었고 지금도 긍정적인지 그 이유를 가장 가깝게 설명하자면, 살아 있다는 느낌과 호기심을 느꼈기 때문이다. 나는 장애가 있음을 느꼈지만 또한 삶을 다른 방식으로 경험하고 있는 듯해서 나뿐만 아니라 내담자들과의 작업에 도움이 될 것이라고 느꼈다. 그 경험은 매혹적이었다.

그러나 이날 워크숍에서 불안감을 느낀 직후에 예기치 못한 감정의 파도가 덮쳐서 나는 거의 쓰러질 뻔했다. 나는 갑작스럽게 울고 싶은 강렬한 충동을 느꼈다. 잠시 동안 말을 하지 않은 채 내가 작업해 오던 탈융합 기법을 연습했고, 놀랍도록 강렬한 충동을 그저 바라보기만 했다. 그러던 도중에 수련생들의 얼굴에 떠오른 기대감을 발견했다. 그 감정은 빠르게 스쳐갔고 나는 다시 강의로 돌아올 수 있었다.

다음 워크숍에서 완전히 똑같은 일이 벌어졌을 때까지 나는 이를 다시 생각하지 않았다. 이번에는 자각의 새로운 불꽃이 일었다. 내가 매우 매우 어리다고 느끼는 것을 깨달았다. 이에 약간 혼란스러워진 나는 스스로에게 물었다(이는 워크숍을 하는 도중에 벌어진 일이다). 너는 몇 살이라고 느끼니? 그러자 대답이 날아왔다. **여덟 살 혹은 아홉 살.** 그러자 마치 방금 열어 본 서랍 속에서 예상치 못하게 나방이 튀어나오듯이 기억 하나가 날아들었다. 나는 그 실체가 무엇인지 알 수 있을 정도로 충분히 흘끗 볼 수 있었다.

날아온 것은 아주 여러 해 동안 생각지도 못했던 사건에 대한 기억이었다. 그 일이 처음 일어난 이후로 계속 잠잠해진 듯하다. 나는 재빨리 주의를 다시 워크숍으로 돌릴 수 있었지만, 이 펄럭이는 기억의 나방을 그날 밤에 의도적으로 불러내어 한참 동안 들여다보았다.

여덟 살이나 아홉 살쯤 되던 해에, 나는 부모님이 서로에게 고함치는 소리를 들으면서 침대 밑에 숨어 있었다. 아버지는 그날 또다시 술에 취한 채 집에 늦게 들어 오셨다. 그가 돌아왔을 때 나는 현관문에서 그를 껴안았는데, 피부에서 스며져 나온 진토닉 때문에 그의 멋지고 잘 다려진 양복은 향나무 열매의 감미로운 향기로 가득했다. 이따금씩 아버지는 술을 드실 때 편안히 앉아 나와 함께 놀아 주곤 했지만(그 냄새는 오늘도 나를 미소 짓게 한다), 오늘 밤에는 그런 놀이 시간이 없을 것이었다. 시간이 지나면서 어머니는 점차 조용한 분노에 휩싸여 갔고 아버지가 알루미늄 판매원으로 일하면서 번 빈약한 가족 자금이 샌디에이고 시내 단골 식당과 술집에서 얼마나 낭비되고 있는지를 계산하면서 날선 목소리로 쏘아붙이기 시작했다. 내가 아버지의 귀가를 환영하며 껴안고 있는 동안에도 말이다. 나는 이 일이 어디로 진행될지 감지하고는 재빨리 내 방으로 물러갔다.

오가는 말이 점점 거칠어졌고 고함치는 소리가 시작되었다. 나는 침대 밑으로 기어 들어갔다. 어머니는 아버지에게 남편과 아버지로서의 무능함과 실패를 들먹이면서 날선 목소리로 아버지를 쿡쿡 찔렀다. 아버지는 어머니에게 닥쳐, 닥치지 않으면 두고 봐라고 거듭 소리치는 것으로 응수했다. 아버지의 협박은 어머니의 말을 더욱 날카롭게 만들 뿐이었다.

갑자기 무시무시한 굉음이 들리더니 연이어 어머니의 비명 소리가 났다. 나중에야 그것이 커피 테이블이 거실을 가로지르는 소리라는 것을 알게 되었지만, 그 당시 나는 이 정체에 대해 생각하면서 떨고 있을 수밖에 없었다. 나는 생각했다. **피가 났을까? 아버지가 어머니를 때리고 있나? 서로를 죽이고 있나?**

나도 뭔가를 할 거야!라는 말이 내 마음속에 분명하고 단호하게 떠올랐다. 그 후에 나는 자리를 박차고 일어나 작은 소년인 자신을 옆방으로 데려가서 이 모든 것을 **멈추기**

위해 필요한 일이면 뭐든지 해야 한다는 강렬한 충동에서 내 몸을 거의 뒤로 빼야 했다.

그러나 나는 일어나지 못했다. 나는 그들과 맞설 생각에 겁에 질려 있었다. 한두 달 전 즈음 형 그렉이 이 싸움에 끼어들었다가 하마터면 얼굴을 맞을 뻔했던 것을 보았다. 무엇인가 하고 싶은 충동에 맞서 더욱 세게 물러났고, 침대 밑의 더 깊은 곳으로 들어가서 몸을 끌어안고 울었다.

나는 탐색된 적이 없는 이 오래된 기억을 마주하면서 내 핵심 부분이었던 그 어린 소년에 대해 가슴 저미는 자기연민을 느꼈고, 그 불안감 속에는 완전히 가려져 있고 상실된 의미 있는 무언가가 있었음을 깨달았다.

나는 가정 폭력이 얼마나 깊이 나를 관통했는지를 억제함으로써, 내 불안의 핵심 근원들 중 일부에 대한 이해를 차단시켰던 것이다. 심리학과의 원로들이 싸우는 소리가 나를 공황에 빠뜨린 것은 어쩌면 당연한 결과였다! 그런 장면이 멈추기를 원하는 것과 그들을 멈추는 역할을 하지 못하는 것에 대한 두려움은 아주 어렸을 때부터 내 마음속에 서로 붙어 있었던 것이다. 숨는 것이 그 당시에는 현명한 처사였을지 모르지만 지금의 나에게 필요한 것은 아니었다. 또한 불안감을 완전히 없애기 위한 싸움은, 심리학자가 되려고 하는 내 본연의 목적과 깊이 연결되는 것을 느끼지 못하도록 막았다. 나는 사람들의 고통에 대해 **뭔가를** 해 보고 싶었다. 이는 머리가 아닌 가슴에서 나온 결정이었다.

사랑스럽고 사랑하는 매우 불행한 내 부모님을 나는 구할 수가 없었다. 하지만 다른 사람들의 고통을 덜어 주는 데 도움을 줄 수 있을지도 모른다.

그러나 불현듯 나는, 불안이 타당하지 않다고 스스로에게 선언했던 것이 사실상 내면의 여덟 살 소년의 뺨을 때리고 **입을 다물라**거나 **꺼지라**고 소리친 것과 마찬가지라는 사실을 깨달았다. 나는 취약함의 느낌을 부정하기 원했지만, 이는 고통뿐 아니라 내가 소중히 여기는 것들까지도 부정해야 한다는 것을 의미했다. 그것들은 동일한 것의 양면이기 때문이다.

그토록 가혹한 취급을 받아야 할 만큼 그 어린 소년이 진정으로 잘못한 일이 무엇이란 말인가? 그가 사랑하는 부모님에 대해 걱정한 것? 그 자신의 안위를 걱정한 것? 두려운 상황에서 겁에 질린 것?

이 깨달음을 통해서 나는, 불안 속에 내재한 것을 꿰뚫어 보지 못했기에 건강하지 못하고 회피적인 형태의 야망이 경력 초기에 내 내면으로 파고들게 되었음을 또한 알게 되었다. 미처 알아차리지 못한 동기에 떠밀려서 직업적인 성취에 과도하게 몰두해 왔던 것이다. 즉, 상황에 압도된 그 어린 소년의 고통과 취약성을 피하려는 동기 말이다. '성취'를 통해 불안을 밀어내면서 나는 그 소년까지 밀어내야 했다. 그러나 그 소년은 애초에 내가 심리학자가 되려고 했던 존재의 이유였다. '뭔가를 하라'며 그가 나를 거기에 보낸 것이다. '고통에서 벗어나는 데 성공하기'라는 공허한 목표를 이용하는 것은 일종의 자기 대상화에 해당했다. 나와 내 안의 취약한 아이가 마치 채찍질을 당하는 말이 되는 것처럼 말이다.

몇 년 전 카펫 위에서 그랬던 것처럼, 나는 또 다른 다짐을 했다. "다시는 그러지 않을게." 나는 취약한 어린 나에게 약속했다. "너로부터, 그리고 내 삶의 목적에 대해 네가 남긴 메시지로부터 등을 돌리지 않을게. 나와 늘 함께했으면 좋겠어."

탈융합과 불안을 수용하는 새로운 힘을 통해서 **독재자**로부터 거리를 유지할 수 있게 되자, 내 마음속에 가혹한 판단이나 부정보다는 연민으로 그 어린 소년을 회상할 수 있는 방이 생겨났다. 불안을 향해 돌아서는 법을 배움으로써 나는 나 자신(전체로서의 자신)을 보다 따뜻하게 대하며, 일에서의 목적의식을 새롭게 하는 방법을 배워 나가는 중이었다. 그 어린 소년이 다시 나타나도 안전감을 느낄 때에만, 즉 내가 그를 받아들일 준비가 되어 있었을 때에 비로소 그 모습을 드러낼 수 있었음을 깨달았다.

평가적인 마음의 지배로부터 벗어날 수 있도록 돕는 연속 원투 펀치가 있다. 첫째, 회피 전략은 효과가 없으며, 그와 같은 전략에 더욱더 의존하는 것은 완벽하게 예측 가능한 결과를 가져옴을 깨닫는다. 둘째, 회피를 '놓아 버린' 후에, 180도 다른 방향에 대안들이 있고 그 대안들이 단기적·장기적으로 효과가 있음을 깨닫는다. 사람들로 하여금 수용의 길로 향하도록 돕는다는 것은 회피 행동의 무익함과, 수용으로부터 받을 수 있는 풍부한 배움 모두에 접촉하는 길을 찾는 것임을 깨달았다. 우리는 단지 고통의 수용을 돕기 위해서 사람들을 고통에 노출시키는 것을 원치 않았다. 사람들이 바라는 방식으로 살기 시작하도록 돕는 종류의 노출을 원했다.

밧줄 내려놓기

초기 ACT 내담자들은 ACT의 주요 요소가 된 방법들을 배우는 데 대단히 많은 도움을 주었다. 그중 한 내담자는 수용의 필요성을 받아들이도록 돕는 훌륭한 비유들 중 하나를 제공해 주었다.

초기 형태의 ACT에 잘 반응했던 불안증 내담자와의 마지막 회기에서, 무엇이 그녀에게 도움이 되었는지 설명해 달라고 요청했다. "그건 내가 배워야 할 것이 무엇인지를 깨닫게 된 것이었어요." 그녀가 대답했다. "저는 아주 오랫동안 마치 저를 끝없는 절벽으로 끌어 떨어뜨리려는 거대한 불안 괴물과 줄다리기를 하는 것처럼 느껴 왔어요. 나는 싸우기도 하고 줄을 당기기도 했지만 아무리 열심히 노력해도 이길 수가 없었고, 그렇다고 포기하고 잊어버릴 수도 없었어요. 이 싸움에서 이겨야 할 필요가 없음을 자각하는 것이 제게 매우 어려웠던 것 같아요. 삶은 내게 그런 것을 요구하고 있지 않았어요. 오히려 내게 밧줄을 내려놓으라고 요구하고 있었지요. 한번 그렇게 하고 나니 저는 제 팔과 손을 더 흥미로운 일들에 쓸 수 있게 되었지요."

그때부터 ACT 방법을 배우는 많은 사람들은 자신이 그 밧줄을 내려놓는 것을 상상하거나, 집단에서 실제 밧줄을 사용하여 역할극을 하도록 권유받았다. 이 피벗을 만드는 데 도움이 될 다른 많은 강력한 비유들이 개발되었는데, 수용 연습에 들어가는 제2부에서 더 많이 공유할 것이다.

내담자들과 피벗하는 작업을 지속하면서 우리가 발견한 것은, 일단 실행에 옮기고 나면 삶이 거의 즉시 당신에게 뭔가의 긍정적인 피드백과 유용한 깨달음을 제공한다는 점이다. 나는 내담자들을 지켜봐 주고 진보의 가장 큰 유일한 지표로서 그들을 신뢰하는 법을 배웠다. 내담자들은 억눌러 왔던 열망과 자발적으로 관계를 맺기 시작했고, 우리의 작업에서는 결코 의도적으로 목표 삼지 않았던 행동 변화를 이루어 냈다. 그들은 오랫동안 헤어진 옛 친구들에게 손을 내밀었다. 그들은 응어리를 흘려보냈고, 오래도록 엉망진창이었던 영역을 사랑하는 이들과 함께 치워 나갔다. 그들은 직업을 바꾸거나 승진을 시도하며, 여행을 가거나 취미 또는 사업을 시작하는 등 대담한 행보를 이어나가기 시작했다. 그들은 삶을 시작했고 뒤따르는 긍정적인 보상이 그들로 하여금 그러한 변화의 흐름 속에 머물도록 도왔다.

노출 수정하기

우리는 빠른 속도로 수용의 힘을 기르기 위한 방법들을 연마해 가기 시작했다. 밧줄을 내려놓도록 도운 후에, 우리는 제2부에서 소개할 방법들을 통해 노출의 과정을 통과하도록 내담자들을 이끌었다. 이 기법들은 감정 명명하기, 충동 알아차리기, 의도적으로 감정 느끼기, 촉발된 기억 목록화하기, 신체 감각 지각하기 등을 포함한다. ACT 노출 접근법에 있어서 핵심은, 그것이 감정을 없애기 위한 방도가 아니며 감정에 반응하는 데 유연함을 기르는 방도라는 점을 이해하는 것이다.

우리 팀과 동료 집단은 이러한 방법들을 실험실 연구를 통해 엄격하게 검증하기 시작했다. 한 연구에서는 불안에 취약한 사람들이 고용량의 CO_2 속에서 호흡하면서 야기되는 불편감에 대처하는 것을 수용 방법이 어떻게 돕는지 측정했고, 이때 노출 치료에서 사용되는 표준적인 이완 기법인 횡격막 호흡법과 비교했다. 연구자들은 60명의 참가자들을 최대 10%의 이산화탄소를 포함한 공기에 노출시켰다(대기 중의 정상적인 이산화탄소 수치는 이것의 1/20도 되지 않는다). 수 초 내에 이러한 고용량의 CO_2는 호흡 곤란, 땀 흘림, 빠른 맥박을 야기하며, 이는 불안이나 공황 발작을 흔히 동반하는 신체적 조건에 해당한다. 이는 썩 유쾌하지 않다.

ACT 방법을 배운 참가자들은 이산화탄소 도전 과제에 앞서 짧은 회기를 통해 구름의 이동 속도를 빠르거나 느리게 하려는 시도를 내려놓고서 하늘에 구름이 떠가는 것을 보듯이, 감각을 통제하려는 시도를 내려놓은 채로 신체 감각을 단지 '지켜보라'는 지시를 받았다. 대조 집단은 이완을 하면서 호흡에 집중하는 방법을 배웠다.

모든 집단에서 동일한 생리적 각성을 보였는데, 호흡 연습을 한 사람들 중 42%가 감정에 대한 통제를 잃을 것 같은 경험을 보고했고, 통제 집단에서는 28%를 보고한 반면, ACT 방법을 배운 그룹에서는 단 한 명도 그러한 반응을 보이지 않았다. 또한 이 참가자들은 앞선 경험을 다시 한번 기꺼이 경험하고자 하는 비율이 훨씬 높았다.[2]

공황장애를 가진 사람들도 같은 방식으로 반응하며, 이는 그들의 치료에 다른 측면에서 영향을 미칠 수 있음을 곧 알게 되었다. 공황장애를 가진 사람들에게 있어서 CO_2 도전 과제는 피해 온 감각을 의도적으로 만들어 내는 것이었으므로 실질적인 형태의 노출이었다. 데이비드 발로의 제자인 질 레빗Jill Levitt은 수용 방법이 이산화탄소로부터 야기되는 신체 감각(호흡 곤란이나 가슴 두근거림)이나 불안조차도 감소시키지 않는다는 것을 밝혔다.[3] 무슨 일이 있었는가 하면, 이런 증상들이 그들을 덜 괴롭혔고 그들은 다음 증상까지도 기꺼이 받아들였다. 수용이 노출을 더욱 가능하게 하고 효과적이게 만든 것이다.

이러한 초기 연구들은 점차적으로 1년 또는 그 이상의 장기 추적 연구를 포함한 대규모 임상 연구로 이어졌다. 그리고 그 증거들은 지지되었다.[4]

의미 있는 목적을 위한 노출

우리는 노출 방법에 또 다른 중대한 요소를 추가했는데, 그 요소는 보다 목적 있는 삶을 추구하는, 즉 당신이 진정으로 원하는 삶을 추구하는 수단이다. 우리는 사람들로 하여금, 그들이 피해 왔던 경험과 빠져나오고자 했던 고통스러운 경험에 대한 기억은 그들이 소중히 여기는 것이었기에 고통스럽고 무서웠음을 볼 수 있도록 도왔다. 그들은 사랑으로 풍요로운 삶을 사는 것, 보살피는 사람이 되는 것, 사회가 그에게 감명을 받든지 받지 않든지 간에 본질적으로 좋아하고 의미 있는 관심사를 추구하는 것에 마음을 썼다.

첫 번째로, 이는 노출이 가치를 둔 행위 가운데서 일어나야 한다는 것을 의미했다. 예를 들어, 광장공포증이 있는 내담자를 노출을 통해 도우면서 그들을 쇼핑몰에 가도록 할 것인데, 이는 단지 불안이 활성화되는 경험을 하게 만들기 위한 것뿐만 아니라 사랑하는 사람에게 줄 선물을 사려는 분명한 목적을 위해 가도록 하는 것이다. 혹은 누군가가 죽음에 대한 생각을 회피하고 있다면, 그에게 사랑하는 사람의 무덤을 방문하도록 제안할 것인데, 이는 공포를 물리치기 위해서일 뿐만 아니라 죽은 이들에 대한 사랑과 존경을 기리기 위해서다.

여러 내담자들과 함께 그들이 피하고 있는 어려운 경험들에 대한 탐구를 하면서, 나는 과거의 고통을 피하려는 시도가 그들이 원하는 목적의 풍요로움으로 살아가는 것을 멈추게 했음을 인정하도록 열어 주는 것을 보았다. 아들의 죽음으로 인한 고통 때문에 세상과의 연을 단절했던 앨리스의 예를 다시 생각해 보라. 조앤 달은 앨리스에게 그녀 자신의 고통을 부정하는 규칙이 얼마나 비생산적이었는지를 보여 주었을 뿐만 아니라 세상에 긍정적인 방식으로 기여하고자 하는 그녀의 열망에 다시 접촉할 수 있도록 도왔다. 앨리스에게 물은 첫 번째 질문은 진통제에 대한 의존에 방해를 받지 않는다면 인생을 어떻게 보내고 싶은지에 관한 것이었고, 앨리스는 이에 다시 일하고 싶다고 대답을 한 바 있었다. 이는 궁극적으로 앨리스로 하여금 집에서 나와 좋은 직장을 갖도록 이끌었다.

수용에서 전념으로

살고자 하는 삶에 대한 열망에 다시 연결되도록 돕는 것이 지닌 힘을 알게 된 후에 현존하기, 가치, 그리고 행동이라는 세 가지 피벗이 **탈융합**, **자기**, 그리고 **수용** 피벗에 필요한 필수적인 보완물임을 깨달아서 이를 돕는 더 많은 방법들을 더 추가했다. ACT에서는 단지 수용을 달성하는 것만이 능사일 수 없고, 삶에 완전히 뛰어들어 그들 자신을 위해 설정한 새로운 행동 방식에 전념할 수 있도록 도와야 한다. 인본주의 심리학의 언어를 사용하자면, ACT에는 사람들로 하여금 자기실현을 이루도록 돕는 방법이 포함되어야 하는 것이다. 인본주의학자들이 개발한 방법들은 전 범위적인 서양 과학의 방식을 통해 검증되지 않았었다. 나는 ACT가 우리의 지식 체계에 있는 그러한 공백을 메우는 데 도움이 되겠다고 다짐했다.

제**7**장

새로운 길에 전념하기

자신이 마음속에 그리는 삶을 살기 위해 우리가 행하기로 선택한 것을 실행하는 능력이 ACT의 궁극적인 목표이며, 이것이 수용전념치료가 액트(act)라고 불리는 이유다. 종국에 우리가 행한 것과 그것을 행한 이유가 곧 우리 존재다. 불안, 우울, 부정적인 반추, 자기 의심, 만성 통증 등 우리가 씨름하는 문제가 무엇이든 간에, 우리 삶에 의미와 목적을 가져다주는 방식으로 행동하는 것을 그것들이 가로막아서는 안 된다.

역사상 위대한 인물들을 생각해 보라. 우리가 왜 그들을 기억하는가? 그들이 소유한 차나 배우자의 외모 때문일까? 아니면 그들의 업적에 대한 합리화를 위해서? 별로 그럴 것 같지는 않다. 우리는 그들이 한 일과 그 행위가 반영하는 가치 때문에 그들을 기린다. 위인들 중 일부는 확실히 내적으로 고군분투했다. 베토벤은 조증 삽화를 겪었던 것으로 알려져 있다. 에이브러햄 링컨의 친구들로부터 전해진 편지에는, 그가 그들이 알던 사람 중 가장 우울한 사람으로 기술되어 있다. 중요한 점은 그들이 이런 도전에 어떻게 응했는가 하는 것이다.

우리는 ACT 방법들을 지속적으로 개발해 나가면서 사람들로 하여금 어떤 행동 변화가 그들을 보다 만족스러운 삶으로 이끄는지 확인하고, 전념할 수 있도록 돕는 방법들에 집중하기 시작했다. 물론 우리 삶을 향상시키기 위해서 우리가 전념 행동을 취해야 한다는 관념은 전혀 새로운 것이 아니다. 이는 우리의 문화 속에도 일정 부분 녹아들어 있다. 하지만 인간 활동의 많은 다른 측면들과 마찬가지로, 그 메시지는 너무도 단순한 슬로건으로 요약되어 왔다. "그냥 하라!" "담대하라!" "투지를 보여라!"

새로운 행동을 향해 피벗하는 것은 그러한 주문들이 암시하는 것과 같지는 않다. 이는 '그냥 하는 것'의 문제가 아니다. 어떻게 하느냐가 중요하다.

개방적이고 유연한 방식으로 변화에 전념하는 것은 어려운 일이다. 때로는 우리가 가고자 하는 새로운 길을 명료하게 보는 것조차 어려울 수 있다. 부분적으로, 이는 행동 변화에 대한 시도들은 우리를 자연스럽게 회피와 자기비난으로 이끄는 경향이 있기 때문이다. 우리는 새로운 길을 가기 위해 필요한 것을 갖추었는지 불안해하기 쉽고, 이는 더 낮은 수준의 불안에서 해결되어야 하는 문제라고 마음은 소리친다. 새로운 여행에서 발을 조금이라도 잘못 디디면, 그러지 않기란 불가능함에도 우리는 자신을 더욱 괴롭힌다. **독재자**가 우리를 조롱하기 시작한다. "오, 거 봐, 넌 이 일에 적합하지 않아!"

처음의 세 가지 유연성 기술은 새로운 길에 머물 수 있게 하는 강력한 지지를 제공한다. 도움이 되지 않는 이런 생각들의 힘을 탈융합이 약화시킨다. '그들은 내가 여전히 우울증과 싸우고 있다는 것을 알 거야.' '농담이 아닌데, 나는 패배자야.'와 같은 생각으로부터 탈융합할 수 있도록 도우면서, 진정한 자기와의 연결을 통해 웅종의 동요와 타인이 우리의 진척을 바라보는 시선에 지나치게 신경 쓰는 것을 피할 수 있도록 돕는다. 탈융합은 또한 실제로는 할 작업이 더 많이 남았음에도 "이제 괜찮아. 모든 게 해결됐어!"와 같은 식으로 진척에 대해 그럴싸한 거짓말을 하는 것을 방지하는 데 도움을 준다. 수용은 우리가 느끼고 있는 고통과 관련된 불필요한 문제해결에 주의를 기울이는 것을 멈추게 해 주고, 대신에 그 감정들이 제공하는 유용한 통찰로 주의를 돌리게 해 준다.

우리는 계속해서 ACT를 발전시켜 나가면서, 세 가지 추가적인 기술들(현존하기, 가치, 행동)이 삶의 새로운 길에 전념하는 데 중대한 지원을 제공함으로써 심리적 유연성에 핵심적으로 기여한다는 것을 깨달았다. 그것들은 본질적인 부가적 동기와 정신적 명민함을 제공한다.

과거에 대한 방 탈출 게임방

나는 최근 내 아이들과 '방탈출 게임'으로 즐거운 시간을 보냈다. 적당히 큰 도시에 사는 사람이라면 근처에 이런 방탈출 게임방 하나쯤은 있을 것이다. 당신과 팀원들은 다양한 물건들로 가득찬 방에 갇힌 채 시작한다. 당신의 임무는 퍼즐을 푸는 실마리를 찾아내어 방에서 탈출하는 것이다. 우리는 미친 사람들처럼 뛰어다니면서 서랍을 뒤지고, 단서를 풀어 나가고, 물건들을 조사하며 의미를 해독하기 위해 애를 썼다. 책과 양초, 사진, 그리고 다른 물건들을 부여잡고 미친 듯이 샅샅이 살핀 다음에 관련이 없어 보이는 것들은 제쳐 나갔다. 가능한 단서들의 목록이 힘들게 만들어졌지만 나중에는 결국 막다른 골목으로 판명되었다. 우리는 퍼즐을 완전히 풀지는 못했지만 거의 직전까지 도달했다.

재미있는 게임이었지만 평생 동안 지속되었다면 그다지 즐겁게 느끼지는 못했을 것이다. '퍼즐을 풀기 전까지 절대 빠져나올 수 없다'는 게임의 전제조건을 믿었다면 잠시라도 그 게임을 재미있다고 생각했을지조차 의심스럽다. 이기든 지든 무승부든, 우리는 1시간 후면 자유로워지리라는 것을 알고 있었다.

만약 이를 몰랐다면 어땠을까?

우리 중 다수는 마음속 퍼즐 방에서 벗어나기 위해 평생을 바둥거리며 살아간다. 우리는 현재의 경험 그 자체를 즐기기보다 과거와 과거가 미래에 어떻게 도움이 될 수 있을지에 지나치게 많은 주의를 기울인다. 우리의 문제해결적인 마음에게는 자연스러운 일이다.

배가 고파서 샌드위치를 만들어 먹기로 결정한 상황을 가정해 보자. 하지만 바로 그 순간 자신이 아름다운 숲 한가운데 있다는 사실을 깨닫는다. 추측컨대, 당신은 나무나 꽃을 감상하기 위해 그리 오랜 시간 머무르지 않을 것이며, 단지 "내가 여기 어떻게 왔더라?"와 "어떻게 나갈 수 있지?"만 알고 싶을 것이다. 달리 말하면, 당신의 마음은 과거("내가 여기 어떻게 왔더라?")를 이해하려는 시도에 완전히 지배되어 미래("어떻게 나갈 수 있지?")를 통제하려 할지 모른다. 달리 말해서, 당신의 상황을 해결해야 할 문제로 취급하게 될 듯하다.

당신의 마음이 거의 모든 문제를 해결하려고 노력할 때, 그 마음을 살펴보면 다음과 같은 전략을 발견할 수 있다. '네가 처한 상황을 봐. 무엇이 잘못된 건지 파악해. 과거를 생각해 보고 분석해. 어떻게 상황이 흘러갔는지 이해해 봐. 미래를 예상해 보고 분석해. 과거와 현재에 대한 분석을 미래에 원하는 것을 얻는 과정에 적용해 봐.'

이러한 과정이 과거 경험, 특히 고통스러운 경험을 다루는 주요한 방도임을 암시하면서, 대부분의 치료에서 이를 장려한다. 그래서 치료는 일종의 느린 버전의 방 탈출 게임방이라고 여기기 쉽고, 치료에서 우리 경험은 오직 어떤 고통으로부터 벗어나기 위한 수단으로서만 의미가 있다. 당신은 불안, 우울 또는 고통 속에 갇혀 있고, 여기서 할 일은 도구를 찾아 밖으로 탈출하는 것이 된다.

과거의 함정으로부터 우리 자신을 해방시키는 것도 분명히 중요하지만, 마음을 현재로 되돌리고 매 순간 행동을 선택할 수 있는 능력을 유지하는 법을 배울 때 우리의 노력이 보다 효과적일 것이라는 점을 우리는 ACT 연구를 통해 발견했다.

유연한 주의 개발하기

나는 마음챙김 실습 경험을 통해서, 우리의 초점을 현재 순간으로 계속해서 되돌리는 능력이 과거의 함정에서 우리를 해방시키는 데 일조한다는 것을 이해하게 되었다. 우리가 흔히 느끼는, 과거를 면밀히 조사해서 이해하고자 하는 충동은 잘못된 것이 아니다. 우리는 이렇게 숙고하는 데 시간을 보내고 싶어 한다. 묘책은 거기에 얽매이지 않는 것이다. 즉, 우리는 과거에 빠지지 않으면서 과거와 함께 현재에 존재하기를 바란다. 이것이 현존하기 피벗이 등장하는 지점이다. 그것은 우리의 인지적 자원이 현재 순간의 긍정적인 가능성에 지속적으로 주의를 기울이도록 돕는다.

흔히 사람들은 현재로 와서 여기의 내부와 외부에 존재하는 것을 단순히 알아차리는 것을 실제로 두려워한다. 수용 기술은 이것을 돕는데, 이는 유연성 기술들이 어떻게 서로를 돕는지 보여 주는 일례에 해당한다. 그러한 두려움을 수용할 때 우리는 즉각적으로 현재의 가능성들을 보다 명료하게 볼 수 있는 힘을 얻게 된다. 상황이 고통스러운 정서적 기억을 촉발할 때, 우리는 그 고통의 가능한 관련성에 대해 점점 더 기민할 수 있고, 더 유용한 방식으로 그 고통에 주의를 기울일 수 있다. 우리는 과거의 고통을 과거에 존재하는 것으로 알 수 있지만, 그것들로부터 배워야 하는 어떤 지혜라도 얻을 수 있다.

그렇게 해서 나는 내 불안과 어린 시절의 가정 폭력을 연결시킬 수 있었다. 그 이전까지는 정교한 '방 탈출' 의제를 가지고 불안과 투쟁을 하는 데 너무나 몰두한 나머지 그 연결성을 인식하지 못했다. 그 탈출 의제로 인해, 나는 머물기보다 탈출하는 데 마음의 초점을 맞추었다. 일단 불안의 수용을 배우기 시작하자, 부모님이 싸우는 장면에 대한 섬광 같은 기억을 충동적으로 밀어내기보다는 포착할 수 있었고, 불안의 현재 경험에 세심하게 주의를 기울일 수 있었다. 나는 온전하게 의식적으로 불안을 인식했고,

그런 다음 나중에 더 깊게 불안을 재검토할 수 있었다.

지금으로 주의를 되돌리기

연구자들은 인간의 생각이 종종 현재에서 멀어져서 방황한다는 것을 발견했다.[1] 우리는 실제로 지금 여기에 무엇이 있는지 알아차리지 못한 채로, 적어도 온전하고 효율적인 방식으로 이를 알아차리지 못한 채로 오랜 시간을 헤맬 수 있다.

현재에 살기를 배워야 한다는 것은 좀 이상하게 들릴지도 모른다. 결국에는 존재할 다른 곳은 없다. 우리는 미래에 대해 걱정할 수 있지만, 이는 미래에 대한 현재의 걱정이다. 현재 우리가 기억을 지닐 수 있지만, 이는 과거에 대한 현재의 기억이다. 우리가 기억하거나 상상할 수 있는 것은 실제로 과거나 미래에 있지 않다.

마음챙김과 그것이 삶에 대처하는 데 어떻게 도움을 줄 수 있는지에 대해 쓴 글들은 많다. 불행하게도, 도움이 되지 않는 단순화된 설명이 마음챙김에 대한 통속적인 개념이 되었다. 마음챙김이란 단순히 지금 여기를 사는 것이 아니다. 십 대들이 비디오 게임을 할 때 그렇게 하지만, 그러한 순간에 깨어 있는 주의의 반짝거림을 거의 발휘하지 못한다. 내 아들이 마인크래프트 게임을 하고 있을 때 뒤에서 총소리를 낸다 한들 꿈쩍도 하지 않을 것이다. 현재 속으로 사라져 버리는 것은 우리가 의미하는 마음챙김이 아니며, 마음챙김은 오히려 현재에 대한 유연하고 유동적이며 자발적인 주의를 의미한다. 이는 우리로 하여금 과거와 미래를 숙고하게끔 하는 동시에 우리의 주의를 지속적으로 현재에 되돌릴 수 있게 해 준다.

손전등을 들고서 어두운 방에 있는 상황을 상상해 보라. 당신은 불빛을 좁거나 넓게, 혹은 밝거나 희미하게 조정할 수 있다. 또한 당신이 원하는 어느 곳이든지 불빛을 비출 수 있으며, 덮개를 제거해서 테이블 위의 전등처럼 눈에 보이는 모든 것을 밝게 할 수 있다.

주의란 손전등과도 같다. 그것은 우리가 알아차림에 초점을 둘 수 있게 해 준다. 마음챙김 연습은 주의의 손전등 불빛을 넓히거나 좁히는 법, 우리에게 가장 도움이 될 곳을 향하게 하는 법을 가르쳐 준다. 달리 말하면, 현재 의식의 부드러운 빛이 우리의 과거에 대해 훈련될 때, 우리는 더 솔직하고 자비로운 마음으로 우리 과거의 못생기고 심지어 추한 모습까지도 더 잘 바라볼 수 있게 된다. 그러면 그러한 조명을 통해서 과거와 투쟁하는 것이 어떻게 열망하는 가치 및 목적과 일치하는 삶을 추구하는 것으로부터 우리를 멀어지게 만들었는지 검토하도록 도움을 받게 된다.

일반적인 훈련은 호흡에 집중하는 것으로서, **호흡 따라가기**라고 한다. 오래지 않아 주의가 다른 데로 가는 것을 알아차리는데, 그럴 때 다음 호흡으로 주의를 되돌리면서 그저 주의 조절의 순간을 갖는 것이다. 그리하는 것을 반복함으로써 유연하고 자발적인 방식으로 집중하는 정신적 민첩성을 기르게 된다.

명상 실습은 모든 영적·종교적 및 지혜 전통에 등장하며 여기에는 충분한 이유가 있다. 방대한 기초 연구는 명상 실습이 우리의 두뇌뿐만 아니라 신체의 모든 세포에 좋은 영향을 미친다는 것을 보여 준다.[2] 명상에 의해 생겨난 두뇌 구조와 반응성에서의 변화는 다른 여러 중요한 인지 과정의 향상과 더불어, 내적 감각을 더 잘 느끼고 정서적 반응성을 낮추며 주의의 효율성을 증진시키는 데 기여한다.[3] 명상은 또한 인간 유전자의 7~8%의 발현을 변화시키는데, 주로 스트레스 반응에 기여하는 유전자를 상향 조절하거나 하향 조절하는 후성 유전학적 변화를 통해서 이루어진다.[4]

그렇지만 나는 ACT에 전통적인 명상 실습을 들여오는 것이 항상 조금 두려웠던 것 같다. 왜냐하면 1960년대에 어린 시절을 보낸 나로서는 다양한 마음챙김 전통이 서로 충돌한다는 것을 알고 있었기 때문이다. 나는 심리적인 유연성을 길러 줄 수 있는 요소들만 뽑아낼 수 있도록 명상 실습의 본질에 파고들고 싶었다. 전통적인 명상의 가치를 발견할 수 있었고 이에 더해 RFT에서 얻은 우리의 통찰을 다른 고전적인 마음챙김 과정에 적용시킬 수 있으리라고 생각했다.[5]

우리의 RFT 연구는 융합과 회피가 우리의 주의를 두 갈래로 나눈다는 것을 명료하게 보여 주었다. 하나는 현재를 알아차리는 것이고 다른 하나는 문제해결 의제('도대체 이것이 효과적인가?')에 집중하는 것이다. 따라서 ACT에서는 호흡 따라가기와 같은 고전적인 마음챙김 연습을 하는 대신에 생각이 어떻게 우리를 '낚아서' 주의를 현재에서 잡아채 가는지 탐지할 수 있는 연습을 사용했다. 지금 당장이라도 시도해 볼 수 있는 예를 제시한다. 이 연습은 2분 정도가 적당하며, 스마트폰을 통해 알람을 맞춰 놓도록 하라.

연병장 관람석에 앉아서 사람들이 커다란 흰 플래카드를 들고 가는 것을 바라보고 있다고 상상해 보라. 생각이 떠오를 때마다 그 생각을 그 플래카드에 넣으라. 이를 이미지 또는 언어로 변환시킬 수 있을 것이다. 당신의 과제는 이 행진에 집중하는 것이며, 당신이 관람석을 떠날 때 이를 스스로 포착하는 것이다. 만약 정신적으로 다른 곳에 있음을 발견하거나 행진이 더뎌지거나 멈추는 것을 발견한다면, 조금 뒤로 물러나서 이 흐름을 놓치기 바로 직전에 당신 마음에 무엇이 스쳤나를 기억할 수 있는지 보라. 도화선이 된 생각이나 느낌, 기억, 감각을 포착할 수 있는지 보고, 추후 탐색을 위해 그것을 정리하거나 적어 두라. 그런 다음 관람석으로 돌아가서 다시 시작하라.

준비되었는가? 좋다. 시작하라.

……

돌아온 걸 환영한다. 무엇을 알아차렸는가?

여러분 중 몇몇은 행진이 실제로 진행되지 못했다. 나는 이게 안 돼라거나 나는 상상을 잘 못해와 같은 생각을 했다. 그런 생각들을 플래카드에 넣으려고 시도해 보았는가? 이 연습을 다시 해 보면 그렇게 함으로써 그런 생각들이 잘 없어지는 것을 발견할지도 모른다.

또는 행진이 진행되고 있기는 하지만, 생각에 빠질 때마다 그 행진이 멈춘다는 것을 알아차렸을 것이다. 이는 융합의 흔적이다. 생각의 내용(나는 이게 안 돼)이 과제에 필요한 주의를 차지해 버린 것이다. 아이러니하게도 이 연습을 하는 도중에 달라붙게 되는 흔한 생각은 연습 자체에 대한 생각이다(예: 내가 잘하고 있나? 또는 이걸 하는 게 우스꽝스럽지?). 이것이 당신의 마음을 사로잡는 융종의 힘이다.

이 연습을 포함해서 유사한 다른 것들도 많은 임상 시험에서 연구되었으며 그 효과가 입증되었다.[6] 또한 침투적인 부정적 생각에서 탈융합하도록 돕는 것 외에도, 통증 감내력을 증진시키고 강렬한 충동의 영향을 줄여 준다. 이 연습의 중요성에 대해 설명하고 한 번 노출하게 하는 것만으로는 효과가 충분치 않으며, 가장 큰 효과를 내기 위해서는 사람들이 그것을 활용하는 연습을 하도록 해야 한다는 것이 연구들에서 밝혀졌다.

주의의 유연성을 기르는 것이 왜 중요한지를 더 느끼고 싶다면, 짧은 연습을 하나 더 시도해 보자. 방 안을 살펴보면서. 또는 (당신이 어디 있든지 간에) **지금 볼 수 없는** 어떤 것을 볼 수 있는지 보라.

이상한 질문처럼 느껴지겠지만 일단 한번 시도해 보라.

당신이 이를 해낼 수 없음은 분명하다. 당신이 보는 모든 것을 당신은 지금 보고 있다. 아닌가?

그럼 이제 다시 한번 둘러보되, 이번에는 당신이 보고 있는 것에 대해 평가해 보라. 물건들을 각각 비교해 보라. 당신이 원하는 것이나 원치 않는 것이 무엇인지, 어떤 게 좋고 나쁜지 그저 그런지 생각해 보라. 당신이 좋아하지 않는 것을 보았을 때 그것을 어떻게 바꿀 수 있을지, 그러기 위해 어떻게 하면 될지 고민해 보라. 그 모든 것을 하면서 100% 현재에 머무를 수 있는지 확인해 보라.

이 역시 할 수 없음이 분명하다. 당신이 집에 있다면 당신이 판단하려는 것과 관련된 기억들이 떠오를 수 있고, 책장을 보면 읽었던 책이 생각날지도 모른다. 혹은 누군가 집에 방문해서 방에 있는 의자에 앉았던 기억이 떠오를 수도 있다. 심지어 그때의 기억 전체를 되돌려 보고 있을지도 모른다.

생각을 바라보면서 왜 현재에 머무를 수 없는가? 결국 당신은 지금 벽에 걸려 있는 그림을 볼 수 있다. 그렇지 않은가? 당신은 지금 앉아 있는 의자에 닿은 엉덩이 부분을 느낄 수 있다. 그렇지 않은가? 왜 똑같은 방식으로 당신이 지금 생각을 하고 있다는 것을 알아차릴 수 없는가?

당신은 정확히 그것을 할 수 있다! 생각을 알아차리는 것은 엉덩이의 느낌을 알아차리는 것과 그 원리 면에서 다르지 않다. 교묘한 점은, 생각이 무엇에 관한(about) 것인지에 집중하는 순간 '바로 지금'이 최소한 아주 조금이라도 사라진다. 흥미롭게도 about의 원래 뜻은 '가깝지만 밖에 있다'는 뜻이다. 안도 아니고 위도 아니다. ab-out이다. 당신이 현재 순간 밖에 있으면 당신은 현재 순간에 있는 것이 아니다. 따라서 'about'은 언제나 '밖'이다.

다른 방식으로 말하자면, 정신적인 평가나 이야기 모드에 빠져 있는 중이라면, 당신은 언제나 '현재'에서 약간은 벗어나 있는 것이다. 문제해결 의제에 덧붙이자면, 당신이 문제해결 네트워크로 사라지면 '현재'에 거의 남아 있지 않게 된다. 이는 우리 인간들이 한 번에 수개월에서 수년 동안 거의 끊임없이 과거를 들여다보고 미래에 무엇을 할지 고민하면서 살 수 있는 이유다. 방 탈출 게임방에서 길을 잃는 것이다.

과거와 미래는 현재의 픽션이다

주의의 유연성을 개발하는 작업 시에, 미래라는 것이 순전히 상상의 산물이며 과거에 대한 회상은 많은 부분 왜곡되고 아주 불완전하다는 사실을 유념하는 것이 도움이 된다. 우리가 '기억'이라고 부르는 것은 끊임없이 재구성되는 것이다. 현재에서 말이다.[7] 오랜 친구들이나 형제자매들이 서로 함께 옛 시절을 회상해 보면, 서로의 기억들이 어느 정도 엇갈리는 것을 금방 깨닫는다. 한 사람이 이런 방식으로 기억하는 세부 사항을 다른 사람은 저런 방식으로 기억할 것이다. 한 사람의 기억에서는 분리되어 있는 여행이 다른 사람의 기억에서는 함께 연결된 것일 수 있다. 마음속에서 우리는 자신이 옳다고 확신한다. …… 그러나 모두가 다 참일 수는 없다. 누군가는 분명히 과거를 왜곡하고 수정한다.

그 '누군가'는 사실 우리 모두다. 이런 일이 발생하는 이유는 부분적으로, 우리가 기억이 들려주는 이야기의 일관성에 투자하기 때문이다. (제5장에서 다루었던 인지적 경직성의 세 가지 C 중에 하나인 일관성 효과를 떠올려 보자.) 따라서 우리가 과거를 돌아본다고 해도 이는 정말로 과거를 보는 것이 아니다! 우리가 과거를 재구성하는 것이다.

우리는 마음의 그 조작 과정을 완전히 끌 수 없지만, 여기에 완전히 잠식되지 않거나 우리의 조작을 믿지 않도록 배울 수 있다. 우리의 마음이 이러한 모드에 빠지는 것을 더 잘 알아차리게 되며, 과거에 대한 회상과 미래에 대한 추측을 현재 중심의 의식을 가지고 바라보도록 선택할 수 있다. 생각은 단지 생각일 뿐이다. 생각으로 무엇을 할지는 우리에게 달려 있다.

가치 작업을 추가하기

자신의 진정한 열망에 깊이 관심 가지는 것에 대해 스스로에게 그리고 타인에게 인정하는 것을 너무 많은 사람들이 두려워한다. 우리는 삶을 가차 없이 다룬다. 우리는 별을 따려고 하지 않으며 그 대신에 작게 논다. 우리는 종종 깊은 사랑에 대해 표현하는 것을 포기하며, 우리가 가졌던 풍부한 인간관계를 부인한다. 이는 대개 실패나 거절의 위험이 우리에게 상처를 주기 때문이 아닐까?

ACT를 계속해서 발전시키면서 사람들이 가장 소중하게 여기는 것을 향해 돌아설 수 있도록 돕는 방법을 찾고 싶었다. 오직 그렇게 함으로써 사람들은 그들이 진실로 의미 있게 여기는 새로운 삶의 길에 전념할 수 있게 될 것이다. 수용은 이 과정을 시작하게 해 준다. 수용은 마치 선물을 받는 것과도 같은 받아들임이며, 정서적인 고통을 수용함으로써 받을 수 있는 가장 가치 있는 선물은 아마도 우리가 가장 소중하게 여기는 것에 대한 재발견일 것이라는 점을 기억하라.

사람들이 다시금 자신의 진정한 가치와 연결될 수 있도록, 그들에게 진짜 중요한 것이 무엇인지를 탐색할 수 있도록 돕는 추가적인 방법을 찾고자 했다. 우리 중 다수가 사회의 요구에 순응하거나 타인에게 깊은 인상을 주기 위해 무척 애를 쓰는, 응종에 너무도 사로잡힌 나머지 우리에게 진정으로 중요한 것이 무엇인지를 거의 전부 놓치고 만다. 우리는 점점 더 성취나 그 실패에 치중하며, 충만한 삶이란 사회적 인정이나 부와 같은 목표를 위한 수단이 아니라 그 자체로서 의미 있는 방식으로 매일매일 살아감을 뜻한다는 사실을 잊게 된다.

이러한 점에서, 진정한 가치에 중점을 두는 것의 유익함이 연구에서 밝혀졌다. 이는 도전적인 일에 대한 불안을 줄이고, 생리적 스트레스 반응을 감소시키며, 타인의 부정적인 평가의 영향에 완충 작용을 해 주고, 방어를 줄이며, 우리로 하여금 수용하기 힘든 일, 예컨대 자신이 사랑하는 사람에게 얼마나 상처를 줬는가와 같은 사실을 더 잘 받아들일 수 있도록 돕는다. 그리고 우리는 왜 이런 모든 일이 생기는지에 대해 조금 안다. 가치에 대해 숙고하는 것은 타인에게 미치는 우리의 영향에 집중하도록 돕고, 이는 결국 우리가 회피해 오던 고통으로부터 초월할 수 있도록 이끈다. 유연성 기술이 어떻게 서로를 강화하는지 다시 한번 확인할 수 있을 것이다. 가치에 연결되는 것은 수용의 과정을 돕는다.

가치는 목표가 아니다

ACT에서는 가치를 자신이 선택한 존재(being)와 행위(doing)의 특성으로 정의한다. 가치는 동사나 부사로 표현될 수 있다. 열정적으로 가르치기, 감사함으로 주기. 가치는 그동안 너무 자주 우리가 가진 어떤 것으로 다루어지곤 했다. 그러나 가치는 대상이 아니다. 그것은 또한 목표도 아니다. 그것은 우리가 하는 행위의 특성이다.

목표는 유한하다. 목표는 성취의 결과이며 한번 달성된 이후에는 그걸로 끝이다. 반면 가치는 지속적이며 계속해서 삶을 인도한다. 당신은 가치를 달성할 수 없다. 오직 가치에 따라 행동함으로써 그것이 드러난다.

가치에 따른 삶은 아이러니하게도 목표를 좇는 것에 비해 종종 등한시되곤 한다. 문제해결 중심적인 마음은 우리의 주의와 행동을 매우 협소하게 목표를 성취하는 것으로 향하게 한다. 이것이 해로운 부분적인 이유는 우리가 좇는 목표의 대부분이 응종의 영향으로 인해 성취하길 원하는 경우가 많기 때문이다. 우리는 그것이 사회에서 인정받는 길이라고 생각한다. 뿐만 아니라 목표를 좇는 것은 우리 존재와 진정한 열망의 수용을 회피하는 방편이 될 수도 있다. 예를 들어, 법학 학위 취득을 목표로 삼는다면 예술적인 부름을 따르다가 실패하는 고통을 회피할 수 있는 보호막이 제공될 것이라고 결정했을 수도 있다.

또한 목표란 그 특성상 우리가 있어야 할 곳에 아직 도착하지 못했음을 의미하기도 한다. 목표는 대부분 조건적인 생각이다(예: 만약 ~하면 ~하겠다). 학위를 따면 ~을 하겠다. 결혼을 하면 ~을 하겠다. 아이가 생기면 ~을 하겠다. 십억 원을 벌고 나면 ~을 하겠다. 이런 식으로 생각하면 자연히 현재 상태가 부적절하다고 평가하게 된다. 한편으로, 목표 달성에 실패하는 것을 자신의 무능력함의 증거라고 쉽게 해석해 버리고 만다.

목표는 가치를 추구하는 여행의 일부분일 수 있고, 종종 그러하다. 예를 들어, 당신은 사람들을 돕고자 하는 가치를 갖고 있으며 법학 학위를 취득하게 되면 사람들의 법적인 문제를 해결해 줄 수 있게 된다. 이는 목표가 가치에 기여하는 것이다. 그러나 그와 같은 목표라고 할지라도 목표에 의미를 부여하는 것은 바로 가치라는 시각을 우리는 잃지 말아야 한다. 나 또한 바로 그런 방식으로 길을 잃었던 적이 있다. 사람들이 삶을 잘 헤쳐 나갈 수 있도록 돕겠다는 초창기의 열망을 잊고 전문가적인 명성을 쌓는 것에만 너무 집중하고 말았던 것이다.

가치 피벗은 사회적으로 순응하거나 회피하는 목표로부터 벗어나 선택한 가치를 따라 사는 것을 향해 돌아서는 것과 관련된다. 사람들이 그들의 남은 일생에서 매일 그들의 가치와 최대한 일치하는 삶을 살 수 있도록 돕는 것이 ACT에서 중요한 목표가 되었다.

우리는 사람들이 가치와 다시 연결되고 그 경로를 설정하도록 돕기 위해서 가치 작업을 해 나가기 시작했다. 즉, 사람들의 주의를 그들이 선택한 삶에서 발현되기 바라는 존재와 행위의 특성으로 돌리기 시작했다. 아무도 쳐다보거나 갈채를 보내지 않더라도 그들에게 무엇이 깊이 중요했는가?

가치 작업은 우리가 온 마음을 쏟는 데 방어 없이 뛰어들 수 있도록 돕는다. 그것은 다음과 같은 순간에 당신 내면 깊이 있는 것을 두드리는 방법이다.

- 친구를 안아 주기
- 내 아기에게 미소 짓기
- 위대한 영적 지도자를 볼 때 머리 숙이기
- 군인에게 경의를 표하기
- 애국가가 울릴 때 가슴에 손을 얹기
- 길거리의 사람들에게 친절 베풀기

우리가 방어를 내려놓고 행동할 수 있을 때 그런 순간들을 경험한다. 이는 가치가 무엇인지와 관련된다.

가치 작업은 유연성을 필요로 한다

가치를 탐색하는 것은 우리를 곧장 회피로 이끌 수 있다. 그것은 고통스러우며 자기비난이나 수치심을 불러일으킬 수 있기 때문이다. 이 때문에 가치 작업을 할 때 다른 유연성 기술이 필요하다. **독재자**의 목소리로부터 탈융합하는 방법을 알면, 자신의 가치로부터 얼마나 벗어나 있는지에 대한 자기비난에서 거리를 둘 수 있다. **가치**(value)라는 단어의 어근은 판단적인 단어인 **평가**(evaluate)라는 단어 안에도 있으며, 공개적인 담론에서 나타나는 가치는 자신과 타인을 내리찍는 몽둥이처럼 작동할 수도 있다. 가치에 대해 숙고하는 것은 비판단적인 자기검토 대신에 '해야만 한다.'라는 내면의 목소리를 촉발할 수 있다. 진정한 자기와 연결하는 것은, 다른 사람을 기쁘게 하고 싶은 욕구에 바탕을 둔 '가치'에 초점을 맞추는 것을 멈추는 데 도움이 된다. 예를 들어, 어떤 사람이 실제로는 이미 마스터한 기술을 남을 돕는 데 지속적으로 적용하는 것을 중요시할 때, 새로운 것을 배우는 데 도전해야 한다는 문화적 메시지는 새로운 것을 배우는 데 계속해서 스스로 도전하는 것이 중요하다고 주장할지 모른다. 수용 기술은 작업의 감정적 어려움에 대처하도록 도와주는 반면에, 현존은 일상 삶에서 우리가 가치와 일치된 방향으로 나아가고 있는지를 평가할 수 있도록 도와준다.

가치와 다시 연결될 수 있도록 돕는 많은 기법들이 있는데, 이는 제14장에서 보다 더 자세히 다룰 것이다. 우선, 삶의 변화가 어려울 때조차도 가치 작업이 어떻게 그 변화에 전념하는 데 동기를 부여할 수 있는지를 잘 보여 주는, ACT에서 자주 사용하는 한 예를 들어 보겠다. 개인적으로는 모르지만 깊이 존경하거나 선망하는 어떤 인물을 떠올려 보자. 선택한 사람에 대해 곰곰이 생각해 보라. 그들의 어떤 요소가 당신을 움직였는가? 그들의 부? 집? 또는 차? 그들의 성적 매력? 옷차림 아니면 좋은 신발? 그들이 한 번도 슬프거나 외로웠던 적이 없어서, 아니면 한 번도 스스로를 의심했던 적이 없어서? 그들이 받은 상이나 박수, 그들이 저술한 수많은 출판물들의 긴 목록 때문에? 이러한 질문들은 존재와 성취의 이런 특성들이 우리를 정말로 움직였던 것은 아님을 상기하는 데 도움이 된다.

그렇다면 우리를 움직이는 것은 무엇인가? 자신에게 이 사람의 특성에 대해 물어보라. 그 또는 그녀가 살아온 방식이 무엇을 의미하고 나타내는지를 말이다.

내 추측으로, 이는 당신이 당신 삶에서 원하는 특성들이다. 당신은 그러한 특성들을 당신 행동에서 보기를 원할 것이다. 그것들이 세상에 나타나기를 원할 것이다. 당신의 마음은 당신이 이런 특성을 나타내지 않는다거나, 심지어 나타낼 수 **없다**고 말할지도 모른다. 그럼에도 당신은 그것들에 따라 살기를 열망한다. 바로 그 점이 이 사람들의 존재 방식을 당신이 동경하는 이유다.

사람들이 정말로 원하는 것을 하도록 동기를 부여하는 데 우리가 개발한 가치 연습이 뚜렷한 효과가 있음을 발견했다. 몇 년 전에 내가 참여했던 연구 하나를 소개하고자 한다. 이 연구에 포함된 연습은 당신 스스로도 당장 시도해 볼 수 있는 것이며(몇 분밖에 걸리지 않는다), 배워 나가기 시작하면서 삶을 변화시킬 수 있다.

우리는 589명의 대학생들에게 15분짜리 온라인 경험을 통해 학업 성취도를 향상시킬 수 있는 연구에 참여해 주기를 요청했다. 총 132명의 학생이 자원했다(참여하지 않은 447명에 대해서도 그들의 성적을 추적했다). 자원자들은 다음의 세 집단 중 하나에 무작위로 배정되었다. 어떤 작업도 요구받지 않은 대조군 집단, 효과적이고 구체적인 목표를 세우는 법을 교수받은 집단, 그리고 목표 설정을 잘하는 법을 배우는 것에 더해서 가치 작성을 한 집단이다.

연습은 매우 단순했다. 참가자들로 하여금 가치를 마치 자신이 선택한 방향과 같은 성격으로 상정하게 했다. '서쪽'을 향해 가고 있을 때 당신이 길에서 벗어난다면 지도나 나침반이 방향을 다시 잡아 줄 것이다. 그러나 '서쪽'은 구체적인 목표가 아니고, 그것은 방향이며, 당신이 아무리 그 방향으로 멀리 가더라도 여전히 계속해서 길을 갈 수 있다. 목표는 그와 다르다. 목표는 당신이 잡은 방향이 아니라 도착하는 지점이다. 스스로 선택한 존재와 행위의 특성이란 방향과도 같다. 즉, 당신은 언제나 그곳을 향해 나아갈 수 있지만 '거기에 도달하지'는 않는다.

학생들이 이 차이를 이해했음을 보이고 나면(그렇다, 그들은 시험을 치렀다. 이들은 학생이지 않은가!), 우리는 가치를 행동과 연결시켜 주었다. 웹사이트 프로그램에서 학생들에게 학교를 다니는 것을 정원 가꾸기처럼 생각하도록 요청했다. 당신이 정원의 아름다움을 즐길 줄 알고 식물의 성장을 바라보길 좋아한다고 가정하자. 식물을 심는 완벽한 장소란 없다는 것을 곧 깨닫게 될 것이다. 비록 그 장소가 완벽하지 않고 결과가 불확실할지라도, 당신은 장소를 선택하면서 정원 일에 전념하고 땅을 일굴 수 있다. 정원을 가꾸는 것은 어려운 일이다. 이는 지속적인 관리와 관심을 필요로 하기 때문이다. 순간마다 언제나 좋게 느끼지는 않지만, 당신에게 중요한 일을 하는 것이기에 그 행위는 매 순간 만족스러울 수 있다. 그다음에 생동감이 넘치는 선택된 활동처럼 공부하는 매 순간에 접근한다면, 다음 한 주 동안 공부하는 것이 어떻게 느껴질지 학생들에게 생각해 보게 했다.

마지막에는, 가치와 목표의 차이점에 주의 깊게 머무르면서 배움에 수반되는 행동의 특성 면에서 교육에서 그들에게 가장 중요한 것이 무엇인지 10분 동안 적게 했다. (당신은 인생의 다른 영역을 선택할 수 있다. 예컨대, 관계나 일, 영적 성장 등, 당신이 원하는 영역이라면 무엇이든 좋다.) 예컨대, 배우고 싶은 것을 자유롭게 선택하는 것일 수도 있고 동료들과 통찰을 풍부하게 나누는 것일 수도 있다. 그런 행동의 특성이 무엇이며 왜 그것이 중요한지 기술해 보고, 그들의 행동이 이런 특성을 반영할 때와 반영하지 못할 때 어떤 차이가 있는지 학생들에게 숙고해 보도록 요청했다. 교육은 가치 기반 여행이며, 그 가치가 당신에게 달렸다면 삶이 어떠할지 생각해 보라. 어떤 모습일까? 어떤 느낌일까?

다음 학기 동안 대조군 집단의 성적은 연구에 참여하지 않은 학생들과 마찬가지로 이전과 비슷했다. 목표 세우기 훈련을 받은 집단의 학업 성취도 또한 이전과 같았는데, 목표만으로는 수행을 유의미하게 향상시키는 데 충분치 못했던 것이다. 그러나 목표 설정에 덧붙여 짧은 ACT 기반의 가치 연습을 병행한 집단은 다음 학기에 학점이 20% 정도 향상되었다.[8] 그다음 학기에는 대조군 집단에게도 같은 연습을 시켰고 그들에게도 똑같은 현상이 일어났다. 평균 학점이 대략 20%가량 상승한 것이다.

15분짜리 쓰기 치고는 나쁠 게 없지 않은가? 그것은 다음 15주에 걸쳐 학생들의 행동을 측정 가능하고 긍정적인 방식으로 바꿔 놓았다.

우리가 어떻게 살고 싶은지를 안다면, 그다음 단계는 선택한 가치 기반 행동을 습관으로 만드는 것이다. 이는 회피나 사회 순응적인 행동에서 벗어나서 우리의 가치를 나타내는 꾸준한 행동으로 행동 피벗을 할 때 시작된다.

전념은 행동을 통해 성장한다

마지막 피벗은 가치에 기반을 둔 생활 습관을 만드는 것이다. 우리가 취해 온 행동을 변화시키기란 쉬운 일이 아니다. 손톱을 물어뜯거나 다리를 떠는 것과 같은 신경과민의 습관과 같이 가장 사소한 행동조차도 바꾸기는 쉽지 않다. 그 행동이 정서적 고통을 피하게 해 줄 것이라고 생각하고 한 것이라면, 그 생각을 자각하든 못하든 간에 변화는 힘들다.

이 마지막 피벗을 만들고 행동 변화와 함께 과정에 머무는 비결은 작은 습관에서 시작해서 큰 습관으로 조립하는 것임을 우리는 발견했다. 습관 형성은 아주 작고 심지어 보잘것없는 전념 행동에서부터 시작할 때 더욱더 효과적이다. 이를 전념 연습의 원형이라고 생각해도 좋은데, 그 행동이 당신이 변화시키고자 하는 행동과 관련이 없는 행동이라도 행해질 수 있다. 예컨대, 최종적으로는 식이습관을 바꾸고 싶지만 영양사가 권고한 변화를 시도하는 것이 너무 힘들다면, 그보다 덜 힘든 변화에 도전함으로써 전념 기술을 길러 가기 시작할 수 있을 것이다.

간단하게 약속을 지키는 연습부터 시작할 수 있다. 정오에 친구와 점심을 먹기로 약속했다고 가정해 보자. 이는 정오에 출발한다거나 도착 5분 전에 친구에게 10분 정도 늦는다고 연락하는 것을 의미하지 않는다. 시간을 지킨다는 것은 약속한 시간에 당신이 있기로 한 장소에 가 있는 것이다. 대부분의 사람들은 완수하지 못하더라도 어느 정도 용서해 줄 것이므로, 이는 연습해 볼 만한 훌륭한 전념 연습이 될 수 있다. 약간 늦는다면 당신은 친구에게 늦게 된 백 가지 핑계를 댈 것이고, 친구는 매번 당신을 용서할 것이다. 그러나 명심하라. 당신은 신뢰하기 어려운 사람이 되는 패턴을 만들고 있다. 그러므로 그 결과가 심각하지 않다 하더라도 시간을 지키려고 노력하는 데 정신 차리는 편을 선택해야 할 것이다.

행동 변화에 대한 ACT의 기본 메시지는, 삶의 새로운 과정에서 능숙함을 갑자기 얻기란 기대할 수 없다는 것이다. 이런 태도를 갖지 않으면, 달라지고 나아진 때가 어떨지를 상상하면서 문제해결적인 마음이 집착하게 될 것이고, 그러면 현재 어디 있는지 어떤 모습인지를 비판하게 될 것이며, 이는 건강한 인내심이 가장 필요할 때 그 뿌리를 바로 뽑아 버릴 것이다. 금연을 하려고 시도할 때 100% 완벽하게 끊어야 한다고 믿는다면, 당신이 미끄러질 때 당신의 독재자는 당신에게 실패했다고 소리칠 것이다. 금연을 시도하는 많은 사람들이 이와 같은 함정에 빠져서 할 수 없을 것이라 느끼고 그것을 포기한다. 그들이 초기 목표를 너무 높이 설정한 것이 실제 문제임을 깨닫지 못한 채 말이다.

한 가지 주의 사항이 있다. 당신이 작은 목표를 세운다면, 독재자는 수천 가지 이유를 들면서 그것이 실제로 중요하지 않다고 끼어들 것이다. 이는 다시금 유연성 기술이 서로를 어떻게 강화하는지 보여 준다. 만약 탈융합을 연습하는 중에 있다면, 이런 지껄임에 정신을 빼앗기지 않을 것이다.

전념은 전혀 실수를 하지 않는 것이 아니며, 실수를 하더라도 우리가 만들고 있는 더 큰 삶의 패턴을 위해서 책임지는 것과 관련된다. 나는 다중약물 남용에 대한 ACT의 첫 대규모 무작위 치료효과 연구 중에서의 한 회기를 생생하게 기억한다. 켈리 윌슨의 내담자가 들어와서 그의 중독이 어떻게 재발했고 어떻게 약물을 남용해 왔는지에 대한 이야기를 늘어놓으면서 그가 결코 성공하지 못할 것임을 입증했다. 켈리는 인내를 가지고 듣다가 내담자의 말이 끝나자 간단하게 질문했다. "당신의 가치들 중에서 변한 게 있나요?" 정적이 흐른 후 그는 "아무것도 없어요."라고 단언했다. "그럼 제가 볼 때," 켈리가 말했다. "당신은 행동 패턴 중 어떤 것을 강화할지 선택할 수 있어요. 그것은 전념-실수-전념일까요, 아니면 전념-실수-포기일까요? 저는 이 두 가지 선택지만 보이네요." 그 내담자는 잠시 침묵 속에 앉아 있다가 맑고 취하지 않은 상태를 유지하는 것에 다시 전념했다.

전념에는 변화를 지금 여기서 시작하거나 전혀 시작하지 않거나 중의 하나임을 인정하는 것이 포함된다. 구체적이고 미미한 단계들을 밟는 것이 가장 효과적이다. 작은 것이 좋다. 반복하는 것이 좋다. 큰 패턴을 만드는 것에 책임을 갖는 것이 좋다. 이는 주목할 만한 진보로 이끌 것이다. 당신은 실로 당신의 꿈을 추구할 수 있다.

춤의 모든 스텝

ACT 연구 참여자들에게 여섯 개의 피벗을 모두 적용했을 때 더 향상된 결과가 나온다. 그 기술들은 결합해서 우리의 일상생활에서 심리적 유연성을 기른다. 마치 춤에서 각각의 스텝이 합쳐지면 무대에서 댄서가 우아하게 움직일 수 있는 것과도 같이 말이다.

만약 우리가 연습을 지속하거나 특별히 도움이 된다고 밝혀진 핵심 과정을 연습한다면, 힘든 상황이 닥치더라도 그것들을 의지할 수 있다. 부정적인 자기비판이 나를 낚아채기 시작할 때 나는 종종 재빠르게 제4장에 나온 단어 반복 연습을 시작하곤 한다. 만약 만성적인 당뇨를 앓고 있는데 달고 큰 디저트를 먹기로 막 결정했다면, 재빨리 건강을 유지하는 것이 얼마나 중요한지에 다시 연결될 수 있는 가치 연습을 진행할 수 있을 것이다.

최근 내 학생 중 한 명인 제니퍼 빌라트Jennifer Villatte와 내 연구팀은 여섯 개의 피벗 모두가 갖춰지면 ACT의 영향력이 훨씬 향상된다는 점에 대한 강력한 근거를 밝혀냈다. 우리는 불안과 우울을 겪는 내담자들을 대상으로 미완성 형태의 ACT를 적용해 보았다.[9] 한 버전에서는 수용과 탈융합 부분을 뺐고, 다른 버전에서는 가치와 전념 행동 부분을 뺐다. 두 버전 모두에서 자기와 현존하기 부분은 포함했다. 요컨대, 두 가지 형태의 절름발이 ACT를 비교한 것이다. 하나는 A 요소가 없었고 다른 하나는 C 요소가 없었다(우리는 그것들을 CT와 AT라고 부르지는 않을 것이다!).

두 형태 모두에서 삶의 질이 크게 향상되었지만, 예상하다시피 가치와 전념 훈련을 받은 집단에서 더 많은 행동 변화가 나타났고 삶의 질도 훨씬 더 향상되었다. 증상의 심각도 면에서는 반대의 패턴이 나타났다. 수용과 탈융합 훈련을 받은 사람은 어려운 일이 닥쳤을 때 고군분투를 잘 멈출 수 있었고, 그 결과 그들의 괴로움은 더 개선되었다. 여기서 배울 점은? 유연성 과정은 목적에 따라 달라질 수 있으며, 그 훈련들이 모두 필요하다는 점이다.

우리는 ACT의 개별 요소 또는 그 세트를 검증하는 70개 이상의 연구를 수행했고,[10] 이를 통해 다음이 명백해졌다. 모든 유연성 기술들은 중요하며, 그것들을 전체 패키지로 결합할 때보다 더 유용해져서 **내부 독재자**로부터 해방된, 자유로운 마음이 창조될 수 있다.

여섯 개의 피벗을 모두 다 만드는 방법을 배우기는 벅찬 것처럼 보일 수 있지만, 다음 장에서 볼 수 있듯이 당신은 이미 내면에 지혜를 갖추고 있고 그 지혜가 당신을 지원하고 안내할 것이다.

우리 모두는
피벗할 수 있다

여섯 개의 피벗은 서로 연결되어 있다. 이 책을 고르기 전에도 당신은 피벗이 중요하다는 것을 알고 있었다. 유전과 경험 모두에 의해 이 앎을 당신 안에 축적해 왔다.

나는 일 분도 되기 전에 당신에게 이를 증명할 수 있다.

당면한 사안 가운데 심리적으로 매우 힘든 것을 떠올려 보라. 어떻게 생각하고 어떻게 느끼는지, 무엇을 감지하고 무엇을 기억하는지, 혹은 뭔가를 하거나 하지 않으려는 충동을 느끼는지와 관련된 사안 말이다. 이는 당신의 내적인 삶과 관련된 고통스러운 문제여야 한다. 그것은 상실에 대한 슬픔, 배신에 의한 분노, 힘든 상황으로 인한 불안, 혹은 다른 수많은 괴로움 중 어떤 것일 수 있다.

한 가지가 마음속에 명료하게 떠오르면, 주변에 보는 사람이 아무도 없는지 재빨리 살펴본 후에 이 문제를 다루면서 당신이 아주 최악임을 나타내는 자세를 몸으로 취해 보라. 살아 있는 조각상이 되어 다른 사람들이 당신을 보면 당신 안에서 무슨 일이 일어나고 있는지 짐작할 수 있게 해 보라. 즉, 매우 비효율적이고 무력하며 압도된 모습을 몸으로 나타내 보길 바란다. 실제로 그런 자세를 취해 보고 어떤 느낌과 같은지 느껴 본 다음에 당신 몸이 어떨 것 같은지 마음으로 사진을 찍어 보라. 이해되었나? 좋다, 해 보자.

이제 그 똑같은 문제를 가지고 매우, 매우 잘 다루는 모습으로 동일하게 해 보라. 매우 효율적이고 조화로우며, 자신감 있는 모습을 상상해 보라. 그리고 이를 당신의 몸으로 표현해 보라. 실제로 해 보라. 멈추지 말라. (괜찮다, 아무도 보고 있지 않다.) 어떤 느낌인지 느껴 본 다음에 당신 몸에 대해 마음으로 또 다른 사진을 찍어 보라. 시작하라.

대부분의 사람들과 마찬가지로, 첫 번째 사진에는 딱딱하게 굳은 모습을 한 사람이 찍혀 있을 것이다. 어쩌면 당신의 팔은 안으로 말려 있을지도 모른다. 또 시선은 밑을 향하고 눈은 살짝 감겨 있을 수도 있다. 다리는 몸 쪽으로 당겨져 있거나 태아처럼 몸이 구부러져 있을지 모른다. 마치 어디론가 숨으려 하거나 완전히 패배하여 쓰러진 사람처럼 말이다. 아마도 양 주먹이 꽉 쥐어져 있을 것이며, 턱과 위장이 조여 있을 수도 있다. 또는 당신은 마치 싸우려는 자세로 공격 태세를 취하거나 겁에 질려 도망치려 하거나, 혹은 실제로 싸울 때처럼 팔을 마구 휘두르고 있을지도 모른다.

두 번째 사진에서 당신은 보다 이완된 모습일 것이다. 머리는 위로 솟고 두 눈은 크게 떠 있으며 손과 팔은 편안하게 이완된 상태일 수 있다. 도전할 준비가 된 채로 에너지가 충만하고 중심이 잡힌 느낌으로 일어서서 자신감 있게 큰 보폭으로 걷고 있을 것이다.

이와 같은 간단한 연습은, 과학이 밝혀 주는 것을 당신이 이미 충분히 안다는 것, 그리고 문제와 씨름하는 것이 좋지 않다는 것을 보여 준다. 처음에는 몸이 회피적인 자세를 취했다가 보다 유연한 수용의 자세로 넘어갔을 것이다. 숨거나 싸우거나 도망치는 것이 효과가 없으며, 오히려 열린 마음으로 마음의 두 팔로 당신의 문제를 받아들이고 그것으로부터 배우는 것이 훨씬 더 효과적임을 안다.

내 워크숍에서 수천 명의 사람들과 함께 이 작업을 해 왔고, 내 연구팀은 전 세계 사람들을 찍은 수백 장의 사진을 분석해 왔다. 지금까지의 연구 결과를 보면, 당신이 미국과 캐나다, 이란 중 어디에 살든지 간에 그 결과는 동일하다. 사람들은 최선의 상태일 때 더 개방적인 자세를, 최악의 상태일 때 더 폐쇄적인 자세를 취한다.

이는 우리 내면에 유연성 피벗에 대한 지혜가 이미 갖추어져 있기 때문이다. 그러나 우리 마음에 대한 통제권을 꽉 쥐고서 우리를 문제해결에 고착되도록 만드는 규칙들에 의해 그 지혜는 무시된다.

내게 시간을 조금 더 주면 더 많은 증거를 보여 줄 수 있다.

이전 장에서 당신이 알지 못하는 영웅에 대해 내가 던진 질문과 조금 비슷한데, 그러나 이번에는 당신의 삶에서 가장 힘이 되는 관계에 대해 생각해 보길 바란다. 이는 당신을 정신적으로 고양시키고 앞으로 나아갈 수 있도록 해 준 관계여야 한다. 그는 당신의 배우자일 수도 있고 형제자매나 연인, 친구, 선생님, 코치, 신부, 랍비 또는 목사, 부모 또는 후견인 등 그 누구일 수도 있다. 이는 신과 같은 영적인 존재일 수도 있고 당신이 친근하게 느끼는 어떤 강한 힘일 수도 있다. 만일 정말로 당신을 북돋워 주는 사람이 없다면(안타깝지만, 어떤 사람은 이런 상황에 있다), 그렇게 힘을 실어 주는 관계를 갖고 싶은 그런 종류의 사람을 토대로 답을 해도 좋다.

이에 관한 여섯 가지 질문만 하려고 한다(여기서는 과거의 관계로 상정하여 표현할 것이지만, 현재까지 지속되는 관계를 떠올려도 좋다).

- 그 사람으로부터 당신의 존재가 수용받는다고 느꼈는가?
- 지속적으로 평가받고 비난받는다고 느꼈는가. 아니면 그런 판단이 어떤 방식으로든 약화되거나 사라진다고 느꼈는가?
- 그 사람과 함께 있을 때 그가 그 순간에 충실했는가. 마음이 다른 곳에 가 있거나 절반만 함께 있는 것 같았는가. 아니면 당신에게서 벗어나기 위해 슬쩍 시계를 보지는 않았는가?
- 보통 그 사람이 당신을 깊이 알고 있는 것처럼 당신을 바라보는 느낌을 받았는가?
- 당신이 소중하게 생각하는 일이 그에게도 중요한 일이었는가?
- 당신과 그 사람이 서로 다른 방식으로 함께하면서도 상황에 맞게 잘 지낼 수 있었는가. 그리고 그것이 두 사람이 모두 원하는 방식이었는가. 아니면 그 사람이 모든 것을 다 결정하는 일방통행의 관계였는가?

이 여섯 개의 질문은 심리적 유연성의 여섯 요소 중 하나씩을 포함한다. 만약 당신의 답변이 내가 예상한 것과 같다면, 이렇게 말할 수 있을 것이다. 당신에게 이용 가능한 심리적 유연성의 모델이 그 관계 안에 담겨 있다. 개방적이고 사려 깊으며, 정신적으로 현존하고 목적 충만한 방식으로 살아가는 것의 장점을 느낄 수 있을 것이다. 만약 그 사람이 했던 방식으로 당신 스스로를 대할 수 있다면, 또 기꺼이 타인에게 이런 종류의 사랑과 지지를 건네는 사람이 될 수 있다면, 당신과 당신의 사랑하는 이들은 굉장한 시너지를 내게 될 것이다.

ACT가 그토록 강력할 수 있는 이유는 부분적으로, 그것이 우리가 이미 관심을 가지고 그 필요성을 마음 깊이 아는 삶의 특성을 다루고 있기 때문이다. 유연성 기술을 쌓아 나감에 따라 그러한 특성들을 매일의 삶에 의식적으로 가져올 수 있다. 그렇게 최적으로 해내기 위해서는 모든 기술들을 기르기 위해 노력해야 한다. 그리고 그것들은 전체인 하나의 여섯 가지 측면이라는 점을 기억하라.

왜 유연성 기술은 세트인가

여섯 개의 피벗이 함께 작동하고 서로가 서로를 강화한다는 것을 깨달으면서, 왜 그 것들이 하나의 세트를 형성하는지 고민하기 시작했다. 왜 이 여섯 개의 기술들은 함께 할 때 특히 잘 작동하는 것인가 말이다. 그 답은 과학의 다른 분야인 진화 연구에서 나 왔다.

대부분의 사람들은 진화를 유전학의 관점에서만 생각하는 경향이 있으나 이는 잘못 된 것이다. 문화, 생각, 행동, 그리고 유전자의 발현(당신의 유전자는 켜지거나 꺼질 수 있 다) 역시도 진화한다. 이에 더해 우리 인간은 우리가 환경을 구성하고 선택하는 과정을 통해 진화에 영향을 줄 수 있다. 진화는 단순히 우연의 산물이 아니다. 우리는 생각과 행동을 의도적으로 적응시키고, 환경을 계획적으로 변화시키며, 더 건강하고 목적 있 는 삶을 추구할 수 있는 위대한 능력을 선물받았다. 여섯 개의 유연성 기술 각각이 진 화가 일어나는 여섯 개의 필수적인 조건에 해당하기 때문에, 이들은 그토록 강력한 세 트를 형성한다. 그것들은 우리 삶을 의도적으로 진화시킬 수 있는 도구를 제공한다.

좀 더 단순하게 주장하자면, ACT는 응용 진화 과학의 한 형태다. 이는 나만의 주장이 아니다. 저명한 진화 과학자인 데이비드 슬로언 윌슨 역시 이에 동의했으며, 그와 나는 ACT를 이용해서 의도적인 삶의 변화를 용이하게 하는 방법들을 공동으로 연구한 바 있다(그 작업에 대해서는 이후 장에서 다시 다룰 것이다).[1]

간략하게 말하면, 그 기술들은 우리가 다음과 같은 진화의 조건들을 충족할 수 있도록 도울 것이다.

1. 변이: 속담처럼, 행한 대로 행하면 얻은 대로 얻는다. 진화를 위해서는 선택할 수 있는 다양한 대안들이 필요하다. 이는 유전자에도, 문화적 관습에도, 우리의 감정 과 사고, 행동에도 적용되는 진실이다. 의도적으로 삶의 새로운 접근을 시도하는 데 이러한 통찰을 이용할 수 있다. 경직성은 변화의 적이다.

2. 선택: 우리는 삶의 도전을 다루는 데 보다 성공적인 변인을 선택하는 방도를 가지 고 있음이 분명하다. 다른 동물들은 어떤 변화가 최선의 변화인지 의식적으로 선

택할 수 없지만, 고차원적인 사고 능력은 이를 가능하게 해 준다. 우리는 세분화된 기준에 따라 효과 있는 것을 인식하고 의도적으로 선택한다.

3. 유지: 진화를 위해서는 효과적인 행위를 유지하는 것이 필요하다. 유전적 진화에서, 그런 정보는 우리의 유전자와 그 활동을 조절하는 체내 기제에 저장된다. 문화에서는 그것이 우리의 전통, 규범, 미디어, 그리고 종교 의식에 저장된다. 우리는 도움이 되는 사고방식과 행동 방식을 세계에 반응하는 습관의 형태로 저장하며, 이는 신경망에 깊이 배어든다.

4. 적합성: 진화에 쓸 만하다고 선택된 것들은 상황에 맞게 다듬어져야 한다. 한 상황에서 최선의 효과를 낸 것이 반대 상황에서는 그렇지 못할 수도 있다. 다시 말해, 우리는 맥락에 민감해야 한다. 그러할 때 우리는 특정 상황과 삶의 영역에서 어떤 접근이 가장 효과적인지를 인식하는 능력을 얻게 된다.

5. 균형: 내 어머니는 "균형을 유지해라, 아들. 균형을 유지해라."라는 말씀을 자주 하곤 하셨다. 그녀가 옳았다. 모든 존재는 복잡하게 연결된 많은 특징과 차원을 지닌 살아 있는 체계다. 당신은 생물학적, 인지적, 감정적, 주의와 동기, 행동, 그리고 영적인 측면을 지닌다. 당신의 전체적인 건강은 이 다양한 차원들을 모두 돌보고 균형을 유지하는 것에 따라 좌우된다. 예컨대, 당신이 신체적 건강에 전혀 신경을 쓰지 않는다면 이는 정서적인 건강에도 도움이 되지 않을 것이다.

6. 규모의 수준: 모든 유기체는 생태계 내에서 살아간다. 즉, 모든 생명체는 서로에게 의지한다. 들판에 서 있는 나무는 스스로 살아가는 것처럼 보이지만, 사실 땅의 곰팡이에서 나뭇잎의 곤충 무리에 이르기까지 다른 생명체 집단과 도움을 주고받으며 산다. 이와 마찬가지로, 우리 또한 몸의 기능을 유지시켜 주는 셀 수 없이 많은 미생물로부터 일상에서 소통하는 개인, 더 나아가 집단과 사회 전체에 이르기까지 규모가 다양한 수준으로 구성된 사회 공동체의 일부이다. 진화는 모든 수준에서 성공을 위한 선택을 하며, 하나의 수준에서 성공하는 것만으로는 번영하는 삶에 충분치 않다. 당신의 친밀한 관계가 계속해서 깨진다면 더 큰 사회적 규모에서 고도로 진화하는 데, 즉 거대한 사회망을 발달시키는 데 좋지 않을 것이다. 스펙트럼의 다른 극단에서, 만일 당신이 장에 있는 모든 세균을 죽인다면 음식을 소화하지 못해서 곧 죽게 될 것이다.

이상이 진화 과학의 요약판이다. 모든 생명체는 변이에 기초해서, 그리고 환경에 적합한 행동을 선택적으로 유지하는 것에 기초해서 적응하고, 핵심 차원에서 균형을 이루며, 다양한 규모의 수준에서 작동한다. 반복하면, 다른 생물들과 달리 우리 인간에게 매우 주목할 만한 것은, 우리가 인지 능력을 통해 이러한 모든 요구에 의도적으로 주의를 기울이고 목적 있는 방식으로 스스로를 진화시킨다는 것이다.

진화는 가장 낮은 수준의 생물에서도(그냥 순수하게 무작위가 아니라) 의도된 방식으로 일어날 수 있다. 예컨대, 당신이 실험용 접시에서 세균을 배양하고 있고(세균은 몇 분 내로 다음 '세대'를 관찰할 수 있어 좋은 예시가 된다) 증식 도구에서 필수적인 먹이 공급을 중단한다면, 세균은 엄청난 유전적 변이를 보일 것이다.[2] 그것은 마치 세균들이 적대적인 환경에서 살아남기 위해 의도적으로 새로운 방법을 찾는 것처럼 보인다.

물론 세균은 상징적 사고를 하지 않기에 실제로 '의도적'이었다고 볼 수는 없다. 그러나 사람은 의도적일 수 있다! 우리는 의식적으로 건강한 진화로 이끄는 행동을 채택할 수 있다. 과거에 의해 인도되는 진화를 뛰어넘어 우리가 원하는 미래의 구성을 통해 진화를 이끌 수 있다.

이는 바로 유연성 기술이 필요한 지점이다. 유연성 기술은 다음 방식으로 우리를 도움으로써 그러한 선택을 지원한다. 우리의 대안을 좁히는 회피와 융합을 놓아 버리고(변이), 가치 작업을 통해 성공의 의미를 구체화하며(선택), 도움이 되는 행동을 전념 행동의 습관으로 만든다(유지). 그리고 현재 순간을 주의 깊게 보다 잘 알아차림으로써 다양한 상황에 적합한 접근 방식을 고르며(적합성), 우리의 심리적 존재의 모든 핵심 차원에 대한 알아차림에 머무르고(균형), 사회적 지지 체계와 몸이 필요로 하는 것을 능동적으로 양성한다(규모의 수준).[3]

기술 결합하기

어떻게 유연성 기술들을 결합할 수 있고 어떻게 손쉽게 진전시킬 수 있는지를 제시하기 위해, ACT가 만성 통증을 겪는 사람들에게 어떻게 도움을 주었는지를 조사한 연구에서 나온 결과에 대해 말하겠다.

스웨덴에서 이뤄진 이 연구는 ACT가 어떻게 병가와 장애를 줄일 수 있는지 밝히고자 했다. 연구가 진행된 2004년 당시, 놀랍게도 스웨덴 인구의 14%가 장기간의 병가 중이거나 장애로 인해 조기 은퇴를 했다고 한다. 공공의료 종사자들(간호사, 노인이나 장애자를 돌보는 종사자, 그리고 데이케어 종사자)이 그중에서도 최악이었다. 스웨덴의 공공의료 종사자들은 매년 2개월 하고도 1주 동안 일하지 않았고, 그들 중 많게는 절반이 이미 장애를 겪었다.[4] 이와 같은 스웨덴 '병가 목록'의 두 가지 주된 사유는 근골격계 만성 통증과 스트레스 또는 소진이었다. 연구는 장기간의 장애를 갖게 될 가능성이 높은 공공의료인을 대상으로 했다. 연구는 조안 달(앨리스의 치료자)이 맡았으며, 그녀의 학생인 애니카 윌슨Annika Wilson과 예전에 내 학생이었던 켈리 윌슨이 함께 진행했다.

모든 스웨덴 국민은 의사, 전문가, 물리치료사 등으로부터의 모든 의료 서비스를 무료로 제공받는다. 치료의 초기 단계는 어떻게 하면 스트레스를 피하고, 온종일 휴식기를 유지하며, 운동과 수면 및 식사의 질을 향상시킬 수 있는지를 설명하는 것으로 이루어졌다. 또한 참여자들은 무작위로 둘로 나뉘어 한 집단에서는 매주 1시간 동안 ACT 수업을 4주간 받았다. 결과는 무척 놀라웠다.

고위험 참여자들 중에서 기존의 의학적 치료만 받은 사람들은 그 후 6개월 동안 56일, 또는 근무일 수의 절반을 병가로 결근했다. 통계 분석 결과, 이들 중 절반은 일을 아예 그만두거나, 일을 못하는 장애를 갖게 되거나, 일을 다시 할 수 없는 것으로 나타났다. 반대로, 4시간의 ACT 훈련을 받은 사람들은 평균적으로 6개월 동안 오직 반나절만 쉬었다. 이는 병가 사용의 99%를 줄인 결과다. 기존의 의학적 치료만 받은 사람들은 15.1번의 의료기관 방문이 있었으나, ACT 참여자들은 단지 1.9번만 방문했으며 이는 87%나 감소한 것이다. 통증과 스트레스 감소는 두 그룹에서 동일하게 감소했지만, 중요한 것은 ACT 참여자들은 **일을 할 때에도** 고통과 스트레스가 줄었다는 점이다. 반면에 기존의 의학적 치료만 받은 사람들 중 다수는 다시 결근을 하면서 점차 장애로 가득한 시간을 보내게 되었는데, 정부가 그들을 '고위험군'으로 규정할 때 두려워했던 바와 같다.

그 4시간의 수업이 어떻게 그와 같은 극적인 효과를 낼 수 있었을까? ACT 치료자들은 참여자들에게 열 가지 삶의 영역(일, 여가, 공동체, 영성, 가족, 건강관리, 친구, 교육, 양육, 그리고 친밀한 관계)에서 그들이 진정 원하는 것이 무엇인지 물었고, 그 가치를 추구하는 삶을 막는 장애물을 떠올려 보게 했다. 예를 들어, 자신의 몸에 대해 부정적인 이미지를 갖고 있다면 체육관에 가는 걸 꺼릴 수 있고, 실패에 대한 두려움은 직장에서 맡고 싶은 새로운 책임에 대해 상사에게 묻는 걸 어렵게 만들 수 있다.

치료자들은 다음과 같은 도표를 나누어 주고 채우게 했다.[5]

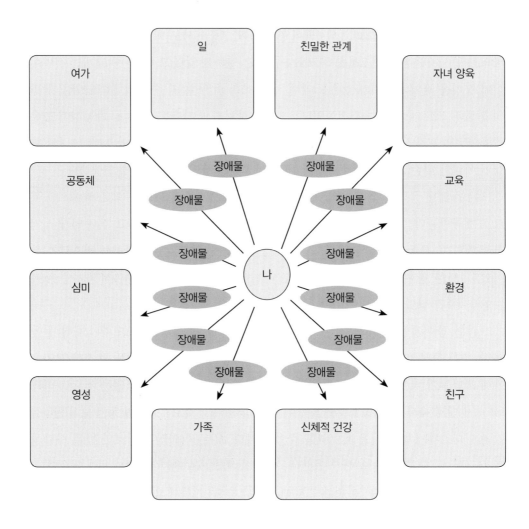

    참여자들에게 각 영역에서 자신이 가장 원하는 것이 무엇인지에 대해 이 삶의 나침
반을 채우도록 요청했다. 그런 다음에, 그 방향으로 나아가는 것을 가로막는 내적 장애
물이 무엇인지 생각해 보게 했다. 예를 들어, 그들은 통증에 대한 두려움으로 운동을
하지 못할 수 있다. 그다음에는 그들이 이제까지 그 장애물들을 어떻게 다루어 왔는지
생각해 보도록 했다. 예를 들어, 체육관에 가는 걸 미루는 것도 그중 하나일 것이다. 다
음에 각자의 대처 방식을 진지하게 살펴보고 그것이 실제로 회피를 위한 방편인지, 아
니면 효과적인지를 평가했다. 이 과정은 '밧줄 놓기'의 필요성을 받아들이고 수용의 필
요성을 받아들이도록 돕는다. 이는 또한 ACT의 기술에 적용할 수 있는 생각과 감정을
목표로 하는 데도 도움이 된다.
    참여자들은 그들이 찾아낸 부정적 생각과 감정에 몇 가지 탈융합 및 수용 기술을 적
용해 보았다. 마지막에는, 예를 들면 친구에게 연락하기 또는 산책하기와 같이, 그들의

가치와 일치하는 한두 가지 행동에 전념했다.

다음 회기에서 치료자들은 수용과 탈융합 기술을 더 작업했고, 참여자들에게 의도적으로 고통스러운 생각과 감정을 떠올리면서 무심한 호기심의 자세로 그저 알아차리면서 그것들과 함께 앉아 있도록 요청하는, 현존하기 연습도 더했다. 예를 들어, 자신의 몸에 불편한 느낌이 나타나면 이를 알아차리고 그것과의 투쟁을 내려놓도록 요청했다. 끝에는 각자 전념 행동을 하는 것이 어땠는지 보고했고, 새로운 다짐을 했다.

세 번째 회기에서는 가치와 자기에 대한 작업을 했는데, 죽은 후에 자신에 대해 어떻게 기록되기를 가장 원하는지 적었다. 이 작업을 통해서 자기 삶의 이야기를 면밀히 살펴보고 자신이 정말로 원하는 삶과 살아온 삶 간의 차이를 보도록 돕는다.[6] 또한 자신의 정신적 장애물을 카드에 적어 보는 게임을 하면서 수용 작업을 더 했다. 치료자는 참여자들에게 그 카드를 주면서 먼저 그것과 싸워서 이겨 보라고 했다. 그 투쟁이 얼마나 효과적인지를 알아차린 후에 그 카드를 뒷주머니에 넣고 삶의 여행을 떠나는 것을 상상해 보게 했다. 이는 실제로 수용이 더 쉬운 길임을 알도록 도와준다. 참가자들은 탈융합과 자기 연습을 추가로 더 했다.

네 번째 회기에서는 탈융합 연습에서 다룰 필요가 있는 심리적 장애물들을 검토했는데, 이는 독재자보다는 이야기꾼에게 경청하듯이 마음에게 경청하기를 배우는 것을 포함했다. 그리고 각각의 가치 영역에서 참여자들이 어떻게 그 가치들을 추구해 갈 것인지 얘기하면서 회기를 마쳤다.

단지 4시간의 작업만으로 얻은 놀랄 만한 결과를 볼 때, 다수의 참여자들은 분명히 피벗을 했고 배운 바를 지속해서 적용했다.

그러한 단순한 ACT 실행의 효과가 얼마나 지속될까? 우리는 실제로 잘 모른다. 일반적으로 1년 이상의 추적 관찰을 한 연구가 많고, 효과는 보통 그 기간 동안 지속된다. 그러나 그보다 더 긴 기간의 추적 연구는 더 밝은 전망을 보여 준다. 최근의 연구는 10년 이상 지속되는 만성 통증을 가진 108명의 참가자를 추적 관찰했다. 3개월의 간단한 ACT 훈련을 받은 참여자들 중 46.9%가 심리사회적인 장애 측면에서 유의미한 호전을 보였다. 3년이 지난 후에는 그 수치가 43.1%로서 거의 동일했다.[7]

또 다른 연구에서는 5년 전에 우울증을 치료하기 위해 ACT 기술을 교육받은 57명의 사람들을 추적 관찰했다.[8] 훈련 당시에 가장 널리 사용된 우울증 척도를 이용해서 측정해 본 결과, 참여자들은 임상적으로 심한 우울증을 겪고 있었다. 단지 네 번의 ACT 회기만으로도 39%의 참여자들이 완전히 우울증에서 벗어났고, 6개월 뒤에는 보다 더 상승하여 52%였으며, 5년 뒤에는 57%의 참여자들이 호전되었다. 단지 네 번의 회기를 마치고 5년이 지난 후에도 참여자의 2/3가 여전히 ACT를 사용하고 있다고 했으며, 그들 중 6%만이 항우울제를 복용하고 있었는데, 이는 ACT 시작 당시에 비해 1/5로 감소한 수치다. 그들의 심리적 유연성과 삶의 만족도는 눈에 띄게 호전되었다. 무엇이 그들에게 도움이 되었는지 물었을 때, 응답은 다음과 같았다. "나 자신의 행복을 스스로 만들어 나갈 수 있게 되었다. 내 감정에 매몰되지 않고 한 발짝 물러서서 감정을 바라볼 수 있다." "내 삶에 많은 변화가 있었지만 전보다 그런 변화에 더 잘 대응할 수 있게 되었다. 과거 문제와 싸우지 않는다."

이러한 결과들은 깜짝 놀랄 만하지만, 과연 정말일까?[9] 이 내담자들을 일깨운 것과 같은 종류의 지혜가 당신에게도 내재해 있음을 똑같이 당신 몸에서 보았다. 그들은 더 이상 회피하지 않았고, 마음과 생각에 매몰되지 않았으며, 자각 위에 서 있었고, 관심을 가진 쪽을 향해 방향을 돌렸으며, 고통스러운 과거의 기억이 따라오더라도 그 방향으로 걷기 시작했다. 그들은 피벗을 익혔다.

계속되는 삶의 여정

일련의 ACT 방법에서 초기의 참여가 강력하다고 해서 유연성 기술 학습에 단지 짧은 시간과 증거만이 중요한 문제라는 의미는 아니다. 여기에 숙달되기 위해서는 연습 실행을 유지하는 것이 필요하다.

나아가 이 능력을 삶의 다양한 상황에 적용해 봐야 한다. 만약 우울증을 해소하는 것에서부터 시작한다면 보다 건강한 식단을 채택하기 위해 계속 노력할 것이며, 정체되어 있던 경력을 바꾸기 위해서 유연성 기술을 사용함으로써 계속 나아갈 것이다. 대개 이와 같은 방식으로 ACT의 여정은 전개된다. 즉, 자연스럽게 그 여정에서 당신은 새롭고 보다 도전적인 방향으로 이끌리기 시작한다. 어떻게 생각하는가? 새로움에는 흥분도 있지만 항상 두려움도 있다. 또한 불가피하게 새로운 장애물과 마주치게 될 것이다. 삶은 너무 자주 어려움을 겪는다. 이렇게 계속되는 시련을 마주하면서 우리는 회피, 융합, 또는 정신없는 상태로 되돌아가는 유혹을 받을 것이며, ACT 기술을 적용하도록 열심히 작업해야 할 것이다. 여타의 학습 과정처럼, 심리적 유연성의 발달은 보통 단속적으로 이루어진다. 어떤 사람들에게는 상당한 변화가 빠르게 나타날 수도 있지만, 대부분의 경우는 두 발짝 앞으로 나갔다가 한 발짝 뒤로 물러났다가 다시 두 발짝 앞으로 전진하는 식의 양상이다.

이상적으로는, ACT를 실행하는 것이 우리 생활의 규칙적인 부분이 된다. 이를 일상적인 신체 운동처럼 여기라. ACT에 참여하는 많은 사람들은 스케줄에서 시간을 쪼개어 ACT 연습을 지속적으로 실천한다. 제2부에서는 가장 효과적이고 인기 있는 연습들을 소개하고, 제3부에서는 자신에게 특별히 효과적이라고 발견한 방법들을 모아 자신만의 ACT 도구모음을 만드는 법을 선보일 것이다. 그리고 나서 그 도구들을 삶의 다양한 도전에 적용하는 것에 대한 지침을 제공할 것이다. 시간이 지나면서 당신의 ACT 도구모음에는 새로운 노하우가 하나씩 쌓일 것이며, 인터넷이나 책을 통해서 더 찾아볼 수 있을 것이다. 책의 말미에서는 이런 자료들을 어떻게 찾는지 알게 될 것이다.

ACT 기술을 개발하는 일을 해 오고 있는 어떤 사람이 대중을 위한 ACT라는, 야후의 한 토론방에서 ACT 여정에 대한 기대를 아름답게 묘사하는 글을 올렸는데, 이 글은 많은 사람들의 주목을 받았다. 이는 ACT에 전념하는 수천 명의 사람들이 자발적으로 운영하는 게시판으로서, 10년 이상 지속되고 있으며 거의 3천 건의 글이 실려 있다. 나는 그 글들을 모두 읽어 왔다고 생각한다. 나는 특히 이 글에서 깊은 감명을 받았다.

필명이 팀(가명일 수 있다)인 글쓴이는 게시판을 처음 방문한 한 여성에게 조언을 제공하고 있다. 그 여성은 '불안이 너무 불쾌해서' 다량의 벤조디아제핀 없이는 불안에 대처할 수 없기에 이와 싸우고 있었는데, 팀은 명백하게 자신의 피벗 경험을 바탕으로 지혜롭게 답변했다.

우리 대부분과 비슷하게, 당신은 많은 해로운 바보짓에 이미 프로그램된 채로 여기에 이르렀을 것입니다. 괜찮습니다. 우리 모두가 그러했지요. 그건 매우 인간적인 일입니다. 당신이 잘못한 것은 없습니다.

그렇다 하더라도, 바로잡아야 할 책임은 여전히 당신에게 있습니다. 이 게시판은 많은 도움이 될 수 있지만, 해결책을 찾기 위해 너무 자주 당신 자신을 초월할 수는 없습니다. 당신은 그 과정의 가장 중요한 부분입니다.

내가 바보짓이라고 말한 것은 매우 쉽게 수용할 수 있는 일들을 마음이 지독하게 어려운 일로 잘못 바꿔 버린다는 의미입니다. 당신에게는 해야 할 많은 일들이 있고, 그래서 당신이 지닌 모든 힘을 모아서 그 과정을 아주 인내할 준비를 하라는 것이 요지입니다.

그 과정에서 좋다가 나쁘다가 할 것에 대해 스스로 준비하십시오. 그렇지 않으면 길에서 벗어난다고 당신의 마음은 틀림없이 당신에게 소리칠 것입니다. ACT가 선전하는 것을 믿지 마십시오. 이르고자 하는 목표에 대해 걱정하지 마십시오. 이 작업을 평생 하고 있을 것이라고 생각하십시오. 왜냐하면 당신은 아마 그렇게 할 것이고, 또한 그렇게 하는 게 더 나을 것이기 때문입니다. 어느 시점에 명확해져서 스스로 치유되었다고, 즉 이제는 '그 못마땅한 것'에서 벗어났다고 선언하고 싶은 충동을 느낄 것입니다. 이는 덫입니다. 왜냐하면 두려움의 경보가 울릴 때 다음 번 '그 못마땅한 것'의 조짐이 당신을 다시 끌어내릴 잠재력을 지니며, 당신의 마음은 어떤 것도 '그 못마땅한 것'으로 변환시킬 수 있기 때문입니다.

영구히 진행 중인 작업이 되어도 괜찮습니다. 당신 삶에 고통을 위한 자리를 허용하십시오. 삶의 고통은 언제나 현실입니다. 마음은 고통이나 불편이 전혀 없는 새로운 삶을 어떻게 찾을 수 있는지에 관한 괴짜 이론들을 제시할 것입니다. 그것은 거짓말입니다. 만약 그 거짓을 모두 믿는다면 무슨 일이 일어날까요? 어떤 형태의 현실도 충분히 좋을 수가 없을 것이며, 당신의 마음은 그냥 계속해서 말합니다. "아, 계속 달려! 계속 싸워! 아직 아니야!"

제 생각은 다릅니다. 바로 지금, 비록 삶의 고통 한가운데 있지만, 당신이 찾는 가치 있고 충만한 삶에 당신은 매우, 매우 가깝게 있습니다. 왜냐하면 바로 지금의 당신 존재는 당신이 정말로 필요로 하는 전부이기 때문입니다. '다른 곳'에 도달해야만 한다는 관념에 도전하십시오. 우리 모두는 바꿔야 할 습관에 대한 일들이 있지만, 우리는 보고, 여기 존재하고, 관심 가지는 것을 단지 배우는 것으로 시작할 수 있습니다.

많은 시간이 걸릴 것입니다. 비록 생명력 넘치는 삶이 반 발자국 벗어나 있더라도 한 발자국을 떼는 것은 쉬운 일이 아닙니다. 두려움, 슬픔, 뒤엉킴으로부터 벗어나기가 어렵지만, 그러나 해낼 수 있습니다.

나는 팀의 글에 큰 감명을 받았다. 비록 우리 인간에게 그와 같은 힘든 도전이 있지만, 모든 지혜와 영적인 전통들에서는 내가 믿는 바를 다음과 같이 말한다. 생명력 넘치는 삶을 함양하도록 배울 수 있다면, 우리는 그 삶의 가능성을 우리 안에 지니게 된다고 말이다.

이번 장의 앞부분에서 당신은 당신 안에 힘을 가지고 있다는 것을 당신의 몸으로 보여 주었다. 아마 지금쯤 당신은 지금껏 피하려고 했던 고통, 두려움, 부끄러움, 분노, 억울함과 같은 감정과, 당신이 바꾸고 싶어 했던 행동들에 대해 더 잘 이해하게 되었을 것이다.

자, 이제 당신의 마음을 어떻게 붙잡아 맬 수 있는지 배워 보자.

A Liberated Mind

제2부

ACT 여행 시작하기

제2부는 ACT 실습을 배우는 개인적인 워크숍에 해당한다. 이 글을 오리엔테이션으로 생각하라. 이는 또한 당신이 사로잡혀 있는 투쟁이 무엇이든지 간에 밧줄을 놓도록 도움으로써 여행을 준비시킬 것이다. 회피적인 생각과 행동을 확인하는 강력한 방법을 배울 것이며, 여러 장들을 거치면서 유연성 기술을 적용할 수 있게 될 것이다.

각 장은 피벗들 중 하나를 시도하고 그 기술을 계속해서 쌓아 나가는 과정을 돕는 데 할애된다. 나는 각 기술이 우리 인간 모두가 지닌 내면 깊은 곳의 건강한 열망, 불행하게도 우리가 종종 해롭고 경직된 방식으로 충족시키려고 하는 그 열망을 어떻게 충족시킬 수 있는지를 밝힌다. 이러한 열망은 예컨대 우리로 하여금 거짓말을 하게 만들어서 타인과 단절되도록 만든다는 것을 기억하라. 이 열망에 내포된 에너지를 건강한 삶으로 돌려서 얼마나 손쉽게 각각의 피벗을 할 수 있는지, 그렇게 한 이들의 이야기를 종종 사용해서 보여 주고자 한다.

다음에는, '시작 세트'를 제공하고, 이어서 기술들을 계속 익히면서 추가적으로 사용할 수 있는 연습들을 제공한다. 첫 세트를 연습하고 나서 다음 장으로 넘어가고, 제2부의 모든 작업들을 일단 끝까지 다 하고 나서 추가적인 연습으로 되돌아오기를 권한다. 그렇게 함으로써, 여섯 개 기술들이 어떻게 서로를 기반으로 하고 지원하는지를 빠르게 체험할 것이다. 우리는 다년간 ACT를 가르친 경험을 통해서, 작지만 완전한 세트를 빠르게 배우고 나서 점진적으로 그 기술들을 확장해 가는 동안에 이 초기 연습들을 실행하는 것이 최선임을 발견했다.

이 장들을 읽으면서 당신이 투쟁하고 있는 특정한 난제들에 통찰력을 적용하고 연습하기를 원할지 모른다. 아마도 그것은 금연이나 다이어트 지속하기, 우울증을 다루거나 스트레스에 대처하기, 직장 내의 끔찍한 상사와 싸우기, 부모 역할에 대한 좌절감 극복하기 등일 것이다. 만약 당신이 이러한 난제들을 위한 일련의 프로그램에 참가하고 있거나 심리치료를 받는 중이라면, 이 기술들을 배우는 것이 이러한 노력에 보탬이 될 것이다. 또한 이 기술들은 다이어트 식단을 따르거나 일상적인 피트니스 운동을 유지하는 데, 심지어 우리의 영성(전통적인 종교적 훈련이든 아니든 간에)을 깊게 해 주는 데 도움이 된다는 것이 연구들에서 밝혀졌다.

만약 제2부의 각 장을 읽으면서 특정한 난제에 이 기술들을 적용해 보고자 한다면, ACT가 구체적인 난제를 어떤 방식으로 다루는지에 대한 제3부의 자료를 먼저 읽어 보길 원할 수도 있다. 만약 개인 상담이나 치료 프로그램을 알아보는 중이고 ACT 치료자를 고려하고 있다면, 웹사이트 http://bit.ly/FindanACTtherapist가 도움이 될 것이다. 그러나 오늘날 많은 임상가들은 ACT를 어느 정도 알고 있고, 많은 프로그램이 ACT의 일부 요소들을 포함하고 있으니 주변에 물어보라.

그렇지만 ACT는 특정한 문제들을 다루기 위한 것만은 아니다. 유연성 기술들은 일반적으로 보다 건강하고 보다 충만한 사람이 되기 위한 방법이다. 그러므로 다음 장들을 읽으면서 그 연습을 일상의 갖가지 어려운 문제에 적용할 수 있는 충분한 기회를 갖게 될 것이다.

초기 피벗의 전체 세트를 시도하는 것은 그 실습에 충분히 참여함으로써 가장 가능해진다는 점을 명심하면서, 당신 속도대로 자유롭게 제2부의 각 장을 끝까지 진행하라. 이상적으로는, 한 장을 읽고 하루나 이틀에 걸쳐서 처음 몇 가지 연습을 하면서 한두 주 안에 이 장들을 모두 끝마치는 것을 목표로 하라. 물론 이보다 빠른 속도(예: 한 번에 두 개씩)로 훑어보거나 더 긴 시간에 걸쳐 읽는 것도 가능하다. 하지만 이 장들을 시간 간격을 두지 않고 한 번에 작업할 수 있도록 시간을 내길 나는 강력하게 권고한다. 빠르게 실습함으로써 다소 긍정적인 효과를 보기 시작할 것이며, 이는 당신의 동기를 강하게 유지하는 데 도움이 될 것이라고 생각한다.

오래된 속임수를 위해 새로운 도구를 사용하는 것에 주의하라

기술 쌓기에 노력을 기울이면서 명심해야 할 한 가지는, 오래된 해로운 습관을 위해서 유연성 실습을 사용하고 있음을 때때로 발견할 것이라는 점이다. 돋보기를 긁는 도구로 사용하는 것처럼 말이다. 예를 들어, 자기 관련 작업을 하면서 난 이제 아주 유연해!와 같은 기막히게 멋진 새로운 자기 이야기를 지어내기 시작하는 것을 발견할지도 모른다. 자신에게 너무 엄격하지 말라. 모두가 이런 일을 한다. 그러나 이것만은 조심하라. 당신의 문제해결적인 마음이 회피적인 '해결책' 제공하기를 멈출 것이라고 기대하지는 말라. 당신이 기대할 수 있는 것은 도움이 되지 않는 생각이 무엇인지 보고 정중하게 이들의 요구를 거절하는 것을 점점 더 잘 할 수 있게 되는 것이다.

연습을 하는 동안 따라야 할 한 가지 필수적인 지침은, 작업을 해 나감에 있어 자신의 생각과 감정에 주의 깊게 귀를 기울이며 스스로 일궈낸 진보나 당신이 마주한 어떤 어려움에 대해서도 항상 자비로운 마음으로 대하는 것이 중요하다는 것이다. ACT에서 신경 쓰지 않아야 할 것은 자신에게 손가락을 설레설레 흔드는 것이다. 당신은 새로운 춤을 배우는 중이며, 거기에는 항상 실수가 따른다. 열린 마음으로 연습을 한다면, 어떤 것들은 이상하게 보이더라도 이내 계속 진행하게 해 주는 긍정적인 결과들을 보게 될 것이다. 핵심은 저 유리그릇을 살펴보고 요리를 시작하면 좋은 영양분을 얻게 되리라는 점이다.

그럼, 준비되었는가? 시작해 보자.

어떻게 피하고 있는가

피벗을 배우는 첫 번째 단계는 당신의 회피적인 생각과 행동을 알아차리고, 그것이 얼마나 비효율적이며 심지어는 해로운지를 인식하는 것이다. 이 과정을 돕기 위해 다음의 연습을 개발했다.

당신이 투쟁해 온 갖가지 종류의 어려움에 대처해 온 모든 방법을 생각해 보고 기록하라. 제2장에서 내가 불안을 물리치기 위해 적었던 목록을 제시한 적이 있는데, 여기에는 다음과 같은 내용이 포함되어 있었다.

1. 이완 기법을 연습함
2. 보다 합리적으로 생각하려고 노력함
3. 보다 쉽게 빠져나올 수 있도록 문 근처에 앉음
4. 맥주를 마심
5. 대학원생들이 말하게 놔두면서 말하는 것을 피함
6. 신경안정제를 복용함
7. 말하는 동안에 친구를 쳐다봄
8. 노출하도록 자신을 밀어붙임

이제 당신 차례다. 당신의 문제를 해결하기 위해 노력해 왔던 대처 방법들의 목록을 이와 유사하게 적어 보라. 실제로 하라.

다음 단계에서는 이러한 방법들이 성과를 가져왔는지 철저하게 살펴보고, 만약 그렇다면 그 결과가 크고 오래 지속되었는지 아니면 작고 일시적이었는지 살펴본다. 이들 중 대부분 또는 어쩌면 모두가 단기적으로는 도움이 되지만 장기적으로는 개선이 없고 심지어는 상황을 악화시키기도 했다는 것을 발견하게 될 것이다.

내 목록을 한번 살펴보자. 공황장애가 가장 심했을 때, 두려움에 직면하는 대신에 강의 제안을 거절했을 때 내가 어떻게 느꼈을 것 같은가? 나는 기분이 정말 좋았다! 안도감과 평안함을 느꼈다. 여전히 올가미는 조여진 상태였다. 다음 강의 제안이 들어왔을 때, 내 불안은 더 무서운 것이 되었다.

이제 당신의 목록을 볼 차례다.

당신이 사용한 방법들이 실제로 장기적인 효과가 있었는지 한 번에 하나씩 스스로에게 물어보라. 만약 그렇지 않다면, 그 방법들을 매력적으로 보이게끔 만드는 보다 즉각적인 이득을 주의 깊게 살펴보라. 종종 이 연습에서 그 방법들이 진정으로 무엇에 관한 것이었는지를 깨닫게 될 것이다. 그것들은 당신의 경험을 통제하거나 회피하기 위한 노력이었을 수 있으며, 어쩌면 **내부 독재자**의 '해야 한다'는 메시지에 의해 움직였을지 모른다. 중독성이 있는 단기적인 화학적 보상의 반짝임을 위해서 가치에 기초한 접근을 팔아 버렸을 수도 있다. 시간을 두고 모든 항목마다 살펴보라.

목록을 검토하면서 스스로를 비난하지 말라. 이 연습의 목적은 '밧줄 내려놓기'와 수용의 필요성을 받아들이도록 돕는 것이지만, 아이러니하게도 자기비난을 유발할 수도 있다. 문제해결을 위한 시도가 얼마나 무능하고 비효과적이었는지를 보는 것은 고통스러울 수 있고, 자기비난이나 심지어 수치감까지 유발한다. 당신에게도 그렇다면, 자신을 가혹하게 대하는 그 경향성을 표적으로 삼아 유연성 기술을 연습하라.

이제 목록에서 정신적으로 한 걸음 물러나 자신에게 물어보라. 당신이 하고 있는 것을 계속하고 있다면, 얻고자 하는 것을 계속 얻을 수 있겠는가? 답변을 생각하는 동안에 **독재자**가 뒤로 밀려나는 소리를 듣게 될 수도 있다. 당신의 방법 중에 일부는 반론의 여지 없이 논리적으로 보일 수도 있다. 하지만 다시, 그것들이 효과가 있었는가? 완전히? 장기적으로는 어떠한가?

이제 다음 질문에 대답할 차례다. 누구를 더 믿는가? 마음속 목소리인가, 아니면 당신의 경험인가? 실제 경험에서 효과가 없는 '해결책'을 버리는 것보다 반박의 여지가 없을 정도로 더 논리적인 것이 뭐가 있겠는가?

다음의 장들을 작업해 나가면서 당신이 추구하고 있는 해결책들을 적고, 단기적 효과와 장기적 효과를 면밀하게 검토하는 것이 유용함을 알게 될 것이다. 대단히 효과적인 새 방법들을 목록에 추가해 나간다는 사실에 당신이 고무될 것이라고 기대한다.

마지막 준비 단계는 심리적 유연성을 평가하는 것인데, 시간이 지남에 따라 기술이 쌓이는 진전의 정도를 측정의 한 기준으로 사용할 수 있다. 이는 우리가 연구에서 참가자들에게 하는 것이다. 우리는 참가자들이 훈련을 시작하기 전과 후에 각각 평가지를 작성하도록 하며, 때로는 몇 달 후 추수 평가지를 작성하도록 요청한다. 우리의 웹사이트(http://www.stevenchayes.com)에 당뇨, 뇌전증, 암, 약물 남용, 체중 감소를 포함한 특정 조건에 대한 다수의 평가지와 더불어 일반적인 평가지가 제시되어 있다. 하지만 실습을 배우는 것에서 점수를 얻기 위해 평가지를 작성할 필요는 없으니, 차라리 하지 않는 편이 좋다면 그것도 괜찮다.

끝으로, ACT를 배우고 적용하고자 하는 사람들을 지원하는 많은 온라인 커뮤니티 중 하나에 가입하기를 원할 수도 있다. 가장 오래된 커뮤니티는 ACT 공개토론이다. 이는 http://bit.ly/ACTforthePublic을 통해 접속할 수 있다. 제2부와 제3부를 읽으면서 거기에 질문을 하는 것이 큰 도움이 될 것이다.

ACT와 관련된 모든 연구를 통틀어(현재는 수천 개가 넘는다), 심리적 유연성의 향상이 유익한 결과로 이어지지 않은 경우는 단 한 개도 본 적이 없다. 핵심은 다음과 같다. 유연성 기술들을 습득한다면, 그것들은 여러 다른 방면에서 당신을 도울 것이다. 자, 준비됐으면 다음 장으로 가자!

제**9**장

첫 번째 피벗:
탈융합, 마음을 매어 두기

ACT 공동체가 개발한 탈융합 기법은, 우리가 우리 마음을 보다 개방적이고 잘 알아차리며 가치에 기반한 방식으로 사용하도록 돕는다.[1] 우리는 생각의 자동성을 더 잘 인식하고, 도움이 되지 않는 생각들로부터 거리를 두고 지켜보는 법을 배운다. 마치 **내부 독재자**에게 "고마워, 하지만 내가 알아서 할게."라고 말하는 것과도 같다. 비판적인 목소리와 명령이 사라지지는 않지만, 우리는 그것을 마치 오즈의 마법사가 만든 기묘한 장치에서 나오는 소리처럼 정신 작용의 한 산물로서 본다. 우리의 생각과 논쟁할 필요가 없다. 이는 마음을 매어 두는 것과 더 비슷하다.

우리가 고통이나 공포의 근원을 탐색해 갈 때 탈융합 기법은 대단히 도움이 되는데, 그러한 탐색이 많은 힘든 생각을 촉발하기 때문이다. 우리는 스스로에게 수많은 비난을 퍼붓고 도움이 되지 않는 반추에 빠져들 수 있다. 자기비난에서 벗어나는 법을 배우면서 우리는 이를 자기 친절로 대체할 수 있다. 탈융합은 또한 우리의 강박적인 문제해결 모드를 잠시 동안 꺼둘 수 있도록 돕는다. 이는 변화에 대한 힘에 문을 열어 주며, 우리로 하여금 도움이 되지 않는 생각을 인정하면서 그것을 넘어서는 경로를 계획할 수 있게 해 준다.

일관성에 대한 갈망

강박적인 자기 메시지와 문제해결을 추동하는 기저의 갈망을 이해하는 것이 탈융합을 배우는 데 도움이 된다. 이는 우리의 정신적 불협화음 속에서 일관성과 이해를 만들어 내고자 하는 갈망이다. 이는 언어 그 자체에 내재된, 더할 나위 없이 정상적인 욕망이다. 정리되지 않은 사고 과정은 불편한 것이다. 우리는 생각이 서로 잘 들어맞지 않을 때, 특히 모순이 발생할 때 취약성의 느낌을 느낀다. 우리는 알고 싶어 한다. "어떤 게 맞는 거야? 내가 믿는 게 뭐고 뭐가 진실인 거지?"

때때로 우리는 실제로 전혀 모순이 아님에도 생각 속에서 모순을 발견한다. '나는 내 남편을 사랑해. 그러나(but) 그와 함께 사는 것을 견딜 수 없어.'와 같은 생각을 해 보라. 이는 모순처럼 보일 것이고, 사실상 문장 내의 그러나(but)라는 단어가 이를 시사한다. But은 be out의 고대 축약형으로 앞의 문장은 모순을 내포하게 되는데, 왜냐하면 둘 중 하나는 '없어야(be out)' 하므로 배우자에게 그러한 반대되는 감정 반응을 보이는 것은 논리적으로 모순으로 보이기 때문이다. 그러나 앞서 제시한 문장에 정말로 비논리적인 부분은 없다. 진실은 '나는 남편을 사랑해. 그리고(and) 그와 함께 사는 것을 견딜 수 없다는 생각을 해.'와 같은 문장으로 더 잘 표현될 수 있을 것이다. 우리는 단지 우리가 사랑하는 이들에 대해 항상 긍정적인 감정을 가져야 한다는 단순한 문화적 규칙 때문에 모순을 느낄 뿐이다. 하지만 사랑하는 이들에 대해 복합적인 감정을 갖는 것은 완전히 타당하다. 우리는 복잡한 존재다. 왜 우리라고 복잡한 반응을 불러일으키지 않겠는가?

다른 경우에 우리의 생각이 문자 그대로 모순되는 경우가 있다. 가령 우리는 '나는 좋은 사람이야.'와 '나는 나쁜 사람이야.'를 동시에 생각할 수 있는데, 이는 그러한 생각들이 우리 과거의 다른 측면을 반영하기 때문이다. 생각에 논리를 부여하는 과정이 말씨름 중인 2명의 초등학생을 다루는 것과 비슷하다고 생각해 보라. 누가 맞고 누가 틀린지 결정해 주기로 마음먹는다면 아마 당신은 설왕설래하는 모든 말씨름에 휘말려야 할 것이다. 그러나 한 걸음 물러나 호기심과 가벼운 재미로 이들을 지켜본다면 승자를 선택해야 할 필요성을 느끼지 못할 것이다. 심지어 핵심 논점이 풀리지 않더라도 함께 참여하면서 그들이 의견 차이를 넘기도록 도울 수 있을 것이다.

이는 인지적 탈융합이 우리에게 주는 힘이다. 그것은 우리의 문제와 열망을 다루는 새로운 방법을 찾아내기 위해 경직되게 생각하는 것으로부터 우리 마음을 해방시킨다.

일관성에 대한 욕구는 자연스러운 것일 뿐 아니라, 우리가 '불편한' 생각과 감정이 사라질 것이라고 기대하는 것을 멈춘다면, ACT는 그 욕구를 충족시킬 수 있다. 주요 쟁점으로서 '옳고 그름'을 놓아 버릴 수 있게 해 준다. 다음의 깔때기 모양 비유를 사용한 피벗 도식에서 보여 주듯이, 생각에 거짓된 질서를 부여하려는 의제가 일관성에 대한 열망을 더 좁아진 삶으로 점차 변모시킨다. 사회적인 기대에 부합하기 위해 우리가 자기 이야기에 일관성을 부여하고자 한다면, 이제는 그런 목표에 힘을 쏟는 것을 멈추어야 할 때다. 삶에서 '해답'이라는 단순한 일관성을 제공하는 경직된 규칙을 따르기로 선택하고 있다면, 그러한 충동을 놓아 버릴 필요가 있다. 하지만 피벗이 딱히 필요 없는 건설적인 종류의 일관성도 있다. 즉, 가치에 따라 살아가는 데 유용한 생각에 주의를 기울이고, 도움이 되지 않는 생각에 집중하는 것을 놓아 버리는 일관성 말이다. 나는 이를 기능적 일관성이라고 부르는데, 이는 도식에서 확성기 비유로 보여 준 것처럼 일관성에 대한 갈망을 삶을 확장시키는 것으로 돌린다. 탈융합 피벗 전에는 우리가 기능보다는 형태를 붙잡았지만, 탈융합 피벗 이후에는 형태보다 기능을 믿는다. 우리의 사고가 얼마나 혼란스러운지를 받아들이기 시작하고 우리의 관심과 행동을 유용한 생각 쪽

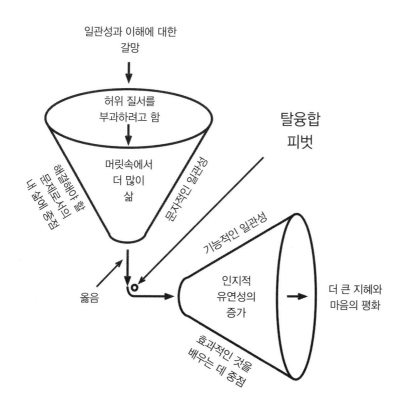

으로 향하기 시작한다.

아이러니하게도, 탈융합 습관을 기를수록 우리의 마음은 보다 평화롭고 어느 정도 정돈되어 간다. 탈융합을 통해 도움이 되는 생각에 집중하게 되기 때문인데, 탈융합은 또한 정신적인 혼란이 뒤로 물러가는 데 일조한다. 유용한 정신적 네트워크를 구축하고 넓혀 가고 있는 것이다.

자동적인 사고 포착하기

피벗을 만드는 첫 번째 단계는 우리의 사고 과정이 얼마나 자동적인지를 인식하는 것이다. 이는 CBT의 목표이기도 했으며, ACT 공동체도 그 방법들의 토대 위에서 그 범위를 넓혀 갔다. 잠시 동안 마음의 고삐를 풀고서 떠오르는 대로 일련의 생각들을 적어 보는 것도 한 가지 방법이다.

다음은 내가 이 연습을 할 때 기록한 생각 목록인데, 이 장을 쓰기 시작한 아침에 일어나자마자 적어 둔 것이다.

> 일어날 시간이야. 아니, 그렇지 않아. 아직 6시야. 그러면 7시간밖에 못 잔 게 돼. 나는 8시간의 잠이 필요해. 그게 목표야. 살찐 느낌이야. 이런, 생일 케이크가 있지. 아들 생일에 케이크를 먹어야 해. 어쩌면 그리 큰 조각이 아닐지 몰라. 196파운드까지 살이 찔 거라 장담해. 젠장, 할로윈과 추수감사절이 지날 때쯤이면 200이 넘겠지. 아닐 수도. 어쩌면 193 정도일지 몰라. 운동을 더 한다면 말이지. 뭐든지 '더' 해야겠어. 집중해야 해. 써야 할 장이 있어. 목표에 뒤처지고 있어. …… 그리고 나는 또 살찌고 있어. 목소리들을 알아차리고 그들이 재잘거리게 두는 것은 이 장을 시작하기에 좋은 아이디어다. 좀 더 자는 게 낫겠어. 어쩌면 효과가 있을지도 몰라. 재크의 제안은 참 좋군. 그녀가 일찍 일어났던데. 아마 감기일지도 몰라. 일어나서 그녀가 괜찮은지 봐야겠어. 6시 15분밖에 안 됐네. 나는 8시간이 필요해. 이제 거의 7시간 반에 가깝네. 아직 8시간은 안 됐어.

이 생각들은 놀라울 정도로 순환적일 뿐만 아니라, 대부분이 규칙과 처벌에 관한 내용이다. 그중 다수는 앞선 생각과 모순되기도 한다. 당신도 그런 오락가락하는 마음에 대해 친숙하리라 믿는다. 인류임을 환영한다.

한쪽 어깨에는 악마가, 다른 쪽 어깨에는 천사가 말다툼하는 오랜 만화 장면은 꼬마들이라도 쉽게 이해하는 내용이다. 우리 자신과 논쟁하는 것은 너무나도 자연스러운 일이기 때문이다. 언어 능력이 발달하고 **내부 독재자**가 등장하면 곧 이러한 논쟁이 시작된다. 우리가 정신적 과제에 깊이 집중할 때 우리는 일종의 몰입 상태로 들어가게 되는데, 그런 상태에서는 일시적으로 생각과 감정, 행동이 모두 동시에 이뤄진다. 그러나 평상시의 마음은 방황하는 상태이며, 이는 종종 상당한 정신적 불일치와 이탈이라는 특징으로 나타난다.

방황하는 마음에 관여하는 두뇌의 부위는 **디폴트 모드 신경망**이라 불리는데, 그것은 두뇌가 구체적인 과제에 집중하지 않고 있을 때 자동적으로 활성화되기 때문이다.[2] 흥미롭게도, 의사결정에 관여하는 두뇌의 집행 신경망은 마음이 방황하는 동안에도 또한 활성화된다는 것이 최근에 신경과학 검사에서 밝혀졌는데, 이는 당신이 마음을 지켜보지 않고 있을 때에도 그것이 종종 잡생각들을 분류하려는 노력에 관여한다는 물리적인 증거다. 탈융합으로 촉진된 열린 인식은 마음을 고요하게 하고, 우리가 의식적으로 주의를 기울이는 생각들에 집중하도록 도움으로써 디폴트 모드 신경망을 진정시킨다. 탈융합 기술을 마음의 평화 기술이라고 생각하라. 효과적인 것에 집중함으로써 마음의 기능적인 일관성을 경험할 때 정신적인 고요가 자리 잡는다.

내 개인적인 일화를 들려주고자 한다. 스탠퍼드에서 진행된 한 강연에서 나는 수면제 사용이 대폭 증가한 것에 대해 말하면서, 수십억 달러가 증가한 기록 대신에 '수조'라고 언급해 버렸다. 당시에는 그 실수를 눈치채지 못했지만, 마음은 알아차렸던 것 같다. 한밤중에 "수조?!! 이 머저리야!"라고 소리 지르며 벌떡 일어났기 때문이다. 잠시 후에 나는 내 어리석음을 자책하면서 방 안을 서성이고 있었는데 그때 티치너의 단어 반복 연습(제4장에서 설명한 바 있다)을 하자는 생각이 떠올랐다. 나는 침대 끝에 걸터앉아 30초간 **머저리**라는 말을 되풀이했다. 그제야 나는 멈출 수 있었다. 몇 분 내로 나는 다시 잠에 들었다. 그것에 더 이상 시간을 쓸 가치가 없었던 것이다. 군이 논쟁을 통해 마음에 이를 납득시킬 필요가 없었는데, 그렇게 하면 논쟁만 더 키울 것이기 때문이었다.

당신의 사고 과정이 얼마나 자동적이고 순환적인지를 보려면, 지금 잠시 시간을 내어 당신의 생각이 어떤 방향으로 흘러가든지 놔두고서 그들의 자취를 따라가 보라. 알아차릴 만큼 충분히 긴 시간 동안에 알아차린 모든 생각들을 적어 보라.

이 연습을 마친 후에, 1분간 생각이 흘러가도록 다시 놔두고서 두 번 더 반복하라. 두 번째 시도에서는 각각의 생각이 문자 그대로 참인지, 적절한지를 판가름하는 것이 당신의 일이라고 상상해 보라. 세 번째 시도에서는 당신의 생각들이 1학년생들의 싸우는 목소리와 같다고 상상해 보라. 그 말들을 들으면서 호기심과 즐거움의 자세를 취하되, 그들을 알아차리는 것 외에는 아무것도 하지 말라. 각각 1분씩 해 보라.

두 번째 시도에서는 아마 생각 네트워크로 끌려 들어가는 느낌을 경험했을 것이다. 그들의 시끄러움이 증가했을 것이며, 사고 내용에 더 많이 집중했을 것이다. 어쩌면 마음과의 논쟁에 휘말려드는 자신을 발견했을지도 모른다.

세 번째 시도에서는 아마 자신의 생각 흐름에 대해 더 많이 알아차렸을 것이다. 분명 사고의 구체적인 내용은 이전보다 덜 중요한 것처럼 보였을 것이다. 아마 당신이 논쟁 밖에 존재한다는 느낌을 받았을 것이다.

이러한 차이를 통해 왜 탈융합 연습이 자동적 사고와 행동 간의 연결을 약화시키는지가 설명된다. 연습을 하면서 생각에서 한 발짝 물러설 수 있는 능력이 점차 강해지는 것이다.[3]

탈융합의 변형적인 힘

탈융합 배우기는 많은 사람들의 삶에서 극적인 변화가 일어나도록 도왔는데, 심지어 부정적인 사고 패턴으로 인해 기능 저하가 심한 사람에게서도 변화가 나타났다. 예를 들어, ACT를 개발하는 데 중대한 기여를 한 2명의 연구자들은 탈융합이 내담자가 평생토록 가지고 있던 반추의 고리를 극복하도록 돕는 데 중요한 역할을 한다는 걸 발견했다.

끊임없이 반추하는 경향이 있는 사람들은 범불안장애(generalized anxiety disorder: GAD)에서 흔히 발견되는 부동불안 같은, 다양한 불안 및 기분 문제에 취약한 경향이 있다. ACT를 GAD에 적용하는 데 가장 큰 역할을 한 2명의 연구자는 서포크 대학교의 수 오실로Sue Orsillo와 보스턴 매사추세츠 대학교의 리즈 로머Liz Roemer다. 수와 리즈는 사람들에게 반추 사고로부터 한 발짝 물러나 거리를 두고 지켜보는 마음챙김 방법을 가르쳐서 인지적 융합을 표적으로 삼아 지켜보도록 했다.[4]

베아는 그들의 스타 내담자 중 한 명이다. 지금 그녀를 본다면 과거에 융합이 그녀의 커리어를 얼마나 망칠 뻔했는지 아마 짐작하기도 어려울 것이다. 지금은 그녀가 자신감이 넘치지만, 늘 그랬던 것은 아니었다. 일류 대학 정치학과에 정교수로 재직하던 시절, 그녀는 열정적인 지성과 정치 이론에 대한 재능, 사회 운동가로서의 오랜 경험(이는 정치학계에서 이례적이면서도 필수적인 조합임) 덕에 인기 스타로 여겨졌다. 그녀는 하늘 높은 기대로 인해 처음에는 으쓱했으나, 머지않아 자신의 가능성이라는 전조등 불빛에 얼어붙은 사슴처럼 느꼈다.

"그런 기대 수준으로 인해 가르치고 글을 쓰는 학습 강도에 압도되고 있었어요."라고 그녀는 내게 말했다. 학문적인 글쓰기 훈련을 배우려고 애쓰면서 그녀는 끊임없이 자문하기 시작했다. "이 정도면 충분할까?" "이 작품을 언제 끝낼 것인가?" 그녀는 반추하고 있었고, 그녀가 반추를 더 많이 할수록 더 적게 글을 썼다. 얼마 지나지 않아 "실패할 거야!"라는 부정적인 메시지가 고통스러운 정신적 불협화음의 일부가 되었고, 그녀는 완전히 압도되어 갔다.

그녀는 페이지의 모서리가 온전한지와 같은, 무의미한 세부 사항에 몇 시간씩 집착하곤 했다. 그녀의 반추는 행동적으로 마비된 것과 같은 상태를 유발하여 그녀를 같은 자리에 2년 넘게 얼어붙게 만들었다. 재임용 일괄 프로그램(최종 종신 재직권 결정 이전에 몇 년을 추가하곤 함)의 일환으로 그녀가 쓴 무엇이라도 제출해야 한다는 데 절박한 나머지, 반쯤 완성한 논문을 집어서 연임을 위한 파일에 첨부하여 보내 버렸다.

그녀의 동료들은 충격에 빠졌다. 그들은 그녀의 잠재력을 보고 그녀를 돕기 위해 나섰으나 이 일은 받아들여질 수 없는 일이었다. 무엇인가 변해야 했고, 재빨리 변해야 했다.

무엇인가 변했다. 설상가상으로.

베아는 맥주와 애더럴(대학 캠퍼스에서 공부 목적으로 아주 널리 남용되어 종종 '공부약'이라고 부르는 암페타민의 일종)에 빠지게 되었다. 그녀가 이를 알코올과 함께 사용했을 때에는 어떤 결말이 닥치고 있는지조차 거의 알지 못했다.

수와 리즈가 베아에게 탈융합 기술을 가르쳤을 때, 그녀는 인사불성 될 때까지 마시는 습관에서 벗어나기 시작했다. 그들은 베아에게 열린 호기심을 가지고 자신의 생각으로부터 거리를 두고 지켜보는 방법을 보여 주었다. 그들이 그녀에게 시행했던 연습 중 하나는 이제 ACT의 필수요법이 되었고, 우리는 이를 '시냇물에 나뭇잎 띄우기'라고 부른다. 원한다면 지금 해 봐도 좋다. 이는 대개 눈을 감고서 명상 안내에 따라 실시한다.

커다란 나뭇잎이 떠내려가고 있는 조용한 시냇물을 보고 있다고 상상해 보세요. 마음속에 떠오른 생각들을 각각의 나뭇잎 위에 놓고 그것이 흘러가는 것을 지켜보세요. 그 생각이 다시 나타나도 괜찮습니다. 두 번째 생각도 그냥 나뭇잎 위에 두세요. 우리의 목표는 시냇가에 머무르면서 생각을 바라보는 것입니다. 만일 연습을 멈추고 당신의 마음이 다른 곳으로 간 것을 알아차린다면, 이는 흔한 일인데, 무엇이 마음을 벗어나게 했는지 파악해 보세요. 거의 불가피하게, 생각과의 인지적 융합이 일어났을 것입니다. 머릿속에 무언가 떠올랐고, 그것을 나뭇잎 위에 놓는 대신에 당신은 그 내용에 관여하기 시작했을 것이며, 이것이 자동적인 사고 과정을 촉발시켰을 것입니다. '융합 방아쇠'가 어떻게 작용하는지 알아차린 후에는 곧바로 시냇물을 주시하고 다시 시작하세요.

베아는 반추로부터 그녀의 마음이 자유로워지기까지는 어떤 치료적 진전도 이룰 수가 없었기 때문에, 탈융합 작업으로 시작할 필요가 있었다. 일단 그것이 이루어지고 나자 그녀는 빠른 진전을 이룰 수 있었고, 다른 피벗들을 배우고 불과 한 달 만에 논문 쓰는 일에서 다시 생산적이 되기 시작했다. 결국에 그녀는 종신 재직권을 받는 행복한 결과를 얻었다.

우리가 탈융합 기술을 배울 때, 비생산적인 갈망의 에너지를 취해서 경험에 의해 부드럽게 안내받는 것을 배우는 쪽으로 피벗할 수 있다. 우리는 형태보다 기능을 더 높이 살수 있게 된다. 도움이 되는 생각에 초점을 두는 것이 유익함을 경험함에 따라 긍정적인 피드백 고리를 만들면서 **독재자**의 목소리에서 탈융합하도록 점점 더 동기화되어 간다.

NBC 뉴스의 칼럼니스트인 사라 왓츠는 쇠약하게 하는 불안감에서 회복되면서, 탈융합의 힘을 개인적으로 경험했다. 그녀는 그것이 어떻게 도움이 되었는지를 다음과 같이 설명했다.[5] "몇 주 동안 많은 연습을 거친 후에, 한때 나를 마비시켰던 생각들(암이 나를 죽게 할 거야, 나는 고통스러운 신장 결석을 견뎌야 하겠지)이 내게서 느슨해지는 것을 느꼈다. 그 생각들은 참이나 거짓의 문제가 아니라 단순한 생각이었고, 내가 원하는 방식대로 그들을 다룰 힘이 내게 있었다." 그녀의 삶이 열리자 그녀는 이렇게 결론지었다. "정상적인 사람들이 느끼는 기분이 이런 게 틀림없어!"

실제로는 그렇지 않다. 정신적 기능보다 정신적 형태에 집착하는 것을 놓아 버린 후에 사람들은 이렇게 느낀다. 불행하게도 정상은 아니지만, 그 정상이 가까이에 있다고.

탈융합 연습 준비하기

부정적인 생각과의 융합이 당신에게 괴로움을 주는 정도에 대한 기초적인 평가를 하면서 시작하는 것이 좋다. 첫 단계는 인지적 융합 질문지(Cognitive Fusion Questionnaire)라는 다음의 간단한 평가지를 작성해 보는 것이다.[6]

인지적 융합 질문지

다음 문항을 읽고 다음 척도를 사용하여 자신에게 해당하는 숫자에 ○표 하세요.

1	2	3	4	5	6	7
절대 그렇지 않다	거의 그렇지 않다	좀처럼 그렇지 않다	때때로 그렇다	종종 그렇다	거의 항상 그렇다	항상 그렇다

1. 내 생각은 괴로움과 감정적 고통을 불러일으킨다.

    1   2   3   4   5   6   7

2. 나는 생각에 너무 사로잡혀서 내가 가장 원하는 일을 할 수가 없다.

    1   2   3   4   5   6   7

3. 나는 상황을 도움이 되지 않는 정도까지 지나치게 분석한다.

    1   2   3   4   5   6   7

4. 나는 내 생각과 투쟁한다.

    1   2   3   4   5   6   7

5. 어떤 생각을 하는 것에 대해 스스로에게 화가 난다.

    1   2   3   4   5   6   7

6. 나는 내 생각들에 매우 얽혀드는 경향이 있다.

    1   2   3   4   5   6   7

7. 생각을 놓아 버리는 게 도움이 된다는 것을 알긴 하지만, 속상한 생각을 놓아 버리는 게 힘들다.

    1   2   3   4   5   6   7

이제 전체 점수를 합산해 보라. 인지적 융합 정도에 대한 엄격한 절단점은 없지만 대략적으로 총점이 20점 미만이라면 당신은 충분히 유연하게 생각할 수 있다는 뜻이다. 점수가 20점대 중후반을 넘어 30점대에 이르면 융합이 보다 지배적으로 일어나는 상태로서, 이 장에서 소개한 방법들이 생각으로부터 거리를 두는 데 도움이 될 것이다. 당신의 사고가 탈융합되어 있고 유연하더라도 탈융합 방법의 연습은 가치가 있는데, 이는 건강하더라도 신체적 운동을 하는 것이 가치 있는 것과 같은 이유다. 이 연습은 마음의 유연성을 건강한 상태로 유지시켜 줄 것이다.

시간이 갈수록 사고 과정에 대한 새로운 자각은 우리가 융합으로 빠져들게 되는 순간에 보다 적절하게 대응할 수 있도록 도와준다. 유념해야 할 중요한 신호들은 다음과 같다.

1. 생각이 예측 가능해 보인다. 이전에도 수없이 많이 지녔던 생각들로 그들은 마치 당신의 일부분인 것처럼 느껴질 것이다. 이 생각들을 기록해 보라. 실제로 적어 보라. 그리고 충분한 시간을 두고 그 생각들로부터의 탈융합을 연습해 볼 수 있다.

2. 몽상에서 깨어나는 느낌을 느낀다. 이는 한동안 생각 속으로 빠져들었다는 뜻이다. 심지어는 많은 시간이 흘러서 할 일을 끝내는 데 늦었다는 것을 발견할지도 모른다. 이런 일이 일어날 때에는 시냇물에 나뭇잎 띄우기 연습처럼 생각을 거슬러 가서 당신이 빠져든 순간을 확인해 보라. 이것이 촉발 요인을 인식하는 데 도움이 될 것이다.

3. 생각이 매우 비교적이고 평가적이 되어 이리저리 떠돌게 된다. 무엇이 효과적인지 (기능적 일관성을 추구하면서) 당신 마음이 알아차릴 때, 일단 그것을 알아차리면 논평은 조용해진다. 당신 마음이 빙빙 도는 것을 발견하거나 평가가 자기반성이나 비교의 색채를 띠게 되면, 예컨대 다음 일련의 생각들과 함께 탈융합하려고 한다. "그 저녁 식사를 자선단체 공제에 해당한다고 주장할 수 있을까? 그래, 할 수 있을 것 같아. 그 생각을 떠올리다니 다행이야. 다른 사람들은 놓쳤겠지만 나는 아니었어. 아마 내 세무사라도 놓쳤을 거야."

4. 많은 모순과 자기 책망, 규칙들("너는 틀렸어, 그 도넛을 먹을 필요가 없었잖아! 넌 뚱뚱해질 거야. 글쎄 더 뚱뚱해지겠지. 그래서 사람들이 너를 피하는 거야. 오 제발, 유난 떨지 마, 그냥 도넛이잖아.")을 포함하는 씨름에 빠져서, 당신의 마음이 지나친 **참견 모드**에 있다는 것을 포착한다.

인지적 유연성은 창의성을 기른다

탈융합 기술을 배우는 것은 고통스러운 삶의 도전들을 다루는 데 도움이 될 뿐만 아니라, 모든 종류의 문제를 대할 때 이전보다 더 다양한 가능성을 고려할 수 있게 도와준다.

인지적으로 얼마나 유연한지 평가할 수 있는 빠르고 간편한 방법이 있다. 이는 '대안적인 용도 과제'로서 인지적 유연성을 평가하는 데 가장 널리 쓰이는 도구다.[7] 자, 준비가 되었는가?

방 안을 둘러보고 눈에 보이는 평범한 물건을 하나 선택하라. 펜, 물컵, 클립, 봉투 등 어떤 것이든 좋다. 그리고 스마트폰으로 2분 동안 타이머를 맞춰 두라. '시작'이라고 할 때 시작할 수 있도록 준비하라. 과제는 다음과 같다. 당신이 선택한 물건의 가능한 모든 용도를 생각해 낼 수 있는 만큼 최대한 빠르게 외쳐 보되, 그 숫자를 정확히 세기 위해 손으로 개수를 세거나 녹음해 보라. 좋다, 준비가 되었는가? 시작하라!

당신이 생각해 낸 다른 용도의 개수가 당신의 점수다. 인지적 유연성을 연구하는 연구자들은 이를 유창성 척도라 부르며, 과제 성취도의 상대적인 비율을 뜻한다. 이 과제에서 당신의 성취도를 평가하고자 한다면, 2분 동안 평균적인 유창성 점수는 8에서 9에 해당한다는 점을 참고하라. 당신이 실제 인지적 유연성 연구에 참여했더라면 연구자들은 당신이 생각해 낸 용도들이 얼마나 보편적이지 않은지도 측정했을 것이다. 예컨대, 안경의 용도를 생각한 경우, 이들로 음료를 젓거나 햇빛의 열을 증폭시키며, 또는 안경의 렌즈를 크리스마스 장식으로 사용할 것이라고 답하였다면 이 답변들은 특이하기 때문에 더 높은 점수를 받게 된다.

이 과제를 연습하면서, 아마 생각과의 융합이 과제를 얼마나 방해하는지 느꼈을 것이다. 가령 안경으로 음료를 젓는 것을 생각한 뒤, 안경의 다른 용도를 생각하기보다 안경으로 저을 수 있는 다른 것들을 생각했을지 모른다. 이러한 현상을 기능적 고착이라 부른다.

역설적이게도 **내부 독재자**와 그의 끊임없는 문제해결적인 마음을 내려놓게 될 때, 우리는 더욱 창의적인 방식으로 문제를 해결하도록 마음을 사용할 수 있게 된다. 학습과 수행을 살펴보게 될 제18장에서 이 주제로 다시 돌아올 것이다. ACT 연구자들은 지능 향상을 위해 인지적 유연성 훈련을 활용할 수 있는 방법까지도 제시한 바 있다.

우리가 내면의 목소리를 독재자가 아닌 조언자의 것으로 여기는 법을 배울 때, 이는 우리에게 커다란 도움이 될 것이다. 오즈의 마법사가 자신이 나쁜 사람이 아니라 단지 나쁜 마법사라고 이야기했던 것처럼, 우리가 우리 마음이 행동을 경직되게 지배하도록 놔두지 않는 이상 그 자체로 나쁘거나 해롭지 않다는 것을 깨닫게 될 것이다. 그것은 도구이며, 우리가 그것에 목줄 매는 것을 배우게 될 때, 우리를 더 잘 보필하게 될 것이다. 이전에 언급했듯이, 우리는 매우 좋은 마음을 가졌으며, 단지 나쁜 **독재자**가 있을 뿐이다.

시작을 위한 일련의 방법들

탈융합 기법으로 흔히 사용되는 네 가지 시작 세트를 소개하고자 한다. 첫 두 개는 일반적인 탈융합 기르기 연습이며, 세 번째와 네 번째는 문제가 되는 구체적인 생각으로부터 탈융합하는 데 초점이 맞춰져 있다. 이 네 가지를 초기 탈융합 실습의 중심으로 생각하라. 탈융합을 배우는 첫 두 주 동안에는 하루에 최소 한 번 이상씩 각각을 반복하라. 이에 더해서, 훈련 도중에 어떤 생각에 사로잡혔음을 알아차린다면, 벗어나기 위해 그것들을 곧바로 사용하라.

원한다면 나머지 방법들에 대해 읽어도 좋지만, 제2부의 나머지 장들을 다 읽은 후에 돌아와서 추가적인 연습들을 실제로 진행해 보기를 권한다. 결국에는 기억하기 쉽고 필요할 때 즉시 꺼내 쓸 수 있는, 당신이 가장 좋아하는 일부 세트를 선택할 수 있다.

탈융합 실습을 계속적인 방식으로 삶 속에 적용해서 생각을 점진적으로 보다 유연하게 만드는 데 사용하는 것이 중요하다. 목표는 단지 특정 피벗을 해내는 데 있는 것이 아니라, 춤을 추는 방법을 배우는 데 있다. 탈융합 기술을 발달시키려는 노력을 여생 동안 지속할 필요가 있다. 마치 명상가가 명상 기술에 계속 정진해야 하는 것처럼, 일생에 걸친 탈융합 훈련은 모든 생각을 일관되게 만들고자 하는 유혹으로부터 일관성에 대한 갈망을 계속해서 허물도록 하는 데 필요하다. 그런 종류의 일관성(문자적인 일관성이라고 부르자)은 궁극적으로 불가능하다. 그러나 유용한 것을 취하고 그 나머지는 놓아 버리기를 배우는 것(기능적인 일관성)은 둘 다 가능하며 도움이 된다.

비교적 단시간에 자유와 거리를 느끼는 것은 흔하고 도움이 되기는 하지만, 조심하라. 당신 마음은 융합의 문제가 해결되었고 이제 다 끝났다며 당신을 확신시키려고 할 수도 있다. 이를 믿지 말라. 융합은 당신 뒤에 없다. **내부 독재자**가 탈융합이 필요한 새로운 위험한 생각을 하나 더 제시한 셈이다. 당신이 제아무리 탈융합에 능하다 해도 마음은 당신이 자연스럽게 융합이 될 만한 생각을 지속적으로 만들어 낼 것이다('나는 탈융합에서 세계적인 전문가다!'). 이러한 경향성으로부터 계속해서 자각하는 것이 필수적이다. 나는 30년 넘게 탈융합을 훈련해 오고 있지만, 여전히 내 생각에 얽혀들기 시작하는 자신을 알아차려야만 한다. 매일매일 말이다. 이제는 가끔씩 알아차리는 것만으로도 충분하지만, 그렇지 않을 때에는 탈융합 실습 중 하나를 즉시 적용하곤 한다. 그리고 때로는 융합이 일정 기간 나도 모르게 나타나기도 한다. 이는 어쩔 수 없는 부분이다. 목표는 앞으로 나아가는 것이지 완벽을 기하는 것이 아니다.

주의 사항: 연습 중 일부는 이상하고 심지어 바보같이 보이기도 할 것이다. 걱정하지 말라. 유머는 이럴 때 필요한 게 아닌가(우리는 모두 웃긴 생명체다!). 자기자비심을 가지고 작업을 끝까지 다 해 보라.

1. 의도적으로 거역하기

당황스러워 보이는 것부터 시작하려고 하는데, 그냥 나를 믿어 주길 바란다.

일어나서 주변에 있는 책을 한 권 들고 방 안을 천천히 걸으며 다음 문장을 크게 여러 번 반복해서 외치라. (걸으면서 실제로 해 보라. 준비되었는가? 일어서라. 걸으라. 읽으라. 시작!)

문장은 다음과 같다.

"나는 이 방에서 걸어 다닐 수 없다."

계속 걸으라! 걸으면서 천천히 그러나 명료하게 문장을 반복해서 말하라, 적어도 대여섯 번은 해 보라.

"나는 이 방에서 걸어 다닐 수 없다."

자, 이제 앉아도 된다.

아주 간단하지 않은가? **독재자**의 눈을 살짝 찌르는 것, 슈퍼맨의 망토를 살짝 잡아당기는 것과 같이 말이다.

이 연습은 탈융합 기법의 개발 중 가장 초창기의 것으로 1980년대 초반에 ACT 연구에서 이용된 바 있다. 비록 간단하고 바보 같은 훈련처럼 보이지만, 최근 아일랜드 연구팀의 실험 연구에서는 실험적으로 가해진 통증을 버티는 능력이 즉각적으로 40%나 상승했다. 사람들이 **말로만** 통증을 견딜 수 있다고 주장했던 게 아니다. 참가자들은 하나를 이야기하면서 그 반대를 실행하는 짧은 훈련을 한 직후에, 매우 뜨거운 접시(실제 고통을 느낄 정도로 충분히 뜨겁지만 손상을 입을 정도까지는 아닌)에 손을 대고 있을 수 있는 시간이 40%나 길어졌다.[8]

이에 대해 생각해 보자. 당신을 지배하는 마음의 힘은 사실 **환상**임을 보여 주는 간단한 실험만으로도 빠르게 당신은 어려운 일을 하는 데 있어서 상당히 더 많은 자유를 얻을 수 있다. 이를 쉽게 삶으로 가져와서 규칙적인 연습으로 만들 수 있다(지금 나는 이 문장을 타이핑할 수 없다고 생각하는 중이다! 나는 할 수 없다! 없어!).

우리는 이제 막 시작했을 뿐이다.

2. 마음에 이름을 지어 주고 정중하게 경청하기

당신의 마음에 이름이 있다면, 이는 '당신'과 같지 않다. 당신이 다른 누군가를 경청하고 있을 때 당신은 상대의 말에 동의할 수도 있고 하지 않을 수도 있다. 상대와 갈등을 빚고 싶지 않을 경우에는 당신에게 동의하도록 상대와 논쟁하려 하지 않는 것이 최선이다. 이것이 바로 당신이 내면의 목소리를 대할 때 취하길 바라는 태도다. 과정 연구에서는 당신 마음에 이름을 지어 주는 것이 이에 도움이 된다고 밝혀졌다. 나는 내 마음에 조지라는 이름을 붙여 줬다. 당신이 좋아하는 이름을 골라 보라. 마음 씨 또는 마음 양도 좋을 것이다. 자, 마치 디너 파티에서 소개받고 있는 것처럼, 당신 마음에게 새 이름을 부르면서 인사를 해 보자. 주변에 남들이 있다면, 그들을 당황시킬 필요까지는 없으니 이 행동을 전부 머릿속에서 해도 된다.

3. 당신 마음이 애써 하려는 것을 인정하기

이제는 잠시 동안 생각에 귀 기울이고, 당신 마음이 재잘대기 시작할 때 이렇게 대답하라. "그 생각에 고마워, 조지. 정말로 고마워." 거만하게 말한다면 당신의 마음은 곧바로 문제해결 모드를 지속할 것이다. 진지해지라. 여기에 다음과 같이 덧붙일 수도 있을 것이다. "네가 쓸모 있으려고 노력하고 있는 건 정말 알아. 그 점에 대해선 너무 고마워. 그러나 이건 내가 할 수 있어." 혼자 있다면 이를 크게 소리 내어 말해도 좋을 것이다.

당신의 마음은 아마도 이건 우스꽝스럽다. 그건 도움이 안 된다고!와 같은 생각으로 당신 말을 밀어내려고도 할 것임에 주의하라. "그 생각에 대해 고마워, 조지. 고마워. 네가 쓸모 있으려고 얼마나 애쓰는지 난 진짜 알아."라고 다시 대답해 주라. 당신은 또한 감정에 좌우되지 않는 호기심으로 다음과 같은 말을 덧붙일 수도 있을 것이다. "더 하고 싶은 말이 있니?"

4. 노래로 부르기

이 방법은 당신이 생각에서 좀처럼 떨어질 수 없을 때 강력하다. 생각을 문장으로 바꿔서 노래로 불러 보라. 혼자 있다면 큰 소리로 불러 보고, 누군가 함께 있다면 마음속으로 하라. 어떤 곡조라도 좋다. 나는 보통 '생일 축하합니다'에 맞춰 부른다. 운을 맞추기 위해 단어 선택에 너무 신경 쓰지 않아도 좋다. 이걸로 TV 쇼에 출연할 것은 아니잖나! 곡에 맞춰 생각을 반복해서 부르기만 하라. 지금 당신에게 잔소리를 하고 있는 생각이 있는지 보고 이를 시도해 보라. 다른 곡조로도 해 보고, 빠르게 또는 느리게 불러 보라. '성공'의 척도는 생각이 사라지거나 힘이 약해지거나 그 생각을 더 이상 믿지 않게 되는 것이 아니다. 그것은 생각을 생각으로 좀 더 분명하게 볼 수 있는가에 있다.

추가적인 방법들

5. 거꾸로 말하기

반복되는 힘든 생각의 중심에 있는 부정적 단어를 취해서 그것을 거꾸로 말하는 것이다. 예를 들어, 나는 바보 같아⋯⋯라고 할 때, '바보'를 거꾸로 쓰면 '보바'인 걸 알았니?라고 말해 보라. 그와 같이 이상한 간섭으로 당신은 그것이 단지 생각일 뿐이라는 걸 상기하게 된다. 그리고 생각으로 보는 것이 아니라 생각을 보는 것이 요점이다. (옛 노래인 '이름 게임'을 적용해서 웃기게 변형한다. "바보, 바보, 바아보, 바나나 파나나 파니니 파보 마보, 바보!")

6. 대상으로 보기

생각을 당신 앞에 꺼내 놓고 몇 가지 질문을 해 보자. 크기가 있다면 어느 정도일까? 모양이 있다면 어떤 모양일까? 색이 있다면 무슨 색일까? 움직이고 있다면 어느 정도의 속도일까? 힘이 있다면 얼마만큼 셀까? 표면의 질감이 있다면 어떤 느낌일까? 그것의 내부에 일관성이 있다면 어떤 것일까?

이러한 질문에 답을 해 본 뒤에도 생각의 힘이 그대로 남아 있다면 생각에 대한 당신의 반응, 특히 판단과 예측, 부정적 감정과 평가(예: "그런 건 원치 않아! 경멸스러워!")에 집중해 보라. 이들을 당신의 마음속에 붙들어 두고 그중 핵심이 되는 반응을 골라 보라. 처음 떠올랐던 생각은 옆으로 옮겨 놓고 이번에는 그 핵심 반응을 당신 앞에 꺼내 두어 보라. 이제 아까와 같은 질문에 다시 대답해 보라. 크기가 있다면 얼마나 클까 등등.

질문에 모두 답했다면, 처음의 생각을 재빨리 훑어보라. 크기, 모양, 색, 속도, 힘, 질감, 그리고 일관성이 이전과 동일한가? 많은 경우 당신은 생각의 영향력이 이전보다 감소하는 방식으로 변화가 나타났다는 점을 발견할 것이다.

7. 다른 목소리 내기

당신을 힘들게 하는 생각을 다른 목소리로 크게 말해 보자. 가장 마음에 들지 않는 정치인, 만화 캐릭터 또는 영화배우의 목소리를 고를 수도 있다. 여러 가지 목소리로 시도해 보자. 다만 이것이 결코 당신 스스로를 우스꽝스럽게 만들기 위함이 아님을 명심해야 한다. 다른 목소리를 사용하는 건 생각을 바라보는 걸 돕기 위함이지 생각이나 당신을 비웃기 위함이 아니다.

8. 손 연습

당신의 손바닥에 당신의 생각을 적는다고 상상해 보자(손에 생각이 있다는 것을 당신이 알고 있는 한 실제로 손에 글씨를 쓸 필요는 없다). 이제 손을 당신의 얼굴 가까이에 대자. 이 자세를 취하면 아무것도 볼 수 없게 될 뿐만 아니라 당신의 손과 손바닥에 상상으로 쓴 생각 또한 볼 수 없다. 이는 생각이 당신의 자각을 지배한다는, 융합에 대한 신체적 비유다.

이제 생각이 그대로 손에 있는 상태에서 손을 얼굴에서 멀어지도록 쭉 뻗어 보자. 이제는 손뿐만 아니라 다른 사물들도 좀 더 잘 보일 것이다. 생각이 여전히 손에 있는 상태에서 손을 얼굴 옆으로 옮기면, 손도 보이지만 앞 또한 더 또렷하게 볼 수 있다. 이와 같은 행동은 생각에 대한 태도를 당신이 원하는 방식으로 설정하도록 시뮬레이션해 보게 한다. 생각이 당신을 지배하고 있다는 걸 알아차릴 때마다 생각이 당신에게 얼마나 가까이 있는지 떠올려 보라. 마치 손이 얼굴에 있는 상태와 같은가? 또는 얼굴 옆으로 빗겨나 있는 상태와 같은가? 만약 얼굴에 있다면 손을 얼굴 옆으로 움직일 수 있는지 알아보라. 이 방법이 생각을 없애려는 게 아님에 주의하라. 실제로 생각을 단지 생각으로 보다 명료하게 보게 된다. 이 자세로 다른 많은 것들도 해 볼 수 있는데, 이 점이 탈융합의 핵심이다.

9. 지니고 다니기

이번에는 작은 종잇조각에 생각을 적은 다음에 이를 손에 쥐고 바라보라. 이것이 마치 소중하고 손상되기 쉬운 고대 문서의 한 페이지인 것처럼 바라보라. 그 단어들은 당신 역사의 메아리다. 그 생각이 비록 고통스럽더라도, 당신의 역사를 존중하는 의미에서 그 생각이 적힌 종이를 지니고 다닐 수 있을지 스스로에게 물어보라. 당신이 '예'라고 대답할 수 있게 되면, 그 종이를 당신의 주머니나 지갑에 조심스럽게 넣어 지니고 다닐 수 있도록 해 보라. 이를 지니고 다니는 동안에 당신 여정의 한 부분임을 인정한다는 의미로, 또 함께 한다는 것을 환영한다는 의미로 종종 그 주머니나 지갑을 쓰다듬어 보라.

10. 어린아이

이 연습은 자기자비를 발달시키는 데 도움이 된다. 생각으로부터 탈융합하는 것이 자기 희화화나 특정 생각을 가진 것에 대한 자기비난을 포함해서는 안 된다는 점을 인식하는 것은 매우 중요하다. 당신은 우스운 존재가 아니다. 당신은 인간이며, 인간의 언어나 인지는 호랑이와 같아서 호랑이에 올라탄 우리는 어쩔 수 없이 이들이 이끄는 위험한 지역으로 들어갈 수밖에 없다. 마음으로부터 도움이 안 되는 생각들이 만들어지는 것을 그 누구도 완벽하게 막을 수 없다.

당신의 역사에서 오랫동안 알고 지낸 힘든 생각을 찾아보고, 동시에 그 생각이나 그와 비슷한 생각들을 지녔던 가장 어릴 때의 모습을 떠올려 보자. 잠시 시간을 가지고 그때 당신의 모습은 어떠했는지, 즉 머리는 어땠으며 어떤 옷을 입었는지 마음속에 그려 보자. 그다음, 상상 속에서 당신이 아이였을 때의 목소리로 그 생각이 흘러나오도록 해 보라. 실제 어린아이의 목소리로 직접 시도해 보라. 지금 개인적인 공간에 있다면 목소리를 높여 다시 시도해 보고, 그렇지 않다면 마음속에서 그 소리를 들어 보라. 그러고 나서 당신이 실제로 그런 상황에 있고 그 아이와 함께 있어 주는 것이 당신의 목표라면 어떻게 할지에 집중해 보라. 아이를 안아 주는 것과 같이, 아이를 도와주는 당신의 모습을 마음속에 그려 보라. 그러고 나서 스스로 질문해 보라. "비유적으로, 그것을 지금의 나에게 어떻게 해 줄 수 있을까?" 그리고 좋은 아이디어가 떠오르는지 보라.

11. 사회적인 공유와 탈융합

판단적인 생각으로부터 거리를 두는 것에 어느 정도 능숙해졌다면, 사회적 공유를 기반으로 하는 보다 발전된 방법들로 넘어갈 수 있다. 사회적 공유만으로 효과를 기대하지 말고 내적인 작업을 선행하는 것이 중요하며, 그럴 때만이 보다 발전된 방법이라 할 것이다. 타인과의 공유는 탈융합 능력을 키우는 데 도움이 되지만, 당신이 준비되지 않으면 안전기지 밖으로 당신을 밀어낼 위험이 있다. 당신은 말처럼 채찍질 당하는 존재가 아니다. 융합되어 버린 판단을 마음에서 내려놓기란 상당히 감정적인 작업이며, 당신 및 거울 속에 비친 사람과 함께 시작한다.

팔로 알토에 있는 보훈처에서 근무하는 로빈 월서Robyn Walser는 ACT 전문가로서, 참전군인들을 대상으로 하는 집단 치료에서 처음으로 이 훈련을 고안해 냈다. 전쟁터에서 돌아와 외상 후 스트레스 장애(PTSD)를 앓는 군인들은 자주 도덕적 트라우마를 겪었고, 자신과 자신의 행동에 대해 매우 고통스럽고 판단적인 생각을 갖고 있었다. 로빈은 집단에서 이 융합된 자기비난 속으로 파고 들어갔으며, 참전군인들이 내려놓고 탈융합할 준비가 된 생각들을 계속해서 찾고 있었으나, 그들에게는 그 마지막 단계가 필요했다.

그녀는 상당히 대담한 제안을 했다. 그녀는 그들에게 각자의 자기 판단적인 생각을 종이에 큰 글씨로 적게 한 다음에 그 종이를 가슴에 붙이고 집단에 참여하게 했다. 이는 일종의 다짐과 같은 기능을 했다. "나는 더 이상 이 판단이 내 삶을 지배하도록 놔두지 않겠다."

그들이 쓴 내용을 보면 울고 싶을지도 모른다. 살인자, 악마, 위험한, 망가진. 당신이 살인자라는 생각에 여전히 융합되어 있다면, 단지 그것을 당신의 가슴에 써 붙이는 건 큰 도움이 되지 않는다. 오히려 생각에 더 압도될 수 있는데, 왜냐하면 당신이 진짜로 믿고 있는 그 생각을 다른 사람들도 알게 되기 때문이다. 그러나 만약 당신이 그 판단이 단지 생각의 하나로 볼 준비가 되어서 그것에 더 이상 휘둘리지 않기로 선택했다면, 이를 가슴에 써 붙이는 것은 그 선택을 강력하게 공적으로 표명하는 것이다.

나는 이 방법을 처음 써 보고 이 훈련이 주는 강력함에 깊은 인상을 받았다. 워크숍 중에 이 방법을 소개하면서 나 자신도 이에 함께 참여했다. 나는 비열함이라는 단어를 쓰려는 충동을 느꼈는데, 의식적으로는 나 스스로를 비열하다고 생각하지 않았기 때문에 깜짝 놀랐다. 비열하다는 것에 대해 나 스스로를 의식적으로 질책했던 기억은 한 번도 없었다. 그러나 그 비열함은 내 안에 존재했던 것이다.

갑자기 내 여섯 살 또는 일곱 살 때 기억이 떠올랐는데, 그때 나는 돋보기로 타란튤라의 몸체 끝부분에 열을 가하여 그들이 얼마나 빨리 도망치는지를 알아내려는 중이었다. 당시에 내가 살던 샌디에이고 외곽에는 타란튤라가 많았고, 나와 내 친구들은 이 거미에 매혹되기도 하고 동시에 무서워하기도 했다. 돋보기 놀이를 포함해서 우리는 이 불쌍한 것들을 갖고 놀곤 했다. 우리가 알아차리지 못한 사이에 어머니가 우리 뒤로 다가왔는데, 그때 그녀는 겁에 질려 버렸다. 어머니는 혐오와 경악, 분노가 뒤섞인 표정이었고, 이를 본 누구라도 쉽게 돌처럼 굳어지게 만들 정도였다. 나는 그 일을 완전히 잊고 있었지만, 이를 떠올리자 수치심에 역겨운 느낌마저 들었다. 그러면서 나는 비열한 사람이라는 두려움이 그때 이후로 계속 나를 따라다니고 있었음을 깨달았다.

나는 비열함이라는 단어를 종이에 크고 진하게 쓴 후 내 가슴에 붙였다. 쉬는 시간에 커피를 마시러 갔을 때 무의식적으로 훈련원의 요리사가 그 종이를 볼 수 없도록 몸을 돌렸다는 것을 알아차리고 나는 깜짝 놀랐다. 그 단어는 내게 여전히 그토록 강력했던 것이다. 그러나 20분 뒤에 워크숍이 끝났을 때 그 감정은 완전히 사라졌음을 깨달았다. 완전히! 수십 년 동안 숨어 있던 수치심은 휙 하고 사라진 것이다! 살짝 기분이 좋아진 나는 그 배지를 내 자켓에 그대로 둔 채로 며칠 동안 계속 입고 다녔다. 몇몇 레스토랑 웨이터들은 나를 이상하게 쳐다보기도 했다! 나는 그저 미소 지으며, 내 남은 삶에서 그 '비열함'으로부터 도망치지 않기로 행복하게 다짐했다.

이후 수년 동안, 나는 꽤 많은 배지를 모았다. 사랑스럽지 않은, 병든, 슬픈, 수치스러운, 신뢰할 수 없는, 증오스러운, 사기꾼, 무의미한, 잔인한, 거짓말쟁이, 변태, 화난, 불안한, 위험한.

나쁜만이 아니다. 리케 젤가드Rikke Kjelgaard는 네덜란드의 ACT 치료자로서, 수많은 ACT 치료자들로 하여금 각자 부정적인 자기비난적인 생각들을 종이에 쓰고 이를 들고 있는 모습을 영상으로 찍어서 한데 모았다. 그것은 슬프기도 하면서 동시에 용감한 사람들이란 느낌이 들게 하며, 분명히 한 번쯤 볼 가치가 있다(http://bit.ly/OurCommonFate).

나는 이 방법을 큰 규모의 워크숍에서 신뢰하는 소수의 사람들과 할 수 있도록 변형해 보았다. 한 줄에 스무 명에서 서른 명 정도가 되도록 사람들을 두 줄로 세워 각 줄이 서로 마주 볼 수 있도록 배치한 후에 몇 초 동안 맞은 편 사람의 배지를 보면서 그 부정적인 자기비난적인 생각이 상대방의 삶에 초래했을 고통과 피해를 생각해 보게 한다. 그다음에는 상대가 그 짐을 지고 온 것에 대한 연민과 그 짐을 내려놓는 데 필요한 용기를 인정하는 마음으로 맞은 편 사람의 얼굴을 30초 동안 바라보게 한다. 시간이 되면 두 줄이 서로 반대 방향으로 움직여서 새로운 짝이 만나 앞선 과정을 반복하고, 스무 쌍에서 서른 쌍의 모든 사람들과 이 과정을 함께 할 때까지 계속한다.

이 연습이 마무리될 즈음에는 대부분의 사람들이 눈물을 흘리거나 상대방을 안아 주고 싶어 한다. 거의 모든 사람이 거기에 있던 모든 배지를 마치 자신의 배지처럼 여길 수 있게 된다. 모든 사람이 다 똑같은 비밀을 갖고 있었다는 깨달음이 천둥 치듯 마음 속 깊이 울리게 된다. 그런데도 우리는 모두가 비슷한 여정을 밟고 있음을 이해하지 못하고 수치심과 자기비난적인 상태에 홀로 있게 된다.

탈융합을 목적으로 공유의 과정을 이용하는 다양한 방법들이 있다. 티셔츠나 농구모자에 당신의 두려움이나 자기 의심의 생각을 적기, 책에 목록을 만들기(내가 이 책에 방금 한 것처럼!), 내 내면을 대중 앞에서 말하며 나누기(자기 자신과의 작업이 선행된 다음에!), 당신 자녀들과 솔직하게 각자의 자기비난에 대해 대화하기, 상대방이 자신의 내면을 공유할 때 경청하고 당신 또한 내면을 공유하기.

책임감 있게 이에 임한다면, 당신은 자유와 더불어 타인과의 연결감을 느끼게 될 것이며, 수 분 내지는 수 시간 내에 당신을 수년 동안 조종해 온, 도움이 안 되는 생각들을 내려놓기 시작할 것이다.

제**10**장

두 번째 피벗:
자기, 관점 취하기의 예술

초등학교 저학년 때의 기억을 되짚어 보라. 조금만 노력하면 훨씬 어렸을 적 시각으로 그 사건을 재경험할 수 있을 것이다.

바로 '나'라는 감각을 건드린 것인데, 이는 우리 마음이 인지적 관점 취하기를 사용할 수 있게 될 때 나타난다. 그 지점부터 우리 마음 안에 있는 '나(I)'라는 관점에서 관찰하는 감각이 우리 삶에 늘 존재하게 된다. 나는 이를 '나(I)'라고 지칭할 것인데, 우리가 어디에 가든지, 누구와 있든지, 우리 삶이 어떤 상황에 놓여 있든지 간에 그것은 우리 안 거기에 항상 존재하므로, 우리는 **초월적인** 자기를 인식하게 될 것이다. 이 인식을 발달시키는 같은 지점에서 우리는 개념화된 자기를 만들어 내는 자기에 대한 이야기를 구성하기 시작하며, 이는 초월적인 자기에 대한 자각을 차단할 수 있다. 우리가 엮어 낸 이야기를 강화하고 방어하는 데 너무 집중하게 되어 결국에는 우리 존재와 경험의 특정 측면들을 타인뿐만 아니라 자신에게도 숨기려고 애쓰게 된다.

소속에 대한 갈망

인간은 집단의 일원으로 보이고 보살핌을 받으며 소속되기를 갈망한다. 우리는 사회적 동물로서, 소속되는 것이 말 그대로 삶과 죽음의 문제에 직결되는 작은 무리와 집단에서 진화했다. 이러한 갈망은 건전하지만, 우리의 마음이 이를 충족시키려 애쓰는 갖가지 방법들은 심리적 고통을 초래한다. 우리는 자아를 방어하기 위해 우리 자신에 대해 거짓말하고 희생양인 척하며, 남을 기쁘게 할 수 있는 과장된 기준에 미달한 자신을 질책하고, 거절이나 지각된 무시에 대한 걱정으로 소진되곤 한다.

자존감 추구를 생각해 볼 때, 초래되는 손실이 극명하게 대비되어 보일 수 있다. 높은 자존감은 훌륭한 목표다. 그것은 일반적으로 긍정 정서와 보다 주도적인 행동과 관련된다.[1] 성격적으로 자기를 높이 존중하는 사람은 특성상 자신이 인기 있고 지적이며 매력적이라고 보는 경향이 있는 한편, 과거의 실수를 인정하고 일반적으로 그 실수에서 배웠다고 믿고 더 나은 미래로 나아간다. 이는 모두 멋지게 들리는데, 어느 정도는 그렇다. 하지만 자존감 추구는 여기서 그치지 않을 수도 있어서 이를 추구하는 것이 종종 해로운 자기기만과 정신적 고통을 야기하곤 한다.

연구에 따르면, 사람들이 자존감을 형성하고 보호하며 유지하는 데 집중할 때 진정으로 가치 있는 것에 집중할 수 있는 능력이 감소될 수 있다고 한다. 그들은 보다 압박감을 느끼고 스트레스를 받으며 불안할 가능성이 높고,[2] 난관에 부딪혔을 때 회복탄력성이 저하되는 경향이 있다. 예를 들어, 자기 가치감을 학업 성취도에 둔 학생들은 낮은 성적을 받았을 때 괴로워하며 이미 우울감에 취약할 경우에는 우울증에 빠질 확률이 증가할 것이다. 이와 유사하게 자신에 대한 장밋빛 이야기를 만들어 내는 사람들은 자신이 다른 사람보다 우월하다고 생각하기 시작할 것이다. 이런 일이 시작되면 소속감을 느끼는 데 도움이 되기보다 자기 이야기를 더욱더 꽉 붙들게 되어 소외감과 외로움을 느끼게 된다.

진정한 자존감은 부드럽고 우리 자신의 결함들에 대해 열려 있다. 가식에 의거한 자존감 유형은 융통성이 없고 방어적이며, 솔직한 자기를 거부한다. 여기서 차이점은 개념화된 자기 이야기와의 융합에 있다.

우리가 치르는 비용은 정부에서 회의실에 이르기까지, TV 프로그램에서 실제 직장에 이르기까지 어디에서나 볼 수 있다. 광고주들은 자기상을 지키려는 우리의 욕구를 만족시킬 수 있는 상품을 행복하게 판매한다.[3] 그 이미지가 위협을 받을 때, 우리는 화가 나고 공격적이거나 폭력적이 되기 쉽다. 우리는 또한 자신의 능력 범위 이상의 일을 맡음으로써 스스로의 가치를 증명하려 애쓸지도 모르는데, 그 결과 자존감에 더 큰 상처로 괴로워하기도 한다.[4] 이러한 경우에는 더 높은 수준의 자존감 추구는 단기적인 정서적 유익보다 불행과 괴로움이라는 장기적인 대가가 훨씬 더 크다.

초월적인 자기와 연결되기

자기 피벗은 소속되고자 하는 갈망의 건강한 에너지를 가지고 자각이라는 초월적인 나/여기/지금 감각과 다시 연결되는 방향으로 돌리는데, 이는 그러한 자각만이 우리 자신이라고 여기는 것의 중심부에 있게 해 준다. 이는 우리로 하여금 자아와 그 자기 이야기의 왜곡에 지배되지 않는 방식으로 타인 및 우리 자신과 관계 맺게 해 준다. 이렇게 중요한 만큼 그것은 우리로 하여금 인간의 의식 그 자체 안에 놓인 훨씬 더 깊은 소속감에 닿게 해 준다.

자기 피벗을 만들 때 우리는 관점 취하기를 통해 지금 여기에서의 초월적인 자기에 대한 자각과 연결된다. 이는 자기 평가의 지배로부터, 그리고 연결되고 소속되기 위해서는 특별함에 대한 우리의 이야기를 다른 사람들이 믿도록 할 필요가 있다는 관념으로부터 우리를 해방시켜 준다. 아무리 우리가 다른 사람 또는 우리 자신의 평가에 부응

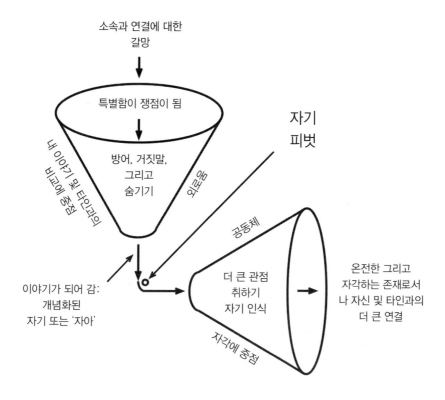

하더라도, 생득적으로 우리는 의식 속에서 타인과 연결되어 있음을 깨닫는다.

타인과의 연결에 대한 이러한 자각을 함양하는 데 있어서 관점 취하기가 어떻게 중대한 역할을 하는가는, RFT에 기반한 관점 취하기 연습을 통해 자폐 아동들이 그런 연결감을 느끼도록 배우는 이야기에서 극적으로 드러난다.

트루디라는 ACT 동료에게는 두 돌 직후에 자폐증 진단을 받은 딸이 있다. 그녀는 이를 직감했다. "어떤 연결감도 느끼지 못했어. 딸을 웃게 할 수가 없었어."라고 그녀는 회상한다. 나는 장애 아동을 위한 RFT 분야에서 세계적인 전문가 중 한 사람인 호주 서부 퍼스의 다린 케언즈Darin Cairns를 만나러 가 볼 것을 그녀 부부에게 제안했다. 그들은 방문 후에 매우 감명을 받아서 사만다(애칭 샘)를 일평생에 걸친 장애로부터 구하고자 수천 마일이나 떨어진 그곳으로 가족 전체가 이사했다. 그들은 최소한 3년은 머물 것이라고 예상했다.

다린은 RFT 절차의 핵심 세트를 활용해서 샘이 사람, 장소, 시간에 대한 관점 취하기 능력을 발달시키도록 훈련했다. 예를 들어, 샘은 "나는 컵이 있고, 너는 펜이 있어."라고 듣고 나서, "내가 너이고 네가 나라면, 나는 무엇을 가지고 있겠니? 너는 무엇을 가지고 있을까?"라는 질문을 받았다.

몇 달 만에 트루디는 진전이 일어나고 있음을 알아차렸다. 몇 년 후에 무엇이 일어났는지 설명해 달라고 그녀에게 부탁했을 때, 그녀의 눈에 눈물이 고였다. "우리는 관점 취하기 훈련을 수없이 많이 시도했어요. 저는 끊임없이 딸을 붙들고 '내가 너이고 네가 나라면'을 반복했지요. 하루는 샘이 클리닉에 가기 위해 승합차에서 내리면서, 뒤를 돌아서 저를 바라봤어요. 그리고 생전 처음으로……." 이쯤 되자 트루디는 약간씩 더듬거리기 시작했다. "손을 들어 인사를 했어요. 저는 생각했어요, '아, 이거야. 이게 부모가 받는 것이구나.'" 그녀는 잠시 말을 멈추고 자신을 다잡았다. "저는 생각했어요. '이것이 내가 놓치고 있었던 것이구나.'라고요."

그녀의 새로운 인식에 대한 감각은 심지어 샘과 어머니의 상황을 역전시키게 만들기도 했다. 트루디가 샘으로 인해 화가 나서 야단을 치자, 샘은 잠시 방을 나갔다. 그리고 돌아와서는 손을 허리춤에 얹고 단호하게 말을 했다. "당신이 나였다면, 그게 재미없다는 걸 알았을 거예요!"

샘은 **사회적인** 의식의 세계로 들어가려고 하고 있었다. 특정한 관점에서 관찰하는 '나/여기/지금'의 자기 감각과 연결되면서, 그녀는 자신의 관점을 사람, 장소, 시간을 가로질러 이동시키는 방법도 역시 배웠다. 달리 말하면, 샘이 자신의 눈 뒤에서 나타나자 그녀는 트루디가 트루디 눈 뒤에 있음을 처음으로 깨달았던 것이다. 샘은 자신의 관점을 트루디의 것으로 옮겨 그녀의 눈을 통해 상황을 볼 수 있었다. 그것이 그녀가 손을 흔든 이유였다. 그녀는 엄마가 자신을 보고 있음을 보았던 것이다.

1년 반 후에 그 가족은 집으로 돌아왔다. 더 머무를 필요가 없었던 것이다. 지금 당신이 샘을 만난다면, 그녀가 자폐증의 과거력이 있었다는 사실을 짐작조차 하지 못할 것이다. 그녀는 잘 적응된 한 아이다.

이는 이례적인 사례일 수 있지만 그렇다고 개인적인 이야기는 아니다. 최근의 한 연구에서 샘에게 적용했던 것과 유사한 절차를 자폐증이 있는 아동 집단에게 적용한 결과, 모든 아동에게서 관점 취하기 능력의 향상이 관찰되었다. 현재 전 세계에 걸쳐 이런 방식으로 아동과 함께 작업할 수 있는 프로그램 전체가 구축되고 있으며, 초기 데이터는 상당히 고무적인 결과를 냈다. 과학이 이 접근법을 지속적으로 뒷받침할 수 있을지 좀 더 지켜보아야 하겠으나, 지금 수십 개의 연구가 그 여정에 함께하고 있으며 그것은 여전히 견고해 보인다.[5]

피벗 시도하기

자기 피벗은 초월적 자기에 대한 숨겨진 감각을 포착하는 것에서 시작한다. 내가 경험한 카펫 위에서의 순간처럼, 때때로 어떤 경험들은 엄청난 고통과 절망감으로 파국을 향해 치닫게 한다. 다행스럽게도, RFT에서는 고생이 필요 없는 간단한 방법들을 개발했다.

ACT에서는 우리 자신의 더 깊은 자기 감각에 연결하기 위한 공식을 확립했는데, 그것은 다음과 같은 네 가지 부분들로 구성되어 있다.

1. 이전 장에서 기술한 것처럼. 우리가 자신에 대한 이야기를 구성하는 방식에 탈융합 기법을 적용함으로써 개념화된 자기에 대한 믿음을 약화시킨다.
2. 그것이 어떻게 정신적인 공간을 열어서 늘 지속적으로 존재하는 자기 감각의 기저에 있는 관점 취하기를 인식할 수 있게 되는지 보라. 어떤 정신적인 내용을 볼 때. 초월적인 자기는 내용과 구별된다는 것('나는 내 생각이 아니다.')과. 초월적 자기 안에 그 내용이 들어 있다는 것('나는 내 생각을 자각 안에 지닐 수 있다.')을 둘 다 알아차리라.

3. 당신의 관점을 시간(지금은 그때와 관계됨). 장소(여기는 거기와 관계됨). 사람(나는 당신과 관계됨)의 차원을 따라 이동하는 연습을 통해 관점 취하기 습관을 기르라.

4. 관점 취하기를 활용해서 의식 속에서 타인과의 소속감 및 상호 연결성에 대한 건강한 감각을 기르고. 이를 통해 '나'라는 개인적인 초월적 자기 감각을 상호 연결된 '우리'에 대한 감각으로 확장시켜 보라.

다음에 제시될 첫 두 가지 연습은 처음에 피벗하는 과정에 도움이 될 것이다. 시작 세트에 있는 다음 몇 가지 연습들은 초월적 자기에 대한 자각을 향상시키고 타인과의 연결과 소속에 대한 감각을 기르도록 도울 것이다.

자기 피벗의 다른 쪽에서 당신의 세계는 변한다. 당신이 당신 눈 뒤에 나타나면서, 당신은 타인의 눈 뒤에서 보기 시작한다. 당신은 사람들이 당신을 알아차리는 것을 알아차리며, 당신이 사람들을 알아차리고 있음을 그들이 알아차리고 있음을 또한 알아차린다. 당신은 우리 모두를 한데 묶는 자각의 종류를 감지한다. 당신이 사람들과 보다 배려심 있는 연결을 언제나(슈퍼마켓에서, 엘리베이터에서, 직장 또는 집에서) 만들어 내고 있음을 발견하기 시작한다. 자신의 신체적 한계에 용감하게 맞서서 쇼핑 카트를 상점 안으로 집어넣기 위해 고군분투하는 할머니,[6] 손님이 원하는 것을 물어보기 위해 세심하게 신경을 쓰고 있는 웨이터, 당신의 관심을 갈구하지만 말을 걸기에는 겁에 질려 있는 어린아이를 알아차릴 것이다.

자신의 의식에 완전하고 개방된 방식으로 접촉할 때 우리는 타인의 의식에도 더 잘 접촉할 수 있다. 우리는 의식이 자신의 마음과 신체가 규정하는 공간에 비해 훨씬 더 크고 오래된 것임을 안다. 깊은 의미에서 그것은 무한하고 시대를 초월하며, 우리 모두를 서로 연결시킨다. 우리는 의식한다. 이는 우리가 보다 온전히 우리 자신이 되도록 그리고 타인과 깊이 관계 맺도록 힘을 주면서, 소속에 대한 우리의 열망을 건강하고 성장 촉진적인 방식으로 만족시킨다. 생득권으로서 당신은 소속해 있다.

시작을 위한 일련의 방법들

탈융합 기술을 기르는 것과 마찬가지로, 여기에 제공된 모든 연습들을 반복적이고 지속적으로 실시할 경우에 관점 취하기 근육이 계속해서 강화됨을 느낄 것이다. 그것들을 일회성으로 여기지 말고 관점 취하기를 위한 유연성 체조라고 생각하라.

1. 나는 ……다/나는 ……아니다(I am ……/I am not ……)

첫 시작점은 이 간단한 연습이 좋다. 미완성된 세 개의 문장이 다음에 제시되어 있다. 종이 한 장을 준비해서 적어 보라. 자, 처음 두 문장을 당신의 긍정적인 심리적 속성을 대표하는 한 단어로 채워 보라. 단순한 기술적 속성(예: 나는 남자다)을 적지 말고, 당신이 가장 소중하게 여기는 개인적인 자질을 나타내는 용어를 사용하라. 마지막 문장은 정반대의 것을 적어 보라. 거기에는 당신이 지닌다고 생각하거나 두려워하는 부정적인 개인적 속성을 한 단어로 기술하라.

1. 나는 _____다.
2. 나는 _____다.
3. 나는 _____다.

처음 두 개의 '긍정적인' 대답을 검토하는 것부터 시작하자.

이에 대해 몇 가지 간단한 질문이 있다. 이는 항상 사실인가? 어디에서든? 모두에게? 아무런 예외도 없이?

거짓말하지 말라!

마지막 문장은 어떠한가. 그 말이 완전히 사실인가? 어디에서든? 당신을 매일 24시간 감시한다 해도 똑같은 말이 나오겠는가?

또 다른 질문이 있다. 이와 같은 진술문 중에서 얼마나 많은 것을 남들과 비교할 수 있는가? 하나씩 시도해 보라. 만약 '나는 똑똑하다'거나 '나는 친절하다'라고 기술했다면, 이 진술문이 남들보다 더 똑똑하거나 더 친절하다(또는 더 멍청하다 등)는 생각과 연관되는지 보라. 이는 단지 당신의 이야기가 아니라, 남들과 비교한 당신의 이야기다.

우리 자아 내면에서 고립감을 느끼게 되는 것은 놀랍지 않다!

해결의 시작은 이 진술문들과의 융합을 알아차리는 것이다. 첫 번째 문장에서 시작하여 세 문장 모두에 걸쳐 문장의 끝에 있는 마침표를 쉼표로 변경한 다음에, '혹은 그렇지 않거나'라는 세 단어를 추가해 보라. 예컨대, 나는 똑똑하다, 혹은 그렇지 않거나.

이제 각 문장을 다시 천천히 읽어 보라. 그리고 무슨 일이 일어나는지 지켜보라. 천천히 해도 좋다. 이를 하면서 당신의 마음이 부정적인 생각들로 가득 차오르는 것을 느끼면, 탈융합 기법을 적용해서 자신에게 말해 보라. "나는 ……한 생각을 하고 있다."[7]

아마 당신은 마치 방 안으로 살랑대는 바람이 불듯 뭔가가 살짝 열린 듯한 느낌을 감지할지도 모른다. 어쩌면 당신은 스스로에 대해 생각하는 방식에 더 많은 선택권이 있다고 느끼게 될 수도 있다. 그 감정에 매달리지 말라(이는 오고 갈 것이다). 그리고 어떤 버전이 더 정확한지에 대해 스스로와 논쟁하지 말라. 여기서 기르고자 하는 정신적 과정은, 다른 것과 비교해서 한 버전의 이야기만 믿는 것을 거부할 수 있음을 스스로 상기하는 것이다. 우리는 여러 가능성에 마음을 열고자 한다. 이러한 개방감을 '긍정적' 진술문과 부정적 진술문 모두에서 알아차릴 수 있는지 보라.

이제 첫 번째 문장에서 '나는' 뒤에 적은 내용을 모두 지워 보라. 그 내용이 없다면 당신은 어떤 사람인가? 잠시 멈춰 대답을 생각해 보라. 그런 다음 다른 나머지 문장에 대해서도 똑같이 시도해 보라. 그 내용을 그냥 흘려보낸다면 어떻게 되겠는가?

이 과정에서 의문이 들 것이다. 당신의 이야기와 방어가 모두 없다면 당신은 누구인가? 당신은 누구를 또는 무엇을 보호하기 위해 애쓰는가? 만약 당신이 어느 날 잠에서 깨어났을 때 이와 같은 문장들이 그저 문장일 뿐이라면, 그것 모두가 '_____이거나 말거나!'라는 열린 감각을 지니고 있다면, 당신은 여전히 당신일 것인가? 만약 당신의 마음이 "젠장, 아니!"라고 대답한다면, 잠시 시간을 두고 당신의 그 마음을 알아차리고 있는 자를 알아차려 보라. 그 정신적 반응을 알아차리지 않았는가? 그는 더 깊은 '당신'이란 감각을 알아차리는 당신이 아니던가?

이 작은 연습에서 마지막으로, '나는 ……다'라는 두 단어에 동그라미를 치고 세 차례 반복하고서 이를 생각해 보라. 우리가 추구하는 더 깊은 자기 감각은 오로지 이 두 단어에 더 가깝다면 어떠하겠는가? 우리 삶의 이야기를 만드는 과정에서 우리는 이 강력한 대안을 잃어버리고 만다. 단지 존재하는 것 말이다.

이 연습에는 한 단계가 더 있는데, 이는 자기 이야기의 마법에 빠져들려 할 때 이를 더 잘 알아차리게 도와줄 것이다.

자아에 바탕을 둔 이야기는 왜곡되었을 뿐만 아니라 너무 일반화된 경향이 있다. 실제로 다른 상황에서 우리는 자기 이야기의 각기 다른 측면에 초점을 맞춘다. 예를 들어, 사랑하는 사람들과 함께 집에 있을 때 우리는 자신을 배려하는 존재로 보는 관점에 집중하다가도, 직장에서는 서툰 모습에 대한 생각에 집중할지 모른다. 각기 다른 상황에서 자기 이야기가 어떻게 변하는지 인식하는 것은 우리로 하여금 초월적인 자기와 더 잘 연결될 수 있도록 도와주며, 그 결과로 우리가 되고자 하는 존재의 여러 가능성들 가운데서 선택할 수 있는 능력도 향상된다.

자, 이제 '나는 _____다' 진술문을 변형시켜서 각각을 다시 써 보려 한다.

먼저 '나는 ……다' 대신에 '나는 ……라고 느낀다' 또는 '나는 ……라고 생각한다'라고 적어 보라. 만약 나는 다정하다라고 적었다면 나는 다정하다고 느낀다로 고쳐 보라. 만약 나는 똑똑하다라고 적었다면 나는 나 자신을 똑똑하다고 생각한다로 바꿔 보라.

다음에는 '언제 [상황], 그리고 나는 [당신의 행동], 그래서 [당신이 어떻게 생각하거나 느끼는지]'와 같은 문구를 사용해서, 자신의 행동이 어떻게 관여되는지를 포함하여 당신이 그런 식으로 생각하거나 느낀 상황을 묘사함으로써 각 문장을 한정해 보라. 예를 들어, "아내가 내게 동의하지 않는데 내가 그녀의 관점을 진지하게 받아들일 때, 나는 다정하다고 느낀다." 또는 "할 일이 많은데 자기관리를 위해 시간을 가질 때, 나는 자신을 똑똑하다고 생각한다." 마찬가지로 당신이 다정하다거나 똑똑하다고 느끼지 않는 상황을 묘사하는 것도 가능하다. 예컨대, "할 일이 많고 열두 살짜리 아들을 제쳐 놓을 때, 나는 다정하거나 똑똑하다고 느끼지 않는다." (그건 그렇고, 이 모든 예들은 전적으로 지어낸 것으로서 나와는 전혀 무관하다. 에헴.)

이는 훨씬 더 유용한 형태의 자기 기술이며, 언제 어떻게 우리의 진정한 열망과 일치하는 방식으로 행동하고 있지 않은지를 안내한다. 자기비난이 지나치게 확장된 개념적 자기로 초대하는 것과 당신이 얼마나 많은 선택권을 가지고 있는지를 점점 더 자각하기 위해 자기비난을 포착하면서 이 연습을 계속해서 실행하라. 그저 그것을 알아차리고 보다 초월적인 자기 감각에서 그것들을 다른 방향으로 옮길 수 있기 위해서.

2. 당신의 이야기 다시 쓰기

한 걸음 물러나는 또 다른 방법은 자기 자신에 대한 짧은 이야기를 쓴 다음에 이를 다시 써 보는 것이다.

심리적으로 투쟁하고 있는 일(당신을 방해해 왔고 지금도 방해하고 있는)에 대해 몇 백 자 이내로 글을 써 보라. 그 역사와 방해해 왔던 내적·외적 방식을 확실히 묘사해 보라. 이 작업이 끝나면 펜을 들고 생각, 감정, 기억, 감각, 충동 그리고 실제 행동 등 반응에 해당하는 모든 단어에 동그라미 표시를 해 보라. 왜 그런 반응을 했는지에 대한 설명에는 표시하지 말고, 반응 그 자체에만 동그라미를 쳐 보라.

이제 다시 한번 이야기를 훑어보고 모든 외적인 상황이나 사실에 밑줄을 쳐 보라. (동그라미 표시한) 반응들과, (밑줄 친) 외적인 사실에 주목하라는 뜻으로, 마음은 때때로 두 가지를 섞어 사용하기에 그다음 과정을 보다 어렵게 만들기 때문이다.

두 작업을 마친 후에는 다음과 같은 어려운 과제가 있다. 주제와 의미, 결과 또는 방향이 완전히 달라지도록 이야기를 다시 쓰되, 동그라미나 밑줄을 친 모든 항목이 새 이야기에 포함되도록 해 보라. 주의하라. 당신에게 더 좋거나 행복한, 혹은 더 진실에 가까운 이야기를 쓰라는 것이 아니다. 밑줄 치고 강조한 항목들이 서로 잘 들어맞고 논리적이기만 하면 된다.

다음의 예시는 내 내담자 중 한 명이 작성한 첫 번째 이야기다. 외적인 사실은 밑줄로 표시했고 반응은 굵은 글씨로 '강조'했다.

> 어렸을 때 나는 **슬펐다**. 나는 **외로웠고 방치된 것처럼 느꼈는데**, 어머니는 자신의 자식들보다 자신의 불행에만 더 관심을 두는 듯했다. 나는 학습보다는 **두려움에 집중해** 있었기 때문에 학교 성적이 좋지 않았다. **다른 아이들은 나를 별로 좋아하지 않았고** 선생님들도 어머니와 마찬가지로 내게 무관심했다. 나는 자주 괴롭힘의 대상이 되었고 **내가 바보라고 생각했다**. 중학생이 된 후에야 **내가 똑똑하다는 것을 깨달았는데**, 그때 팀 학술 대회에 참가해 전국에서 우승을 했다. 그러고 나서 선생님은 나를 테스트했고 나를 앉혀 놓고 내게 영재 학급에 들어가야 한다고 말했다. 갑자기 그들은 나를 다르게 보기 시작했지만, 아이들은 별로 그렇지 않았다. "이 애가 누구야?"와 같이 내 부모님들조차도 나를 다르게 본다고 느껴졌다. 다른 아이들은 나를 이상하다고 생각하는 것처럼 보였지만 말이다. 고등학교에서 남자애들이 나를 발견했고, 그들로부터 많은 관심을 받을 수 있다는 것을 알았고, 이는 외적으로는 **기분 좋게** 만들었다. 하지만 내적으로는 여전히 **부적절하다고 느꼈다**. 어떻게 해서인지 학교에서는 성공했지만, 그건 **나 자신도 모르게 일어났다고 생각했다**. 내 길에서 빠져나와 그런 일이 일어날 수 있었다는 것이 **놀라웠다**. 외부적으로 어떤 사람들은 내가 성공한 것이라고 말할 것으로 짐작하지만, 이러한 과거사를 통해서 나는 **자기 의심**을 더 가지고 산다.

다시 쓰기 과정을 통해서 그녀는 뜻밖의 사실을 깨달았다. 그녀를 놀라게 한 것은 단 한 가지의 사건이나 반응도 바뀌지 않았는데도 결말이 상당히 달라졌다는 점이다. 당신은 다시 쓴 버전에서 아마 ACT의 맛을 인식할 것인데, 이는 우리가 ACT 모델 안에서 함께 작업해 왔으므로 이해가 된다.

어렸을 때 나는 **슬펐다**. **외롭고 방치된** 것처럼 느꼈을 때 **나는 두려움에 집중했고** 이로 인해 처음에는 학교 성적이 좋지 않았을 수 있다. 나는 처음에는 내가 본대로 어머니가 추구하는 생각(비참할 때엔 앞이 아니라 그 감정에 집중해)을 내면화했다고 생각한다. 이로 인해 어머니는 아이들에게 집중하고 주변의 사랑을 받아들이는 역량 면에서 많은 대가를 치렀다. 이를 지켜보면서 나는 교훈을 얻었다. **다른 아이들이 나를 별로 좋아하지 않는다**거나 선생님들이 내 어머니처럼 무관심하다고 느꼈을 때, 혹은 **스스로가 바보처럼 생각될 때**, 그리고 심지어 괴롭힘을 당할 때에도, 내가 실제로 할 수 있는 것에 집중했다. 예컨대, 중학생 때 나는 팀 학술 대회에 참가해 전국에서 우승을 했다. 그 대회에 참가하기로 한 결정은 중대한 영향을 미쳤는데, 그 성공 이후에 선생님들이 나를 다르게 보았고, 검사를 받았기 때문이다. 머지않아 그들은 나를 앉혀 놓고 내가 영재 학급에 들어가야 한다고 말했다. 그러자 부모님들조차도 "이 애가 누구야?"와 같이, 나를 다르게 보았다. 이는 상황을 완전히 다른 방향으로 굴러가게 했으며, 이 모든 것들은 내가 어머니의 실수로부터 배우고자 했던 작은 선택에서 비롯되었다. 몇몇 아이들이 나를 좋아하지 않거나 이상하다고 여길 경우에, 나는 내게 건강한 관심을 가져다줄 긍정적인 일들을 하게 될 방법을 찾았다. 나는 나 자신감과 성취가 다른 사람의 관심을 끌었다고 생각한다. 예컨대, 고등학교에서는 남자애들이 나를 알아보았다. 나는 **기분이 좋든 부적절함을 느끼든** 간에 내가 할 수 있는 것을 한 번에 한 걸음씩 해 나가는 법을 배웠다. 그 결과, **놀라울 만큼** 학교에서 성공을 거두었다. 나는 내 방식에서 바로 벗어나서 해야 할 일을 했던 것이다. 내 마음은 그것이 **나도 모르게** 일어났다고 말하지만, 내 생각엔 우리 모두가 **자기 의심**을 하는 것 같다. 중요한 것은 나는 성공한 것이다.

이야기를 하는 마음이 이것을 가지고 무엇을 할지 조심하라. 다시금, 요점은 긍정적인 이야기를 쓰는 것이 아니다. 앞의 내담자는 긍정적인 깨달음을 얻는 것으로 마무리되었으며 그런 결과라면 단지 괜찮다는 것이지만, 그것이 연습의 목적은 아니다. 요점은 우리가 항상 이야기를 하고 있다는 자각을 고취시키는 것이다. 우리는 가능한 여러 서사들 중 하나일 뿐인 서사를 만들어 내고 있다. 당신의 자각을 고조시키기 위해서 또 다른 시간의 이야기를 다시 쓰고 싶어질지도 모른다.

경험에 대한 우리의 해석이 상황을 보는 우리 자신의 방식이라기보다 상황 탓이라고 볼 때, 우리 자신의 의미부여를 관점 밖으로 밀어낸다. 이는 일종의 자기기만이다. 이 연습은 각자가 상황을 해석하고 그에 반응한 방식에 따른 결과에 책임질 수 있도록 자기 이야기에 대한 탈융합 기술을 적용하는 한 가지 방법이다. 이러한 다시 쓰기 과정은 우리가 삶의 여러 상황들에 대한 이야기를 엮는 데 있어서 많은 자유와 창의성을 가질 수 있다는 것을 보는 데 도움이 된다.

이 연습의 마지막 단계는 이 깨달음을 공고히 하는 데 실로 도움이 된다. 스스로에게 다음과 같이 물어보라. 단 하나의 진실한 이야기란 없으며, 단지 각기 다른 장면과 상황에서 각기 다른 삶의 방식을 촉진하는 데 사용할 수 있는 다양한 이야기들만이 있는 것이라면 어떻겠는가? 어떤 이야기 줄거리가 당신을 원하는 곳으로 데려다줄 것인가? 어떤 줄거리가 어떤 상황에서 가장 유용하겠는가? 어떤 줄거리가 당신의 관심을 끌지를 누가 결정하도록 두겠는가? **내부 독재자**인가, 아니면 초월적 자기인가?

3. 한 번에 하나인 진실한 대화

자기 이야기를 흘려보내는 데 좋은 또 다른 방법은 다른 사람과 함께할 때 보다 온전하고 개방적인 자기 자신이 되도록 연습하는 것이다. 신뢰할 수 있는 친구나 동료와의 어떤 대화에서도 이 연습을 할 수 있으며, 매일 그리고 더 많은 사람들과 쉽게 이 연습을 지속할 수 있다.

당신이 선택한 사람과의 다음 대화에 온전히 깨어 있는 자각을 데려오라. 예컨대, 직장에서 어떻게 지냈는지와 같이 당신에 관한 이야기를 할 때, 당신의 반응 속에 거짓말로 이끌리는 어떤 미묘한 방식들이 있음을 알아차리라. 과장, 허풍, 절반의 진실, 확실성이 없음에도 확실하게 하는 말, 혹은 당신이 아는 것보다 더 많이 아는 척하는 것을 주의 깊게 살펴보라. 거짓말을 하도록 이끄는 어떤 충동이라도 발견하면, 인간 본성의 함정에 빠진 것에 대해 자신에게 자비를 보내라. 당신이 아주 어리고 이제 막 거짓말을 배우기 시작한 때처럼 당신 자신을 보라. 거짓말에 대한 집착을 흘려보낼 수 있는지 보라. 앞에 있는 사람과의 관계에서 안전감을 느낀다면, 보다 진솔하게 말할 수 있는지 보라. 이런 특정한 대화에서 그것이 안전하게 느껴지지 않는다면 이 사람과의 다음 대화 혹은 당신이 신뢰하는 다른 사람과의 대화에서 보다 진솔해지기 위해서 무엇을 해야 할 것인지를 마음속으로 주목해 보라. 이런 기회가 생길 때 더 완전한 진실을 말해야 하는 공간을 확장하도록 시도해 보라.

또한 당신이 왜 그런 끌림을 느끼는지 확인할 수 있나 보라. 우리가 항상 절대적으로 정직하기 위해 고군분투해야 한다는 것이 요점은 아니다. 이는 너무도 비현실적이다. 중요한 것은 어려운 지점(불안정감, 부적절감, 거절에 대한 두려움 등)에 문을 열고 그에 대한 두려움이 무엇인지 배우는 것에 있다. 어려운 지점 어디라도 온전한 깨어 있을 수 있다면, 수용과 탈융합 기술을 이용해서 당신 자신이 될 수 있는 더 많은 공간을 계속 개척할 수 있으며, 이 감정들과 함께 보다 진솔하게 타인과 연결되고 한 번에 하나씩 진실한 대화를 할 수 있게 될 것이다.

안전하게 느껴질 때 진실을 말할 수 있다는 것에 보다 확신이 생기면, 조금 덜 안전한 사람, 특히 그와의 대화에서 과장이나 절반의 진실에 굴복하고 만 과거가 있는 사람과의 대화를 의도적으로 시도해 보라. 안전 기지를 벗어날 정도로 지나치게 몰아붙이지 않도록, 당신이 말하는 모든 것이 당신이 알고 있는 진실임을 확신한다고 느끼는 주제에 대해 토론하라. 해당 주제에 대해 그 사람과의 대화를 어렵게 하는 어떤 생각과 감정이 떠오르는지 지켜보라.

4. 자기 인식을 재빨리 포착하기

일상생활을 하면서 자신에게 다음의 질문을 정기적으로 해 보기 시작하라. "누가 그것을 알아차리고 있는가?" 이를 위해 핸드폰이나 컴퓨터에 리마인더를 설정해 둘 수 있다. 또는 핸드폰이나 열쇠, 지갑과 같은 물건을 만질 때마다 이를 묻도록 규칙을 정할 수도 있을 것이다. 단서가 주어졌을 때 당신의 경험을 알아차리는 순간을 가지고, '누가 그것을 알아차리고 있는가?'라는 질문을 하면서 잠시 인식에 접촉해 보라. 그 질문이 당신이 누구인지에 대한 정신적 논쟁으로 이어지지 않도록 주의하라. 이는 자기 이야기를 말하려는 당신의 비판적인 마음이다. 그것이 자꾸 끼어든다면, 그 정신적인 논의를 도널드 덕의 목소리로 바꿔 듣기, 또는 당신이 말을 장황하게 늘어놓으며 젠체하는 교수라고 상상하기 등과 같은 탈융합 기술들을 사용해서 그 과정을 멈추라.

이것의 목적은 '나/여기/지금' 감각 또는 초월적인 자기에 단 1ms(1,000분의 1초)라도 접촉해 보는 것이다. 시간이 지나면서 당신 자신에게 이런 질문을 묻는 것이 제2의 천성이 되고 진정한 자기에 대한 연결이 계속해서 강화됨을 발견할 것이다.

이제 제11장으로 넘어가서 이 연습들을 계속해서 실행하라. 당신 자신을 보다 자비롭게 대하며 삶에서 점점 더 많은 사람들과 보다 진실하게 연결됨을 느낌을 곧 발견할 것이다. 그렇다면 다음에 나오는 연습으로 되돌아와서 관점 취하기 기술을 계속해서 발전시키는 것이 중요하다.

추가적인 방법들

5. 인식과 인식의 내용 간의 구별

다음의 짧은 연습을 눈을 감거나 눈을 뜬 채로 시도할 수 있고, 성찰적인 사고에 관여하기에 안전한 곳이라면 어디에서든 이를 실행할 수 있다. 숨을 한두 번 들이쉬며 그 감각을 알아차리는 이가 누구인지 알아차린 다음에 당신의 경험을 기록하라. 당신의 마음이 정착하는 곳이 어디든지 간에(외부 대상, 내적 감각, 생각, 감정, 기억 등) 이를 명확하게 해 보라. 그런 다음 그 경험을 세 가지 형태로 재진술해 보라. "나는 [내용을 진술하고]을 인식한다." 그리고 잠시 멈춘 후에 "나는 [내용을 진술하고]이 아니다."를 추가하고, 다시 한번 잠시 멈춘 다음에 "나는 [내용을 진술하고]에 대한 인식을 담고 있다."를 더해 보라.[8] 예를 들면, "나는 텔레비전을 인식한다. 나는 텔레비전이 아니다. 나는 텔레비전에 대한 인식을 담고 있다." 또는 "나는 내가 다섯 살 때가 기억난다. 나는 기억이 아니다. 내 인식에는 다섯 살 때의 기억이 담겨 있다." 이 연습은 5분에서 10분 정도의 시간이면 충분한데, 이를 처음 시도해 본 후에는 며칠간 정기적으로 실행해야 한다. 그러면 지속적인 실행을 위해서 과제를 단순화할 수 있다. 경험을 그저 알아차리고, 그런 다음에 "나는 그것이 아니다. 내 인식에는 그것이 담겨 있다."라고 진술해 보라. 논쟁에 말려들지 말고, 대신에 어떤 내용에 대한 밀착이 인식 자체와 구별된다는 더 깊은 인식에 접촉할 수 있는지 보라.

6. 다가오는 회의

'당신'이라는 이러한 감각이 타인 안에 있는 인식에 대한 인식을 포함하도록 사회적으로 확장하면서 직장에서 정기적으로 관점 취하기를 실습하기 시작하라. 몇 분 후에 동료와 중요한 회의가 있는 상황을 가정해 보라. 이는 도전적일 수 있고, 최선을 다할 필요가 있는 상황이다. 당신은 준비되었지만 약간 불안을 느낀다. 사무실에서 기다리면서 다음과 같은 요점과 질문 목록을 그저 생각해 보는 것은 그 2~3분을 보내는 좋은 방법이며, 이 목록을 복사해서 책상 앞에 붙여 둘 수도 있을 것이다.

- 여기 앉아 기다리고 있으면서. 당신이 기다리는 것을 누가 알아차리고 있는가?
- 당신이 이를 알아차리면서. 그것을 움켜쥐지 말고. 당신이 지금 그리고 여기서 알아차리고 있음에 잠시 동안만 접촉하라.
- 회의가 다가오는 것을 생각하면서. 그것과 어떻게든 연관된 기억(어릴 때로 갈 수 있다면 어린 시절)을 탐색해 보라. 인지적인 분석으로써 하지 말고. 그저 어떤 기억이든 떠오르도록 두고 잠시 동안 그것을 알아차려 보라. 거기에 다른 누가 있었는지. 그리고 당신이 무엇을 하고 있었는지/무엇을 느꼈는지/무엇을 생각했는지 알아차려 보라.
- 원래의 기억에서 이런 것들을 누가 알아차리고 있었는가? 선입견이 아니라 경험으로서 인식의 본래 감각에 접촉할 수 있는지 보라.
- 당신은 당신의 전체 삶에서 당신이었다. 이 회의에서 어떤 다른 일이 일어나더라도 당신은 거기서 일어나는 것도 역시 알아차릴 것이다. 미팅에서 일어나는 경험의 파도를 더 잘 인식하게 되면서 당신 자신과 함께 버티겠다고 스스로에게 약속할 수 있는지 보라.
- 당신을 만나러 오는 사람을 그려 보라. 지금 이 순간 그가 어디에 있을지 상상해 보라. 시간을 가지고 그 사람의 눈 뒤로 가서 그가 회의에 오면서 지금 무엇을 보고 있는지 그려 보라.
- 그 사람은 어떤 기분이겠는가? 잠시 이를 느껴 보라.
- 그 사람은 무슨 생각을 하겠는가? 잠시 이를 생각해 보라.
- 그 사람은 무엇을 걱정하고 있겠는가? 잠시 그 걱정을 알아차려 보라.
- 그 사람이 깊이 관심을 가지는 것은 무엇이겠는가? 당신이 이를 감지할 수 있는지 보라.
- 앞으로 있을 회의에서 그 사람이 특별히 관심을 가질 만한 것은 무엇이겠는가? 당신이 이것들을 경험할 수 있는지 보라.
- 이제 지금 여기의 당신으로 돌아오라. 당신은 이 회의에서 무엇에 가장 관심을 갖는가?
- 그다음에 지금 순간으로 돌아오면서 다음을 생각해 보라. 당신 둘 다 회의의 보다 깊은 목적을 이룰 수 있는 방법이 있는가?

분명히 이해했겠지만, 이 연습은 기본적으로 공감 발달에 대한 것이다. 트루디가 딸 샘에게 가르친 관점 취하기 연습의 확장된 형태로서 보다 진실하게, 그리고 더 많은 자비를 가지고 다른 사람과 연결할 수 있는 능력을 길러 준다. 이는 타인과의 연결감을 발달시키는 강력한 수단이다.

7. 관점 취하기를 수용에 적용하기

이 연습은 어려운 경험의 수용을 특별히 돕는 데 당신의 관점 취하기 능력을 활용하게 해 준다(다음 장에서 이 기술을 확장시킬 것이다). 먼저, 당신이 투쟁하고 있는 경험에 적용해서 이를 살펴보라. 그다음에 이를 반복적으로 실습함으로써, 새로 겪는 어려운 경험 속에서도 그와 유사한 형태를 적용할 수 있게 될 것이다. 이는 실제로 어려운 경험이 일어나고 있을 때 생각날 수 있는 강력한 무기가 될 것이다. 다음의 지시를 따르기 위해 핸드폰에 오디오 파일로 녹음한 다음, 각 항목 사이에 간격을 두고 재생해 보라.

- 눈을 감고 당신이 투쟁해 온 모든 것에 접촉을 시도해 보세요. 당신이 느끼는 것을 느끼고, 생각하는 것을 생각하고, 기억하는 것을 기억할 수 있도록 시간을 가지세요. 그것을 고치려고 하지 말고, 당신의 고통에 접촉해 보세요.
- 그렇게 하면서 당신의 일부가 그 괴로움을 알아차리고 있음을 알아차려 보세요.
- 당신 인식의 알아차리는 부분을 데리고 당신의 몸을 떠나 당신 자신을 돌아보는 것을 상상해 보세요. 겉에서는 무엇과 같이 보이는지 알아차리되, 안에서는 아파하고 있음을 알아차리세요.
- 스스로에게 질문해 보세요(그러나 대답하지는 마세요. …… 단지 인식 속에서 질문을 지니기만 하세요). "내가 보는 '나'라는 사람에 대해 나는 어떻게 생각하나요? 이 사람은 사랑스러운 사람인가요? 온전한 사람인가요?"
- 당신 자신은 거기 앉아 있도록 두고서, 의식의 그 지점을 방의 다른 편으로 데려가세요. 이제 멀찍이 떨어져 당신을 돌아보세요. 당신이 그곳에 앉아 고통받고 있는 모습을 지켜보세요. 당신은 또한 그리 멀지 않은 곳에(집 안이나 이웃에) 다른 사람들이 있다는 것과, 분명히 그들 중 일부도 지금 고통을 겪고 있음을 알아차릴 것입니다.
- 스스로에게 다시 질문하세요(그러나 대답하지는 마세요. …… 단지 인식 속에서 질문을 갖기만 하세요). "내가 보는 '나'라는 사람에 대해 나는 어떻게 생각하나요? 이 사람은 사랑스러운 사람인가요? 온전한 사람인가요?"
- 방 건너편에서 당신 자신을 떠올리면서, 고통을 일으키는 뭔가를 느끼는 동안에 방 건너편

에서 자신을 바라보라고 당신에게 요청하는 책을 읽고 있는 당신의 모습을 상상해 보세요. 하지만 지금으로부터 10년이 지나 당신은 훨씬 더 현명해졌습니다. 이 사안에 대해 자신과 함께 존재하는 방법에 대해 현명해진 미래에서 두세 문장을 과거로 보내 줄 수 있다면, 당신은 자신에게 어떤 문장을 보낼까요?

- 잠시 동안 그 상상과 함께 앉아서 머릿속에서 당신에게 짧은 조언을 써 보세요. 그런 다음 당신의 몸으로 돌아와 눈을 뜨세요.

이 연습에서 흥미로운 점 중 하나는 사람들이 적는 조언이 대부분 유연성 기술이 우리에게 가르치는 지혜와 합치한다는 것이다. (그저 너 자신이 돼라, 그냥 해, 괜찮아, 지나갈 거야, 넌 사랑스러워, 넌 내려놓을 수 있어.) 이는 우리의 자연적인 의식이 심리적으로 유연하다는 것을 시사해 준다고 나는 믿는데, 그것은 당신 자신의 심리적 유연성을 발달시키는 방법을 배우는 데 있어서 당신에게 변함없는 협력자가 있음을 의미한다. 당신에게는 당신이 있다. 온전하고 완전하며 진실하고 진정한 당신 말이다.

제**11**장

세 번째 피벗:
수용, 고통으로부터 배우기

　어려움에 대처해 온 방식들이 회피를 위한 것이었기 때문에 효과가 없었음을 인정하는 것이 수용을 향해 돌아서는 첫 번째 단계임을 제9장에서 우리는 배웠다. 이제 당신은 탈융합을 연습하고 초월적 자기에 다시 연결되기 시작했으므로, 수용에서의 다음 단계를 밟아야 할 때다. 즉, 고통을 향해 돌아서서 그것을 경험하고 그것으로부터 배우는 데 개방하기 시작해야 할 때다.

　탈융합과 관찰자 자기의 기술은 수용을 배우는 어려운 과정에서 강력한 지원 수단이다. 고통을 느끼도록 허용하기 시작할 때 우리의 싸움-또는-도주 본능은 최고조에 도달할 것이다. 우리의 마음은 허겁지겁 술을 찾거나 불안을 밀어내라고 거의 비명을 지르기 시작할 것이다. 우리가 따르던 도움이 되지 않는 규칙들은 스스로를 주장할 것이며("고통을 느끼지 않는 게 나아, 네 자신을 무감각하게 만들어.") 부정적인 내적 대화가 폭발하게 될 것이다("너는 이걸 해낼 만큼 강하지 않아." "이건 너무 어려워." 혹은 "지금 장난해? 너는 그냥 실패자야!"). 자아를 방어하기 위한 자기기만으로 행동 변화를 강요하고 우리가 피해자라며 큰 소리로 외쳐 댈 것이다. "왜 담배를 끊어야 하지? 담배에 중독성이 있는 건 네 잘못이 아냐."

　도움이 되지 않는 그런 메시지들을 인정하고 놓아 버리는 방법을 알면, 고통 속의 지혜를 활용할 수 있게 하는 힘을 갖게 된다. 변화시키고자 하는 행동 기저의 동기에 대해 면밀하게 탐색하기 시작할 수 있다. 내가 부모님이 싸울 때 침대 밑에 숨어 있던 어린 시절의 기억을 떠올릴 수 있었던 것처럼, 수용 기술을 쌓아 나감에 따라 고통스러운 기억에 귀 기울이며 덜 방어적이고 덜 충동적인 방식으로 현재의 괴로움에 대처할 수 있다. 회피적인 메시지를 대신해서 도움이 되는 메시지들을 듣기 시작할 것이다. 또한 고통이 우리에게 주는 가장 핵심적인 지혜, 즉 우리의 고통이 건강한 열망에 기인한다는 사실을 이해할 수 있을 것이다.

느끼고자 하는 갈망

가장 큰 아이러니는 정서적 회피가 가장 강렬한 인간 욕구 중 하나를 부정한다는 것이다. 우리는 느끼게 해 주는 경험을 갈망한다. 정서적 회피는 또한 우리의 가장 큰 강점 중 하나를 부정한다. 느끼는 것은 생존에 핵심이다. 즉, 위험을 감지하는 데뿐 아니라 기쁨과 충만감의 원천으로 우리를 안내하는 데 도움을 준다.

신생아들조차도 보고 듣고 맛보며 느끼는 기회를 추구할 것이다. 부모라면 작디작은 아이가 환경을 탐색하기 위해 손을 뻗는 장면을 목격하고 움찔했던 경험이 있을 것이다. 아기들은 무엇이든 비비고 핥고 때리고 찌르고 만지작거린다. 때로는 위험한 방식으로도 부딪히고 때리며 구르고 던진다.

느끼고자 하는 갈망은 오감에서 끝나지 않는다. 아기들은 까꿍 소리에 놀라거나 갑작스런 간지럼 태우기, 그리고 웃으면서 "내가 잡을 거야!"라고 위협받는 것을 좋아한다.

자라면서 우리는 슬픈 영화와 공포 영화, 코미디 영화를 본다. 연애소설을 읽고 우리가 경험한 달콤한 순간들에 대한 공상에 빠진다. 사람들이 노래나 문학, 예술 등을 통해 (안전한 방식으로) 추구하지 않는 감정은 '좋은' 것이든 '나쁜' 것이든 단 하나도 없을 것이다.

물론 우리는 감정이 적정한 강도와 예측 가능한 범주 내에 머무는 것을 선호한다. 우리는 느끼기를 갈망하지만 극심한 고통은 원치 않는다. 우리는 서프라이즈를 좋아하지만 붕괴 직전의 고층 건물에 있고 싶지는 않을 것이다. 아기들은 까꿍 놀이에 웃음을 터뜨리지만 심하게 놀랠 경우에는 울음을 터뜨린다.

회피는 우리 감정이 이러한 안전지대를 넘어설 때 유발된다. 우리의 문제해결적 마음은, 느끼고자 하는 타고난 동기를 **좋은** 기분을 느끼고 **나쁜** 기분을 피하는 법을 알아내기 위한 시도로 돌림으로써, 스스로가 그러한 불편을 제거하는 방법을 알고 있다고 생각한다. 사실상 마음이 문제에 제시하는 '답'은 좋은 감정이 아닌 경우라면 느끼고자 하는 갈망을 제거해 버리라는 것이다. 수용은 대신에 팔을 활짝 벌려 소위 좋은 것과 함께 소위 나쁜 것을 취할 수 있도록 도우며, 느끼고 감지하며 기억하는 능력을 개방할 수 있게 해 준다. 우리는 단지 좋은 기분을 느끼려는 노력 대신에 잘 느끼는 법을 배운다. 우리는 **내부 독재자**에게 "너는 내 경험으로부터 나를 돌아서게 할 수 없어."라고 말한다. 우리는 정서적 유연성을 발달시킨다.

이 피벗은 쉽지 않다. 아무도 이것이 쉽다고 주장하거나 쉬울 것이라 예상해서는 안 될 것이다. 하지만 이를 이루는 데 도움을 주는 강력한 방법들이 개발되어 왔다. 그리고 이 피벗이 가져올 수 있는 멋진 미래가 여기에 있다. 즉, 우리가 수용 기술을 발전시킬 때, 우리는 느끼고 경험하는 일을 점점 더 잘 해내게 될 것이다. 공황장애가 있었던 내 내담자 중 한 명은 이를 다음과 같이 표현했다. "저는 제 정서적인 삶을 검정, 회색, 흰색과 같은 흑백으로 보곤 했지만 이제는 컬러로 봐요."

심지어 우리는 가장 상처를 주는 경험의 고통조차도 수용하기 시작할 수 있다. 이 장을 처음 쓰면서 나는 초기 ACT 내담자 중 한 명인 샌디에게 연락해서 학대받은 어린 시

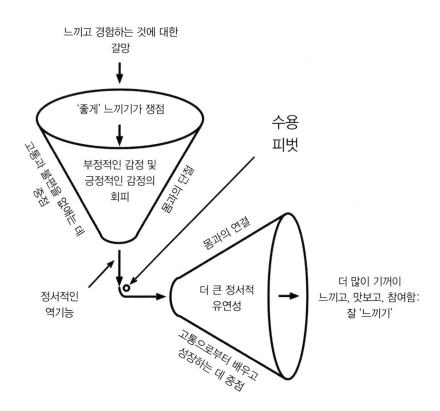

절의 호된 고통의 수용을 배운 것이 어떻게 그녀를 치유와 번영의 길로 이끌었는지 이야기해 보기로 마음먹었다.

인간으로서 짊어지기 가장 힘든 짐은 어린 시절 양육의 결핍이다. 신체적 또는 성적 학대, 방임, 끊임없는 폭언과 같은 대우를 겪으면, 우리의 신체와 마음은 고된 삶을 미리 준비하게 되며, 이는 심지어 유전자의 발현 정도에까지 영향을 미친다. 삶의 경험이 특정 유전자가 더 활성화되고 덜 활성화되는 과정에 영향을 미친다는 사실은 유전학 연구에서 밝혀진 바 있다. 가령 특정 유전자군은 스트레스에 대한 반응에 관여한다. 양육의 결핍은 이들의 활동을 강화시켜 스트레스를 다루는 능력을 저해하며 질병에 대한 저항력을 감소시킨다.[1] 또한 평생에 걸쳐 지속될 수 있는 정서적 불안정이나 정서적 무감각을 경험할 수 있다.[2]

이러한 과정이 사람들을 심리적 경직성으로 이끈다는 점을 ACT 연구에서 밝혔다. 모든 경직된 반응은 초기의 역기능적인 경험과 관련된다. 샌디도 이 모든 것에 대해 안다. 하지만 내가 그녀의 삶이 어떻게 흘렀는지를 듣기 위해 함께 앉았을 때, 그녀는 에너지와 자신감이 넘쳐 보였고, 자신의 힘든 인생 경험에 대해 이야기하는 데 훌륭한 자질을 보여 주었다.

샌디의 아버지는 깊은 우울에서 완전한 조증에 이르기까지 기분이 널뛰는 양극성 장애가 있었다. 그는 샌디가 세 살이었을 적에 샌디의 엄마를 분노로 거의 질식해 죽기 직전까지 만든 다음에 가족을 버렸다. 자신의 행동에 부끄러움을 느낀 그는 다음 날 먼 도시로 떠났다. 그는 일 년도 채 지나지 않아 기습적으로 나타나서 샌디와 그녀의 남매를 납치했다. "아버지가 내게 물었어요." 그녀가 회고했다. "아버지가 '나와 함께 살고 싶니?'라고 말했고, 당연히 저는 그렇다고, 아빠를 보고 싶다고 대답했죠. 그러나 아버지가 '네 엄마와 함께 살고 싶니?'라고 물었을 때 그 질문에도 역시 그렇다고 대답했어요." 그녀는 그 뒤로 몇 년간 다시는 엄마와 살기는커녕 엄마를 볼 수조차 없었다.

결국 그녀의 아버지는 재혼했지만, 그의 불안정함으로 인해 그녀는 혼란스러운 가정생활과 장기간에 걸친 방임을 겪었다. 그녀가 열 살 때 나이 많은 친척이 그녀를 강간했다. 그녀는 겁에 질렸어도 맞서 싸우고자 했지만, 그에게 압도당했다. 그가 그녀를 위협한 것은 아니었지만, "왜 그런지 모르지만 저는 알았어요." 그녀가 말했다. "제가 입을 다물고 있어야 한다는 것을 알았어요." 그는 그녀를 몇 차례 더 강간했다. 시간이 흘러 그녀가 성인이 되었을 때, 그가 다른 아이들을 성추행한 것을 계모가 알았음을 알게 되었다. "이 사실을 듣고 저는 머리끝까지 화가 났어요." 그녀는 말했다. "그들은 알고 있었던 거라고요! 그들은 나를 그와 있도록 내버려 둔 거예요!"

샌디는 모든 정서적 욕구에 대한 감각을 억제하면서 지적인 강점에 몰두하는 방식으로 그녀를 둘러싼 학대와 방임, 불안정에 대응했다. 영재 학생을 위한 학교 프로그램에 등록한 그녀는 선머슴 같은 괴짜가 되었다. "나는 똑똑했고 스스로도 그걸 알았죠." 불행하게도 이는 일종의 방어였다. "마음 깊은 곳에서 나는 학대받아 마땅하다고 느꼈던 것 같아요. 나는 그만한 가치가 없다고 말이에요."

열 살 때부터 반복적으로 강간을 당한 경험이 있는 젊은 여성이 그 정서적 고통을 어떻게 그토록 간단히 물리칠 수 있었을까? 그녀는 그 뜨거운 난로에서 어떻게 손을 뗄 수 있었던 것일까? 그녀는 그 고통을 없애 버릴 수 없었다. 그 경험의 메아리들은 무덤까지 그녀를 따라갈 것이다. 우리가 살펴보았던 것처럼, 기억들은 우리 마음의 복잡한 사고 네트워크에 너무도 깊이 얽혀 있어서 우리가 그것들을 다뤘다고 생각한 후에도 언제든지 다시, 또 다시 촉발될 수 있다. 그것들은 마음속에서 서로 연관 있게 되었음을 우리가 의식적으로 알아차리지 못하는 것들에 의해 촉발될 수 있다. 심지어 이들은 수면 중에 촉발되기도 한다.

이러한 현상이 샌디에게 일어난 상황을 가정해 보면, 사고 과정이 왜 그토록 회피적이게 되는지를 아는 데 도움이 될 것이다. 사랑이라는 단어를 듣거나 사랑하는 순간을 생각하는 것만으로 강간에 대한 생각을 촉발시킬지 모르는데, 이는 두 개념이 그녀 안에서는 정반대의 것이라는 관계구성에 의해 결합되어 있을 수 있기 때문이다. 이러한 관계구성 틀은 마음속에 상당히 쉽게 떠오르는데, 워크숍에서 나는 이를 강조하기 위해 아주 미묘한 방식으로 실험해 본 적이 있다. 나는 낮은 톤으로 이야기를 시작해 서서히 목소리를 높이기 시작했다. 그러한 변화로 인해 참가자들의 마음에 정반대가 떠오를 준비가 충분히 된 후에 차갑다는 단어를 말하고 그들에게 그것이 무엇을 생각나게 하는지를 말하도록 요청했을 때, 많은 사람들이 뜨겁다는 단어가 떠올랐다고 응답했다.

문제를 해결하는 우리의 마음은 고통스러운 기억이나 현재 경험을 회피하는 것이 대단히 논리적이라고 여기지만, 이는 왜 그것이 불가능한 일인지를 다시 한번 보여 준다. 추위는 더위를 연상시킨다. 사랑은 강간을 생각나게 한다. 샌디의 회피 경험은 또한 고통을 부정하는 것이 고통이 제공하는 지혜로부터 우리를 얼마나 멀어지게 하는지를 보여 준다. 성적 학대의 과거사가 있는 아동에게 일어날 수 있는 끔찍한 결과 중 하나는 이들이 학대의 고통을 억압할 경우 다시금 희생양이 될 가능성이 높아진다는 것이다.[3]

이는 샌디에게 일어난 일이었다.

열여섯 살 때 그녀는 교회 사교 모임에서 20대 중반 남자와 환상적인 대화를 나누고 있었다. 그녀의 지성이 온전히 발휘되었고 그도 성심을 다해 들었다. 그녀는 그의 관심에 따스함을 느꼈고 그가 자신의 마음을 알아주는 것에 기뻤다. 파티가 끝나가자 그는 대화를 지속하기 위해 자신의 집에 오고 싶은지 물었다. 물론 그녀는 그렇다고 답했다! "저는 너무도 어리석었어요."라고 그녀는 말한다. "저는 그게 그가 대화를 지속하고 싶다는 뜻인 줄 알았죠. 저는 상황을 알아차릴 수가 없었어요. 이는 마치 감정에 안대를 끼고 있는 것 같았죠."

그곳에 도착한 지 몇 분 만에 그녀는 뭔가 잘못되었다는 것을 알았다. 그는 말을 하면서 이상한 미소를 지었고 그녀에게 너무 가까이 다가왔다. 얼마 지나지 않아 그는 그녀의 블라우스의 단추를 풀고 그녀를 침실로 몰아붙이기 시작했다. 그녀는 저항했지만 그의 힘이 더 셌다. "열 살 때 그랬던 것처럼 저는 어떻게 해야 하는지 알았던 것 같아요."라고 그녀는 말한다. 그가 그녀를 강간하는 동안 그녀는 조그맣게 훌쩍이며 미약하게 저항했다.

그가 잠이 들자 그녀는 옷가지를 챙겨 빠져나왔고 집으로 걸어가면서 조용히 울었다. 그녀는 어느 누구에게도 다시 말을 걸고 싶지 않았다. 그는 그녀가 살던 작은 마을에서 꽤 존경받던 사람이었다. "저는 그게 제 잘못이라 생각했어요."라고 그녀는 말한다. "저는 그들이 제가 받아 마땅한 취급을 요구한다고 생각했죠."

그녀가 몇몇 친구들에게 이 이야기를 했을 때, 그들은 그의 행동에 경악하면서도 어떤 면에서 그들 또한 그녀를 비난했다. "뭐라고!" 그들은 경악에 차 소리쳤다. "집에 가서 얘기나 하자고?! 그가 어떻게 하려는지 몰랐단 말이야?!"

그렇다, 그녀는 몰랐다. 최소한 의식적으로는 그 정보에 접근할 수 없었는데, 왜냐하면 그녀는 아주 오래전부터 자신도 모르게 감정을 문턱에서 알아차리지 못했기 때문이다. 이는 성적 학대나 대인 간 폭력 생존자에게도 그러하다. 그들은 경험에 회피적이면서 동시에 감정인식 불능증이 되는 경향이 있는데, 제1장에서 언급한 것을 기억할지 모르겠지만, 이는 사람들이 감정을 확인하고 묘사하는 방법을 모르는 상태를 뜻한다. 그것은 사람들이 감정을 부정하는 가장 치명적인 방법 중 하나다. 감정을 명명하는 법을 모르면, 이에 대해 이야기를 할 수 없고, 거기서부터는 감정이 존재하지 않는다고 스스로를 속이는 지름길이 생겨난다. 아이들은 특히 이러한 방어기제에 쉽게 빠지는 경향이 있는데, 이는 성인기까지도 쉽게 확장될 수 있다.

무엇보다 슬픈 사실은 어린 시절 성적 학대로 인해 감정인식 불능증이 생긴 사람들(이는 끔찍한 상황에 대한 전적으로 정상적이고 이해할 만한 반응이다)은 어른이 되어 같은 피해를 입을 가능성이 높아진다는 것이다. 샌디가 그랬듯 말이다.[4] 감정으로부터의 단절은 느끼는 능력을 감소시킨다. 이는 위험한 일이다. 뜨거운 난로에 손을 얹고도 이를 알아차리지 못하는 사람과 같이, 샌디는 안전하지 않은 사람의 집에 가게 될 가능성이 더 높아졌는데, 이는 그녀가 스스로에게 감정을 숨겼기 때문이다. 그녀의 감정인식 불능증은 과거 학대의 고통을 밀어내려는 당연한 시도의 결과로서, 그가 그녀를 공격할지 모른다는 단서에 민감해지는 데 어려움을 겪었음을 의미했다. 그녀는 또한 불안과 우울, 약물사용, 사회적 고립과 외로움을 경험하였는데, 이 모든 것들도 회피와 연관되었다.

어떤 면에서 보면 생존자들에게 그들의 고통을 버티는 새로운 방법들을 배우라고 요구하는 것은 너무나 불공평해 보일지 모른다(그리고 만약 ACT 공동체가 폭력과 학대의 자행을 멈출 수 있는 방법을 함께 제시하지 못한다면, 이는 균형이 깨진 시각일 텐데 이 과정은 이후의 장에서 다룰 것이다). 하지만 사랑과 삶을 위해 우리는 이를 실천해야 하는데, 왜냐하면 그 대가가 너무 크기 때문이다. 그 비용은 단지 불안이나 우울, 약물 사용, 사회적 고립, 외로움 같은 것에 그치지 않는다. 경험 회피로 말미암아 상당히 곤혹스러운 다른 장기적 결과들도 발생한다. 나쁜 감정을 느끼지 않기로 결심할수록, 우리는 긍정적인 감정 또한 회피해야만 한다!

조지 메이슨 대학의 심리학자인 내 친구 토드 카슈단Todd Kashdan은 이를 분명하게 보여 준 첫 번째 사람 중 한 명이다. 그는 사회불안이 있는 참가자들에게 하루 종일 그들이 무엇을 하고 어떻게 느끼는지를 스마트폰에 기록하게 했다. 그 결과는 불안한 사람들이 항상 불안한 것은 아니라는 점을 분명하게 보여 주었다. 칭찬을 받거나 사교 모임에 초대되거나 좋은 성적을 받게 되면 그들은 기쁨과 행복의 시간도 가진다. 그러나 매우 경험 회피적인 사람들은 이러한 정서적 각성을 대부분의 사람들처럼 지속할 수 없다는 것을 발견했다. 긍정적인 일이 일어났을 때 그들은 좋은 감정을 느꼈지만, 그들의 긍정적인 감정은 재빠르게 곤두박질쳤다![5] 만약 당신이 고통을 기꺼이 느끼지 않는다면 크게 기뻐할 수 없다. 결국 덩치가 클수록 더 세게 넘어진다. 무감각한 게 낫다.

우리는 사람들이 점차적으로 덜 회피적이 되도록 돕는 여러 가지 방법들을 개발했다. 나는 특히 샌디와 이야기를 나누고 싶었는데, 왜냐하면 전통적인 ACT의 수용 방법을 이용해 그녀가 자신의 삶의 방향을 전환할 수 있으리라는 것을 알았기 때문이다. 샌디가 ACT 치료를 받은 이후에 그녀는 25세에 결혼을 해서 3명의 아이를 키웠다. 그녀는 호흡

치료사로서 좋은 직업을 가졌고 그녀 자신의 말처럼 '건강하고 행복하다'고 한다.

그녀는 25년이라는 세월이 아이들을 키우는 일에서의 우여곡절과 그녀의 과거와 감정들을 수용하도록 배우는 작업들로 가득 차 있었다고 말했다. "제게는 지적 능력뿐만 아니라 더 많은 것들이 있음을 배웠어요."라고 그녀는 말한다. "저는 느끼는 방법을 배웠어요." 그녀의 남편이 죽은 후에도 그녀는 장기적인 관계를 개발하고 향상된 기술을 계속 적용했다. "저는 제게 일어나는 일과 제가 원하는 것에 대해 더 이야기할 수 있는 법을 배웠어요. 저는 섹스에 대해서도 말할 수 있고, 친밀감에 대해서도 말할 수 있어요. 저는 제 자신으로 있어도 괜찮다는 것을 배우는 흥미로운 여정 중에 있어요."

그녀는 거의 매일 자신의 심리적 유연성을 위한 작업을 계속하고 있으며, 자신의 여행에 대해서 "저는 그게 완결이 있는 작업이 아니란 걸 알아요. 그래야 할 필요가 없다는 것을 말이에요. 저는 손상된 상품이 아니에요. 저는 망가지지 않았어요. 저는 배우고 성장하는 중이고, 그것으로 충분해요."라고 말한다.

수용의 선물

수용하다(accept)라는 말은 '선물을 받는 것처럼 받다'를 의미하는 라틴어 어원에서 유래했음을 상기하라. 우리가 "감사의 표시로 이를 받아 주길 바란다."와 같은 말을 하듯이, 영어에서는 여전히 그 의미를 내포하고 있다.

우리가 경험과 고통을 포함한 모든 것을 수용하기로 선택할 때, 과거의 부정적인 사고 네트워크로 빠져들지 않으면서 현재에서 온전히 느끼고 회상할 수 있는 지혜를 선물받게 된다. 다른 유연성 기술은 이를 보조하는 데 필수적인 역할을 한다. 가령 탈융합은 고통을 느껴서는 안 된다는 판단으로부터 벗어나는 것을 도울 수 있다. 그 결과, 우리는 고통이 제공하는 선물을 인식할 수 있게 된다.

내 공황장애와 더불어 도착한 선물은 무엇일까? 심리적 유연성을 기르기 위해 활발히 작업하기 시작하자 나는 많은 것들을 받게 되었다. 첫 번째는 내 삶의 목적을 상기해 준, 여덟 살 적 침대 아래 숨어 있던 기억에 대한 재발견이다. 얼마 지나지 않아 다른 힘든 아동기 경험들도 표면화되었다. 네 살 때 10대 소년들 무리로부터 성적 학대를 당했던 일도 떠올리게 되었다. 그때의 공포를 기억해 낸 것은 나 자신을 보다 자비롭게 대하는 데 도움을 주었다. 내 어머니가 우울증의 수렁에 빠지고 강박장애와 씨름하던 것을 지켜보는 일이 얼마나 슬펐는지, 그리고 아버지가 술에서 깰 때 얼마나 불안하고 불편해 보였는지 회상해 냈다. 이러한 기억들에 대한 개방은 나로 하여금 같은 문제로 씨름하는 내담자들을 더 잘 이해할 수 있게 해 주었다. 수용은 또한 내 어머니와 관계를 사랑으로 새롭게 하는 데 도움을 주었다. 나는 아버지의 문제를 어머니의 탓으로 돌려왔다는 것을 깨달았고, 내가 그녀를 밀어낸(그녀가 사랑을 주었던) 세월에 대한 용서를 구했다. 나는 이외에도 셀 수 없이 많은 선물을 받았다. 이것들이 모두 달콤했던 것은 아니며, 일부는 눈물겹고 무섭기도 했지만 모두가 소중한 경험이었다.

ACT식 노출

ACT에 기초한 노출 치료를 개발하면서 초기에 인상적인 결과들을 얻을 수 있었고, 그 후로 지속적인 개발과 시험을 통해 우리는 이제 많은 효율적인 노출 치료 기법들을 갖게 되었다. 노출에는 사람들로 하여금 의도적으로 스스로를 감정적으로 어려운 상황에 집어넣는 것이 포함됨을 상기하자. 전통적인 CBT의 노출 치료는 광장공포증이 있는 사람을 쇼핑몰에 가도록 하거나, 높은 곳을 두려워하는 사람이 높은 사다리에 오를 수 있도록 돕는 것일 수 있다. 노출 치료는 회피하지 않고 행동할 수 있을 정도로 두려움이 줄어들어야 하기 때문에, 사람들은 노출 중에 그들이 느끼는 괴로움이 몇 점이나 되는지 지속적으로 질문을 받게 된다. 메시지는 매우 명확하다. 노출은 불안을 느끼지 않는 수단이다.

연구(대부분 ACT 및 그 외의 제3의 물결 CBT 방법들로부터 영향을 받은)에 따르면, 노출이 작동하는 이유는 그와 같은 것이 아니었다. 노출은 그 대신, 우리의 감정적 반응들을 관찰, 기술, 그리고 수용할 수 있도록 고통 및 두려움과 새로운 관계를 발달시키도록 돕는 것이다. 이러한 변화는 반응 유연성이 더 나타나도록 하여 두려움이나 고통이 있더라도 새로운 것을 배울 수 있도록 하며, 새로운 방식으로 이들에 대응하는 방법을 터득하도록 돕는다. 주류 CBT 공동체는 이제 이와 같은 노출에 대한 이해에 동의하게 되었으며, CBT 노출 치료는 불안의 감소 그 자체보다 수용, 알아차림, 그리고 새로운 배움을 포함하는 ACT의 방향으로 나아가고 있다.[6]

발전이 점진적으로 이루어짐을 이해하는 것이 노출 과정에서 핵심적임을 유념하라. 수용 능력의 개발이라는 열매가 익을 때까지는 시간이 걸리는 법이며, 한 걸음씩 나아가는 것이 최선이다. 피벗을 해 나갈 때 당신은 새로운 방향을 향해 나아가지만, 실제로 그 방향으로 걷는 것은 걸음이다. 그리고 당신이 얼마나 수용 능력을 잘 발달시켰는지에 상관없이, 당신의 문제해결적 마음과 싸움 또는 도주 본능을 일으키는 경험들이 함께 나타날 것이다. 이것이 ACT가 탈융합 실행을 노출에 추가하는 이유다. 회피하라는 **독재자**의 명령을 잠재우기 위함이다. 이를 위한 여러 연습들, 예를 들어 고통스러운 경험을 다시 들여다보면서 감정에 이름 붙이기, 충동을 기록하고 그것에서 거리 두기, 그리고 떠오르는 기억들에 대한 카탈로그 만들기 등을 소개하겠다.

시간이 지남에 따라 수용의 근육은 더욱 강해질 것이다. 새로운 경험은 이전보다 덜 위협적일 것이다. 안 좋은 경험과 좋은 경험 모두로부터 배우는 것이 가능해질 것이다. 당신 자신을 위해 계획한, 가치에 기반을 둔 삶의 새로운 여정에 전념하는 데는 감정적 유연성 개발이 필수적이다.

모든 ACT 수용의 방법들은 다음 세 가지 원칙을 전제로 한다.

1. **회피는 고통을 일으킨다.** 수용을 포용하는 데 있어서 가장 큰 한 걸음은 바로 회피가 진짜 얼마나 위험한 것인지를 인식하는 것이다. ACT는 다양한 방법으로 강렬하게 이 메시지를 전달하며 그중 하나는 모래 늪 비유다. 만약 당신이 모래 늪에 발이 빠진다면, 다리를 뺀 후 앞으로 나가는 것이 합리적으로 보이는 행동이다. 그러나 발을 들어 올리는 것이 끔찍할 것이다. 그러면 절반의 면적만이 당신의 몸무게를 지탱하게 된다. 그러면 당신은 어떻게 되겠는가? 더 깊게 빠지게 된다. 대신, 당신은 흙 위에 몸을 평평하게 눕히고 빠진 몸을 서서히 표면으로 끌어당겨야 한다. 이 비유는 두려운 대상으로부터 도망치는 것보다 그것과의 접촉을 늘리는 것이 더 안전하다는 것을 이해하는 데 도움이 된다.

2. **수용은 가치 있는 삶을 위한 것이다.** ACT가 노출에서 일으킨 중요한 변화는 가치 있는 행동을 위해서 노출한다는 것이다. 쇼핑몰에 있을 때 일어나는 불안에 자신을 노출하기 위해서만 쇼핑몰에 가지 말라. 사랑하는 사람을 위한 선물을 사기 위해서 가라. 만약 당신이 죽음에 대한 두려움을 회피하고 있더라도, 이를 이겨 내기 위해서 사랑하는 사람의 무덤으로 가지는 말라. 대신에 당신의 사랑을 기리고, 이미 죽은 사람에 대한 존경심을 표하기 위해서 가라. 사실상, 당신의 가치가 무엇인지에 대해 아는 것이 수용을 통해 길러지는 선물 중 하나다. 수용 능력이 얼마

나 중요한지는 제13장에서 가치에 대해 탐색할 때 알게 될 것이다.

노출을 더 의미 있고 심지어 즐거운 일이 될 수 있게 하는 데에는 많은 방법이 있다. 예를 들어, 노출 훈련을 위해 쇼핑몰에 가는 경우에 그리고 추가로 선물도 사야 한다면(결국에는 지속적으로 선물을 사는 것은 돈이 많이 들 것이다!), 당신은 사람들이 바라보는 것에 집중할 수 있으며, 이는 회피하는 생각이나 감정에 빠지지 않고 현재에 설 수 있는 **지금 기술**을 기르는 방법이다. 광장공포증을 가진 사람과 내가 쇼핑몰에 함께 있을 때면, 나는 그가 현존하는 것 같을 때까지, 그리고 "저기 저 사람을 보세요, 직업이 뭘까요?" 또는 "이 중에서 최악의 헤어스타일을 가진 사람은 누구일까요?"와 같은 말을 할 때까지 기다린다. 요점은 그가 단순히 불안으로부터 주의를 딴 데로 돌리는 게 아니라는 것이다. 그보다는 그들이 다시 자신의 마음에 집중해서 다시 불안이 생기더라도 충분히 괜찮다는 것을 알게 하는 것이다. 이를 위해 나는 그들이 현재에 존재할 때까지 기다리고 그들이 표현하는 수용의 가치들을 강화해 준다. 이것이 회피를 위한 것이 아니라 수용을 위한 것임을 당신이 알아차리고 행한다면, 좋은 영향을 줄 수 있다.

그 밖에 많은 가치 있는 활동들에 이를 적용할 수 있다. 예를 들어, 장애가 있는 사람이 문턱을 넘도록 돕거나, 가게 점원과 대화를 해 보는 것으로 그의 하루를 활기차게 할 수 있다. 나아가 맛있는 음식을 먹는 것도 가치 있는 것으로 간주할 수 있다.

3. **수용은 통제에 관한 것이 아니다.** 사람들은 종종 수용을 마치 렌치를 이용하여 감정의 밸브를 얼마나 열지 조절하는 것으로 본다. 그들은 과정을 통제할 수 있기를 바란다. 이러한 관점을 이해할 수는 있지만, 이는 잘못된 생각이다. 수용은 의식적인 통제를 버리는 것이다. 안전한 상황 속에서 그 밸브를 열면 된다. 그 감정을 있는 그대로 놔두는 것이다.

가끔씩 사람들은 노출 훈련에서 했던 것처럼 감정을 조금은 닫아 놓은 상태에서 머무르려고 한다. 이는 효과를 상당히 감소시키며, 가장 힘든 경험을 수용하려 할 때 그 기술들이 발휘되지 않을 것이다.

사람들이 가장 흔하게 설정하는 한계는 그들이 개방할 두려움이나 고통의 힘에 역치를 두는 것, 그리고 경험해 보지 않은 어떤 사안을 배제하려고 하는 것이다. 전자의 예는 "나는 너무 불안하지 않을 때만 수용을 기꺼이 실천할 거야."와 같다. 이는 결코 좋은 결과를 얻을 수 없다. 왜냐하면 불안이 조금만 상승해도 당신의 마음은 그것이 더 커져서 정해 놓은 역치를 넘길 것이라고 걱정하기 시작할 것이기 때문이다. 이는 더 큰 불안을 일으킬 것이고, 보라! 당신은 매우 불안해질 것이다.

그렇다고 다른 종류의 한계를 설정할 수 없다는 뜻은 아니다. 예컨대, 시간("나는 쇼핑몰에 5분만 있을 거야.")이나 맞붙어 볼 상황 혹은 감정의 종류를 가지고 의도적인 노출의 한계를 정할 수 있다. 당신의 이마에 속도 측정기가 붙어 있는 건 아니지 않은가. 매우 힘든 감정과 맞붙어 보려고 애씀으로써 자신을 압도하는 것은 오히려 역효과를 낳는다. 느낌, 기억, 그리고 현재의 경험 등 덜 강렬한 것부터 시작하자. 다른 것들은 더 큰 유연성을 기를 때까지 기다릴 수 있다.

우리는 절벽이 아니라 의자 또는 지붕에서 뛰어내리는 비유를 사용한다. 당신은 수용의 상황들을 통제함으로써 어느 정도 자연스럽게 자신을 노출시킬 감정의 크기를 조절할 수 있다. 이는 감정을 부인하거나 줄이려고 노력하는 것이 아니라 적게 자극하는 것이기 때문이다. 비록 낮은 의자에서 뛰어내리더라도, 한 번의 뛰어내림도 뛰어내림이다. 우리가 수용하기로 결정했다면 우리는 '올인'을 해야 하며 그렇지 않으면 효과는 나타나지 않을 것이다.

낮은 강도의 두려움이나 고통으로 시작하는 것이 어떤 사안들에 직면할 필요성을 배제해야 한다는 것을 의미하지는 않는다. 만약 당신이 성적 학대에 대한 기억을 절대 다시 마주하지 않기로 결심했다고 하자. 그리고 당신 인생의 연인을 찾았지만 진정한 친밀감의 지점이 학대를 떠올리기 때문에 그 문을 열 수 없음을 발견한다면 어떨까? 만약 당신이 절대로 아버지의 죽음을 마주하지 않기로 결심했다고 하자. 그런데 당신의 어머니가 병의 말기에 있음에도 어머니를 위해 거기 있을 수 없다면 어떨까? 우리 모두는 내적으로 어떤 식이든 믿기 힘든 비극의 선물을 받도록 강요당한다. 가장 어려운 경험을 수용하는 작업을 지속해 왔다면 당신은 이러한 충격에 더 잘 대비할 것이다.

하지만 극도로 힘든 경험에 대해 수용 방법을 적용하는 것은 유연성의 과정들 모두가 잘 작동한 후에라야 가장 잘 적용된다. 증가하는 당신의 심리적 유연성은 다음 도전에 언제 대처할지를 안내해 줄 것이다. 이런 이유로, 이 장에서는 시작을 위한 핵심 실습 세트만 제공할 것이다. 다수의 더 심화된 추가 실습들은 수용과 현재, 가치, 그리고 행동 기술의 향상을 함한 내용을 담은 제12장, 제13장, 제14장에서 소개할 것이다.

끝으로, 최대 한도로 수용을 하는 것은 종종 전문가의 도움으로 더 잘 이루어지며, ACT를 하는 수천 명의 치료자 목록은 웹사이트 http://www.bit.ly/FindanACT therapist에서 찾을 수 있다.

시작을 위한 일련의 방법들

1. "예"라고 말하기

수용의 핵심 능력은 사건 자체를 있는 그대로 기꺼이 받아들이는 것이다. 주변을 둘러보는 것만으로도 실행하기 시작할 수 있다. 아무것에든지 시선이 머문다면 그것에 "아니요"의 의미를 붙이고 어떤 느낌이 드는지 보라. "아니야, 저건 좋지 않아, 저건 바뀌어야 해, 저걸 치워 버리고 싶어, 저건 받아들일 수 없어." 단순히 특정 물건을 보고 심적으로 "아니야." 하는 자세를 취해 보고 다시 방을 살펴본 후에 다른 물건에 대해서도 똑같이 해 보라. 이를 몇 분 동안 해 보라.

이번에는 "예"의 시각으로 앞의 행동을 반복해 보라. "좋아, 괜찮아, 저것은 그냥 저런 거야, 변화시켜야 할 필요는 없어, 저것을 그냥 있는 그대로 놔둘 거야." 당신의 시선이 머무는 물건에 그저 심적으로 "예"라는 자세를 취해 보고 다시 방을 살펴본 후 다른 물건에 대해서도 같은 행동을 반복해 보자. 이를 몇 분 동안 해 보자.

잠시 멈춰서 내면이 "예"일 때와 "아니요"일 때 세상이 어떻게 다른가를 느낄 수 있는지 보라. 제8장으로 돌아가 보면, 힘든 경험에 맞닥뜨렸을 때 당신의 최선과 최악을 표현하는 신체적 자세를 취해 보도록 요청한 바 있다. 대부분의 사람과 비슷하다면, 최선일 경우에는 당신의 몸이 보다 개방된 자세를 취할 것이다(예: 머리를 들고 팔을 내미는 것). 세상을 "예" 또는 "아니요"의 방식으로 보는 것 또한 비슷한 심적 태도를 만드는데, 하나는 개방과 수용의 태도이고 다른 하나는 회피와 통제의 태도다.

이 예/아니요 연습을 단계적으로 증가시키는 방법 중 하나는 신체 자세 연습을 덧붙이는 것이다. "예" 순서에서는 몸을 개방하는 자세를 취한다. 즉, 일어서거나 높은 자세로 앉아서 손바닥은 위로, 팔은 앞으로 내밀고, 고개를 들고, 눈을 뜨고, 다리를 벌리는 것이다. "아니요" 순서에서는 몸을 폐쇄하는 자세를 취한다. 즉, 팔을 안으로 두고, 고개를 숙이고, 시선은 아래를 향하고 다리를 모으고, 주먹을 쥐고 턱은 다물고, 배 근육을 단단하게 한다. 이 두 가지 경험이 어떻게 다른지 매우 주의 깊게 알아차려 보라.

이 연습을 하면서 특정 생각이나 감정, 욕구, 그리고 기억을 떠올릴 수 있다. 시간이 지나면서 당신이 일상생활 속에서 아무런 의미 없이도 가끔씩 심적으로, 그리고 아마도 신체적으로 "아니요" 자세를 취할 때가 있음을 알아차리기 시작할 것이다. 심적이고 신체적인 신호를 알아차리는 것은, 스스로를 발견하고 의식적으로 "예" 자세를 대신 취할 수 있는 데 도움이 된다.

2. 보살핌 연습

수용하기 어려운, 쓸모없는 저항을 일으키는 경험이나 느낌을 떠올려 보라. 작은 것부터 시작하라. 그리고 다음 중 하나를 최소 1분 이상 마음속에 그려 보라.

- 마치 섬세한 꽃을 손으로 쥐듯이 당신의 경험을 쥐라.
- 울고 있는 아이를 안아 주듯이 당신의 경험을 안아 주라.
- 심한 병을 앓고 있는 사람 곁에 앉아 있듯이 당신의 경험 곁에 앉아 있으라.
- 믿기지 않을 정도로 좋은 그림을 바라보고 있듯이 당신의 경험을 바라보라.
- 흐느껴 우는 아기를 안고 걷듯이 당신의 경험과 함께 방 안을 걸어 보라.
- 힘들어도 친구의 말을 경청함으로써 친구를 존중하듯이 당신의 경험을 존중하라.
- 깊은 숨을 쉬듯이 당신의 경험을 들이마시라.
- 군인이 집으로 돌아가기 위해 무기를 내려놓듯이 당신 경험과의 싸움을 내려놓으라.
- 맑고 시원한 물 한 잔을 마시듯이 당신의 경험을 받아들이고 지니라.
- 지갑에 사진을 넣고 다니듯이 당신의 경험을 지니고 다니라.

느낌, 기억, 그리고 현재 경험들을 다루는 이 같은 비유적인 방법들은 수용을 발달시키는 데 종종 강력하다. 이는 당신의 마음이 "그것을 어떻게 하는지 모르겠어."라고 말하더라도 사실이다. 다른 기억, 경험, 감정, 욕구, 또는 생각들에 대해서 이를 지속적으로 시도해 보라.

3. 더 넓은 시각

고통스럽거나 힘든 것을 느끼는 것은 우리의 주의를 좁게 집중하게 해서 고통과 두려움이 우리 마음에 크게 보이도록 만든다. 만일 우리가 경험에 대해 더 넓은 시각을 가질 수 있다면, 그 안에 묻힌 선물에 마음을 보다 효율적으로 개방할 수 있다.

힘든 경험이 마음에 충분히 떠오르도록 생각해 보는 시간을 가지라. 그리고 다음과 같은 질문을 던져 보라.

- 이 경험과 연관된 특정 신체 감각이 있는가? 만약 있다면 오직 그 감각에 대해 "예"라고 말할 수 있는가? 일 분 동안 시간을 갖고 생각해 보고 할 수 있는지 살펴보라. 서두르지 말라.
- 당신의 가족 중에 이와 같은 경험으로 투쟁하는 사람을 본 적이 있는가? 있다면 연민을 갖고 그들의 경험을 살펴보기 위해 그 기억을 떠올릴 수 있는가? 마찬가지로 서두르지 말라. 질문을 통해 얻을 수 있는 것을 찾아보고 다음으로 넘어가라.
- 이 경험과 연관된 특정 생각이 있는가? 그 생각에 대해 "예"라고 말할 수 있는가? 생각을 생각으로만 보고, 이와 투쟁하려는 감각을 내려놓으라. 그저 알아차리기만 하라.
- 더 현명해진 미래에서 삶을 뒤돌아본다면 이 경험에서 배운 것이 있다고 말할 수 있겠는가? 이 질문과 더불어 멈추어 보라. 마음에 사로잡히지 말라. 이해하거나 스스로 추측하려고 하지 말라. 거리가 있고 보다 현명한 당신의 관점에서 보기 위해 그저 부드럽게 쳐다보라. 이 경험 안에는 당신의 여정에 도움이 되는 무엇이 있을까?
- 이 경험과의 투쟁이 당신에게 의미하는 것은 무엇인가? 당신의 고통 속에서 가치를 찾을 수 있다. 이 고통스러운 영역이 당신의 어떤 가치와 어떤 취약성에 대해 말해 주는가? 당신이 원하는 바에 대해 무엇을 말해 주는가?
- 만약 당신이 쓰고 있는 책에 이 경험이 있다면, 이를 경험하는 인물이 후에 어떻게 더 현명해지거나 또는 더 생기 넘치게 되겠는가? 달리 말하자면, 만약 당신이 영웅의 여정에 있고 이 경험이 하나의 도전이었다면, 영웅은 그 경험을 어떻게 활용해서 자신의 활력과 지혜를 키울 수 있겠는가?
- 이 경험과 관련된 다른 기억들이 있는가? 한 번 더 "예"라고 말할 수 있는가? 잠시 생각해 볼 시간을 스스로 갖고 "예"라고 할 수 있는지 보라. 서두르지 말라.
- 이 경험에 대해 다른 사람을 비난했다면, 그들이 했던 것과 같은 행동을 당신도 했던 때를 생각해 볼 수 있는가? 아마도 덜 심한 방식으로? 때때로 우리는 고통에 대한 책임을 다른 사람에게 넘긴다. 때때로 자신이 상대방과 비슷한 행동을 했다는 사실로부터 회피하기 위해서라도 그렇게 한다.
- 당신의 소중한 사람이 이 같은 경험으로 투쟁하고 있다면 당신은 어떻게 느낄까? 그들이

무엇을 하길 제안하겠는가? 그 같은 문제를 겪는 친구를 한번 상상해 보고 이 두 질문을 스스로에게 해 보자. 그들에게 이런 문제가 있음을 알고서 당신은 어떻게 느끼는가? 그들이 어떤 행동을 하면 좋을지 어떻게 이야기해 줄 것인가?

- 이 경험과의 싸움을 내려놓기 위해 당신은 무엇을 해야 하겠는가? 당신이 "아니요"라고 말한 것에 대해. 그 "아니요"에 대한 집착을 놓기 위해서는 무엇을 포기해야 하겠는가? 이는 미묘한 질문이다. 대답을 서두르지 말라. 감지하고 알아차리는 당신의 모든 채널을 개방하라. 과도하게 생각하기보다는 그 대답을 느끼려고 시도하라. 당신이 붙잡고 있는 무언가가 있는가?

- 방어하지 않고 이 경험을 느낄 수 있다면. 당신은 삶에서 무엇을 할 수 있겠는가? 손을 뻗고 꿈꾸도록 스스로를 허용하라. 당신이 모험을 위해 그 경험과 함께할 수 있다고 상상하라. 만약 할 수 있다면. 그 여정은 어떠하겠는가?

4. 반대 실행하기

이는 앞의 방법을 좀 더 장난스럽게 변형한 보다 진전된 기술이다. 당신의 마음이 당신에게 무언가를 하거나 생각하지 말라고 말할 때 이 연습을 실행하기 시작하라. 이는 두려운 감정과 생각을 훌륭한 노출 훈련에 가이드로 활용하는 한 방법이다.

만일 내가 어떤 사람과 쇼핑몰에 있어 보는 노출 치료를 하고 있다면, 이 연습을 위해서 이렇게 물을 것이다. "당신 마음은 우리가 갈 수 없는 곳이 어디라고 말하나요?" 만약 그 사람이 "에스컬레이터요."라고 답한다면, 우리가 가는 데는 에스컬레이터 위다. 이는 언제나 선택이며 강요할 필요가 전혀 없다. 또는 계단 오르기가 덜 어렵다면, 에스컬레이터 타기는 나중에 시도할 전념 행동 목록에 남겨 두고서 계단 오르기 대안을 선택할 수도 있을 것이다. 그러나 이 연습이 장난기 있는 분위기를 지니더라도 이를 과소평가 하지 말라. 내담자들이 수년간 포기했던 영역들을 되찾는 모습들을 봐 왔다. 이는 처음으로 집라인이나 번지점프를 탈지 결정하는 것과 비슷하다. 일단 시작하면, 삶이 확장되는 즐거운 감각은 몇 초 내로 두려움을 앞지른다. 누가 아는가? 어쩌면 낙하산 점프가 다음일지도!

제**12**장

네 번째 피벗: 현존, 현재에 살기

나는 평소에 비행기에서 그리 수다를 떨지 않지만, 최근 비행에서 옆자리 남자가 연신 말을 걸어와서 예의상 그에게 맞춰 주다가 곧바로 매료되고 말았다. 그는 뉴올리언스에 사는 민간 항공기 조종사로 보트 경기를 즐겼다. 그는 그의 고향에서 보트 경기로 눈부신 성공을 거두었다고 했다. "지역의 조류와 바람을 잘 이해해야만 했겠군요."라고 나는 말을 꺼냈다. "물론 그렇지요." 그는 약간 오만하게 대답하면서 "하지만 그건 모든 현지인들이 다 할 줄 아는 것이죠."라고 덧붙였다. 그는 음모가 있는 듯이 주변을 살핀 후에 몸을 바짝 기울여 그의 성공 비결을 알려 주겠다고 속삭이듯 말했다. 그는 유희를 즐기면서 잠시 뜸을 들이더니 "커피 향내를 맡지요."라고 말했다.

나는 약간 당혹스러워하며 그를 바라보았으나, 그는 제정신이었다. 착륙한 뒤에서야 그는 자신의 항해 비결에 대해 설명했다.

뉴올리언스는 미국에서 두 번째로 큰 커피 항구가 있는 도시로, 산업용 크기의 로스터들이 강 주변의 루이지애나 해안을 따라 즐비하다. 각각의 로스터는 특정한 커피콩과 품질로 정평이 나 있는데, 이 때문에 각각 고유한 향을 가지고 있다. 수마일 떨어진 곳에서 그는 특유의 냄새를 알아차리기만 하면 되었고 그리하여 그는 바람의 방향을 알 수 있었다! 잘 훈련된 코와 도시에 대한 지식으로, 그는 풍향계를 보거나 젖은 손가락을 이용하는 경쟁자들에 비해 바람의 작은 변화를 보다 빠르고 정확하게 감지할 수 있었던 것이다. 그는 다른 사람들이 무슨 일이 일어나고 있는지 알기도 전에 이러한 변화에 대처했다. 때때로 그의 선원들은 완전히 비합리적인 그의 방향 선택에 소리를 지르다가도, 바람의 변화가 명확해지자 재빨리 자리를 잡았다.

우리 모두는 신체 내외부의 방대하고 잠재적으로 중요한 정보에 둘러싸여 있는데, 일반적으로 그것은 눈에 띄지 않고 사용되지도 않으며, 특히 우리의 주의가 제한되고 경직되어 있을 때는 더욱 그러하다. 우리 중 몇 명이나 냄새를 통해 항해 경주에서 길을 찾으리라는 생각을 했겠는가? 아마도 거의 없을 것이다. 그러나 이 정보를 사용할 필요가 있는 개나 고양이는 이 정보에 접근하는 데 아무런 문제가 없을 것이다. 그들이 단지 인간보다 냄새를 더 잘 맡을 뿐만 아니라 보다 현재에 살기 때문이라서 개나 고양이는 경험을 통해 배우도록 준비된다.

현재에 살지 못하는 것은 우리가 이용할 수 있는 정보를 엄청나게 감소시킨다. 이는 마치 테니스를 치면서 사포로 문질러진 선글라스를 끼고 임하는 것과 같다. 우리는 집착에 사로잡히며 이는 현재 순간의 명료한 시야를 손상시킨다.

1분도 안 되는 시간 안에 주의가 어떻게 제한되는지를 이 자리에서 보여 줄 수도 있다. 30초 동안 방을 둘러보고 검정색 물건을 모조리 찾아보라. 모든 검정색 물건을 살핀 다음에 '여기로 돌아오라'는 이 문구로 눈을 돌리라.

이제 눈을 감고 당신이 보았던 것 중 직사각형인 모든 물건을 빠짐없이 회상해 보라. 부정행위는 금지다!

● ● ●

여기로 돌아왔는가? 직사각형 모양의 물건을 떠올리는 데 어려움이 있었는가?

만약 내가 당신이 본 모든 검정색 물건을 세어 보라고 했다면, 당신은 꽤 잘해 낼 수 있었을 것이다. 그러나 당신은 아마 꽤 많은 직사각형 모양의 물건을 보았을 것임에도 (지금 주위를 둘러보라) 당신의 주의는 검정색 물건을 찾으라는 규칙의 지배 아래 있어서 당신의 마음은 당신의 눈이 본 것 중 **일부만**을 본 셈이다. 여기에 교훈이 있다. 즉, 우리의 판단적이고 문제해결적인 마음은 끊임없이 현재 순간의 완전한 알아차림 밖으로 우리의 주의를 끌어낸다.

이를 증명할 수 있는 또 다른 방법은 방을 둘러보고 당신이 보는 모든 물건 중 잘못된 것을 찾아내도록 시도해 보는 것이다. 물건마다 흠집을 찾도록 해 보라. 지금 시작하여

30초간 지속해 보라.

• • •

평가하고 있던 '지금'으로의 여행이 당신으로 하여금 방에 있기보다 마음속에 있는 것처럼 느끼게 만들었으리라고 장담한다. 어쩌면 당신은 최근에 방문한 손님이 이 모든 흠집을 알아챘을지도 모른다는 생각을 하거나, 그들이 이 흠집들을 보고 당신을 뭐라고 생각했을지에 대해 고민했을지도 모른다. 어쩌면 당신은 집을 수리하는 데 좀 더 신경을 쓰지 못했다거나 보다 나은 디자인 취향을 지니지 못한 것에 대해 스스로를 질책했을 수도 있다. 장담컨대, 당신이 이런 생각들로 분주한 동안 발가락의 감각이나 숨을 자유롭게 쉬고 있다거나 방의 공기가 시원하다거나 하는 느낌을 조금도 눈치채지 못했을 것이다.

만약 방 안에서 커피 향이 나고 있었다고 할 때, 당신은 이 역시도 눈치채지 못했을 것이다. 항해사의 예처럼, 당신의 현재 경험에서 배울 것이 있었다면 어땠을까? 안타깝게도…… 당신은 이를 놓친 셈이다.

처음 세 가지 유연성 기술은 현재와 현재가 제공하는 배움에 더 잘 조화되도록 우리를 기능하게 하는 데 필수적이다. 이 모든 기술은 과거와 미래에 대한 집착에서 벗어나 현재로 향하는 피벗을 만드는 데 일조한다. 우리는 또한 현재에 대한 주의를 일상의 습관으로 만들 수 있는 많은 실습들을 개발할 수 있다. 그리고 이는 우리가 매일매일 그리고 순간순간 가치에 일치하는 삶의 길에 머물 수 있도록 도와줄 것이다.

방향성에 대한 갈망

당신이 현존하기 기술을 발달시키는 데 착수했다면 과거와 미래로 빠져들게 만드는 것이 고통을 피하기 위한 충동뿐만 아니라 긍정적인 갈망, 즉 우리가 인생의 여정 중 어디에 와 있는지를 알고자 하는 깊은 갈망에서 비롯된다는 사실을 이해하는 것이 중요하다.

방향성에 대한 갈망은 타당한 욕구다. 길 잃는 것을 좋아하는 사람은 아무도 없을 테니 말이다. 갑작스럽게 낯선 곳에 있는 자신을 발견하게 되면 되돌아갈 방법을 알아내기 위해 갖은 궁리를 하기 마련이다. 문제는 우리가 실제로 어디에 위치하고 있으며 가진 자원이 무엇이 있는지에 방향을 맞추기보다, 문제해결적인 마음은 과거에 벌어진 일을 반추하거나 미래에 벌어질 일을 걱정하는 방향으로 우리를 이끈다는 것이다. 우리는 "내가 왜 여기에 있지?"라거나 "어떻게 하면 다른 곳으로 갈 수 있지?" 혹은 "무슨 일이 벌어질까?"와 같은 질문에 집착하게 된다. 마음의 인지적인 늪에 빠지고 만 것이다.

우리는 소위 이러한 문제해결에 너무도 골몰한 나머지, 오늘 우리에게 친절을 베푼 사람을 알아차리지 못하며, 사랑하는 사람에게 전화를 걸거나 아름다움으로 가득 찬 숲을 산책할 시간이 있다는 것을 인식하는 데 실패하고 만다. 생각에 몰두하는 형태의 방향성에 대한 우리의 갈망은 실제로 **방향상실**로 이어진다. 여기 우리 바로 앞에 놓인 삶의 선택지의 전체적인 범위를 알아차리지 못하게 함으로써 말이다.

현존 피벗은 방향성에 대한 우리의 갈망을 지금 여기에 대한 주의 깊은 집중으로 방향을 바꾼다. 마음챙김 부분은 필수적이다. 이는 우리가 보다 많은 의미와 목적을 가지고 일상을 살도록 하는 잠재력에 계속해서 주의를 기울일 수 있게 도와준다.

마음챙김의 의미를 이해하기 위해서는 존 카밧진Jon Kabat-Zinn(동료 여행자이자 매사추세츠 의대 명예교수)에게 의지하는 게 도움이 된다. 그는 아시아의 위파사나 명상 훈련

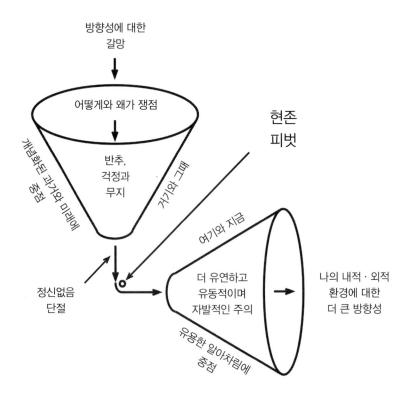

의 풍부한 전통을 서구 사회에 전파하면서 마음챙김에 대한 이해의 지평을 넓힌 개척자로 널리 알려져 있다. 존은 마음챙김을 "특정한 방식으로(의도적으로, 현재 순간에, 비판단적으로) 주의를 기울이는 것"이라고 정의한다. 여기에다 ACT는 이것이 초월적 자기의 관점 취하기 본성에 따라 길러진다고 덧붙인다. 존은 마음챙김이 관점 취하기를 포함한다는 것에는 동의하지만, '자기'를 포함시키는 것은 대체로 피한다.

존이 **의도**를 강조했다는 점에 주목할 필요가 있다. 그는 우리가 의도한 삶을 살아갈 수 있도록 우리의 자각이 지금 여기에 있도록 지향되어야 함을 말하고 있다고 생각된다. 마음챙김은 결코 우리 삶의 압박과 걱정, 희망과 공포로부터 도망치는 것이 아니다. 전통적인 마음챙김 방법은 '옳은 행동'에 힘을 싣기 위해 사용된다. 즉, 우리가 선택한 가치에 일치하는 삶을 살도록 돕는 방식으로 존재하는 것이다.

수다쟁이 항해사의 경주 비법은 어떻게 목적이 존재를 인도하는지 보여 주는 좋은 예다. 만약 그가 경주에서 주의를 분산시키기 위해 바람의 향기를 알아차렸다면, 그의 코는 그가 보다 훌륭한 선장이 되는 데 기여하지 않았을 것이다. 대신에 그는 주변 환경에 더 잘 적응하고 어떤 경로가 최선인지를 결정하기 위해 향기를 사용했다. 이는 본질적으로 현존이 우리를 돕는 방식이다.

이와 같은 마음챙김에 대한 이해를 통해 앞서 다뤄 온 다른 유연성 기술이 어떻게 작동하는지 우리는 더 잘 이해할 수 있다. 탈융합을 연습하고, 초월적인 자기에 연결되며, 수용에 개방하는 것은 모두 다 비판단적으로 존재하고 마음이 반추나 걱정으로 빠져들지 않도록 하는 데 도움이 된다.

마음챙김에 대해 깨어 있기

지난 몇 십 년 동안 마음챙김에 대한 관심이 폭발적으로 증가했고, ACT는 그 광범위한 문화적 관심의 한 부분에 있었다. 실제로 ACT에 관한 연구 중 40%가량은 명상 실천을 증진하기 위한 구체적인 시도를 포함하고 있으며, 사실상 모든 연구들은 마음챙김 훈련에서 잘 확립된 구성 요소들의 일부를 포함하고 있다. 또한 ACT 학계는 마음챙김의 가치에 대한 ACT 고유의 통찰과 더불어, 마음챙김을 회피나 자기에 대한 건강하지 않은 주의의 한 형태로서 실행하지 않을 것에 대한 주의 사항을 덧붙였다.

대부분의 마음챙김 훈련의 핵심 요소인 명상의 실행을 생각해 보라. 명상은 이제 충분히 널리 알려져서 주변에 명상의 잠재적인 문제를 드러내는 이들을 접했을지도 모른다. 사람들은 이기적인 명상가("당신이 애들을 봐요! 나는 명상하러 가야 해요!") 또는 회피적인 명상가("불안해, 명상하러 가야겠어!")가 되기도 한다. 어떤 이들은 명상 실행에 강박적이 된 나머지 사실상 명상 중독자로 변모하기도 한다. 연구에 따르면, 명상은 삶의 압박에서 도피하거나 감정을 억누르는 수단이 아니라 유연성 기술을 기르려는 목적하에 연습할 때 가장 유익하다. 명상의 효능은 특히 주의의 유연성('도망치기 위해서'가 아니라 삶에 온전히 참여하기 위해서)을 **의도적으로** 기르기 위한 연습으로 그것을 활용하는 것에서 비롯된다.

예를 들어, 최근 한 연구에서는 명상가와 비명상가들이 각기 스트룹 과제 수행하기 도전에 어떻게 대처하는지를 살펴보았다. 이는 '집행적 통제'를 측정하는 데 널리 사용되는(그리고 매우 좌절스러운!) 과제로서, 집행적 통제란 마음의 정보를 조직화하고 이에 효율적으로 반응하는 능력을 지칭한다. 스트룹 과제는 현재 순간에 대한 극도의 세심한 집중을 요한다. 사람들은 컴퓨터 화면에 나타나는 **빨강** 혹은 **파랑**과 같은 색깔에 대한 단어들을 바라본다. 그리고 각 단어의 색깔이 무엇인지 가능한 한 빠르게 말하도록 요구받는다. 여기서의 트릭은 단어들이 그것이 나타내는 색깔로 적혀 있지 않다는 것에 있다. 즉, **빨강**이라는 단어가 파랑색으로, 혹은 그 반대로 나타날 수 있는 것이다. 당신은 빨간색으로 적힌 **파랑**이라는 단어를 보면서 재빨리 **빨강**이라고 대답해야 한다. 파랑이라고 불쑥 외치지 않기란 정말이지 어려운 일이다!

이 연구에서 명상가들이 더 나은 점수를 얻었다. 그리고 연구자들이 그 이유를 분석했을 때, 명상가 중에서도 특히 우수한 수행을 보인 이들의 경우에 정서적 수용 수준이 더 높다는 것을 발견했다.[1] 그 이유는 무엇일까? 글쎄, 만약 당신이 틀린 대답에 화를 내지 않으려 노력한다면, 당신이 무엇에 집중할지 짐작해 보라. 화면에 막 떠오른 단어를 인식하는 작업이 아니라 직전에 한 말에 대한 정서적 영향일 것이다.

요컨대, 마음챙김을 위해 작업하는 동안에 우리의 마음이 이 유용한 과정을 또 다른 회피의 일환으로 변모시키지 않도록 주의할 필요가 있다. 일종의 경고로서, 현존하는 것을 관찰하는 데 집중하는 것이 더 **많은** 반추로 이어질 수 있고, 이는 더 많은 우울을 야기할 수 있다는 것이 최근 한 연구에서 밝혀졌다.[2] 명상이 무엇을 위한 것인지가 중요하다.

최근에 이 교훈을 어렵게 터득한 한 대학 교수와 이야기를 나눈 적이 있다. 나는 그를 프레드라 부를 것이다. 그는 ACT 자조서를 통해 자신만의 심리적 유연성 기술을 잘 길러 왔지만, 얼마 전 내게 ACT 치료자를 찾는 일에 대한 자문을 위해 이메일을 보냈다. 약 1년 후 그는 일이 잘 해결된 것에 대한 감사의 편지를 내게 보냈고, 나는 자세한 얘기를 듣기 위해 그에게 전화를 걸었다.

프레드의 이야기는 내가 겪은 일과 너무도 흡사해 으스스할 지경이었다. 심지어 그는 어린 시절 공룡 꿈과 비슷한 유형의 꿈을 꾸기도 했다고 한다! 그의 꿈에서 그는 책에서 적절한 주문을 찾아 괴물을 물리치려 노력하다가 결국 책을 내려놓고 대신 괴물을 껴안는 법을 배웠다고 한다.

프레드는 필사적인 몇 년을 보내면서 마음챙김 연습을 회피나 문제해결의 일환으로 의도치 않게 사용해 왔다. 당시 그는 한 수업에서 강의를 하던 중 시작된 강렬한 불안 발작을 극복하기 위해 갖은 노력을 하던 중이었다. 몇 달 지나지 않아 그 경험은 대중 앞에서 이야기를 하는 것에 대한 공포로 발전했다(보통 사람들이 가진 것보다 심함). 또한 그는 여자 친구와 있을 때 강박적인 생각('교실에서 일어났던 것과 같은 일이 여기서는 일어나지 않기를 바란다!')이 한 번 나타난 후에 성적 무능력에 대한 강박적인 두려움으로 발전했다.

프레드에게 마음챙김 작업은 '은빛 탄환 찾기'와도 같았다. 그는 내게 다음과 같이 말했다. "저는 위파사나 명상을 했고, 불교를 공부했으며, 틱낫한의 책을 읽었고, 그의 치료센터를 찾기도 했지요. 하지만 언제나 제 마음 한 구석에는 이것이 제 문제를 해결해 줄 것인지에 대한 고민이 있었어요. 최악의 상황은, 제가 가장 친한 친구에게 제 이야기를 하려던 찰나에 공황 발작을 경험한 일이었어요. 제 세계는 피부 아래 1~2인치로 쪼그라들고 말았지요."

그 최악의 순간을 경험한 직후에 ACT에 대해 읽었을 때를 그는 이렇게 회상한다. "마법 탄환 찾기를 그만둘 수 있다는 것을 알게 된 안도감이 내게 밀려왔어요." 그는 마음챙김 기술을 사용하는 방식을 바꿔야 한다는 것을 깨달았다고 말한다. "가장 큰 변화는 제가 그저 앉아서 제 안의 모든 공포를 순간순간 지켜보며 어떤 변화도 요구하지 않게 되었다는 것이었어요. 저는 단지 무슨 일이 일어나는지를 지켜보고 싶었고, 제가 소중하게 생각하는 것과 관련된 공포가 떠올랐을 때 이를 부정하지 않고 대신에 '그래'라고 말했어요."

마음챙김 연습에 수용을 더한 3개월 이내에 그는 교육계의 거물급 패널들 앞에서 주말마다 격렬한 인터뷰가 요구되는 경쟁력 있는 교수 연구비를 신청했다. 이러한 행동이 '3개월 전에는 상상도 못할 일'이었다고 내게 말했다. 그는 연구비를 받았고, 그의

223

ACT 여행에서 계속해서 좋은 성과를 거두고 있다. 작년에 그는 성공적인 발명품을 개발했고 이를 팔기 위해 고된 비즈니스 여행에 나섰다. "제 삶에는 불안의 치료법을 찾기 위해 고군분투하던 시절에는 없었던 풍요로움이 생겼어요."라고 그는 말했다. "솔직히 말해 다시는 맛보지 못할 것이라고 생각했던 풍요로움이에요."

그의 마음은 여전히 그에게 걱정해야 한다고 속삭인다. 즉, 공공장소에서 이야기하는 것, 성적으로 난처해지는 것에 대해서 말이다. "그 마음은 여전히 그 마음이에요."라고 그는 말한다. "마음이 부엌 싱크대를 내게 던지는 것만 같이 느껴지는 날들이 있었어요. 하지만 지금은 그것을 덜 심각하게 받아들이는 게 쉬워졌지요. 제가 가장 깊이 소중하게 여기는 것에 집중하고 모든 두려움을 기꺼이 맞이하며, 제가 살기 원하는 방향으로 제 가슴이 선택하게 하는 것이 더 쉬워졌어요."

당신의 마음을 손전등으로 사용하기

지금 여기에 주의 기울이는 법을 배우는 것은 시야를 넓히는 것에 비교될 수 있지만, 특정한 방식으로 비교될 수 있는 것이다. attend의 어원은 무엇인가를 향해 뻗는 것을 내포한다. 마음챙김을 발전시킴에 있어서 우리는 인식의 범위와, 선택된 방향으로 주의를 기울이는 능력을 향상시키고 싶을 것이다.

현재에 대한 인식을 확장하는 것을 일전에 내가 손전등 비추는 것에 비유했던 것을 기억하는가? 사실 나는 손전등 광이기 때문에 부분적으로 이 비유를 좋아한다. 나는 손전등을 매우 좋아하고 멋진 손전등을 여럿 가지고 있다. 지난 크리스마스 때 아주 좁게도 상당히 넓게도 조절할 수 있는 빔이 있는 손전등을 아내가 내게 선물해 주었다. 나는 사방으로 빛을 낼 수 있는 캠핑 램프로 변형시킬 수 있는 손전등도 가지고 있다. 뿐만 아니라 세 개의 손전등이 결합해 각기 다른 방향으로 빛을 비출 수 있도록 된 형태의 손전등도 있다.

우리의 주의를 훈련하는 것은 이러한 첨단 손전등 사용법을 배우는 것과도 같다. 우리는 모든 종류의 방식으로 주의를 집중하는 법을 훈련할 수 있다. 명상은 이러한 방법들 중 단지 가장 잘 알려진 방법일 뿐이다. 이와 같은 연습은 복잡하거나 많은 시간을 소요하는 것일 필요는 없다. 많은 유형의 명상이 대중화되어 있으며 여기에는 존 카밧진이 창시한 마음챙김 기반 스트레스 감소법(MBSR), 초월 명상, 요가와 선과 같이 신체에 집중된 전통이 포함된다. 그것들은 배우기에 유익하겠지만, 심리적인 유익을 위해 명상을 시작할 경우에는 단순하고 짧게 지속하는 것이 가장 좋다. 예를 들어, 명상에 대한 한 연구에서, 명상의 효과 중 약 7%가량만이 순전히 실행한 양에 따라 결정된다는 것이 밝혀졌다.[3]

실행의 **질**이 명상에 쏟은 시간보다 중요하다. 제대로 수행된 짧은 명상도 오랜 효과를 낼 수 있다. 몇몇 효과는 즉각적으로 나타나기도 한다. 15분 동안 단지 일회 명상을 실시한 사람들이 재정적인 결정을 더 잘 내린다는 것을 최근 연구에서 발견했다.[4] 연구자들 중 한 명은 이러한 발견에 대해 다음과 같이 설명한다.

> 짧은 마음챙김 명상 시간은 사람들로 하여금 현재 순간에 가용한 정보를 고려하게 함으로써 더 합리적인 결정을 내리도록 도와준다. 명상은 과거와 미래에 집중하는 시간을 줄이고, 이러한 심리적 변화는 부정 정서의 감소를 가져온다. 부정적인 정서가 감소하면 '매몰비용(잘못된 재정적 결정이 내려졌을 때 버려지는 재화)'을 내려놓을 수 있는 능력을 더 잘 발휘하게 된다.

시작을 위한 일련의 방법들

여기서는 효과가 이미 입증된 간단한 방법에 초점을 맞출 것이다. 더 복잡한 형태의 실습을 아직 하고 있지 않다면, 이것들부터 시작하길 권한다. 각 실습은 단 몇 분 내에 수행할 수 있어서 정기적으로 하는 데 도움이 된다. 꾸준한 실행은 지속적인 효과를 위한 핵심이다.

이상적으로는, 이것들 중 몇 가지를 당신의 유연성 기술 도구세트로 만들어서 암기할 수 있을 정도로 충분히 자주 연습해야 한다. 이는 주의가 쓸데없이 과거나 미래로 이끌리는 것을 발견할 때마다 그것들을 불러올 수 있게 해 줄 것이다. 아침에 눈을 뜬 직후라든지, 샤워를 할 때 혹은 아침을 먹을 때, 아니면 하루의 중간이나 끝 등 어느 때라도 상관없이 일상생활의 일부로 만들 수 있다. 주의를 기울이고 싶은 곳에 집중하는 능력에 긍정적인 효과를 즉각적으로 경험하기 시작할 것이며, 종종 이는 매일 전념을 지속하는 데 굉장히 큰 동기를 부여한다. 보다 가치에 기초한 삶에 먼저 전념하면서 매일 유연성 실습을 계속하도록 주의를 기울이라.

처음에는 단순 명상 기법에서 시작하고 나서 몇 개의 주의 유연성 연습을 소개할 것이다. 일단 제2부의 나머지 장들을 다 읽고 여기로 되돌아와 나머지들을 해 보고 나서 어떤 것을 지속적으로 연습할지 결정할 수도 있을 것이다.

1. 간단한 명상

대학원에서 만난 친구 중 한 명인 레이먼드 리드 하디Raymond Reed Hardy는 그의 저서 『젠 마스터(Zen Master)』에서 놀랍도록 간단한 명상 기법을 소개했다.[5] 그가 고안한 방법은 새로운 것이 아니다. 그것은 그저 가장 간단한 시작이다. 다음이 그 지시문이다. 자리에 앉아 허리를 곧게 세우고 눈을 살짝 뜬 다음 45도의 각도로 아래쪽으로 시선을 향하라. 그리고 부드러운 초점을 유지하라(시각적 주의가 특정 지점을 선명하게 보지 않도록 하라). 책상다리로 앉는 것이 불편하다면 의자에 앉아 발을 바닥에 평평하게 두라. 마음이 호흡에 집중하여 쉬도록 내버려 두라. 마음이 떠내려간 것을 발견할 때마다 이를 일련의 생각 열차에서 내리게 하고 그다음에 호흡으로 돌아오게 하라.

그게 전부다. 그렇게 하루에 몇 분씩 하라.

그렇게 간단한 실천이 어떻게 효과를 낼 수 있을까? 그것은 주의력 근육을 발달시킨다. 당신의 마음이 방황하는 것을 알아차릴 때마다 알아차리고 초점을 되찾는 능력을 강화할 것이다.

2. 단일 및 다수의 주의 대상

스마트폰이나 다른 타이머를 사용해서 2분간 알람을 설정하라. 이 연습은 앉아서 혹은 서서 진행할 수 있다. 다음의 지시에 따라 타이머를 켜고 눈을 감고서 집중하라.

처음 2분 동안은 오직 왼발에만 주의가 향하게 두라. 그 느낌이 어떤지에 집중하라. 거기서 느껴지는 감각들은 무엇인가? 거기서 맥박이 뛰는 것을 느낄 수 있는지 보라. 얼마나 따뜻하거나 차가운지를 알아차릴 수 있는지 보라. 발이 차지하는 공간의 크기를 인식할 수 있는지 보라. 주의가 방황하는 것을 알아차린다면 부드럽게 왼발로 되돌리라. 왼발의 느낌에 계속해서 집중하라. 2분 타이머 종이 울릴 때까지 멈추지 말라.

좋다. 이제 타이머를 설정하고 눈을 감고 시작하라.

· · ·

대부분의 사람들과 같이 당신의 마음은 방황할 것인데, 조만간 당신은 방황하는 마음을 알아차리고 이를 되돌려 놓았을 것이다. 또한 아마 평상시에는 보통 생각하지 않는 왼발의 감각, 속성, 특징 등에 대해서도 알아차렸을 것이다. 어쩌면 그것의 크기나 모양, 따끔거리는 느낌 또는 온기를 알아차렸을지도 모른다.

이제 타이머를 다시 2분 더 맞춘 다음 오른발에 대해서도 똑같은 연습을 해 보라. 이번에는 더 많은 양상이나 특징을 알아차리는 등 감각에 대한 알아차림과 관찰을 더욱 심화시킬 수 있는지 보라. 다시 당신의 마음이 방황한다면, 주의를 부드럽게 되돌리라.

좋다. 타이머를 맞추고 시작하라.

· · ·

이번에는 무엇을 알아차렸는가? 시간이 더 느리게 흐르는 것 같았는가? 새롭게 배울 것이 없다고 마음이 이야기하기 시작했는가?

이제 타이머를 2분 더 설정하고 왼발과 오른발 둘 다를 동시에 지속적으로 알아차릴 수 있는지 보라. 번갈아 하는 것이 아니라, 두 개를 동시에 확인할 수 있도록 주의의 빛을 넓혀 보라. 만약 당신의 마음이 당신을 멀어지게 한다면 부드럽게 이를 되돌리도록 하라.

· · ·

무엇을 배웠는가? 어떤 것을 알아차렸는가? 관찰과 알아차림이 오가는 것을 느꼈는가? 어떤 때에는 왼발에만, 다음에는 오른발에만 집중하다가 어떤 때에는 동시에 둘 다에 집중하는 자신을 발견했는가? 훌륭하다! 한 발에 먼저 주의를 돌린 다음 다른 발로 주의를 돌리는 것은 현재 순간의 주의뿐 아니라 유연한 주의를 기른다. 유도된 주의, 즉 유연하고 자발적인 주의가 목표라는 점을 기억하라.

이는 가장 효과적이면서도 간단한 형태의 마음챙김 연습 중 하나로 마음챙김 연구자인 니르베이 싱Nirbhay Singh이 고안한 것이다. 이 연습은 아동이나 만성 정신질환을 가진 성인의 공격적인 행동을 감소시키는 데 도움을 준다는 것이 여러 연구들에서 밝혀졌다.[6] 그것은 또한 담배를 끊는 데에도 도움을 준다. 선천적으로 배부름을 느끼지 못하는 아동들이 과식을 하지 않는 데에도 도움을 준다. 이 연습은 보트가 닻에 의해 고정되는 것처럼 그것에 접지함으로써 알아차림에 집중할 수 있도록 돕는다. 당신의 발이 닻이 된 셈이다. 알아차림에 접지하는 것은 분노를 공격성으로, 충동을 실제적인 흡연이나 폭식으로 빠르게 이끄는 자동적 사고와 행동 과정을 약화시킨다. 그것은 정서적·인지적 반응성을 약화시키고 선택의 작은 창을 열어 준다. 때때로 나는 호흡을 따라가는 흔한 훈련보다 이 방법을 더 좋아한다. 한 가지 이유는, 언제 어디서나 그것을 활용할 수 있기 때문이다. 심지어는 말을 하는 중에도 말이다('호흡 따라가기' 방법으로 이를 시도해 보라!). 다른 하나는, 많은 형태의 불안이 호흡 곤란을 수반해서 호흡에 집중하는 것이 공황을 유발할 수 있기 때문이다.

3. 주의를 넓히고 좁히기

한쪽 발 연습의 연장으로서, 어떤 풍부한 감각 경험에 주의를 두는 작업을 통해서 마음의 초점을 넓히고 좁히는 훈련을 할 수 있다. 음악 감상이 좋은 예인데, 메타인지 치료와 같은 효과적인 주의 훈련 프로그램에서 흔히 그것을 사용해 왔다.

그것을 지금 시도해 보고 싶다면 좋아하는 음악을 틀어 놓되, 다양한 악기가 나오는 음악을 선택해야 한다. 현악기와 같은 하나의 악기에서 다른 악기들로 초점을 이동시킬 것이다. 시작하기 전에 주의를 어디에 둘 것인지 미리 계획을 세워 음악이 당신의 주의를 관장하고 통제하지 않도록 하는 것이 좋다. 핸드폰에 1분 타이머를 맞춰서 주의를 이동하도록 상기할 수 있다. 음악을 듣는 동안에 악기의 조합에 먼저 주목한 다음에 당신의 모든 주의를 그중 하나(예: 베이스나 베이스 집단)에만 집중하라. 일 분이 지난 후에 드럼 등과 같은 다른 악기에 집중하라. 끝으로 주의를 전체 악단이나 오케스트라로 돌리라. 그런 다음에 이러한 다른 초점들을 한두 번 다시 반복하라.

4. 초점 개방하기

많은 주의력 연습에서 특정한 단어(만트라 등)에 집중하고 반복하거나 벽의 작은 점을 바라보게 하는 식으로 지시해서 주의를 좁히는 방법을 가르친다. 그러나 줄곧 내가 주장해 왔듯이, 주의를 넓히는 것 역시 그것만큼 중요하다. 내가 좋아하는 연습 중 하나는 초점 개방하기라고 불리는 것이다.[7] 이 접근법에서는 일련의 사건 전체를 한 번에 생각한다(이를 위해서 특정한 사건에 대한 초점을 부드럽게 해야 한다). 일련의 사건은 사람이나 사물, 생각의 흐름, 음악의 마디 등 사실상 어떤 것으로도 구성될 수 있다. 일단 관심이 가는 일련의 사건이 생기면, 사건 사이의 물리적 혹은 시간적 공간에 주의를 집중하라. 가령 사물 간의 물리적 거리나 생각 또는 음악 마디 사이의 빈 간격과 같은 것들에 말이다.

이 수행법을 명확하게 하기 위해…… 지금 당신이 있는 방을 바라보되 특정 사물들에 순차적으로 초점을 맞추라. 그런 다음 특정 사물에 대한 초점을 부드럽게 하고, 방 안의 대부분 또는 모든 물체 간의 관계(즉, '공간')에 집중해 보라. 이 두 세트를 번갈아 하는 몇 분간의 연습을 통해 당신이 다른 주의 전략을 사용하고 있다는 것을 감지하게 될 것이다. 개방된 초점을 취하는 동안에 주의가 부드러워지고 확장되는 것을, 개별 사물에 집중하는 동안에는 주의가 선명하고 좁아지는 것을 느낄 수 있을 것이다.

이것을 일상에서 연습하는 좋은 방법은 업무 회의 중에 해 보는 것이다. 다음 회의에서 특정 화자나 청자 사이에서 주의를 왔다 갔다 해 본 다음 모든 참석자들에 일시에 집중해 볼 수 있는지 보라.

추가적인 방법들

5. 과거와 함께 현재에 있기

현재에 집중하는 데 있어서 가장 어려운 도전 중 하나는 우리의 마음이 너무도 자주 과거(우리의 정신적 네트워크에 심겨져 쉽게 촉발되는 기억, 감정, 사고)에 의해 '낚인다'는 점이다. 이러한 갈고리들을 상기시키는 유용한 방법은 두음문자 I'M BEAT를 기억하는 것이다. 만약 당신이 현재의 순간으로부터 끌어당겨지고 있음을 알아차린다면, 해석(Interpretation), 기억(Memory), 신체 감각(Bodily sensation), 감정(Emotion), 행동하려는 충동(Action urge), 그리고 다른 종류의 생각(Thought of other kinds; 예: 예측과 평가) 등에 막 낚이지 않았는지 살펴보라. 일단 이들을 인식할 수 있게 되면, 당신은 현재로 되돌아온 셈이다! 다른 방식으로 말하자면, 갈고리에서 빠져나오는 방법은 갈고리 그 자체에 대해 완전히 자각하는 것이다. 거의 항상 I'M BEAT 목록 안에서 갈고리를 발견할 것이다(알아차림이 없다면 이 반응들이 당신을 쓰러뜨릴 것이기에, 이 두음문자는 나쁘지 않다).

여기 갈고리의 당김에 대항하는 법을 배우는 좋은 연습이 있다.

의도적으로 어떤 기억을 떠올리고 나서 자신에게 말해 보라. "나는 지금 ……를 회상하고 있다." 그리고 짧은 한 문장으로 간단하게 그 기억을 묘사함으로써 이 문장을 이어 나가 보라. 예를 들어, "이제 나는 상사가 내게 앞으로 제구실도 못할 것이라 말했던 것을 회상하고 있다."와 같이 말할 수 있을 것이다.[8]

이 연습을 하면서 촉발되는 감정이나 신체 반응(예: 내장이 조이는 느낌), 떠오른 생각, 또는 무언가를 하려는 충동이 있는지 세심하게 살펴보라. 또한 떠오르는 다른 기억들에 대해서도 방심하지 않도록 하라. 기억에 대한 문장을 끝내고 나면, 이러한 감정과 생각, 여러 감각들 하나하나에 주의를 기울이면서 말해 보라. 예컨대, "지금 나는 슬픔의 감정을 느끼고 있다."라고 말이다. 만약 '그 일은 결코 일어나서는 안 됐어.'라는 생각이 떠올랐다면, "나는 그 일은 결코 일어나서는 안 됐어라는 생각을 하고 있다."와 같이 진술해야 한다. 묘사하고 싶은 반응들의 궤적을 놓쳤다면 기억으로 돌아가 가능한 한 그것들을 다시 붙잡을 수 있도록 다시 진술하라. 다른 기억들이 떠오른다면 같은 연습을 진행하라.

'나는 ……라는 생각을 하고 있다.'와 같은 간단한 문구는 마음챙김으로 향하는 탈융합을 가져오는 강력한 수단이며, 우리의 생각과 감정, 그리고 충동으로부터 약간의 거리를 만들어서 우리가 그것들과 함께 현재에 존재할 수 있게 해 준다. 생각이나 감정은 과거에 대한 것일 수도 있고 미래에 대한 것일 수도 있지만, 이 문구들을 통해서 이 반응들이 현재에서 일어나고 있음을 당신의 마음에게 일깨워 주는 것이다. 그러한 알아차림을 기르게 되면, 가장 고통스러운 기억과 생각, 감정이 나타나는 순간에도 항로를 유지하도록 도울 수 있는 강력한 습관이 생긴다.

6. 내부/외부

이 마지막 연습은, 하고 있는 일에 집중하면서도 어떤 것에도 경직되게 집착하지 않고 내적 경험을 알아차리는 능력을 기르는 데 도움이 된다.

정원 가꾸기나 집안일 같은 어떤 일에 참여하는 동안에, 당신이 하고 있는 행동에 주의를 지속하면서도 신체 내부에서 일어나는 감각에도 일부 주의를 옮겨 보라. 이는 양쪽 발 모두에 주의를 기울이는 것과도 매우 비슷하다. 어떤 신체 감각이든 일어나도록 뇌두되, 그것이 당신의 모든 주의를 끌지 않도록 하라. 어디서 이 감각을 느끼는가? 가장자리를 알아차려 보라. 그 감각의 속성은 어떠한가? 뜨겁거나 차가운가? 긴장되거나 편안한가? 고동치거나 일정한가? 조이거나 느슨한가? 거칠거나 부드러운가? 이 작업을 하는 동안에도 하던 활동을 지속해야 한다는 점을 기억하라.

이제는 다시 일에 주의를 보다 온전히 가져오되, 감각을 알아차리는 것도 지속하라. 일에 관련된 감각은 어떠한가? 일에 대한 느낌은 어떠하며, 감각에 관련되면서 일에 집중하는 정도는 어떠한가?

당신의 내면은 일에 반응하고, 일에 대한 당신의 감정은 다시 그것에 영향을 받는다. 아마도 당신은 꽃이 잘 자라고 있는 것을 보면서 깊은 만족감을 느끼고 있으며, 무릎이나 팔에서 약간의 통증을 느끼는 와중에도 이러한 즐거움의 신체적 내적 감각이 발생하는 것을 알아차릴 것이다. 혹은 일이 지겹다고 느끼면서 배고픔의 감각을 약간 느끼고 있음을 알아차릴 것이다. 주의를 단지 안에서 밖으로 옮기는 것을 통해서 이러한 상호 연결에 대한 알아차림이 생기도록 허용하는 것과, 문제해결이나 규칙("나는 연결성을 찾아야만 하겠어!")을 자신에게 부과하지 않는 것이 중요하다. 이 연습은 주의집중의 일환이지 진단을 위한 것이 아니다. 이는 주의를 유연하게 유지하도록 도와서 우리가 몸과 마음 모두와 더불어 보다 온전히 현존하도록 도와준다. 시간이 지남에 따라 이는 어떤 정보가 유용할 수 있는가에 대해 정신을 차리면서 현재 순간을 보다 온전히 경험하도록 우리를 도와준다. 내 항해사 친구가 커피 볶는 향내를 알아차렸듯이 말이다.

제13장

다섯 번째 피벗: 가치, 선택해서 마음 쓰기

심리적으로 가장 큰 스트레스의 원인 중 하나는, 우리에게 진실로 의미 있는 가치와 접촉이 끊기는 것이다. 내 내담자 중 한 사람에게 가장 중요한 가치가 무엇인지 물었더니 한참을 대답하지 않고 있다가 "제가 받은 질문 중에서 가장 겁나는 질문이네요."라고 답했다. 또다시 긴 시간이 지난 후에 "저는 그 질문에 대해 아주 오래, 오랫동안 생각해 보지 않았어요."라고 덧붙이면서 그녀는 울기 시작했다.

이와 같은 감정적인 반응은 가치와 깊이 연결될 때 흔히 나타난다. 나는 이런 장면을 치료 중에 여러 번 보았다. 아마도 신생아를 볼 때 우리가 우는 것이나, 결혼식에서 눈물을 흘리는 것도 이와 같은 이유가 아닐까 생각한다. 장관을 이루는 일몰을 볼 때 눈물이 나는 것도 같은 이유라고 생각한다. 우리가 소중히 여기는 삶의 측면들과 연결됨을 느끼고 있는 것이다.

의미를 향한 갈망

삶의 방향을 자유롭게 선택하고 추구하는 것보다 인간에게 더 중요한 갈망은 없다. 자기주도적인 의미를 분명하게 감지하는 것은 본질적으로 지치지 않는 동기를 제공한다. 그러나 우리는 우리에게 실제로 의미 있는 것이 무엇인지에 대한 시각을 쉽게 잃어버리고 대신에 사회가 정한 목표나 표피적인 만족을 추구한다. 시계의 매초 똑딱거림은 그런 삶의 공허함으로 우리를 조롱할 수 있다.

우리는 수많은 이유들로 인해 의미를 향한 갈망을 엉뚱한 방향으로 보낸다. 우리가 좋은 선택을 할 수 있을 것이라고 스스로 믿지 못하고 삶이 주는 자유로부터 도망치는 것이 그중 하나다. 우리는 필수적인 속성을 놓친 삶의 경로를 선택할까 봐 두려워한다. 어쩌면 아이 양육에 헌신하는 데 가치를 두지만 좋은 부모가 될 수 있을지 의심한다. 또는 대학원 학위를 받아 새로운 지식을 탐구하길 열망하지만 우리가 그런 지적 능력을 가졌는지 의심한다.[1] 또한 우리가 추구하는 가치가 문화 규범에서 벗어나서 남들로부터 무시당하거나 소외되거나 심지어 비웃음을 살까 봐 염려한다. 어쩌면 압박감에 시달리는 고연봉의 직장을 떠나 가족과 더 많은 시간을 보내길 희망할 수도 있지만, 그만두었을 경우에 사람들이 우리를 무시할 것이라고 믿고서 현 상태를 고수한다. 자신에 대한 개념에 고착되고, 삶의 방향을 자유롭게 추구하는 것을 두려워한다. 즉, 어쩌면 자신이 치료자가 되고 싶다는 것을 내면 깊숙하게는 알고 있지만, 우리의 자기 감각이 성공적인 변호사나 회사 경영자라는 것에 융합되어 있기 때문인 듯하다. 무엇보다도 흔하게, 피하고 싶은 과거의 고통 때문에 자신의 진정한 가치에서 돌아선다. 사랑했던 사람이 상처를 준 일 때문에 사랑을 나누는 관계가 중요하지 않다고 자신을 납득시킬 수도 있다. 따라서 모든 형태의 심리적 경직성은 내면에서 의미와 자기 방향성에 대한 갈망을 제대로 다루지 못하는 것으로 나타난다.

대부분 우리 문화는 사람들이 자신의 가치관을 스스로 선택하도록 돕지 않는다. 대신에 우리는 피상적인 욕구를 따르는 것으로 가치관을 규정하도록 장려받는다. 우리는 빠른 만족감을 가치에 대한 감각으로 오인하며, 물질적인 것과 성과를 축적하고, 사회가 요구하는 '반드시 해야 할 것들'의 긴 목록을 추구하기만 한다. 우리가 무엇을 소유했는지, 문화적으로 승인된 성취를 이루고 사회의 기대에 순응했는지, 일이 성공했는지, 결혼을 하고 아이를 가졌는지, 그리고 심지어 '행복한지'에 따라서 우리의 가치가 평가된다는 것이 지배적인 사회적 메시지다. 그런 일들이 우리에게 진짜 의미가 있음을 발견할 수도 있다. 그러나 그것들을 추구하는 이유가 사회적 비난과 성적을 올리지 못한 것에 대한 자기비난으로 인한 고통을 피하기 위함이라면 그것들은 공허함이 될 것이다.

물질주의, 즉 소유물과 취득이 삶에 만족을 가져다줄 것이라는 신념의 영향을 생각해 보라. 사람들에게 다음과 같은 질문에 동의하는지를 조사하는 연구가 이루어졌다. "삶에서 가장 중요한 성취는 물질을 소유하는 것이다." "내가 더 많은 걸 살 수 있다면 나는 더 행복할 것이다." "사람들을 감탄케 하는 물건들을 갖고 싶다."[2] 질문에 동의하는 비율은 응답자의 불안, 우울, 부정적 자기 평가, 그리고 낮은 자기만족에 비례했다.

명성, 권력, 감각적인 만족, 그리고 타인의 과찬 등은 모두 만족을 주지 못하는 '원함' 또는 '해야 함'이다.[3] 일단 우리가 그것들을 움켜잡으려고 하면, 충분한 것이 결코 충분하지 않다. 억만장자들에게 충분한 돈을 갖기 위해 무엇을 가져야 하는지 물어봤을 때 그들이 "더 많이."라고 답한 것으로 알려져 있다.[4] 불교도들은 성취와 물질적 부에만 집중하는 상태를 '집착'이라고 하고 이를 괴로움의 핵심 원인으로 여긴다. 실제로 우리에게 지속적으로 동기를 부여하는 것이 무엇인지를 보지 못하고, 더 움켜쥐려고 할수록 더 비참해지고 균형을 잃게 된다.

가치 피벗은 의미를 향한 갈망을 전향해서 우리가 진실로 의미 있다고 발견한 것에 일치하는 활동을 추구하게 해 준다.

네 가지 유연성 기술이 가치 피벗을 만들어 가는 데 도움이 될 것이다. 그 방법은 다음과 같다.

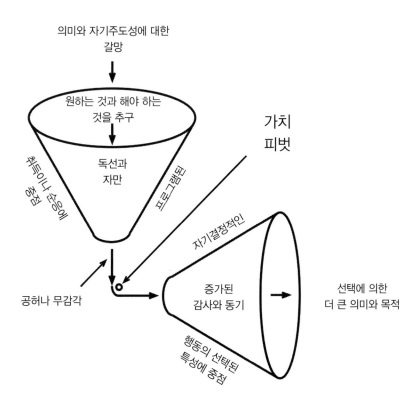

수용은 우리가 들을 수 있게 해 준다

고통을 피하고자 애쓰느라 우리의 가치와 단절된다면, 역설적이게도 우리는 고통에 이바지할 뿐이다. 대신에 고통에 귀 기울이고 느끼는 갈망을 향해 나아간다면, 우리가 살고 있는 방식과 우리가 살기 원하는 방식 간의 차이를 발견할 수 있다. 빛이 가리키는 곳을 안다면, 고통은 손전등과 같다.

일전에 우울하고 불안한 내 내담자가 있었다. 그를 샘이라고 부르겠다. 그는 삶이 공허하고 살아야 할 진짜 이유가 없기 때문에 그를 도우려는 노력이 무의미하다고 치료 초기에 말했다. 그와 함께 그가 마음 쓰는 것들을 탐색했으나 파악하기 힘들었고 가끔 화를 내기도 했다. 예컨대, 그는 가족이나 자녀, 또는 심지어 친밀한 관계에 정말로 관심이 없다고 사무적으로 말했다. 그는 "그런 삶은 제게 맞지 않아요."라고 주장했고, 그의 늘어진 몸으로 마치 "무슨 상관이에요? 내 인생에 사랑이 있는지 누가 상관해요? 내가 인형을 갖고 논들 무슨 상관이에요? 제가 틀렸다는 걸 증명해 봐요."라고 말하는 듯이 의자에 앉아 어깨를 으쓱였다.

그의 눈이 내 눈을 사로잡았을 때, 나는 그의 눈에서 무관심이 아닌 고통을 보았다.

나는 그때 거기서 그를 직면시키지는 않았다. 대신에 그에게 간단한 숙제를 내주었다. 그가 상처받았던 장소를 알아차리고, 그 장소가 그가 소중히 여겼던 곳일 가능성을 생각해 보라고. 그는 해 본다고 했으나 큰 기대를 하지 않았다.

다음 주에 그가 왔을 때, 그는 "나는 거짓말쟁이였어요, 나 자신에게도."라고 말했다. 그는 자신이 패스트푸드 레스토랑에서 햄버거를 먹고 있었고 옆 테이블에 한 가족이 들어와 식사를 하기 시작했다고 보고했다. 그는 그 가족의 어머니, 아버지, 그리고 두 어린아이들이 햄버거 포장을 벗기고 있는 모습을 보면서 자신의 슬픈 감정을 알아차리곤 놀랐다고 한다. 그가 보통 하던 대로 그 감정을 떨쳐 버리는 대신에, 내가 부탁한 것을 기억하고 자신이 무엇을 느끼고 있는지 더 가까이 들여다보았다. 비유적으로, 그는 자신에 대해 오래 닫혀 있던 문을 열었던 것이다.

강렬한 슬픔의 감정이 그를 적셨고, 그는 눈물을 감추고 그 가족으로부터 멀리 떨어졌다. 그다음 그는 강렬한 갈망의 충격을 느꼈다. 그는 사랑을 나누는 관계와 아버지가 되는 것을 간절히 원했다.

상담 중에 이 이야기를 하면서 그는 다시 눈물을 흘렸고 말을 더 이상 이을 수 없었다. 그는 자신이 어린 시절에 방치되었던 것과 트라우마로 남은, 부모와 양아버지의 배신에 대한 긴 이야기를 들려주었다. 수년 동안 그는 그 고통을 다루기 위해 그의 소중한 것들로부터 자신의 마음을 닫아야 했으며, 그 대신에 자신의 일과 성공에만 몰두했다.

그러나 그의 '성공'은 그를 감정적으로 오래 지탱해 주지 못했다. 그는 마치 바다에 표류하면서 목이 말라 바닷물을 마시는 사람과 같았다. 즉각적인 효과로 목마름을 가라앉힐 수는 있을지 모르나 직후에는 더 참기 힘든 갈증이 따라온다.

고통과 가치가 어떻게 연결되는지 내담자들의 이해를 돕기 위해, 그들이 고통에 마음을 열면 뒤집어서 물어보라고 한다. "이게 고통스럽지 않으려면 내가 무엇을 신경 쓰지 않으면 될까?" 내가 만난 사회 공포증을 가진 사람들 중, 사실 그들의 마음속 깊은 곳에 타인들과 개방적으로 함께하고 싶지 않은 사람은 없었다. 다시 힘차게 삶에 뛰어들기를 깊이 바라지 않는, 우울증을 겪는 사람을 나는 개인적으로 결코 만나 본 적이 없다. 당신은 고통 속에서 가치를 발견하고, 회피 속에서는 가치와의 단절을 발견할 것이다. 정서적 유연성과 개방성이 없다면 선택된 가치에 따라 산다는 것은 불가능하다.

그런데 몇 개월 전에 나는 거의 20년 만에 샘을 만났다. 그는 가정을 꾸리고 많은 아이들과 함께 할 수 있는 사업을 찾았다. 그의 두 아들은 성인이 되어 그와 함께 사업을 하고 있었다. 그는 자녀들을 자랑스러워했으며 그들과 함께하는 시간을 행복하게 보냈다. 만약 그가 자신의 고통을 진정으로 원하는 삶의 가치와 방향을 찾기 위한 손전등으로 사용하지 않았다면 이와 같은 일들은 일어나지 않았을 것이다.

탈융합과 자기 기술은 판단을 멈출 수 있게 해 준다

문제해결적인 마음은 우리가 해야 할 일과 하지 말아야 할 일을 이유들을 통해 분류하는 것을 좋아하는데, 이는 세금을 계산하거나 어느 주식을 살지 선택할 때는 아주 좋다. 그러나 가치를 선택하기 위해서는 **형편없는** 방법이다. 정당성을 찾는 것은 우리에게 단순히 본질적으로 의미 있어서가 아니라, 선택을 위해서 어떤 이유가 필요하다는 것을 전제로 하기 때문이다. 만일 내가 좋은 아버지가 되는 것에 가치를 두어야 하는 이유가 그것이 사회에서 기대하는 것이기 때문이라고 자신에게 말한다면, 좋은 아버지가 되는 것이 정말로 내게 중요한 의미를 갖기 때문에 내가 좋은 아버지가 되기를 실제로 선택한다는 사실과 연관성이 없게 된다. 우리가 가치의 타당성에 집중하기 시작하면 응종의 지배를 받게 되며, 이는 우리가 정말로 관심을 가지는 것들로부터 멀어지게 한다. 판단으로부터 탈융합함으로써 우리가 정말로 원하는, 내면에 자리한 일치성에 대한 갈망을 충족시킬 수 있다. 즉, 초월적인 자기 감각에 연결됨으로써 우리 가치 안에 내재하는 소속에 대한 갈망을 키울 수 있다.

가치에 온갖 종류의 이유들을 갖다 붙이는 게 얼마나 교묘할 수 있는지 보여 주기 위해서 나는 내담자들에게 세 손가락을 펴고서 보이지 않게 내 등 뒤로 숨긴다. 그날 내담자가 자신이 원하던 치즈버거 대신 샐러드를 먹기로 결정했기에 행복했다고 해 보자. 나는 그에게 이유를 물을 것이고 대화는 다음과 같이 진행될 것이다.

스티브: 왜 샐러드를 선택했나요?

내담자: 칼로리가 낮으니까요. [정당화 1]

스티브: 왜 낮은 칼로리가 중요한가요?

내담자: 내 건강을 지켜 주고 비만을 막아 주니까요. [정당화 2]

스티브: 건강을 유지하고 비만을 피하는 게 왜 중요한가요?

내담자: 왜냐면 내가 오래 살 수 있으니까요! [정당화 3]

스티브: 오래 사는 게 왜 중요한가요?

내담자: ……나도 모르겠어요. 그냥 그런 거예요! 모두가 오래 살길 바라잖아요!

세 개의 손가락이 펴져 있던 등 뒤의 손을 앞으로 꺼내며, 내담자에게 이러한 질문을 주고받는 건 보통 세 번을 넘지 못한다고 설명해 준다. 늦어도 네 번째 질문에서는 거의 대부분의 사람들이 "나도 몰라요."라고 답한다. 이는 내담자로 하여금 그들이 문화적으로 각본화된 여러 가지 이유들에 대한 요구를 받아들여 왔고, 그 질문들에 대한 대답이 그 '왜'에 대한 답변이 아니라는 것을 진실로 인식하지 못했음을 깨닫도록 돕는다. "내가 선택하기 때문에."라고 답하는 것이 진실에 더 가깝다.[5]

당뇨가 있는 내담자의 체중 조절을 돕던 때가 기억난다. 가치에 대한 대화 후에 그녀는 딸이 자라는 걸 볼 수 있는 더 좋은 기회를 얻도록 건강에 힘쓰겠다고 말했다. 그것은 진실이었다. 그것이 그녀의 진실한 동기임을 느낄 수 있었다. 그럼에도 시험 삼아, 그녀에게 딸이 성장하는 걸 보는 게 왜 중요한지 물었다. 그녀는 속지 않았다. 그녀는 "중요하지 않아요……."라고 약간 까불거리며 말했고 이어 짧은 정적이 흐른 후에 안경 너머로 나를 응시하더니 딱 부러지는 억양으로 "나만…… 빼고요 !"라고 덧붙여 말했다.

가치를 자유롭게 선택한다는 것은 우리의 선택이 부모의 지도나 종교적 신념 같은 가족과 문화의 영향을 받지 않는다는 뜻은 아니다. 이러한 가르침들을 흡수하지만, 그렇게 하면서 우리가 스스로 인정하지 않더라도 우리는 선택하는 능력을 훈련할 수 있다. 모든 선택은 과거에 영향을 받는다. 그러나 우리가 내린 선택을 정당화하는 근거를 우리가 배운 것에서만 찾는 것은 개인의 책임을 회피하는 것이다. 이는 세계 모든 주요 종교들의 계율이다. 즉, 인간이 종교의 가르침을 따라서 살 것인지 그러지 않을 것인지 선택할 능력이 있음을 강조한다. 그렇게 하는 긍정 도약은 종종 '신뢰의 도약'이라고 불린다.

탈융합과 자기 기술은 그러한 정당화 과정이 끼어드는 것을 막고 타인과 깊은 방식으로 연결되도록 돕는다. 우리 마음이 우리의 행동에 대한 순응적인 이유들을 퍼뜨리기 시작할 때, 스스로 알아채는 법을 배운다. 그 기술들은 또한 우리가 가치 작업을 시작할 때 자기비난을 멈출 수 있도록 도와준다. 우리가 가치에 따라 살지 않고 있음을 인정하기 시작하면, 우리의 **독재자**는 상당히 가혹해질 수 있다. 그는 우리를 질책하기 시작할 것이다. "봐, 내가 말했지, 너는 나빠. 너는 위선자고 사기꾼이야." 또한 그 가치들이 정말로 '진짜 가치'인지를 반추하면서 우리가 옳은 가치를 선택한 것인지 여부를 지나치게 평가하는 것에 사로잡힐 수도 있다. 이런 도움이 되지 않는 메시지들을 버리는 기술들을 익히면, 가치 작업은 힘들기보다 자유롭다.

현존은 현재 여정에 초점을 유지하도록 돕는다

가치는 목표가 아닌 삶의 질이라고 했던 것을 기억해 보라. 예컨대, 사랑으로, 재미있게, 친절하게, 연민 어리게, 보호적으로, 끈덕지게, 그리고 신실하게 사는 것이다.

일단 목표와 가치 간의 구별이 명확해지면, 목표는 가치에 기초한 삶의 여행을 유지하는 데 도움이 될 수 있다. 목표 자체가 가치 있기보다는 가치에 기반을 둔 삶이 목표를 의미 있게 만든다는 것이 요점이다. 만약 당신이 중독으로 인한 고통을 줄이는 것에 가치를 둔다면, 중독 상담자가 되는 것을 목표로 삼을 수 있다. 그 자격증은 당신의 가치가 표현되게 해 줄 것이다. 즉, 그것은 여정에서의 디딤돌이다. 나는 40년 이상을 대학에서 가르치면서 많은 대학원생들이 학위 과정을 시작한 이유를 잊어버리는 것을 보았다. 학위를 얻으려는 목표가 그 가치에 그림자를 드리운 것이다. 그들은 졸업한 후에 약간의 충격과 함께 "이제 어떡하지?"라고 묻는다. 지금 여기에 계속해서 연결된다면 이러한 함정에 빠지는 걸 피할 수 있다.

목표는 이루어지기 전까지는 미래에 있는 것이며, 달성된 뒤에는 빠르게 과거로 넘어간다. 가치는 언제나 현재에 있다. 그리고 이는 가치가 지닌 동기부여의 힘에 매우 중요하다. 매일매일 가치에 따라 사는 것은 대단히 보람 있다.

사람들이 미래의 성취, 그들이 원하는 것, 또는 반드시 가져야 하는 것에 일차적 목표를 둔다면 현재 삶의 풍요로움을 놓칠 것이다. 방향성에 대한 갈망은 좌절될 것이다. 이 중요한 지혜는 사실 원하다(want)라는 단어에 들어 있다. 정의상, 원한다는 것은 당신이 갖고 있지 못한 것이다(want는 고대 스칸디나비아 말인 vant에서 유래하는 것으로, '잃어버린'을 의미한다). 우리가 원하던 것을 얻으면, 예를 들어 자동차, 배우자, 직장 등 가치라고 생각한 것들을 갖게 되면, 삶은 우리를 속인다. 우리는 금방 그 열망들이 얼마나 공허한지를 느끼게 되는데, 이는 진정으로 의미 있는 것을 따르는 삶과 연결되지 않았기 때문이다. 선택된 의미와 목적을 향한 갈증은 꺼지지 않을 것이다.[6]

가치 피벗 작업을 하고 우리의 새로운 경로에 머물면서 현재에 주의를 기울이는 것은 우리의 현재 행동에, 즉 목적지에 이르는 것보다는 여정에 초점을 두도록 도와준다.

가치의 경이로운 혜택 중 하나는 우리가 그것을 확인하는 바로 그 순간에 이미 그것을 살기 시작한다는 것이다. 대기 시간이 없고 그것을 얻기 위한 자격증도 필요하지 않다. 당신은 결코 '거기에 이르지' 않을 것이며, 오직 '거기를 가고 있을' 뿐이다. 이는 우리가 가치를 끝마치지 않는다는 의미이며, 가치는 고갈되지 않는 의미의 원천이다. 당신이 사랑 가득한 사람이 되는 가치를 가졌다고 가정해 보자. 아무리 여러 번 사랑하는 일을 하더라도 사랑하는 일은 언제나 더 남아 있다.

가치 피벗하기의 효과들은 극적으로 변형될 수 있다. 또한 다른 유연성 피벗들이 잘 작동한다면 그 작업이 많이 필요하지도 않다. 제5장에서 만난 ACT 치료자 조앤 달의 사례를 예로 들어 보자. 니클라스는 외딴 작은 섬에서 사는 존경받는 원로 작가였다. 그는 광장공포증이 갈수록 심해졌다. 두려움으로부터 달아나자 두려움은 그의 자유를 더 많이 빼앗아 버렸다. 그의 삶은 끔찍한 아이러니였다. 그는 자신을 둘러싼 자연에 대해 날아오르듯 아름다운 글을 썼지만, 자신이 사랑하는 풍경을 보러 집 밖에 나가길 무서워했다. 그는 수년간 집에 갇혀 있었다.

그러던 중 당뇨가 악화되어서 치료를 받으러 병원에 가야만 했다. 그는 조앤에게 도움을 구했다. 그녀가 그의 집에 가는 것이 어려웠기에 단 하루 만에 어떤 일이 일어나게 해야 했다.

조앤은 그의 두려운 생각을 재구성하려고 시도하거나 그의 힘든 감정을 완화시키기는 대신에 그의 불안에 대한 그녀의 진실한 호기심에 집중했다. 만난 지 몇 분 내에 그녀는 그에게 불안한지 물었는데, 물론 그는 그렇다고 했고, 그녀는 이에 대해 훌륭하다고 했다. 그녀는 불안을 이해하고 싶었고, 이는 곧 그가 느낀 것을 그녀가 보아야 한다는 뜻이었다. "눈을 감고 그것이 오도록 내버려 두세요." 그녀가 요청했다. "그것이 원하는 대로 놔두세요. 우리는 마치 밤에 별을 관찰하는 두 아이처럼 그저 앉아 있겠습니다." 그는 동의했다. 그것이 찾아왔지만, 그녀가 열정적으로 그것이 무엇과 같은지, 어디서 느껴지는지 그에게 묻자 그것은 서서히 사라졌다. "오 안 돼!" 조앤은 장난치듯이 외쳤다. "되돌려 놔요! 이번에는 그것을 붙잡고 있어요. …… 우리가 탐색할 수 있도록 꼬리를 단단히 잡아요." 그것이 왔지만 이번에는 더 빨리 사라졌다. "우리가 달리 할 수 있는 일이 뭐가 있을까요?" 조앤은 애원했다. 소란스러운 몇 시간이 흐르고 나서 그들은 방으로 들어가는 문을 잠근 후, 바닥에 누워 있다가, 밖으로 나가서, 집 멀리까지 걸어간 뒤, 앞구르기를 하며 언덕을 내려가, 차에 타고(30년 만이다), 다리를 건너, 마침내 페리(병원에 가기 위해서 타야 하는 배)에 타서, 마치 영화 〈타이타닉〉에서처럼 배 앞 난간에 함께 섰다. 한 발자국 내딛을 때마다 불안이 다가왔지만, 그들은 힘을 합쳐 의도적으로 그것을 온전히 느끼고 명확하게 바라보려고 노력했고, 결국 그것을 느낄 수 있었으며 불안은 서서히 사라졌다.

한편, 그는 그가 사랑하는 섬의 아름다움에 거의 압도되었지만 기억에 의존해서 글을 써야 했다. 자신의 집으로부터 더 멀리 모험을 하면서, 그는 자연의 아름다움에 문자 그대로 기쁨의 눈물을 흘렸다. 사랑스러운 아기를 안고 있는 것처럼 자신의 불안을 안고 있자, 그는 다시 한번 소중한 것을 자유롭게 선택할 수 있음을 깨달았다. 가치 작업은 정신적 채찍질을 휘두르는 것이기보다 언덕 아래로 재주 구르는 것에 더 가까웠다.

치료를 마치면서, 조앤은 니클라스에게 만약 당뇨가 조절 가능하다면 무엇을 하고 싶은지 물었다. 더해 가는 당뇨병 증상으로 인해서 그가 대가를 치렀던 그의 관심사는 무엇이었을까? "봄의 첫 소식이 들릴 무렵에 해변을 산책하는 것." 그가 말했다. 조앤은 니클라스에게 자연을 걷는 게 어떤 것인지, 그리고 왜 그것이 중요한지 말해 달라고 했다. 미래에 만약 건강이 악화된다면 무슨 대가를 치를 것인가? "내 글을 통해 아름다움을 나누는 것이요." 니클라스는 말했다.

온전히 느끼는 것을 통해 그가 정말로 관심 갖는 것을 실행하는 데 자유로울 수 있는 가능성의 세계로 조앤은 장난스럽게, 그리고 영리하게 니클라스를 끌어들였다. 그녀는 또한 그를 위한 그녀 자신의 장난기 어린 관심으로 가치가 중요하다는 것을 보여 주었다고 나는 개인적으로 생각한다. 그녀는 그와 함께 난간에 서서 무엇을 할 필요가 있는지 그에게 본을 보였다. 병을 치료하지 않고 놔둘 때 치러야 하는 잠재적인 대가가 훨씬 크다는 점이 거기서 명백해졌다. 그는 분명히 편안해진 상태에서, 감사하는 것과 아름다움을 나누는 것이 자신의 생명줄임을 깨달았고, 먼저 불안으로 인해 달아나지 않고 중요한 것을 향해 피벗할 수 있는 능력을 갖게 되었다.

니클라스는 두려움에 직면하고 치료를 받으러 병원에 갔다. 가는 것은 '이를 악물 정도로' 어려운 일은 아닌 것으로 드러났다. '자신을 껴안고 가기'를 선택했다는 것이 그가 여행을 묘사하면서 사용한 말이었다.

조앤은 명석한 치료자이며, 수십 년간 지속된 불안과의 긴 싸움을 하루의 긴 치료 시간 안에 다루려는 걸 포기하지 않았다. 니클라스의 이야기 안에는 깊은 지혜가 담겨 있다. 우리와 깊이 관심 갖기 사이에 무슨 관계가 있는가? 왜 우리의 가치 기반 여정이 '자신을 껴안고 가기'와 더 비슷해질 수 없는가?

가치로운 삶 질문지 작성하기

자신의 진정한 가치와 다시 연결됨으로써 변화된 삶을 살게 된 또 다른 사람은 켈리 윌슨이다. 그는 1980년대에 대학원생으로 내 연구실에 들어왔으며, ACT 방법론 개발에 중요하게 기여했다. 켈리는 ACT의 개발 방향을 바꿔서 가치에 대해 더 강조하도록 했다. 심리학 학위 과정을 시작하기 전에, 그는 중독과의 끔찍한 투쟁을 경험했는데, 해독 병동에서 사지 결박을 당한 채 어떻게 하면 자살할 수 있을지를 생각하면서 침대에 누워 있기도 했다. 그때로부터 2년밖에 되지 않아 그는 중독과 싸우며 학교 공부를 지속했는데, 이는 그가 심리적 어려움을 겪는 다른 이들을 돕기 위해서 그의 삶을 헌신하길 원한다는 걸 깨달았던 때다. 그는 내 ACT 초기 저작을 읽었으며 내가 그것을 더 발전시킬 수 있도록 도와주었다. 학위를 받은 후에 그는 가치로운 삶 질문지(Valued Living Questionnaire: VLQ)를 만들었다.[7]

VLQ는 삶의 여러 영역에서 당신의 가치가 무엇이며, 얼마나 이에 따라 살아왔는지를 1에서 10점으로 평가하는 일련의 질문들로 이루어져 있다. VLQ는 ACT 가치 작업을 하는 좋은 첫걸음이 될 것이다. 당신도 지금 기입해 보라.

다른 사람들이 이를 볼 수 없게 해서 최대한 정직하게 답할 수 있도록 하는 것이 좋다. 사회적 압력이나 반드시 그리고 꼭이라는 정신적 손가락질은 최대한 무시하는 것이 좋다. 이것은 당신과 당신 사이의 일이다. 이 책에 있는 질문지 답변을 써 보는 것보다는, 내 웹사이트(http://www.stevenchayes.com)에서 VLQ를 다운받으라. 만일 질문지를 작성하는 과정 중에 스스로를 두들겨 패고 있는 것을 발견한다면, 잠시 물러나서, 반드시 해야 하거나 신경을 써야 하는 일이라고 마음이 말하는 것이 가치가 아니라 당신이 향하려고 선택하는 것이 가치임을 스스로 상기하라.

가치로운 삶 질문지

다음은 사람들의 가치를 담은 삶의 영역들이다. 우리는 각 영역에서 당신의 삶의 질에 관심이 있다. 삶의 질의 한 측면은 각기 다른 영역들에 부여하는 중요도를 포함하기도 한다. 각 영역의 중요도를 1에서 10 척도로 매겨 보라(각 숫자에 동그라미 표시). 점수 1은 전혀 중요하지 않다는 뜻이고, 점수 10은 매우 중요하다는 뜻이다. 모든 영역에서 높은 가치를 갖거나 모든 영역을 똑같이 중시하는 사람은 없을 것이다. 중요도에 대한 당신 자신의 개인적인 감각으로 각 영역을 평정하라.

1. 가족(결혼이나 자녀 양육 제외)

        1   2   3   4   5   6   7   8   9   10

2. 결혼/연애/친밀한 관계

        1   2   3   4   5   6   7   8   9   10

3. 자녀 양육

        1   2   3   4   5   6   7   8   9   10

4. 친구/사회 생활

        1   2   3   4   5   6   7   8   9   10

5. 일

        1   2   3   4   5   6   7   8   9   10

6. 교육/훈련

　　　　　1　　2　　3　　4　　5　　6　　7　　8　　9　　10

7. 여가/놀이

　　　　　1　　2　　3　　4　　5　　6　　7　　8　　9　　10

8. 영성

　　　　　1　　2　　3　　4　　5　　6　　7　　8　　9　　10

9. 시민권/공동체 생활

　　　　　1　　2　　3　　4　　5　　6　　7　　8　　9　　10

10. 신체 돌보기(식사, 운동, 수면)

　　　　　1　　2　　3　　4　　5　　6　　7　　8　　9　　10

11. 환경 문제

　　　　　1　　2　　3　　4　　5　　6　　7　　8　　9　　10

12. 예술, 창조적 표현, 미학

　　　　　1　　2　　3　　4　　5　　6　　7　　8　　9　　10

이번에는, 각 영역에서 당신의 행동이 당신의 가치와 얼마나 일치되는지를 평정해 보길 바란다. 각 영역에서 이상적인 점수를 묻는 것이 아니다. 또한 다른 사람들이 당신에 대해 어떻게 생각하는지를 묻는 것도 아니다. 모든 사람들은 어떤 영역에서 다른 영역보다 더 잘 한다. 또한 사람들은 어느 시점에서 다른 시점보다 더 잘 한다. 우리는 지난 주 동안에 당신이 생각할 때 어떻게 해왔는지를 알기 원한다. 각 영역을 1점에서 10점 사이에서(숫자에 원을 그려서) 점수를 매겨 보라. 1점은 당신의 행동이 당신의 가치와 전혀 일치하지 않았음을 뜻하고, 10점은 당신의 행동이 당신의 가치와 완전히 일치했음을 뜻한다.

1. 가족(결혼이나 자녀 양육 제외)

　　　　　1　　2　　3　　4　　5　　6　　7　　8　　9　　10

2. 결혼/연애/친밀한 관계

          1   2   3   4   5   6   7   8   9   10

3. 자녀 양육

          1   2   3   4   5   6   7   8   9   10

4. 친구/사회 생활

          1   2   3   4   5   6   7   8   9   10

5. 일

          1   2   3   4   5   6   7   8   9   10

6. 교육/훈련

          1   2   3   4   5   6   7   8   9   10

7. 여가/놀이

          1   2   3   4   5   6   7   8   9   10

8. 영성

          1   2   3   4   5   6   7   8   9   10

9. 시민권/공동체 생활

          1   2   3   4   5   6   7   8   9   10

10. 신체 돌보기(식사, 운동, 수면)

          1   2   3   4   5   6   7   8   9   10

11. 환경 문제

          1   2   3   4   5   6   7   8   9   10

12. 예술, 창조적 표현, 미학

          1   2   3   4   5   6   7   8   9   10

결과를 평가하는 방법은 다양하다. 첫째는 상대적으로 높은 중요도 점수를 보인 영역(9점 또는 10점)과 상대적으로 낮은 일치도 점수(6점 이하)를 보인 영역을 살펴보는 것이다. 이 영역들은 분명히 문제가 되는 영역이며, 그 영역들 중 하나에서 가치 작업을 시작할 것을 제안한다. 그런 다음에 다음 영역으로 넘어갈 수 있다.

또한 전반적인 점수를 계산해 보는 것도 좋다. 각 영역마다 질문지의 첫 번째 부분과 두 번째 부분의 두 점수를 곱해 보라. 예를 들어, 가족 문항의 경우에 첫 번째 부분에서 10점, 두 번째 부분에서 4점을 선택했다면, 그 영역에서 당신이 받은 점수는 40점이다. 12영역에서의 점수들을 모두 더한 다음에 12로 나누어 종합 점수를 구한다. 당신의 점수가 일반 대중과 비교해서 얼마나 되는지 대략적인 감을 잡기 위해서, 종합 점수의 평균은 61점이다. 당신의 점수가 이보다 낮더라도 자책하기를 시작하지 말라. 그런 부정성으로부터 탈융합을 연습하라. 이는 발견의 과정이지 비판이 아니며, 어쨌든 이 여행에 나섰으니 당신 자신을 믿어 보라. 당신은 변화를 받아들이기 위해 여기 있다.

상당히 많은 영역에서 당신의 중요도 점수가 낮다면, 그 영역들에서 자신에게 정말로 정직했는지 생각해 봐야 한다. 중요하지 않은 몇몇 영역이 있는 것은 극히 타당하다. 시민권이나 환경 문제에 관심이 없을 수 있으며, 만일 자녀가 없다면 자녀 양육에 관심이 없을 수 있다. 그렇기는 하더라도, 연구에 따르면 이 영역들 중 다수가 중요하지 않은 경우에 이는 심리적 고통에 기여한다. 당신의 진정한 가치를 스스로 인정할 수 있는 기회로 이 평가를 활용하라.

이제, 작업을 시작해 보고 싶은 가치 영역을 잘 알았다면 당신은 출발할 준비가 되었다.

시작을 위한 일련의 방법들

이번 읽기에서는 적어도 첫 번째 연습을 해 보길 권한다. 그리고 나서 나머지 부분을 읽고, 나중에 되돌아와서 다시 해 볼 수 있다. 또는 원하면 다음 장의 전념 행동으로 건너뛰었다가 다시 돌아와도 좋다. 전념 행동으로 옮겨 가면서 모든 유연성 과정들이 서로 연관된다는 것을 발견하겠지만, 특히 가치가 그럴 것이다. 왜냐하면 가치는 행동 변화를 향해 나아갈 수 있는 동기적인 힘을 주기 때문이다. 예를 들어, 이 장에 나오는 두 번째와 세 번째 연습은 전념을 통해 변화하기 원하는 행동들을 확인하기 시작하는 홀

룡한 방도다.

이 작업이 뭔가를 자극하더라도 너무 놀라지 말라. 가치 작업을 하는 데서 생기는 뚜렷한 취약성이 있다. 예상치 못하게 감정적이 되거나 짜증이 나거나 불안한 감정이 며칠 뒤까지도 지속될 수 있으니 놀라지 말라. 만일 과거의 고통이나 자기비난의 반추에서 빠져나오지 못한다면, 곧바로 탈융합, 자기, 그리고 약간의 현존 연습을 하라. 만일 스스로 감정을 억누르거나 지연한다고 느끼면 수용 연습을 하라. 기억하라. 우리는 우리가 마음 쓰는 데서 상처를 받으며, 그리고 가치 작업은 모두 마음 쓰는 것에 대한 것이다.

1. 가치 작성하기

내가 질문할 몇 개의 질문들에 답하면서 당신의 가치에 대해 작성해 주길 바란다. 이 가치 작성하기를 통해서 당신의 가치에 대해 자신에게 말해 왔던 이야기를, 그리고 당신의 진정한 가치에 어떻게 다시 연결될 수 있을지를 개방적이고 규제하지 않는 방식으로 탐색하도록 도움을 받을 것이다.

연구에 따르면, 단지 목록에서 가치를 고르게 하거나 가치를 몇 단어로 말해 보게 하는 것보다는 가치 작성하기가 사람들의 행동과 건강에 더 많은 영향을 주는 것으로 나타났다.[8] 가치 작성은 우리의 방어적인 면을 감소시킬 수 있어서 삶에서 필요한 변화를 제시하는 정보를 더 잘 수용하게 해 준다.[9] 이는 심리적 스트레스 반응을 감소시키고 우리에 대한 타인의 부정적 판단이 주는 충격을 흡수해 준다. 그리고 왜 이 모든 일들이 가능한지 우리는 조금 알고 있다. 가치 작성을 통해서 우리 자신의 자아나 자기 이야기를 초월하는 것에 더 관심을 가지게 될 때, 그리고 그것을 통해서 우리의 관심이 타인의 유익에 연결될 때에 그것은 가장 강력하다. 가치 작업을 통해서 만족감이나 감사함과 같은 사회적으로 긍정적인 감정과, 다른 사람의 삶에 의미 있는 변화를 만든다는 느낌이 생기게 된다.

이 말이 설교처럼 들린다면, 거기서 '반드시'라는 느낌을 없애 보길 바란다. 자신을 포함한 다른 사람의 질책보다 더 많은 질책이 내게서 오는 것이 더 이상 필요하지 않다. 가치 작업이 우리의 삶을 개선시킨다는 것이 과학적으로 밝혀졌기 때문에, 나는 이를 지지한다. 그것은 단지 우리가 연결된 방식이다.

우선, 종이를 꺼내어 내가 앞서 제시한 목록의 한 영역에서 당신 마음속 깊이 소중히 간직하고 있는 가치를 10분간 적어 보라. 실제로 해 보라. 10분은 그다지 길지 않다! 작성하면서 다음 질문들을 다뤄 보라.

이 영역에서 내가 마음을 쓰는 것은 무엇인가? 그중에서 내가 하고 싶은 것은 무엇인가? 내 삶에서 이 가치가 중요했던 때는 언제인가? 다른 사람들이 이 가치를 추구하거나 혹은 추구하지 않을 때, 내 삶에서 무엇을 보았는가? 이 가치를 내 삶에서 더 실현하기 위해서 나는 무엇을 할 것인가? 내가 이 가치를 어긴 것은 언제이며 이로 인한 대가는 얼마나 컸는가?

당신이 살아내기 원하는 삶의 속성, 본질적으로 중요하기 때문에 당신이 부여잡은 자신의 속성을 작성하는 데 초점을 맞추려고 해 보라. 이는 당신과 당신 사이의 일이지, 승인을 구하는 것이나 여러 가지 규칙을 따르는 것에 대한 일이 아니다. 당신은 죄책감을 피하거나 자기를 정당화하는 이야기를 하려고 하지 않을 것이다.

만일 산타에게 보내는 성탄절 목록, 즉 당신이 삶에서 혹은 다른 사람에게 원하는 것에 대한 목록을 쓰기 시작하는 느낌과 같다면, 삶에서 실현하고 싶은 행동의 속성들을 기술하는 쪽으로 작성 방향을 돌리라. 잘 안 써진다면, 새로운 것이 떠오를 때까지 이미 적었던 내용을 다시 써 보라. 이는 당신과 당신 사이의 일이므로 틀릴 수가 없다.

최소 10분 동안 글을 작성하기까지는 계속하여 읽지 말라. 나를 믿고서 그냥 하라.

● ● ●

이제 당신이 쓴 것을 되돌아보아도 된다. 그러나 되돌아보기 전에, 당신의 삶에서 이 가치가 중요했던 시기에 대해 내가 질문한 것을 생각해 보라. 이는 그 가치에 대한 당신의 전념을 재확인하는 데 도움이 되기 때문이다. 내게 있어서 그 시기 중 하나는 부모님이 싸우는 동안에 침대 밑에서 울던 때인데, 이는 내가 다른 이들을 새로운 방법으로 돕기를 얼마나 간절히 원했는지를 깨닫는 데 도움을 주었다. 오늘날까지도 나는 대부분의 내 이메일(특히 ACT 자료 등을 찾고 있는 다른 사람들을 도우려는 메일)에 **평화, 사랑, 그리고 생명**이라고 끝맺는다.

이 가치에 보다 일치하도록 행동하기 위해 당신이 무엇을 할 수 있는지 물었는데, 이는 전념하는 구체적인 행동을 찾는 데 도움을 주기 위함이었다. 끝으로, 당신에게 결핍되었던 시절과 그 시절이 당신의 삶에 어떤 영향을 미쳤는지를 묻는 고통스러운 질문을 했는데, 이는 우리가 불가피하게 경험하는 고통으로부터 배울 점이 많기 때문이다.

좋다. 이제 당신이 적은 것을 읽고 이 영역에서 하고 싶은 몇 가지 예시들을 추려낼 수 있는지 보라. 실제적인 행동 말이다. 다음에는 당신의 행동에서 드러내길 바라는 속성들에 대한 언급을 검토해 보라. 당신은 진심 어리게, 사랑스럽게, 사려 깊게, 창조적으로, 호기심을 가지고, 열정적으로, 정중하게, 개방적으로, 즐겁게, 근면하게, 건강하게, 모험적으로, 친절하게, 바르게, 지지적으로, 학구적으로, 평화롭게, 유머 있게, 단순하게, 정직하게, 영적으로, 공정하게, 자비롭게, 전통적으로, 믿음직하게 등등으로 이를 실행하기 원할 것이다. 행동의 속성에 대해 적는 것이 익숙하지 않으니 이런 정확한 단어들이 떠오르리라고 기대하지 말라. 내가 말하고자 하는 속성이라는 의미가 무엇인지 쉽게 알 수 있도록 목록을 주려는 것이다. 이는 완전한 목록일 수가 없다. …… 그냥 대략적인 가이드로 활용하라.

이제 취하고 싶은 행동들의 첫 번째 세트를 가지고 이에 전념하는 것에 대한 지침을 얻기 위해서 다음 장으로 넘어가도 좋다. 아니면 여기에 있는 다른 두 개의 시작을 위한 연습을 먼저 진행해 보아도 좋다. 여기서 다음 장으로 넘어가기로 결정했다면, 다음의 두 연습을 위해 꼭 다시 돌아오도록 하라. 이는 사람들이 자신의 가치를 깊게 알아차리고 보다 의미 있는 삶의 과정을 지속적으로 계획하는 데 있어서 매우 강력하다고 입증된 것이다.

2. 달콤함을 꺼내 보기

당신이 작업하고 싶은 가치 영역(예: 가족, 교육 또는 일)을 하나 골라 그 영역에서 특히 달콤했던 하루나 순간을 회상해 보라. 특히 연결되거나 활기 차거나 생생하다고 느낀 실제적인 순간을 찾을 수 있는지 보라. 그때 거기에 누가 있었는가? 당신은 무엇을 하고 있었는가? 무엇을 느끼거나 생각하고 있었는가? 그 순간에 얼마나 의식적으로 현존해 있었는지 주목하라. 그 순간을 가능한 한 충분히 다시 경험해 보라.

이제 그 특별한 순간을 회상하면서 당신이 세상에 드러내고자 하는 존재나 행위의 속성에 대해 그것이 시사하는 바가 무엇인지 숙고해 보라. 단, 아직 그 답을 언어로 구성하지는 말라. 이 질문이 당신의 마음속에 걸려 있게 두고, 이제 종이 한 장을 꺼내라. 마음에 떠오르는 것 중에서 그 가치에 대해 말해 주는 어떤 그림이라도 그려 보라. 언어를 배제한 채 그려지게 두라. 지금은 미술 시간이 아니니까 그림의 질에 대한 자기비난이나 칭찬은 그냥 흘러가게 두라. 마음의 언어적인 평가 모드에서 벗어나 달콤한 순간과 어떻게 살기를 원하는지에 대해 그것이 제시하는 바를 마음속에 그리는 것이 요점이다. 이제 편히 앉아서 당신이 그린 그림을 숙고해 보라.

그 그림은 이 영역에서 당신이 소중하게 여기는 것에 대해 무엇을 말해 주는가? 이 가치를 행동으로 드러내기 위해 당신은 무엇을 해야 할까? 지금 이 순간부터 시작해서 삶에서 실현되기를 갈망하는 것에 직감적으로 연결될 수 있는지 보라. 알아차림이 첫걸음이 될 것이다. 당신이 느끼고 감지하는 것을 몇 개의 단어로 표현할 수 있는지 보라. 그것들이 공명하는 느낌이 든다면 이를 그림 밑에 적어 보라.

나는 이러한 알아차림과 인식, 기억의 과정을 **벽에 못을 박는 과정**이라 부른다. 당신이 실현하기를 갈망하는 것과 연결하는 이 마지막 부분은, 비유적으로 이 그림이 당신의 인식 속에 자리 잡도록 도와주는 못의 지원과도 같다. 그 그림을 당신에게 중요한 것에 대한 언어적 진술에 연결시킴으로써 이에 대한 인식을 당신의 마음에 더 안전하게 고정시킬 수 있다. 나는 이 그림들을 핸드폰이나 책상에 전시하는 것을 좋아하며, 마음에 더욱 단단히 고정시키기 위해 실제로 벽에 걸어 두기도 한다.

3. 고통을 목적으로 뒤집기

수용의 선물 중 하나는 고통을 느끼는 것에서 얻는 지도편달임을 기억하라. 이 연습은 당신의 고통 속에 눈에 띄지 않게 숨어 있는 가치들을 볼 수 있게 도움으로써 그것들과 더 일치하게 사는 길을 찾을 수 있게 해 준다.

어렸을 때 언어적 학대와 방치를 겪었던 내담자를 만난 적이 있다. 그녀는 끊임없이 멍청하다는 말을 들었고 이를 믿었다. 그녀의 어머니는 그녀가 아주 어렸을 때조차도 한 번에 몇 주 동안 집을 떠나곤 했다. 그녀는 감자포대처럼 친척들 사이를 전전했다. 그녀는 성인이 되어서 저임금을 받는 비서로 일했는데, 그녀의 인간관계는 엉망이었다.

ACT 작업에서는, 무가치하고 외롭고 무기력한 느낌에서 오는 그녀의 고통이 실제로 그녀가 얼마나 강한지 그리고 자신의 가치를 실현하는 삶을 사는 데 얼마나 관심 있는지를 보여 준다는 걸 깨닫도록 도왔다. 그녀는 심지어 무력감에서 자신을 일으킬 수 있었다. 그녀는 지역 전문대학을 졸업했다. 그리고 치료를 찾아 맨 먼저 ACT에 뛰어들었다. 그녀는 단 여섯 회기 만에 여성 단체에 가입했고, 몇 주 뒤에는 대학에 지원했다. 그녀는 여성 문제를 다루고 지역사회 지도자가 된 후보들을 지원하기 시작했다. 대학에서 그녀는 우등생이었고, 더 나아가 아이비리그의 어느 대학원 과정에 진학하여 전액

장학금을 받았다.

그녀는 자신의 고통 속에서 삶의 궤적을 바로잡고자 하는 동기를 발견했다. 무가치감 안에는 친절함과 타인 수용, 그리고 억압받는 사람들을 지원하고자 하는 가치가 내재해 있었다. 무력감 안에는 유능하고 박식함을 추구하려는 가치가 존재했다. 외로움 안에는 타인과 연결되고 그들의 고통을 돌보는 가치가 존재했다.

이제 당신의 차례다. 가치 영역 중 한 가지를 고르되, 당신에게 상당히 중요하지만 중요도와 실제 당신이 그 가치에 따라 살고 있는 정도 간에 차이가 큰 가치 영역 중 한 가지를 취하라. 그 영역에서 원하는 대로 사는 데 걸림돌이 되는 고통스러운 생각, 감정, 기억, 충동 또는 감각을 확인할 수 있는지 보라. 그리고 그것들을 적어 보라. 그런 다음 각각의 장애물을 취하여 그것을 뒤집어서 그것이 유발하는 고통이 드러내려는 목적을 밝히고 이를 적어 보라. 스스로에게 물어보라. 당신이 상처 입지 않기 위해서 마음 쓰지 않아야 했던 것은 무엇인가?

앞서 소개한 내 내담자는 시민권 영역을 선택했을 것이며, 자신의 무가치감이 여성의 권리를 옹호하는 데 있어서 장애물임을 확인했을 것이다. 이 연습은 그녀가 여성의 공정성과 기회에 대해 마음 쓰지 않아야 했다는 것을 깨닫도록 도와줄 것이다. 그녀는 또한 자신에 대한 어머니의 비난에 대해 마음 쓰지 않아야 했음을 깨닫게 될 것이다. 첫 번째는 이 여성에게 받아들여질 수 없었지만, 두 번째는 그녀가 상상했던 것보다 더 가능하다는 것이 판명되었다.

다음으로, 각각의 장애물에 대해 다음의 문장을 기술해 보라. 만일 [상황]에서 내가 [X라는 감정, 생각, 기억, 감각을 가진다면], 그것을 내가 [가치]에 마음을 쓴다는 리마인더로 삼으라. 예를 들어, 내 내담자의 경우는 이와 같이 적었을 것이다. 만약 사회적 상황에서 내가 무가치감을 느끼기 시작하면, 이것을 내가 세상을 변화시키는 것에 진심으로 마음을 쓰며, 여성의 권리를 지원하는 일을 통해서 이를 이루고 싶어 한다는 것에 대한 리마인더로 삼으라. 이것이 고통을 없애 줄 것이라고 기대하지는 말되, 이것이 당신을 보다 온전한 사람으로 살게 도와줄 것이라고 기대하라.

추가적인 방법들

4. 당신의 이야기 기술하기

이는 가치 작성 작업을 약간 변형한 것이다. 그래도 쓰기 시작하기 전에 생각해 봤으면 한다. 내년은 당신이 누구인지를 규정하는 주요 연도가 될 것이라고 상상하라. 만약 당신이 이 한 해 동안 더욱 온전한 당신으로 존재하면서 동시에 마음 쓰는 것들을 여전히 지원할 때, 다음 한 해 '더 온전하게 당신이 되어 감'의 과정은 어떨 것 같은가? 어디에서 성장하고 싶은가? 어떤 사람이 되고 싶은가? 만약 내년도 삶의 챕터를 기술한다면, 주제는 무엇이 되겠는가?

이제 준비가 되었으니 다음 연도와 당신이 되고 싶은 것에 대해 10분간 작성하라.

5. 내겐 비밀이 있다

이 연습의 목적은 사회적 인정이나 자존심 향상을 위해 행동하는 것과 대조적으로, 자신의 진정한 가치와 일치하는 행동을 하는 것이 얼마나 의미 있는지에 대한 인식을 강화하고자 함이다.

깊이 간직하고 있는 가치를 반영하는 행동을 하나 골라서, 이를 완전히 비밀리에 행할 수 있는 방법을 계획할 수 있는지 보라. 예컨대, 당신이 한 것을 밝히지 않은 채로 친구에게 호의를 베풀거나, 주변에 알리지 않은 채로 당신이 아끼는 자선단체에 큰 기부를 하거나, 궁핍한 낯선 사람에게 익명으로 온정을 베풀라.

같은 날 어느 시점에, 그 경험이 당신에게 어떠했는지에 대해 그리고 어떻게 일상의 삶에서 보다 많은 가치 기반 행동을 축적할 수 있을지에 대해 가치 작성하기를 10분간 수행해 보라. 이 연습을 통해 배운 것에 대해 다른 사람들에게 말하지 않도록 하라. 이는 오직 당신이 관심을 가지기 때문에 행함에 마음을 쓰는 일에 관한 것이다.

이 연습이 어렵다면 성찰해 보는 것이 중요하다. 당신의 계획이 친구에게 알려지게 하거나 나중에 자신의 선행에 대해 말하는 것을 발견할 수도 있다. 그 이유를 찾아보라. 그런 탐색이 당신을 감정적으로 불편하게 만든다면, 자신의 의미 인식을 발견하는 능력이 사회적 인정에 대한 욕구로 인해 무색해지는 것은 아닌가 하는 의심이 든다. 그런 경우라면, 이 연습이 쉬워지고 당신의 행동에 대해 100%의 비밀을 지킬 수 있을 때까지 이 연습의 매우 작은 버전을 거의 매일같이 실천하라. 그러면 당신이 취하는 행동의 중요성을 점차 늘릴 수 있다.

　더 많은 ACT 연습이 가치와의 연결을 위해 개발되어 왔으며, 그것들을 찾아보길 강력히 추천한다(제1장 앞에 있는 저자 주석에 기재한 검색 전략을 따르라). 가치와의 연결을 구축해 나가는 것은 당신 여생에 걸쳐 지속할 수 있는 여행이며, 모든 걸음이 당신의 삶을 보다 의미 있게 만들어 줄 것이다.

A Liberated Mind: How to Pivot Toward What Matters

제**14**장

여섯 번째 피벗:
행동, 변화에 전념하기

이제 우리가 원하는 삶을 살아가기 위한 춤의 마지막 단계에 들어섰다. 이번 피벗이 없다면, 이전 단계들에서 이룬 진전이 수포로 돌아가는 위험에 처할 수 있다. 그러나 만약 가치 기반 행동의 습관을 기르는 데 전념한다면, 모든 유연성 기술에서 진전을 확보할 수 있다. 우리를 원하는 곳에 이르도록 돕는 행동을 취하기 위해서는 다른 기술들을 사용할 필요가 있기에 그 중요성이 강화된다. 진짜 춤을 추는 것처럼, 즉 당신이 연습한 움직임이 하나가 되어 부드럽고 매끈한 패턴을 만드는 것처럼, 전념 행동은 여섯 개의 피벗을 한데 모아 당신이 선택한 행동을 건강한 과정으로 진행시킨다.

심리적 유연성은 정말로 중요한 하나의 능력이지, 여섯 개가 아님을 상기하라. 이는 탱고를 한 번에 배울 수 있지 않은 것처럼, 한 번에 배울 수 있는 성질의 것이 아니다. 그 기술들을 계속 연마함에 따라서 종국에는 심리적 유연성을 가지고 살아가는 하나의 기술로 통합된다.[1] 조금 더 의미 있는 삶의 길을 선택하는 것은 기술들을 통합함으로써 얻는 보상이다. 나는 이런 생각을 이 책의 부제에서도 강조한 바 있다. 중요한 것을 향해 습관적으로 피벗하기는 다른 유연성 기술들을 근본으로 삼는다. 다른 유연성 기술들을 개발하지 않고는 새로운 삶의 방식에 전념하기란 매우 어렵고, 그 모든 작업은 일단 우리가 일상생활의 패턴을 바꾸기 시작하면서 결실을 맺기 시작한다.[2]

우리가 행동 변화에 전념하기 시작할 때, 그것이 어떤 종류이든지 간에 심리적 유연

255

성으로 전념하는 것이 관건이다. 그것은 정확하게 무슨 뜻인가? 이는 불가피한 실수에 대해 자신을 질타하는 것이 아니라, 그리고 판단적인 마음이 우리 자신이나 그 실수를 실패로 명명할 때 이를 믿는 것이 아니라 자기자비를 가지고 전진하는 것을 의미한다. 이는 다른 사람에게 깊은 인상을 주거나 자존심을 세우거나 또는 새로운 버전의 개념화된 자기에 순응하기 위해 이를 행하는 것이 아님이 분명한 채로 새로운 진로에 착수하는 것을 의미한다. 더 정확히 말하자면, 변화에 전념하는 것이 가장 진정한 자기 감각으로부터 나오는 깊은 가치와 연결되도록 돕기 때문에 당신은 전념한다. 이는 변화에 불가피하게 수반되는 고통과 위험을 받아들이는 것을 의미한다. 즉, 그것이 금단 증상이나 갈망에서 오는 신체적 고통이든, 데이트 신청에 대한 거절이나 다시 연락한 힘든 부모로부터의 비난과 같이 우리가 회피해 온 경험을 개방하는 데서 오는 정서적 고통이든지 말이다. 마지막으로, 이는 성공의 고정된 상태와 그로부터 얼마나 벗어나 있는지에 집착하는 것이 아니라, 노력을 기울이고 새로운 습관을 배우는 것의 풍요로움에 주의를 계속해서 유지함을 의미한다.

이렇게 심리적으로 유연한 방식으로 새로운 삶의 습관을 기르는 데 있어서 마지막으로 알 필요가 있는 것은, 새로이 선택한 행동에서 우리가 즉각적으로 유능해지지 않는다는 점이다. 새로운 길을 추구하면서 우리는 틀림없이 비틀거릴 것이고, 원래 행동으로 되돌아갈 것이며, 아마도 다시 회피를 움켜잡을 것이다. 그래도 괜찮다. 원래 변화는 그렇게 이루어진다. 비틀거렸다는 것이 우리 자신을 비난하거나 자신의 망상으로 도망치거나, 좌절하여 포기할 이유가 되지는 못한다.

행동 피벗을 통해 우리는 건강하지 못한 완벽에 대한 욕망에서 벗어나서 능력이 발달하는 과정의 본래적인 만족을 유연하게 느끼는 방향으로 움직인다.

유능함에 대한 갈망

우리는 이 세상에서 효율적으로 행동할 수 있기를, 즉 능숙하게 살고 사랑하고 놀고 창조할 수 있기를 갈망한다. 이것이 바로 유능함, 즉 능력 있음에 대한 갈망이다.

우리는 이를 원하도록 배울 필요가 없다. 타고난 갈망인 것이다. 아이들이 탐색하고 노는 모습을 지켜보면, 그들이 상자를 열거나 공을 튀기는 것과 같은 매우 간단한 일을 배우느라 기꺼이 많은 시간을 들이는 것을 보게 된다. 아무도 그것이 필요한 일이라고 아이들에게 말하거나 그들이 그렇게 하도록 외적 보상을 제공할 필요가 없다. 아이들은 어떻게 하는지 알고 싶어 한다. 보상은 행동 그 자체에 내장되어 있으며, 아이들은 성장하면서 새로운 줄넘기 기술이나 나무 토막으로 더 높은 탑 쌓는 방법을 배우는 데 끝없는 시간을 보낼 것이다. 진화를 통해 이러한 갈망이 우리 안에 심어졌고, 우리가 얼마나 많이 배워야 하는지를 생각해 보면 이는 역시 좋은 일이다.

새로운 기술을 배우는 것은 즐겁고 만족스럽고 매력적일 수 있고, 심지어 안도감을 줄 수도 있다. 그러나 내재적으로 즐겁지 않고 만족스럽지 않은 것을 배우는 것이 얼마나 힘든지를 아마 모두 느꼈을 것이다. 열중하지 못함을 느끼고, 심지어 과제를 밀쳐 버릴지도 모른다. 외부로부터 오는 보상인 외적 보상을 조심스럽게 사용하는 것이 일시적으로는 크게 도움이 될 수 있다. 당신이 신발 끈을 매는 것을 보면서 부모가 신나 하는 것이 당신의 학습에 중요했을 수도 있고, 부모의 격려로 인해 당신이 피아노 레슨을 계속 유지했을 수도 있다. 그러나 중요한 것은 그러한 외적 보상이 내적인 동기를 눌러 버릴 수 없다는 것이다. 특히 일단 당신이 스스로에게 동기를 부여하는 법을 결정하는 사람이 되면 그러하다.

우리는 자신의 내재적 동기를 눌러 버리는 사람일 수 있다. 우리가 이루고 있는 성취가 우리에게 진짜로 의미 있는지와 전혀 별개로, 감명을 주고 칭찬을 받고 남을 기쁘게 하고픈 욕구에 쉽게 이끌릴 수 있다. 그런 보상에서 나오는 만족은 시간이 지남에 따라 희미해진다. 예컨대, 만약에 다른 사람들을 섬기는 데 역점을 두기보다 다른 사람들의 박수갈채를 추구한다면, 그 박수갈채가 공허하게 느껴지는 날이 올 것이다. 일이 험하고 잘 풀리지 않을 때, 금방 좌절하고 자신에게 화를 내며, 그 일을 계속 해 나갈 이유를 찾으려고 애쓰는 데 충동적으로 허우적거릴 수 있다. 자신의 능력을 증명하는 데 강박적으로 매달리게 될 수 있거나 완벽하지 않음에 대한 수치감으로 회피적이 될 수도 있다. 지연행동은 이런 상황을 피하려는 하나의 방도인데, 우리는 그것이 실패감이나 실패의 전망에 대한 불안을 저지시키는 길이라고 착각하지만, 결국에는 그것들을 증폭시킬 뿐이다. 물론 종종 우리는 또한 모든 노력을 그냥 포기하기도 한다.

'그냥 하라'와 같은 단순한 문화적 만트라는 전념 행동의 올바른 과정을 수행하지 못한다. 이는 그 과정이 그리 어렵지 않다는 의미를 내포한다. 그러나 그 과정은 어려우며, 가치에 기반을 둔 습관을 기르는 데 금방 능숙해지지는 않을 것이다. 새로운 기술이나 어떤 종류의 습관을 학습하는 데 있어서 어려움 중 하나는 만족의 지연이다. 우리는 즉각적으로 큰 성과를 볼 수 없으며, 유능함의 여정에서 수많은 좌절, 심지어는 고통을 경험할 것이다.

심리학에서 행해진 가장 유명한 한 연구에서는 네 살 아이가 나중에 마시멜로 두 개를 얻기 위해 그것 옆에 앉아서 먹지 않고 몇 분 동안 참고 기다릴 수 있는지, 달리 말해서 만족을 지연시킬 수 있는지를 살펴보았다.[3] 참을 수 있었던 아이들은 10년 이상이 지난 후 대학에서 성공할 가능성이 더 높았다. 이는 중요한 기술이면서 또한 인간에게 유일한 기술이다. 다음 계절을 위해 씨앗을 숨겨 두는 것처럼 인간이 아닌 생물들이 먼 미래에 대비해 행동하는 경우에, 이는 일차적으로 유전적인 프로그래밍의 결과다. 그들은 상징적 사고로 미래를 개념화할 수 있는 능력을 갖고 있지 않다. 우리가 지닌 그 능력은 경이로운 자산이다. 이는 우리 스스로가 수년간 학교를 다닐 수 있게 하며, 수년의 시간이 걸리는 프로젝트를 맡게 하고, 은퇴를 위해 저축을 하게끔 한다. 그러나 그것은 또한 위험으로 가득하다.

우리가 전념하고 있는 새로운 행동을 완성하게 될 미래를 상상할 때, 우리는 능력 수수께끼에 이르게 된다. 즉, 우리의 문제해결적인 마음은 빨리 그 미래를 지금으로 가져오기 원하며, 이러한 미래의 성공과 외적 보상에 대한 집착은 능력을 쌓는 과정을 계속하려는 우리의 의지를 약화시킨다.

예를 하나 들어 보겠다.

나는 수십 명의 사람들에게 기타를 가르치면서 누가 기타를 잘 치게 될지를 예측할 수 있게 되었다. 그들은 초보자로서 만든 음악이 매우 좋지 않고 형편없을지라도 그것을 즐기는 사람들이다. 만약 누군가가 첫 수업 시간에 자신의 대단한 기술로 칭찬을 받고 있는 모습을 상상하거나, 자신이 유명해져서 록 밴드에서 연주하기 원한다고 이야기한다면, 나는 그들 앞에 무거운 과정이 있을 것을 안다. 그러한 결과까지는 오랜 시간이 걸리며, 그것에 집착할 경우에는 생물학적으로 내장된 이유로 인해 손가락 연습이나 간단한 음계를 연주하는 것과 같은 기초 학습이 더 어려워질 것이다. 즉각적인 보상은 지연된 보상을 지배한다. 뇌 화학의 기저 수준에서도 이와 같은 경우에 즉각적인 만족이 강화되지 않으면 행동 습관은 확립하기가 지독히 어렵다.

나는 수년 전에 우쿨렐레(열두 살이 구매할 수 있는 유일한 악기다)를 샀다. 'Ain't She Sweet'이라는 곡을 배웠으며 적어도 한 달 동안은 쉼 없이 연습했다. 나는 그 곡이 좋았다! 내 실력은 점점 더 좋아지고 있었지만, 사람들은 내가 다가오는 걸 보면(또는 내가 오는 소리를 들으면) 말 그대로 다른 곳으로 가 버렸다. 내 가족은 자신들로부터 멀리 떨어진 닫힌 방에서 놀도록 나를 내쫓았다. 중요하지 않았다. 나는 내가 할 수 있는 것에 감격했고, 그렇다, 나는 조금씩 더 나아지고 있었다.

　능력을 쌓는 데서 주요한 문제는, 발전해야 하는 정도에 미치지 못한다고 **내부 독재자**가 우리를 엄격하게 비판한다는 것이다. 또한 그는 우리에게 성공이란 계속되는 배움의 과정이 아니라 최종 상태라고 설득한다. 일단 우리가 밴드에 들어가기만 하면 기타를 즐길 것이라고 그가 우리에게 말하는 것과 같은 방식으로, 그는 다음과 같은 생각들을 우리에게 줄 수 있다.

- 내가 매력적인 배우자와 결혼하면 자신감을 느낄 것이다.
- 내가 유명해지면 더 이상 어릴 적 고통과 싸우지 않을 것이다.
- 내가 많은 돈을 갖게 되면 더 이상 미래 걱정을 하지 않을 것이다.
- 내가 승진을 하면 불안과 자기 의심이 사라질 것이다.

　독재자가 내재적 가치를 지닌 현재의 노력(우리의 서툶에서 배우는 것을 포함해서)에서 벗어나 우리 주의의 방향을 성취 욕구에 집중하는 것은 우리를 또 다른 형태의 회피로 빠지게 할 수 있다. 겉모습은 같아 보여도 어떤 형태의 인내는 실제로(예컨대, 실패에 대

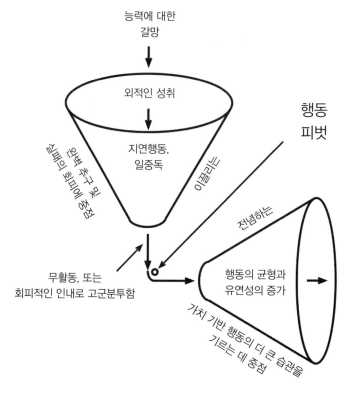

한) 두려움에 따른 회피의 형태일 수도 있다. 일중독이나 완벽주의가 그 예다. 이러한 경직된 형태의 인내는 건강에 강하게 부정적인 영향을 미치며,[4] 사람들로 하여금 관계와 취미생활을 무시하게 한다.

행동 피벗은 능력에 대한 갈망을 취하여 그것을 우리에게 진정으로 의미 있는 가치 기반 행동의 습관을 기르는 방향으로 돌린다. 이는 지연 행동과 일중독의 기반을 허문다.

SMART 목표

행동의 새로운 계획에 전념하는 것을 시작하고자 한다면, SMART 목표를 개발할 필요가 있다. 즉, 구체적이고(Specific), 측정 가능하며(Measurable), 달성 가능하고(Attainable), 결과 중심적이며(Result-focused), 한시적인(Time-bound) 목표를 말한다. '나는 잘 할 것이다.'와 같은 목표를 세우는 것은 점진적인 진보가 없기 때문에 도움이 되지 않는다. 또한 달성을 위한 현실적인 시간표를 설정하는 것은 당장 목표를 달성해야 한다는 조급한 마음을 누그러뜨리는 데 도움이 된다.

만약 당신이 참전군인들의 전쟁 상처를 치유하는 데 헌신한다면, 임상 사회사업 학위를 3, 4년 안에 받는 계획을 세워 전문적으로 그들을 도울 수 있다. 일단 목표가 정해지면, 적절한 프로그램을 찾고 지원하며, 학위를 마치기 위해 여러 번의 목표 설정을 거쳐야 할 수도 있다. 각 단계는 구체적이고 측정 가능하며 달성 가능하고 결과 중심적이며 한시적이다.

다른 유연성 기술들은 목표를 달성할 수 있게 해 줄 행동에 전념하도록 돕는다. 탈융합은 진척 정도에 대한 부정적 생각과 판단으로부터 거리를 두게 해 준다. 초월적 자기에 연결되는 것은 행동에 집중을 유지하게 하는데, 이는 사회적 기대에 순응하거나 죄책감으로부터 회피하지 않도록 주의하기 때문이다. 수용은 역경을 만났을 때 인내력을 유지하도록 도와준다. 현존은 최종 목표(또는 거기서 얼마나 떨어져 있는가)에 관심을 갖기보다 그 과정에 집중을 유지하도록 돕는다. 가치와 연결됨으로써 우리는 이러한 힘든 행동들이 자신의 가치를 증명하거나 고통스러운 경험으로부터 도망치기 위한 것이 아니라, 의미 있는 삶을 살기 위한 것임을 상기한다.

과정을 즐기기

새로운 생활 습관을 기르는 과정에 대해 생각할 매우 좋은 방법은 영웅의 여정을 시작하는 것이다. 당신은 아마도 그 개념에 익숙할 것이다. 그것은 비교 신화학의 저명한 전문가인 고(故) 조셉 캠벨Joseph Campbell이 잘 보여 주었듯이 책, 영화, 그리고 과거 전 세계 문화의 신화들에서 나타나는 위대한 이야기들의 기본 줄거리다.

영웅의 정상적인 일상이 갑자기 어떤 위대한 도전에 직면하게 되어 그가 어떻게든 이를 해결하는 것이 그 기본 줄거리다. 신화에서 영웅은 안타깝게도 주로 남성이지만 그 여정은 여성에게도 마찬가지로 적절하게 적용되므로 여기서는 여성을 지칭하는 단어를 사용하겠다. 여정을 시작하면서 그녀는 또한 내면에서 두려움, 고통, 잘못된 믿음, 그리고 제한적인 관점과 같은 문제들이 있다는 것을 알게 된다. 영웅은 자기 의심, 실수, 그리고 좌절과 씨름한다. 그러던 중 영웅은 가장 어두운 시간 속에서 자신이 갖고 있는 줄 몰랐던 내면의 자원을 발견하는 중요한 순간에 이른다. 흔히 그 자원은 특성상 영적이지만, 외부 자원이나 동료들의 도움으로 지원을 받을 수도 있다. 영웅은 자신의 두려움, 자신에 대한 의심, 또는 망상과 마주하고 버틸 수 있는 방법을 찾아낸다. 대개 제한적이고 개념적인 자기는 떨어져 나가고, 보다 넓고 열린 또는 상호 연결된 자기에 대한 감각이 나타난다. 끝으로, 그녀는 자신의 관심을 명예, 사랑, 친절, 용기, 공동체와 같은 가치에 대한 헌신을 향해 전심으로 돌리며, 전념 행동을 통해 여정이 완수된다. 여정이 끝나면 그녀는 변형된 사람으로서 일상으로 돌아간다.

이러한 근본적인 이야기 줄거리는 〈스타워즈〉〈백설공주〉〈헝거게임〉또는 〈이상한 나라의 앨리스〉모두에 적용된다. 그것에 대해 생각해 보라.

영웅의 여정에 대한 서술을 읽으면서 유연성 기술이 어떻게 관련되어 있는지 보았을 것이다. 이는 본질적으로, 더 훌륭한 심리적 유연성을 획득하는 포물선이다. 즉, 보다 개방적으로 힘든 감정과 생각들을 마주하기, 제한적인 자기 이야기를 놓아 버리기, 자기 자신과 자신의 상황을 새롭게 볼 수 있게 해 주는 자원을 내면에서 찾기, 보다 깊고 더 진정한 자기에 대한 감각에 연결되기, 스스로 선택한 목적과 연결되고 이를 이루는 데 도움이 되는 행동을 찾기, 그리고 마지막으로 인내심을 갖고 이 행동들에 전념하는 것이다.

자, 당신의 가치와 삶이 일치할 수 있는 행동에 전념하면서 다음을 생각해 보라. 만약 영웅이 자기 내적인 투쟁과 무섭고 실망스러운 좌절에 대처할 필요가 없었다면 이 이야기들이 여전히 훌륭할까? 그 성취가 인내심을 필요로 하지 않았다면? 그 이야기에서 영웅이 자기 의심도 전혀 없고 잘못된 선택도 전혀 하지 않는 사람으로 그려졌다면 이야기는 금방 지루해질 것이다. 오, 놀랍다 놀라워, 그녀는 용이 큰 난리를 일으키기 전에 하늘에서 그 용을 쐈다. 마치 영화나 책의 위대한 이야기 속에 들어가 누리는 기쁨은 도전에 직면하는 다양한 경험들에서 나오듯이, 삶의 의미와 목적이 갖는 풍요로움은 우리가 유연성 기술들을 습득하면서 겪는 어려움을 견디면서 꾸준히 해 나가는 데서 나온다. 인내가 결여된 열정은 비극이며, 목적이 없는 인내는 인간의 잠재력을 비웃는다.

피벗하기

당신의 여정을 시작하면서 다음 질문들에 답함으로써 행동 피벗을 하라.

의식적인 존재로서의 당신과 당신이 어떤 존재인지에 대해 마음이 말하는 이야기를 구별하면서, 이 시간과 이 상황에서 당신의 경험을 그것이 말하는 대로가 아니라 있는 그대로, 불필요한 방어 없이 온전하게 기꺼이 경험하겠는가? 그리고 당신이 선택한 가치를 반영하는 더 큰 행동 습관을 만드는 데 관심과 노력을 기울이겠는가? 예인가, 아니요인가?

이는 결혼 서약과 비슷하며, 놀랄 만하지 않다. 이것이 곧 전념이다. 모든 유연성의 과정은 이 질문에 담겨 있다. 내가 이제까지 아는 한, 삶은 당신에게 반복하고 또 반복하여 끝없이 이 질문을 할 것이다. "예"라고 답할 때마다 당신의 삶은 확장된다. "아니요"라고 답할 때마다 당신의 삶은 위축된다. "예"라고 대답하는 습관은 앞으로 몇 날 또는 몇 년 동안 삶을 때로는 더 어렵게 만들 수도 있을 것이다. 이는 또한 때때로 의심과 고통이 있을 때라도 삶을 더 활기차고 의미 있게 만들 것이다.

아직 "예"라고 답하지 못해도 괜찮다. 다만 계속해서 눈을 크게 뜨라. "아니요"에 머물러 있음을 발견하면, 그것이 삶에서 어떻게 나타나는지 알아차리라. 그다음에 질문으로 되돌아오라.

사실상, 질문으로 되돌아오는 것을 실제로 피할 방도는 없다. 이는 결국 '올바르게 해야 한다'는 우주적인 명령이 있기 때문이 아니라, 삶이 우리에게 매일 매 순간 전념 행동을 할 수 있는 잠재력을 제공하기 때문이다. 그것이 이치다. 다른 유연성 기술들의 가치에 대한 지식이 우리 안에 있는 것처럼, 우리 삶을 바꿀 수 있는 행동을 취할 힘이 있다는 인식도 또한 우리 안에 있다. 우리는 우리 자신의 힘의 가능성을 감지한다.

자, 여기 있는 삶이 다시 한번 당신에게 질문한다.

의식적인 존재로서의 당신과 당신이 어떤 존재인지에 대해 마음이 말하는 이야기를 구별하면서, 이 시간과 이 상황에서 당신의 경험을 그것이 말하는 대로가 아니라 있는 그대로, 불필요한 방어 없이 온전하게 기꺼이 경험하겠는가? 그리고 당신이 선택한 가치를 반영하는 더 큰 행동 습관을 만드는 데 관심과 노력을 기울이겠는가? 예인가, 아니요인가?

당신의 답변이 "예"라면, 이제 행동 단계로 넘어갈 시간이다.

제2부의 서론에서 ACT가 다른 근거 기반 행동 변화 방법들의 유용성을 보완한다고 강조했다. 모든 변화 방법을 이 장에 넣거나 제3부에서 그것들을 모두 다루는 것은 불가능하다. 그러므로 다음에 나오는 것은 현재 진행 중인 과제의 세부 사항에 맞게 조정해야 할 필요가 있는 일반적인 지침으로 생각하는 것이 가장 좋다. 그 기술들은 수업, 일, 스포츠, 식사, 정신 건강 문제, 신체 건강 문제, 운동 프로그램, 또는 인간관계든지에 상관없이 어떤 노력에도 적용할 수 있다. 당신이 착수하고 있는 특정 유형의 습관 변화에 적합하다면 여기에 제시된 행동 습관을 기르기 위한 방법들 중 어느 것이라도 자유롭게 선택할 수 있다. 결국 ACT는 모두 유연성에 관한 것이다!

또한 자유롭게 다른 행동 변화 과학을 활용해 보라. 사회적 기술 개발하기, 배우자와의 의사소통 배우기, 관리 능력 습득하기, 지연행동 극복하기, 그리고 시간을 더 잘 관리하기 등을 위한 방법들을 포함하는, 행동 변화에 관한 지식의 방대한 바다가 있다. 유연성 기술들은 그런 접근 방식들을 보완할 것이다. 문헌 속으로 뛰어들 경우에 한 마디 주의 사항은, 긍정적인 효과를 증명하는 여러 연구들을 게재해 온 유명 저널의 근거 기반 방법들에 초점을 맞추라는 것이다. 엄격한 과학적 기반이 없는 조언은 종종 판단을 그르치게 한다.

만약 치료를 받고 있거나 치료를 받을 계획이라면, 목표로 하는 특정한 종류의 행동 변화에 가장 도움이 될 수 있는 방법에 대해 치료자나 의사가 알 수도 있다. 만약 어떤 종류의 행동 변화 프로그램에 참여하고 있다면, 필요한 모든 행동을 취하도록 돕는 유연성 기술들을 이용하라.

시작을 위한 일련의 방법들

이전 장들에서는 다음 장으로 넘어가기 전에 해야 할 몇 가지 초기 연습들을 제안했다. 새로운 행동 습관을 기르는 것은 시간이 지나면서 점진적으로 하는 것이 가장 좋으므로 다른 유연성 기술을 계속 쌓기 위해 이전 장들의 추가 연습들로 돌아갈 수 있도록 최소 두 주 동안 초기에 사용할 두 가지 방법만 제시하려고 한다. 말했다시피 행동 변화는 어려우며, 조금씩 시작하는 것이 대개 가장 좋다. 다른 유연성 기술을 지속적으로 쌓는 것은 보다 어려운 전념에 점진적으로 맞서는 데 큰 도움이 된다.

ACT 연습을 초기에 경험하면서 때때로 행동상으로 큰 변화가 빠르게 일어나는데, 제5장에서 언급한 앨리스 린드퀴스트의 경우가 그러했다. 그녀는 아들의 죽음으로 인한 슬픔에 빠져서 집 안에 갇힌 생활로 수년간 고생하다가 일로 복귀했다. 만일 이 책을 읽고 연습을 행한 후에 이런 극적인 변화가 가능하게 된다면, 그것은 놀라운 일이다. 하지만 그렇게 달성할 수 있어야 한다고 생각하지 않는 것이 중요하다. 도움이 되지 않는 규칙으로 자책하지 말라.

지난 장에서 가치 작성하기 연습에 적어 두었던 몇 가지 행동들에 이 처음 두 가지 방법을 적용하면서 행동 변화 노력을 시작하도록 조언한다. 그 행동들이 쉬워지고 완전히 전념할 때까지 계속 노력하라. 그런 다음에 여기서 제시된 추가 방법들을 행동 변화의 노력에 통합하는 단계로 나아가라.

제2부의 각 장에 나오는 모든 연습들을 마치면, 당신이 좋아하는 연습들로 꾸려진 ACT 도구모음을 만든 다음에 정기적으로 연습하라. 도구모음을 만들고 실행을 일상적으로 만들어 가는 방법을 제3부의 도입부에서 논의할 것이다. 그러면 제3부에 나오는 각 장에서는 그 기술을 삶의 새로운 도전 영역에서 지속적으로 적용하는 방법에 대한 지침을 제공할 것이다.

좋다, 이제 새로운 행동에 전념하기 시작할 시간이다!

1. 조금씩 조정하기

사람의 행동에서 놀라운(또한 끔찍한) 점은 스스로를 지지하는 경향이 있다는 것이다. 삶은 행동 패턴에 빠진다. 우리는 자신이 하는 일을 하는데, 그것이 늘 해 왔던 일이기 때문이다. 이는 이제까지 설명한 모든 이유들로 인해 문제가 될 수 있다. 즉, 우리는 심리적으로 경직된 습관에 빠질 수 있다. 그러나 행동상의 작은 방향 변화는 시간이 지남에 따라서 큰 변화를 만들어 낼 수 있다. 그 요령은 당신의 노력을 보정하는 것이다.

처음에는 간단하고 빠른 변화를 만드는 것이 가장 좋다. 만약 텔레비전을 덜 보고 독서를 더 많이 하고 싶다면, 퇴근 후에 책을 30분 동안 읽을 때까지는 텔레비전을 안 보는 것부터 시작해 보라. 당신이 결심한 전념이 작은 것이라 해도, 전념을 보다 더 작게 만드는 것이 도움이 될 수 있다. 독서 시간을 15분으로 하거나, 정신없이 보던 쇼 프로그램 단 하나를 끊어 보지만, 그렇더라도 TV를 보고 있는 자신을 발견하게 된다. (정말 〈컵 케이크 전쟁〉의 과거 일화를 더 볼 필요가 있는가?)

행동 변화가 작은 것은 중요하지 않다. 당신은 진보하는 중이다.

모든 규칙에는 예외가 있다. 협곡을 두 걸음 만에 뛰어넘을 수는 없다. 예를 들어, 중독에 대처하기 위해서 잘 확립된 위해성 감소 접근법을 시도했지만 효과를 보지 못했다면, 금주에 대한 전면적인 중단에 전념할 때일 수도 있다. 이는 도전에 맞추기 위해 당신이 실행하는 어떤 방법을 조정하는 경우다. 좋은 소식이 있다면, 심리적 유연성 기술이 그런 도전적인 도약에 도움이 된다는 것이다.

2. 새로운 습관을 일상 활동으로 만들기

처음에 새로운 행동 습관이 일상 활동에 닻을 내림으로써 그것이 새로운 행동을 촉발할 수 있게 만드는 것은 현명하다. 습관들을 결합하는 것이 그것들을 차갑게 식도록 바꿔 놓는 것보다 훨씬 쉽다. 예컨대, 정제된 설탕을 덜 먹고 과일을 더 먹길 원하지만, 잠이 깨자마자 곧바로 쿠키를 일상적으로 먹고 있음을 발견한다고 가정해 보자. 모닝커피가 있다면 커피를 집으면서 사과를 쥐고, 좋아하는 의자로 가서 첫 한 모금을 마시기 전에 사과를 조금씩 먹는 습관을 들이는 데 역점을 둘 수도 있을 것이다.

또는 업무 습관을 더 효과적으로 관리하기를 원한다고 가정해 보자. 매일 모든 이메일에 답장을 해서 받은 편지함이 넘치지 않게 하는 것을 목표로 삼을 수 있다. 조만간 힘들어 지친 날을 보내고 이메일에 모두 답하지 못할 수도 있을 것이고, 그러면 그냥 포기하게 될 수도 있을 것이다. 대신에 모닝커피(사과와 함께!)를 마시면서 30분 동안 이메일에 답하는 습관을 기른다면, 새로운 이메일 습관을 확립하는 것이 더 쉬울 것이다.

추가적인 방법들

3. 역나침반 습관 기르기

앞 장에서는 당신의 마음이 하도록 강요하는 것과 정반대인 습관을 기를 수 있는지에 대해 이야기했다. 이 훈련을 새로운 행동에 대한 전념에도 역시 적용할 수 있다. 예를 들어, 나는 어머니로부터 오염에 대한 강박사고 성향을 물려받은 듯하며, 그것에 반격하기 위해 '역나침반' 전략을 개발했다. 학교에서 화장실을 나갈 때 '저 문 손잡이가 오염되었을지도 몰라'라는 생각이 든다고 하자. 그 생각이 나를 지배하고 있다는 것을 감지하면, 화장실을 나가려고 손잡이를 잡은 후에 손으로 내 얼굴을 문지르거나 심지어 손잡이를 만진 손가락을 입에 넣는 행동을 할 것이다. 이러한 불편한 생각이 멈추기까지 역나침반 행동이 많이 필요한 건 아니다.

염두에 두어야 할 점은, 만약 진짜로 의심스럽게 보이는 공중화장실에 있었다면, 손잡이를 피하는 데 문제가 없었을 것이다. 역나침반 행동은 그 자체로 강박적이어서는 안 된다. 이는 단지 **내부 독재자**를 찌르는 데 필요한 조그만 습관을 갖는 데 도움이 되는 것이다.

바꾸고 싶은 모든 종류의 행동에 대해 역나침반 습관을 고안할 수 있다. 예를 들어, 나는 미루고 싶은 마음이 들 때 회피했던 일을 잠깐이라도 하면, 장기간 일을 미루는 토끼 굴에 떨어지기보다는 오히려 그날이나 그다음 날에 다시 전력을 다하는 데 도움이 된다는 것을 발견했다. 손톱을 물어뜯는 것과 같이 굳이 할 필요가 **없는** 행동에 대해 습관 전환을 시도할 수 있다. 줄이고 싶은 습관을 방해하는 더 좋은 습관을 의도적으로 만들어 내는 것이다. 이는 다른 영역에서 확립된 방법에다가 ACT를 적용하는 경우다. 습관 전환은 행동심리학의 한 방법이다. 여기에는 자각 훈련(손톱을 깨물려고 한다는 것을 알아차림)에 이어서 펜이나 연필을 집어 들고 잡는 것과 같은, 오래된 습관을 방해하는 새로운 습관을 연습하는 것이 포함된다. 최근 연구에서 습관 전환은 ACT 방법과 결

합할 때 훨씬 더 강력하다고 밝혀졌다.[5]

4. '그냥 내가 선택했으니까' 연습하기

전념 기술을 강화할 수 있는 또 다른 훌륭한 방법은, 적어도 한 가지 어려운 일을 언제나 해 보는 것이다. 가치에 전념할 때 우리 마음은 때때로 보다 깊은 요점을 빼놓는 식으로 그 선택의 가치를 평가한다(e-value-ate). 가치는 마음에 의해 우리 머리와 귀를 스스로 때리는 또 다른 몽둥이로 쉽게 바뀔 수 있다.

이 문제를 해결하는 장난스러운 방법은 그럴듯한 이유 없이 '그냥 내가 선택하기 때문에' 전념 행동을 실행해 보는 것이다. 다시, 이것들로 조금씩 시작해 보라. 다음은 몇 가지 예시다.

- 한 주를 좋아하는 음식을 안 먹고 지내기. 그냥.
- 한 달 동안 1시간 일찍 자고 1시간 일찍 일어나기. 그냥.
- 매주 의도적으로 조금 맞지 않는 옷을 입어서 스스로를 당황스럽게 만들기(예: 화려하고 전혀 매력적이지 않은 셔츠와 어울리지 않는 양말). 그냥.

공황장애를 벗어나고 있을 때, 나는 이러한 종류의 훈련을 더 길게, 더 길게 연습하고 있었다. 처음에는 몇 시간, 그다음에는 며칠, 그리고는 수개월. 마지막 전념들 중 하나는 일 년 동안 디저트를 먹지 않는 것이었다. 그것이 중요했기 때문이 아니라 정확하게 그렇지 않았기 때문이다! 나는 한 번 미끄러졌지만(나는 이를 기억하기도 전에 아이스크림을 한 스푼 입에 넣었다가 뺐었다), 그 예외를 제외하고 목표를 달성했다. 내가 하겠다고 말한 것을 내가 할 수 있다는 것을 믿기 시작했고, 그 자체가 내게 엄청난 이득이 되었다.

왜 이것이 도움이 되는가? 이는 전념을 지속하는 것이 선택이고 습관이라서 중요하기보다는, 그 행위 자체가 **중요하니까** 전념한다는 판단적인 틀에 빠져드는 것을 약화시킨다. 갑자기 **독재자**의 목소리는 "나는 전념을 유지하는 사람이 **되어야** 해." "전념을 유지하지 못하면 나는 형편없어."(개념적 자기), "전념을 유지하지 못하면 나는 죄책감을 느낄 거야."(경험적 회피)라고 말하기 시작한다. 이를 알기도 전에, 우리는 죄책감, 수치심, 자기혐오, 자기비판, 순응, 그리고 감정적 회피가 줄지어 서 있는 강도의 소굴에 기반을 둔 '전념하기'를 하고 있다. '그냥' 행동에 전념함으로써, 보기 싫은 얼굴을 한 이러한 동기요인들이 고개를 들 때 우리는 더 잘 알아차린다.

5. 아무도 섬이 아니다

전념에 대한 책임을 다른 사람에게 전가하지 않는 한, 사람들과 나누거나 공적으로 선언한 전념은 유지될 가능성이 더 높은 듯하다.[6] 그래서 삶에서 어떤 중요한 전념(예: 결혼)은 공동체로 하여금 그 전념을 목격하고 지원해 줄 것을 요청하는 의례들을 포함시키는 듯하다. 물론 그것은 다음과 같은 곤란한 점이 있다. 즉, 이제 무거운 짐을 져야 하는 건 타인들이라고 마음이 주장하기 시작할 수도 있다. 그러나 유연성 기술은 이를 억제하는 데 도움을 줄 수 있다.

전념을 해 나갈 때 다른 사람을 고려하는 것이 도움이 되는 또 다른 이유가 있다. 우리의 행동 패턴은 한 개인으로서만 우리에게 영향을 주는 것이 아니다. 그것은 우리 주변 사람들에게도 영향을 미친다. 모든 부모들은 그들의 가장 바람직하거나 가장 혐오스러운 행동 특성에 아이들이 반응하는 것, 심지어 되풀이하는 것을 보면서 이러한 도전을 경험한다. 사회나 공동체도 같은 방식으로 반응한다. 당신이 행동을 바꾼다면, 비슷한 행동 변화가 이제는 또 당신의 친구, 그 친구의 친구, 그리고 그 친구의 친구의 친구에게서도 나타날 공산이 있다.[7] 이는 곧 수천 명의 사람들이 당신의 성공에 이해관계가 있음을 의미할 수도 있을 것이다. (아마 당신이 이 책을 지금 읽고 있는 당신의 어깨 너머로 수천 명이 보고 있을 수 있다!)

당신이 전념을 공유할 때, 당신의 친구들은 이것이 당신의 더 큰 여정의 일부라는 것을 알 필요가 있다. 그리고 비판을 방어하거나 외부적 통제가 필요한 것이 요점은 아니다. 그것은 나눔과 돌봄이다. 친구들이 유연성 피벗에 대해 알고서 당신이 자기 이야기에 걸리거나 회피하거나 빠져 있는 것을 보고 경로를 유지할 수 있도록 부드럽게 살살 밀어 준다면 도움이 된다. 그것이 당신이 찾고 있는 유익이다.

A Liberated Mind

제3부

삶을 발전시키기 위해
ACT 도구모음 활용하기

움직임을 파악하고 움직이는 법을 아는 것이 심리적 유연성의 춤은 아니다. 실제 춤을 추는 상황에서 우리는 댄스 파트너의 동작에 맞춰 순간순간 창의적으로 동작들을 조합할 때 진정한 즐거움을 느끼기 시작한다. 마찬가지로, 유연성 기술을 배우는 참된 즐거움은 우리 삶의 일상적 도전에 대처하기 위한, 즉 우리에게 중요한 것을 향해 피벗하기 위한 지속적인 방법으로 그것들을 조합해 나가는 데서 온다. 이것이 유연성의 춤이다.

앞 장들에 나오는 연습들을 통해 그 기술들이 특정 도전을 다루는 데 어떻게 도움이 되는지에 대한 개인적인 경험을 쌓을 수 있었다. 만약 어떤 긴급한 문제에 이 연습을 적용했다면, 계속해서 그 기술에 대한 연습을 지금까지 지속할 수 있다. 어쩌면 이미 그것을 다른 도전에 적용하기 시작하여 문제가 발생할 때마다 일상적으로 그 기술을 적용하고 있는 자신을 발견했을지도 모른다. 계속해서 기술을 쌓고 삶의 더 많은 영역에 이를 적용하도록 북돋는 것이 제3부의 목적이다.

때때로 심리적 유연성 훈련은 주요한 진전을 가져오며, 사람들은 ACT를 시도하게끔 이끈 문제가 '해결'되었다고 느끼기 때문에 기술 훈련 작업을 중단한다. 이는 참으로 안타까운 일인데, 왜냐하면 계속해서 기술을 연습하고 새로운 삶의 영역에 의식적으로 적용하면 선택한 가치와 일치하는 삶을 지속적으로 발전시킬 수 있기 때문이다.

생각과 행동의 경직된 방식은 늘 몰래 따라올 것이므로 계속 연습할 필요가 있다. 나는 오늘 아침에 일례를 경험했다. 나는 한 번에 한 잔씩 신선한 커피를 만들어 주는 기계를 애용한다. 몇 년간 맛있는 커피를 만들었는데, 6개월에서 8개월 전쯤부터는 작동이 잘 안 됐다. 여과기 끝까지 커피를 가득 채워 '진하게' 버튼을 눌러도 여전히 커피가 내 입맛에는 너무 연했다. 나는 다른 종류의 커피를 눌러 보기도 하고, 더 꽉 채워 보기도 했다. 어떤 것도 소용이 없었다.

내 불평을 듣고서 아내가 친절하게도 새 기계를 사 주었다. 박스 포장을 풀면서 기계 매뉴얼이 같이 동봉되어 있길래, 커피머신 사용법을 이미 알고 있었지만 이를 대충 훑어보기로 했다. 나는 곧 내가 잊고 있던 것을 발견했다(만일 전에 그것을 읽었더라면). 매뉴얼의 주의 사항에 다음과 같이 적혀 있었다. 여과기에 커피를 채우지 마시오! 그럴 경우 물이 원두를 통과하지 않고 넘치는 튜브에서 흘러나와 커피가 연해집니다. 특히 커피를 꽉 채우지 마시오.

으악! 커피머신은 문제가 없었던 것이다! 나는 '더 많이 얻으려면 더 많이 넣어라.'라는 상식적인 규칙이 내 행동을 지배하도록 내버려 두었고, '더 많이 얻으려면 덜 넣어라.'가 올바른 규칙일 수 있다는 생각은 전혀 하지 않았다.

그것이 융합이다. 그것이 변이의 부족이다. 그 결과가 연한 커피와 불필요한 새 커피 머신의 구매다! 꼭 비극은 아니지만, 크든 작든 간에 유연성 기술이 우리의 모든 노력에 어떻게 도움이 될 수 있는지를 보여 주는 좋은 예다.

당신의 ACT 도구모음 조합하기

기술을 쌓는 연습을 습관화하기 위해서 자신이 선호하는 연습 세트를 만드는 것은 도움이 된다. 여기 있는 예시는 내가 제시한 것 중에서 개인적으로 좋아하는 비유와 연습으로 구성된 것이다. 이것이 가장 좋은 세트라고 생각하지 말라. 단지 초기 세트로 적당한 예시일 뿐이다. 다음과 같이 당신이 좋아하는 것들로 네모 칸을 채워 보라.

간단한 ACT 도구

탈융합	생각을 노래로 부르기	마음에 이름 붙이기	생각을 카드에 적어 지갑에 넣고 다니기
수용	반대 실행하기	괴로운 감정에 색깔, 무게, 속도, 모양 부여하기[1]	밧줄 내려놓기를 실행하기
현존	신체 감각 스캔하기	단일 그리고 다중 주의 대상 알아차리기	주의 초점 개방하기
자기	이야기 다시 쓰기	알아차리는 자를 알아차리기	나는 그것이 아님을 떠올리기
가치	가치 작성하기	'내겐 비밀이 있어' 놀이하기	가치 카드 분류하기[2]
행동	새로운 습관을 일상으로 만들기	친한 친구에게 다짐을 공유하기	가치를 SMART 목표와 연결하기

적어도 앞으로 몇 달간, 매일매일 필요할 때 자연스럽게 떠오를 정도로 익숙해질 때까지 연습을 초기 세트 위주로 제한하라. 그 시점에서 한 번에 한 가지 방법을 추가하

기 시작하라. 엄청나게 많은 대안이 온라인과 ACT 서적에 제시되어 있으므로, 제공된 연습에 지루해할 필요는 없다.[3] 당신이 추가한 연습이 어떤지 알아보고 도움이 되지 않으면 이를 버리고 다른 것으로 옮기라.

폭넓게 기술 적용하기

많은 연구들이 다양한 종류의 어려움을 극복하는 데 있어서 ACT의 효과를 평가해 왔다. 이미 논의한 것 외에도, 섭식장애 극복하기, 학교, 직장, 예술, 스포츠 등에서 수행 불안에 대처하기, 스트레스 다루기, 암에 대한 공포에 직면하기, 편견 다루기를 비롯한 많은 영역들이 포함된다. ACT 훈련은 사람들이 올림픽 금메달을 따거나 『포춘』지 선정 100대 기업을 경영하고, 더 나은 체스 게임을 하며 예술적 재능을 기르는 데에도 도움을 주었다.

마음은 당신이 한 영역에서 배운 기술이 다른 영역에도 전이될 것이라고 말한다. 이는 사실일 수 있지만, 자동적으로 되는 일은 아니다. 당신은 삶의 더 많은 영역들에서 기술을 적용하는 작업을 의식적으로 해야 한다. 제3부에서는 왜 유연성 기술이 특정 종류의 어려운 문제들에 그렇게 유용한지에 관해 연구와 내담자와의 ACT 작업을 통해 얻은 통찰을 공유한다. 나는 당면 문제를 어렵게 만드는 그 측면을 탐구하고, 어떻게 특정 유연성 기술이 그것들을 다루는 데 특히 유용한지를 밝힌다. 일례로, 약물 남용을 극복하려고 시도하는 중에 수치심은 까다로운 주제이며, 탈융합과 자기 연습이 그 힘을 약화시킬 수 있다. 나는 또한 어떤 종류의 어려운 문제에 효과적인 몇몇 추가적인 연습들을 제공한다.

당신의 기술을 적용할 새로운 도전과 삶의 영역을 선택할 경우에, 제8장에서 만성 통증이 있는 사람들과 함께 진행한 워크숍에서 사용했던 기본 절차를 따르라. 첫 번째 단계는 '삶의 나침반'에 삶의 각 영역에서 자신의 삶이 어떠하기를 원하는지 쓰게 한 후 이를 가로막는 장애물과 힘든 감정, 도움이 되지 않는 생각을 파악하는 것임을 기억하라. 당신이 취할 단계들을 추려내기 전에 인간 삶에 동기를 부여하는 갈망에 깊이 파고들으로써 이제 그 과정을 늘릴 수 있다.

제8장에서 다룬 영역들은 직업, 친밀한 관계, 자녀 양육(이 사안을 다루기 위해서 꼭 부모가 되거나 아이를 가질 필요는 없다), 교육, 환경, 친구, 신체 건강, 가족, 영성, 심미(예술

이나 아름다움 등), 공동체, 그리고 여가다. 일단 새로운 영역이나 특정한 어려움을 고른다면, 다음의 다이어그램을 참고하여 그 영역에서 문제가 되고 있는 것이 무엇인지 상기해 보라. 이는 여섯 가지 갈망들이다. 이 영역에서 보다 깊은 욕구와 갈망에 접촉하는 동안에 튀어나오는 장애물들을 지켜보고 무슨 일이 벌어지는지 풀어 보면서 각각을 마음에 새겨 보라.

가령 당신이 직장에서 불만을 느끼고 있다고 해 보자. 상사가 대단히 까칠하다거나 당신에게 할당된 일이 너무 많다는 등 그 이유들 중 일부는 명확할 수도 있다. 그러나 무엇이 잘못되었는지 딱 꼬집어 내기가 또한 어려울 수 있다. 당신이 어떤 반응을 보일지 알아차려 보라. 기계의 톱니바퀴 부품처럼 눈에 띄지도 보살핌을 받지도 못한다고 느낀다고 가정해 보라. 어쩌면 답답함을 느끼거나 하고 있는 일이 공허하게 느껴질지도 모른다.

그 사안들이 우리 모두가 가진 여섯 개의 기본 갈망의 일부나 전부를 내포하는지 살펴보라. 눈에 띄지 않거나 보살핌을 받지 못한다고 느낀다는 것은 십중팔구 소속에 대한 갈망을 반영한다. 공허감이나 답답함은 자기주도적인 의미가 결핍된 것을 시사한

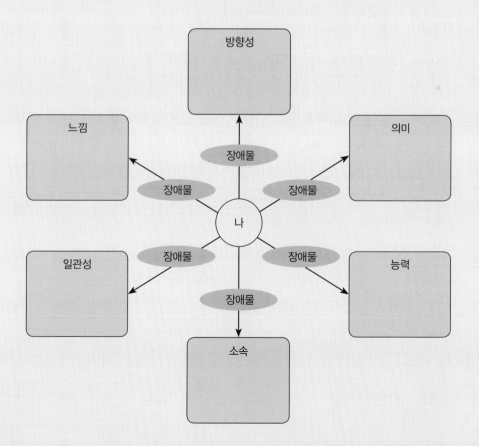

다. 기계 부품처럼 느끼는 것은 자신만의 역량 영역을 창조할 만한 자유가 부족함을 나타낸다.

당신이 갈망하는 것을 고려할 때, 당신과 일터에서 그러한 갈망을 충족하는 것 사이에 놓인 장애물이 전면에 나오게 해 보라. 그것들 중 일부는 내적이거나 심리적인 것일 수 있지만, 어떤 것은 외부적인 것일 수 있다. 외부와 내부의 장애물이 이렇게 섞여 있는 것은 우리 삶의 대부분의 어려움에서 진실이므로, 양쪽 모두를 언제나 고려하는 것이 중요하다. 당신이 확인할 수 있는 모든 장애물을 적고, 그런 어려움을 겪고 있는 이유가 분명하지 않은 장애물의 경우에는 불만족 기저에 무엇이 있을지 숙고해 보라.

일에 대한 내적 장애물의 예로, **나는 부족해**와 같은 생각이 있어서 다른 사람에게 다가가 연결되는 것을 막음으로써 소속감을 약화시킬 수 있을 것이다. 답답함을 느끼는 경우를 예로 들면, 하고 있는 일이 의미 있게 느껴지지 않기 때문일 수 있다. 당신이 열망하는 가치에 기반을 둔 삶의 방식과 그 일이 일치하지 않는다. 그러나 어쩌면 그런 답답한 감정은 또한 하고 있는 일에서 벗어나게 하는 백일몽으로 이어질 수 있다. 만약 그렇다면 이 문제와 관련된 갈망을 추가하고 싶을 것인데, 이는 아마도 일에서 방향성을 잃은 느낌을 또한 느끼기 때문일지 모른다.

까칠한 상사와 같이 불편의 이유가 확실한 사람들은 더 깊이 파고들어 가서 그런 비난이 당신에게 왜 그토록 어려운지 생각해 보라. 부분적으로 이는 자라면서 부모도 역시 당신을 종종 비난했고 상사의 비난이 당신 내부의 오래된 비난의 목소리를 불러일으키기 때문이라는 것을 깨닫게 될 수도 있을 것이다. 이 또한 장애물 목록에 추가하라.

이제 이 장애물들에 대처하기 위해 노력해 온 일련의 해결책들을 적어 볼 차례다. 목록이 상당히 길어질 수도 있지만, 여기서 몇 가지 예를 들어 보도록 하겠다.

- 너무 비판적이라 느껴지는 주간 직원 회의에 빠짐
- 다른 데 집중하기 위해 회의에서 침묵을 지킴
- 다음 인사고과의 모든 항목에서 높은 성적을 받도록 과도하게 일함
- 직장 내 문제나 문제가 되는 사람들에 대해 떠들기를 좋아하는 직장 동료와 관계를 구축함

이제 당신이 시도해 온 해결책들이 제대로 작동하는지 보기 위해 유연성 기술을 적용해 볼 차례다. 목록에서 처음 두 해결책은 분명히 회피적이다. 그것들은 부정적인 감정과 생각으로부터 단기적인 안도감을 제공하지만, 참여할 수 있는데도 이를 희생해서

눈에 띄지 않는 느낌, 소속이나 능력의 결핍 등을 증폭시키기만 하는 듯하며, 상사나 동료들 사이에서 당신의 평판을 떨어뜨릴 수도 있다. 완벽한 수행 평가를 받기 위해 노력하는 것은 좋을 수 있지만, 그 동기가 성취에 대한 내재적인 동기가 아닌 비난에 대한 두려움에서 비롯된 것은 아닌지를 숙고해 보는 것이 중요하다. 만약 비난을 피하는 것이 동인이라면 이 역시 자기 파괴적일 수 있음을 깨닫는 것이 중요한데, 그 과정은 대체로 비판적인 피드백을 주는 감독관이 필요하기 때문이다. 동료와 친분 관계를 맺는 것은 어떤가? 직장 내 친구를 만드는 것은 좋지만, 그에게 당신이 얼마나 불행한지에 대해 끊임없이 터놓는 것은 반추의 한 형태일 수도 있는데, 특히 직장 환경이 왜 끔찍한지에 대해 그 동료가 갖은 이유로 맞장구를 친다면 당신은 불평을 더 많이 할 수 있게 된다. 그것이 감정을 환기하는 데 도움이 되고 소속에 대한 갈망을 충족시키는 데 도움이 된다고 여길 수 있지만, 비판으로 가득 찬 일 관련 메아리 방을 만들어서 당신의 불행감을 가중시킬 수 있다. 그리 좋은 생각이 아니다. 개도 자기 잠자리에다 오줌을 싸지는 않는다.

당신의 문제를 생각하면서 자신이 가지고 있는 생각과 감정에 주목할 가치가 있다. 당신의 **독재자**가 비난해 온 부정적인 메시지들이 무엇이었는가? 도망치려고 애쓰는 감정들은 무엇인가? 뇌리에서 떠나지 않고 떠오르는 기억들은 무엇인가? 여기에는 동료들은 나를 존중하지 않아, 혹은 이 직업에서는 내가 관심 있는 어떤 것도 할 수 없어와 같은 고통스러운 생각들이 포함될 수 있고, 그 핵심 기저에는 나는 **충분히 좋은 사람이 아니야**와 같은 생각이 깔려 있을 수도 있다. 또한 존재감 없는 느낌과 관련된 분노를 경험하고 있을 수도 있다.

좋다. 이제 당신의 도구모음을 적용할 준비가 되었다. 깨어 있는 조망으로 들어가기 위해 한두 개의 현존하기 연습으로 시작할 수도 있다. 다음으로 부정적인 생각에서 거리를 두기 위해 탈융합 작업을 적용할 수 있을 것이다. 일하는 방식이 선택한 가치와 어떻게 일치하지 않는지를 명확하게 하기 위해서 가치 연습을 적용해 보라. 동료를 위로하던 그 모든 행동이 솔직함에 대한 당신의 가치와 상충하며, 이를 상사에게 의논하는 것이 오히려 가치와 맞는다는 것을 깨닫게 될지도 모른다. 이 작업을 하는 동안 힘든 감정이 촉발되는 경우에는 수용 연습을 적용해 보라. 자기 이야기를 유연하게 하고 다른 사람들과 연결될 줄 아는 당신의 또 다른 이면에 접촉하기 위해 자기 연습을 적용하라. 아마 스스로가 무능하다고 비난하거나 재미있거나 카리스마가 넘치지 못해 직장에서 아무에게도 관심을 받지 못한다는 이야기를 만들어 내고 있음을 발견할지도 모른다. 어쩌면 다음 날 작은 행동에 전념함으로써 이 깊은 침몰을 끝낼지도 모른다. 가령 예정된 회의에서 의견을 제안하고 공유하는 데 전념했다고 해 보자. 이는 여섯 개의 모든 기술이 적용된 것이다!

당신이 얻은 배움을 직장에서 벌어지는 더 많은 경험들에 적용하기 시작하라. 회의 중에 당신의 발언에 아무도 관심이 없다고 느끼기 시작할 때 마음속에서 재빨리 탈융합 연습을 시도하라. 만약 상사가 당신에 대해 심술궂은 지적을 한다면, 잠시 혼자일 때 수용 연습을 수행하라. 그리고 만일 당신의 **독재자**가 상사의 비난으로 인한 부정적인 메시지로 괴롭힐 경우에는 그것에 대해 당신의 탈융합 재능을 발휘해 보라.

한 주쯤 뒤 집에서 집중된 시간을 가져서 약간의 현존, 탈융합, 자기, 가치, 수용 작업을 지속할 수 있고, 그런 다음에 시간을 할애해서 가치를 반영하는 보다 작은 SMART 목표들을 설정함으로써, 상황을 개선시키기 위해 어떤 구체적인 단계들을 밟아 나갈 수 있을지 주의 깊게 살펴볼 수 있을 것이다. 거기에는 다음과 같은 행동들이 포함될 수 있을 것이다. 어떻게 하면 비난을 잘 감당할 수 있을지 친구들과 이야기하기, 당신에게 의미 있는 업무를 추가로 맡을 수 있는지 상사에게 물어보고 그에게 지도와 비평적인 피드백을 요청하기(더 확실한 자기결정권을 가능하게 하는 반면에, 비판적인 상사가 줄 만한 공격에서는 기본적으로 융합에서 벗어난 것이 전달될 듯하다), 회사 내에서 부서 이동의 가능성을 알아보기, 구직 웹사이트에 방문하여 새로운 직장에 대한 조사를 시작하기.

이 과정을 밟아 나가면서 이러한 도전을 위해서는 여러 기술 중 특히 어떤 기술에 더 많은 작업이 필요하다는 것을 발견할 수도 있다. 예컨대, 나는 **부적절해**와 같은 생각에 대해서는 탈융합을 상당히 잘 적용할 수 있지만, 어린아이 때 느꼈던 비난에 대한 고통이 되살아나는 것과 같은 부정적인 감정은 당신을 속수무책으로 만듦을 알아차렸을 것이다. 그런 경우라면 상대적으로 보다 집중적인 수용 기술을 실행해야 한다. 이는 일어날지 모르는 것에 대한 두려움 때문이라고 귀인할 수도 있을 것이다. 그러나 목표가 당신의 가치와 일치하는지를 또한 다시 살펴보아야 한다. 일과 관련된 당신의 진정한 가치 인식과 상당히 단절되었음을 깨달을 수도 있을 것이며, 그러한 경우에는 보다 집중적인 가치 연습을 행하기 원할 것이다. 그렇지만 모든 기술을 어려운 문제에 적용하기를 계속하는 것 또한 중요하다.

어떤 도전에 대한 진전은 다른 것들에 비해 더 많은 시간이 필요할 수도 있다. 이는 완전히 괜찮으니 낙담하지 말라. 당신은 춤을 추기 시작했고, 보다 유연하게 움직이고 있다. 가치 기반의 삶이란 특정한 목표 지점에 도달하기에 관한 것이 아니라, 새롭게 선택한 방향으로의 움직임에 관한 것임을 항상 명심하라.

적극적으로 도전거리 찾기

제20장에서는 이명에 대한 내 개인적인 경험을 나누었다. 이전에는 그와 같은 수용 문제에 맞닥뜨린 적이 없었다. 일단 그 연결성을 발견하고 나니 해결하는 데 며칠밖에 걸리지 않았지만, 그 증세에 내 기술을 적용했어야 함을 깨닫기까지 수년이 걸렸다. 당신의 기술에 도전할 수 있는 새로운 방법들을 지속적으로 찾는다면 당신은 내가 했던 것보다 더 잘해 낼 수 있을 것이다. 만일 당신의 삶에 문제가 상당히 없어지게 되었다면, 훌륭하다! 삶을 보다 충만하게 만드는 데 기술들을 적용하기 시작할 수 있다. 어떻게? 당신에게 새로운 문제를 던져 준 셈이다! 정말이다. 우리가 하는 모든 일들을 재미삼아 살펴보고, 문제를 만들어 내는 새로운 방식이 얼마나 많은지 생각해 보라. 그림조각 맞추기 퍼즐, 게임 쇼, 스포츠, 온갖 종류의 경쟁, 사업체 설립, 언어나 악기 연주 배우기. 그리고 맞다, 춤 배우기.

일단 당신의 기술을 몇몇 핵심 도전들에 집중적으로 적용하면, 그것들을 습관으로 만들어서 계속적인 삶의 향상으로서 보다 적은 양으로 작업을 계속할 수 있다. 새로운 문제를 선정하는 아주 좋은 방법은 유연성 피벗에 의해 다시 돌린 갈망을 생각해 보는 것이다. 즉, 느낌, 소속, 능력, 의미 있는 자기주도성, 일관성, 방향성. 제13장에서 탐색한 바 있는 각각의 가치 영역에서, 이 갈망들과 그것들을 더 잘 충족시키기 위해 어떻게 할 수 있는지를 생각해 보라.

그 영역이 가족이라고 해 보자.

어떻게 하면 가족 내에서 더 잘 느끼는 일을 할 수 있을까? 아마 가족 구성원에게 더 귀 기울이고 그들의 어려운 사안들을 열심히 살펴봐 줌으로써 정서적 연결감을 심화할 수 있을 것이다. 자애심으로 작업하여 가족 내 다른 사람의 감정을 찬찬히 느낄 수 있을 것이다. 당신의 감정을 더 나눌 수도 있을 것이다.

더 먼 가족에게 편지를 쓰고 더 자주 전화를 거는 방식으로, 혹은 친절을 베풀거나 책임 있게 도움을 요청함으로써 연결감을 강화할 수 있을 것이다. 감사 편지를 쓸 수도 있을 것이다.

의사소통 워크숍을 듣거나 건강한 가정생활을 가꾸기 위한 방법에 대한 글을 읽음으로써 능력을 기를 수도 있을 것이다. 가족들은 좋아하지만 당신은 좋아하지 않거나 혹은 좋아하는지 아닌지 잘 모르는 활동들에 대해 더 자주 "좋아."라고 말할 수도 있을 것이다.

당신의 가치와 취약성을 가족에게 보다 개방적으로 공유하며, 그들도 당신과 같이 하도록 초대할 수도 있을 것이다.

과거 사건이나 문제점들에 대해 '옳고자' 하는 것을 놓아 버리고, 지금 이 순간 가족과의 관계에서 기능적으로 가장 도움이 되는 것에 집중할 수도 있을 것이다.

가족과 함께 있을 때 '여기'에 주의를 기울이고 현존하는 연습을 할 수도 있을 것이다. 그들의 눈을 바라보라. 재미있어 하는 것에 관심을 더 기울이고 재미있게 만드는 것에 관심을 덜 기울이라. 쉬운 조언은 내려놓고 타당화하고 듣고 현존하라.

나는 느낌과 소속, 능력, 의미 있는 자기주도성, 통합성, 방향성에 대한 우리의 갈망에 단지 접촉했을 뿐이다. 나는 그것들을 신선하고 신나며 진보적인 새로운 문제 세트를 만들어 내는 데 활용했다.

유연성 기술을 새로운 가능성에 적용하지 않을 이유는 없다. 매일 한 가지 새로운 일(당신을 보다 개방적이고 현존하도록 만들고 당신의 가치를 담고 있는 어떤 일)을 시도해 보길 권한다. 당신의 확장된 초점을 확고히 하기 위해서 각 가치 영역을 한 번에 1주 또는 2주씩 집중해서 반복할 것을 제안한다.

타인과 풍요로움 공유하기

사람들은 기본적으로 이기적이며 그것이 시장에서 '보이지 않는 손'의 작동 방식이라는 경제학 이론을 우리 중 다수가 배워 왔다. 호모 이코노미우스, 그들이 인간을 부르는 이름이다. 인간의 본성에 대한 그러한 관점은 명백히 틀렸다. 진화 과학이 이를 증명한 셈인데, 사실상 우리는 본성적으로 남을 돕는 대단히 친사회적인 존재다. 내 동료 폴 앳킨스Paul Atkins가 말했듯이, 우리는 **호모 프로소셜리스다.**[4] 그렇다, 마음이 가로막고 심리적 경직성이 우리를 지배할 때 우리는 이기적일 수 있다. 그러나 사람들이 지닌 가치의 99%는 친사회적이다. 삶을 향상시키기 위해서 계속 노력해 나갈 때, 훌륭한 프로젝트는 친구나 가족 구성원, 동료 또는 낯선 사람과 상관없이 누군가에게 매일 한 가지 친절(자비롭고 비판단적이며, 당신과 당신이 도우려는 사람에게 중요한 어떤 일)을 베푸는 것이다. 이를 행하는 동안에 유연성으로 유연성을 지원하는 법을 연습하게 되며, 이는 유연성 과정을 타인에게 확장하는 열쇠가 된다(제19장에서 보다 자세히 다룰 것이다). 어떻게 시작해야 할지 잘 모르면 작은 것에서 시작하고 당신이 하려는 것에 '내겐 비밀이 있다'(제13장 참조)를 적용해 보라. 익명의 친절한 행위는 놀라울 만큼 강렬하다. **독재자**는 그것들을 어떻게 해야 할지 모른다!

그전에 각 가치 영역과 갈망들을 한 바퀴 돌아보라. 그것이 만약 시민권 영역이라면, 누군가가 투표하러 가도록 도울 수 있고, 동료가 애쓰고 있는 프로젝트의 일부분을 도맡아 해 줄 수도 있을 것이다. 당신의 가치에 더욱더 일치하게 살 수 있는 새로운 방법들을 항상 찾아낼 수 있을 것이며, 이를 행함에 따라 당신과 다른 이들의 삶이 더욱 풍요로워질 것이다.

제3부 읽기

가장 흥미 있어 보이는 장으로 곧바로 넘어가도 좋다. 그것들 중 일부는 당신이나 당신이 사랑하는 사람들이 지금 당면한 문제와 관계가 없을 수도 있으므로 지체 없이 넘겨도 괜찮다. 하지만 어느 지점에선가 도움이 되는 날이 올 수도 있으니 마음에 새겨 두도록 하라. 이 책은 지속적인 삶의 자원으로 고안된 것이니 말이다.

최소한 건강한 행동 취하기에 대한 제15장, 관계 양성하기에 대한 제17장, ACT가 어떻게 사회 변혁을 지원할 수 있는가에 대한 제21장을 읽기를 권한다. 나는 우리 모두가 신체 건강에 좋은 어떤 행동을 취하기 위해 기술들을 사용해서 도움을 받을 수 있을 것이라고 감히 말하겠다. 또한 나는 관계 스트레스에 더 잘 대처하는 데 도움을 활용하지 않으려는 사람을 본 적이 없다.

제21장에서는 ACT가 학교 체계나 지역사회와 같이 더 큰 사회적 규모에 어떻게 적용될 수 있는지를 보여 준다. ACT 훈련이 시에라리온의 한 도시에서 발병한 에볼라에 효과적으로 싸우고 사랑하는 이들의 죽음으로 인한 슬픔에 대처하는 데 어떻게 도움이 되었는지에 대한 이야기는 아마 당신을 감동시킬 것이다. 그런 노력은 ACT가 큰 규모의 사회적 문제에 활용되는 하나의 방식일 뿐이다. 가령 WHO는 ACT 자조 프로그램을 만들어 아프리카 난민들을 위한 프로그램에서 성공적으로 그 효과를 검증한 바 있다.[5] 그 장이 당신으로 하여금 심리적 유연성 훈련이 지역사회와 한 나라, 사실상 전 세계를 괴

롭히는 많은 사회적 · 행동적 · 경제적 · 환경적 병폐를 다루도록 도움을 주는 데 기여하리라는 내 열정을 공유할 수 있게 이끌 것이라는 기대 때문에 읽기를 권하는 것이다. 아마 여기서 영감을 받아서 당신이 할 수 있는 방식으로, 예를 들어서 ACT 프로그램을 직장 팀에게 제공하거나 당신의 가족이 경험하도록 안내하는 것과 같이, ACT 교육을 지원하고 전파하는 데 도움을 줄 것이다. 오늘날 삶의 속도와 그 모든 압박감으로 인해 모든 사람들은 심리적 유연성에 대한 배움으로부터 얻을 수 있는 것이 참으로 많다.

제**15**장

건강한 행동
취하기

공해 노출, 깨끗한 물 부족, 고혈압과 같은 알려진 모든 위험 요인들의 영향을 분석한 대규모 연구에서 최근 충격적인 결과가 나왔다.[1] 모든 건강 문제의 거의 2/3가량이 행동에 기인한다는 것이다. 감염이나 독극물, 유전적 소인이 아니라 말이다. 어떤 종류의 행동들이겠는가? 몇 개만 들어 보자면, 흡연, 음주, 건강하지 못한 식단, 운동 부족, 치아 관리 부족, 나쁜 수면의 질 등이다.[2]

한편, 건강관리에 1달러를 쓴다면, 건강하지 못한 행동을 바꾸도록 돕는 데에는 10센트도 채 쓰지 않는다. 약물이나 수술과 같은 신체적인 개입은 대개 그 자체의 위험성이 존재하며 어떤 문제들에 대해서는 그 효과가 제한적임에도 불구하고, 건강 문제를 위해 서양의학이 자주 찾는 방법이다. 입증된 심리적 개입은 대단히 부족하다. 그러나 우리는 개인으로서 책임감을 가질 수 있다. 그 사실에 직면하자. 우리가 무엇을 해야 하는지 우리는 상당히 잘 알고 있다. 문제는 새로운 틀을 채택하고 특히 이를 계속 유지하는 것이 힘들 수 있다는 점이다.

ACT 기술은 도움이 되는 것으로 입증되었다

두 가지 간단한 예를 들어 보자. 최근 한 연구에서 100명이 넘는 자칭 초콜릿 중독자들에게 일주일간 초콜릿이 가득 든 가방을 들고 다니면서 이를 먹지 않도록 요청했다(만약 당신이 나처럼 초콜릿 중독이라면, 이것이 얼마나 잔인한 요구인지 잘 알 것이다!).[3] 일부 참가자들은 특히 ACT의 탈융합 훈련을 받았고, 탈융합이 어떻게 건강하지 못한 생각과 갈망 같은 감정에서 자유롭게 해 주는지에 대한 훈련을 구체적으로 받았다. 다른 집단에서는 "초콜릿에 대한 갈망에 지지 않는다면 그것은 결국 사라질 거야."라고 스스로에게 말하는 것과 같은 인지적 재구성 기법을 통해 갈망에 직접적으로 도전하는 훈련을 받았다. 탈융합을 훈련한 이들이 초콜릿을 전혀 먹지 않을 확률이 얼마나 더 높은지 추측해 보겠는가? 무려 326%다!

다른 연구에서는 ACT 훈련이 운동에 더 자주 전념하는 데 미치는 효과를 평가했다. 참여자 중 한 집단은 미국 스포츠 의학 대학의 지침에 기초한 운동 조언을 받는 두 회기의 짧은 훈련을 받았다. 다른 집단은 두 번의 ACT 훈련을 받았다. 훈련 전, 두 집단의 구성원들은 일주일에 한 번 정도 체육관에 가고 있었다. 훈련이 끝난 다음, ACT 훈련을 받았던 집단에서는 그다음 달에 65% 정도가 더 자주 체육관에 갔으며, 이는 차츰 줄어들어 7주 추적 관찰 시에는 30%의 증가에 그쳤다. 다른 집단은 사실상 같은 기간 동안 24%가량 운동량이 줄어들어 버렸다.

으악!

간단한 조언 받기, 그리고 행동 변화가 얼마나 중요한지에 대한 엄한 사랑의 메시지조차도 동기를 부여하지 않을 뿐 아니라 심지어는 의욕을 꺾기도 한다는 것이 사실이다. 우리 중 거의 아무도 강의를 필요로 하지 않는다. 정말이다. 우리는 필요로 하지 않는다. 우리에게 진정 필요한 것은, 변화를 가로막는 건강하지 못한 생각과 감정의 손아귀에서 우리 자신을 해방시켜 주는 도움이다. 여기서는 유연성 기술이 스트레스(건강 악화의 주범인) 대처뿐만 아니라 식사와 운동, 그리고 수면의 질을 높이는 데 어떻게 도움이 되는지 논의할 것이다.

식사와 운동

만약 다이어트를 유지하고 장기적으로 보다 건강한 식습관을 기르기 위해 애쓰고 있다면, 당신은 좋은 동반자를 만난 셈이다. 해마다 성인 7명 중 1명 정도가 다이어트를 시도하고 있다. 불행하게도 수많은 책과 비디오, 온라인 프로그램, 식품 배달 서비스에서 제공하는 대부분의 정보가 과학적 근거가 아주 미약하다. 가장 우수하고 대중적인 과학 기반 프로그램조차도 2년간의 추적 관찰에서 5~10%가량의 체중 감량 효과만 나타냈다.[4]

체중 감량을 위한 가장 효과적인 프로그램[LEARN-생활양식(Lifestyle), 운동(Exercise), 태도(Attitudes), 관계(Relationships)와 영양(Nutrition)] 중 하나를 생각해 보자.[5] 이는 듀크 대학의 심리학자인 켈리 브라우넬Kelly Brownell이 개발했는데, 그는 체중 감량 심리학에서 세계 최고의 전문가다(그는 또한 가장 친하고 오래된 내 친구이기도 하다). 이 프로그램에서는 건강에 좋지 않은 음식을 집에 들이지 않는 것과 같은, 건강하지 않은 식습관 줄이기, 폭식을 일으킬 수 있는 단식 피하기, 칼로리 측정하기, 특정 운동 목표 달성하기와 같은 다양한 전략들을 가르친다. 이 프로그램에서는 또한 의도적으로 다른 일들을 생각함으로써 음식과 관련된 생각으로부터 주의를 분산시키며, **저 쿠키를 먹지 않는다면 지금의 충동은 결국 지나갈 거야**와 같은 유용한 생각들도 가르친다. 이 접근법은 상당히 도움이 될 수 있지만, ACT가 보다 효과적임이 밝혀졌다. 사람들에게 초콜릿을 먹지 않도록 권고하는 또 다른 연구에서 30분간의 ACT 훈련을 받은 집단의 경우에 초콜릿을 먹을 확률이 30%가량 감소했고, 30분간의 LEARN 훈련을 받은 집단에 비해 음식 충동을 혐오스럽고 압도적인 것으로 경험할 가능성이 훨씬 더 적은 것으로 나타났다. 이는 건강하지 못한 식습관과 운동 실패에 기여하는 강력한 요소인 심리적 도전들에 ACT가 많은 도움을 주기 때문이다.

ACT 훈련이 식사와 운동 행동을 변화시키는 데 효과가 있는 이유를 분석한 결과, 그중 한 가지는 유연성 기술이 그렇게 많은 나쁜 식습관과 운동 회피의 근원에 있는 힘든 감정과 부정적 혼잣말에 대처하는 데 도움을 주기 때문이라는 것을 발견했다. 우리 중 아주 많은 사람들이 외롭거나 슬프거나 스트레스를 받았을 때 자기 위로의 방법으로 정서적 섭식에 빠진다.

수치심은 체중 조절을 하는 사람들에게 흔히 나타나는 문제 중 하나다. 과체중이나

283

뚱뚱한 몸매에 대한 해로운 수치심과 자기 낙인에 사로잡히기가 쉽다.[6] 이는 놀랄 일이 아니다. 체중 문제로 힘들어하는 사람들을 향한 조롱은 끔찍할 지경이다. 감사하게도 인종차별이나 성차별주의적인 농담, 장애인이나 동성애자를 향한 농담은 금기시되어 가고 있지만, 체중 문제가 있는 사람들에 대한 농담은 여전히 사회적으로 용인되는 경우가 많다. 그것은 하나도 재미있지 않다. 성인 중 1/4에서 1/3 정도가 자신의 몸에 불만족스러워한다. 심지어 더 잘 알아야 할 의사들조차도 과체중에 대해 환자에게 종종 수치심을 준다.

나는 개인적인 경험을 통해 그러한 수치감을 잘 알고 있다. 나는 몇 년 전 몸무게가 107kg, 정상 체중에 비해서는 18~23kg 정도 더 많이 나갔는데, 이를 82~86kg까지 낮추기 위해서 모든 ACT 기술들을 동원해야 했고, 그때부터 지금까지 이 몸무게를 유지하고 있다. 나는 마음이 수치심과 비난으로 나에게 '동기부여'하려는 것을 지켜보았는데, 이는 조금도 도움이 되지 않았다. 이를 놓아 버리기 전까지는 **조금의 진척도 이룰 수가 없었다.**

체중 문제와의 싸움에서 수치심과 자기 낙인의 역할을 정확하게 측정하기 위해,[7] 나와 내 학생들은 체중과 관련된 수치심의 정도를 측정하는 질문지를 개발했다. 우리가 밝혀낸 수치심과 자기에 대한 부정적인 생각의 강도는 소름 끼칠 정도다. 너무도 많은 사람들이 '나는 나약한 사람이기 때문에 과체중이 되었다.' '다른 사람들은 내 체중 때문에 나를 자기 통제력이 부족한 사람으로 생각할 것이다.' 혹은 심지어 '다른 사람들은 내 몸무게 때문에 내 곁에 있는 것을 수치스러워한다.'와 같은 문항에 그렇다고 응답했다.

이럴 수가.

사람들은 내심 그런 생각이 변화에 동기를 부여하길 기대하면서 그것에 융합되는 경향이 있다. 이는 마치 달리기 경기 전에 스스로 무릎을 베는 것과도 같다.

우리 연구팀은 과체중과 비만인 사람들을 대상으로 수치심과 자기 낙인을 다루는 데 **전적으로** 역점을 둔, 단 하루짜리 ACT 훈련의 효과를 측정하기 위한 연구를 수행했다. 84명의 모든 참가자들은 최근 6개월 동안 최소 하나의 체계화된 체중 감량 프로그램에 참여한 경험이 있었고, 약 1/3이 여전히 그러한 프로그램에 참여하고 있었다. 참가자들 중 절반은 자신의 부정적인 감정과 생각에 ACT 기술을 적용하는 법을 배우는 집단에 무작위로 배정되었고, 체중 감량에 대해서는 한 마디도 하지 않았다. 체중 감량을 돕는 것은 실제로 우리의 목표가 아니었으며, 우리의 목표는 그들로 하여금 자신에 대해 더 나은 감정을 느끼고 삶의 질을 향상시키는 것이었다. 대조군에 비해 ACT 훈련을 받은 집단은 심리적 고통과 체중 관련 수치심이 모두 크게 감소했으며, 삶의 질은 큰 폭으로 향상되었다. 놀라운 사실은 이들 중 많은 사람들에게서 체중 감소가 동반되었다는 사실인데, 함께 한 3개월의 추적 관찰 기간 동안 평균적으로 적어도 2.2kg의 감량이 나타났다. 그들의 폭식은 50% 가까이 감소한 반면, 대조군의 폭식은 같은 기간 동안 오히려 증가했다. 마찬가지로 ACT 집단의 사람들은 **체중이 빠지지 않더라도** 체중에 대한 고통이 감소한 것으로 보고했다는 것도 중요하다.[8]

운동의 신체적 고통은 또 하나의 주요 방해물인데, 수용이 또한 그것에 도움을 줄 수 있다. 전문적인 운동선수들도 불쾌한 신체 감각을 기꺼이 경험하는 작업을 통해 그들의 수행을 향상시킬 수 있다. 그러나 아이러니하게도 외모에 대한 두려움과 같은, 보다 힘든 감정을 회피하고자 강박적이고 과도한 운동을 하기도 한다.[9]

ACT의 가치 작업은 노력을 지속하도록 동기를 부여하는 데 도움이 된다. 사람들이 스스로를 운동으로 밀어붙이는 전형적인 방식은 "그냥 하라." "계속 하라!"와 같은 메시지들이다. 이는 많은 사람들에게 실제로 도움이 **되지 않을** 수 있다. 스핀 클래스의 참가자들을 대상으로 수행한 연구에서, 우리 연구팀은 그들에게 자전거를 타면서 읽을 수 있는 카드를 제공했다. 일부 카드에는 **등을 곧게 펴고 열심히 페달을 밟으라!**와 같은 명령형의 메시지가 있었고, 다른 카드에는 **운동은 호흡기를 개선시킬 거야** 또는 **운동은 옷이 더 잘 맞도록 해 줄 거야**와 같이 그들이 중요하다고 말했던, 운동에서 얻을 수 있는 목표나 삶의 가치를 상기시키는 ACT 접근이 포함되었다. 전형적인 코칭형 조언은 참가자들이 수업에 쏟는 노력을 사실상 **감소시킨** 반면, 가치형 메시지는 이를 증가시켰다.

몸매를 다듬고 가꾸려는 수많은 사람들의 노력에서 가장 문제가 되는 측면 중 하나는 그들이 **다른 사람들을 위해** 그렇게 하고 있다는 것이다. 그들은 그 과정 속에서 내재적인 가치를 찾지 못하고 있다. 잘 먹고 운동하는 것은 그들 자신에게도 엄청나게 충족감을 주는 행동이다. 우리는 우리 자신의 몸을 보살필 때 더욱더 생기를 느낀다. '멋있게 보이기'와 같은 가치에 주의해야 하는데, 이는 자신을 대상화시킴으로써 스스로를 혹독하게 비판하는 길로 내려갈 수 있다. 대신에 건강한 삶에 몰두하는 모습을 자녀에게 물려주거나 보다 오래 사는 것과 같은 건강한 생활양식이 갖는 장점에 초점을 맞추라.

가치 작업은 또한 수치심에 도움을 준다.[10] 예컨대, 내 내담자 중 한 명이었던 수잔은 45kg가량 과체중이었고 운동을 할 때 자신의 몸이 어떻게 보이는지에 대한 수치심이 운동의 주요한 방해물이었다. 그녀는 달릴 때 지방이 흔들리는 자신의 모습에 당혹스러워했다. 그녀에게 전환점이 된 것은 당뇨병 초기 증상의 발병이었다. 운동과 관련된 가치를 자세히 살펴볼 수 있도록 도와주자, 그녀는 자신이 가장 원했던 것이 몸매가 좋아지는 것이 아니라 이전의 몸으로 돌아가 춤추고 안고 볼링이나 스키, 수영을 하고 놀 수 있게 되는 것임을 발견하고 놀랐다. 다시 말해서, 그녀는 그녀 자신으로 존재하는 것이 편안하고 스스로에게 갖은 종류의 부정적 메시지를 퍼붓지 않으면서 그저 자신이 원하는 대로 살기를 원했다. 이를 깨닫고 나자 자신이 어떻게 보이는지에 대해 스스로 손가락질하는 것이 얼마나 가치에 위배되었는가를 알게 되었다. 자신의 건강에 대해 긍정적인 시각을 품는 것을 배우고 나자, 운동의 증가가 함께 따라왔다. 다음 한 해에 걸쳐 그녀는 거의 23kg가량을 감량했으며, 그녀의 심리적·신체적 건강은 빠르게 향상되었다.

부정적인 혼잣말은 다이어트와 운동의 일상을 지키는 데 또 다른 주요 방해물이다. 사람들은 뭐야, 장난해? 너는 힘이 없잖아!와 같은 말이나, 나는 지금 아이스크림으로 위로가 필요해, 싫으면 고소하던지!와 같은 도움이 되지 않는 방어적인 말로 스스로를 비난한다. 탈융합 훈련은 이러한 메시지의 주술을 끊는 데 도움이 된다.

자기 기술은 어떠한가? 건강하지 못한 행동에 갇혀 있는 많은 사람들은 나는 그냥 뚱뚱해, 타고나기를 그렇게 태어났고 앞으로도 항상 그럴 거야, 나는 그냥 고통의 역치가 낮은가 봐, 나는 겁쟁이야와 같은 부정적인 자기 이야기에 얽혀 있다. 자기 기술은 이를 표면으로 끌어올려 이로부터의 탈출을 도울 것이다.

현존하기 연습은 어떻게 도움이 될 수 있는가? 건강한 식사 습관과 운동 습관을 지키도록 노력하는 데 있어서 가장 큰 좌절 중 하나는 그 결실까지 시간이 걸린다는 점이다. 최종 목표는 너무나 멀리 떨어져 있는 것처럼 보인다. 자신이 이루어야 하는 진전이 얼마나 남았는지를 생각하는 자신을 발견할 때마다, 초점을 현재 순간으로, 그리고 습관 기르기는 작은 단계에서 이루어진다는 인식으로 가져오기 위해 현존하기 작업을 하라. 바로 지금 당신이 이뤄 내고 있는 진전으로 계속해서 주의를 돌릴 수 있다.

마지막으로, 행동 연습은 SMART 목표를 세우고 이를 지키는 데 도움을 줄 것이다. 미디어에서 광고하는 수많은 다이어트 식단은 극단적이며, 때로는 실제로 건강에 좋지 않은 경우도 있다. 운동량에 대한 많은 운동 강습과 권고 사항은 이제 막 여정을 떠나려는 사람들에게 과도한 짐을 부과한다. 행동 연습을 활용해서 당신만의 게임 계획을 창안하고 어떤 것이 당신에게 가장 적합한지를 발견하라.

체중이나 몸매에 대해 느끼는 수치심에 대한 평가부터 시작하고 싶을 수도 있을 텐데, 이는 내 웹사이트(http://www.stevenhayes.com)에서 찾을 수 있다. 다음에는 그동안 경험해 온 모든 부정적인 감정과, 스스로를 비난해 온 도움이 안 되는 메시지들을 적어 보라. 그다음 이러한 생각과 감정을 대상으로 당신의 도구모음에 있는 연습들을 체계적으로 거치라. 당신의 도구모음에 있는 연습들을 적용한 후에 제2부에 제시된 다른 연습들을 수행하면서 계속해 나가길 원할 수도 있을 것이다. 또한 식사와 운동에 ACT를 적용한 책들 전체에서 찾을 수 있는 더 많은 조언들을 참조할 수 있을 것이다.[11] 여기서는 신체적 건강을 향상시키는 데 도움이 된다고 밝혀진 단지 몇 개의 추가적인 조언들을 ACT 방식으로 제시한다.

자신의 몸을 읽고 효과가 있는 것을 실행하기

식사나 운동에 대한 조언의 범위는 엄청나다. 최신 정보를 따라가고 연구에 의해 잘 뒷받침된 것을 시도해 봄이 타당하지만, 식사에 대한 조언은 특히 과학적으로 검증되지 않은 경우가 많다. 많은 조언들이 또한 서로 모순된다. 지방 섭취는 해롭다, 아니다, 때에 따라 다르다. 설탕은 해롭다, 아니다, 인공적으로 단맛을 내는 물질이 더 해롭다.

시도해 보고 싶은 합리적인 조언을 골라 실험해 보라. 다음을 기억하라. 변이, 선택, 보존. 당신에게 도움이 된다고 느낀 것만 지속하라. 다른 사람들에게 효과가 있었던 것이 당신에게는 맞지 않을 수 있다. 예컨대, 많은 프로그램에서 아침을 든든히 먹을 것을 권유한다. 하지만 나는 꽤나 늦은 아침에 호두 몇 알과 사과 등 아주 가볍게 먹는 것을 좋아한다. 가볍게 먹는 것이 내 신체에 더 낫다는 것을 느낄 수 있어서 이 식단에 정착했으며, 심지어 이 호두도 피칸보다 낫다는 느낌이 들어 선택한 것이다. 나는 이를 **몸 지식**이라고 부른다.

나는 이 방식을 수년간 지켜보면서 조금씩 수정해 왔으며(내 몸 지식에 대한 다른 예로는, 밀가루를 줄이거나 하루에 먹는 시간의 범위를 8시간 미만으로 줄이는 것이 있다), 그리고 내 **몸을 통해 경험한 것**을 뒷받침하는 연구들을 읽어도 대개 별로 놀라지 않는다.[12] 그러나 몇 달 전, ACT와 (잠시 기다려 보라) 호두의 결합을 **테스트한** 새로운 대규모 연구를 보고 깜짝 놀랐다![13] 하, 이것 봐라, ACT 단독으로도 보통의 방식보다 효과가 있지만, 호두를 추가함으로써 훨씬 더 좋은 결과를 나타냈다. 보아 하니 내 몸만 이런 식으로 반응하는 게 아니었던 것이다!

당신은 다를지도 모른다. 내 방식을 따르려 하지 말라. 과학을 지켜보고 행동으로 실험해 보라. 당신의 몸에 주의를 기울여 그것이 당신을 가르치게 하라. 당신은 당신이 선택한 대로 삶을 진화시키고 있다.

당신의 식욕과 친구 맺기

다음 번 식욕이 오르는 것을 느낄 때 다음을 시도해 보라. 그것과 싸우는 대신에 몇 걸음 뒤로 물러나서 그것이 무엇인지 알아차려 보라. 이를 '식욕'이라 이름 붙일 수도 있을 것이다. 싸우지 말고 그저 바라보라. 그런 다음 스스로에게 다음 질문을 던져 보라.

1. 당신의 식욕에 모양이 있다면 어떤 모양이겠는가?
2. 그것에 색깔이 있다면 무슨 색이겠는가?
3. 그것에 크기가 있다면 얼마나 크거나 또는 작겠는가?
4. 그것은 물체처럼 단단한가, 아니면 어른거리고 흔들거리며 움직이는가?
5. 그것이 당신의 신체 어디에 존재하는가? 당신은 이를 머리에서 경험하는가? 아니면 배 또는 다른 곳에서 경험하는가?
6. 이 식욕과 연결된 감정이 있는가? 불안하거나 스트레스를 받거나 슬프거나 화가 나는가, 아니면 또 다른 감정을 느끼는가?

이제 손을 뻗어 당신의 식욕을 만질 수 있다고 상상해 보라. 말하자면 처음에는 동정 어린 마음으로 그것의 등을 토닥여 줄 수도 있을 것이다. 결국에는 아이에게 팔 그네를 태우듯 상징적으로 식욕을 품을 수 있는지 보라. 그것이 얼마나 많이 원하며, 관심에 얼마나 목말라 있는지 알아차리면서 공감을 느껴 보라.

식욕에 반응하지 않고도 이 모든 것을 해낼 수 있다. 사실상, 당신이 선택한 어떤 활동에 임하고 있는 동안에 이 식욕을 데리고 다닐 수 있다. 시간이 지남에 따라 식욕은 사라져 갈 것이다. 그렇지 않은 경우에라도 필요한 만큼 그것을 데리고 다닐 수 있다. 그것은 당신이 아니라 당신의 일부다.[14]

가는 곳마다 소량의 운동을 넣으라

빠르고 큰 성공에 대한 요구는 다른 어떤 언어적인 규칙보다도 많은 실패를 낳는다.

운동의 영역에서, **지금 작은이 언젠가 큰을 이길 것이다.** 하루 중에 할 수 있는 작은 운동을 골라 당신의 규칙적인 활동과 연결시키라. 그런 다음에 이를 행하는 작은 습관을 기르라. 만일 이 운동이 너무 작아서 중요하지 않다고 당신의 마음이 불평하거든, 열심히 동의해 주고 곧바로 운동을 진행하라.

여기에 시작을 위한 몇 가지 방법들이 있다.

- 줄을 서 있는 곳이면 어디든지 그동안에 천천히 발끝 들어 올리기를 하라.
- 시간이 있고 안전하다면 항상 계단을 이용하라. 항상.
- 식료품 쇼핑을 할 때 1갤런(약 3.8리터)의 우유병을 잡고 쇼핑을 하면서 근육에 힘이 빠질 때까지 천천히 삼두근 운동을 하라(8을 세면서 들어 올리고 4를 세면서 내리는 것이 적당하다. 실제로 이에 대한 연구도 있다![15]). 만일 당신이 혹시 나와 공항에서 마주친다면, 아마 내가 서류가방을 들고 이 운동을 하고 있는 것을 볼 것이다. 사람들이 당신을 재미있게 쳐다보겠지만, 신경 쓰이는가?
- 아침에 커피가 끓기를 기다리는 동안에 스쿼트를 하라.
- 잠들기 전 이틀에 한 번씩 팔굽혀펴기를 하되, 지구상에서의 당신 나이만큼 하는 것을 목표로 해 보라(그래, 나는 70번은 할 수 있겠다).

수치심이라는 친구를 사귀고 당신만의 버튼을 누르라

만일 당신의 탈융합 기술이 고급 사회적 탈융합 기술을 사용할 정도가 된다면(제8장 참조), 공통의 수치심 문장을 모두가 볼 수 있게끔 기꺼이 내놓을 수 있는 친구들과 함께 연습하라. 진실로 이를 실행할 준비가 되었다는 직감이 드는 경우에만 하라. 그 역시 체중 감량을 시도하고 있고 당신과 함께 기꺼이 격렬한 걷기 운동을 하고자 하는 친구가 있다고 해 보자. 둘 다 걸을 때 몸이 흔들리는 것을 부끄러워한다. **내 살이 흔들려, 배 째라!**와 같은 문장이 적힌 티셔츠를 준비해서 운동하는 동안 함께 입어 보라.

타이밍이 좋다면, 이는 자유로워지는 데 매우 큰 도움이 될 수 있고, 심지어 재미있기도 하다! 마치 당신 자체로 존재해도 **정말로** 괜찮다는 것을 강조하듯이, 이를 정신적인 독립 선언쯤으로 생각하라.

스트레스 대처하기

과도한 스트레스는 일반적인 건강과 안녕에 가장 광범위하고 치명적인 타격 중 하나다. 이는 면역 체계의 억제와 당뇨병, 암, 심혈관 질환을 포함한 만성 질환의 발달에 관련이 된다. 일은 스트레스의 주요한 원인 중 하나이며, 스트레스는 종종 낮은 업무 만족감, 정서적 피로, 소진을 야기한다. 간호와 사회사업, 교육을 포함한 스트레스 고위험군 종사자들에 대한 수많은 연구들에서 유연성 기술을 배우는 것이 스트레스를 경감하고 스트레스의 부정적 영향을 완화하는 데 큰 도움이 된다는 것이 밝혀졌다.

ACT 기술은 스트레스 대처에 큰 도움이 되는데, 스트레스의 해로운 영향은 스트레스 자체보다 스트레스에 대한 우리의 반응성에서 오기 때문이다. 스트레스에는 나쁜 스트레스와 좋은 스트레스가 있다. 스트레스를 유발하는 과업에는 새로운 관계 맺기, 취업의 문 두드리기, 운동 경기에서 겨루기, 아이 양육하기와 같은 긍정적인 도전들이 포함된다. 원하는 도전을 포기함으로써 스트레스를 없애려고 하지 않아야 한다. 물론 특히 업무에서 가해지는 과도한 압력과 아침 출근길 교통 체증에 갇히는 것이나 시간 잡아먹는 행정 절차를 처리하는 것 등 갖은 종류의 방해물들로 인한 스트레스도 또한 있다.

어떤 스트레스원의 경우에는 그것을 없애려는 시도가 올바른 길이고, 이를 경감시키는 많은 방법들은 훌륭하다. 끔찍한 교통 체증을 겪지 않아도 되는 더 나은 지역으로 이사하는 것은 현명한 선택일 수 있다. 적대적인 상사가 있을 때 직장을 옮기는 것 또한 권장할 만하다. 요구되는 성과 요건을 여전히 맞추고 직업 생활을 가치 있는 방향으로 가져가면서도 업무 부담을 줄일 방법을 찾을 수 있다면, 당연히 그렇게 해야 마땅하다. 만약 운동이 스트레스를 감소시키는 데 도움이 된다고 느낀다면, 이는 정기적인 운동에 전념하는 또 다른 훌륭한 이유다. 친구 및 가족과 함께 원기 회복 시간을 더 많이 갖는 것 또한 중요하다.

그러나 당신이 스트레스에 집중한 나머지 정신적으로 이와 싸우고 있는 자신을 발견한다면, 스트레스의 영향력을 실제로 강화하는 부정적 사고 네트워크에 사로잡혀 있을 수 있다. ACT를 직업 환경에 적용하는 선구적인 연구를 수행한 프랭크 본드Frank Bond는 내가 좋아하는 비유를 개발했다.[16] 자신을 싱크대로, 스트레스의 원천을 수도꼭지로 생각해 보라. 스트레스를 감소시키는 한 가지 방법은 이를 잠그는 것이겠지만, 배수구를 열어서 스트레스가 흘러가게 놔두는 것 또한 효과적일 것이다.

스트레스 상황에 직면하고 이를 변화시키는 것, 그리고 스트레스 반응성 감소 방법을 배우는 것, 이 두 과제 **모두**에 유연성 기술이 도움을 준다는 점이 연구에서 밝혀졌다. 이는 직업 환경 스트레스에 대해 수행된 첫 번째 ACT 연구에서 증명된 바 있다. 즉, ACT는 콜센터 노동자들의 스트레스 반응성을 감소시켰다. 뿐만 아니라 연구에서 이들에게 동기부여를 한 적이 없음에도, 노동자들은 자신들의 직업 환경에서의 건강한 변화를 위해 싸우기 시작했다.[17]

매우 많은 스트레스가 변화시킬 수 없는 삶의 요소에 의해 발생하기 때문에, 수용은 스트레스를 다루는 데 특히 도움이 된다. 고약한 상사가 있다고 해 보자. 당신은 그의 행동이 얼마나 불공정한지에 집중하고 그 행동을 변화시킬 수 있기를 원하기 때문에 극심한 스트레스를 느낄 수 있다. 그러나 아마 그렇게 하지 못할 것이다. 혹은 당신은 악화되는 만성 질병을 앓고 있거나 가족 구성원이 당신의 정치적 견해를 싫어할지도 모른다. 바꿀 수 없는 것을 수용하는 것은 그것에 대처하는 보다 건설적인 접근을 시도하는 첫 번째 단계다.

다른 유연성 기술들은 여러 가지 중요한 이유로 인해 스트레스를 다루는 데 도움이 된다. 그중 하나는 스트레스 중 일부가 일과 성취에 대한 과도한 동일시로부터 야기된다는 것이다. 우리의 자기 감각은 "나는 의사야."와 같은 직업명이나 "나는 성과가 좋은 사람이야."와 같이 특정한 사람으로 보이고 싶은 욕구에 과도하게 집착하게 된다. 많은 회사들에서는 성과에 의해 우리가 규정된다는 것을 암시하는 직원 평가를 수행함으로써 이를 강화한다. 회사가 좋은 성과에 필요한 지원을 제공하고 있는지에 대한 설명은 전혀 하지 않은 채 말이다. 또한 많은 상사들이 칭찬은 거의 없이 수행에서 보이는 문제만 과도하게 지적함으로써 우리로 하여금 과도한 자기검열과 해로운 자기비난에 빠지게 만든다. 일터는 사회적 순응의 압력과 판단의 도가니다. 그들은 꾸준한 자기비난과 함께 우리의 **내부 독재자**가 험악한 고개를 내밀도록 자극해서 종종 업무 효율성을 저해할 뿐 아니라 결국 더 많은 자기비난과 스트레스를 초래한다.

탈융합은 이런 부정적 혼잣말로부터 거리를 두도록 도와서 '배수구를 연다'. 자기 기술은 우리가 행하는 역할이나 우리에 대한 타인의 인식이 우리 자신이 아니라, 내면 깊이 있는 '나'가 우리 자신임을 상기시킨다. 아마 당신의 상사는 당신이 체계적이지 못한 사람이라고 특정지을지도 모르지만, 초월적인 자기와의 연결은 그녀가 그런 방식으로 당신을 판단하더라도 그것이 **진정한 당신**이 아님을 볼 수 있도록 도울 것이다. 우리는 그런 성격 묘사와 동일시하지 않음으로써 비평을 건설적인 방식으로 받아들일 수 있다. 이는 더 이상 미루지 않기와 같이, 스트레스를 경감시키려는 행동에 변화가 생기도록 순차적으로 돕는다. 또한 자기 관점 취하기는 스트레스를 주는 사람의 시각으로 보도록 돕고, 배우자의 고약한 말이나 상사의 폭발이 당신과 관련되기보다는 그들 자신 및 그들이 느끼고 있는 스트레스와 더 많이 관련됨을 보도록 도와준다.

현존하기 기술의 발달은 수행에 대한 걱정보다는 당면한 문제에 집중할 수 있는 데 도움을 준다. 현재 순간에 깊이 몰입할 때 우리는 잠재적으로는 가장 큰 스트레스를 유발할 수 있는 일조차도 실제로는 엄청나게 즐거울 수 있음을 종종 발견한다. 가치 작업은 우리로 하여금 그것이 불러올 스트레스를 알고 있음에도 불구하고 의미 있는 도전에 자신을 내던질 수 있도록 도와준다. 행동 기술은, 불안 때문에 멈추기(이는 스트레스를 증가시킬 뿐임)보다는 감당할 수 있는 목표를 세워서 진행함으로써 스트레스를 낮추게 도와준다.

투쟁하고 있는 스트레스에 ACT를 적용하기 시작하기 위해서, 장애물 목록 및 그것들과 씨름해 온 방식을 적어 보라. 이것들이 당신의 스트레스 버튼이다. 사람, 도전, 걱정 또는 생각이나 감정과 같이 당신에게 스트레스를 유발하는 온갖 종류의 것들 말이다. 만약 어떤 질병 때문에 스트레스를 느끼고 있다면, 그 상황은 의학적 처치를 받으러 가는 것 또는 대기실에 앉아 의사의 진단을 기다리는 것이 될 수 있다. 직장 스트레스를 경험하고 있는 사람들의 경우에 상사와 회의를 하거나 발표를 하는 상황이 포함될 수 있고, 집에서라면 아이를 재우는 과정에서 스트레스가 촉발될 수도 있을 것이다. 당신은 훈련의 기회를 얻은 셈이다.

이를 행하기 위한 좋은 방법은 각각의 상황을 종이에 적어 보는 것이다. 이제 그 목록을 훑어보며 '상황 변화시키기' 목록과 '상황에 대한 관계 변화시키기' 목록으로 구분해 보라. 전자는 스트레스를 감소시키기 위해 당신이 취할 수 있는 행동이 존재한다는 뜻이며, 후자는 상황 변화가 불가능하다는 뜻이다. 이제 변화 가능한 상황에 대해서 유연성 기술을 활용해서 당신이 왜 상황을 개선시킬 수 있는 행동을 취하지 못했는지 숙고해 보고, SMART 목표를 세워 전념하라.

바꿀 수 없는 상황에 대해서는, 수용하기와 더불어 상황 그대로에서 배울 점에 초점을 두라. 부모 역할을 하는 것에서 많은 스트레스를 느끼고 있으나 옳은 일을 하고 있다는 소신이 든다고 가정해 보자. 그렇다 해도 당신은 자신의 적절성에 대한 부정적인 자기 평가에 시달린다. 좋은 부모가 되기 위해 더 열심히 일하는 것으로 당신의 스트레스가 경감되지는 않을 것이다. 사실상, 이는 더 많은 스트레스를 야기할 가능성이 있다. 당신의 과제는 피할 수 없는 스트레스에 덜 반응하게 되는 것이다. 비난의 목소리로부터 거리를 둘 수 있는 많은 탈융합 작업을 시행하라. "나는 나쁜 부모야."를 횡설수설하는 헛소리처럼 들릴 때까지 빠르게 말해 보라(간단히 '나쁜 부모'로 짧게 하는 것이 반복해서 말하기가 더 쉽다). 모든 자기비난을 종이에 적고 이를 지니고 다니라. 만약 당신이 이 자기비난을 진정으로 떠나보낼 준비가 되었다면, 심지어 '나쁜 부모'를 굵은 글씨로 써서 옷에 붙이고 가족 여행 중에 입을 수도 있을 것이다.

자기 기술에서 배운 것을 적용해서, 자신이 어떤 부모인지에 대해 스스로에게 주입하는 이야기를 다시 만들고, 양육은 어때야 하는지에 대해 사회가 꾸며 낸 이야기와 자신을 비교하는 것을 멈추라. 육아는 골치 아프고 좌절감을 주는 과정이다. 이는 좋은 시간과 함께 많은 분노와 짜증을 수반한다. 그러한 과정이 어떻게 스트레스를 주지 않을 수 있겠는가? 양육을 중요하게 여기는 좋은 부모이기 때문에 스트레스를 느끼고 있음을 상기하는 연습을 하라.

다음에는 스트레스를 다루는 데 특별히 도움이 되는 추가적인 연습들이 있다.

스트레스 요인과 연관된 유연성 습관 기르기

자주 하는 행동 중에서 그 자체는 스트레스가 아니지만 스트레스 요인과 확실하게 연관된 것을 고르라. 당면한 스트레스가 아침에 상사를 마주치는 것이라고 가정해 보자. 그것과 연관된 일은 직장까지 운전하는 것일지도 모른다. 상사와 마주치는 것이 스트레스가 되는 것은 그는 나를 그리 똑똑하지 않다고 생각한다와 같이, 부분적으로는 그가 당신을 얼마나 판단하는지에 대한 생각 때문이라는 점을 깨달았다고 해 보자. 매일 아침 출근길에 차에서 몇 분간 그와 같은 생각에서 탈융합하는 것을 연습하라. 당신은 아마 차에서 노래를 부르고 싶을지도 모른다. 그녀는 똑똑하지 않지를 당신이 가장 좋아하는 곡에 맞춰 부르라. 이를 며칠간 수행해 보면 출근길이 보다 재미있고 스트레스 반응성을 줄이는 데 도움이 될 수 있다.

버스에 탄 스트레스 유발 승객

가장 흔히 사용되는 ACT 비유 중 하나가 '버스에 탄 승객'이다. 당신이 '당신의 인생'

이라고 부르는 버스를 운전하고 있다고 상상해 보라. 모든 버스가 그렇듯이, 당신은 승객들을 태우면서 움직인다. 승객들은 기억, 신체 감각, 조건화된 감정, 얽힌 생각들이다. 비난받는 것에 대한 불안과 같은 승객들이 올라탔을 때 그들에게 주의를 기울인다면, 당신의 눈은 전방의 길에서 벗어날 것이다. 그들을 버스에서 내리게 하고 싶은 마음은 당연하지만, 그러려면 버스를 세울 필요가 있는데, 이는 당신이 가기 원하는 곳에 이르는 것에 지장을 준다. 또한 어떤 승객들은 몹시 기분이 나빠서 그냥 내리려 하지 않는다. 그러면 어마어마한 싸움에 휘말린다. 건강한 대안은 길에 집중하면서 계속 운전하는 것이다.

이 비유를 연습에 적용하려면, 당신의 스트레스 승객 목록을 작은 카드에 기입해서 다음 한 주 동안 지니고 다니라. 연습을 기억할 때마다 카드를 넣어 둔 곳을 토닥거리라. 마치 '당신의 인생' 버스에 탄 모두를 환영하듯이, 그리고 당신이 그 버스의 운전사라는 것을 다시금 알아차리라. 당신이 승객들을 선택할 수 없을지 모르지만…… 운전사로서 당신은 경로를 선택할 수는 있다.

수면

수면의 어려움 중 일부는 잠을 잘 자는 것의 중요성에 대한 인식에서 나온다는 것이 불면증의 큰 아이러니다. 불면의 가장 강력한 예측인자 중 하나는 반복적인 부정적 사고와 걱정에 얽히는 것이며, 여기에는 잠드는 것에 대한 걱정도 포함된다.[18] 잠을 잘 못 자는 사람들은 이를 잘 알고 있을 것이라고 확신한다. 침대에 누워서 다가올 일에 대해 걱정을 하거나 문제해결 또는 계획에 몰두하는 자신을 발견하며, 그러고 나면 잠이 오지 않기 때문에 그 점에 대해서 역시 걱정하기 시작한다.

잠을 자려고 노력하는 것은 우리가 경험할 수 있는 가장 불만스러운 일 중 하나다. 그리고 그렇게 노력하는 게 잘못은 아니다. 수면 부족으로 인한 피해는 끔찍하다.

많은 연구들에서 수면 부족이 건강에 광범위하게 미치는 해로운 영향들을 밝혀낸 바 있다. 좋지 않은 수면 패턴을 가진 사람들의 건강관리 비용은 잠을 잘 자는 사람들에 비해 10~20%가량 높다.[19] 불충분한 수면은 또한 작업 기억이나 문제해결력과 같은 인지 기능을 저하시키고, 우울이나 불안을 야기하거나 악화시켜서 자극 과민성으로 이어지게 하며, 이는 관계의 질을 떨어뜨릴 수 있다. 이런 결과뿐 아니라 결근, 졸린 의료진에 의한 잘못된 의학적 결정과 같이 다른 사람에게도 피해를 줄 수 있는 그릇된 의사 결정 등 개인과 기업, 사회 전반에 비용을 치르게 한다.

만성 통증과 우울증에 대한 ACT 연구에서는 수면 질의 개선이 유연성 과정의 긍정적인 효과와 함께 나타날 수 있다는 점이 밝혀졌고,[20] 불면에 대한 ACT 예비 연구에서도 긍정적인 결과가 나온 바 있다. 그러나 이 영역에서 ACT 효과에 대한 대규모의 과학적 통제 연구가 아직 수행된 적은 없다. 과학적으로 가장 잘 뒷받침된 치료 접근은 불면증에 대한 인지행동치료 CBTi로서, 대부분의 소비자들은 거기서 시작하되 유연성 기술을 사용하는 것 또한 고려해야 한다. 그 이유를 설명하겠다.

CBTi는 일반적으로 치료자가 이끄는 일련의 회기들로 대개 5회기에서 8회기 정도로 구성되는데, 늦은 시간 흡연이나 카페인 또는 알코올 섭취 피하기, 잠자리 들기 전에 운동하기, 규칙적인 수면 스케줄 세우기, 침대는 수면과 성관계를 위해서만 사용하기 (책을 읽거나 문자 보내기, TV 보기 등을 위해 사용하지 않기), 침대와 불면증이 연합되지 않도록 침대에서 깨어 있는 시간을 엄격히 제한하기 등과 같은 좋은 수면 습관을 기르는 데 역점을 둔다. 예를 들어, 20분 이상 잠에 들지 못할 경우에 침대를 벗어나도록 지도를 받는다. 치료에서는 또한 파국적인 생각을 재구성하는 방법(예컨대, '나는 잠을 자야만 해. 그렇지 않으면 회의를 망치고 결국 잘리고 말 거야.'와 같은 생각을 '잠에 들면 좋겠지만 그렇지 않더라도 잘 대처할 수 있을 거야.'와 같은 생각으로 바꾸는 것)을 가르친다. 종종 이완 기법을 적용하기도 하며, 내담자들은 잠을 자려는 의식적인 노력을 피하도록 지도받는다.

이러한 접근은 다수에게는 효과가 있는 반면, 일부의 사람들에게는 그렇지 않다. 한 가지 이유는 우리가 이전에 고려하였던 인지 재구성의 문제일 수 있다. 생각을 특정한 방향으로 바꾸는 것은 곧 그 생각의 내용을 진지하게 받아들인다는 것을 의미한다. 생각을 변화시키기 위해 이들을 알아차리고 평가할 필요가 있는데, 이는 생각이 마음에 미치는 영향을 실제로 강화하며 잠이 달아나게 만든다.

이 문제를 설명하기 위해, 연구자들은 CBTi 초반에는 효과가 좋았으나 결국 불면증이 재발한 환자를 대상으로 ACT 훈련과 수정된 CBTi를 조합한 연구를 수행했다.[21] 그 환자는 잠 못 들게 하는 생각을 인지적으로 재구성하지 않도록 지시해서 수정된 CBTi의 새로운 3회기를 처음 거쳤다. 그는 또한 ACT 훈련 6회기를 받았는데, 그런 생각들과 더불어 수면 부족이 유발하는 피로감을 수용하도록 배웠다. 여기에는 생각에 대해 '시냇물에 나뭇잎 띄우기' 연습을 하는 것과, 제9장에서 제공한 것과 같은 탈융합 연습

뿐 아니라 자신의 피로감을 하나의 물체로 상상하면서 그 모양, 색깔, 크기를 묘사하는 것이 포함되었다. 그는 또한 가치 작업을 통해서 자신이 좋아하지만 회피해 온 활동, 예컨대 잠자리에서의 독서(정신이 말똥해질까 봐 두려워해 왔다) 또는 가족과의 주말 활동 계획하기(너무 피곤해질까 봐 두려워해 왔다)에 전념했다. 치료 말미에 그는 피로할 때 더 잘 대처할 뿐만 아니라 더 많은 활력을 느낀다고 보고했으며, 가족과의 관계도 개선되었다고 말했다. 그렇다고 해서 CBTi를 대신하는 첫 번째 치료책으로서 ACT를 권장하지는 않지만, 만약 CBTi가 당신에게 별 효과가 없었다면 이런 식으로 ACT 방법을 추가하고 인지 재구성을 하지 말아 보라.

내가 불면과 씨름할 때 도움이 되었던 ACT 기반 연습은 제12장에서 논의한 '열린 초점' 현존하기 연습을 변형한 것이다. 의도적으로 당신의 마음을 넓고 흐릿한 주의 모드에 마음을 두라. 이는 모든 정신 활동을 부드럽게 알아차리되 과도한 주의를 기울이지 않는, 느리고 흐릿하며 감정에 좌우되지 않는 형태의 마음챙김 관찰이라고 생각하는 것이 도움이 될 수 있다. 당신 마음에 어떤 것이 떠오르든지 간에 마치 욕조에 앉아 있을 때 뜨거운 물과 '함께하듯이' 그것들과 함께 수동적으로 그냥 있어 보라. 일반적인 현존하기 연습에서만큼 생각이나 다른 경험에 많은 주의를 집중하지 말라. 떠오르는 것을 보다 부드럽게 알아차리고 이들 사이에 있는 빈 공간을 알아차리고 나서 이 경험과 공간에 대해서 아무것도 하지 말라. 당신 마음을 할 일이 아무것도 없는 일종의 일시적인 실직 상태에 둔다고 생각하는 것이 도움이 될 수 있다. 당신의 신체는 잠을 자는 방법을 알고 있는 반면, 문제해결적인 당신의 마음은 그렇지 않다. 그리고 이는 마음이 당신을 위해 할 일이 아무것도 없음을 확신시키는 데 도움이 될 것이다.

끝으로, 가이 메도우스Guy Meadows 박사의 『The Sleep Book』을 또한 참고해도 된다. 그는 영국의 심리학자로 'All ACT' 수면 클리닉을 운영하고 있으며, 수면 치료에 대한 상세한 ACT 접근법을 개발했는데, 그 내용은 책에 자세히 제시되어 있다.

제**16**장

정신 건강

　마치 우울증, 강박장애, 중독이 암이나 당뇨병에 필적할 만한 것처럼, 정신 건강 증세는 대중매체나 연구자들의 허술한 이야기 속에서 **질병**으로 특징지어져 왔다. 하지만 그렇지 않다. 질병으로서 자격을 갖추기 위해서는, 알려진 원인(병인)에 의해 그 증세가 발생해야 하고, 알려진 과정(경과)을 통해 나타나야 하며, 치료에 특정 양상으로 반응해야 한다. 정신 건강 증세는 그러한 조건을 만족시키지 못한다. 의료계에서는 실제로 그것을 증후군이라고 부르며, 증상 목록을 통해 대략적으로 진단된다. 사람들이 그 기준 목록의 절반을 조금 넘게 보일 때 그 조건에 해당된다고 말하는 것이다.

　증후군의 최신 명칭을 만드는 일을 맡은 정신과 의사들과 심리학자 집단은 그 사실을 잘 안다. 그 개발자들이 쓴 글에서, 증후군을 질병에 준하는 것처럼 취급하는 것은 "연구 결과를 선명하게 밝히기보다는 모호하게 흐려 놓을 가능성이 높다." 왜냐하면 증후군에 기초한 연구는 "그들의 근본적인 원인을 밝혀내는 데 결코 성공하지 못할 수 있기 때문이다.[1] 그러기 위해서는 아직 알려지지 않은 패러다임의 변화가 필요할 수 있다."라고 언급했다. 나와 동료들은 정신 건강 상태를 이해하기 위해 보다 과정 지향적인 접근 방식으로 전환하려고 시도하는 중이다.[2]

　정신 건강에 대한 대중의 이해는 의학적인 방향으로 너무나 멀리 떠밀려 왔다. 한 예로, 정신 건강 증세와 중독은 근본적으로 유전자에 의해 결정된다는 견해다. 우리는 수십만 명의 유전자 전체를 분석할 수 있으므로, 전체 유전자 시스템이 해당 정신 건강 또는 중독 문제의 극히 일부밖에 설명할 수 없다는 것을 안다. 환경과 행동이 큰 영향을 끼친다. 실제로, 일반적인 정신 건강 증세에 대해 명확하게 밝혀진 생물학적 표지는 없다.

유전자와 환경이 상호작용하는 방식의 한 예로, 가족 위험 연구에 따르면 우울증, 불안장애 및 물질 남용은 '함께 붙어 다니는' 경향이 있다. 그래서 내 아버지도 그러했지만, 만약 당신의 아버지가 알코올 중독을 앓고 있다면 당신은 알코올 중독뿐만 아니라 우울증과 불안장애에도 취약할 수 있다. 그 원인 중 일부는, 신경계가 이전의 사건들을 얼마나 곧바로 심리적 고통에 연결시키는가의 유전적인 차이에 기인한다. 즉, 당신이 '매우 예민한' 사람이고 중립적인 경험들을 이후의 나쁜 사건들과 쉽게 연관시킨다면, 심리적으로 고통스러운 사건들에 의해 더 큰 타격을 받도록 유전적으로 준비가 되어 있는 것이다. 만약 당신이 그런 성향을 갖고 있지만, 높은 수준의 양육과 안정된 애착(견고하고 안전한 관계)을 가진 가정에서 자란다면 만사 괜찮을 수 있다. 비록 나쁜 일이 발생하더라도 부모가 경험 회피의 모델로서 작용하지 않으면 문제가 발생하지 않을 수 있다. 그러나 부정적인 사건에 반응하도록 유전적으로 준비가 된 사람을 생각해보라. 고통스럽거나 학대받은 경험이 혼재하고, 특히 안전함과 좋은 양육을 경험하지 못하고, 거기에 회피와 비유연성이 가족 전통으로 조금 추가된다면, 옳거니! 당신은 정신 건강 문제에 대한 공식을 가지고 있는 것이다.[3]

많은 연구에 따르면, 심리적 기술을 배우는 것은 정신 건강 난제들에 대처하는 데 현저한 개선을 가져올 수 있고, 종종 약물보다 장기적인 결과가 더 좋고 부작용이 더 적다. 정신 건강 증세는 종종 어떤 맥락에서는 적응적일 수도 있는 행동이 과도한 양으로 나타나는 특징이 있다.[4] 예컨대, 과거의 실수로부터 어떻게 배울 것인가를 곰곰이 생각하는 것은 나쁜 것이 아니다. 그러나 그런 패턴이 전면적인 반추로 순환되도록 놔두는 것은 우울증을 예견한다. 유연성 기술은 건강에 해로운 좁은 레퍼토리를 깨뜨리는 생각과 행동을 생각해 보고 효과가 있는 것에 집중하도록 동기를 부여한다. 이를 통해 균형을 더 잘 유지할 수 있으며, 이는 의도적인 진화에 필수적이다.

정신 건강 증세로 어려움을 겪고 있다면 이와 같은 책을 읽는 것이 전문적인 도움을 대체하기 위함이 아니라 보완하기 위한 것으로 보아야 한다. 힘들 때 치료를 받는 것은 필수적이며, 너무나도 많은 사람들이 치료를 받지 못하고 있다. 이러한 치료 누락의 주된 이유는 불행하게도 낙인 때문이다. 연구에 따르면, 전 세계적으로 5명 중 1명은 1년 동안에 흔한 정신 건강 증세를 경험할 것이고 3명 중 1명은 평생에 한 번은 어떤 형태의 정신 건강 문제를 경험할 것이다.[5] 그럼에도 불구하고 많은 사람들은 이러한 증세에 대해 비판적인 견해를 가지고 있다. 많은 사람들이 정신적인 고투를 인격의 약점으로 본다. 정신질환자에게는 무능함 또는 위험하거나 회복될 수 없는 '파탄'이라는 꼬리표가 붙고, 이는 고용 및 사회적 거리두기 차원에서 차별을 초래한다.[6]

그 결과로 그런 증세를 지닌 사람은 사랑하는 사람에게도 자신의 증상을 숨기고 치료나 지원을 피하는 경우가 많다. 사실, 5명 중 1명만이 정신 건강 치료자에게 도움을 청한다.[7] 그것은 비극인데, 특히 과학적으로 확립된 치료가 가능하기 때문이다. 바꾸어 말하면, 도움을 받을 수 있기 때문이다.

낙인 역시 자책과 심지어 자기혐오라는 형태로 내면화될 수 있다. "긍정적인 생각만 하면 된다."와 같은 잘못 인식된 문화적 메시지는 더 많은 회피를 부추기기만 할 뿐이며 더 악화시킨다. ACT에서는 사람들이 낙인의 고통에 대처하고 도움이 되지 않는 메시지로부터 탈융합하도록 돕는다.

만약 치료를 받으려면, ACT 기술은 그러한 노력을 보완해 줄 것이다. ACT는 전문 치료 공동체에서 충분히 익숙하게 다뤄지므로, 치료자와 함께 ACT 기술을 가장 잘 쓸 수 있는 방법에 관한 대화에 참여할 수 있다. 또한 치료자가 사용하는 개념과 접근법이 ACT 및 유연성 과정과 얼마나 일치하는지에 대해 온라인 검색을 통해 이를 보충할 수 있다. 또는 근처의 ACT 치료자를 찾아보라(http://bit.ly/FindanACTtherapist).

이쯤 되면 당신은 아마 ACT가 정신적 고통에 왜 도움이 되는가를 이해했을 것이다. ACT는 보다 관찰력이 있고 감사하며 힘이 돌고 덜 비판적이며 덜 정신없는, 마음의 다른 모드를 강화한다. 유연성 기술은 건강에 좋지 않은 자기 메시지의 영향을 줄이고 현재로 오도록 돕는다. 즉, 우리의 과거사로부터 울려나오는 어려운 감정들에 문을 활짝 열고, 알아차리고, 이름 붙이기를 한다. 이는 대신에 진정한 가치에 초점을 맞추고 그것이 우리 삶에 중심이 되도록 개입하는 토대를 마련한다.

행동 연습은 스스로 설정한 SMART 목표든지, 치료자나 프로그램이 추천한 목표든지 간에 규정된 단계를 따르는 데 도움을 준다. ACT 훈련은 AA, 동료 지지 그룹 또는 온라인 프로그램과 같이 정신 건강 사안에 대처하기 위해 확립된 여타 프로그램들을 지원할 수 있다.

ACT를 정신 건강 투쟁에 적용하는 좋은 일반적인 접근법은, 당신이 경험하고 있는 어려움에 기여하는 내적인 장애물들을 고려해서 그에 대처하기 위해 당신이 시도했던 전략들의 목록을 다시 한번 작성해 보는 것이다. 이러한 장애물들을 표적으로 삼아서 도구모음에 있는 연습을 시작할 수 있는 분명한 길을 보게 될 것이다.

모든 유연성 기술들은 서로 연관되어 있지만, 그중 몇몇은 어떤 증세에 특히 도움이 될 것이다. 예컨대, 우울증에서 반추가 중요한 역할을 하므로, 그 지배에서 자유롭게 하는 탈융합 연습은 특히 도움이 될 수 있다. 불안의 경우에는 노출 훈련이 도움이 되며, 수용과 가치 작업은 노출을 더 가능하고 더 유용하게 만들 수 있다. 약물 남용의 경우에 수용은 갈망의 심리적 · 육체적 불편함은 물론, 사람들이 자주 마비시키려 애쓰는 감정적 고통을 다루는 데 큰 도움이 된다. 경험 자체는 가장 도움이 된다고 여기는 기술에 더 집중하는 데 도움이 되지만, 도구모음에 있는 도구들은 발전 과정을 강화하기 때문에 함께 사용하는 것이 가장 좋다.

자, 여기에 흔한 문제들에 대한 더 많은 지침이 있다.

우울증

만약 당신이 우울증을 겪고 있다면, 우울증은 상당히 흔하다는 것을 아마 알고 있을 것이다. 하지만 얼마나 흔한지는 모를 수 있다. 현재 우울증은 세계에서 능력 상실의 가장 큰 원인이다. 12세 이상의 미국인 20명 중 1명을 포함하여 전 세계적으로 약 3억 5천만 명이 이 문제와 씨름을 하고 있다.[8]

항우울제는 심각한 우울증 환자에게 단기적으로 도움이 되지만, 많은 사람들은 이에 반응하지 않는다. 대부분의 사람들에게 그 효과는 크지 않고, 장기간 또는 고용량의 사용은 성기능 장애 및 재발 증가 위험을 포함한 많은 부작용을 수반한다.[9] 심리치료는 단기적으로 우울증에 비교적 효과가 있으며, 특히 부작용이 적고 치료 중단 후에 더 많은 이점이 있는 것으로 밝혀졌다. 연구자들은 주요 우울증에 대한 심리치료에 약물을 병합하는 것이 이점이 있는지를 알아내려고 노력하고 있으나, 경미한 우울증에서 병합 치료가 유의미하게 더 효과적인 것은 아니다.[10] 최종 결정은 아직 나지 않았기 때문에, 어떤 치료법에 동의하기 전에 할 수 있는 한 최근 연구를 확인하는 것이 중요하다.

당신은 이미 치료를 받고 있거나 어떤 종류의 치료를 받아야 할지 고민하고 있을 수 있지만, 다른 선택사항들과 더불어 ACT에 대한 몇 가지 지침을 제공하겠다. 오랜 세월 동안 우울증에 처방된 치료의 선도적 형태는 전통적인 CBT였고, 많은 연구들은 그것이 좋은 결과로 이어질 수 있다는 것을 보여 주었다. 하지만 전통적인 CBT가 왜 작동하는지는 여전히 혼란스럽다. 앞에서 논의한 바와 같이, 많은 연구들은 CBT의 이점이 단순히 사고의 재구성뿐만 아니라 주로 행동적 요소에 기인한다고 밝혔다.[11] 한편, 수십 개의 무작위 비교 연구에서 ACT가 우울증에 미치는 영향을 측정해 왔고, 지금까지 ACT는 CBT만큼 효과적인 것으로 밝혀졌다. 추가로, 우리는 ACT가 왜 더 효과적인지에 대해 많이 알고 있다. 이는 심리적 유연성을 발달시켜서 사람들이 즉각적인 변화의 표적에 더 명확하게 초점을 맞출 수 있도록 하기 때문이다.[12]

예컨대, 앞서 언급한 바와 같이 반추는 우울증의 주요 원인이다. ACT 연구에서는 그 이유의 일부를 밝혀냈다. 연구자들은 큰 상실을 경험한 사람들이 반추로 인해 우울증에 걸리는지를 알아보는 연구를 했는데, 대답은 '예'였지만 어려운 감정을 피하기 위해 반추하는 경우에만 그러했다.[13] 만약 당신의 마음이 고통을 피하려고 노력하지 않고 단순히 상실감으로 반복해서 되돌아간다면, 그 반추는 결국 줄어들 것이며, 있다고 해도 해가 크지 않을 것이다.

가까운 친구의 자살과 같은 큰 상실을 경험했다고 가정해 보자. 우리 모두는 '내가 놓친 게 있었나?' 또는 '왜 내가 그녀에게 전화해서 어떻게 지내는지 물어보지 않았지?'라고 생각할 것이다. 상실의 고통을 피하기 위해 과거를 회상하더라도 친구에게 느꼈던 사랑과 완전히 연결될 수는 없을 것이며, 다른 친구들에게 도움을 구할 가능성도 적을 것이다. 우울증이라고 부르는 상태에 '고착'될 위험이 있다.

ACT는 CBT 전통과 연결되어 있으므로, 우리가 유용하다고 알고 있는 CBT 요소, 특히 행동 요소들을 보완하기 위해서 많은 CBT 치료자들이 ACT를 기꺼이 사용한다. 유연성 피벗은 거의 모든 검증된 방법들과 쉽게 결합될 수 있다. 우울증에 대한 최고의 치료 유형 중 하나인 행동 활성화(Behavioral Activation: BA)가 그 예다. 이를 ACT와 결합한 연구는 훌륭한 결과를 보여 주었다.[14]

BA는 나와 같은 시기에 인턴을 했던 좋은 친구인 고(故) 닐 제이콥슨이 개발했다. 그는 대체 행동에 역점을 두면서 환자들이 소중한 일을 더 많이 할 수 있게 하는 방법들과 수용 훈련을 결합시켰다. 어떤 사람이 우울한 감정에서 벗어나기 위해 잠을 늦게 잔다면, 이른 아침 산책을 나가는 대체 행동을 추천할 수 있을 것이다. 긍정적인 대체 활동 스케줄은 대개 목표를 향해 나아가는 것을 돕기 위해 만들어진다. 이는 정서적 회피를 막는다.

BA와 ACT는 우울증에 기여하는 생각의 내용을 직접 바꾸려는 시도가 소용없다는 것과 사람들로 하여금 회피 전략의 부정적인 영향을 볼 수 있도록 돕는 것에 대해 동의

한다. ACT는 탈융합, 자기 및 현재 훈련을 추가하며, 행동이 가치를 둔 삶에 기여해야한다는 점을 강조한다. 이러한 기술은 사람들이 대체 행동에 전념하는 데 도움이 된다. 만약 행동 활성화 치료를 받고 있다면, ACT를 추가하는 방법에 대해 치료자에게 이야기해 보라.

닐은 ACT의 초기 지지자 중 한 명이었기 때문에, 닐에게 감사의 말을 전하지 않고서는 이 부분을 마칠 수 없다. 닐은 행동 활성화가 전통적 CBT보다 더 낫다는, 행동 활성화 연구 중 두 번째로 큰 연구에 나를 초대했다. 그는 나의 초기 ACT 방법과 행동 활성화 및 최근에 개발된 다른 새로운 CBT 방법을 결합한 '맥락적 접근의 혁명'을 무대에 올릴 때라고 말했다. 나는 흥분하며 동의했고, 그와 함께 혁명을 계획하기 위해 몇 주 후에 시애틀로 가는 비행기를 예약했다. 하지만 닐은 내 비행을 며칠 앞두고 비운의 심장마비로 사망했다. 나는 결국 혼자서 CBT의 제3물결의 도래(ACT를 선두 본보기로 하는)를 선언했지만, 이 과학의 전사가 살았더라면 제3의 물결은 분명히 큰 혜택을 받았을 것이다!

불안

전 세계 약 12%의 사람들이 한 해 동안 어떤 형태로든 불안으로 인한 어려움을 경험하며, 우리 중 30%는 삶의 과정 속에서 불안의 문제와 씨름할 것이라고 예상할 수 있다.[15] 좋은 소식은, 연구 결과에 따르면 다양한 종류의 불안장애에 걸쳐 ACT가 매우 효과적이라는 점이 밝혀졌다는 것이다. 여기서는 몇 가지 결과들을 소개하고 불안 대처에 ACT를 맞춤화하는 몇 가지 구체적인 지침들을 강조하고자 한다.

우울증과 마찬가지로 불안장애의 치료 표준은 CBT이며, ACT는 많은 연구에서 전통적인 CBT와 비슷한 수준이거나 조금 더 효과적인 것으로 입증되었다. 잘 수행된 연구 중 하나는 지구상 최고의 CBT 연구자 중 한 명인 심리학 교수 미셸 크래스케Michelle Craske가 감독하는 UCLA의 연구팀에서 이루어졌다. 참가자들은 ACT 기반 또는 CBT 기반으로 일주일에 한 회기씩 총 12시간의 개인 상담을 받았다. 두 그룹 모두 회기가 끝날 때 큰 호전을 보였지만 12개월 이후 추적 관찰을 한 결과, ACT 그룹에서 훨씬 더 큰 개선을 보였다.[16] 그들은 삶 속에서 나아가고 있었으며 회피적인 행동과 부정적인 생각을 유의미하게 덜 하고 있었다. 탈융합과 수용 기술이 그 차이를 설명하는 것으로 밝혀졌다.

ACT 공동체에서는 유연성 훈련을 불안에 맞춤화할 수 있는 몇 가지 주요한 방법들을 발견했다. 여기서는 불안의 촉발에 어떻게 노출하는가에 관심이 있는데, 이는 공포증, 사회불안장애 및 강박장애에 대한 전통적인 치료의 주된 구성 요소다. ACT 치료자들은 노출 작업을 바로 시작하는 것보다 탈융합과 수용 기술을 익히고 가치 작업을 한 후에 노출 작업을 시작하는 것이 더 좋다는 것을 알게 되었다. 예를 들어, 강력한 결과를 도출한 연구를 살펴보면, 12회기 중 6회기까지 노출 훈련이 도입되지 않았다. 처음 다섯 회기는 유연성 기술에 전적으로 집중했다. 이는 참가자들이 노출의 불편함에 직면하기 시작했을 때 ACT에서 배운 것을 활용할 수 있도록 하기 위함이다. 탈융합과 수용은 힘든 생각과 감정에 도움이 되며, 여러 연구들에서 그 활동이 사람들에게 의미가 있을 때 노출이 보다 쉽다는 것이 입증되었다. 사회불안이 있고 칵테일 파티에 참석하는 활동이 추천되었다고 해 보자. 그런 종류의 사교 활동이 당신에게 흥미롭지 않을지도 모른다. 대신에 가치 작업을 활용해서 당신이 정말로 하고 싶은 활동을 찾아볼 수 있다. 어쩌면 그것이 운동 수업에 참가하는 것일지도 모른다.

전통적인 노출 기법은 상대적으로 다루기 쉬운 활동부터 시작해서 가장 어려운 작업으로 나아가도록 환자에게 당부한다. ACT 접근에서는 약간의 수정이 이루어지는데, 활동이 유발하는 불편함의 강도를 특별히 더 중요하게 여기지 않는다. ACT 접근에서 당신은 선호하는 활동이 무엇이든지 그것을 선택하는 데 자유롭다. 그것들이 쉽든 도전적이든 간에 당신에게 가치 있는 것이기 때문이다.

만약 생각한 것만큼 노출에 준비가 되지 않았거나, 그래서 이를 중단해야 하거나, 심지어 공황 발작이 일어났음을 발견하더라도, 당신의 **독재자**가 당신을 때리지 않게 하라. 불안의 몸부림에서 벗어나는 여정은 필연적으로 힘든 시간을 동반한다. 23년 전 마지막 공황 발작을 겪은 이후로 나는 때때로 매우 불안했지만, 불안이 서서히 밀려오기 시작할 때마다 내 기술들을 사용함으로써 불안을 유발하는 활동, 예를 들어 많은 사람들 앞에서 강연하는 것을 꾸준히 할 수 있었다. 솔직히 말하면, 이 책을 쓰는 것도 그 예다. 만약 이 책이 크게 성공한다면, 누가 알겠는가? 오프라가 전화를 줄지도.

아아악!!!

규칙적으로 실행하기에 유용하다고 발견한 훈련 중 하나는 내가 앞서 기술한 역나침반 장난이다. 화장실을 나오면서 내게 청결에 대한 강박 사고가 침투할 때 나는 손으로 얼굴을 문지르는 과제를 스스로에게 부과했다. 이를 당신 자신의 불안에 적용하기 위해, 불안이 일어날까 봐 회피한 활동들의 목록을 작성하고 그중에서 하나씩 선택해 보기 시작하라. 예컨대, 당신은 롤러코스터 타기, 댄스 레슨 받기, 혼자 여행하기, 교회 그룹과 이야기 나누는 것에 동의하기, 노래방에서 노래하기, 집라인 타기, 친구에게 그들이 당신에게 얼마나 많이 중요한지 말해 주기, 또는 그 밖의 수백 가지 다른 일들이 당신에게 정말 무서운 일이라고 마음이 이야기하는 것을 알아차렸을 것이다. 목록에 있는 불안을 유발하는 새로운 일을 적어도 매주 한 개씩은 하도록 노력하고, 연습하는 동안 현존, 수용, 탈융합, 그리고 자기 기술을 포함하는 마음챙김 기술들에 힘써 보라.

나는 불안에 대해, 그리고 삶에 대해 결코 아니라고 말하지 않는 것을 배웠다. 오프라가 전화를 걸어오더라도 내가 나 자신을 지지하길 바라고 기도한다!

물질 남용

유연성 기술은 물질 남용과 중독으로부터 회복하기 위한 어떤 접근법이라도 보완할 것이다. 그것이 12단계 프로그램, 요양 치료, 개인 상담, 작용제와 길항제 사용(예: 아편 중독을 위한 메타돈), 동기 강화 면담, 수반성 관리 또는 기타 어떤 것이든지 말이다. 통제된 연구에서 ACT 훈련은 치료 프로그램 기간 중, 그리고 치료 후 금단을 유지할 때에도 결과를 향상시키는 것으로 입증되었다. 그 기술들은 어떤 문제를 겪고 있는 많은 사람들에게 큰 장벽인 치료를 받는 것에도 도움이 될 것이다.

물질 남용에 대한 ACT의 가장 초기 대규모 연구 중 하나는, 아편 중독으로 어려움을 겪는 사람들에게 메타돈 유지 치료와 함께 사용된 ACT 기술의 효과를 평가한 것이다. 6개월 추적 관찰 평가에 따르면, 메타돈과 표준 약물 상담만 받는 사람은 소변 검사에서 12%만이 깨끗했던 것에 비해 ACT 집단은 50%가 깨끗했다.

이후 몇 년 동안 물질 남용에 대한 양질의 ACT 연구가 12회 이상 진행되었으며, ACT가 다양한 범위의 특정 유형들에 걸쳐 도움이 되는 것으로 나타났다.[17] 우리는 그 이유에 대해 많이 배울 수 있었다. 우선, 물질 사용은 종종 회피에 의해 동기가 부여된다. 일부 사람들은 처음에는 재미로 또는 친구들이 모두 그것을 사용하기 때문에 우연히 접하다가, 그 사용이 증가하면서 의식적으로, 또는 무의식적으로 힘든 생각과 감정을 무감각하게 만들기 위해서 해로운 약을 사용하고 과도한 음주에 끌린다. 사람을 속여 남용하게 만드는 물질의 힘을 약화시키기 위해, ACT 훈련에서는 회피로 인한 피해와 수용의 힘을 강조함으로써 도움을 준다. 우리가 즐겨 사용하는 구절이 있다. "ACT-우리는 중독 밖에서 재미를 얻는다!" 맞다, 이는 농담이지만 그 요점은 진지하다. 진짜 회피란, 당신이 그것을 하고 있다는 것을 모를 경우에만 100% 작용한다. 당신이 물질을 회피 기제로 사용하고 있음을 안다면, 당신에게 다른 방향을 선택할 기회가 생긴다. 물론 그 과정은 어렵다.

회복 과정에는 금단 증상에 의한 육체적 고통과 뿌리 깊이 박힌 습관을 버리기 위한 심리적 고통이 모두 포함된다. 또한 물질 남용은 가장 낙인찍힌 문제 중 하나로서 누구에게나 생길 수 있으며, 그 낙인감의 내면화는 나쁜 예후를 강력히 예측한다. 내면화는 심리적 경직성에 의해 더 깊이 밀려들게 되지만, 유연성 기술을 배움으로써 완화될 수 있다.[18]

수용 기술은 금단으로 인한 육체적·심리적 고통에 대처하는 데 도움이 된다. 몸과 마음은 다양한 방식으로 물질 남용을 중지하려는 노력을 방해하며, 더불어 갈망과 기타 금단 증상은 종종 재발을 유발하는데, 이는 물질 남용의 어려운 측면이다.[19] 수용은 절제의 과정을 유지하고 부정적인 피드백의 고리를 끊는 데 도움이 될 수 있다.

ACT 기술은 또한 깊이 내재된 심리적 촉발 요인을 억제하고 물질 남용에 대한 강박적인 생각에서 벗어나도록 도울 수 있다. 앞서 관계구성 틀 이론(RFT)에서 촘촘한 관계망은 우리 마음에 고착되고, 그 안에 내재된 생각은 어느 때든 촉발될 수 있다고 설명했던 것을 상기하라. 중독에 대한 신경과학적 연구는 정확히 이 과정이 작동하고 있음을 보여 주었다. 물질 사용과 관련된 모든 종류의 신호들은 물질 사용에 대한 생각을 촉발할 수 있다. 맥주 광고를 보거나 마리화나 냄새를 맡는 것과 같은 것은 확실하지만, 다른 것들은 완전히 우리 인식 밖에 있을 수도 있다.

치료자는 이를 알며, 이 점 때문에 대부분의 물질 남용 치료 프로그램의 표준 구성 요소의 하나가 바로 촉발 자극의 회피다. 우리 마음속의 관계망이 너무나 정교하기 때문에, 문제는 물질에 대한 노출을 통제할 수 있는 정도에 한계가 있다는 점이다. 예를 들어, 자주 만나지 않는 친척은, 그를 만날 때마다 항상 술을 마셨기 때문에 우리 마음속에서 음주와 연관될 수 있을 것이다. 어쩌면 이 친척이 했던 어떤 말을 누군가 하는 것을 듣게 될 수 있다. 그때 우리의 뇌는 즉시 음주를 마음에 불러낸다. 차분하고 이완되어 있다는 생각이 불안을 일으킨다는 것을 내가 알아차렸을 때처럼, 절제하려는 노력조차도 우리 마음에서 물질 사용과 연관된다. 마찬가지로, 물질 사용에 대한 생각 자체도, 비록 좀 더 완화된 정도이기는 하지만, 실제 물질 사용과 유사한 신체 반응을 촉발할 수 있다. 예를 들어, 코카인 사용 이력이 있는 사람은 코카인을 사용하고 있는 비디오에 반응하는데, 코카인을 사용할 경우에 분비되는 도파민과 유사하게 뇌에서 도파민 분비를 경험한다.[20]

ACT는 우리에게 또 다른 길을 제시한다. 즉, 촉발자극의 충격을 줄인다. 잠재의식적인 모든 단서와 갈망을 없애는 것은 비현실적이지만, 수용과 전념의 기술을 익힘으로써 원치 않는 생각과 충동이 우리에게 실행을 강요함 없이, 마음에게 배회하는 공간을 만들어 주면서 점차 그 영향력을 줄여 간다. 수용과 전념의 기술은, 친구이자 동료인 알코올 중독 연구자 고(故) 앨런 말랫Alan Marlatt이 언급했던 '충동의 파도타기'를 돕는다.

ACT 학습은 또한 물질 남용으로 고통받는 사람들이 자주 자신에게 가하는 해로운 부정적인 혼잣말을 무력화시킨다. 심한 자기 질책은 중독의 고통에 기여하며, 물질 사용을 통해 회피하려는 충동을 더욱 부채질한다. 재발한 뒤의 질책은 특히 잔인할 수 있다. 게다가 낙인의 고통과 그로 인한 수치심은 치료적인 도움을 구하는 데 있어 강력한 장애물이다. 그래서 많은 사람들은 문제가 극심해지거나 바닥을 칠 때까지 도움 요청을 미룬다. 수치심과 비난의 내적 목소리로부터 거리를 두며 자기 자신을 중독 행동의 합보다 훨씬 큰 전체로 보는 법을 배우면 자기자비를 위한 자리가 생긴다.

가치 작업은 사람들을 삶에 대한 열망에 다시 연결시킴으로써 도움을 주며, 일시적으로 고통을 마비시키는 강한 유혹을 물리치고 행동 변화에 전념할 수 있게 한다.

끝으로 물질 남용은, ACT가 또한 아주 도움이 되는 우울증이나 불안장애와 같은 다른 정신 건강 문제들과 보통 함께 생긴다. 기분장애와의 연관성이 무척 강하기 때문에 한 가지 기분장애를 지닌 사람은 물질 남용 가능성이 두 배 정도 높고,[21] 심리적으로 유연하지 못한 사람의 경우에는 그 연관성이 특히 강하다.

만일 물질 사용이 문제라 치료 중이거나 치료받길 원한다면, 나는 그 노력을 보완하기 위해 ACT 연습을 포함시킬 수 있다고 강력하게 조언한다. 실제로, ACT는 AA에 의해 대중화된 12단계 치료에 대체로 동감하며 수많은 치료 센터의 치료적 접근에 통합되어 있다. 바꿀 수 없는 것을 받아들이고 특정 행동에 전념함으로써 자신의 삶을 가치에 맞추는 ACT의 강조점을 12단계 접근법에서도 공유한다. 널리 알려진 **평정을 위한 기도**는 AA 프로그램에 약간 수정된 형태로 포함되었는데, 우리가 바꿀 수 없는 것을 받아들일 수 있는 평온함, 우리가 할 수 있는 것(행동과 이로부터 영향을 받은 상황)을 바꾸는 용기, 그리고 그 차이를 알 수 있는 지혜를 청한다. ACT는 과학을 이용해서 그런 지혜로운 구별을 안내하도록 도왔다.

최근에 ACT 훈련의 적용을 검증한 연구에 따르면, 물질 사용 장애를 겪는 사람들의 수치심에 대한 치료에서 ACT는 표준 12단계 프로그램과 비교했을 때 입원 환자들에게 치료 효과를 더 상승시키는 것으로 밝혀졌다. 더욱이 처음에는 두 집단 모두 비슷하게 호전되었지만, ACT 훈련을 받은 내담자들은 12단계 훈련을 받은 사람들보다 추적 관찰 기간 동안 지속적인 호전을 보이며 더 잘하는 모습을 보였다.[22]

ACT는 근거 기반 치료이기 때문에, 이를 전통적인 12단계 프로그램과 결합하는 것에 대해서 일부 반대하는 주장도 있는데, AA 접근이 과학적이지 않다는 것이다. 게다가 12단계 접근에 끌리다가 영성에 대한 강한 강조와 같은 일부 특징으로 인해 돌아선 사람들을 위해, 헤로인 중독에서 장기간 회복 중인 나의 전 학생인 켈리 윌슨은 『차이를 아는 지혜(The Wisdom to Know the Difference)』라는 책에서 전적으로 ACT 관점에서 쓰인 12단계 접근을 독자에게 보여 주었다.

결론은, 당신 또는 사랑하는 사람이 물질 남용을 극복하기 위해 취했던 과거 또는 현재의 접근법이 무엇이든지 간에, 심리적 유연성 기술의 연마는 도움이 될 것이라는 것이다.

그 과정을 시작하기 위해, 가치 작업에 역점을 두고 다른 기술들을 작업하면서 규칙적으로 가치 작업을 다시 다루길 권한다. 물질 사용이 자신의 참된 가치와 삶의 열망에 따라 사는 것을 얼마나 방해하고 있는지를 명확하게 아는 것은 그 과정의 고통을 버텨낼 수 있는 강력한 동기가 되기 때문이다.

당신의 비유연성과 회피가 물질 남용에서 얼마나 큰 역할을 하고 있는지를 알고 싶다면, 물질 남용에 대한 유연성을 측정하기 위해 고안된 평가를 내 웹사이트(http://www.stevenchayes.com)에서 이용할 수 있다.

켈리 윌슨은 중독에 대한 ACT 메시지의 정수를 단 하나의 질문으로 다음과 같이 요약한다. 바로 이 순간, 당신은 슬픈 것과 사랑스러운 것을 받아들이고, 무엇이 가능한가에 대한 이야기를 가볍게 품고, 자신에게 의미와 목적이 있는 삶의 작가가 되며, 그 삶에서 멀어지는 자신을 발견했을 때 친절하게 다시 그 삶으로 되돌아갈 것인가?[23] 이는 중독에서 벗어나기 위한 용기 있는 여정, 영웅의 여정이다. 이 질문은 어떻게 그렇게 하는지를 알려 주는 지도와 같다. 즉, 그것은 각 선택 지점에서 회복 중인 사람들로 하여금 집으로 가는 길을 찾도록 도움을 줄 것이다.

섭식장애

아마도 섭식장애(eating disorders: EDs)에 대해 가장 먼저 알아야 할 점은, 이 장애를 앓는 사람들의 일부는 극도로 심각한 의학적 상태에 있다는 것이며, 섭식장애의 징후가 발견되면 즉시 전문적인 치료를 받아야 한다는 것이다. 섭식장애는 치료가 가장 어려운 정신 건강 증세 중 하나로서, 높은 치료 실패율과 성공적인 초기 치료 후에도 높은 재발률을 보인다.[24] 섭식장애는 여성의 문제(남성보다 여성에서 더 흔함)로 간주되는 경향이 있지만, 남성에서 섭식장애 진단이 증가하고 있다. 미국에서 약 2천만 명의 여성과 1천만 명의 남성이 일생 동안 임상적 섭식장애를 경험하며,[25] 금세기 첫 10년 동안 남성의 섭식장애 진단은 66%나 증가했다. 모든 정신 건강 증세가 그렇듯이, 섭식장애의 원인은 광범위하게 유전적·신경생물학적·심리학적·사회적 요인을 포함하며, 복잡하고 여전히 잘 이해되지 않는다.

한 가지 확실히 알려진 것은 섭식장애를 가진 사람들은 상대적으로 높은 정서적 회피를 보인다는 것이다. 식사 제한, 폭식, 구토 등은 적어도 부분적으로는, 신체 이미지 또는 친밀감이나 실패에 대한 두려움과 같은 삶의 다른 문제들에 대한 고통스러운 생각과 감정을 피하고 싶은 욕구에 의해 동기화된다.[26] 섭식장애를 가진 사람들은 흔히 경험 회피의 한 형태로서 사고 억제를 적극적으로 사용하며, 그렇게 할수록 증상은 악화된다. 이는 섭식장애를 앓는 많은 사람들이 왜 우울증과 불안장애를 함께 겪는가를 설명하는 데 도움이 되며, 또한 두 증상 모두 회피에 의해 강력하게 예측된다. 신체 이미지에 대한 부정적인 자기 이야기의 형태를 띠는 반추, 그리고 먹는 것과 몸무게에 대한 강박적인 사고가 섭식장애의 악화와 지속에 크게 기여하는 것으로 밝혀졌다. ACT는 이 모든 요인에 대처하는 데 도움이 된다.

치료의 가장 어려운 측면 중 하나는 섭식장애를 가진 사람들이 치료를 받는 것에 대해 자주 양가적인 모습을 보이거나 또는 드러내 놓고 거절을 한다는 것이다. ACT 가치 작업에서는 그들이 추구하는 체중 조절이 어떻게 삶의 다른 열망들을 전복시켰는지를 보게 하고, 자신의 가치로 삶을 재정립하기 위해 스스로 진실한 전념을 할 수 있도록 돕는다.

또한 음식 관련 규칙을 정교하게 만드는 것에 대해 극도로 충성을 바치는 것은 섭식장애 행동의 주요 특징이며, 섭식장애를 가진 많은 사람들은 또한 강박장애와 씨름한다. 탈융합은 그러한 규칙의 지배를 깰 수 있도록 돕는다.

자기 작업은 섭식장애를 가진 사람들이, 비록 나는 너무 뚱뚱해 또는 내 몸은 혐오스러워와 같은 생각을 갖고 있더라도 괜찮은 곳을 발견할 수 있도록 도움을 줄 수 있다. 초월적인 자기 감각은 섭식장애를 가진 사람들에게 전체성의 기반을 제공한다.

ACT는 또한 섭식장애를 가진 사람들의 공통적인 문제인 불안에 도움을 준다. ACT 기반 섭식장애 치료 프로그램을 개발한 정신과 의사 에멧 비숍Emmett Bishop은 섭식장애는 치료하기가 매우 힘들다고 내게 설명했는데, 부분적으로 이는 음식 섭취를 제한하는 것이 자신을 괴롭히는 부정적인 감정을 상당히 경감시켜 주기 때문이며, 불안이 그 혼란의 핵심이라고 했다. 연구에 따르면 섭식장애를 가진 사람들의 약 2/3가 불안장애를 갖고 있다. 에멧은 그들이 '경험 회피의 적응적인 정점'에 달했다고 하며, 그 효과를 불안 완화제로 알려진 항불안제와 비교한다. 그는 ACT에서는 사람들이 "그 정점에서 내려와 그 결과로 생긴 불안감에 대처하도록 돕는다."라고 말한다. 그는 또한 "우리의 환자들은 불안한 세부 사항들로 뒤엉켜서 길을 잃는다."라고 말한다. 유연성 훈련에서는 그들이 정교한 식사 규칙을 얼마나 잘 따르는가에 대해 순간순간 감시하는 데 집착하는 대신에, 자신의 가치에 역점을 둔 건강한 일관성을 마음에 만들도록 돕는다.

CBT는 여전히 섭식장애를 위한 심리치료의 표준이므로, 아마도 가장 현명한 과정은 전통적인 CBT를 지원하기 위해 ACT 기술을 추가하는 것이다. CBT와 ACT를 결합한 인터넷 프로그램을 이용한 최근 연구가 그런 방식을 취했다. CBT 요소들은 초기 변화를 달성하고, 건강한 식습관을 안정화하며, 체형과 체중에 대한 과대평가를 알아차리고, 대인관계의 어려움이나 완벽주의와 같은 핵심 문제를 해결하는 데 중점을 두었다. 변화에 동기를 부여하기 위해 ACT의 가치 작업이 추가되었고, 수용 및 마음챙김 작업은 완벽주의와 경직된 사고를 놓아 버리는 데 사용되었다. 연구에 따르면 웹사이트를 사용하는 사람들의 거의 40%가 도움을 받았지만 사이트에 접속할 권한이 없는 사람들의 경우는 도움을 받은 사람이 7%에 불과했다.[27]

ACT 훈련을 추가한 섭식장애 치료 프로그램의 힘은 2013년 렌프루 센터의 연구에서도 경험적으로 평가되었다. 섭식장애를 겪는 사람들 중 한 집단은 센터의 표준 치료를 받았고, 여기에는 규칙적인 체중 측정, 두려운 음식에의 노출, 식습관 정상화와 같은 일반적인 방법이 포함되었다. 또 다른 집단에게는 표준 치료와 함께 8번의 야간 집단 훈련 회기에 참석할 수 있는 선택권이 주어졌는데, 각각의 회기에는 다수의 ACT 기술을 조합한 내용들이 포함되었다. 최소 3번 이상 참석한 사람은 훈련을 수료한 것으로 간주되어 훈련 참여가 제한되기도 했다. 그럼에도 불구하고, 연구에 따르면 일부 ACT 훈련을 받은 집단은 ACT 훈련을 받지 않은 집단에 비해 몸무게 걱정이 뚜렷하게 줄었으며, 음식을 거의 두 배나 많이 섭취했다. 6개월 후 추후연구에서 재입원한 사람들의 수는 ACT 집단에서 더 적었다.

이와 같은 성공으로 인하여 미국 전역에서 다수의 섭식장애 치료 프로그램들이 ACT를 주된 접근법으로 사용하게 되었다. 에멧 비숍의 프로그램은 그 한 예다. 그는 섭식 회복 센터를 설립했는데, 센터는 여러 주에 위치하고 있다. 에멧의 프로그램에서 내가 좋아하는 것 중 하나는, 그가 치료하는 모든 환자들로부터 데이터를 주의 깊게 수집하여 정기적으로 발표한다는 것이다. 이는 명예로운 만큼 특별하다. 최근 그가 발표한 그의 환자 600명에 대한 결과에 따르면, 약 60%의 환자가 ACT에 크게 기반을 둔 그의 치료 프로그램에서 뚜렷하게 도움을 받았으며,[28] 심리적 유연성의 변화가 그 개선을 강하게 예측했다.

에멧이 사용하는 섭식 관련 심리적 유연성 척도는 제자인 제이슨 릴리스Jason Lillis와 내가 수년 전에 발표한 것을 개조한 것이다. 이는 다음과 같은 문항에 평정하는 것이다.

- 원하는 삶을 살기 위해서는 내 외모에 대해 기분이 더 좋아져야 한다.
- 다른 사람들은 내가 나 자신을 받아들이기 어렵게 만든다.
- 내가 매력적이지 않다고 느끼면. 친밀해지려고 노력하는 것은 무의미하다.
- 살이 찌면. 그것은 실패했음을 의미한다.
- 더 잘 먹으려는 섭식 충동을 없애야 한다.
- 섭식 충동이 나를 지배한다.
- 안 좋은 것을 먹는다면. 그날 전부를 망친 것이다.
- 내 몸을 부끄러워해야 한다.
- 사람들이 나를 판단할 수 있는 사회적 상황을 피해야 한다.

당신의 유연성의 정도를 평정하기 위해 내 웹사이트(http://www.stevenchayes.com)에서 전체 척도를 받을 수 있다.[29]

섭식장애를 가진 수천 명의 사람들과 함께 한 일을 통해 배운 지혜를 요약해 달라고 에멧에게 부탁했을 때, 그의 결론은 내게 깊은 반향을 불러일으켰다. "그 순간의 불안한 세부 사항에 빠져들지 말고, 당신 삶의 중요한 가치들을 찾아서 개방적이고 호기심 있고 유연한 방식으로 그것을 따르라." 우리 모두는 이 조언으로부터 유익을 얻을 수 있으며, 만약 당신이나 사랑하는 사람에게 섭식장애가 있다면, 그것이 치유로 가는 길을 가리킬 수 있기를 바란다.

정신증

나는 정신증을 언급하고서 이 장을 끝내고 싶다. 합리적 정서행동치료(Rational Emotive Behavior Therapy: REBT)의 개발자인 고(故) 앨버트 엘리스는 ACT를 좋아했지만 한번은 내 얼굴에 대고 "스티브, ACT는 _____ 지식인을 위한 것이야." (당신이 만약 앨버트를 안다면 그가 _____ 부분에 몇 가지 욕을 했음을 알 것이다.) 내가 해명을 요구하니 그는, 예를 들어 환각이나 망상이 있는 사람들에게는 ACT가 전혀 효과가 없을 것이라고 했다.

우리는 즉시 이를 확인하기 위한 연구를 했다.

노벨상을 수상한 수학자 존 내시John Nash에 관한 영화 〈뷰티풀 마인드〉를 봤다면, 당신은 우리가 가르치려 한 것을 본질적으로 본 것이다. 그 영화에서 내시는 망상에 너무 사로잡혀서 가족과 학문적인 일을 잃을 지경이 되었다. 그는 자신의 증상들과 싸우거나 그에 순응하는 대신에, 심리적으로 조금 떨어진 곳에서 관찰하는 법을 배웠다. 그러한 거리 두기는 그가 진정으로 소중히 여기는 것(그의 가족과 일)에 더 집중할 수 있게 해 주었다. 이것이 정신증에 대처하는 ACT 접근법의 핵심이다.

이제 우리는 ACT를 3~4시간만 해도 향후 1년 동안 재입원이 유의미하게 줄어들 수 있다는 것을 알며, 그것이 왜 그런지를 안다. ACT는 환각과 망상이 사람에게 미치는 영향을 변화시키는 것이다. 유연성을 기르면 환각과 망상으로 인한 정신적 고통이 감소하고, 그것이 문자 그대로의 진실이라는 믿음이 줄어들며, 행동에 미치는 충격이 감소한다.[30] 정신증 발생에 따라 흔히 겪게 되는 우울증 또한 줄어든다. 이 작업은 아직 얼마 안 되었으나 전 세계적으로 수많은 연구와 프로그램들로 훌륭하게 전개되고 있다.

나는 고인이 된 내 친구의 말에 동의하지 않는다. 유연성 과정은 지식인을 위한 것이 아니며, 우리가 싸우고 있는 경험의 종류나 심각성에 상관없이 우리 모두를 위한 것이다. 정신증을 겪는 사람들은 심한 낙인을 겪는다. 그들이 마치 뇌 질환이나 유전적 결함이 있어서 완전히 '다른 사람'인 것처럼 보이는 경향이 있다. 그것은 사실이 아니다.

모든 정신 건강 중세와 마찬가지로, 우리는 왜 사람들이 이런 환각이나 망상을 겪는지 아직 모르지만, (예를 들어) 목소리를 듣는 것 그 자체는 만성 통증이나 불안, 또는 고통스러운 이별이 주는 큰 어려움과 다르지 않다. 사람은 사람이며, 순수하고 단순하다. 그리고 누적되는 연구들에 따르면 비유연성 과정은 그 충격을 증가시키고 환각과 망상을 일으킬 수 있다. 사람 목소리를 듣는 사람들, 그리고 이와 같은 경험을 하는 사람들은 우리와 '다르지 않다'. 우리 모두는 우리 내면에 심각한 정신 건강 문제를 야기하는 어떤 것을 가지고 있다. 정신 건강은 '그들'의 문제가 아니라 '우리'의 문제다. 그리고 ACT가 우리에게 우리의 정신적 투쟁으로 향하도록 가르치는 것과 같은 연민을 가장 깊은 어려움에 직면한 사람들에게로 가져오는 것을, 시간이 지나면서 우리 모두가 배울 수 있기를 희망한다.

제**17**장

관계 양성하기

내담자나 워크숍 참석자들에게 그들의 가치에 깊게 접촉해 보라고 요청할 때, 내가 한 가지를 확인하게 될 것임을 알고 있다. 그것은 사람이 사람에 대해 가지는 중요성이다. 연인, 배우자, 자녀, 부모, 친구 및 동료와의 관계는 우리 웰빙의 핵심이다. 우리는 그것을 알고 있으며, 우리의 가치가 그것을 보여 준다.

우리는 태생적으로 다른 사람과 유대하도록 만들어졌다. 소중한 사람의 눈을 바라보는 것만으로도 천연의 아편이 분비되는데, 이는 마치 당신의 신경생물 작용이 "이 관계는 당신에게 좋다."라고 말하는 것과 같다. 그러나 물론 건강한 유대감은 사려 깊은 양육을 또한 필요로 한다. 판단하거나 방어하지 않고(비록 그들이 그렇게 하더라도) 주의 깊게 경청할 뿐만 아니라, 개방적이고 열린 자세로 당신의 관심사와 생각, 감정을 공유할 수 있을 때 사람들에게 더 가까이 다가갈 수 있다. 하지만 우리는 관심을 가지는 사람들에게 우리의 진정한 생각과 감정을 숨기며, 그들 또한 우리에게 그렇게 함을 발견한다.

로맨틱한 관계를 생각해 보라. 그리고 분노나 마음의 상처로 인해 평정심을 잃고 갈등을 일으키는 위험을 감수하기보다 마음 문을 닫도록 조장될 수 있는 방식을 생각해 보라. 만약 파트너가 한 일이나 하지 않은 일에 대해 화가 났거나 상처받았음을 나눌 경우에 상대가 폭발할 것에 대해 염려할 수 있다. 혹은 우리가 취약해 보이고 싶지 않거나, 파트너가 방어적으로 거리를 둘까 봐 두려워할 수도 있다.

이는 모두 이해할 만하다. 그러나 관계에 대해 명심해야 할 간단한 공식이 있다. 연결을 안전하게 유지한다는 맥락에서, '친밀감=공유된 가치+공유된 취약성'이다. 우리가 화났을 때나 상처받았을 때조차도 심리적 유연성은 친밀감을 기르는 데 집중할 수 있게 해 준다. 그것은 어느 가까운 관계에서라도 불가피한 스트레스를 극복하도록 돕는다.

엔지니어는 지진으로부터 안전한 집을 짓고자 할 때 그 기반에 유연성을 더한다. 그렇듯, 유연성 기술은 관계를 위한 강력한 기반을 제공한다. 자기 자신이나 소중한 다른 사람들이 관계에 대해 갖는 힘든 생각이나 감정뿐만 아니라, 우리를 속상하게 하는 그들의 행동에 대해서도 더 잘 이겨 낼 수 있도록 유연성 기술은 우리를 돕는다. 그 기술은 또한 우리가 사랑하는 사람에게 유연성을 길러 주도록 도와준다.

유연성 기술들은 왜 그렇게 도움이 되는가?

탈융합은 다른 사람에 대한, 그리고 그들이 우리를 어떻게 대했는지에 대한 도움이 되지 않는 생각과 감정으로부터 한 발짝 물러날 수 있도록 돕고, 화가 나서 심한 질책을 하는 것과 같이 그것들이 일으킬 수 있는 부정적인 행동을 의식적으로 거절하게 도와준다. 사람들은 이러한 참을성을 고마워하며, 이는 또한 그들을 고무하여 덜 부정적이고 덜 반응적이게 하는 경향이 있다. 이를 통해 관계의 철수나 단절을 위협하지 않는 사려 깊고 배려하는 대화의 여지가 열린다.[1]

개념화된 자기에 대한 집착은 우리와 다른 사람 사이에 거리를 만든다. 우리는 가족과 친구들에게 자기 이미지를 지지하라고 종종 무의식적으로 압력을 가한다. 그들이 우리를 잘 알기 때문에 그 이미지가 왜곡된 것임을 볼 수 있음에도 말이다. 초월적인 자기 감각과 연결됨으로써 이런 경향이 근절되는데, 이는 전체적이고 진정한 자기를 관계 안으로 데려오며 다른 사람의 전체성을 인식하도록 도와준다.

수용은 우리가 관계에서 느끼는 고통에 대해 솔직해지도록 도와주는데, 이로써 고통을 없애기 위해 멀어지겠다고 위협하는 것과 같이 도움이 되지 않는 방법으로 감정을 감추거나 행동화하는 대신에 상대에게 그 감정을 분명하게 표현할 수 있게 된다.[2] 물론 학대를 당하는 관계에서와 같이 자기보호나 안전을 위해서 철수해야 하는 경우도 있지만, 그렇게 할 때의 고통을 수용하는 것은 거기에도 또한 도움이 될 것이다.

현존의 기술은 과거의 잘못에 대한 반추나 미래의 고통과 실망에 대한 상상으로 빠져들지 않도록 막아 주며, 대신에 현재에 연결되고 건강한 애착을 형성할 수 있는 가능성에 집중하도록 도와준다. 우리가 현재 순간의 기회를 최대한 활용하려고 한다는 것을 다른 사람들도 인지하며, 이는 그들도 같은 행동을 하도록 촉진한다.

가치 작업은 관계가 우리에게 얼마나 중요한지를 다시금 확인하는 데 도움을 주며, 공유된 가치의 기반 위에 관계를 세우고 가치에 있어서 서로 간의 차이를 수용하게 해 준다. 연구에서 밝혀진 바로는, 가치를 선택하는 능력은 다른 사람과 건강한 애착을 맺는 역량과 상관이 있다고 하는데,[3] 아마도 우리의 통제를 벗어난 것으로 느끼기보다 우리가 고를 수 있는 선택일 때 애착과 소속에 대한 갈망을 가지고 실현하는 것이 더 쉽기 때문인 듯하다.

다른 사람을 돌보는 것은 단지 감정의 문제만은 아니다. 우리는 물론 관계를 육성하는 행동을 취해야 한다. 우리가 하고 싶지 않다고 느끼더라도 필요한 대화를 먼저 시도하거나 건설적인 행동 변화에 전념하는 것과 같이 말이다.[4] 전념 연습은 이러한 행동들을 돕는데, 이는 용서하기, 갈등을 놓아 버리기, 적극적이고 일관성 있고 사려 깊은 방식으로 사랑의 작은 행동을 실천하기와 같이 상당히 어려울 수 있다.[5]

유연성 기술을 관계에 적용하는 것은 비단 자신의 행동과 생각, 감정에 대한 것을 포함할 뿐만 아니라, 다른 사람의 행동과 생각, 감정에도 이를 적용한다는 것을 의미한다. 탈융합을 생각해 보라. 여태까지 이 책에서의 작업은 우리 자신이 스스로에게 보내는 가혹한 메시지로부터 탈융합하는 데 초점이 맞춰져 있었다. 그러나 또한 다른 사람에 대한 가혹한 판단으로부터 거리를 두도록 탈융합을 활용할 수 있다. 이는 그들에게 더 많은 이해심과 자비를 보여 줄 수 있게 해 준다. 게다가 그들도 우리가 그렇게 하는 것을 감지할 것이며, 그들이 보다 덜 방어적이 되기 때문에 결국 자신의 생각과 행동을 보다 개방적으로 들여다볼 수 있는 여지를 줄 것이다. 또한 다른 사람이 우리에게 하는 가혹한 판단(보통 우리는 이를 내면화하여 우리 자신을 괴롭힌다)으로부터 거리를 두기 위해서 탈융합을 사용할 수도 있다. 이는 다른 사람과의 상호작용에서 덜 방어적일 수 있게 해 준다.

자기 작업을 다른 사람에게 확장하면서, 자기 이야기가 얼마나 도움이 되지 않는지에 관해 배운 교훈을 우리가 다른 사람에 대한 이야기를 지어 만든다는 것을 인정하는 데 적용할 수 있다. 우리는 그들이 무엇을 생각하고 느끼는지, 왜 그런 행동을 하는지, 종종 이에 대해 묻지 않은 채로 추측하곤 한다. 아마 이런 일이 우리에게 자행되는 경험을 모두 했을 것이며, 이를 전혀 좋아하지 않았을 것이다.

이렇게 행하는 것을 멈추기 위해서, 제10장에서 사용한 것과 같은 나/여기/지금의 관점 취하기 연습을 활용할 수 있다. 그들의 입장에 서고 그들의 시선으로 보면서 우리가 다른 사람을 특징화한 것을 알아차리고 그들의 행동에 대한 대안적 설명을 생각해보기 위해서 말이다.

부분적으로, 수용의 사회적 확장은 다른 사람이 자신에게 고통을 줄 때에도 그에 대한 자비를 보이는 것이다. 그들은 그들 자신의 고통을 느끼고 있는 것임을 알면, 그것에 반응해서 맹렬히 비난하거나 그들로부터 도망치는 함정을 피하는 데 도움이 된다. 수용의 확장은 또한 그들이 우리에게 준 고통을 나누는 것이 두려울 수 있음에도 불구하고 이를 기꺼이 나누는 것을 포함한다. 우리 모두는 너무나 자주 그들이 우리에게 고통을 주고 있다는 것을 이해할 거라고 추정한다. 실제로는 대개 이를 알지 못하고 있을 때도 말이다. 비난하지 않는 방식으로 이를 나누는 것은 어려울 수 있지만, 그 또한 돌파구로 이어질 수 있다.

가치 작업의 확장에는 우리의 가치에 대해 다른 사람들과 나누는 것과, 추측하기보다는 존중하는 방식으로 가치에 대해 그들과 논의하면서 그들의 가치에 대해 배우는 것이 포함된다. 우리는 서로의 삶의 열망에 대한 상호적인 감상력을 기르고, 그것들을 실현하도록 어떻게 서로 도울 수 있는지를 배운다.

문제를 해결하고 함께 목표를 추구하는 보다 효과적인 접근을 발견하기 위해 다른 사람과 협력함으로써 전념 행동은 확장된다. 관계에서 좌절하고 원망하는 가장 큰 근원 중 하나는 우리를 짜증나게 하거나 상처 주는 다른 사람들의 행동을 변화시키고 싶어 하는 데 있다. 그들은 우리의 변화 시도에 종종 저항하며, 우리는 훨씬 더 짜증나게 된다. 가치와 취약성을 공유하는 것을 기반으로 다른 사람과 연결될 때, SMART 목표를 세우고 양쪽 모두에게 효과적인 절충안에 동의하는 것이 훨씬 더 쉬워질 것이다.

제2부에 제시된 대부분의 연습들은 당신이 육성하기 원하는 어떤 관계에도 적용할 수 있다. 가령 당신이 배우자에 대해 매우 화가 난다고 해 보자. 그러나 그녀에 대해 가진 부정적인 생각에서 탈융합하기 위해, 이를 기록한 다음에 제9장의 '물체인 것처럼 바라보기' 연습을 실행할 수 있는데, 그 연습에서는 분노가 모양을 가지고 있다면 어떤 모양일지, 속도가 있다면 얼마나 빠른지와 같은 질문을 던져 본다. 또한 그런 생각들이 적힌 카드 묶음을 만들어 가지고 다니면서 가장 도움이 되는 탈융합 연습을 어떤 것이든지 적용해 볼 수 있을 것이다.

배우자가 전혀 사려 깊지 않다는 이야기를 지어냈다면, 자기 이야기를 다시 쓰는 연습에서 적용한 것을 배우자에 대한 이야기에 적용할 수 있을 것이다. 제2부의 장들로 돌아가서 다시 살펴보면, 관계 문제에 대해 이와 같은 방식으로 연습을 적용하는 것은 아주 작은 단계에 불과함을 알게 될 것이며, 사실상 이는 유연성 기술을 배우는 많은 사람들이 상당히 자연스럽게 습득하는 것이다.

다른 사람들의 유연성 육성을 돕기

유연성 기술을 우리가 관심을 가지는 사람들에게로 확장하는 다음 단계는 그들이 자신의 유연성 기술을 개발할 수 있도록 돕는 것이다. 우리가 유연성 기술의 가치를 배웠던 것처럼 우리가 관심을 가지는 사람들이 보다 자신을 수용하고 고통스러운 생각과 감정에 덜 얽매이며, 필요한 행동 변화에 보다 전념할 수 있기를 바란다. 그들이 유연성을 기르는 데 우리가 큰 도움이 될 수 있지만, 심리적으로 유연한 방식으로 이를 행하는 것이 중요하다.

ACT를 깨달은 어머니가 그녀의 십 대 딸에게 수용을 길러 주는 데 관심이 있다고 해보자. 그녀는 자신의 딸이 청소년기에 흔히 나타나는 사회불안에 휩싸여서 좋아하던 친구나 활동으로부터 철수함으로써 불안을 피하려고 애쓰기 시작하는 것을 보았다. 엄마는 딸에게 "감정을 수용하는 법을 배워야 한다." "불안은 두려워할 필요가 없어. 그건 너를 해치지 않을 거야. 그냥 느껴 봐!"라고 말하고 있는 자신을 발견했다.

그 목표 자체는 칭찬받을 만하나 그런 말들은 별로 도움이 되지 않는 듯하다. 한 발 물러나서 보면, 엄마의 선의의 충고가 판단으로 작용할 가능성이 있음을 볼 수 있을 것이다. 그도 그럴 것이 엄마는 딸에게 규칙을 명령하고 있다.

좋지 않은 발상이다.

만약 수용을 늘리려 한다면, 우리는 수용적이고 비판단적이며 가치에 기반을 둔 방식으로 그렇게 할 필요가 있을 것이다. 우리가 그렇게 하고 있는지를 확인해 주는 공식이 있다.

부추기라(Instigate), 모델링하라(Model), 강화하라(Reinforce), 그것에서(From), 그것을 향해(Toward), 그것과 함께(With It)!

나는 이 공식을 **좋아한다**. 그것은 도움이 되지만, 단지 도움이 되기 때문에 좋아하는 것이 아니다. 나는 또한 이 약어가 다음과 같다는 사실을 좋아하는 것이다.

I'm RFT With It!

(어쩔 수 없다……. 여전히 웃음 짓게 된다.)

이것이 본질적으로 의미하는 바는, 다른 사람들이 유연성을 기르도록 돕기 위해서 우리는 유연성을 **모델링**하며 유연성을 향해 머뭇거리는 그들의 발걸음에 긍정적인 **강화**를 제공하는 방식으로, 그들이 겪고 있는 투쟁에 대해 개방적이고 깨어 있으며 가치에 기초한, 그들과의 상호작용을 **부추겨야** 하는 것이다. 내적으로 유연성의 지점에서(from) 작동하여 그들의 유연성 발달을 향해(toward) 작업하되, 유연성 기술과 **함께**(with) 그렇게 한다.

이것이 어떻게 ACT를 깨달은 이 엄마를 도울 수 있을까? 그녀가 고려할 일련의 질문들이 여기 있다.

- 딸의 고통스러운 투쟁을 지켜보는 것이 고통스럽다면, 그 사실을 인정하고 나누는 것에서 시작할 수 있는가?

이는 부추기는 것이다. 딸로 하여금 자신의 고통을 알아차리고 고통에 대해 더 개방적이고 호기심 어린 태도를 취할 수 있도록 초대하는 것이다.

- '도움'이나 '변화'로 빠르게 넘어가지 말고 그 대신에 개방성과 호기심을 가지고 그저 들어 주면서 딸의 기분에 대해 개방된 질문을 할 수 있는가?
- 딸의 고통에 대해 당신이 느끼는 고통이나 자기비난에서 구해 주는 것이 딸의 임무라고 암시하지 않고서 이런 상의를 할 수 있는가? 감정과 함께 있는 것이 괜찮다는 것을 딸에게 보여 줄 수 있는가? 예컨대, 눈물을 터뜨려도 괜찮겠는가?
- 아무리 힘들더라도 고통의 순간에 딸과 함께 할 것이라고 말해 줄 수 있는가?

이 모든 것은 모델링이다. 즉, 이 사례에서는 수용의 기술을 모델링하는 것인데, 이는 딸로 하여금 그녀 자신의 감정을 느끼도록 초대한다.

실제 대화는 다음과 같이 진행될 수 있다.

엄마: 네가 두려움과 싸우고 있는 모습을 보니 마음이 아프구나. 심장을 찌르는 것 같아. 내 생각에 나도 꽤나 비슷한 상황을 겪었던 적이 있고, 그때 얼마나 무기력하고 절망했는지 생각이 나는구나. 마치 나 자신으로 있는 것이 괜찮지 않은 것처럼 느껴졌지. 다른 사람이 나와 함께 있고 싶으려면 나 자신이 바뀌어야 한다고 믿었던 것 같아. 네가 겪고 있는 일도 이와 같은 것들이니?

딸: 그런 생각을 하는 것조차 힘들어요. 온통 어두컴컴해요.

엄마: 알겠다. 그게 어떤 느낌인지 좀 더 알 수 있도록 나를 기꺼이 도와줄 수 있겠니? 아주 조금이라도? 나는 뭔가를 고치려는 게 아니야. 그냥 안에서 너를 보고 싶을 뿐이란다. 네가 무엇을 느끼는지가 내게도 중요하거든. 그런 두려움이 정말 사라진다면 어떨 것 같으니?

만약 딸이 마음을 열고 나눈다면, 엄마는 그 순간을 활용해서 그들 사이의 연결과 보살핌이 깊어지게 해야 한다. 가령 불안이 자신을 압도할까 봐 두렵다고 말하는 상황을 가정해 보자. 엄마는 다음과 같은 말로써 반응할 수 있을 것이다.

나를 믿고 나눠 줘서 고맙다. 네가 느끼고 있는 것을 나누기 어렵고 내가 듣기 힘들지라도, 네가 어떻게 느끼는지를 알 때 너와 더 가깝게 느껴지는구나.

다른 사람이 그들 자신의 유연성을 기를 수 있도록 돕는 이와 같은 작업에 더 많은 노력을 기울일수록 그 과정은 더 자연스러워지게 될 것이다. 이는 관계에서의 유대감을 강화하고 대인관계적인 유연성을 발휘하는 강력한 방법이며, 이는 서로 강화된다.

기술들을 관계에 적용하는 이러한 일반적인 지침에 더해서, 특정한 종류의 관계에서 사용하는 유연성 기술에 대한 몇 가지 구체적인 연구 결과들에 대해 아는 것이 중요하다. 다음으로, 양육에 대해 좀 더 논의하고 나서 학대와 같은 문제를 포함하는 연인 관계에서의 특정한 사안들을 설명하고, ACT가 편견에 대항하는 데 어떻게 적용될 수 있는지에 대한 논의로 마무리를 짓고자 한다.

이 방면에 있어서 건강한 관계를 위한 상세한 프로그램을 마련하는 것이 내 목적은 아니다. 이러한 논의들은 ACT로부터 통찰을 얻는 문을 열기 위함이다. 만약에 심각한 관계 문제로 어려움을 겪고 있다면 전문적인 도움을 받을 것을 권한다. ACT와 통합하기 쉬운, 관계를 위한 일반적인 치료 접근에는 정서중심 치료나 가트먼 치료법, 통합적인 부부 행동치료 등이 있다.

양육

부모가 되는 것은 참으로 어려운 일이다.

나는 알아야 한다. 어린 스티비가 대학에 진학할 때까지, 나는 성장기에 있는 아이들을 55년간 꾸준히 기르고 있을 것이다[6][『기네스북 세계기록(Guinness Book of World Records)』을 참고하라].

양육은 마음을 휘젓는 뒤섞인 감정들을 수반한다. 사회 공포로 힘들어하는 딸을 대하는 엄마의 예에서처럼, 아이들이 괴로워하고 거절당하며 실수하고 비틀거리고 넘어지는 것을 지켜보기란 힘든 일이다. 그러나 또한 아이들이 장애물을 극복하고 앞으로 나아가 완전한 자신으로 존재할 용기를 찾고 삶에서 자신의 목적의식을 발견하는 걸 지켜보는 일은 경이롭다.

심리적 경직성으로 인해서 건강한 방식으로 아이들과 상호작용하는 것이 어려워지고, 특히 취약함을 느끼고 스트레스를 받을 때는 더욱 그러하다는 것이 연구자들에 의해 밝혀졌다.[7] 반대로, 심리적으로 유연한 부모들은 좋은 양육 기술을 배우고 필요할 때 이를 투입할 수 있다.

양육에 있어 가장 까다로운 측면 중 하나는, 아이들과의 상호작용에서 유연성이든 경직성이든 우리가 끊임없이 모델링하고 부추기고 강화를 하고 있다는 것이다. 우리는 그런 영향을 피할 수 없다. 아이들이 우리 자신의 유연성이나 경직성을 볼 때, 그들은 이를 내면화한다.

그것은 중요하다.

부모의 경직성은 아이들의 불안과 행동화 문제, 좋지 않은 일이 일어났을 때 실제적인 트라우마로 이어지는지 여부를 유의미하게 예측한다. 예를 들어, 근처 학교에서 총격 사건이 일어나거나 파괴적인 폭풍이 마을을 덮칠 때, 어떤 아이들이 특히 더 힘든 시간을 보낼지 예측할 수 있다. 이들은 불안한 부모가 아니라, 특히 경직된 부모를 둔 아이들이다.[8]

호주의 ACT 연구자들이 수행한 최근 연구에서 750명의 아동과 그들의 부모를 중학교부터 고등학교까지 6년 동안 추적 관찰했다.[9] 온정이나 정서적 민감성이 낮고 통제 수준이 높은, 경직되고 권위주의적인 방식으로 양육한 부모의 자녀들은 해당 기간 동안 심리적 유연성이 감소하는 결과가 나타났다. 설상가상으로 아이들의 유연성이 떨어짐에 따라 부모들은 더욱더 권위적인 방식으로 반응하는 경향이 높아지는 악순환이 발생했다.

물론 몇 가지 중요한 이유들 때문에 양육에 관한 한 유연성을 발휘하는 것이 어려울 수 있다. 하나는, 부모로서 우리가 아이들을 위해 규칙을 세워 주어야 하므로 이를 너무 경직되지 않게 수행하는 것은 미묘한 균형을 요하는 일이다. 결국 우리가 부여하는 규칙은 아이들을 보호하고, 그들이 책임감과 배려심이 있으며 유능한 존재가 되도록 돕는 것을 목표로 한다. 그들이 우리의 지도를 무시할 때 화나는 것은 말할 것도 없고 무섭기까지 하다.

양육에서 유연성의 춤은 아이들의 자율성과 자유를 지원하는 동시에 연령에 적절하고 합리적인 제한을 설정하고, 일관되고 합리적인 방식으로 관리하고 훈육하는 것이다. 이것이 바로 양육 전문가들이 **권위** 있는 부모라 부르는 것인데, 이는 아이들 지도에 있어서 또 다른 까다로운 쟁점을 지칭하는 말이다. 그들은 부모가 권위가 있기를 원하는 경향이 있다.

아이들은 어렸을 때 우리가 인생에 대한 모든 해답을 가지고 있다고 기대한다(물론 그들은 대개 머지않아 그것에서 벗어난다). 삶의 많은 질문에는 '옳은' 답이 없으며 자신만의 답을 발견하기 위해 불가피하게 역경들을 겪으리라는 사실을 아이들에게 일깨워 주는 대신에, 우리는 모든 것을 아는 조언자 역할에 쉽게 빠질 수 있다. 아이들에게 그러한 역경을 뚫고 나갈 선택의 자유를 부여하는 일은 어려울 수 있다. 내가 열두 살짜리 내 아이에게 거의 매일같이 묻는 질문은 "오늘은 어떤 힘든 일이 있었니?"다. 나는 그가 어려운 일을 수행하는 자기만의 기술을 생각해 내기를 바란다.

ACT 배우기가 어떻게 도움이 될 수 있는지를 보여 주기 위해, 부모가 당면할 수 있는 가장 어려운 질문 중 하나를 사용해서 예를 들어 보겠다. 나는 내 모든 아이들에게서 이에 직면해야만 했다.

4명의 모든 아이들이 여덟 살에서 열네 살 사이에 저마다 각자의 방식으로, 만약 사람이 어차피 죽는다면 살아야 할 이유가 무엇인가를 묻는, 자살사고와 약간 비슷한 생각을 나누곤 했다. 나는 심리학자로서, 이런 생각이 어린 아동이나 청소년기에 흔하다(나는 자살에 대한 생각을 한 적이 있지만 실제로 시도하지는 않았다와 같은 문장에 대부분의 고등학생들이 동의한다)는 것을 알고 있어서 득을 봤다.[10] 이와 같은 생각은 아이들로 하여금 자신은 외롭고 고립되어 있으며 다른 사람과 다르다고 쉽게 생각하게 만든다. ACT의 통찰력은 그러한 자살사고가, 죽는 한이 있더라도 내면에서 나쁘게 느끼는 '문제를 해결하려는' 마음을 반영한다는 것을 이해하도록 도와준다. 그것은 사람들이 망가졌다는 신호가 아니라 오히려 정서적 고통을 다루는 법을 배우기 위해 마음의 문제해결 모드를 넘어서야 함을 알리는 신호다.

내 아들 찰리는 내 모든 아이들 중 가장 처음으로 삶의 의미에 대해 도발적인 방식으로 질문했다. 그는 삶이 공허하거나 무의미하지 않다는 사실을 나보고 **증명**하라고 거의 요구하다시피 했다("아빠가 이를 증명할 수 없다면, 왜 내가 자살을 하면 안 되는 거죠?"를 암시하는 톤으로 말이다).

나는 삶이 그 자체로 의미 있음을 **증명**해야 한다는 생각이 위험함을 알고 있었다. 우리의 판단적인 마음은 우리가 주는 건 뭐든지 작동할 수 있다. 선택에 관한 한 의미가 중요하며, 그에게 증거를 제공하려는 시도는 그 선택을 논리적인 결정으로 옮겨 놓을 것이다. 이는 자연스러운 충동이지만 실제로 위험한 발상을 주입할 수도 있을 것이다. 아주 곤란한 순간이었다.

내가 한 말이 찰리의 걸음을 멈추게 했다. "우리 모두는 그런 생각을 갖고 있단다."라고 나는 말했다. "나도 마찬가지란다! 여전히 갖고 있기도 하다." 찰리의 눈이 조금 휘둥그레졌다. "그러니 그냥 그렇다고 하자. '인생은 공허하고 무의미하다. 그것이 인생의 비밀이다. 네가 무엇을 하든지 간에 어차피 죽을 것이고, 결국 태양은 큰 얼음덩어리가 되고 말 것이기 때문이다.' 이를 그냥 당연한 것으로 받아들이자꾸나." 그는 약간 놀란 듯 보였다. 그는 동의가 아닌 논쟁을 준비하고 있었던 것이다. "그리고", 나는 잠시 시간을 두고 더 가까이 몸을 기울이면서 덧붙였다, "나는 너를 사랑하고, 네가 나를 사랑한다는 것을 안다. 우리 마음이 하는 말이 무엇이건 간에 이 또한 사실이란다."

몇 년 후, 찰리는 이 대화가 그의 유년기의 삶의 전환점이 되었다고 말해 주었다. 그는 자신에게 의미 있는 것을 선택할 수 있으며 그 선택을 타당화하기 위해 마음과의 논쟁에서 이길 필요가 없음을 깨달았던 것이다.

자살을 다루는 최선의 방법에 대한 최신 연구 결과는 ACT의 통찰력과 잘 맞는다.[11] 즉, 고통을 정상화하고 타당화하며, 고통과 목적을 다루려는 노력을 문제로 규정하고, 이를 건강한 방식으로 도울 수 있는 적극적인 행동을 독려하는 것이다. 만약 아이들이 끊임없고 매우 힘들며 얽혀들게 하는 자살사고로 고통을 받고 있거나, 구체적이고 치명적인 계획을 세우는 데 몰두해 있는 것이 확실하다면 전문적인 도움을 구해야 한다. 당신과 당신의 아이가 '정상화, 타당화, 재명명화, 활성화'의 과정을 밟을 수 있도록 도울 ACT 훈련을 받은 임상가를 찾을 수 있다.

보다 정기적이고 일상적인 양육 스트레스를 위해서, 좌절감을 느끼거나 강압적으로 명령하고 싶은 충동을 느낄 때마다 아이들을 유연하게 대하는 것에 긴장을 늦추지 않기 위해서, 잠시 시간을 내어 마음속으로 다음 단계들을 빠르게 훑어보라.

1. 나타나면 점검하라. 당신에게 일어나고 있는 경험을 가지고 시작해 보라. 화가 나는가? 이는 두렵기 때문인가? 아니면 자신이 없어서인가? 어쩌면 그냥 피곤하고 지쳐 있는 것일 수도 있다. 아니면 아이의 행동이 당신 삶에서 사고와 같이 트라우마가 된 사건을 생각나게 했을 수도 있다. 잠시 시간을 내어 가혹한 판단 없이 호기심을 가지고 당신이 느끼고 있는 것에 개방해 보라. 당신 안에서 힘듦이 느껴진다면 이 상황에서 아이의 유연성을 지원하는 데로 주의를 옮기기 전에 그 어려움을 스스로 인정해 보라.

왜 이것이 첫 번째 단계이겠는가? 당신이 융합되어 있고 회피적일 때 유연성을 가지고 양육하기란 그저 역할연기에 불과하기 때문이다. 아이들은 이내 그것을 꿰뚫어 볼 것이다.

323

2. 아이의 관점을 취하라. 공감과 자비의 마음으로 아이의 입장이 되어 볼 수 있는지 보기 위해서 잠시 더 시간을 가지라. 우리는 아이의 행동을 수학 문제처럼 다루는 경향이 있다. 대신에 감상하는 태도로 아름다운 이야기를 보듯이 당신의 아이를 바라보라. 당신과 아이는 그 이야기의 다음 대사를 쓰려고 한다. 아이가 쓰고 싶어 하는 내용은 무엇인가? 그가 두려워하는 다음 대사는 무엇이 되겠는가?

3. 당신의 가치로 점검하라. 아이에게 유연성을 가지고 행동하는 것이 당신에게 매우 중요하다는 데 집중하라. 가치에 있어서는 우리 모두가 여행 중이며 완벽함보다는 진전이 더 중요하다는 것을 스스로 상기하라. 아이에게 개방성과 알아차림, 가치 기반 행동을 길러 주기 위해 그때 거기서 당신이 할 수 있는 것이 무엇인지 생각해 보라.

세 부분으로 구성된 공식은 당신의 가치와 자녀와의 관계를 온전히 유지하면서 자녀 양육에 있어서의 암울한 부분을 헤쳐 나가도록 도와줄 것이다. 이 단계들을 특정한 기술(일관적이고 합리적인 규칙, 적절한 관리, 긍정적인 보상, 그리고 양육 기술에 관한 근거 기반의 책들이 소개하는 다른 실제적인 행동들)과 결합할 필요가 있지만, 이 세 가지 단계들은 모든 것 중에서 가장 중요한 육아의 특징인 애정 어린 돌봄에 도움이 될 것이다.

연인 관계

연인과의 관계에서 유연성 기술을 적용하는 연습을 많이 할수록, 이전에 얻은 통찰의 순간을 보다 쉽게 떠올리고서 도움이 되지 않은 생각과 감정이 들어도 무시할 수 있고, 부정적인 패턴에 빠지지 않는 대신에 건설적인 대화와 행동에 참여할 수 있게 될 것이다. 여기서 다룰 특별한 사안은 안정 애착을 조성하는 정서적 연결을 위한 의사소통이다.

연구에 따르면, 다른 사람에 대한 판단으로부터 탈융합할 수 있는 사람들이 자신들의 장기적인 관계에 더 만족하는 경향이 있다. 사람보다 환상을 사랑하기가 훨씬 쉬운 법이다. 우리의 마음이 파트너를 비난하거나 그와 거리를 두라고 말할 때조차 파트너와 연결되고 그를 이해하기 위해 유연성 기술을 활용할 때, 파트너는 유연성이 주는 사랑과 안전감을 감지한다. 이 점이 바로 자신과 상대에 대한 고통스러운 생각과 감정을 수용하고 있을 때 파트너가 더 만족하는 이유일 듯하다.[12] 만족감이 개선되는 주된 이유는 심리적으로 유연한 개인들이 자신의 감정과 가치를 확인하고 소통하는 데 더 능숙하기 때문이며, 이는 안전감과 성장의 영역인 관계성을 깊어지게 한다.[13]

상대와 더 깊은 정서적 연결과 의사소통을 도모하기 위해서 나눔과 보살핌을 발전시키는 데 도움이 되는 두 가지 연습을 추천한다.

1. 제13장에서 했던 것과 같이, 가치 작성을 위해 각자 10분씩 시간을 가지라. 자녀 양육, 취미 활동, 함께 일하기, 돈 관리, 가정 만들기와 같은 공유 영역에 대해 작성해 보라. 파트너 또는 관계에 대한 불만이나 잘못된 것을 적지 말고 당신의 가치에 대해 적으라. 어떤 것들인가? 왜 그게 중요한가? 그것을 잊고 지낼 때 어떻게 되는가?

작성한 후에 잠시 각자가 쓴 것을 소리 내어 번갈아 읽어 보라. '깨어 있는 눈과 귀'를 사용해서 파트너의 목소리에 귀를 기울이고, 상대도 당신과 똑같이 하도록 요청하라. 고개를 숙이거나 하는 대신에 파트너를 향해 몸을 맞추고 상대를 바라보며 확실하게 온전히 현존하라. 견해를 말하거나 수정하거나 도전하지 말고, 그저 주의 깊게 들어 보라. 파트너가 쓴 내용을 들은 후에 이를 파트너에게 다시 말하고(그도 역시 '깨어 있는 눈과 귀'를 적용한다), 당신이 맞게 이해했다고 그가 생각하는지 보라. 만일 당신이 한 말이 뜻했던 바와 완전히 다르다면, 파트너는 분명하게 말해 줄 수 있다. 그리고 나서 파트너가 진정으로 이해한다고 말할 때까지 그가 한 말을 당신이 다시 진술해야 한다. 그다음에 가치를 나누고, 당신이 같은 과정을 거칠 차례다.

각자가 상대의 말을 들을 수 있는 기회를 가진 후에는 연습을 진행하는 동안 떠오른 감정과 생각을 나누는 시간이다. 비난에 말려들지 않도록 주의하라. 'I'm RFT With It' 공식을 마음 앞에 두고 이 연습을 당신의 기술로부터, 기술을 향해, 기술을 가지고 실행해 보라. 연습의 목적을 놓치지 않도록 하라. 즉, 이는 당신들 각자가 보다 온전히 자신으로 존재할 수 있는 안전하고 확실한 영역을 만들기 위함이다.

2. 제9장에서 소개된 '사회적인 공유와 탈융합' 연습 버전을 파트너와 함께 해 보라 (그것은 제9장 끝에 '추가적인 방법들' 중 마지막 연습에 해당한다). 카드 위에 한두 단어로, 각자 흘려보낼 준비가 된 내적 장애물을 적어야 한다. 파트너에 대한 은근한 비난이 아님을 분명히 해 두라. 그런 다음 각자 카드를 뒤집어 두라.

그다음에 각자 이 장애물이 어떤 느낌을 주는지 2분에서 3분가량 언급해야 한다. 그 것의 기원에 대한 생각을 나누고(예: 짜증감을 표현하면 큰 싸움이 될 뿐이었던 어린 시절의 환경), 이 장애물에 대한 회피나 그것에 대한 생각에 얽매이는 것이 치러 온 대가를 생각해 보라. 그리고 나서 그 장애물을 넘어 나아갈 수 있는 행동에 전념해 보라. 이 과정을 거치는 동안 당신의 모든 탈융합과 수용 기술을 확실하게 활용하라(예: "나는 ……한 생각을 지닌다."). 그리고 나서 청자는 들은 바에 대한 정서적 반응과 파트너가 이를 다뤄 온 방식에 대한 공감, 적어도 한두 개의 비슷하거나 겹치는 자신의 경험을 나누어야 한다. 이는 안전감을 느끼는 맥락에서 취약성을 나누는 방식이므로, 관계에서 철수하거나 버리겠다고 위협하지 않게 될 듯하다.

학대와 싸우기

전 세계의 15세 이상의 여성 중 30%가 평생에 걸쳐 육체적 폭력이나 성적 폭력 또는 두 가지 폭력 모두를 경험한다.[14] 남자들도 학대를 경험하지만 상대적으로 그 빈도가 더 적다. 학대 관계는 정신적 · 행동적인 건강에 부정적인 영향을 강하게 미치며, 유연성 기술은 이를 방지하는 데 도움을 줄 수 있다.

학대를 경험한 이들은 종종 수치심과 자기비난, 불안과 투쟁하며, 우리가 앞서 본 바와 같이 유연성 기술은 이들 모두에 대처할 수 있도록 돕는다. 유연성 기술은 또한 미래의 학대로부터 우리 자신을 보호하도록 돕는다. 학대 생존자가 심리적으로 경직되어 있다면 또다시 희생양이 될 위험성이 상당히 증가한다. 우리에게 좋은 파트너를 찾는 촉이 필요한데, 이는 경험 회피자들에게는 어려운 일이다.

ACT는 학대 관계에서 벗어나기 위해 어려운 행동을 감행하는 것을 돕는다. 학대를 경험하는 이들은 모두 너무나도 자주 "그냥 떠나."라는 말을 쉽게 듣는다. 마치 그것이 쉽다는 듯이 말이다. 그것은 엄청나게 힘든 일일 수 있고, 유연성 기술은 변화에의 전념을 강조하면서도 어려운 것을 받아들이도록 생존자를 돕는다. 이는 자기 타당화와 힘을 실어 주는 것이다.

ACT 훈련이 사람들을 학대에서 회복하도록 돕는 데 얼마나 효과가 있는지를 밝힌 한 연구는 내 아내인 재클린 피스토렐로Jacqueline Pistorello와 동료들에 의해 수행되었는데, 그녀와 빅토리아 폴레트Victoria Follette가 외상 생존자에 관해 쓴 책에 기반을 둔 온라인 프로그램을 활용했다.[15] 25명의 참가자 중 96%는 성폭력을, 84%는 강간을 당한 적이 있으며, 60%는 신체적인 학대를 경험했다. 절반의 사례에서 친밀한 파트너가 학대의 가해자였다. 참가자들에게는 유연성 기술을 소개하는 여섯 회기의 온라인 비디오 클립이 제공되었다. 연구가 끝날 때, 그들이 보고한 증상 변화의 정도에 따르면 거의 절반이 외상에서 회복되었고, 또 다른 1/3 정도는 증상이 현저하게 개선되었다.

트라우마를 위한 다른 좋은 프로그램들이 있다. 노출 치료와 인지처리치료는 그중에서 가장 좋은 것으로 알려져 있고, 이 두 치료 모두가 현재 ACT에 비해 더 많은 결과 자료들이 있으므로 그 치료들을 추천한다. 그러나 이 프로그램들도 개방성 그리고 가치와의 연결로 역시 도움을 받을 수 있으므로, 어떤 접근법을 택하든지 유연성 기술은 도움이 될 것이다.

ACT로 학대 줄이기

만약 당신이 이 중대한 문제에 대한 미디어의 담론을 따른다면, 공공 캠페인이나 학대를 범죄로 다룸으로써 궁극적으로 긍정적인 효과가 나타나길 바라는 것에 대해 면죄부를 받을 수 있을 것이다. 그런데 그럴 것 같지 않다. 세계보건기구(WHO)는 범죄에 대한 기소는 억제력이 없으며, 공공 캠페인은 정부 지원을 더 잘 이끌어 내지만 학대 자체를 획기적으로 줄이지는 않는다고 결론을 내렸다.[16]

학대 가해자에 대한 의무적인 심리치료 역시 실망스러운 결과를 보여 주었다. 가장 보편적인 두 가지 개입은 인지행동치료와 덜루스 모델(Duluth Model)이라 불리는 의식 고취 접근법이다. 보통 두 가지를 조합해서 사용한다. 그러나 불행하게도 둘 다 미래의 학대와 폭력을 소폭만 감소시키는 것으로 나타났다(약 5% 이하).[17]

새로운 접근법이 필요하다.

ACT 훈련을 가정 폭력 가해자들에게 적용하려는 시도들은 아직 초기 단계에 머물러 있지만, 지금까지 다른 결과와 비교해 강력한 것으로 입증되었다. ACT 접근법에서 학대 가해자는 결코 수치심을 느끼거나 폄하당하거나 설교를 듣지 않는다. 연구에 따르면, 그들 대부분은 아동기 학대의 희생자였고, 그들의 학대는 종종 수치감이나 상실의 두려움을 다루기 위한 회피 행동에 뿌리 깊게 각인되어 있다. 이는 그들의 학대에 대한 정당성을 부여하지 않는다. 가정 폭력은 범죄이며 그 점을 잊어서는 안 된다. 그러나 가해자를 수치스럽게 하는 것이 그들의 폭력성을 감소시키지 않는다는 것은 이해하기 쉬운 경험적 사실인데, 특히 수치감은 종종 방아쇠가 되기 때문이다. 그렇다면 왜 그럴까?

ACT 접근은 대신에 가해자의 정서적 개방성과 관계에서의 가치에 대한 알아차림을 기르도록 작업한다. 개입은 대인관계 유연성을 기르는 'I'm RFT With It' 규칙을 따르며, 개입의 과정은 자비롭고, 비판단적이며, 참여적이다. 집단 회기에서는 유연성 기술을 소개하고 참가자들에게는 관계에서 어려운 순간들에 기술을 적용하는 방법에 관한 과제가 또한 부여된다. 치료 과정 동안에 내담자들은 학대의 정서적 촉발 요인과 행동의 결과에 대한 모니터링 일지를 작성한다. 학대 가해자들은 그들이 정서적으로 회피적이 된다는 점을 인식하고, 그 대신에 선택한 개인적 가치와 일치하는 행동에 참여하기를 실행한다.

이러한 접근법을 검증한 첫 번째 연구는 아이오와주의 심리학자 에이미 잘링Amie Zarling이 수행한 무작위 치료 비교 연구였다. 이는 치료에 자원한 가해자들을 대상으로 한 잘 통제된 연구로서 세계적으로 가장 권위 있는 임상심리학 저널에 게재된 바 있다.[18] 참가자들의 파트너가 보고한 바에 따르면, 매주 3개월간 ACT 회기를 실시한 집단이 (지지적 토론 그룹에 비해) 상당한 효과가 있는 것으로 나타났다. 치료 후 6개월에 걸쳐서 참가자의 파트너가 보고한 신체적 폭력성은 73%, 언어적 혹은 심리적 공격성은 60% 감소했다. 가해자의 정서 조절 기술을 측정한 결과, 유연성 기술에서의 향상이 학대의 감소를 유의미하게 설명하는 것으로 나타났다.

이 결과를 읽었을 때 나는 매우 흥분했지만 조심스러웠는데, 이들은 학대를 멈추려는 동기가 분명하게 있었던 자발적인 참가자들이었기 때문이다. 대부분의 가해자들은 자발적으로 치료에 오지 않으며, 치료를 받아야 한다고 법원이 명령한다. 그런 경우에도 여전히 효과가 있을까?

명백하게도 그렇다.

잘링이 수행한 다음 연구[19]에서 그녀는 법원에 의해 강제로 치료를 찾은 아이오와주 전역의 대상자들과 함께 작업했다. 가정 폭력으로 체포된 3,500명에 달하는 대규모의 가해자들은 덜루스 모델과 CBT를 결합한 치료 집단 또는 ACT 집단에 배정되었다. 그 결과는 가정 폭력과 관련된 학계를 놀라게 했다. 다음 한 해 동안의 체포 이력을 보면, ACT 집단에 참가한 이들은 추가적인 가정 폭력 혐의가 31%, 모든 종류의 폭행 혐의가 37% 더 적게 나타났다. 이는 학계가 예상한 몇 % 수치보다 훨씬 더 큰 효과였다.

다시 강조하지만, 이 연구는 초기 단계이며 1년의 추적 관찰은 시작에 불과하다. 결과들이 반복 검증되고 추적 관찰의 효과가 지속되는 것으로 나타날 때까지는 확신할 수 없다. 하지만 확실한 것은, 지금까지의 결과가 매우 희망적이라는 점이다. 아이오와주 역시 결과에 깊이 감명을 받은 나머지 주 전역에 이 프로그램을 실시하도록 했다.

편견 극복하기

편견에 대해 말하기란 어렵다. 우리는 그것을 다른 사람들(나쁜 사람들)이 마음에 품는 것쯤으로 생각하는 경향이 있다. 슬픈 진실은 편견이 우리 모두의 내면에 있다는 것이다. 좋은 소식은, 깊이 뿌리내린 사회적 전염병과도 같은 편견을 방지할 수 있는 강력한 새로운 방법을 ACT가 제공한다는 것이다.

편견은 부분적으로 우리 부모나 학교로부터의 문화적인 학습, 미디어에 퍼져 있는 선입견적인 메시지들과 서술에 기인한다. 그러나 편견은 진화적 유산 때문에 아주 쉽게 우리에게 배어든다. 인간은 사회적으로 매우 동질적인 소집단에서 진화했다. 불행하게도, 그러한 집단 정체성은 집단 내 유대감과 협력에는 도움이 되었지만, 또한 다른 소집단과의 경쟁을 초래했다. 우리는 우리 자신들을 내집단과 외집단으로 나누었고, 고유의 문화를 발달시킴에 따라 외집단에 대해서 '타자화하는' 이야기를 만들어 냈다.

인간은 어느 순간이라도 경쟁 집단에게 공격당할 위험 속에 개방된 사바나의 캠프파이어 주변에 군집된 작은 부족에서 시작해서 먼 길을 왔다. 하지만 우리 마음은 여전히 '우리 대 그들'의 관점에서 생각하곤 한다. 연구자들은 동전 던지기를 통해 참가자들을 두 집단으로 나누어 이 동기가 얼마나 강력한지를 밝힌 바 있다. 참가자들은 자신의 집단이 무작위로 구성된 것임을 알고 있었음에도 여전히 자신의 집단이 다른 집단보다 더 낫다고 쉽게 생각하기 시작했다.

이와 같은 타자화 본능은 엄청나게 구시대적인 유물이다. 우리는 같은 동족이며, 이는 단순히 도덕적인 문제가 아니다. 유전학 연구는 모든 인간이 생물학적으로 얼마나 완전하게 동일한지를 보여 준다.[20] 이런 방식으로 생각해 보라. 우리는 그리 오래되지 않은 기간 동안 동일한 조상을 가졌다. 만약 이 사실만으로 타자화 경향을 멈출 수 있다면, 그러나 아쉽게도 그런 경향성은 우리 마음속에 보다 깊이 자리 잡고 있다는 것이 연구에서 밝혀졌다.

지속적인 사회적 다원화로 말미암아 편견이 가차 없이 방지될 것이라고 많은 사회과학자들은 주장했지만, 그 변화 과정은 보다 복잡하다. 성 편견이 우리 모두에게 뿌리내리고 있는 이후로 그리고 인간이 존재한 순간 이후로 줄곧 남성과 여성은 가깝게 상호작용했으며 그렇지 않으면 우리는 지금 여기에 없을 것이다. 연구가 없더라도 우리는 그 점을 알았어야 한다.

2007년에 하버드 정치학자 로버트 퍼트넘Robert Putnam은 다양성이 공동체 생활에 미치는 영향에 대한 중요한 연구를 발표했다.[21] 그는 공동체가 다양할수록 사람들이 다른 사람을 덜 신뢰하며, 심지어 '그들 자신의' 집단에 대해서조차 이러한 경향이 나타난다는 것을 발견했다. 더 적은 사람들이 투표하고 자원봉사를 하며 자선을 베풀고 지역사회 프로젝트에서 일했다. 달리 말해, 그는 다양성이 커짐에 따라서 사람들은 공동체를 형성하는 많은 과정들로부터 철수한다고 결론지었다. 다양한 세상에 사는 것만으로는 충분치 않다. 즉, 다양성의 이점을 얻기 위해서 우리는 유연한 마음이 제공하는 공간에서 살아가는 것이 또한 필요하다.

이는 편견이 우리의 사고 네트워크에 깊이 박혀 있다는 것이 문제의 핵심이기 때문이다. 암묵적 편견(우리가 의식적으로 인식하지 못하는 부정적인 고정관념과 타자화하는 경향)에 관해 방대한 양의 연구들이 수행된 바 있다. 사람들에게 고정관념화된 집단에 대한 견해를 물을 때 그들은 그들이 믿고자 하는 것에 맞는 대답을 하는 경향이 있다. RFT 방법은 암묵적 편견을 측정하는 가장 우수한 평가 방법을 제공하며, 그 결과를 보면 대부분의 사람들은 외집단에 있는 것으로 여기는 사람들에 대해 부정적인 고정관념을 가지고 있다.[22]

좋든 싫든 간에 편견은 우리 안에 쉽게 파고드는 경향이 있기에, 편견에 보다 효과적으로 맞서기 위해서 우리는 마음이 편견을 다루는 방식을 변화시켜야 한다. 우리가 살고 있는 이 현대적인 세상을 위해 현대적인 마음을 창조할 필요가 있는 것이다. ACT가 도움이 될 수 있다는 사실을 발견하게 되어 개인적으로 매우 감사한 마음이다. 어린아이였을 때부터 나는 편견의 잔인함과, 그것이 나 자신을 포함한 우리 모두에게 미치는 영향으로 고통을 받아 왔다. 나는 또한 그것이 내 유대인 선조들의 흥망성쇠에 얼마나 깊은 영향을 미쳤는지 배워 왔으며 내 아이들에게도 향하는 것을 목격했다.

작은 콧수염을 기른 우스꽝스럽게 생긴 남자가, 보이지 않는 군중의 함성이 들릴 때면, 멈춰서 알아들을 수 없는 독일어를 날카롭게 외쳐 대고 있는 것을 흑백 텔레비전 속에서 보면서 어머니 옆에서 앉아 있던 날, 유치원생이던 나는 무언가 중요한 것을 목격했음을 알았다. 어머니는 갑자기 앞으로 뛰어가 텔레비전 화면에 침을 뱉고 꺼 버린 뒤 방을 나가 버렸다.

그 우스꽝스럽게 생긴 작은 남자가 10년도 채 안 되어 끝난 잔인한 전쟁을 시작했다는 것을 당시에는 몰랐다. 또한 그녀의 독일인 아버지가 조국애에 휩싸인 나머지 그녀가 '더러운 혈통'을 가졌다는 사실을 아무에게도 발설하지 말 것을 지시했다는 것도 몰랐다. 심지어 나는 어머니의 이름도 몰랐다. 그녀가 항상 말했던 대로 루스 아일린 드라이어Ruth Eileen Dreyer가 아니라 루스 에스더Ruth Esther였다.[23] 이를 알게 된 지 몇 년 더 지나서야 어머니 외가 쪽 숙모와 삼촌들 중 절반이 '샤워실'에서 죽었다는 사실을 알게 되었다. 그들을 씻기기 위함이 아닌, 세상으로부터 씻어 내기 위한 곳에서 말이다.

날것 그대로의 편견과 처음 맞닥뜨린 것은 유년 시절 친구인 톰에게서였다. 그는 "니그로"[1] "스픽"[2] "카이크"[3]와 같은 욕설을 끊임없이 뱉어 댔고, 이는 그보다 더 심한 그의 아버지로부터 배운 것이었다. 나는 신경이 거슬렸다. 심지어 그를 멈추게 하기 위해 한 번은 주먹다짐까지 했던 적도 있다. 그냥 기분이 나빴다.

그 당시 내가 할 수 있는 말이라곤 우리 어머니가 그 말을 싫어할 거란 말뿐이었다. 그의 욕설을 개인적으로 받아들인 것은 아니다. 적어도 그렇다고 생각했다. 나 자신이 '카이크'였는지, 내가 2명의 라틴계 여성과 결혼하게 될지, 아프리카계 미국인 딸을 입양하게 될지 당시는 몰랐다. 톰이 가장 싫어하는 세 집단 모두에 내가 결국 연결될지 몰랐다.

매우 좌절스럽게도, 그들에 대한 나의 무시와 상관없이 그의 욕설이 내 마음 깊은 곳에 박혔다. 어떻게 수십 년간의 가족 경험을 뛰어넘어 어릴 적 잔인한 순간에 내 마음이 대신 목소리를 낼 수 있는지를 지켜보면서 이를 알게 되었다.

톰과 또 다른 친구인 조와 함께 나는 자전거를 타고 볼링장에 간 적이 있다. 게임을 시작하자 톰이 이상하게도 "비가 올 것 같다."라고 말했다. 그와 조는 서로를 향해 낄낄 웃어 댔다. 나는 무슨 일인지 전혀 감이 오지 않았다. 볼링장에서는 바깥을 내다볼 수조차 없었을 뿐 아니라 처음 도착했을 때 구름이 없었기 때문이다. "비~~~가 올 것 같다고." 둘 다 웃음을 참으려고 애쓰면서 톰은 큰 소리로 반복했다. 마침내 나는 부르면 들릴 만한 거리에 흑인이 우리를 향해 걸어오고 있는 것을 알아차렸다. 분명해졌다. 검은 구름이 오고 있다. 비. 눈치챘는가?

나는 소스라치게 놀랐고 배가 약간 아팠다. 그러나 그러고 나서 그들이 놀리는 대상이 내가 아니라는 것을 다행이라 여기는 생각이 내 머리 속에 스쳐갔다.

10년 뒤의 장면으로 번쩍 건너뛰면, 히스패닉인 첫 번째 부인과 아프리카 히스패닉계 미국인인 세 살배기 딸(카밀은 아내가 결혼 전에 낳은 아이로 나중에 그녀를 입양했다)과 함께 1973년 여름 버지니아주 살렘의 한 개인 클럽 풀장에 있을 때였다. 클럽의 멤버였던 주인은 일찍 집에 갔고, 우리는 남아서 조금 더 수영을 했다. 그가 간 지 얼마 되지 않아서 볼륨감 있는 금발 머리에 당시 남부의 여성들이 입는 다림질된 면 옷차림을 한 단정한 여성이 조심스럽게 우리를 향해 걸어왔다. 그녀는 웃음을 띠고 있었지만 억지 웃음 같아 보였다. 우리 세 사람을 번갈아 쳐다본 후 그녀는 자신이 클럽의 사회 비서라고 소개했고, "아기가 약간 갈색이네요."라고 덧붙였다. 처음에 나는 그녀가 카밀이

---

1) 역자 주: 흑인을 모욕적으로 부르는 속어다.
2) 역자 주: 남미 스페인어권 출신을 가리키는 모욕적인 속어다.
3) 역자 주: 유대인을 모욕적으로 부르는 속어다.

햇볕에 화상 입는 것을 걱정한다고 생각했지만, 그녀의 얼굴에서 배트맨의 조커가 자랑스럽게 내보이는 일그러진 미소를 보자 나는 무슨 뜻인지 재빨리 알아차릴 수 있었다. 혼혈인 딸 때문에 우리는 수영장에서 쫓겨나고 있었던 것이다. 우리, 아니 적어도 내 딸은 여기서 환영받을 수 없었다.

분노의 느낌은 기억나지 않고, 오직 충격과 혐오, 그리고 그때 이 같은 일들로부터 사랑스러운 내 딸을 온전히 보호할 수 없을지도 모른다는 불안한 감정만 느껴졌던 것이 떠오른다.

또 다른 10년을 건너뛰어 가 보면, 당시 십 대가 된 딸은 학교 무도회를 위해 격식을 차려 우아한 옷을 입었고 대단히 멋져 보였다. 나는 방 건너편에서 그녀가 다가오는 것을 지켜보면서 그녀의 아름다운 갈색 얼굴을 보았는데, 그때 머릿속에서 불현듯 환영받지 못한 목소리가 울려 퍼졌다. 히죽대는 듯한 청각적인 울림은 톰의 목소리였고, 아주 분명하게 말하고 있었다, 비~~~가 올 것 같다고.

톰은 내 머릿속에서 이제 내 마음을 통해 내 가족을 비웃고 조롱하고 있었다. 내가 인종차별을 가까이서, 개인적으로 반복적으로 겪고 싫어했다는 것은 중요하지 않았다. 그런 이유로는 통하지 않을 것이다. 인종차별주의자의 비방들이 가진 잔혹함이 내 안에 있었다.

바로 작년에 나는 그날 내 머리 속에 톰의 목소리가 튀어나온 이야기를 딸에게 들려주었다. 카밀은 너무도 사랑스럽고 순수하게 반응했다. "사랑해요, 아빠." 그녀는 말했다. "우리 모두는 짊어져야 할 그런 짐들이 있네요."

그렇다.

선입견에 젖은 문화적 메시지들이 우리 모두의 마음 안에 내재되어 있다. 우리 중 십중팔구는 에이즈에 대한 농담이나 성차별을 목격한 적이 있을 것이다. 인종에 관한 부정적인 고정관념이 미디어를 통해 퍼져 나가고 있다. 당신이 그것을 싫어하거나 그 희생자라고 해도 그것을 알고 있다. 즉, 그것은 당신의 인지적 네트워크 안에 존재한다. 이는 당신이 보지 않을 때도 그것이 끊임없이 나쁜 짓을 할 수 있음을 의미한다.

만약 우리가 잔인하리만큼 스스로에게 정직하다면, 수염을 기른 우스꽝스러운 작은 남자의 수천 가지 형태 중 일부가 우리 안에 숨어 있음을 안다. 우리 모두가 마찬가지다. 자세히 들여다보면 거울 뒤에서 음흉하게 미소 짓는 그를 볼 수 있다. 당신이 경직되고 방어적이며, 놀라거나 화가 나며, 판단적인 마음으로 가게 될 때, 그가 거기에 있음을 보게 될 것이다.

그러나 당신의 그 일부가 주는 해로운 **영향**을 줄이기 위해서 그 인식을 활용하고 이를 지원하는 법을 배울 수 있으며, 그래서 최선의 의도에도 불구하고 당신의 보이지 않는 특권으로 인해서 그것이 다른 사람들에게 전해지는 방식이 가려질 가능성을 조금이라도 줄일 수 있다. 내재된 편견을 측정하는 ACT 연습을 적용함으로써, 이를 보다 잘 인식하고 의식적인 신념에 보다 일치하도록 행동으로 옮길 수 있다. 반면에 편향된 생각을 억제하려고 할수록 내재된 편견을 실제로는 **조장하는** 셈인데, 깨어 있는 탈융합적 알아차림은 편향된 생각이 덜 지배적이도록 돕는다.[24] 그것이 우리가 편견과 맞서기 위해 긍정적인 행동에 더 많이 전념할 수 있도록 돕는다는 것을 연구는 보여 준다.

심리적 유연성은 정확히 왜 도움이 되는가?

우리 연구실에서 이를 연구했다. 우리는 많은 형태의 편견들을 탐구했다. 성 편견, 비만에 대한 편견, 성적 지향에 대한 편견, 인종 편견을 비롯한 수많은 편견들 말이다. 우리는 이들의 표면적인 차이 아래서 공통적인 핵심을 찾을 수 있으리라 기대했고, 연구 결과는 이를 확인해 주었다. 모든 형태의 편견은 대부분 **권위주의적인 거리두기**로 설명될 수 있다는 것을 발견했다. 이러한 '타자화'는 우리가 '타자들'의 집단과 다르다는 신념에서 비롯되고, 그들이 다르다는 사실은 곧 통제가 필요한 위협을 의미하게 된다. 다른 방식으로 말하자면, 편견은 대인관계적인 경직성을 반영하는 셈이다.

우리 연구실에서 어떤 심리적 요인이 특정 사람을 다른 사람들에 비해 권위주의적인 거리두기를 더 하게 만드는지를 탐색했을 때, 세 가지의 핵심적인 특징들을 발견했다. 다른 사람의 관점을 취할 수 없는 상대적인 무능력, 다른 사람의 관점을 취했을 때 다른 사람의 고통을 느끼지 못하는 것, 다른 사람의 고통에 정서적으로 개방하지 못하는 것(다른 말로 하면 경험 회피)이다.[25] 만약 이 세 가지 과정이 긍정적인 방향으로 뒤집힐 때(이를 **유연한 연결감**이라 부른다), 편견이 감소할 뿐만 아니라 다른 사람에 대한 즐거움이 높아진다.

이러한 연구 결과를 바탕으로 우리는 ACT 개입을 개발했고, 이는 편견을 크게 줄이는 것으로 나타났으며, 비만, 성적 지향, 에이즈, 인종, 정신질환, 약물 남용 문제, 신체 건강 문제 등에 대한 편견에 대한 연구들이 수행되어 성공적인 결과들이 도출된 바 있다. 당신 안에 있는 무언가에 대해 작업을 할 때에는 항상 첫 번째 단계인 보고 듣는 과정이 필요하다.

어떤 측면에서, 비용이 가장 많이 들고 제거하기 어려운 형태의 편견은 특권에 기반을 두고 있기 때문에 눈에 보이지 않는다. 어떤 남성은 스스로 성 편견이 전혀 없다고 믿으면서 회의에서 여전히 더 많이 말하거나 자신의 능력 때문에 집단을 이끌어야 한다고 쉽게 생각할 수 있는데, 바로 이런 행동들이 성 편견의 형태라는 것을 인지하지 못한 채 그렇게 행동할 수 있는 것이다. 솔직하고 다소 자랑스럽게 "나는 인종에 대해 별로 신경 쓰지 않아."라고 말하는 백인은 이 말이 얼마나 많은 특권을 반영하는지 모를 수 있다. 흑인 이웃이 흑인이라는 이유로 체포되거나 총에 맞을 가능성이 높다는 것을 알면서도 매일 십 대 아들을 세상으로 내보내고 있으며, 따라서 인종에 대해서 신경 써야만 한다는 사실을 말이다.

특권의 대가를 치르는 사람에게 그것을 바로잡으라는 모든 무거운 짐을 지게 하는 것은 불공평하고 무책임한 일이기에, 첫 번째 단계는 파고들어 가는 것이어야 한다. 대부분 심지어 모든 주요 영역에서 눈에 보이지 않는 편견을 드러낸다고 무리 없이 가정할 수 있으므로(왜 당신은 아니겠는가?), 당신 안에서 이를 발견하는 데 도움이 될 편견의 간접적인 지표에 대해 더 배우라(성 편견의 예에서 방금 두 가지 예를 제시했다). 간접적인 지표들은 모든 형태의 편견을, 심지어 처음에는 눈에 잘 보이지 않는 형태일지라도, 발견하게 도와줄 것이다.

일단 이를 실천하고 나면, 이제는 편견을 경험한 적이 있는 주변의 친밀한 사람들에게 보이지 않는 당신의 편견을 알아차릴 수 있도록 도와달라고 부탁할 차례다. 예컨대, 내가 맨스플레인(mansplain)[4]을 시작할 때 아내는 내게 눈빛을 보낸다. 이것이 기분 좋을 것이라고 기대하지 말라. 개인적으로, 집을 나설 때면 부끄러움에 종이 봉지로라도 얼굴을 가려야 할 것 같은 기분인데, 정신적인 전등이 켜지면 내 안의 더 많은 편견을 보게 되기 때문이다. 그래도 상관없다. 이는 그럴 만한 가치가 있는 여행이고 내가 변화하기 위한 단계를 밟도록 도와줄 것이다.

그 작업을 마치면, 효과가 강력하다고 알려진 간단한 연습을 할 준비가 된 것이다.

1. 자인하라. 한 걸음 물러서서 다른 사람(또는 자신)을 판단하거나 특권을 바탕으로 편견을 만드는 당신 자신의 경향성을 알아차려 보고, 그 인식에 가능한 한 많은 자기자비와 정서적 개방을 가져오라. 언제 이러한 편견적인 생각과 편향된 행동이 나타나는가? 그것들을 믿거나, 그것들에 대한 인식을 피하거나 혹은 그런 마음을

---

4) 역자 주: 남자(man)와 설명하다(explain)을 결합한 합성어로, 주로 남자가 여자에게 자신이 더 해박하다는 생각으로 지식을 설명하는 것을 의미하는 말이다.

가진 것에 대해 자신을 비난함으로써 그것들을 더 중요하게 만드는 어떤 경향성을 놓아 버리라. 이는 생각과 감정, 그리고 보이지 않는 습관들이다. 그것들은 모두 당신의 것이다. 당신 탓은 아니지만 당신에게 책임이 있다. 단지 그것들의 존재에 주목하고, 우리 모두가 지니는 문화적 프로그래밍의 무거운 부정적 영향에 대한 인식을 의식적으로 증가시키라.

2. **연결하라.** 당신 마음이 판단하는 대상의 관점을 의식적으로 취함으로써, 때때로 가해자는 의식적으로 알아차리지도 못하는 채로 낙인과 편견을 겪는 것이 어떤 느낌인지 느껴 보라. 그 대가를 보는 고통에서 도망치거나 죄책감이나 수치심으로 빠져들지 않게 하라. 우리의 목적은 연결과 자인이다. 가해자의 알아차림 없이 판단받고 상처받는 고통이 당신을 통과하게 두라. 그렇게 하는 동안 다른 사람에게 그런 고통을 야기하는 것이 당신의 가치에 얼마나 반하는지 알아차려 보라.

3. **전념하라.** 편견을 지니는 것이 주는 불편감과 연결이 주는 고통을 행동의 동기로 전환하라. 보이지 않는 형태를 포함한, 다른 사람에 대한 낙인과 편견의 영향력을 완화할 수 있는 구체적인 단계들에 전념하라. 그것은 더 잘 듣는 법을 배우는 것을 의미할 수도 있을 것이다. 편견을 가볍게 덮어 버리는 농담이 나올 때 소신을 밝히는 것을 의미할 수도 있을 것이다. 당신이 지니고 있는 것을 책임감 있게 공유하는 것을 의미할 수도 있을 것이다. 다른 사람들이 앞으로 나아갈 수 있도록 한발 물러서 주는 것을 의미할 수도 있을 것이다. 옹호 단체에서 활동하는 것을 의미할 수도 있을 것이다. 당신의 마음이 판단하는 집단 구성원과 친구가 되는 것을 의미할 수도 있을 것이다. 짊어지고 있는 짐을 없애기 위해서가 아니라 그 안의 고통을 자비와 인간적 가치로 전환하기 위해서, 생각해 낸 어떤 행동들을 실행할 계획을 세우고 사려 깊게 그리고 깨어 있게 끝까지 해내라.

여러분은 이 연습을 규칙적으로 실행할 수 있다. 유연한 유대감으로 암묵적인 편견의 지배력을 약화시켜 나가면서 다양한 종류의 사람들과 함께하는 즐거움이 배가됨을 발견할 것이다. 그들이 이전에는 얼마나 다르게 보였는지에 상관없이 말이다.

슬픈 사실은, 우리가 편견의 문제를 해결하려고 돕지 않는다면 편견이 영속화하는 데 기여하고 있다는 것이다. 눈에 보이지 않는 특권이나 미묘한 편견이 우리 마음에 흘러가는 것을 방지하는 법을 배우지 않으면, 그것들을 토대로 불가피하게 다른 사람에 대한 고정관념을 형성하고 비인간화하는 데 일정 부분 가담해서 내재된 편견을 자신도 모르게 지지하고 다음 세대에 전수할 것이다. 우리 자신이 얼마나 복잡한지를 인정하기가 어렵고, 내재적인 편견의 영향을 줄이는 것 또한 어렵다. 그러나 노력하면 우리는 해낼 수 있다.

그렇다. '더러운 혈통'을 가진 내 사랑하는 루스 에스더, 욕쟁이 어린 시절 친구 톰, 내 아름다운 구릿빛 피부의 딸, 거울 속의 스티브, 그래, 우리 모두는 할 수 있다.

수행 유연성
향상하기

인간은 선천적으로 능력을 갈망한다. 이는 좋은 일이다. 유아기부터 우리는 배워야 할 것들이 있고, 불가능을 가능케 해야 하며, 놀아야 할 게임과 승리해야 할 시합들이 있다. 유연성 기술은 이러한 모든 노력에 큰 도움이 된다. 여기서는 우선 유연성 기술이 학교, 직장, 예술, 스포츠 분야 등, 일반적인 수행 도전 과제들에 어떻게 도움이 되는지를 논의할 것이다. 그런 다음에, 관리자를 더 나은 리더로 만들고 기업이 유연성의 힘을 활용할 수 있는 방법을 포함해서 이러한 유연성 기술들이 어떻게 우리의 직장 생활에 적용될 수 있는지를 구체적으로 살펴보겠다. 마지막으로, 이 기술이 스포츠 훈련의 일반적인 문제에 어떻게 도움이 되는지를 다룰 것이다.

가치 작업의 역할부터 시작해 보자. ACT 훈련이 우리가 맡은 일에서의 수행에 도움이 되는 방식 중 하나는, 일을 해 나가면서 가치 중심적이 되도록 상기시키는 방식이다. 수행의 경우에는 이것이 상당히 어려울 수 있다. 우선 첫째로, 성취해야 한다는 강한 사회적 압력을 받고 있다. 아마 "이기느냐 지느냐가 아니라 어떻게 경기를 하느냐가 중요하다."라는 옛 격언을 모두 들어 본 적이 있을 것이다. 아마도 우리는 눈을 치켜뜰지 모른다. 오, 그래요? 우리 상사(코치 또는 부모)에게 그렇게 말해 보세요!

가치에 기반을 둔 삶에서 내재적 동기가 얼마나 중요한지를 논의한 바 있다. 수행에 있어서, 내재적 동기를 유지하는 것의 문제점은 너무 많은 외재적 동인들이 우리에게 밀려온다는 것이며 그것들을 대충 또는 부적절하게 이용하면 가치 기반 동기의 발달이 방해받을 수 있다는 것이다. 학교에서 잘하고 싶다는 건강한 욕구는 높은 점수를 받는 것이 필수적이라는 느낌으로 바뀔 수 있다. 정신적인 위협들을 회피하는 것은 곧 내재적인 긍정적 학습 동기를 압도한다. 게다가 많은 학교에서 아이들은 창의적이고 효과적인 형태의 탐구적 학습을 위한 시간을 밀쳐내는 시험 제도에 직면한다.

직장에서는 많은 사람들에게 구체적인 목표가 주어지고, 우리의 수행은 보너스 및 급여 인상으로 이어지는 연간 평가를 통해 측정된다. 우리는 종종 금전적 보상이라는 당근과, 경고나 해고의 위험이라는 채찍질과 같은 막된 방식을 통해 자극받게 된다. 프로 스포츠에서는 팬들을 기쁘게 해야 하는 것뿐만 아니라 높은 연봉이라는 보상이 반드시 필요하다. 심지어 아마추어 선수 경기, 음악 공연, 연극 또는 무용에서도 참가한다는 것은 본디 성취하는 것이라는 메시지가 메달과 트로피를 통해 크고 분명하게 전달된다.

외적인 보상은 좋다. 아무도 돈을 전혀 주지 않는 직장에서 일하지는 않을 것이다. 요령은 유연성 기술을 사용해서 수행의 본질적인 이점에 초점을 맞추고, 구체적인 보상이 가치 기반 행동을 촉진하되 그것을 대체하지 않도록 하는 것이다.

우선 당신이 싸우고 있는 수행의 쟁점이 무엇이든지 간에, 스스로 해 오던 부정적인 혼잣말을 생각해 보는 것부터 시작하라. **독재자**는 성공의 외형적인 표시를 성취하도록 유도하는 데 있어서 절대적인 악마가 될 수 있다. "이 수업에서 A를 받지 못하면, 넌 완전히 패배자야." "너는 3년 동안 승진을 못했어, 도대체 뭐가 문제야?" 그러한 메시지들을 기록해 보고 그것들에 대한 탈융합 연습을 실행해 보라. 그러면 그것들이 당신에게 지껄이기 시작할 때마다 이를 인식하는 데 도움이 될 것이며, 그것들에게 "고마워, 그런데 이 일은 내가 알아서 할게."라고 말할 수 있다. 당신이 가지고 다니는 카드 꾸러미에 그것들을 적고 지껄이는 소리를 들을 때마다 카드를 만지는 방법도 있다. 그것들을 점점 더 잘 알아차릴 것이며 그것들에 대한 관심을 놓아 버릴 것이다.

당신이 추구하는 성취가 두려움과 의심을 피하는 것이 아니라 선택한 가치와 함께하는 것이라면, 성공을 원하는 것은 잘못된 것이 아니다. 가치와 자기 작업은 성취의 내재적인 보상에 대한 집중을 유지하는 데 크게 도움이 된다. 열심히 노력한 것이 삶의 열망에 어떻게 기여하고 있는지 생각해 보는 시간을 가지면, 해야 할 경로 수정을 살펴보는 데 도움이 될 수 있다. 사랑하는 사람들과 더 많은 시간을 보내거나 다른 열정을 추구하기 위해서 더 일찍 퇴근해야 할지도 모른다. 또는 스포츠에서 어떤 목표를 달성하기 위해서 기술을 연마하고 다듬는 즐거움을 약화시켰을 수도 있다.

주어진 수행 도전과 더불어, 당신의 헌신이 기여하고 있는 가치들을 적어 보라. 바라 건대, 가족 부양하기나 다른 사람들에게 기쁨 선사하기와 같이, 그것들 중 일부는 당신에게 진정으로 의미 있음을 발견할 것이다. 그러나 일부는 동료들에게 깊은 인상을 주거나 충분한 돈을 벌어서 다른 사람들이 당신을 존경하도록 하는 것과 같이, 주로 사회적인 순응과 자기 이미지 떠받치기에 대한 것일 수도 있다. 도구모음 연습들을 사용해서, 자기 이야기가 어떤 성취의 외형적인 지표에 너무 얽혀 있는 것은 아닌지 탐색하라.

유연성 기술은 또한 수행과 관련된 많은 정서적 스트레스에도 도움이 된다. 여기에는 수행 불안, 실패에 대한 두려움(그리고 성공에 대한 두려움), 불가피한 실패로 인한 실망과 수치심의 고통 등이 포함된다. 뿐만 아니라 실수에 대한 자기비난의 따가움도 있다. 즉, 선생님이나 상사로부터 받는 비판의 고통, 불필요한 관료적인 서류 작업과 같이 우리를 가로막는 장애물에 대한 분노, 학교에서 계속되는 평가와 직장에서 너무 많은 일을 배정받음으로써 오는 스트레스 등이 있다.

이러한 정서적인 어려움에 대처하기 위해 수용 연습을 실행해 보라. 수용 실습 도구모음을 체계적으로 적용할 수 있다. 예컨대, 당신에게 어려운 구체적인 수행의 영역이나 상황을 골라 보고, 그것이 유발하는 힘든 감정을 적어 보라. 그런 다음에 그 감정을 가지고 제11장에 소개된 "예"라고 말하기 및 보살핌 연습을 하라.

이러한 감정과 부정적인 생각이 불타오르는 순간의 열기 속에서 당신의 탈융합 연습을 호출하라. 현존 연습 또한 내면의 투쟁에서 현재 당면한 과제로 주의를 돌리는 데 도움이 된다. 만약 당신이 혼자 있을 수 있다면, 제12장에 소개된 간단한 명상 연습을 하라. 어떤 상황에서든 발바닥으로 주의를 돌리는 것을 신속하게 실행해 볼 수 있다. 이 방법과 다른 현존 방법들을 정기적으로 실습하면, 가장 격렬한 순간에도 그 방법들을 불러올 수 있다.

현존과 탈융합 실습은 수행에 대한 걱정의 가장 치명적인 결과 중 하나인 숨 막힘 현상에도 도움이 된다. 그것은 스포츠에서 흔하다. 우리가 어떻게 하고 있는지에 대한 걱정에 너무 정신이 팔려 있어서 슛을 실수하거나 공에서 눈을 뗀다. 학교나 직장에서도 숨 막힘은 일어난다. 예컨대, 걱정이 되는 시험을 치르거나 프레젠테이션을 할 때가 그렇다. 만약 이것이 문제가 된다면, 열기를 느낄 때마다 당신이 가장 좋아하는 탈융합과 현존 훈련을 불러오라. 시간이 지남에 따라 당신은 행동의 순간으로 초점을 점점 더 잘 돌리게 될 것이다.

수행에 대한 ACT 메시지는 한 문장으로 요약될 수 있다. 높은 수준의 수행은 두려움, 판단, 회피가 아니라 마음챙김, 전념, 그리고 사랑으로 가장 잘 추구될 수 있다.

지연행동을 저지하기

수행에 있어 흔한 장애물은 지연행동인데, 이는 정서적 회피의 한 형태이기에 ACT 기술은 지연행동에 대응하는 데 도움이 된다. ACT 연구에 따르면, 지연행동은 심리적 유연성에 의해 예측된다.[1] 과제에 대한 스트레스와 불안은 지연행동에 의해 잠깐 감소하지만, 그런 작고 빠른 보상은 중대한 수행 실패로 이어질 수 있다. 일단 프로젝트에 뛰어들고 나면 일을 잘해 낼 수 있다고 해도, 미루는 사람이라는 명성을 키우는 것은 특히 일에서 장애가 될 수 있다.

지연행동을 위한 ACT 프로그램이 개발되었다.[2] ACT 프로그램은 자신들이 작업을 미루고 있다는 것을 깨달을 때 따라야 할 세 단계를 가르친다. ① 마음챙김 멈춤을 삽입하여 현재의 생각과 감정을 인식하고, ② 수용하고 탈융합하며, ③ 가치에 따른 행동을 선택한다.

만약 이 접근법을 시도하고 싶다면, 다음 주 동안 미루고 있음을 알게 될 때마다 그 순간에 몇 분 동안 한두 차례 현존 연습을 실행하라. 이는 몸에 닻을 내리는 것과 같다. 좋은 전략 중 하나는 미루려는 끌림을 만져 보는 것을 상상하고 몸의 감각을 관찰하는 것이다. 감각을 알아차릴 때마다, 의식적으로 그것을 껴안듯이 그곳으로 호흡하라. 예를 들어, 배가 조인다고 느끼면 그곳을 향해 호흡하라. 그런 다음에 알아차리게 된 생각과 감정을 가지고 같은 과정을 30초 동안 하라.

도움이 되지 않는 생각이나 감정이 나타나면, 그것을 관찰하기 위해 탈융합과 수용 방법을 사용하라.

다음에는, 과제를 할 때 어떤 가치를 기반으로 행동할 것인지를 검토하라. 그다음에 그 가치에 따라 살아가지 않을 때 무슨 대가를 지불했는지 생각해 보라.

마지막으로, 지연행동으로부터 벗어나고 싶은 그 영감으로 당신을 움직이게 할 SMART 목표의 작은 세트를 만들라. 어떤 행동이라도 시작해 보라, 그것이 아무리 작더라도.

학습과 창의성

제9장에서 논의했던, 유연성의 특별한 유형인 인지적 유연성도 수행을 위한 강력한 도구다. 앞선 논의에서는, **독재자**가 따르기를 원하는, 도움이 되지 않는 규칙에 사로잡히지 않는 것에 초점을 맞추었다. 여기서는 인지적 유연성이 학습과 창의성에 큰 도움이 되고 수행에도 매우 중요하다는 것을 강조하고 싶다. 인지 유연성에 대한 연구에서 나타난 결과는 아주 놀랍기 때문에, 그 주제는 여기서 특별히 주목할 만하다.

도전에 맞설 많은 대안들을 유연하게 고려하고 그 대안들을 모두 동시에 우리 마음 속에 간직하며 그것들과 함께 놀 수 있어야 어떤 일에서의 수행이 크게 향상된다. 비록 모순된 아이디어들일지라도 생각을 자유롭게 할 수 있거나, 예상치 못한 가능성을 위한 여지를 허용하거나, 심지어 겉보기에 터무니없는 개념까지도 끌어올릴 수 있을 때, 우리의 문제해결 능력은 보다 창의적이다. 창의성 연구에서 이것을 **수평적 사고**라고 하며, 연구에 따르면 가장 중요한 혁신들 중 많은 것들이 새로운 연결고리 때문에 생겨났다. 왜 전화기는 그냥 전화기여야만 하는가? 뮤직 플레이어가 될 수는 없을까? 더 나아가 컴퓨터가 될 수는 없는가?

ACT와 RFT 연구자들은 관계구성의 속도, 정확성 및 맥락 민감도를 기반으로 인지적 유연성을 개발하기 위한 교육 프로그램을 만들었고, 지적인 문제해결에 미치는 영향에 관한 검증 결과는 놀라웠다. 여러 연구들에 따르면, 이 인지적 능력은 전통적인 IQ 점수와 큰 상관을 보였다.[3] 관계가 능숙해질 때까지 인지 유연성을 **훈련**하면 IQ 점수를 유의미하게 높일 수 있다는 결과는 더 흥미롭다. 일부 연구에서는 아이들에게 몇 달에 걸쳐 IQ 9~22점의 상승이 나타났는데,[4] 이는 IQ 훈련 프로그램이 일반적으로 이뤄 내는 2~3점의 개선을 훨씬 뛰어넘는 것이다. 성인의 IQ에 대해 어떤 일이 발생하는지 아직 테스트해 본 연구는 없다. 비록 소규모이기는 하지만, RFT 기반 인지적 유연성 훈련을 받았을 때 경도에서 중등도의 알츠하이머병이 있는 노인(평균 78세)을 대상으로 한 무작위 연구가 희망적인 결과를 보이기도 했다. 대조군은 알츠하이머병에 대해 일반적으로 처방되는 약물만을 투여받았고, 3개월에 걸쳐 조금 악화되는 모습을 보였다(알츠하이머가 진행성 질환이라는 점을 감안할 때 예상할 수 있다). 실험군은 약물에 추가로 일주일에 1시간씩 관계구성 유연성 훈련을 받았다. 그들의 인지 기능은 통계적으로 유의미한 중간 정도의 향상을 보였다.[5] 더 긴 훈련을 받을 경우에 어떤 일이 일어날지는 아직 모르며 이를 알기 위해서는 더 많은 연구가 필요할 것이다.

　제10장에서 다음과 같은 질문을 요청하는 관점 취하기 연습을 몇 가지 소개했다. 예컨대, "내가 컵을 갖고 있고 당신은 펜을 갖고 있습니다. 만약 내가 당신이고 당신이 나라면, 당신이 가진 것은 무엇입니까?" 또는 좀 더 복잡하게, "지금 나는 컵이 있고 당신은 펜이 있습니다. 하지만 어제 나는 책을 갖고 있었고 당신은 전화를 갖고 있었습니다. 오늘이 어제고 어제가 오늘이라면, 그리고 내가 당신이고 당신이 나라면, 오늘 여기에 당신은 무엇을 갖고 있습니까?" 이런 것들이 인지적 유연성 질문이다. 그 질문들에 대답하기 위해서는 비정상적인 방식으로 사람과 시간에 대한 관점 취하기가 필요하다. 인지적 유연성 훈련은 그러한 연습들을 많이 사용하되, 폭넓고 다양한 관계에 걸쳐서 그리고 정확도를 유지하면서 더 빠른 속도를 목표로 한다. 나는 차 안에 있는 동안에 대부분 아이들과 이 게임을 여러 시간에 걸쳐 했고, 그 결과가 얼마나 강력한지 알 수 있었다.

　다음 질문에 얼마나 빨리 대답할 수 있는지 확인해 보라.

　안이 밖이고, 위가 아래고, 예쁜 것이 못생긴 것이라면, 그리고 내가 상자 안에 예쁜 토끼를 넣고 문을 닫으면 나는 무엇을 보게 될까?

　빨리! 대답해 보라! 빨리!

　나는 몇 년 전 RFT 시연에서 약 200명의 심리학자에게 그와 똑같은 질문을 했다. 당시에 여섯 살 난 딸 에스더가 앞줄에 앉아 있었다. 박사들로 가득 찬 방에서 그들이 말 그대로 침을 흘리며 정답을 맞히려고 하는 동안, 그 어색한 침묵이 3~4초 지났을 때, 나는 딸의 이름을 불렀다. 그녀는 즉각적으로 그리고 약간 무시하듯이 대답했다. (대답하기조차 너무 쉬운 것처럼) "상자 위에 못생긴 토끼가 보일 거예요."

　정확히 맞다.

　에스더는 우리의 자동차 연습으로 인해 그러한 사고방식에 매우 능숙해졌다. 수년간 우리는 운전 중에 인지적 게임을 하며 시간을 보냈는데, 내가 만든 게임은 정답을 찾으려면 빠르고 정확하며 유연한 관계구성을 필요로 하는 것이었다. 그녀가 조금씩 성장함에 따라 우리는 돌아가면서 문제를 구상하고 상대방이 정확하고 빠르게 대답하도록 도전했다(그녀는 한 번 이상 내 죽음의 발길을 멈추게 했다). 원칙을 이해하면 1분 이내로 좋은 문제를 만들 수 있다. 차 안에서 아이들과 해 보자(나는 성인들과도 그것으로 놀았다). 이는 다음과 같다.

운전 시간

Q: [빨간 불이 들어왔을 때] 빨간색이 녹색이고 녹색이 빨간색이면, 지금 나는 어떻게 해야 할까?

A: 출발.

Q: 내가 너이고 네가 나라면 누가 운전할까?

A: [아이가 대답하길] 제가요.

Q: 주름진 것이 울퉁불퉁한 것이고 평탄한 것이 그 반대라면, 어느 길을 택할까? 평탄한 혹은 주름진?

A: 평탄한.

Q: [초록불이 켜지면] 빨간색이 초록색이고 초록색이 빨간색이고 앞이 뒤, 뒤가 앞이라면 이제 어떻게 해야 할까?

A: 출발, 빨간불이 뒤에 있어요.

인지적 유연성을 높이고, 놓칠지도 모를 유용한 선택지들을 볼 수 있게 해 주는 몇 가지 다른 연습들이 다음에 있다.

물건의 용도

어떤 물건이든 선택하라. …… 예를 들어, 종이컵. 빠르게, 그것으로 할 수 있는 모든 것을 소리 내어 말해 보라. 30초 동안 해 본 다음, 아이디어의 총 개수와 범주 혹은 기능의 개수를 노트에 적으라. (예를 들어, 보석을 담거나, 귀 보호대를 만들거나, 광대 코를 만드는 데 사용할 수 있다고 했다면, 이는 아이디어 세 개와 두 개의 다른 기능이다.)

정반대 날

당신의 의견을 표현하는 일련의 문장을 쓰되, 당신의 견해와 반대되는 단어를 사용해야 한다. 예를 들어, 자연을 사랑하고 보존해야 한다는 의견을 말하기 위해서 당신이 쓸 수 있는 말은 "나는 인공적인 것을 싫어하고 사람들이 자연을 훼손해서는 안 된다."가 된다.

생각을 비유로 바꾸기

어떤 수행 문제에 대해 당신이 지니고 있는 부정적인 생각을 떠올려 보자. 그것의 부정성을 드러내는 비유적인 표현을 만들고, 그 생각이 나타날 때 취할 수 있는 다른 행동 방식을 제안해 보라. 예를 들어, '나는 그냥 그만둬야 해.'라는 회피적인 버전의 생각이라면 다음과 같이 바꿔 볼 수 있다. '나는 그만둬야 해. …… 마치 소파에서 잠자는 사람처럼.' 만약 생각이 일중독으로 이어지는 자멸적인 내용이라면, 예를 들어 "더 열심히 일하고 내가 얼마나 피곤한지 잊어야 해."라는 말은 "나는 더 열심히 일해야 해……. 아무리 깊은 도랑을 파더라도 똑같은 보수를 받는 지치고 불쌍한 사람처럼."과 같이 바꿀 수 있다. 다음으로, 문제에 대한 비유를 긍정적인 접근 방식으로 변환해 보라. 예를 들어, "소파에서 일어나 스트레칭을 잘 하고 나가면 어떨까?" 또는 "도랑에서 밖으로 나와 삽을 놓고 집으로 돌아가 아이들과 시간을 보내면 어떨까?"와 같이 말이다.

직장에서 제약 사항 다루기

하루에 8시간을 자는 경우(그리고 그렇게 하길 바란다)에 매년 5,840시간의 깨어 있는 시간을 보낼 수 있다. 풀타임으로 일하는 경우에, 집에 일을 가져와서 하는 시간을 제외하더라도 앞서 제시한 시간의 1/3 이상이 일하는 데 사용될 것이다.

우리 중 너무나도 많은 사람들에게 그 시간은 마땅히 그래야 할 정도보다 훨씬 보상이 적고, 또는 완전히 의기소침하게 만들고 심지어 심리적으로 처벌적이기도 하다. 부분적으로는 우리가 자신에게 가하는 내적 압박과 두려움 때문이지만, 대부분은 관리 및 작업 환경의 특성 때문이다. 갤럽 여론 조사에 따르면 대부분의 사람들은 업무에 참여하지 않거나,[6] 비효율적인 리더인 나쁜 상사 밑에서 고통을 받고 있다.

사무실에 뭔가 문제가 있는 것은 맞을지 모르지만, 일반적으로 관리자가 이끄는 방식을 바꾸거나 우리를 좌절시키는 관료주의적인 과정들을 개선하기 위해서 우리가 할 수 있는 일이란 대개 거의 없다는 게 문제다. 본질적으로 대부분의 일터는 우리가 일하는 방법에 관한 갖가지 규칙과 제약들로 가득한 매우 경직된 환경이다. 다행히도 직장 생활의 가혹한 현실에 대응하는 방식을 바꾸기 위해서 우리가 할 수 있는 일은 많이 있다. 이 장에서는 직장 생활에서 보다 행복하고 성취감을 느낄 수 있는 기술들을 적용하는 법에 대해 기본적인 설명을 제공했다.

우리가 할 수 있는 일에 집중하기 위해, 직장에서 바꿀 수 없는 것에 대한 좌절감의 에너지를 피벗할 수 있는 몇 가지 추가적인 방법들이 다음에 있다.

일을 당신의 가치에 맞게 조각하라

직업 조각(job sculpting)이라는 용어는 커리어 전문가인 티모시 버틀러Timothy Butler와 제임스 왈드룹James Waldroop이 만들었다.[7] 직업 조각이란 일에 더 만족할 수 있도록 일을 당신의 흥미와 기술에 더 잘 맞출 수 있는 방법을 찾는 것을 말한다. 이를 위해서는 커리어 변경이라는 큰 단계(이는 유연성 기술이 도움이 될 수 있음)가 필요할 수도 있지만, 또한 큰 성과를 거둘 수 있는 작은 변화의 길을 찾을 수도 있다.

가장 간단한 형태는 일을 재검토하고 직업의 어떤 측면들이 실제로 얼마나 만족스러운가와 다시 연결하는 것이다. 일의 어떤 부분에 대한 만족은 불만족으로 인해 종종 그늘지게 된다. 우리는 의식적으로 관심을 돌릴 수 있다. 또한 만족스러운 작업에 더 많은 시간을 할애하는 방법을 종종 찾을 수 있다. 때때로 그것은 우리가 시간을 어떻게 보내고 있는지 면밀히 조사하거나, 어떤 일을 보다 효율적으로 처리할 수 있는 방법을 찾아서 우리가 더 좋아하는 대로 시간을 보낼 여지를 만드는 문제다. 또는 서로 다른 책임이 얽혀 있는 우리의 관심사에 대해 상사와 상의하는 더 큰 단계가 필요할 수도 있다. 이를 돕기 위해 전념 행동 배우기를 사용할 수 있다. 삶의 다른 영역에서 SMART 목표, 즉 구체적이고, 측정 가능하고, 달성 가능하고, 결과에 초점을 맞추고, 시간 제한이 있는 목표를 만들어야 하듯이, 업무 기술에 대한 수정 요청을 SMART하게 하는 것은 우리뿐만 아니라 조직을 위해서도 필요하다.

이 자리에서 관리자이자 기업 임원인 분들에게 간청하고자 한다. 사람들에게 직업 조각을 할 수 있는 앞과 같은 종류의 자유를 주고, 사람들이 유연성을 기를 수 있도록 이전과 다른 방식으로 당신이 유연성의 본보기가 된다면, 당신은 더 나은 리더가 될 것이다. 만일 이로 인한 유익에 대해 회의적이라면, 심리적 유연성과 업무 수행과의 관계를 살펴본 첫 번째 대규모 연구 결과를 공유하겠다. 이는 2003년 심리학자 프랭크 본드Frank Bond가 이끄는 팀에서 이루어졌다. 1년 간격으로 두 차례 설문 조사를 통해 400명의 근로자가 지각하는 업무 통제의 양, 심리적 유연성 및 그들의 정신 건강을 측정했다. 그해 동안 각 근로자가 범한 실수를 컴퓨터가 자동으로 기록했다.

자신의 업무를 거의 통제할 수 없다고 느끼는 근로자들은 시간당 더 많은 실수를 했고, 1년 내내 정신 건강이 좋지 않았다. 유연성이 없는 근로자도 마찬가지였다. 근무 환경이 유연하다고 느낀 사람들 그리고 심리적 유연성이 좋은 사람들이 최고의 업무 성과를 보였다. 여러 연구에서 이와 같은 결과를 확인할 수 있었다.

결론: 유연성은 업무에 좋다. 자신의 수행을 향상시키려는 직원과 그러한 직원을 지원하려는 관리자 및 회사 리더는 다음의 공식을 유념해야 한다. 유연한 근로자+유연한 근무 환경=성공.

팀의 유연성을 높이는 가장 좋은 방안은 무엇인가? 모델링해 보라. 연구에 따르면, 리더가 심리적 유연성을 이용하여 관리하면 근로자 스스로의 유연성 기술을 강화하는 데 도움이 된다.[8] 그 방안은 무엇으로 구성되는가? 일에서 유능함과 선택된 의미 및 소속을 바라는 그들의 중요한 갈망을 만족시키도록 돕기. 근로자들이 더 많이 참여하고 더 잘 협력하도록 자극하는 미션, 비전 및 집단 정체성을 확립해서 단기적인 자기 이득을 뛰어넘어 일할 수 있도록 고무하기. 팀원의 정서적 필요에 주의를 기울이고 성장하는 데 필요한 사려 깊은 피드백과 자료를 제공하기. 팀이 직면하고 있는 어려움과 실수까지도 직원들과 공개적으로 공유하여 생생한 정보와 함께 직원들에게 힘을 실어 주고, 이를 통해 그들이 해결책을 고안하고 신뢰를 쌓는 데 도움이 될 수 있기. 리더는 개별 보상을 인센티브로 줄 때 그것이 조잡한 거래처럼 느껴지지 않도록 하고,[9] 대신에 장기적인 노력의 일환으로 진심이 담긴 감사의 표현이 되도록 해야 한다.

배우기를 지속하라

직업 불만족의 주요 원인 중 하나는 오래되고 똑같은 일과에 갇혀 있다는 느낌이다. 즉, 배움과 성장이 없다고 느끼는 것이다. 우리 모두는 주도권을 가지고 자신에게 새로운 기술을 가르칠 수 있다. 이는 쉽지 않을 듯한 전망처럼 보일 수 있지만, 우리는 유연성 기술을 통해 그것에 전념할 수 있다. 그리고 수많은 온라인 과정과 훈련 프로그램들을 이용할 수 있다.

이 주도적인 기술 만들기는 요즘 만연한 직업의 미래에 대한 불안감을 해소하는 데도 또한 도움이 될 수 있다. 전문가들은 직업의 미래에 대해 자동화가 많은 일자리를 대신할 것이고, 인공 지능 및 기계 학습과 같은 신기술을 배우는 것, 또는 사무실 및 공장 업무에서 사람을 대상으로 하는 서비스 업무로 이동하는 것이 우리 경력의 '미래를 보장하는' 길이라고 경고해 왔다. 계속되는 배움에 유연성 기술을 적용하는 것은 이 용 감하고 새로운 직업 세계에 대비하는 좋은 방법이다.

매트릭스에 자문하라

업무 환경에서는 유연성 기술을 실행하기 위해 '잠깐 멈추기'를 자주 할 수 없다. 즉, 매우 빨라야 한다. ACT 집단에서는 ACT 배우기를 순식간에 상기시키는 데 사용할 수 있는 몇 가지의 정신적 도구를 개발했다.

내가 특히 좋아하고, 조직 환경에서 성공적으로 사용한 것은 케빈 포크Kevin Polk가 처음 개발한 매트릭스라는 것이다.[10] 다음 그림 중 걷고 있는 사람의 심장과 머리는 다른 사람이 알 수 없는 당신의 생각과 감정을 나타내고 손과 발은 당신의 명시적인 행동을 나타낸다.

먼저 다음의 네 가지 질문에 대한 답을 짧게 매트릭스 그림의 오른쪽 위부터 시작하여 시계 반대 방향으로 적는다.

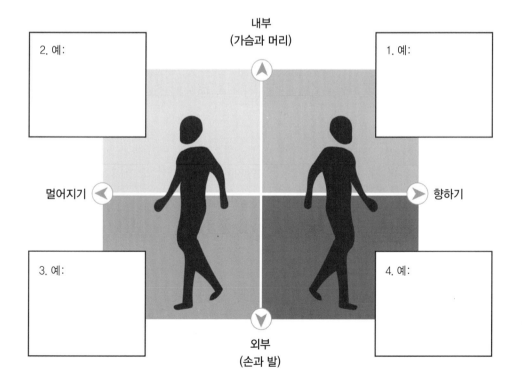

질문은 다음과 같다.

1. **일의 영역에서 당신이 가장 가고 싶은 당신 안에 있는 것은 무엇인가?** 나는 고객에게 도움을 주고 동료를 친절하게 대할 때 얻는 기쁨, 정직하고 진실함이 주는 만족, 그리고 당신이 세상을 긍정적으로 변화시키고 있다는 생각 등과 같은 것에 대해 생각하고 있다.

2. **일에서 당신을 반대 방향으로 움직이게 하는 당신 안에 있는 것은 무엇인가?** 나는 무시당하는 것에 대한 분개, 멍청해 보일 것에 대한 두려움, 그리고 자신의 능력에 대한 불확실함 등과 같은 것을 생각하고 있다.

3. **원하는 것에서 멀어지고 있을 때, 당신은 무엇을 하고 있는가?** 나는 회의에서 침묵하기, 잡담하기, 그리고 고의적으로 책임을 회피하기 등과 같은 것을 생각하고 있다.

4. **선택한 방향으로 나아가고 있을 때 당신은 무엇을 하고 있는가?** 나는 준비된 회의에 참석하기, 제안하기, 그리고 다른 사람들의 아이디어를 적극적으로 경청하기 등과 같은 것을 생각하고 있다.

5. **마지막 단계는 질문이 아니다.** 앞의 그림에서 두 선이 교차하는 곳을 보고 당신이 쓴 답을 알아차리고 있는 사람을 알아차려 보라. 향하거나 멀어지는 그 끌림의 '현재'와 당신의 초월적인 관찰자 자기를 연결하는 그 연결을 생각해 보라. 당신은 어느 방향으로 갈지 선택할 수 있음을 상기하라.

앞의 그림을 채운 후, 그것을 기억에 단단히 심을 때까지 정기적으로 다시 들여다보라. 직장에서 당신의 기술들을 호출하기 원하는 힘든 순간에 그것을 재빨리 마음에 떠올리고, 사분면을 정신적으로 휙 둘러보면서 당신의 현재 상황에 맞게 그것을 갱신하라. 그런 다음에 알아차리고 있는 사람을 알아차리고, 매트릭스를 휙 둘러보는 것이 당신에게 어떤 지원과 안내를 제공해 주는지 알아차리라.

스포츠 수행

스포츠를 해 본 사람은 누구나 **독재자**의 목소리가 어떻게 수행을 방해하는지 알고 있다. 우리는 어떤 것을 해야 한다는 생각에 얽매여 있다. 심리적 유연성은 그런 모든 메시지를 끄는 데 도움을 줌으로써 당신의 주의가 머물러야 하는 곳, 즉 경기의 흐름에 집중할 수 있도록 한다.[11] 이러한 접근 방식은 전통적인 스포츠 심리 개입, 즉 목표 설정, 이완 훈련, 주의력 훈련 및 불안 관리로 구성된 심리적 기술 훈련과 같은 것에 비해 더 나은 수행으로 이어지며, 또한 운동선수들의 정신적 고통 수준을 낮춘다.

연구에 따르면, ACT는 신체 스포츠뿐만 아니라 다른 유형의 스포츠 경기 또는 공연 상황에서도 도움이 된다. 예를 들어, ACT 훈련을 무작위로 시행했을 때 국제적으로 주목받는 체스 선수의 순위가 향상되었다.[12] 실수로 인한 감정적 영향을 억제하고 충동적인 움직임을 줄이는 데서 혜택을 얻는 것으로 보인다. 마찬가지로, 음악가, 배우 등은 그들의 예술을 방해하는 공연 불안감을 다루기 위해 ACT를 성공적으로 사용했다.

ACT는 선수들을 나쁘게 오도하는 전문 코치와 컨설턴트의 수많은 조언들을 수정하는 데 도움이 된다. 예컨대, 운동선수들은 경쟁 상대에 대한 계획을 세울 때 그들의 움직임을 상상하는 정신 훈련을 종종 배운다. 하지만 상상한 것이 경쟁자가 하는 것이 아닐 수도 있다. 보다 나은 정신적인 준비는 현존 실습으로서, 경기 중에 경쟁자가 실제로 하고 있는 것에 대한 관찰의 정확성을 기르는 것이다.

마찬가지로 운동선수는 보통 고통에서 주의를 돌리거나, 즐거운 것을 생각하거나 또는 자신의 모습에만 집중해야 한다고 배운다. 이러한 일반적인 형태의 코칭은 둘 다 뚜렷한 한계가 있다. 내 학생인 에밀리 리밍Emily Leeming은 최근 학위 논문의 일부로서 경쟁적 '크로스핏' 선수들에 대해 연구했다.[13] 크로스핏은 고강도로 수행되는 끊임없이 변하는 기능적인 운동 프로그램이다. 여러 개의 스포츠를 한 번에 훈련하는 올림픽 선수들의 고된 훈련소라고 생각하면 된다. 경쟁적 수준에서 이들은 운동을 너무 열심히 하기 때문에 실제로 피땀을 흘린다. 그녀는 그들이 2파운드 무게를 90도 각도로 몸에서 뗀 채로 들고 더 이상 버틸 수 없을 때까지 지탱하도록 시켰다. (몇 분밖에 안 걸린다. 한번 해 보라. 우유 1쿼터를 들고 무슨 일이 일어나는지 보라.) 한 집단에서 그녀는 그들에게 팔을 90도로 유지하면서 자신의 모습에 집중하게 했다. 다른 집단에서는 그들에게 고통스러운 감정에서 벗어나기 위해 즐거운 것을 생각하라고 말했다. 세 번째 집단에서는 불편함을 수용하는 데 집중하도록 권고했다. 이 엘리트 운동 집단에서도 수용에 대한 코칭은 지속하는 능력을 크게 향상시켰으나(일부 비교는 거의 25% 증가), 다른 두 접근법은 이점이 없었다. 운동선수는 자신이 느끼는 통증의 정도를 알아차리고 잘 보정된 방식으로 대응하는 것이 중요하다. 그렇지 않으면 부상의 위험이 있다. 유연성 과정은 그러한 개방성을 촉진한다.[14] 연구에 따르면, 운동선수가 부상으로 고통을 겪을 경우에 심리적으로 유연하면 성공적으로 재활을 거칠 가능성이 더 높다.[15] 이는 그들이 재활 치료에서 요구하는 것들을 더 잘 지키기 때문인 것으로 보인다.

ACT 기술을 스포츠 수행에 적용하고 싶다면, 어떤 운동 훈련이라도 어렵고 지루하거나 고통스러운 것으로 시작하는 것이 좋다. 유연성 기술을 운동 실행에 적용하는 것을 반복하라. 다음과 같이 매일 운동 회기마다 한 가지 기술을 적용해 볼 수 있다.

탈융합의 날. 운동을 하면서, 이 기구가 나를 죽이고 있구나 또는 나는 윗몸 일으키기가 싫어와 같이 운동 중에 침투하는 생각이 있는지 찾아보고, 가장 좋아하는 탈융합 방법들을 써 보라.

수용의 날. 위험하지 않다는 것을 알고는 있어도 운동을 멈추도록 충동질하고 있는 고통스러운 감각을 느낄 때, 그 감각에 주의를 기울이고 스스로에게 말하라, **이 고통을 기꺼이 느끼고자 한다. 괜찮다.** 의도적으로 감각을 만들어 냈다고 상상해 보라. 이는 고통에 대한 방어적인 자세에서 벗어나 당신의 경험에 대한 작가가 되는 방법이다.

지금의 날. 운동하면서 주의력 유연성을 실습하고, 어떤 주의력 전략이 당신의 훈련에 가장 큰 힘이 되는지 보라. 예컨대, 운동을 위해 자전거를 타는 경우에 신체의 모든 감각에 주의를 기울인 다음, 주의를 주변 풍경으로 옮기라. 그런 다음에 다시 몸으로 옮겨와 페달을 밟는 느낌에 초점을 맞추고 호흡을 알아차린다. 운동을 하는 동안, 평소에 알아차리지 못하는 것들, 예를 들어 방 안의 소리나 피부의 땀을 마르게 하는 공기와 같은 데 주의를 기울이라.

관점의 날. 불편하거나 지루해질 때면 스스로에게 물어보라. 당신이 방 건너편에서 당신을 보고 있다면 자신에게 뭐라고 말하겠는가? 보다 현명해진 먼 미래에서 당신 자신에게 어떤 조언을 보내겠는가?

가치의 날. 훈련에 임할 때 당신이 가장 보여 주고 싶은 자질을 마음에 떠올려 보라. 예컨대, 자신에게만 집중하고 닫혀 있기보다 당신 주위에서 운동하는 사람들을 친근하게 대하고 싶을 수도 있다. 또는 트레이너에게 감사를 표하고 싶을 수도 있다. 그에 따라서 행동할 방법을 찾으라.

전념의 날. 훈련을 향상시킬 수 있도록, 두려운 윗몸 일으키기를 몇 개라도 더 추가하기, 피해 왔던 기구에서 얼마간 운동하기와 같이, 통상적인 방식을 약간 수정해 보라.

스포츠의 수행에는 필연적으로 어느 정도의 고통과 실패가 동반된다. 그러나 신체적 유연성을 개발하면 당신의 수행을 최적화하는 동시에 발생하는 대가를 최소화하는 데 도움이 되는 것처럼, 심리적 유연성의 함양도 역시 그러할 것이다.

제**19**장

영적인 웰빙
함양하기

영적인 웰빙은 정신적·신체적 건강에 중요한 역할을 한다. 많은 연구 결과들이 이를 뒷받침하고 있다.[1] 사람은 종교적이며, 신을 믿든 믿지 않든 간에 이는 사실이다. 대부분의 기록된 역사 동안에 영성은 주로 기도나 경전에 대한 묵상과 같은 종교적인 전통과 수련을 통해 장려되어 온 반면에, 보다 최근에는 종교적인 전통의 일부이기는 하지만 일상적인 수련으로도 참여가 가능한 요가나 마음챙김 명상과 같은 방법을 통해 영성의 개발이 장려되어 왔다. 어떤 방식으로 영적 웰빙을 기르려 하든지 간에 ACT 기술은 도움이 될 것이다. 영적 웰빙의 특성에 대해 조금만 숙고해 보면 왜 그런지가 명확해질 것이다. 이 장의 말미에는 ACT가 어떻게 모든 신앙의 전통들과 양립할 수 있고, 특정한 종교 수련에의 참여를 증진시킬 수 있는지에 대해 다룰 것이다.

영적 웰빙의 정의에 대해 보편적으로 합의된 하나의 정의는 없지만, 광범위한 출처에서 이러한 본질적인 특징들을 다음과 같이 기술한다. 마음의 평화, 자기 자신 및 타인과 조화 이루기, 타인과의 깊은 연결감, 자신과 타인에 대한 자비, 물질세계와 자기의 경계를 초월하는 삶의 영역에 대한 감각, 의미와 목적이 있는 삶, 자기 신뢰, 삶에 대한 경외감, 삶에 대한 믿음과 희망.[2] 국립 웰니스 연구소에서는 영적인 웰빙에 대한 추구를 "내면의 욕구와 나머지 세계의 균형을 맞추기 위해 작동하면서 자기 자신 및 타인과의 조화 상태를 위해 노력하도록 이끄는, 인간 존재의 의미와 목적에 대한 추구"로 요약하고 있다. 이러한 삶의 속성들은 분명 ACT의 목표와 전적으로 공명한다.

　탈융합은 부정성으로부터 우리를 해방시켜 마음의 평화와 희망적인 관점을 취하는 데 도움을 준다. 이는 또한 우리의 초점을 안으로, 자신의 욕구나 어려움에 대한 반추에 맞추기보다는 바깥으로, 타인의 필요를 돕는 데 맞추도록 도와준다. 수용은 자비와 신뢰를 어렵게 하는 분노와 원한을 내려놓는 데 도움을 준다. 이는 또한 질병의 발견이나 해고, 결혼생활의 파경과 같이 삶에 대한 믿음을 흔들어 놓을 수 있는 삶의 주요한 어려움들에 직면했을 때에도 큰 도움을 줄 수 있다. 가치 작업은 우리로 하여금 의미와 목적이 충만하다고 느끼는 일에 집중하도록 도와주며, 행동 도구들은 영적인 웰빙을 쌓을 수 있는 꾸준한 활동 일정에 전념하도록 돕는다. 예전부터 생각해 왔던 봉사활동에 등록하기와 같이, 다른 사람들에게 손을 내밀고 공동체를 구축하는 활동들에 더해서, 기도나 명상과 같은 내면으로 향하는 활동들도 여기에 포함되어야 한다.

　이는 내게 현존과 자기 기술들을 제공한다. 그 기술들은 근원적이지만 알아차리기에는 조금 힘든 영적인 풍요로움에 기여하는데, 여기서는 그것들에 초점을 맞출 것이다. 그 기술들은 내가 초월성과의 의도적인 연결이라고 부르는 것을 돕는다.

　일상적인 삶의 상태를 초월하는 강렬한 경험을 통해서 많은 사람들은 삶의 영적인 차원에 대한 믿음이 굳건해진다. 이는 시간과 장소라는 물리적인 제약을 넘어서는 삶의 영역과, 특정한 속성을 지닌 개인으로서의 자기를 넘어서는 경계 없는 심오한 감각으로 묘사되어 왔다. 이 경험은 보통 다른 자기 감각을 수반한다. 이는 개인의 존재가 우주의 존재 자체와 하나가 되는 듯한 느낌을 포함할 수 있는데, 우주적인 의식이라고 불려 왔다. 수천 년 동안 많은 종교 지도자들은 물론이거니와 많은 영적 지침서, 그리고 에크하르트 톨레Eckhart Tolle와 같은 영성에 대한 저명한 책의 저자들은 그러한 경험을 그들의 삶에서 중추적인 경험으로 묘사했다.

　그런 경험은 한때 극히 드문 현상으로 알려져 왔다. 그 현상을 연구했고 1901년에 『우주적인 의식(Cosmic Consciousness)』이라는 영향력 있는 책을 저술한 정신과 의사 리차드 버크Richard Bucke는 100만 명 중 1명만이 그 현상을 경험하는 것으로 추산했다. 그런 추측은 여러 해 동안 널리 받아들여졌다. 그러나 몇십 년 전, 연구자들은 이런 경험이 실제로 훨씬 더 흔하게 일어난다는 사실을 발견하기 시작했다. 연구 결과 성인의 1/3에서 4/5가 그런 경험을 하는 것으로 나타났다.[3] 그 숫자의 범위가 넓은 것은 해당 경험을 한 많은 사람들이 이에 대해 말하기를 꺼린다는 사실에 의해 부분적으로 설명된다. 어떤 사람들은 미친 소리처럼 들릴 것을 걱정하고, 또 다른 사람들은 그 경험을 언어로 묘사하는 것을 어려워하거나, 또는 그 경험은 사랑하는 사람과의 달콤한 키스처럼 너무도 특별하고 개인적인 것으로 느끼므로 언어를 사용해 그것을 개념화하는 것은 거의 잘못된 듯하다.[4]

나는 이러한 경험들이 드물지 않다고 확신하는데, 부분적으로는 불안에 대처하면서 나의 첫 번째 피벗을 만들었던 카펫 위에서의 밤에 그것을 몸소 경험했기 때문이다. 마치 나 자신의 몸을 떠나 나 자신을 돌아보는 듯한 강렬한 초월감을 느꼈는데, 거기서부터 인생을 바꾸는 선택을 했고, 거의 40년이 지나도 그것이 여전히 나와 함께 있다. 그 카펫에서 일어나자마자 나는 영적인 경험을 했다는 것을 즉각적으로 깨달았고, ACT를 개발하기 시작하면서 썼던 첫 번째 논문을 1년 후에 출간했는데, 제목을 '영성 이해하기(Making Sense of Spirituality)'라고 붙였다.[5]

이러한 경험들이 드물지 않다고는 해도 보편적인 경험은 아니며, 가장 심오한 형태의 경험들은 거의 반복되지 않는다.[6] ACT를 개발하는 데 있어서 내 목표 중 하나는 사람들로 하여금 이 초월성의 지점에 보다 지속적인 연결감을 조성하도록 돕는 것이었다. 우리는 초월성과의 매일매일의 작은 연결을 경험할 수 있고, 이는 영감과 안내를 제공하는데, 그것은 마치 어두운 방 안에서 작은 틈새로 비치는 불빛만으로도 가구에 부딪히는 것을 막아 줄 수 있는 것과도 같다. 현존과 자기 연습은 틈새 불빛을 제공하는 것과 관련된다. 다음에서 왜 그런지를 설명하고, 내가 개인적으로 강력하다는 것을 알게 된 몇 가지 연습들을 제안할 것이다.

관점 취하기 연습

세 가지 관점 취하기 관계구성(나-너, 여기-거기, 지금-그때)을 배울 때 우리는 자기감각을 발달시킨다는 점을 상기하라. 관찰하는 자기에 대한 알아차림을 증진하기 위한 여러 가지 연습들을 이미 소개한 바 있다. 즉, 현명한 미래의 관점에서 스스로를 돌아보거나, 정신적으로 방을 가로질러 스스로를 돌아보며, 존경하는 친구나 멘토의 눈으로 자신을 보라고 요청했다. 각 경우마다 당신의 초점을 세 가지 관점 취하기(지금/그때, 여기/거기, 나/그들) 연속선의 한 끝에서 반대 끝으로 움직이도록 요청했다. 현명한 미래 상상하기는 자각을 지금에서 그때로 옮긴다. 방을 정신적으로 가로지르는 것은 자각을 여기에서 거기로 옮긴다. 멘토가 그의 관점에서 당신을 보는 것을 상상함으로써 자각을 나에서 당신으로 옮긴다. 달리 말하면, 첫 번째 연습은 시간에 대한 초월감을 기른다. 두 번째는 공간에 대한 초월감을 함양한다. 그리고 마지막은 자기 경계에 대한 초월감과 영적인 일체감의 영역에서 타인과의 연결감을 개발한다.

ACT에 관한 내 첫 논문에서 나는 왜 그런지를 추론했다. 강렬한 초월성 경험의 특징이 세 가지 관점 취하기 연속선의 양쪽 끝에서 동시에 인식하는 경험을 할 수 있게 되는 것이라고 추론했다. 이는 마치 우리가 나와 당신의 눈을 통해 동시에 보고, 지금과 그때 동시에 존재하며, 여기와 거기에 동시에 존재하는 것과도 같다. 우리는 그러한 구분이 없는 정신적인 영역에 들어갔다. 우리는 마치 보다 크고 모든 것을 포괄하는 의식인 '모든 이, 모든 곳, 항상'의 의식에 참여하는 것처럼 느끼는데, 이는 웬일인지 우리의 마음들이 전통적인 둘 중 하나/또는(either/or) 보다는 둘 다/그리고(both/and) 방식의 인식에 열려 있기 때문이다. 많은 종류의 변형적 경험에 대한 연구는 이를 뒷받침해 주는데, 다양한 둘 다/그리고 방식의 사고가 이러한 경험의 핵심이라는 것을 발견했다.[7]

어떤 의미에서는 의식 자체가 영적 경험을 위한 씨앗을 제공한다. 의식의 인지적 기반을 이해하는 것은 매일매일의 삶을 이러한 영성의 특성에 의도적으로 투자하는 방법들로 이어진다. 다음은 규칙적으로 실행할 수 있는 두 가지 연습이다.

첫 번째 연습은 자신과 타인에 대한 자비를 기르기 위해 관점 취하기와 수용을 결합한다. 자비는 영적인 웰빙의 대표적인 특징이며, 의식을 확장하는 것에 관심이 있다면 이는 훌륭한 시작점이다.

이 연습을 스스로 크게 천천히 읽으면서 녹음하고 나서, 그것을 가지고 눈을 감고 할 수 있는 것이 가장 좋다. 각 문장마다 짧은 쉼을 넣고, 표시한 데서는 몇 초간 멈춰야 한다.

방해받지 않을 조용하고 편안한 장소에 자리를 잡으세요. 눈을 뜬 채로 감각을 알아차리는 것에서 시작해 보겠습니다. 눈에 보이는 사물들을 알아차리고 당신이 보고 있는 것을 바라봅니다. 그런 다음에 만질 수 있는 사물을 알아차리고 손을 뻗어 이를 만지고 그 감촉이 어떤지 알아차려 봅니다. 이어서 눈을 감고 들리는 소리를 알아차립니다. 이를 알아차리고 있는 당신을 알아차리면서 당신이 바로 그 알아차리고 있는 자임에 잠시 그저 접촉해 보세요. 그 인식 속에 잠시 동안 머물러 보세요.

. . .

그다음에 지난날 느꼈던 고통스러운 감정에 부드럽게 주의를 기울이세요. 그 경험에 개방하면서, 당신의 알아차리는 단순한 능력인 자각을 넓혀서 마치 그것이 감정을 완전히 둘러싸도록, 따뜻함과 지혜를 가지고 그렇게 할 수 있는지 보세요. 숨을 알아차리고 매 날숨에 자비와 힘의 감각을 조금 더 확장해 보세요. 마치 그 감정을 자비로운 알아차림으로 부드럽게 감싸는 것처럼 말이죠. 그 느낌의 구석구석을 의도적으로 부드럽고, 친절하며, 자비롭게 느낄 때까지 확장해 보세요.

. . .

이제 다른 장소와 다른 시간에 바로 이와 같은 감정을 느끼는 다른 사람들이 있다는 것을 인식해 보세요. 마치 당신이 방금 전에 하고 있던 것을 하도록 그들의 자각을 안내하는 것처럼, 공간과 시간을 가로질러 확장된 자비의 마음을 건네줄 수 있다고 상상해 보세요. 다른 사람들은 자주 그들 자신의 잘못이 아닌 일로 고통을 받습니다. 그런 식으로 괴로워하는 사람을 상상해 보세요. 그들은 느끼기 힘든 감정을 지니고서 어떻게 할 바를 모릅니다. 그들을 개인적으로 알 필요는 없습니다. 마치 다른 사람의 손이 무언가를 부드럽게 잡도록 인도하는 것과 같이, 마음속에서 다른 사람이 자기 친절과 자각을 확장할 수 있도록 안내하세요. 숨을 알아차리고 매 날숨에 정신적으로 다가가서 당신 둘 다 자비로운 인식으로 함께 이 감정을 점차적으로 감싸는 것을 상상하세요. 그와 당신 모두가 그 감정의 구석구석을 의도적으로 부드럽고, 친절하며, 자비롭게 느낄 때까지 그 감정 주변을 계속해서 확장해 보세요. 당신에게 이런 자질이 없다고 마음이 말한다 해도 중요하지 않습니다. …… 그것들을 단순하게 상상하고, 부드럽고 친절하며 자비롭게 인식하세요.

. . .

마지막으로, 당신 둘이 자기자비와 자각의 공간을 찾아내어 **당신의 고통스러운 감정**이 그 둘의 혼합에 추가될 수 있음을 상상해 보세요. 당신 둘이 함께 서로의 힘든 감정을 자비로운 인식으로 점차 감싸고 있습니다. 당신은 스스로 자비를 주는 이일뿐 아니

357

라 받는 이가 되도록 허용할 수 있는지 보세요. 타인의 자비를 받아들이는 데 저항하는 불필요한 방어를 내려놓으세요. 당신의 자각이 고통(당신의 고통 및 당신이 상상했던 고통받는 자의 고통, 그리고 세상 어느 곳에서 고통을 겪는 모든 사람들의 고통)을 인간 자비의 힘으로 감싸도록 허용하세요.

• • •

방으로 돌아오고자 할 때까지 그 공간 안에 고요히 앉아 있다가 눈을 뜨세요.

❖━━━━━━━━━━❖

두 번째 연습은 당신의 둘 다/그리고 관점을 개발하는 데 도움이 될 것이다. 이는 좀 낯설게 보일 수 있지만 그에 머무르면서 무엇이 나타나는지 그저 보라.

이 연습을 하면서 당신의 목소리를 녹음해서 듣도록 하라. 부드럽게 이완된 목소리로 천천히 대본을 읽고 각 문장 끝에서 잠시 멈추되, 표시된 곳에서는 충분한 시간 동안 멈추라.

당신의 감각 경험을 개방적으로 스캔하는 것에서부터 시작해 보세요. 지금 무엇을 만지고 있나요? 무엇이 들리나요?

이제 그것들을 알아차리고 있는 자를 알아차려 보세요. 잠시 동안, 당신이 여기에서 자각하고 있음을 포착해 보세요. 당신의 눈 뒤에 한 사람이 있습니다.

• • •

이제 당신이 아주 잘 아는 사람의 눈을 들여다보았을 때를 기억해 보세요. 친한 친구나 배우자, 연인, 누구든지 될 수 있을 것입니다. 아마 실제 삶에서는 그들의 눈을 그렇게 오랫동안 쳐다보지 않았지만, 이 연습에서 우리는 그래도 괜찮다고 상상할 것입니다. 그 눈을 그려 보고 바라보세요.

그들의 눈을 응시한 것을 기억하면서, 당신이 그들의 눈을 바라보았을 뿐만 아니라 그들이 당신을 바라보고 있는 것을 볼 수 있음을 알아차려 보세요.

그것이 무엇인지 경험하기 위해 잠시 동안 그들의 인식 속으로 들어가 다른 이의 눈으로 당신을 돌아보는 것을 상상해 보세요. 시간을 두고 당신의 얼굴이 어떻게 보이는지 알아차리고 나서, 바라보고 있는 **당신의 눈을** 보세요.

그러나 당신이 지금 바라보고 있는 그 눈, 즉 당신의 눈도 또한 인식하고 있습니다. 당신의 눈은 상대방이 바라보는 것을 보고 있습니다. 당신의 눈 속 그 인식을 실제로 볼 수 있는지 보세요. 당신이 상상하고 있는 눈은 단지 '눈'이라 불리는 **물체가** 아닙니다. 당신은 보고 있는 눈을 보고 있습니다. 이를 볼 수 있는지 보세요. 그리고 이를 본다면, 시작 지점으로 되돌아오세요. 이제 당신은 다시 '당신 자신'이며 당신을 바라보는 누군가의 눈을 바라보고 있습니다.

• • •

마지막으로 1분 정도 동안 방금 했던 동일한 방식으로 관점들을 계속해서 이동해 보세요. 당신(또는 상상 속에서라면 그들)이 바라봐지고 있었다는 것이 명료해질 때마다, 마치 이를 부드럽게 주목하듯이 그 경험 안으로 숨을 쉬고 나서 관점을 이동하세요. 느리고 차분하게 두 관점 사이를 오갑니다. 이 과정을 거치는 동안에 당신과 상대가 전적으로 분리된 존재가 아니라는 것을 지켜보세요. 마치 당신 두 사람 사이의 경계가 부드러워지고 인식에는 단지 둘 중 하나/또는이나 나(me)라는 속성뿐만 아니라 둘 다/그리고 혹은 우리(we)라는 속성이 있는 것처럼, 의식 속에서 당신 둘은 서로 연결되어 있습니다.

이 연습은 다른 사람들과의 우주적인 연결감을 증진시켜 주기 때문에 매우 영적인 경험일 수 있다. 나는 이 연습에 변형을 주어 수없이 반복해 보았고, 그럴 때마다 **우리**(we) 감각에 접촉한다. 이러한 우리 감각을 발달시키는 것은, 보다 진보된 의식으로 이끄는 상징적 관계의 양방향 길을 만드는 데 핵심적이라고 RFT에서 밝힌 바 있음을 기억하라. 우리는 사회적 동물이다. 다른 사람들과의 연결은 우리에게 이로우며 우리를 인간으로 만드는 것의 일부다.

이 연습을 일단 조금씩 시작하고 나면, 잠깐의 일견이나 순간적인 숙고만으로도 우리 모두가 서로 간에 가지고 있는 의식의 상호 연결성을 더 많이 인식하게 되고, 이러한 우리 감각을 매일의 삶에서 지니기 시작함을 발견할 것이라고 생각한다. 사람들이 당신을 보고 있는 것을 보다 예리하게 볼 것이며, 우리 인간에 있어서 우리 모두를 서로 연결하는 의식의 결합을 느끼면서 그들을 보다 예리하게 볼 것이다.

용서 함양하기

탈융합과 관점 취하기를 결합하면, 강렬한 영적 경험의 또 다른 측면인 용서하고 싶은 바람을 기르는 데 도움이 된다. 용서는 연결을 위한 강력한 힘이 되어 과거의 모든 불만을 버리고 심신을 쇠약하게 하는 짐 없이 삶의 새로운 길을 개척하도록 돕는다. 이 연습을 하는 데는 녹음이 필요하지 않으므로 멈춤을 위한 표시를 포함시키지 않았다. 그렇지만 너무 서둘러 진행하지 않도록 주의하라. 각 단계마다 잠시 멈추고 그 부분을 완수한 느낌이 들 때에만 다음으로 진행하는데, 이는 어느 정도의 숙고를 필요로 한다.

당신 삶에서 판단하기 쉬운 어떤 사람을 마음으로 정해 보라. 그들은 당신을 짜증나게 할 수 있고, 당신은 그들을 탐탁지 않게 여길 수 있다. 아마 그들은 어떤 식으로든 당신에게 상처를 주었을 것이다. 당신은 그들에게 잘못의 책임을 물을 수 있다.

어떤 경우이든 간에 그 사람에 대한 당신의 판단이 수면 위로 떠오르게 잠시 동안 허용하라. 그 판단을 믿거나 정당화하거나 없애려고 하지 말라. 판단을 당신에게 행해지는 어떤 것이 아니라 당신이 하고 있는 어떤 것으로 보라. 당신의 판단을 판단하지 않도록 주의하라. 우리의 목표는 단지 판단에 대한 책임[responsibility, 이를 반응 능력(response-ability)이라고 쓸 수 있다]을 지는 것이다. 판단을 있는 그대로 두고 당신 자신을 자비롭게 대해 보라. 판단 뒤에 사실이 있을지라도, 판단은 그 사실을 벗어난다는 것을 알아차릴 수 있는지 보라. 이는 당신이 하고 있는 일이다.

이 사람이 당신에게서 받는 판단의 종류가 명료해지면, 비슷한 방식으로 당신이 판단했던 다른 사람들을 당신 마음이 정하게 놔두라. 같은 이유로 당신을 짜증나게 한 사람은 또 누가 있는가? 이 패턴은 얼마나 오래되었는가? 그런 종류의 판단을 언제 처음 만들어 냈는지 기억하는가? 이 판단이 유년 시절에도 존재했는가? 당신의 가족 안에도 존재했는가? 다시 말하지만, 판단을 판단하지 말라. 단지 이를 알아차리고 당신이 그렇게 하고 있음을 알아차리라.

이제 타인을 판단하는 당신의 행동에서 어떤 것을 찾을 수 있는지 보라. 만약 누군가가 조종하는 듯이 보이기 때문에 그들에게 비판적이라면, 당신이 조종하는 듯이 보인 때가 있는지, 심지어 당신 자신을 조종하는 듯이 보인 적이 있는지 살펴보라. 만약 누군가가 자신만 생각하는 것처럼 보이기 때문에 매우 비판적이라면, 당신이 자신만 생각하는 듯이 보인 적이 있는지 살펴보라.

나는 나쁘다라는 숨은 메시지와 함께 수치심이 나타나면 조심하라. 당신의 경험을 차분한 호기심을 가지고 바라봄으로써 그 자기비난에서 탈융합하라. 저것을 보라, 나는 X를 했고 내 마음이 나를 판단하고 있다.

이제 선택의 기로에 왔다. 스스로에게 용서라는 이름의 선물을 기꺼이 줄 것인가? 당신 자신에 대한 판단을 무효화하거나 그것에 집착하지 않으면서 온전한 인간으로서 여기부터 기꺼이 전진하겠는가? 대신에 당신 자신에게 새로운 출발을 허용할 수 있겠는가? 갈고리를 벗어 버릴 수 있겠는가?

마지막으로 당신이 종종 판단하는 경향이 있는 사람에게로 돌아오라. 그에게 같은 선물을 줄 수 있겠는가? 곧바로 대답하려 하지 말고 질문 속에 그냥 있어 보라.

이는 타인의 해로운 행동들을 더 이상 잘못으로 보지 않을 것임을 의미하지 않는다. 용서하기 위해서 당신 자신을 무효화하거나 사실을 바꾸지 않는 것이 중요하다. 용서가 정말로 의미하는 바는 그 행동을 여전히 잘못으로 보지만 동시에 그 사람을 기꺼이 '갈고리에서 벗어나도록' 해 준다는 것이다. 더 이상 그들이 당신에게 잘못했다는 점을 계속 증명하려고 하지 않을 것이다. 이는 진실에 대한 어떤 종류의 부정에 바탕을 둔 것이 아니라 분노와 고통을 내려놓으려는 선택에 바탕을 둔, 새 출발이라는 선물이다. 판단을 판단으로 있게 그냥 둠으로써, 당신은 그 판단과 그 판단이 미치는 영향으로부터 탈융합할 수 있다. 그 판단을 나뭇잎 위에 올려놓고 그것이 흘러가게 놔두라.

다음의 문장을 읽어 보는 것 또한 도움이 된다. 이상적으로는 소리 내서 읽는 것이 좋지만, 개인적인 공간에 있지 않아서 그렇게 하는 것이 불가능할 경우에는 마음속에서 혼잣말로 하라.

"잊지는 않겠지만, 용서하기로 선택했다. 나와 다른 이들에 대한 판단에 얽매이는 것을 기꺼이 내려놓기로 했다. …… 나는 이러한 경험들이 나와 다른 사람들을 판단하도록 이끌기 전에 있었던 것을 나 자신에게 더 많이 줄 준비가 되어 있다. 나는 fore-give

할 준비가 되어 있다."

⬥⬥⬥—————————⬥⬥⬥

내가 선택한 순서에 따라 이 연습들을 한 이유가 있다. 우리는 우리 자신을 용서하기 전까지 타인을 용서하는 것이 어려운 경향이 있다. 용서(forgiveness)는 고대 영어 단어인 forgiefan에서 유래했는데, 이 단어 자체는 '전에(before), 안에(in)'를 의미하는 원시 게르만어 fur와 '주기(to give)'를 의미하는 giefan의 합성어였다. 나는 이것이 용서가 우리 자신에게 주는 선물(전부터 거기에 있었던 선물)이라는 사실을 명심하는 데 도움이 됨을 알았다. 우리가 다른 이들을 '갈고리에서 벗어나게' 할 때, 우리 또한 그 고리에서 미끄러져 내려올 수 있고, 무지한 순수함이 아니라 경험 있는 순수함을 뒤에 남기고서 의식 있고 지성 있는 선택을 통해 새로운 출발을 시작할 수 있다.

ACT와 종교

종교적인 믿음을 실천하는 일부 사람들은 ACT가 종교의 가르침과 양립할 수 있는지에 대해 걱정할지 모른다. 물론 이를 결정할 수 있는 권한은 내게 없지만, ACT가 종교적 신념을 초월해서 많은 종교 지도자들에게 받아들여져 왔음을 언급하는 것은 가치 있다고 생각한다. 예컨대, 최근 미군 내 군종에서 심리지원의 일환으로 사제들을 훈련시키기로 결정했을 때, ACT가 교육과정 일부에 채택되었다(동기 강화 면담과 문제해결 치료에 더해서).[8] 군종은 모든 종류의 종교적 신념들을 아우르고 있었는데, ACT가 선택된 부분적인 이유는 이런 다른 여러 경전에 바탕을 둔 종교들이 유연성 기술 기르기와 양립 가능하기 때문이다. 나는 성직자들과 목회 상담자들이 활용하기 위한 ACT 책을 공동 편집했다. 저술 과정에서 기독교와 유대교, 힌두교, 불교, 이슬람교의 경전을 검토했으며 유연성 과정에 따라 살도록 권면하는 풍부한 구절들을 발견했다.[9]

종교적인 전통과 ACT가 공통된 배경을 공유하는 이유는 무엇일까? 세계의 모든 위대한 종교들은, 문자 언어의 발달이 상징적 사고 능력의 발달과 **내부 독재자**의 출현을 엄청나게 가속화시킨 이후에 출현했다. 아마도 그런 점 때문에 모든 주요 종교적 전통이 분석적이고 판단적인 생각의 자동적인 지배를 줄이는 고대의 방법들(예: 독경, 묵념,

명상, 춤, 기도문 암송, 선문답 등)을 포함하는 듯하다.

ACT 배우기와 종교적인 수련을 결합할 수 있는 방법에 대해 더 상세하게 읽고 싶다면, 상담자들을 위해 ACT를 종교 전통의 내담자들과 작업하도록 맞춤화하는 방법에 대해 쓴 책들을 참조할 수 있다.[10]

나는 최근에 이해를 돕는 사례 연구를 발견했다. 그리스 키프로스의 독실한 기독교 여성이 유방암과 투쟁하면서 ACT를 종교적인 수련에 적용했다.[11] 그녀는 친오빠가 암으로 죽는 것을 지켜본 전력이 있어서 죽음을 깊이 두려워했다. 유방 절제술 후 화학요법을 받는 동안에 그녀는 침대에서 자신의 삶을 걱정하고 울면서 하루를 보냈다. 그녀는 우울과 불안으로 침잠했다. ACT 기반 가치 평가(제13장 참조)의 결과, 그녀는 '신과 가깝게 지내며 이러한 신념을 행동으로 보이는 독실한 신자'가 되고 싶었지만, 그것이 그녀에게 매우 중요했음에도 이 가치에 따라 살지 못하고 있다고 느꼈다.

ACT의 과정을 거치면서 그녀는 자신의 종교적인 제식을 다르게 지향하기 시작했는데, 이는 ACT 및 행동과학과 더 일치하는 방향이었을 뿐 아니라 그녀 자신의 종교적인 전통의 기저 의미와도 더 깊게 연결된 방식이었다. 예컨대, 신에게 자신의 두려움을 없애 달라고 기도하는 대신에 두려움을 수용하고 그녀의 가치와 보다 일치하는 방향으로 살게 해 달라고 기도하기 시작했다. 그러한 간단한 변화는 죽음과 상실에 대한 두려움 안에 있는 에너지를 억압과 사회적 철수가 아닌 참여와 몰입으로 돌리도록 도왔다. 그 결과, 그녀는 교회 모임에서 훨씬 더 활동적이 되었고 작은 일이라도 그녀의 가치와 연결할 수 있는 방법을 찾았다. 8회기 후에, 그녀는 다시 예전의 자기를 되찾았다고 말했다. 그녀의 생명을 위협하는 질병이 힘의 근원이 된 것이다.

이 이야기는 신체와 정신 건강을 증진하는 데 있어 영성의 역할에 대한 감동적인 증거가 된다. 영성은 인간 삶의 자연스러운 특징이기에 우리 모두가 잘 길러 낼 수 있다. 우리는 모두 그 용어의 가장 넓은 의미로서 영적인 여행 중에 있다. 유연성 기술이 자각과 의미, 자비로운 연결감의 삶을 사는 데 전념하는 능력을 길러 주면서 그 여행에서 진보하도록 도울 수 있음을 알게 되어 나는 기뻤다.

질병과 장애에
대처하기

당신 또는 가족이 심각한 질병이나 만성 질환을 겪고 있다면, 아픈 사람뿐만 아니라 간병인, 친구, 그리고 투병하는 사랑하는 가족을 지켜보는 사람이 심리적으로 얼마나 힘들어할 수 있는지 알 것이다. 그러나 많은 의료 서비스 제공자들은 이와 같은 문제의 심리적 측면에 대해서는 최소한으로만 개입한다. 더 나쁜 건, 대처 방법에 대한 정보가 종종 잘못 인식되어서 사람들에게 단순히 긍정적으로 생각하거나 의학적 조언 따르기를 더 열심히 노력하도록 독려한다는 것이다.

내 아내가 스티비를 임신 중에 임신성 당뇨병을 진단받았을 때, 나와 내 아내는 이를 겪었다. 초기에 처방된 식이 요법과 운동 방법은 문제를 통제하기에 불충분한 것으로 드러났고, 인슐린 주사가 필요했다. 우리는 건강 상태 및 재크의 혈당 수치를 관리하는 것이 얼마나 중요한지에 대한 풍부한 정보를 받았다. 지침을 주의 깊게 따르지 않으면 아기가 해를 입을 수 있다는 불길한 경고는 우리에게 동기를 부여하기 위한 일차적인 조치였다. 아들의 건강에 대한 불안감에 대처하기 위해 제공된 소규모의 자료들은 긍정적인 사고뿐만 아니라 '정석대로' 인지적 재평가를 장려했다. 즉 우리는 합리적으로 생각하고, 부정적인 생각을 알아차리고, 도전하고, 바꾸도록 권유받았다.

전문가라도(팸플릿에 신경 쓰지 말라!) 이런 종류의 고전적인 인지적 재구조화와 재평가를 제대로 해내기 어렵고, 그 때문에 모든 관련 연구 결과들을 종합해 보면 그 이점이

제한적이다.[1] 인지적 유연성? 그렇다, 이는 유익하며, 다른 생각을 탐색하라는 격려는 도움이 된다. 찾아내기, 도전하기, 이의 제기하기, 변화하기? 별로. 그것은 너무 위험하며 안 좋은 결과를 가져올 가능성이 크다.

우리가 이를 알지 못했다면 고전적인 인지적 도전의 충고를 따랐을지도 모르며, 만약 그것이 도움이 되지 않았다면 스스로를 비난했을 것이다. 그 대신에 우리는 유연성 기술을 활용했다. 이는 우리가 혈당 수치를 측정하고 그 결과치가 안 좋을 때의 두려움을 받아들이며, 필요한 만큼의 수치를 유지하기 위해 약물, 식이 요법, 운동의 올바른 조합을 찾는 데 그 두려움을 쏟도록 도왔다. 감정적으로 쉽지 않았지만 우리는 그것을 지속했고, 아들 스티비는 행복하고 건강하게 태어났다. 재크의 임신성 당뇨병은 저절로 빠르게 호전되었다.

우리가 받은 조언과 정보가 심리학적으로 말하면 너무 한계가 있었지만, 일반적인 당뇨병 치료 표준과 완전히 일치한다는 사실에 재크와 나는 놀랐다. 대부분의 당뇨병 환자와 마찬가지로 우리는 미국 당뇨병 협회(ADA)로부터 승인된 자료를 받았다. 재크가 산후 당뇨병을 계속 앓았다면, 우리는 인증된 당뇨병 교육자가 진행하는 교육 그룹에 의뢰되어 질환 관리 방법에 대해 몇 시간 동안 훈련을 받아야 했을 것이다. 즉, 의료 시스템은 우리가 알아야 할 모든 의료 정보를 제공했을 것이다. 동의한다. 이는 매우 중요하다. 그러나 이것만으로는 충분하지 않고, 효과적인 심리학적 도구가 함께 제공되어야 한다.[2]

이러한 이유로 인해 ACT는 일차 의료에서 가장 널리 사용되는 모델 중 하나다. ACT의 공동 개발자이자 내 친한 친구인 커크 스트로살과 그의 아내 패티 로빈슨Patti Robinson은 심리적 유연성 및 관련 방법들을 일반 건강관리 시스템에 적용하기 위해서 일차 의료 행동적 건강 모델을 개발했다.[3] 그 결과, 부분적으로 ACT 훈련의 가치에 대한 대부분의 연구는 질병 및 장애와 싸우는 사람들을 돕는 데 초점을 맞추었고, 전반적으로 인상적인 결과를 얻었다.

예를 들어, 400명 이상의 대장암 생존자를 대상으로 한 연구를 살펴보자. 재발을 예방하기 위해서 환자들은 신체 활동을 늘리고 주요 식이 요법을 변경해야 했다. 한 환자 집단은 소책자와 뉴스레터를 포함해서 해야 할 일에 대한 일반적인 교육을 받았고, 다른 그룹은 서면 자료 및 뉴스레터와 함께 6개월 동안 11번의 전화 통화 형식으로 ACT 교육을 받았다. 일 년간의 추적 관찰 결과, ACT 훈련을 받은 사람들은 일반적 관리를 받은 그룹보다 운동 목표를 달성하는 능력이 44% 더 높았으며, 식습관에서 더 나은 호

전이 있었다.[4]

아마 예상할 수 있겠지만, 더 놀라운 것은 ACT 그룹에서 **외상 후 성장**(역경에 뒤따르는 긍정적인 심리적 변화)이라고 불리는 상당한 호전이 있었다는 점이다. 이는 환자들에게 삶의 질과 관련된 일련의 진술문으로 측정되었다. 예를 들어, 대인관계(예: 나는 다른 사람들과 새로운 친밀감을 느낀다), 새로운 삶의 가능성 찾기(예: 나는 새로운 관심사를 개발했다), 개인의 강점 발달시키기(예: 나는 어려움을 어떻게 다뤄야 하는지 안다), 긍정적인 영적 변화(예: 나는 보다 강한 종교적 믿음을 지닌다), 그리고 의미에 대한 보다 큰 감각(예: 나는 내 삶의 가치에 더 큰 감사를 느낀다). 일반적인 관리를 받은 집단은 이와 같은 영역에서 큰 변화가 없었지만, ACT 교육을 받은 사람들은 외상 후 성장의 모든 영역에서 유의미한 변화를 보였고, 평균적으로 6개월에 약 15%만큼 호전되었으며, 이는 1년 후에도 유지되었다.

연구에 따르면, 다발성 경화증, 심장 질환, 소아 뇌성 마비, 뇌 손상, 간질, HIV/AIDS 및 기타 다양한 질환을 겪는 사람들에게 외상 후 성장에서 기대되는 좋은 결과를 보였다.[5] 유연성 기술은 또한 우선 건강 문제의 발달에 대해 더 많은 저항력을 갖도록 돕는다.

이를 보여 주는 연구가 희귀한 **대표 표본** 천 명을 대상으로 스위스에서 이루어졌는데, 이는 모든 국가에서 일반적으로 적용될 수 있음을 의미한다. 연구자들은 잘 알려진 사실을 확인했는데, 일상적인 스트레스와 열악한 사회적 지원이 광범위한 신체적 그리고 정신적인 건강 문제를 예측한다는 것이다.[6] 그들은 또한 이러한 요인들이 건강에 영향을 미치는 정도가 심리적 유연성과 밀접한 관련이 있음을 발견했다. 예를 들어, 유연성 테스트에서 낮은 점수를 받은 사람들의 경우에 매일의 스트레스 요인이 한 단계 올라갈수록 우울증 수준이 60% 상승했다. 그러나 유연성 점수가 높은 사람들의 경우, 스트레스 요인이 상승해도 우울증의 증가폭은 그것의 1/10보다 낮았다!

유연성 기술은 노화로 인한 피할 수 없는 정서적 · 육체적 어려움에도 도움이 된다. 현대 서양 문화에서 우리는 심리적으로 건강하게 나이 드는 훈련을 거의 받지 않는다. 서양 문화는 연령차별이 만연하다. 결과적으로 노화에 흔히 두려움을 느끼고, 많은 사람들이 수십억 개의 상품과 서비스로 노화를 막으려고 격렬히 노력한다. 나이가 들어도 건강을 유지하자는 것은 멋진 목표이지만, 노화를 거부하고 역할, 친구 또는 기능을 잃는 불가피함을 거부하는 것은 건강에 좋지 않다. 우리가 충분히 오래 산다면 우리 모두는 늙을 것이다.

연구에 따르면, 뛰어난 유연성 기술을 가진 고령자들은 장기간의 치료뿐만 아니라, 완화치료 기간 중 임종을 맞이할 때도 우울과 불안을 덜 경험하는 것으로 나타났다. 그들은 죽음을 직면하는 것에 대한 예기적인 슬픔이 덜하다.[7] 유연성은 또한 간병인의 도움을 수용하는 것을 돕고, 잃어버린 기능을 보상하는 능력을 향상시킨다.

이러한 결과 및 다수의 추가 연구 결과들을 보면, 유연성 기술을 배우는 것이 모든 건강관리의 핵심 구성 요소로 간주되어야 함에는 의심의 여지가 없다. 경험할 수 있는 거의 모든 신체 질환의 관리에 유연성 기술을 적용할 수 있고, 처방받은 거의 모든 치료 방법을 보완할 수 있다. 몇 가지 예를 살펴보겠다.

만성 통증

전 세계적으로, 만성 통증이라는 유행병은 의학 연구자들을 혼란스럽게 해 왔다. 만성 통증이 엄청나게 증가하는 것만이 아니라, 최고의 의료 시스템 및 인간공학적으로 가장 합리적인 근로자 보호법을 가진 국가가 국민총생산(GNP)의 엄청난 양을 대부분 만성 통증과 관련된 장애에 지출하고 있다는 것이다. 스칸디나비아가 그 예다. 1980년부터 2015년까지 스칸디나비아 국가들은 평균적으로 국내총생산(GDP)의 4.3%를 장애 및 무능력으로 인한 비용에 지출했으며, 대부분 일과 관련된 것이다.[8]

미국에서는 실제로 장애 청구가 그와 같은 수준에 도달하지는 않았지만(미국은 GDP의 1.1%를 장애와 정상 생활 불능 상태로 인한 비용에 지출한다), 여전히 낮지 않다. 만성 통증의 의료비용은 1조 달러의 1/2에서 2/3 정도다.[9] 2012년에는 미국 인구의 절반 이상이 직전 3개월 동안 통증을 경험했다고 한다. 이는 암, 당뇨병, 심장마비, 뇌졸중을 합친 것보다 더 많은 사람들에게 영향을 미치고 있는, 거대하지만 조용한 유행병이다.[10] 한편, 전 세계는 미국을 선두로 하여 아편제를 사용해서 만성 통증을 치료하려고 시도했지만 성공적이지 못했다. 그러한 접근 방식은 실제로 비용을 절감했을 수는 있지만, 문제를 해결하지 않았기 때문에 환자와 가족에게 부담을 전가했고, 광범위한 아편제 중독으로 인한 공중 보건의 위기를 초래했다.

왜 갑자기 이런 일이 일어났을까? 현대 세계는 사람들에게 이전보다 신체적 상해를 입힐 가능성이 훨씬 높아서일까? 거의 아니다. 그 변화는 부분적으로 우리가 고통 자체에 대해 이야기하고 치료하는 방식에 기인한다.

약 20년 전, 미국 의사들은 통증을 '다섯 번째 생명 유지에 필수적인 징후'로 다룸으로써 체온, 혈압, 호흡 수 및 심장박동 수의 측정과 같이 환자의 건강을 평가하는 데 중요한 요소로 다루도록 병원 인증기관 등으로부터 권장을 받았다.[11] 이미 다뤄야 할 기한이 지나가 버린 고통에 대처하는 데 더 많은 도움을 사람들에게 제공하기 위함이 그 의도였다. 문제는 이들을 돕는 일차적 수단이 단기 및 장기적인 심리사회적 영향을 다루는 게 아니라 **통증을 없애기 위한 약물 처방**이었다는 것이다. 심리적 접근 방식이 의료계로부터 보다 낮은 지지를 받았던 부분적인 이유는 통증 치료가 잘못된 틀에 갇혀 있었기 때문이다. 이는 끔찍하게 부끄러운 일이다. 왜냐하면 만성 통증의 고통에 대처하고 처음부터 만성 통증의 발병을 피하는 데 ACT 훈련(그리고 기타 심리사회적 접근 방식)이 상당한 도움을 줄 수 있다고 연구에서 밝혀졌기 때문이다.

만성 통증에 있어서 가장 어려운 문제는, 부상이나 수술로 인한 급성 통증과 달리 만성 통증은 혐오 기억 유지 네트워크라고 하는 신경생물학적 시스템에 깊이 뿌리박혀 있는 것처럼 보인다는 점이다. 그것이 통증인 것은 맞지만, 손상된 신체 조직의 급성 감각 과정에서 오는 통증은 아니다.[12] 예를 들어, 손과 같은 팔다리에 만성 통증을 겪는 사람들의 경험을 생각해 보자. 때때로 사람들은 통증을 멈추기 위해 손이나 팔다리를 제거해 달라고 애원한다. 이는 논리적이지만 매우 나쁜 아이디어다. 팔다리를 제거한 사람의 85%는 팔다리가 없어도 여전히 팔다리에서 통증을 느낀다! 이것은 팔다리의 제거로 인해 신경이 손상되었기 때문이 아니라, 처음부터 통증이 팔다리에 없었기 때문이다. 그것은 우리의 기억과 같은 방식으로 중추 신경계로 옮겨져 뇌에 입력된 것이다.

통증이 3개월 동안 지속되면('만성'이라고 여겨지는 일반적인 기준) 4년 후에도 통증이 지속될 가능성이 거의 80%이며,[13] '만성'에 대한 기준이 6개월 또는 1년일 경우에 그 통계치는 더 나빠진다. 적어도 성인의 경우, 만성 통증에 대한 ACT의 작동 방식은 일차적으로 통증을 제거하는 것이 아니다(전통적 CBT를 비롯한 여타의 증거 기반 심리적 개입 또한 마찬가지다). ACT가 힘을 발휘하는 지점은 만성 통증에 대해 느끼는 고통의 수준을 낮추어 삶에 방해가 되는 부분을 줄이는 것이다. 그것은 통증과 겨루는 것이 아니라, 사람들이 통증과 **함께** 규칙적인 삶의 활동을 지속하는 데 도움을 주는 것이다.

ACT의 메시지가 통증에 대한 일반적인 접근 방식의 일부라면, 만성 통증이 발생하는 것을 ACT가 줄일 수 있었을까? 아직 초기 단계이지만 만성 통증을 겪는 어린이를 대상으로 진행한 일부 연구에 따르면, ACT 훈련은 통증이 영구적으로 뿌리내리는 것을 방지하는 데 도움이 될 수 있다. 스톡홀름의 카롤린스카 연구소(노벨상이 수여되는 곳)와 같은 몇몇 세계적 수준의 통증 센터는 어린이들에게 ACT를 널리 사용한다.[14] 그 연구에 따르면 ACT는 성인보다 어린이가 느끼는 통증을 더 현저하게 감소시키는 것으로 나타났는데, 이는 아마도 어린이의 경우에 통증이 신경생물학적 및 심리적으로 더 깊어지지 않았기 때문일 것이다. 새로운 증거에 따르면 통증이 만성화되기 전에 급성 통증 상황에서 적절한 시기에 ACT를 시행하면 성인에게도 똑같은 일이 일어날 수 있다(예: 허리 수술 전의 ACT 사용).[15]

자신의 통증에 대처할 수 있는 수용 기술을 개발하도록 사람들을 장려하는 것이, 결국 그들에게 "기운내서 맞서라."라고 말하는 것으로 해석되어서는 안 된다. 수용은 만성 통증을 겪는 사람들에게 강한 함축적 의미가 담긴 단어일 수 있다. 사람들에게 자신의 고통을 받아들여야 한다고 말하는 것은 "당신의 고통에 대해 이야기하지 마세요. 그건 저에게 너무 불편해요."와 같이 들릴 수 있다. 그것은 인도적이지 않으며 도움이 되지 않는다.

ACT의 수용은 결코 통증을 부인하거나 하찮게 보는 것이 아니다. ACT는 통증과 함께 생활하기에서 출발하여 수용과 탈융합, 그리고 전념 행동을 결합해서 통증과 함께 생활하기까지 넘어가는 유연성을 만드는 데 도움을 준다. 사람들은 선택된 가치와 일치되는 생활로 돌아가기 위해 통증을 감수하는 법을 배운다.

제8장에서 만성 통증을 겪는 사람들을 위한 ACT 개입에 대해 설명했으며, 선호하는 연습을 사용해서 그 접근법을 따를 수 있다. 그러면 연습에 더 많은 종목을 계속 추가할 수 있다. 더할 것이 없으면, 통증을 다룰 때 도움이 되는 다음 방법도 또한 시도해 봐야 한다. 나는 통증의 가장 불만스러운 영향 중 하나인 수면 방해에 이를 사용한다.

나는 보통 2~3분 동안 호흡에 초점을 맞추고 마음챙김 명상을 하는데, 이렇듯 몇 가지의 현존 작업을 한 후에 호흡을 인식하고 있는 내 일부분으로 주의를 돌린다. 달리 말하자면, '관찰하는 자기'로서의 나에게 무슨 일이 일어나고 있는지 알아본다. 거기서부터 나는 고통을 느끼는 곳으로 부드럽게 주의를 기울인다. 이렇게 하면서 나는 고통을 통제하려는 충동의 '밧줄을 놓으려고' 하거나, 통증에서 다른 곳으로 주의를 돌리려고 한다. 주춤하지 않고, 통제하지 않고, 산만하지 않고, 그저 관찰하는 것이다. 각 감각을 알아차리면서 나는 "예"에 이르려고 노력한다. 이는 평정심을 가지고 내가 느끼는 것을 느끼는 데 자신을 개방할 수 있음을 의미한다. 부정적인 생각이 침투하면, 나는 그 생각이 희미해질 때까지 탈융합을 실행한다. 그다음에 호흡으로 주의를 돌려서 관찰하는 나의 부분을 다시 알아차리고, 통증에 집중하는 것으로 돌아와서 "예"에 이르는 길을 찾는다. 그 감각의 통증이 사라지면, 내가 투쟁하고 있는 다른 감각이 있는지 확인하고, 있다면 그곳에서 같은 일을 반복한다.

당뇨병

당뇨병에 대한 표준 치료법의 한계는 환자에 대한 결과 데이터에서 분명하게 드러난다. 전 세계 인구의 8% 이상이 인슐린에 대한 후천적 저항성으로 발생하는 제2형 당뇨병에 걸릴 것이다.[16] 미국에서는 이 수치가 10% 이상까지 상승하며, 제2형 당뇨병을 앓는 많은 사람들은 아직 진단을 받지 않은 상태이므로 이는 과소평가된 것이다. 부분적으로 그것은 비만의 엄청난 증가로 인해 발생한, 거대하고도 더 커지고 있는 세계적인 건강 문제다.

다행히도 대부분의 경우에 당뇨병은 약물과 함께 식사와 운동의 변화를 통해 관리할 수 있지만, 너무나 자주 환자들은 적절한 관리법을 엄격하게 지키지 않는다.[17] 조절되지 않는 당뇨병으로 인한 합병증은 심혈관 질환, 사지의 손실 및 실명을 포함하여 심각한 결과를 초래한다.

ACT 교육이 환자의 질병 관리를 개선하는 데 도움이 되기를 바라는 마음으로, 내 학생인 제니퍼 그렉Jennifer Gregg은 나와 다른 동료들과 함께 연구를 수행했다. 그녀는 ADA 교육 과정을 거의 절반으로 줄이고, 이를 3시간 30분 분량의 ACT 훈련으로 대체한 프로그램을 ADA에서 승인한 6시간 분량의 교육과 비교했다.[18] ACT 회기에는 환자들이 자신의 상태에 대한 두려운 생각과 적절한 관리에 대한 불안으로부터 탈융합하는 방법에 대한 안내와, 필수적인 행동 변화에 전념하도록 돕는 가치에 대한 작업이 포함되었다.

제니퍼와 나는 당뇨병과 관련된 구체적 생각과 감정에 대한 심리적 유연성을 평가하는 도구를 개발했다. 모든 참가자가 교육 전에 이를 작성하고 교육 후에 다시 작성하도록 했다.[19] 당뇨병 교육만을 받은 사람의 심리적 유연성 점수는 실제로 약 3% 감소한 반면, ACT 교육도 같이 받은 사람들의 점수는 거의 20%나 향상되었다. 3개월의 추적 관찰이 끝날 무렵, ACT 군에서 당뇨병이 조절되는 환자 수는 당뇨 교육만을 받은 군보다 유의미하게 더 많았다. 당뇨병이 조절되고 있다는 뜻은 대부분의 질병 합병증을 피할 수 있을 만큼 충분히 오랫동안 혈당 수치를 충분히 낮게 유지했다는 의미다(이는 평균 혈당 수치에 대한 바이오마커인 헤모글로빈 A1c로 측정된다). 교육만 받은 환자의 경우에 당뇨병을 통제하는 환자 비율이 실제로 26%에서 24%로 약간 감소한 반면, ACT 훈련 군에서는 26%에서 49%로 거의 두 배가 되었다. 그 정도의 변화가 유지된다면, 향후 사지 상실과 실명이 거의 80% 감소할 것이라고 예측할 수 있다.

이런 결과들이 2007년에 발표되었을 때, 이는 당뇨병 연구 및 치료 분야에 동요를 불러일으켰고, 일부 연구자들은 연구에 의문을 제기했다. 그러나 더 큰 규모의, 독립적인 연구팀에 의해 그와 같은 결과가 2016년에 완전히 재현되었다.[20] 이러한 문제를 해결하는 방법을 배워 가면서, 앞으로 성공도 있고 실패도 있을 것이라고 나는 확신한다. ACT가 당뇨병 관리를 위한 완전한 치료법이라고 말하는 것은 아니다. 그러나 심리적 유연성에 초점을 맞추면 중요한 요소를 추가할 수 있는 듯하다.

만약 당신이 당뇨병을 관리하고 있다면, 자신의 상태에 대한 힘든 생각과 감정에 대해, 그리고 당신과 의사가 동의한 행동 변화에 전념하기 위해 모든 연습 도구모음을 적용해 봐야 한다. 이러한 변화를 만들어 가면서 당신이 투쟁하는 모든 장애물들을 적어 보라. 그것들과 당기고 있는 밧줄을 내려놓고 ACT 도구모음을 적용하는 작업을 시작하라.

여기에 추가적으로 시도해 볼 수 있는 연습이 있는데, 나는 이것이 당뇨병을 다루는 사람들에게 무척 도움이 되었음을 봐 왔다. 우리는 그들이 워크숍에서 이를 해 볼 수 있도록 했다. 당신도 신뢰하는 친구나 가족과 함께 이를 해 볼 수 있다.

하나의 행동 또는 일련의 행동들 및 그것들이 나타내는 선택된 가치 또는 목적에 전념하라. 그다음에는 집단으로 모여서, 당뇨병과 관련하여 당신이 원하는 모습을 일어서서 말하라. 당신의 행동이 무엇을 나타내길 원하는가? 그것이 당신에게 왜 그리고 어떻게 중요한가? 그것을 잊었을 때 무슨 일이 있었는가? 그다음에 당신이 취하려는 행동에 대한 전념에 대해 말하라. 당신이 하려는 것을 사람들이 안다고 확신할 만큼 구체적으로 말하라. 우리는 어떤 것에 대한 강한 전념을 표현하기 위해 수호하기라는 문구를 사용한다. 즉, 이 연습은 당신의 건강을 수호하고 있다.

암

인구의 거의 40%는 언젠가는 암 진단을 받게 될 것이다. 의료계는 보다 효과적인 발견 및 치료 방법을 개발하는 데 큰 진전을 이루었지만, 국립 의학 아카데미조차도 암으로 인한 심리적 어려움에 대한 관심이 뒤처져 있다고 우려한다.[21] 암 환자의 약 30%가 우울증, 불안, 스트레스를 경험하지만 그들은 종종 약간의 치료만 받거나 전혀 치료를 받지 않는다.

암에 걸린 사람들은 암에 걸릴 위험에 자신을 노출시킨 것에 대해(특히 폐암에 걸린 흡연자), 또는 증상이 있음에도 불구하고 즉시 의학적 진단을 받지 못한 것에 대해 흔히 스스로를 비난한다. 긍정적 태도를 유지해야 한다는 사회적 메시지는 환자 자신의 병으로 인한 스트레스에 대해 이야기하기 어렵게 만든다. 친구나 가족들은 사랑하는 사람의 두려움과 고통에 대해 이야기하는 것을 어색하게 느낄 수 있다. 일상적인 활동을 그만두는 것은 흔한 일이다. 그 원인 중 일부는 암의 만연한 증상인 피로(치료에 의한 것도 있다)로 인한 것도 있으나, 환자가 자신이 잘 해내지 못하는 모습을 사랑하는 사람에게 보이고 싶지 않기 때문이기도 하다.

더욱이 암 투병의 문제는 치료가 비록 성공적이었다고 하더라도, 암과 싸우는 도전은 결코 한 번 이상으로 완료되지 않는다. 재발에 대한 두려움은 수년 동안 지속될 수 있다. 많은 생존자들이 장기적인 장애를 경험하고 있고 일부는 직장으로 복귀하지 못할 수 있는데, 이는 경제적 스트레스를 유발할 뿐만 아니라, 널리 알려져 있다시피 삶에서 의미와 목적이 결여된 느낌을 일으킨다.

ACT 기술의 훈련은 이러한 수많은 도전에 대처하는 사람들의 능력을 크게 향상시키는 것으로 밝혀졌다. 이것은 우울, 불안 및 재발에 대한 두려움 등의 일반적인 증상에 대처할 때 특히 그러하다.[22]

한 환자의 경험에 대해 자세히 기록한 심리학자 줄리 앤지올라Julie Angiola와 앤 보웬Anne Bowen은 암의 특수한 난제에 대한 맞춤형 ACT 실행에 대해 유익한 설명을 했다. 한 53세 여성은 상피성 난소암 3C기를 앓고 있었는데, 초기 치료 후 두 번의 재발이 있었다. ACT 상담자와의 상담은 두 번째 재발로부터 2개월 후에 시작되었는데, 그녀는 제안받은 추가 화학 요법을 받아야 할지 좀 더 생각해 봐야 한다고 종양 전문가에게 얘기해 둔 상태였다. 그녀는 ACT 상담자에게 자신이 마비된 느낌과 '끊임없는 걱정'에 몰두하는 사이에서 갈팡질팡하면서 너무 피곤해서 침대에서 일어나는 데 어려움을 겪고 있다고 말했다. 그녀는 또한 자신의 행동이 부끄럽다고 했고, 남편과 더 많은 시간을 보내고 싶었지만 남편에게 부담이 되고 싶지 않아서 손님용 방으로 옮겼다고 했다.

상담자는 그녀 자신이 어떤 유형의 삶을 살기 원하는지를 물으면서 시작했고, 어떤 가치의 삶이 자신에게 의미하는 바를 생각해 보도록 도왔으며, 그다음에는 그러한 삶을 살지 못하게 막는 장애물이 무엇인지 확인하도록 했다. 그녀는 또한 심리적 유연성과 가치에 대한 평가를 받았고, 여기서 그녀는 회피 점수가 높았지만 가치 점수 또한 높았는데, 특히 가족과의 시간을 소중히 여기고, 친구를 사귀고, 레크리에이션에 참여하고, 신체적 웰빙을 경험하는 것에 가치를 두었다. 평가는 그녀에게 도움이 되었지만, 그녀가 그것에 따라 행동하고 있지는 않았다. 그녀의 높은 가치 점수를 고려해서, 상담자는 우선 그녀가 전념할 수 있는 행동에 가치를 연결하는 일을 많이 하게 했다. 치료는 수용을 돕는 것으로 진행했고, 제2부에서 소개된 많은 탈융합, 자기, 수용 및 현존 연습 등을 통해 그녀를 도왔다. 그녀는 삶의 질을 크게 향상시키며 그녀가 중시하는 활동에 다시 참여할 수 있게 되었다.[23]

당신이 가지고 있는 문제들에 대해 당신이 하고 있는 발견에 맞춰서 유연성 기술에 대한 작업을 조정할 수 있다. 예컨대, 불안이나 반추 사고가 당신에게 문제라면, 탈융합과 현존 작업으로 시작하는 것이 가장 좋을 것이다. 자기비난과 수치심으로 어려움을 겪고 있다면 자기 작업이 좋은 시작일 것이다.

374

이명

나는 개인적인 경험을 통해 만성적인 건강 상태를 다루는 유연성 기술의 가치를 배웠다. 이명이란 귀에서 끊임없이 소리가 윙윙거리는 것을 말한다. 그것은 상당한 장애가 될 수 있다. 가장 일반적인 치료법은 이명 재훈련 치료(Tinnitus Retraining Therapy: TRT)인데, 이는 상담을 통해 소음을 상냥하게(중성 신호로서) 해석하고, 소음 기계 또는 기타 음향 장치를 사용해서 사람들이 윙윙거리는 이명에 습관을 들이게 한다. 뇌는 귀의 미묘한 신경 자극을 소음으로 잘못 인식하지만, 소리에 대한 일반적인 기준점이 더 높으면 더 이상 이를 소음으로 인식하지 않을 것이라는 바가 TRT의 아이디어다. 이는 마치 조용한 방에서는 에어컨의 소음이 끔찍하지만, 시끄러운 바에서는 거의 알아차릴 수 없는 것과 같다.

나는 펑크 록 음악이나 문신을 한, 상의를 탈의한 가수들이 비행기 엔진처럼 포효하는 것을 듣길 즐기곤 했다. 그로부터 수십 년이 지난 후, 그 결과로 이명이 생겼다. 나는 TRT에 대한 연구(그 효과는 약했다)가 인상적이지 않았기 때문에, 소음이 사라지기를 바라면서 그저 이를 무시하기로 마음먹었다.

나는 더 이상의 손상을 방지하기 위해 귀마개를 쓰고 지냈다. 그러나 이명은 꾸준히 커졌다. 그리고 더 커졌다. 이렇게 점점 커지는 고통이 3년 동안 이어졌다. 그제서야 나는 ACT를 적용해 보면 소리가 멈출 것이라는 생각이 문득 들었다.

나는 긴 산책을 하면서 내 수용, 탈융합, 주의력 기술을 충분히 적용했다. 집에 돌아올 때까지 그것이 효과가 있을 것임을 알았다. 그 효과는 거의 즉각적이었다. 이틀 만에 나는 이명에 대해 전혀 괴롭게 느끼지 않았다. 전혀. 그리고 그 고통을 다시 겪지 않았다.

소음은 사라지지 않았다. 그러나 이는 마치 호텔의 환기 시스템과 같은 소음이 되었다. 누가 그것에 관심을 두겠는가? 몇 년이 지난 지금도 여전히 울리는 소리가 있다(더 크다!). 그러나 그것은 결코 나를 괴롭히지 않는다. 나는 이에 대해 이야기하거나(이 순간처럼) 글을 쓸 때가 아니면 거의 그 소리를 듣지 못한다. 상관없다. 나는 그것에 대해 어떤 식으로든 관심을 가지라고 내 마음이 초대하는 것을 정중하게 거절했다.

그렇게 빠르게 수용할 수 있었던 것은 내가 수십 년 동안 유연성 기술을 실행했기 때문에 가능한 것이고, ACT 실습을 새롭게 시작한 사람들에게 그렇게 즉각적인 효과가 나타날 것이라고 말하는 것은 아니다. 그러나 내 긍정적인 결과를 보면서, 나는 이명에 대한 심리적 접근법에 세계 최고의 전문가인 스웨덴 출신 연구자인 게하르드 안데르손Gerhard Andersson에게 연락했다. 우리는 12개 문항으로 이명에 대한 심리적 유연성을 측정하는 이명 수용 질문지(Timmitus Acceptance Questionnaire)를 만들었으며, 물론 이는 이명의 고통을 강력하게 예측했다. 이제 우리는 불안과 우울 증상을 고려하더라도, 심리적 비유연성이 이명 소리의 소란함을 부정적인 삶의 영향으로 바꾼다는 것을 안다.[24]

게하르드의 팀은 64명으로 구성된 임상 시험을 진행했는데, 한 군은 TRT를 받았고, 다른 군은 회기당 1시간으로 구성된, 총 10번의 ACT 훈련을 받았다. 6개월의 추적 관찰에서 숙면을 방해하거나 불안 또는 우울을 유발하는 것과 같이, 이명이 삶을 방해하는 악영향의 정도가 ACT 훈련을 받은 환자의 55%에서 현저하게 개선되었다. 이는 TRT를 받고서 호전된 20%보다 거의 세 배에 달하는 수치다.[25]

스웨덴 팀은 심리적 유연성의 증가가 그 차이를 설명하는 것인지 확인하기 위해 나를 초대했다. 그 설명은 맞았다. 뿐만 아니라 환자들이 ACT 훈련을 몇 회기 받고 난 후에 어떻게 그들의 문제에 대해 말하는 방식을 바꾸기 시작했는지 볼 수 있었다. 이명에 대한 생각과 감정이 떠오를 때, 환자들이 유연성 기술을 사용하고 있다는 걸 나타내는 진술의 빈도를 측정했다. 예컨대, 어떤 사람이 "소음이 괴롭다."와 같이 더 얽매여 있는 표현 대신에 "나는 소음이 괴롭다는 생각을 했다."라는 표현을 쓴다면, 그는 6개월 후에 이명으로 인한 고통과 장애가 더 낮을 가능성이 유의미하게 크다.[26]

아직 이명에 대한 선도적인 치료법은 없지만 ACT는 좋은 시작이 될 것이다. 나 자신의 경험에 의하면, 때때로 수용은 다음과 같은 형태여야 한다. 난 신경 안 써. 그리고 너는 나를 신경 쓰게 할 수 없어. 나는 더 이상 소음으로부터 배울 게 없어. (내 다음 생애를 위한 참고 사항: 펑크 록이 크게 울리고 있다면 30피트 크기의 스피커 근처에 서지 말라. 오케이. 알겠다.)

나는 다양한 삶의 문제들(환상 등, 영구적인 기능 상실 등) 또한 이와 같은 곳에 다다를 수 있다고 생각한다. 그렇다. 수용은 주어진 선물을 받는 것을 의미한다. 그러나 이를 철저히 탐색해 보면, 그 최종적인 모습은 "이건 너무 지루해서 신경 쓰이지 않아."와 같거나, 마크 맨슨의 책 『신경 끄기의 기술』과 같거나, 또는 심지어 "나는 전혀 신경 쓰지 않아."와 같을 수도 있다.

말기 질환

ACT 방법은 말기 질환 진단을 받은 사람들이 죽음을 직면할 때의 두려움과 슬픔에 대처하는 데 도움이 되는 것으로 밝혀졌다. 유연성 기술은 사람들이 고통을 덜 느끼고, 그들의 에너지를 삶의 더 의미 있는 임종 활동으로 돌릴 수 있도록 돕는다.[27] 예를 들어, 환자의 약 85%가 몇 년 안에 사망한다고 알려진 말기 난소암에 걸린 여성을 대상으로 진행된 연구를 보자. 한쪽 집단의 환자들은 이완 훈련, 인지 재구성, 그리고 죽음의 불가피성에 직면하는 문제해결법에 대한 안내가 포함되는 일반적으로 처방된 12회기의 치료를 받았다. 다른 집단은 12회기 동안 ACT 기술을 익히는 작업에 참여했다. 각 회기들은 항암치료실, 주사실 및 검사실과 같이, 집중 치료를 받는 환자의 상황에 맞추어 어디에서나 열렸다.

ACT 훈련을 받은 사람들은 많은 영역에서 더 호전된 결과를 보였다. 그들은 생각을 덜 억제하게 되었고, 불안과 우울이 유의미하게 더 낮았다. 또한 CBT를 받은 환자는 TV를 더 많이 보는 등 주의를 분산하는 방식으로 불안감을 극복하려 했으나, ACT 집단은 자녀에게 전화를 걸거나, 그가 죽으면 재산을 어떻게 분배할지 결정하거나, 유언장이 문제가 없는지 확인하거나, 친구와 가족에게 편지를 쓰는 등, 보다 의미 있는 행동을 했다.

유연성 기술은 또한 우리가 사랑하는 사람의 죽음을 받아들일 수 있도록, 그리고 남은 시간을 그들과 함께 더욱 의미 있게 보낼 수 있도록 돕는다. 나는 이것을 힘들게 배웠다.

우리 가족은 죽음을 직면하는 것을 무척 회피했다. 아버지는 내가 외국의 대학원을 다니던 스물네 살 때 돌아가셨고, 누나가 내게 소식을 전하자마자 어머니는 곧바로 다시 전화해서 장례식에 오지 말라고 내게 적극적으로 권했다. 나는 가난했고 어머니는 이를 내게 상기시켰다. 또한 경제적으로 많은 도움을 줄 수 없다고 말했다.

나는 돈을 변명 삼아 그 말씀을 따르는 것이 매우 기뻤다. 그 후로 나는 그 결정을 깊이 후회했다.

몇 년 전에 내 여동생인 수잔이 92세이신 어머니의 폐렴이 더 나빠졌다고 연락했을 때, 나는 즉시 리노에서 피닉스로 향하는 비행기를 탔다. 내가 어머니 곁에 도착했을 때까지 그녀는 더 이상 말을 하거나 눈을 뜨지 않았지만, 수잔이 "스티브가 여기 왔어요."라고 했을 때 머리를 조금 움직이셨다.

여동생과 그녀의 장성한 자녀 아담과 메건에 둘러싸여, 나는 어머니에게 손을 얹고 몇 시간 동안 그녀의 호흡이 느려지고 몸이 멈추면서 그녀의 발이 검게 변하는 것을 지켜보았다. 그리고 어머니를 마지막으로 봤을 때가 떠올랐다.

어머니는 내가 온다는 것을 쉽게 잊곤 했다. 그녀의 머리는 더 이상 새로운 정보를 담을 수 없었다. 내가 어머니가 계신 장기 요양 시설의 방으로 들어갔을 때, 어머니는 연약한 목소리로 "스티븐! 내 아들!"이라고 외쳤다. "내 아들은 유명한 사람이에요." 어머니는 낮은 목소리로 그녀 옆에 앉아 있는 한 여성에게 자랑스럽게 말했다. 그리고 엄마의 작은 자랑을 이어 가기 위해, 그녀는 "아들은 심리학자예요."라고 재빨리 덧붙였다. 그러고는 사랑하는 아들에게 인생에서 **실제로** 중요한 것이 무엇인지 상기시키려는 듯 조용히, 그러나 단호하게 다음과 같은 말로 끝을 맺었다. "그는 사람들을 도와요."

내 어머니는 가치 기반 삶의 모범을 보여 주었고, 자녀들로 하여금 겉보기에 매력적인 일이 아닌 **옳은** 일을 하도록 인도하려고 끝까지 노력했다. 우리가 어떤 사람인지가 어머니에게 항상 가장 중요했다. 그녀의 삶이 마지막에 가까워질수록, 나는 우리가 함께할 수 있다는 것에 참으로 감사했고, 소중한 마지막 매 순간 서로에 대한 슬픔과 감사와 사랑을 온전히 경험했다.

 나는 그 작별을 향유하며 내 무덤을 향해 갈 것이다. 흔히 사랑하는 사람의 죽음은 끔찍한 일이라고 말하지만, 마음을 열고 본다면 이 성스러운 순간은 또한 경외심으로 넘친다. 사랑과 상실의 고통은 샌드위치와 같으며 이는 달리 겪을 방도가 없다.

 사랑하는 사람의 상실에 직면해서, 이를 통과하면서 겪는 슬픔 속에 있는 평화의 느낌과 사랑의 충만함을 경험하도록 당신이 지닌 유연성 기술이 도와주길 희망한다.

제**21**장

사회적
변혁

우리는 자신과 일종의 경쟁을 치르고 있다. 우리가 서로 의사소통할 때 행간을 읽어 보면, 재난을 미연에 방지할 만큼 심리적으로나 문화적으로나 충분히 빠르게 발전할 수 있는지를 모두가 궁금해하고 있다. 특정한 재난은 트위터나 페이스북, 블로그, 칼럼에 따라 다른데, 회복 불가능한 수준의 지구 온난화, 치명적인 전염병의 발전, 또는 단순히 우리 아이들이 행복할 수 없는 지옥 같은 세상의 발생 등에 관한 것일 수 있다.

이 책은 그 경쟁이 진정으로 무엇에 관한 것인지를 설명하는 데 도움을 준다. 과연 인간의 언어와 인지가 끊임없는 장애물을 만들어 내는 것처럼 보이는 가운데서도 우리 인간이 자신과 평화롭게 지내고 현명하게 행동하는 법을 배울 수 있는가? 그러한 기술의 산물인 과학과 기술은 훌륭하지만 무심하다. 인터넷은 우리를 연결시켜 주지만 이는 또한 복잡한 정보와 어려운 판단으로 우리를 압도하기도 한다. 비행기는 우리를 연결시켜 주지만, 모든 장비 가운데서 가장 많은 온실가스를 대기 중으로 내뿜는다. 우리는 세상을 사실상 살 수 없는 공간으로 만들 수 있는 능력을 가지고 있으며, 그런 세상에서 우리는 더 이상 '나' 관점을 취할 수 없다. 그러한 도전에 응하기 위해 타인과 협력하는 '우리' 관점이 필요하다.

그동안 우리에게 부족했던 것은 현대 사회의 요구에 부응할 수 있는 진화 및 행동과학의 지식을 개발하고 활용하는 것이다. 우리는 그 부재가 가져오는 대가를 정신 건강 문제, 만성 통증, 물질 남용 문제, 그리고 이에서 벗어나기 위해 약물을 사용하면서 빚어진 엉망인 상태가 증가하는 것에서 목격한다. 우리는 또한 건강한 행동을 조성하고 신체적 질병의 도전에 맞서며 편견과 낙인의 문제를 해결하거나 정치를 부드럽게 할 수 없는 무능력함에서도 그 대가를 목격한다. 우리는 그 대가를 가정과 학교, 직장에서 목격한다.

이 책의 주제는 우리가 당면한 도전의 속성을 일단 깨닫고 나면 앞으로 나아갈 길이 있다는 것이다. 진화 및 행동과학의 원리를 활용해서 우리는 의식적으로 자신을 진화시켜 삶의 도전에 더 잘 맞서고 가정과 사회를 변모시키는 존재가 될 수 있다. 우리에게 필요한 대부분의 기술들은 알려져 있고, 아이들과 부모, 교사들, 노동자와 관리자들, 의료인과 환자들, 사회복지 사업 종사자와 그 서비스를 필요로 하는 사람들에게 가르칠 수 있다. 그 기술들을 폭넓게 개발한다면 그것들은 개인과 지역사회, 전 세계를 괴롭히는 많은 사회적·행동적·경제적·환경적 병폐를 극복하는 데 도움이 될 것이라고 믿는다.

이러한 희망은 어쩌면 거창하게 들릴지 모르지만, 그 가능성을 믿도록 내게 영감을 준 한 이야기를 공유하고 싶다. 이는 ACT 훈련이 황폐화된 지역사회의 마음을 열어 생명을 구하기 위해 급진적인 행동 변화를 취하도록 도움을 준 이야기다.

지구상의 모든 나라 중 심리적 유연성을 기르기 가장 어려운 나라를 꼽으라면 아마도 시에라리온을 꼽을 것이다. 620만 인구의 거의 3/4이 하루에 1달러 미만으로 살아간다.[1] 국가의 의료 체계가 취약하고 서구에서 생각하는 정신 건강 서비스란 사실상 존재하지 않는다. 몇 년 전만 해도 이곳에는 단 1명의 박사급 심리학자와 1명의 은퇴한 정신과 의사만 살고 있었다. 이러한 슬픈 상황이 변했다고 생각하지 않는다.

그 모든 것에 더해, 이 나라는 10년 동안 지속된 내전이 2002년에 끝나 5만 명이 죽고 기반 시설이 파괴되었으며, 대략 2만 명이 신체 절단 수술을 받은 바 있다. 이제 이 나라의 미래는 어린 시절 군대에 징집되어 마을 사람들을 살해했던 시민들, 또는 때로는 가족들이 보는 앞에서 강간을 당하거나 불구가 된 시민들의 손에 달려 있다.

이미 뒤엉켜 씨름해야 할 많은 트라우마를 안고 있는 상황에서, 2014년 시에라리온은 또 한 번 고통을 받게 되었다. 연초에 에볼라 바이러스가 강타하면서 8천 명의 사람들이 감염되고 거의 4천 명이 사망했다. 세계보건기구(WHO)는 이웃 나라인 기니와 라이베리아에서 시에라리온으로 확산된 감염을 막기 위해 고군분투하는 중이었다.

전 세계 수 백 명의 감염병 전문가들이 이 나라로 모여들었고 선진국에서 수백만 달러의 지원금이 보내졌다. 값비싼 클리닉이 세워졌다(대다수의 클리닉은 위기가 끝난 뒤에 완공되었다). 군사 전문가들은 시민들의 불안을 억제하는 한편 전염병의 확산을 막기 위해 역학 권고 사항을 따르도록 지시했다. 그러나 여기에 정신 건강 전문가들은 보내지지 않았다.

왜 심리치료자들은 에볼라 퇴치에 도움이 되는가? 이는 그 질병이 단지 감염력이 있기 때문만이 아니라, 감염에 대한 공포 또한 바이러스와의 싸움을 훨씬 더 어렵게 만들기 때문이다. 그런 일이 기니에서 끔찍한 방식으로 일어난 것을 목격했는데, 감염된 지역 사회의 주민 중 일부가 보호 장비인 플라스틱 우주복을 입고 도착한 의료 종사자들에게 너무도 겁을 먹은 나머지 그 침입자들을 칼로 죽였던 것이다. 그들은 또한 아픈 친척들을 당국으로부터 숨겨 주거나 질병을 퍼뜨린 주변 마을로 도망치는 것을 도왔다.

우리는 미국에서도 공포가 확산되는 것을 목격했다. 아프리카의 다른 지역(에볼라 감염이 없는 나라)에서 돌아온 의료 종사자들이 합리적인 이유 없이 장기간 자가격리 조치되었다. 미국에서 단 한 건의 에볼라 감염 사례가 전국적인 뉴스를 탔다.

전염병을 억제하는 것은 언제나 행동 변화를 필요로 하며, 그래서 심리학이 많은 도움을 제공할 수 있어야 한다. 시에라리온에서는 가족 간의 유대를 다지고 죽은 자들의 영혼이 저 세상으로 가는 것을 기리는 필수 전통으로서 죽어 가거나 죽은 자들에게 입을 맞추고 씻기는 신성한 의식이 있는데, 사람들이 이를 포기하도록 ACT와 진화의 원리를 활용했다.[2]

에볼라가 생명을 앗아 갈 때 그 바이러스가 사람의 땀을 통해 피부의 표면으로 올라오기 때문에 그 전통은 바뀌어야만 했다. 죽은 사람의 몸에 키스를 하고 씻기는 것은 에볼라의 다음 희생양이 되는 지름길 중 하나였다. 환자들을 안전하게 치료하는 유일한 방법은 사망자로부터 격리한 후에 시신을 즉각적으로 밀봉하고 화장해야만 하는 것이었다.

정부가 그런 정책을 시행하고, 아마도 충분한 총으로 그들을 강제하기는 쉽다. 그러나 정책 준수를 강요하는 것은 사회에 문화적인 트라우마를 남길 수 있다. 보다 인간적이고 효과적인 심리학적 접근이 필요했다. 국가에서 두 번째로 큰 도시인 보 주변의 구역에는 다행스럽게도 ACT를 훈련받은 현지인들이 있어서 지역사회 구성원들이 그러한 방역 지침을 받아들이는 방법을 혁신하도록 도왔다.

베아테 에베르트Beate Ebert라는 독일 심리학자는 전쟁의 공포와 참혹한 가난에 대처하는 것을 돕기 위해 보에 ACT 정신 건강 클리닉을 설립했다. 이 나라에는 정신 건강 서비스가 전무하다시피 한 상태였다. 베아테는 몇 년 전 내가 런던에서 진행한 이틀간의 워크숍에 참석한 후에 ACT 훈련자가 되기 위한 여정을 시작했는데, 처음부터 그녀의 주된 관심사는 사회적 변혁을 도모하는 데 ACT를 활용하는 것이었다.

그녀는 전념과 행동이라는 비영리단체를 설립했고, 이 단체의 미션은 '분쟁 지역에서 트라우마를 입은 사람들을 지원하기 위해 심리치료자들을 보내는 것'이었다. 2010년 베아테는 ACT 교육을 실시하기 위해 시에라리온을 여행하기 시작했고, 그녀가 훈련시켰던 이들 중 한 명이 한나 보카리Hannah Bockarie라는 훌륭한 젊은 사회복지사였다. 당시 29세이던 한나는 사회주의적이고 개인적인 이유로 심리치료에 관심이 있었다.

그녀는 전쟁 속에서 성장하며 많은 아이들이 다치는 것을 목격했다. 그녀 또한 희생자 중 한 명이었다. 그녀가 열세 살이 되었을 때, 그녀는 반란군에게 붙잡혔다. 그녀는 도망쳐 늪지에 숨었지만 결국 군인들에게 발각되었다. 그들이 다가오는 동안 그녀는 그중 한 명이 "그 년을 찾기만 해 봐라. 그 자리에서 쏴 죽일 테다."라고 말하는 소리를 들었다. 그러나 그들은 그녀를 죽이지 않았다. 대신에 그녀를 캠프 지휘관에게 데려갔고 그는 그 자리에서 그녀를 강간했다. 그녀는 다시 한번 탈출하여 십 대를 숨어서 보냈으며, 그녀가 말한 바대로 '고통을 가라앉히기 위해' 약물에 중독되었다.

결국 한나는 약물을 끊고 자신의 고통을 다른 사람들을 돕는 것으로 전환할 수 있었다. 그녀는 국경 없는 의사회에서 자원봉사를 시작했다. 유엔 국제기구의 지원을 받아 사회복지 분야에서 학위를 취득했다. ACT로부터 그녀 자신의 상처를 다루는 데 도움을 받은 이후에, 한나는 베아테가 시에라리온에서 ACT 훈련을 확장하는 데 더 없이 귀중한 파트너가 되었다. ACT 개발을 총괄하는 전문학회인 ACBS는 그들의 일을 알게 되었고, 한나와 다른 몇몇의 시에라리온 상담사들을 미국으로 보내 교육을 받게 하고, 시에라리온에서 더 많은 상담자들을 훈련할 수 있도록 ACT 트레이너를 보내기 위한 기금을 모았다.

베아테가 보에 전념과 행동 클리닉을 개원했을 때, 한나는 그곳의 원장으로 부임했다. 이와 같은 자원을 보유한다는 것이 너무도 특별한 일이었으므로, 보의 주민들은 개원을 축하하기 위한 퍼레이드를 열었다.

부족 내 폭력의 희생자들과 아동기에 하녀로 팔려가 종종 성 노예로 이어진 여성들을 위한 특별 프로그램이 마련되었다. 수백 명의 내담자들이 개별적으로 또는 집단으로 또는 워크숍을 통해 치료를 받았다. 글래스고 대학의 평가에 따르면, 참가자들은 보다 주의 깊어졌고, 자신들의 생각에 덜 사로잡혔으며, 보다 행복감을 느끼게 된 것으로 나타났다. 심지어 PTSD(10년 이상의 전쟁으로 피폐해진 나라에서는 흔한 문제)가 있었던 사람들에게서도 마찬가지였다.

그다음에 에볼라가 창궐했다. 몇 주가 지나 한나는 에볼라 대응을 위한 지역 총괄국 장으로 임명되었는데, 전념과 행동 클리닉이 행동 변화에 도움을 줄 수 있는 몇 안 되는 우수한 기관 중 하나였기 때문이다. 방역수칙의 필요성과 시신 화장을 수용하도록 지역사회 전체를 설득할 필요성을 깨달은 한나와 베아테는 나를 비롯해 ACBS 학계의 다른 이들에게 도움을 요청해 왔다.

나는 앞에서 언급한 진화생물학자인 데이비드 슬로언 윌슨과 협업했는데, ACT를 최근 노벨상 수상자인 엘리너 오스트럼Elinor Ostrom의 작업과 결합하기 위해서다. 그녀는 지역사회 구성원들이 함께 문제를 해결하기 위해 목초지나 어장 같은 한정된 공유 자원을 관리하는 것과 같은 여덟 가지 원칙을 확인했다. 우리의 목표는 지역사회 내에서 친사회적인 협동과 보살핌을 길러 내는 데 보다 효과적인 접근 방식을 개발하는 것이었다. 우리가 개발한 오스트럼 원칙과 ACT의 통합적 접근을 친사회성(Prosocial)이라 이름 붙였다.[3] 한나와 베아테는 지역사회가 에볼라가 가져온 도전에 반응하도록 이 접근법을 가져와 따르고자 노력했다. 그들은 보 지역의 마을 주민들과 함께 친사회성 훈련을 시작했는데, 이는 에볼라 지침에 대한 교육적 정보와 ACT 및 오스트럼 원칙 훈련에서 가져온 개입과 강의를 결합한 것이다.

ACT 훈련은 제18장에서 소개된 매트릭스 도구를 활용했는데, 이는 향해서 나아가고 싶은 내적 가치를 발견하고 여기에서 멀어지게 만드는 정서적·인지적 장애물을 확인하며, 보다 가치에 기초한 행동을 위해 필요한 것을 생각해 보도록 가르치는 도구다. 그 당시 주민들에게 집단 협력에 대한 오스트럼의 통찰력과 함께 이러한 가치 연결을 에볼라의 도전에 대응하기 위해 적용할 방법에 대해 숙고하도록 요청했다. 한나는 손을 얹어 기도하고 씻기고 입 맞추는 대신에 사랑하는 이들을 기리는 대안을 고안해 보도록 도전 과제를 주었다. 초기 훈련에서 마을 주민 중 한 명이 강력한 대안을 제시했다.

시에라리온은 커다란 바나나 나무들로 무성했는데, 그 주민은 이를 이용해서 새로운 의식을 만들자고 제안했다. 즉, 나무 기둥의 일부를 잘라 전통적인 방법으로 씻어 낸 뒤, 이를 깨끗한 백색 시트에 감싸 죽은 사람을 위한 일종의 토템 역할을 하게끔 매트 위에 두는 것이다. 조문객들은 이를 지니고 다니고 입 맞추며 기도하고 껴안을 수도 있었고, 심지어는 에볼라로 죽은 사람을 대신하는 상징물로서 묻어 줄 수도 있었다.

이 개념이 이상하게 느껴진다면 몇몇 서양의 전통적인 종교 의식을 떠올려 보라. 나는 가톨릭 신자로 자랐고 성찬식 빵은 의식을 통해 **그리스도의 실제 살로 환원된다고** 배웠다. 12억 명의 사람들이 그 의식에 참여하는 마당에, 시에라리온의 사람들이라고 해서 사랑하는 사람들을 대신해서 바나나 나무의 기둥을 왜 사용할 수 없는가? 보에서의 관행이 퍼져 나가자 이 새로운 의식은 이들의 지역사회와 문화적 전통의 핵심 모두를 보호하는 데 도움을 주었다. 그 결과로 2014년의 늦봄과 여름의 결정적인 기간 동안에 보는 여덟 개의 심한 감염 지역 가운데서 가장 낮은 에볼라 증가율을 기록했다.

ACT 훈련은 또한 에볼라에 걸린 사람들이 자신의 끔찍한 운명에 직면하는 데 도움을 주었다. 이 중 한 명은 에볼라 감염 여부를 검사하는 혈액 검사를 거부하는 남자였다. 그는 겁에 질렸다. "아무나 가까이 오기만 해 봐, 침을 뱉어 버릴 테다!" 그는 병원 직원들을 향해 소리쳤다. 그를 입원시키기 위해 무장 경비원들이 투입되었다. 수일 동안 아무도 어떻게 해야 할 바를 몰랐다. 그는 경비원을 향해 자신의 혈액을 검사하느니 차라리 총에 맞겠다고 외쳤다. 병원 직원들은 그에게 이골이 난 동시에 그를 무서워했다.

한나가 그 소식을 접하고는 그를 만나게 해 달라고 요청했다. 그녀는 내게 다음과 같이 회상했다. "ACT에서 사람들이 생각에 '사로잡혀 있다'고 말하는데, 그는 이러한 개념을 머릿속에 강하게 붙들고 있었어요. '아무도 내 곁에 오지 못하게 할 거야. 나는 이걸 견딜 수 없어. 할 수 없어.'" 그녀는 전신에 보호 장비를 착용한 채 그의 침대에 걸터앉아 자신을 소개한 다음 물었다. "당신은 무엇에 대해 신경 쓰나요? 여기서 혼자 죽는 것?"

그는 아무도 그와 접촉할 수 없기 때문에 괴롭다고 답했다. 모두가 자기와 접촉하느니 차라리 자신을 죽일 것이라고. "이제 모두가 나를 적대시하고 있어요." 그가 말했다. "나는 골칫덩이예요. 나는 문제예요. 나는 협박당해요."

한나가 대답했다. "그래서 어떻게 했나요?"

그는 그녀가 이해하지 못했다는 듯이 쳐다보면서 말했다. "내가 그 바이러스를 가지고 있는 거라면 그것을 퍼뜨릴 거예요."

그녀가 반응했다. "그런데 당신 삶의 이 모든 일 가운데서 무엇을 실현하고 싶나요?" 그는 머뭇거린 뒤 걷잡을 수 없이 흐느끼며 무너져 내렸다. 더듬거리며 말하는 중에 그는 자신의 가족을 가장 중요하게 생각한다고 말했다. 그는 그들과 함께하기를 원했다. 그가 그들을 사랑한다는 것을 알아주길 원했다. 그들이 그를 존중해 주길 원했다.

"그렇다면 행동을 취해 봅시다." 한나는 아주 조용하게 제안했다. "그들이 혈액 샘플을 채취하도록 해 주세요. 가족에 대한 당신의 사랑을 보여 주세요. 보여 주세요."

그는 샘플을 건넸고, 그가 두려워했던 대로 그는 질병에 걸려 곧 끔찍한 죽음을 맞이할 참이었다. 그러나 한나는 그가 자신의 고통에서 비롯된 에너지를 분노와 두려움이 아닌 가족에 대한 사랑으로 전환할 수 있다는 점을 깨닫도록 도와주었다. 그의 가족은 이제 보호 장비를 착용한 채 그를 만나러 올 수 있었고, 그들이 얼마나 그를 사랑했는지 말할 수 있었다. 이후에 가족들은 그가 위협하고 격노하는 대신에 용기와 존엄을 가지고 자신의 운명을 받아들였음을 알았을 것이다.

몇 주 전 한나가 ACT/친사회성 훈련을 위해 그의 마을에 방문했기에 그가 세상을 떠났을 때 그의 가족은 무엇을 해야 할지 알았다. 그들은 그의 시신을 운반해서 화장하는 것을 허락했고, 적절한 장례와 기도, 씻기기와 입맞춤을 하고 바나나 기둥을 묻음으로써 사랑을 담아 그의 영혼을 사후세계로 보내 주었다.

에볼라의 여파로 시에라리온의 문화는 산산조각이 났다. 국가 전역에 걸쳐 가족들은 뿔뿔이 흩어졌고 성폭력과 가정 폭력은 증가하고 있다. 하지만 보의 전념과 행동 클리닉이 쏘아올린 보다 부드럽고 보다 사회 변혁적인 길은 계속해서 열매를 거두고 있다. 폭력에 맞서기 위한 여성 운동, 특히 가정 폭력을 통제하려는 움직임이 보의 친사회성에서 출현했다. 처음으로 여성을 학대한 남성이 교도소에 가고, 생존자와 가해자들을 위한 행동 서비스가 제공되고 있다. 최근 시에라리온 정부는 여자아이들에 대한 성폭력이 감소한 주요 원인으로 전념과 행동 클리닉을 인용한 바 있다(http://commitandact.com을 참고하라). 사회 변혁을 촉진하기 위해 유연성 과정을 활용하면서 치유는 계속된다.

385

전 세계적으로 심리적 유연성이 임상 장면, 회사, 종교, 정부기관, 학교에서의 필수적인 삶의 기술로 인식되고 있다. 이 기술을 배우는 개인마다 조금씩 그 문화를 발전시킨다. 인간의 의사소통은 부드러워지고 연결감이 자라난다.

물론 ACT뿐만이 아니다. 명상 프로그램이 확산되고 있고, 가치 기반 집단도 증가하고 있다. 어떤 방식으로든 심리적 유연성에 뚜렷하게 초점을 맞춘 블로그나 대중서적, TV 프로그램 또는 영화를 접하지 않고는 잡지를 펴거나 컴퓨터를 켤 수 없을 정도다. 비록 특정한 매체에서 다른 용어를 사용할지라도, 이 책을 읽는 독자들이라면 지금 일어나고 있는 현상을 인식할 수 있을 것이다. 예를 들어, 수천만 명의 어린이들은 심리적 유연성의 중요성에 관한 영화나 만화영화를 시청한 바 있다(놀라운 예시를 보고 싶다면 http://bit.ly/StevenUniverseSong을 방문해 보라). 지난 35년간 문화적 관점에서 이러한 변화를 이룩해 내는 데 ACT가 핵심적인 역할을 해 왔다는 것은 내게 기쁨을 준다.

우리의 삶과 가정, 공동체에서 건강한 진화 과정을 육성하기 위해 우리는 더 많은 것들을 할 수 있다. 이 영역에서는 이 책의 독자들이 중요한 역할을 맡고 있다. 거의 모든 영역에서 가치 행동에 힘을 부여하는, 과학적으로 확립된 작은 일련의 과정을 제시하겠다는, 이 책의 서두에서 내가 한 약속을 이행했다는 것을 지금쯤이면 여러분이 확신하길 바란다. 또한 다른 사람들이 유연성 과정에 대해 배우도록 돕는 데 여러분이 영감을 얻었기를, 그리고 여러분과 여러분이 사랑하는 이들의 삶에 유연성 과정이 가져다주는 혜택을 이미 보았기를 희망한다.

만약 그렇다면, 앞으로 나아가고자 하는 한 사람의 간단한 선택에서 사회 변혁은 시작된다는 사실에 대해 생각해 보라. 만약 이 책이 여러분에게 유용했다면, 이 마지막 글에서 내가 여러분에게 요청하는 바는 앞으로 나아가라는 것이다. 여러분이 배운 것을 공유하고 좋은 목적으로 활용하기를 부탁한다. 이 책에서 배운 용어를 사용하느냐는 크게 중요치 않다. 보다 중요한 것은 여러분이 행하거나 타인을 격려하는 실제적인 일들이다. 여러분이 개방적일 때 다른 사람들에게 비슷하게 할 수 있도록 힘을 준다. 여러분이 타인의 관점을 취할 때 또는 스스로 선택한 가치를 명료화하고 그 방향으로 나아갈 때, 인간적인 연결과 건강한 동기를 창조하도록 돕는다. 정신적 혼란과 정서적 회피에 대한 대안이 있음을 다른 사람들이 알도록 해 줄 때, 여러분은 희망을 선물한 셈이다. 그리고 우선, 경직성을 조장하는 부정적 경험을 줄임으로써 이 모든 것들은 보다 풍요로운 세상으로 이끈다.

내부 독재자가 마음을 지배하도록 내버려 둘 때 삶은 불행의 연속이다. 그의 손아귀로부터 자유로워질 때 바로 손닿을 거리에 새로운 형태의 마음, 이 책의 제목이 말하듯이, 중요한 것을 향해 피벗하도록 돕는 해방된 마음, 즉 자유로운 마음이 있다.

우리 안에는 이미 그 씨앗이 있다. 저녁 장관을 이루는 일몰 장면을 볼 때, 눈을 크게 뜨고 그 전체를 바라보면서 "와우."라고 외치듯이 직관적인 지혜를 갖게 될 것이다. "조금 더 분홍빛이어야 해."라고 말하지 않을 것이다. 그러한 '와우'의 마음 모드는 단지 미적인 것에 국한되지 않는다. 내일 만약 개인적으로 겪은 무서운 이야기를 하면서 우는 아이를 만났을 때, 그 아이의 고통의 전체를 듣기 위해 귀를 기울일 때, 다시금 "와우."라고 말하게 될지도 모른다. "좀 덜 짜증나는 얘기를 할 순 없겠니?"라고 말하지 않을 것이다.

이 책은 어떤 깊은 수준에서 바로 그대 영혼에서 이미 알지 못하는 그 어떤 것을 가르치지 않았다. 여기서는 심리적 유연성의 힘, 자유로운 마음의 힘을 활용함으로써 선택한 방향으로 삶을 진화하는 데 사용할 수 있는 **원리들**을 제시한 것이 전부다.

인류는 친절하고 보다 유연하며 가치에 기초한 세상을 만들고자 하는 경주 가운데 있다. 달리 말하면, 과학 기술의 발전이 우리에게 주는 도전에 더 잘 직면할 수 있는 자애로운 세상 말이다. 현대 사회를 위해 현대적인 마음을 만드는 방법을 배우거나 그렇지 않으면 재앙에 한 발 더 바짝 다가갈 것이다.

아무도 어떻게 될지 모르지만, 인류의 역사를 통해 볼 때 인간 공동체가 도전에 맞서 도록 진화할 것임을 나는 확신한다. 두려움보다 사랑을 선택할 수 있는 우리의 능력을 확신한다. 이는 한 번에 한 개인과 커플, 가족, 사업, 공동체에서만 일어날 수 있다. 우리 각자가 **자신**의 마음에 목줄을 채우는 법을 배우고, 우리가 깊이 관심 갖는 것을 더 많이 펼치고, 나타내고, 이를 향해 앞으로 나아갈 수 있게 될 때, 다른 사람들도 이같이 할 수 있도록 도움으로써 어둠 속에 빛을 밝힐 것이다. 그것을 위한 좋은 단어가 있다. 그것은 **사랑**이다.

우리는 그것이 얼마나 중요한지 알고 있다. 우리 내면에서 울고 있는 여덟 살배기 아이들은 알고 있다. 우리 모두는 사랑이 전부가 아니라 유일한 것임을 마음 깊이 알고 있다.

평화와 사랑, 삶, 그리고 친구들.

— S

당신 손을 내밀어 보라[1]

잠시 동안 세상을 잊자
물러나고 물러나
지금이라는
고요하고 거룩한 곳으로

듣고 있는가? 이 숨결이
당신을 초대하네
새로운 이야기의
첫 마디를 쓰라고

당신의 새로운 이야기는 이렇게 시작하지,
당신은 소중하다

당신은 필요하네, 텅 비고
벌거벗고
기꺼이 예라 말하길
거듭 예라고

당신은 보는가?
태양이 빛나는 것을, 매일매일
당신이 믿든지
안 믿든지
참새들이 그들의 노래를
계속해서 부르는 것을
당신이 노래 부르는 것을 잊을 때조차도
당신의 노래를

나는 충분히 괜찮은가? 묻는 것을 멈추고

오로지 물어라

내가 사랑으로

나타나는가?

삶은 직선이 아니고

폭우로 쏟아지는 선물이라네, 부디

당신 손을 내밀어 보라

— 줄리아 페렌바처Julia Fehrenbacher

제1장 피벗의 필요성

1 https://www.quora.com/How-much-more-computing-power-does-an-iPhone-6-have-than-Apollo-11-What-is-another-modern-object-I-can-relate-the-same-computing-power-to.

2 Centers for Disease Control. "Trends in Childhood Cancer Mortality-United States, 1990-2004." http://www.cdc.gov/mmwr/preview/mmwrhtml/mm5648a1.htm.

3 National Cancer Institute, *SEER (Statistics, Epidemiology, and End Results) Cancer Statistics Review 1975-2011*, 2014. https://seer.cancer.gov/archive/csr/1975_2011/

4 http://www.who.int/mediacentre/factsheets/fs369/en/. 현재 전 세계적 정신 건강 문제에 대한 요약은 다음에서 찾을 수 있다. Steel, Z., Marnane, C., Iranpour, C., Chey, T., Jackson, J. W., Patel, V., & Silove, D. (2014). The global prevalence of common mental disorders: A systematic review and meta-analysis 1980-2013. *International Journal of Epidemiology, 43*, 476-493. DOI: 10.1093/ije/dyu038.

5 Kessler, R. C., Aguilar-Gaxiola, S., Alonso, J., Chatterji, S., Lee, S., Ormel, J., Ustün, T. B., & Wang, P. S. (2009). The global burden of mental disorders: An update from the WHO World Mental Health (WMH) surveys. *Epidemiology and Psychiatric Sciences, 18*, 23-33.

6 Moriarty, D. G., Zack, M. M., Holt, J. B., Chapman, D. P., & Safran, M. A. (2009). Geographic patterns of frequent mental distress: U.S. adults, 1993-2001 and 2003-2006. *American Journal of Preventive Medicine, 46,* 497-505.

7 Pinker, S. (2012). *Better angels of our nature: Why violence has declined.* New York: Penguin.

8 이러한 주장은 이후의 장에서 광범위하게 다룰 것이기 때문에 여기에 긴 연구 목록을 추가하는 것보다는, 언급한 내용의 전반적인 사실 여부를 구글 학술검색에서 "'psychological flexibility' OR 'experiential avoidance' OR 'acceptance and commitment'"와 같은 검색을 통해 쉽게 평가할 수 있을 것이다. 이 검색으로 나온 1만 8,000개의 결과를 살펴보면 수백 가지 좋은 예시들을 볼 수 있을 것이다. 학술 도서관에 접속할 수 있다면 Web of Science에서 동일한 검색 시 약 2,200개의 학술 저널 기사를 볼 수 있으며, 이는 매주 추가되고 있다.

9 앞의 미주를 참고하라. 그러나 ACT 책을 읽는 것만으로도 도움이 될 수 있음을 보여 주는 연구들이 있다. 예를 들어 다음을 참고하라. Muto, T., Hayes, S. C., & Jeffcoat, T. (2011). The effectiveness of acceptance and commitment therapy bibliotherapy for enhancing the psychological health of Japanese college students living abroad. *Behavior Therapy, 42,* 323-335. 그러한 연구의 증가 목록을 http://www.contextualscience.org에서 찾을 수 있다("state of the evidence" 검색).

10 Wood, J. V., Perunovic, W. Q. E., & Lee, J. W. (2009). Positive self-statements: Power for some, peril for others. *Psychological Science, 20,* 860-866.

11 이 단락에서 주장하는 대담한 주장을 뒷받침할 참고 자료를 찾고 있다면 축하한다. 당신은 건강한 의심을 가지고 있으며, 이는 이 책의 주장을 살펴보는 데 도움이 될 것이다. 참고문헌을 미주로 던져 버리는 것은 너무 이르다. 조금 기다리면 모든 주장들이 책의 뒷부분에서 하나씩 다뤄지는 것을 확인할 수 있을 것이다.

12 Farach, F. J., Mennin, D. S., Smith, R. L., et al. (2008). The impact of pretrauma analogue GAD and posttraumatic emotional reactivity following exposure to the September 11 terrorist attacks: A longitudinal study. *Behavior Therapy, 39,* 262-276.

13 Kashdan, T. B., & Steger, M. F. (2006). Expanding the topography of social anxiety: An experience-sampling assessment of positive emotions, positive events, and emotion suppression. *Psychological Science, 17,* 120-128. DOI: 10.1111/j.1467-9280.2006.01674.x.

14 Panayiotou, G., Leonidou, C., Constantinou, E., et al. (2015). Do alexithymic individuals avoid their feelings? Experiential avoidance mediates the association between alexithymia,

psychosomatic, and depressive symptoms in a community and a clinical sample. *Comprehensive Psychiatry, 56*, 206-216.

15 나는 행동심리학자이기 때문에 '마음'에 대해 너무 많이 말하는 것이 이상하게 보일 수도 있지만, 나는 마음이란, 상징적 규칙을 생성하고 이를 따를 수 있는 더 높은 관계적인 학습 능력의 집합이라는 뜻으로 언급한 것이다. '마음'은 관계적인 구성의 레퍼토리(relational framing repertoire)이다. '마음의 모드'는 그 레퍼토리를 적용하는 방법이다. 이 책의 뒷부분에서 관계적인 학습(relational learning)이 무엇인지 설명하겠다.

16 Frances, A. (2013). Saving normal: An insider's revolt against out-of-control psychiatric diagnosis, DSM-5, big pharma and the medicalization of ordinary life. *Psychotherapy in Australia, 19*, 14-18.

17 다음과 같은 곳에서 이러한 통계에 대한 정보를 얻을 수 있다. Olfson, M., & Marcus, S. C. (2010). National trends in outpatient psychotherapy. *American Journal of Psychiatry, 167*(12), 1456-1463. DOI: 10.1176/appi.ajp.2010.10040570.

18 로버트 휘태커Robert Whitaker의 웹사이트 Mad in America에는 이 주제에 대해 상당히 책임 있는 많은 정보가 있다. 그의 동명의 책은 지금은 좀 구식이지만 시작하기에 역시 좋은 책이다.

19 이는 현재 매우 방대한 문헌이다. 정신 질환 진단을 내리는 것은 의심할 여지 없이 초기에 증상 완화를 시킬 수 있더라도 낙인을 만든다. 나는 팻 코리건Pat Corrigan과 동료들의 논문이 설득력이 있다고 생각한다. 예를 들면, Ben-Zeev, D., Young, M. A., & Corrigan, P. W. (2010). DSM-V and the stigma of mental illness. *Journal of Mental Health, 19*, 318-327. DOI: 10.3109/09638237.2010.492484. 실험 연구들은 상관관계뿐 아니라 같은 점을 주장한다. 예를 들어, Eisma, M. C. (2018). Public stigma of prolonged grief disorder: An experimental study. *Psychiatry Research, 261*, 173-177. DOI: 10.1016/j.psychres.2017.12.064.

20 Bohlmeijer, E. T., Lamers, S. M. A., & Fledderus, M. (2015). Flourishing in people with depressive symptomatology increases with Acceptance and Commitment Therapy. Post-hoc analyses of a randomized controlled trial. *Behaviour Research and Therapy, 65*, 101-106. DOI:10.1016/j.brat.2014.12.014.

21 Hawkes, A. L., Chambers, S. K., Pakenham, K. I., Patrao, T. A., Baade, P. D., Lynch, B. M., Aitken, J. F., Meng, X. Q., & Courneya, K. S. (2013). Effects of a telephone-delivered multiple health behavior change intervention (CanChange) on health and behavioral outcomes in survivors of colorectal cancer: A randomized controlled trial. *Journal of Clinical Oncology, 31*, 2313-2321. 다음도 또한 보라. Hawkes, A. L., Pakenham, K. I., Chambers,

S. K., Patrao, T. A., & Courneya, K. S. (2014). Effects of a multiple health behavior change intervention for colorectal cancer survivors on psychosocial outcomes and quality of life: A randomized controlled trial. *Annals of Behavioral Medicine, 48*, 359-370. DOI: 10.1007/s12160-014-9610-2).

22 Hayes, S. C., Wilson, K. G., Gifford, E. V., Bissett, R., Piasecki, M., Batten, S. V., Byrd, M., & Gregg, J. (2004). A randomized controlled trial of twelve-step facilitation and acceptance and commitment therapy with polysubstance abusing methadone maintained opiate addicts. *Behavior Therapy, 35*, 667-688.

23 해당 연구 분야에 대한 최근 요약은 다음에서 찾을 수 있다. Lee, E. B., An, W., Levin, M. E., & Twohig, M. P. (2015). An initial meta-analysis of Acceptance and Commitment Therapy for treating substance use disorders. *Drug and Alcohol Dependence, 155*, 1-7. DOI: 10.1016/j.drugalcdep.2015.08.004.

24 다시 한번, 나는 이를 책 전체에 걸쳐서 다룰 것이다. 제1장은 아직 이를 자세히 파고들 때가 아니다. 그러나 ACT 메타분석 목록(ACT 문헌 요약)은 http://bit.ly/ACTmetas에서 찾을 수 있다(대문자를 주의하라). 아마도 이 단락에서 가장 거친 아이디어는 문서화할 가치가 있을 것이다. 심리적으로 유연한 하키 전문가는 팀 성과에 더 가치가 있다. 사실이다. 다음을 보라. Lundgren, T., Reinebo, G., Löf, P.-O., Näslund, M., Svartvadet, P., & Parling, T. (2018). The values, acceptance, and mindfulness scale for ice hockey: A psychometric evaluation. *Frontiers in Psychology, 9*, 1794. DOI: 10.3389/fpsyg.2018.01794. 왜일까? 유연하지 못한 선수가 실수를 하면 감정적 반응과 자기비판에 휩싸이게 된다. 생각해 보라. 그들이 그렇게 하는 동안, 그들은 게임에 완전히 참여하지 않으며 팀원을 적절하게 돕지 못한다. 즉, 또 다른 실수를 한다! 이와 같은 반직관적인 발견은 이 책 전체에 기술되어 있다.

25 다음 웹사이트에서 이 목록을 볼 수 있다. http://www.contextualscience.org. 여기서 'randomized trials'를 검색하거나 다음 웹사이트를 방문하라. http://bit.ly/ACTRCTs.

26 Lillis, J., Hayes, S. C., Bunting, K., & Masuda, A. (2009). Teaching acceptance and mindfulness to improve the lives of the obese: A preliminary test of a theoretical model. *Annals of Behavioral Medicine, 37*, 58-69.

27 Adolph, K., et al. (2012). How do you learn to walk? Thousands of steps and dozens of falls per day. *Psychological Science, 23*, 1387-1394.

28 일부 과학 회의론자들은 이 책이 그러한 변화를 만들어 내는 능력에 대해 실험으로 증명되지 않았다고 제대로 지적할 것이다. 인정하는 바다. 그러나 ACT 책, 테이프, 앱 및 웹사이

트를 통해 수많은 시험(대부분 도움이 된다는 결과를 보였다)이 있기 때문에, 실험만으로는 이에 대한 전체 이야기를 알 수 없다. 목록을 다음 웹사이트에서 찾을 수 있다. https://contextualscience.org/act_studies_based_on_computers_phones_smartphones_and_books. 또한 독자들이 유연성 과정의 핵심적인 중요성을 이해하면 ACT 치료자를 더 잘 찾을 수 있다. 따라서 나는 이 책 자체가 치료라고 주장하지는 않지만, 이 책을 통해서 유연성 기술을 배우고 훈련하고 온라인에서 사용할 수 있는 많은 무료 리소스를 탐색한다면 삶을 발전시키는 데 도움이 되는 긍정적인 방법을 열어 줄, 정확한 과학에 기반한 이야기라고 본다. 특히 추가 아이디어와 지원이 필요할 때 시작하기에 좋은 곳으로 야후 그룹의 공개 토론 목록을 위한 ACT를 추천한다.

제2장 내부 독재자

1 ATQ는 스티브 홀론과 필 켄들이 개발했다[Hollon, S. D., & Kendall, P. C. (1980). Cognitive self-statements in depression: Development of an Automatic Thoughts Questionnaire. *Cognitive Therapy and Research, 4,* 383-395]. ACT 연구자들은 생각이 얼마나 자주 떠올랐는지가 아니라 얼마나 믿을 수 있는지를 질문함으로써 ATQ를 수정했다. 어떤 목적을 위해서는 더 나은 질문임이 판명된다. 예를 들어 다음을 살펴보라. Zettle, R. D., Rains, J. C., & Hayes, S. C. (2011). Processes of change in Acceptance and Commitment Therapy and Cognitive Therapy for depression: A mediational reanalysis of Zettle and Rains (1989). *Behavior Modification, 35,* 265-283. DOI: 10.1177/0145445511398344.

2 예를 들어, 그것은 낮은 수준의 웰빙 및 일에 대한 만족도와 관련이 있다. Judge, T. A., & Locke, E. A. (1993). Effect of dysfunctional thought processes on subjective well-being and job-satisfaction. *Journal of Applied Psychology, 78,* 475-490. DOI: 10.1037/0021-9010.78.3.475. 더 낮은 삶의 만족도에 대해서는 다음을 참조하라. Netemeyer, R. G., Williamson, D. A., Burton, S., Biswas, D., Jindal, S., Landreth, S., Mills, G., & Primeaux, S. (2002). Psychometric properties of shortened versions of the Automatic Thoughts Questionnaire. *Educational and Psychological Measurement, 62,* 111-129. DOI: 10.1177/0013164402062001008.

3 이 모든 문제는 이 책의 뒷부분에서 다루고 이러한 주장을 다루기 위해 광범위한 참고문헌을 제공할 것이다.

4 책의 선형적인 요건으로 인해 이것이 실제보다 더 순차적인 것처럼 보인다. 이는 강조에 관한 문제다. 예를 들어, 처음에는 전념 행동이 있었지만 우리는 그것을 연구한 것보다 더 많이 가정했다. 마찬가지로, 현재에 대한 유연한 주의는 마음챙김 연습에 들어 있었지만 점차 연구 대상이 되었다. 가치에도 같은 점이 적용된다.

제3장 앞으로 나아가는 길 찾기

1 다음 목록 맨 위에 있는 사람을 볼 수 있다. http://www.webometrics.info/en/node/58. 프로이트는 내가 마지막으로 확인했을 때인 2018년 12월에 3위였다. 나도 그 목록에 있지만, 낮은 1,740위로 많은 젊은이들이 밀어붙이기에 점차 뒤처지고 있다. 나의 멘토 데이비드 발로는 695위다. 내가 그를 잡을 수 있을지 모르겠다. 이 멋진 악당은 따라가기 힘들다!

2 Baumeister, R. F., Dale, K., & Sommer, K. L. (1998). Freudian defense mechanisms and empirical findings in modern social psychology: Reaction formation, projection, displacement, undoing, isolation, sublimation, and denial. *Journal of Personality, 66,* 1081-1124. DOI: 10.1111/1467-6494.00043.

3 다음과 같은 출처에서 이러한 데이터를 찾을 수 있다. Blagys, M., & Hilsenroth, M. (2000). Distinctive features of short-term psychodynamic interpersonal psychotherapy: A review of the comparative psychotherapy process literature. *Clinical Psychology: Science and Practice, 7,* 167-188; Weissman, M. M., Markowitz, J. C., & Klerman, G. L. (2007). *Clinician's quick guide to interpersonal psychotherapy.* New York: Oxford University Press; Allen, J. G., Fonagy, P., & Bateman, A. W. (2008). *Mentalizing in clinical practice.* Arlington, VA: American Psychiatric.

4 Maslow, A. H. (1970). *The psychology of science: A reconnaissance.* Chicago: Henry Regnery.

5 Rogers, C. R. (1955). Persons or science? A philosophical question. *American Psychologist, 10,* 267-278. 내가 인용한 인용문은 273쪽에 있다.

6 예를 들면, Schneider, K. J., Pierson, J. F., & Bugental, J. F. T. (Eds.). (2014). *The handbook of humanistic psychology: Theory, research, and practice* (2nd ed.). Los Angeles: Sage.

7 둔감화가 '왜' 그러한지에 대한 많은 연구가 있었는데, 이는 이것이 심리치료의 역사에서 매우 중요하다고 볼 수 있는 이유 중 하나다. 고(故) 고든 폴Gordon Paul의 연구와 같은 철저한 연구에

서 둔감화는 플라세보이기 때문에 효과가 없다고 주장했다. 그러나 연구가 진행됨에 따라 상상의 계층 구조는 하향식 대 상향식으로 될 수 있음이 밝혀졌다(DOI: 10.1037/h0029351). 그리고 이완이 중요하지 않았다는 점은 연구의 좋은 근거가 되었다. '왜' 연구는 둔감화 개발자인 조셉 울프가 그 방법에 대한 연구와 작동 원리를 구체적으로 다루면서 이루어지게 되었다. 나는 그를 알고 있었고 내 학부 멘토 어빙 케슬러Irving Kessler는 그의 열렬한 팬이었다. 조셉은 둔감화가, 그가 상호 억제(reciprocal inhibition)라고 부르는 것을 통해 효과가 있다고 생각했다. 심지어 원리를 테스트하기 위해 영리한 동물 연구를 수행하기도 했다. 틀렸음이 밝혀졌지만, 모든 과학 이론은 충분한 시간이 지나면 어느 정도 틀린다. 그가 단지 '무엇' 질문이 아니라 '왜' 질문에 대답하려고 시도한 것은 큰 공로가 아닐 수 없다.

8 다음에서 그 용어를 처음 사용했다. Hayes, S. C. (2004). Acceptance and Commitment Therapy, Relational Frame Theory, and the third wave of behavioral and cognitive therapies. *Behavior Therapy, 35*, 639-665. DOI: 10.1016/S0005-7894(04)80013-3.

9 이는 다음 논문으로 출간되었다. Hayes, S. C., & Cone, J. D. (1981). Reduction in residential consumption of electricity through simple monthly feedback. *Journal of Applied Behavior Analysis, 14*, 81-88. DOI: 10.1901/jaba.1981.14-81.

10 이 문제에 대한 주의 깊은 검토는 "특정 인지적 개입이 치료의 효과를 크게 증가시킨다는 증거는 거의 없음"으로 결론 내려졌다(p. 173). Longmore, R. J., & Worrell, M. (2007). Do we need to challenge thoughts in cognitive behavior therapy? *Clinical Psychology Review, 27*, 173-187. 대규모 해체 연구에서도 같은 결론에 이르렀다. 다음을 참조하라. Dimidjian, S., Hollon, S. D., Dobson, K. S., Schmaling, K. B., Kohlenberg, R. J., Addis, M. E., et al. (2006). Randomized trial of behavioral activation, cognitive therapy, and antidepressant medication in the acute treatment of adults with major depression. *Journal of Consulting and Clinical Psychology, 74*(4), 658-670. DOI: 10.1037/0022-006X.74.4.658.

11 Kanfer, F. H., & Karoly, P. (1972). Self-control: A behavioristic excursion into the lion's den. *Behavior Therapy, 3*, 398-416.

12 Chawla, N., & Ostafin, B. D. (2007). Experiential avoidance as a functional dimensional approach to psychopathology: An empirical review. *Journal of Clinical Psychology, 63*, 871-890.

13 Jacobson, N. S., Dobson, K. S., Truax, P. A., Addis, M. E., Koerner, K., Gollan, J. K., Gortner, E., & Prince, S. E. (1996). A component analysis of cognitive-behavioral treatment for depression. *Journal of Consulting and Clinical Psychology, 64*, 295-304. DOI:

10.1037/0022-006X.64.2.295; Dimidjian, S., et al. (2006). Randomized trial of behavioral activation, cognitive therapy, and antidepressant medication in the acute treatment of adults with major depression. *Journal of Consulting and Clinical Psychology, 74,* 658-670. DOI: 10.1037/0022-006X.74.4.658.

14 이러한 변화를 이끌었던 첫 번째 발표 전문은 미국 인지행동치료학회(ABCT)에서 했던 나의 회장 연설에서 찾을 수 있다. (다행스럽게도 이는 내 회장 연설 원고였다. 그렇지 않으면 그것을 출판하는 것이 끔찍했을 것이다. 그래도 몇몇 검토자가 최선을 다해 수정을 도와주었다.) 참조는 미주 8에 있다.

15 내 나이쯤 되는 벨기에의 뛰어난 CBT 연구원인 폴 에멜캠프Paul Emmelkamp는 '제3의 물결'은 단지 히피족이 성장하고 미친 사람들이 버스를 운전하고 있다는 것을 의미한다고 유머러스하게 말한다. 나는 웃지만 그 안에는 진실 이상의 것이 있다.

16 네덜란드 겨울 코호트 연구 결과를 검토하는 후성 유전 과정에 대한 우수하고 구할 수 있는 책은 다음과 같다. Jablonka, E., & Lamb, M. (2014). *Evolution in four dimensions* (2nd ed.). Cambridge, MA: Bradford.

17 Caspi, A., et al. (2003). Influence of life stress on depression: Moderation by a polymorphism in the 5-HTT gene. *Science, 301,* 386-389.

18 Brown, G. W., & Harris, T. O. (2008). Depression and the serotonin transporter 5-HTTLPR polymorphism: A review and a hypothesis concerning gene-environment interaction. *Journal of Affective Disorders, 111,* 1-12.

19 이는 현재 상당히 방대한 문헌인데, 예를 들면 다음과 같다. Barr, C. S., et al. (2004). Rearing condition and rh5-HTTLPR interact to influence limbic-hypothalamic-pituitary-adrenal axis response to stress in infant macaques. *Biological Psychiatry, 55,* 733-738. 다른 연구로는, Neumeister, A., et al. (2002). Association between serotonin transporter gene promoter polymorphism (5HTTLPR) and behavioral responses to tryptophan depletion in healthy women with and without family history of depression. *Archives of General Psychiatry, 59,* 613-620.

20 Dusek, J. A., Otu, H. H., Wohlhueter, A. L., Bhasin, M., Zerbini, L. F., Joseph, M. G., Benson, H., & Libermann, T. A. (2008). Genomic counter-stress changes induced by the relaxation response. *PLoS ONE, 3,* 1-8.

21 이는 몇몇 연구에서 밝혀졌다. 예를 들면, Smallwood, R. F., Potter, J. S., & Robin, D. A. (2016). Neurophysiological mechanisms in acceptance and commitment therapy in opioid-

addicted patients with chronic pain. *Psychiatry Research: Neuroimaging, 250*, 12-14.

제4장 우리의 생각은 왜 그렇게 자동적이고 설득력이 있는가

1 Lipkens, G., Hayes, S. C., & Hayes, L. J. (1993). Longitudinal study of derived stimulus relations in an infant. *Journal of Experimental Child Psychology, 56*, 201-239. DOI: 10.1006/jecp.1993.1032.

2 행동심리학의 거장이자 나의 영웅인 머레이 시드먼Murray Sidman이 처음으로 발견한 자극 등가성 현상(stimulus equivalence)인 RFT를 내게 소개한 사람은 아론이었다. 어린아이들이 A를 보여 줄 때 자극 B를 선택하고 A를 보여 줄 때 C를 선택하는 것을 배우면 모든 조합(A가 B, B가 C 등)을 선택한다. 그 결과는 행동에는 의미가 없다. 수반성은 두 방향이 아닌 한 방향으로 움직인다. RFT를 향한 멋졌던 그 한 주는 그것이 관계구성적인 학습의 훨씬 더 큰 행동 현상의 예일 뿐이라는 것을 발견하고 깨닫게 했다. 관계가 조작적이라는 생각은 단지 추측일 뿐이다. 그러나 이는 매우 중요하다. 이 아이디어에 대한 아론의 동의는 내게 아주 중요했다. 첫 번째 논문이 나오기 전에 그가 사망하지만 않았다면, 그는 초기 RFT 작업에 모두 참여했을 것이다. 그는 사랑스러운 사람이었고 내가 만난 최고의 행동심리학자 중 한 명이었다. 일반적으로 행동 분석가들은 아론만큼 빨리 RFT에 적응하지 못했다. 그는 몇 분밖에 걸리지 않았지만, 행동 분석 분야는 40년이나 걸렸다. 고맙게도, 2018년에 이 책을 쓰면서 그 전환점에 도달했다. RFT는 역사상 가장 많이 연구된 인지행동 이론이 되고 있다.

3 McHugh, L., Barnes-Holmes, Y., & Barnes-Holmes, D. (2004). Perspective-taking as relational responding: A developmental profile. *Psychological Record, 54*, 115-144.

4 Wilson, D. S., & Wilson, E. O. (2008). Evolution "for the good of the group." *American Scientist, 96*, 380-389.

5 Liebal, K., Behne, T., Carpenter, M., & Tomasello, M. (2009). Infants use shared experience to interpret a pointing gesture. *Developmental Science, 12*, 264-271.

6 이 단락과 다음 단락의 주장을 뒷받침하는 문헌의 예는 다음을 참조하라. Halevy, R., Shalvi, S., & Verschuere, B. (2014), Being honest about dishonesty: Correlating self-reports and actual lying. *Human Communication Research, 40*, 54-72. DOI: 10.1111/hcre.12019; DePaulo, B., et al. (1996). Lying in everyday life. *Journal of Personality and Social Psychology, 70*, 984; Levine, T. R., Serota, K. B., Carey, F., & Messer, D. (2013).

Teenagers lie a lot: A further investigation into the prevalence of lying. *Communication Research Reports, 30,* 211-220. DOI: 10.1080/08824096.2013.806254; Panasiti, M. S., et al. (2014). The motor cost of telling lies: Electrocortical signatures and personality foundations of spontaneous deception. *Social Neuroscience, 9,* 573-589. DOI: 10.1080/17470919.2014.934394.

7 Bouton, M. E. (2004). Context and behavioural processes in extinction. *Learning and Memory, 11,* 485-494. DOI: 10.1101/lm.78804. 인용한 내용은 485쪽에 있다.

8 Nisbett, R. E., & Wilson, T. D. (1977). Telling more than we can know: Verbal reports on mental processes. *Psychological Review, 84*(3), 231-259. DOI: 10.1037/0033-295X.84.3.231.

9 "불안은 나쁘다."와 같은 진술을 사용해서 경험 회피를 측정하는 IRAP 버전은, 각성적 영향이 행동에 어떤 영향을 미치는지에 대한 명시적인 측정보다 더 잘 예측한다는 연구 결과가 있다. Levin, M. E., Haeger, J., & Smith, G. S. (2017). Examining the role of implicit emotional judgments in social anxiety and experiential avoidance. *Journal of Psychopathology and Behavioral Assessment, 39,* 264-278. DOI: 10.1007/s10862-016-9583-5. 전통적인 암시적 측정의 가장 잘 알려진 예는 토니 그린월드Tony Greenwald의 IAT(Implicit Association Test)다. 일대일 비교 시에 RFT가 정확하다면 IRAP가 IAT보다 훨씬 나은 테스트인 것으로 나타난다. IRAP는 암묵적 측정법처럼 잘 작동한다. Carpenter, K. M., et al. (2012). Measures of attentional bias and relational responding are associated with behavioral treatment outcome for cocaine dependence. *American Journal of Drug and Alcohol Abuse, 38,* 146-154.

10 하지만 탈융합되고 마음챙김을 잘하는 사람들은 암시적인 인지에 따른 심리적 영향을 덜 받는다. Ostafin, B. D., Kassman, K. T., & Wessel, I. (2013). Breaking the cycle of desire: Mindfulness and executive control weaken the relation between an implicit measure of alcohol valence and preoccupation with alcohol-related thoughts. *Psychology of Addictive Behaviors, 27,* 1153-1158. DOI: 10.1037/a0032621.

11 Titchener, E. B. (1916). *A text-book of psychology.* New York: Macmillan. 단어 반복 연습은 425쪽에 있다.

12 Tyndall, I., Papworth, R., Roche, B., & Bennett, M. (2017). Differential effects of word-repetition rate on cognitive defusion of believability and discomfort of negative self-referential thoughts postintervention and at one-month follow-up. *Psychological Record, 67*(10), 377-386. DOI: 10.1007/s40732-017-0227-2.

13 Luoma, J. B., Kohlenberg, B. S., Hayes, S. C., & Fletcher, L. (2012). Slow and steady wins the race: A randomized clinical trial of Acceptance and Commitment Therapy targeting shame in substance use disorders. *Journal of Consulting and Clinical Psychology, 80,* 43-53. DOI: 10.1037/a0026070.

제5장 문제와 문제해결

1 전체 연구 라인에 대한 책 길이의 리뷰를 다음에서 찾을 수 있다. Hayes, S. C. (Ed.). (1989). *Rule-governed behavior: Cognition, contingencies, and instructional control.* New York: Plenum Press. 나는 이해를 돕기 위해 실험의 세부 사항 중 일부를 의도적으로 변경했다. 예를 들어, 일반적으로 '결과'는 실제 동전이 아니라 돈이나 돈에 대한 기회의 가치가 있는 계산상의 점수다. 작업은 종종 버튼을 누르는 것보다 더 복잡하다. 예를 들어, 우리 연구실에서는 보통 참가자들이 버튼을 눌러 미로를 통해 빛을 옮기도록 했다. 괴짜 독자라면, 원본 연구를 읽어서 전체를 다 알 수 있을 것이다. 여기서는 핵심적인 것을 이해하고자 한다.

2 이와 같은 연구에 대한 초기 예시는 다음과 같다. Matthews, B. A., Shimoff, E., Catania, A. C., & Sagvolden, T. (1977). Uninstructed human responding: Sensitivity to ratio and interval contingencies. *Journal of the Experimental Analysis of Behavior, 27,* 453-467. DOI: 10.1901/jeab.1977.27-453.

3 미주 1에 있는 책을 참조하라.

4 Hayes, S. C., Brownstein, A. J., Zettle, R. D., Rosenfarb, I., & Korn, Z. (1986). Rule-governed behavior and sensitivity to changing consequences of responding. *Journal of the Experimental Analysis of Behavior, 45,* 237-256. DOI: 10.1901/jeab.1986.45-237.

5 Hefferline, R., Keenan, B., & Harford, R. (1959). Escape and avoidance conditioning in human subjects without their observation of the response. *Science, 130*(3385), 1338-1339. 그건 그렇고, 게슈탈트 치료에 관심이 있다면 이름을 알 수도 있다. 왜냐하면 랄프가 이 문서를 만드는 데 도움을 줬고, 이 분야의 첫 번째 주요 책의 공동 저자였기 때문이다. Perls, F., Hefferline, R. F., & Goodman, P. (1951). *Gestalt therapy: Excitement and growth in the human personality.* New York: Delta. 아이러니한 것은, 행동 분석가가 실제로 게슈탈트 치료법을 만드는 데 도움을 주었지만 게슈탈트 사람들의 99%는 행동주의자를 적으로 생각한다는 것이다.

6 임상적인 질환을 가진 사람들은 규칙을 따르고 다른 사람들은 그렇지 않다는 뜻이 아니다. 더 미묘한 문제다. 사람들이 규칙을 따르는 이유가 핵심이다. 그러나 진단은 느슨한 기준으로 다양한 종류의 것들을 모으기 때문에 혼란을 야기한다. 조심스럽지만, 한 연구의 예를 들면 다음과 같다. McAuliffe, D., Hughes, S., & Barnes-Holmes, D. (2014). The dark-side of rule governed behavior: An experimental analysis of problematic rule-following in an adolescent population with depressive symptomatology. *Behavior Modification, 38*, 587-613.

7 우리는 규칙 기반 무감각(rule-based insensitivity)이 정신병리를 예측하는 것으로 알려진 심리적 경직성의 척도와 관련이 있음을 발견했다. Wulfert, E., Greenway, D. E., Farkas, P., Hayes, S. C., & Dougher, M. J. (1994). Correlation between a personality test for rigidity and rule-governed insensitivity to operant contingencies. *Journal of Applied Behavior Analysis, 27*, 659-671. DOI: 10.1901/jaba.1994.27-659.

8 Hayes, S. C., Bissett, R., Korn, Z., Zettle, R. D., Rosenfarb, I., Cooper, L., & Grundt, A. (1999). The impact of acceptance versus control rationales on pain tolerance. *Psychological Record, 49*, 33-47.

9 Addis, M. E., & Carpenter, K. M. (1999). Why, why, why?: Reason-giving and rumination as predictors of response to activation-and insight-oriented treatment rationales. *Journal of Clinical Psychology, 55*, 881-894.

제6장 공룡을 향해 돌아서기

1 해당 연구의 예는 다음을 참조하라. Kim, H., Shimojo, S., & O'Doherty, J. P. (2006). Is avoiding an aversive outcome rewarding? Neural substrates of avoidance learning in the human brain. *PLoS Biology 4*(8): e233. DOI: 10.1371/journal.pbio.0040233.

2 Eifert, G. H., & Heffner, M. (2003). The effects of acceptance versus control contexts on avoidance of panic-related symptoms. *Journal of Behavior Therapy and Experimental Psychiatry, 34*, 293-312. DOI: 10.1016/j.jbtep.2003.11.001.

3 Levitt, J. T., Brown, T. A., Orsillo, S. M., & Barlow, D. H. (2004). The effects of acceptance versus suppression of emotion on subjective and psychophysiological response to carbon dioxide challenge in patients with panic disorder. *Behavior Therapy, 35*, 747-766. DOI:

10.1016/S0005-7894(04)80018-2.

4 예를 들면, Arch, J. J., Eifert, G. H., Davies, C., Vilardaga, J., Rose, R. D., & Craske, M. G. (2012). Randomized clinical trial of cognitive behavioral therapy (CBT) versus acceptance and commitment therapy (ACT) for mixed anxiety disorders. *Journal of Consulting and Clinical Psychology, 80,* 750-765. DOI: 10.1037/a0028310.

제7장 새로운 길에 전념하기

1 연구에 따르면 우리의 마음은 시간의 1/3을 방황하는 데 쓰고 있지만, 이 연구에서 일부 참가자는 정신이 95% 이상의 시간 동안 다른 곳에 가 있었다. McVay, J. C., Kane, M. J., & Kwapil, T. R. (2009). Tracking the train of thought from the laboratory into everyday life: An experience-sampling study of mind wandering across controlled and ecological contexts. *Psychonomic Bulletin & Review, 16,* 857-863. 다음은 또 다른 유사한 연구다. Poerio, G. L., Totterdell, P., & Miles, R. (2013). Mind-wandering and negative mood: Does one thing really lead to another? *Consciousness and Cognition, 22,* 1412-1421. DOI: 10.1016/j.concog.2013.09.012.

2 최근의 리뷰는 다음을 참조하라. Khoury, B., et al. (2013). Mindfulness-based therapy: A comprehensive meta-analysis. *Clinical Psychology Review, 33,* 763-771.

3 Fletcher, L. B., Schoendorff, B., & Hayes, S. C. (2010). Searching for mindfulness in the brain: A process-oriented approach to examining the neural correlates of mindfulness. *Mindfulness, 1,* 41-63. DOI: 10.1007/s12671-010-0006-5.

4 Dusek, J. A., Otu, H. H., Wohlhueter, A. L., Bhasin M., Zerbini L. F., Joseph, M. G., Benson, H., & Libermann, T. A. (2008). Genomic counterstress changes induced by the relaxation response. *PLoS ONE, 3,* 1-8.

5 나는 우리가 고전적인 마음챙김 접근을 적용할 수 있다고 생각했다. 내 학생들과 나는 단순히 명상과 묵상의 방법으로 마음챙김을 하는 것이 아니라 과정으로서의 마음챙김에 접근하는 방법에 대해 광범위하게 저술했다. 우리는 RFT에 기반한 마음챙김을 정의했다. 다음을 참고하라. Fletcher, L., & Hayes, S. C. (2005). Relational Frame Theory, Acceptance and Commitment Therapy, and a functional analytic definition of mindfulness. *Journal of Rational Emotive and Cognitive Behavioral Therapy, 23,* 315-336; Hayes, S. C., &

405

Plumb, J. C. (2007). Mindfulness from the bottom up: Providing an inductive framework for understanding mindfulness processes and their application to human suffering. *Psychological Inquiry, 18*, 242-248. 다음 논문들에서 과정 기반 접근 방식에 대한 세부 정보를 제시했다. Hayes, S. C., & Shenk, C. (2004). Operationalizing mindfulness without unnecessary attachments. *Clinical Psychology: Science and Practice, 11*, 249-254; Hayes, S. C., & Wilson, K. G. (2003). Mindfulness: Method and process. *Clinical Psychology: Science and Practice, 10*, 161-165; Hayes, S. C. (2002). Acceptance, mindfulness, and science. *Clinical Psychology: Science and Practice, 9*, 101-106; Hayes, S. C. (2002). Buddhism and Acceptance and Commitment Therapy. *Cognitive and Behavioral Practice, 9*, 58-66.

6 몇 가지 연구 예로는, Takahashi, M., Muto, T., Tada, M., & Sugiyama, M. (2002). Acceptance rationale and increasing pain tolerance: Acceptance-based and FEAR-based practice. *Japanese Journal of Behavior Therapy, 28*, 35-46; Marcks, B. A., & Woods, D. W. (2005). A comparison of thought suppression to an acceptance-based technique in the management of personal intrusive thoughts: A controlled evaluation. *Behaviour Research and Therapy, 43*, 433-445; Marcks, B. A., & Woods, D. W. (2007). Role of thought-related beliefs and coping strategies in the escalation of intrusive thoughts: An analog to obsessive-compulsive disorder. *Behaviour Research and Therapy, 45*, 2640-2651; Forman, E. M., Hoffman, K. L., McGrath, K. B., Herbert, J. D., Brandsma, L. L., & Lowe, M. R. (2007). A comparison of acceptance-and control-based strategies for coping with food cravings: An analog study. *Behaviour Research and Therapy, 45*, 2372-2386. 이런 종류의 운동에 대한 근거를 제시하는 것만으로는 충분하지 않다. 사람들이 이득을 얻기 위해서는 실제로 그것을 사용해서 실행해야 한다. 이는 방해가 되는 생각을 다루고, 고통에 대한 내성을 높이며, 충동의 영향을 줄이는 데 도움이 되는 것으로 나타난다.

7 Loftus, E. F. (2004). Memories of things unseen. Current Directions in *Psychological Science, 13*(4), 145-147. DOI: 10.1111/j.0963-7214.2004.00294.x.

8 Chase, J. A., Houmanfar, R., Hayes, S. C., Ward, T. A., Vilardaga, J. P., & Follette, V. M. (2013). Values are not just goals: Online ACT-based values training adds to goal-setting in improving undergraduate college student performance. *Journal of Contextual Behavioral Science, 2*, 79-84. DOI: 10.1016/j.jcbs. 2013.08.002.

9 Villatte, J. L., Vilardaga, R., Villatte, M., Vilardaga, J. C. P., Atkins, D. A., & Hayes, S. C. (2016). Acceptance and Commitment Therapy modules: Differential impact on treatment

processes and outcomes. *Behaviour Research & Therapy, 77,* 52-61. DOI: 10.1016/j.brat.2015.12.001.

10 Levin, M. E., Hildebrandt, M. J., Lillis, J., & Hayes, S. C. (2012). The impact of treatment components suggested by the psychological flexibility model: A meta-analysis of laboratory-based component studies. *Behavior Therapy, 43,* 741-756. DOI: 10.1016/j.beth.2012.05.003.

제8장 우리 모두는 피벗할 수 있다

1 이에 대한 탐색을 다음에서 더 해 볼 수 있다. Wilson, D. S., & Hayes, S. C. (Eds.). (2018). *Evolution and contextual behavioral science: An integrated framework for understanding, predicting, and influencing human behavior.* Oakland, CA: Context Press.

2 Hersh, M. N., Ponder, R. G., Hastings, P. J., & Rosenberg, S. M. (2004). Adaptive mutation and amplification in Escherichia coli: Two pathways of genome adaptation under stress. *Research in Microbiology, 155,* 353-359. DOI: 10.1016/j.resmic.2004.01.020.

3 내 이름을 따옴표로 묶고('Steven C. Hayes') evolution이라는 단어를 구글 학술검색(Google Scholar)에서 검색하면 내가 이야기한 것을 찾을 수 있다. 다음에 나올 미주에도 몇 가지 참고 문헌을 달았다.

4 Dahl, J., Wilson, K. G., & Nilsson, A. (2004). Acceptance and Commitment Therapy and the treatment of persons at risk for long-term disability resulting from stress and pain symptoms: A preliminary randomized trial. *Behavior Therapy, 35,* 785-802.

5 이 그림은 수정되고 확장된 버전이다.

6 부고와 묘비상의 가치에 대한 연구가 진행되었다. 예를 들면, Alfano, M., Higgins, A., & Levernier, J. (2018). Identifying virtues and values through obituary data-mining. *Journal of Value Inquiry, 52,* 59-79. DOI: 10.1007/s10790-017-9602-0. 당연하게도, 가족이나 성격에 대한 문제가 지배적이다.

7 Vowles, K. E., McCracken, L. M., & O'Brien, J. Z. (2011). Acceptance and values-based action in chronic pain: A three-year follow-up analysis of treatment effectiveness and process. *Behaviour Research and Therapy, 49,* 748-755. DOI: 10.1016/j.brat.2011.08.002. 그 밖의 측정 중 일부는 3년 후에 약간의 감소를 보였지만, 그 결과는 여전히 우세하고 임상적

으로 의미가 있다. 모든 측정에서 3개월 추적 시 환자의 46.2%(범위: 45.0~46.9%)에서, 3년 추적 시 환자의 35.8%(범위: 29.1~38.0%)에서 신뢰할 만한 변화를 보였다.

8 Kohtala, A., Muotka, J., & Lappalainen, R. (2017). What happens after five years? The long-term effects of a four-session Acceptance and Commitment Therapy delivered by student therapists for depressive symptoms. *Journal of Contextual Behavioral Science, 6*, 230-238. DOI: 10.1016/j.jcbs.2017.03.003.

9 다른 치료법과 비슷한 결과를 보인 ACT 통증 연구가 있지만, 일반적으로 다른 특징들은 주의 깊게 살펴봐야 한다. 예를 들어, 이 연구의 결과는 추적 관찰에서 유사했지만, ACT 치료는 중단되었고 약물치료는 지속되었다. Wicksell, R. K., Melin, L., Lekander, M., & Olsson, G. L. (2009). Evaluating the effectiveness of exposure and acceptance strategies to improve functioning and quality of life in longstanding pediatric pain-A randomized controlled trial. *Pain, 141*, 248-257. 다른 연구에서도 비슷한 결과를 보였으나 비용은 더 낮았다. 만성 통증 자체는 아니지만 최근 한 연구에 따르면, 몇 가지 척도상으로 ACT는 정신 건강 문제로 인한 직장의 결근을 줄이는 데 있어 다른 정교한 모델보다 효과가 좋지 않은 것으로 나타났다. Finnes, A., Ghaderi, A., Dahl, J., Nager, A., & Enebrink, P. (in press). Randomized controlled trial of Acceptance and Commitment Therapy and a workplace intervention for sickness absence due to mental disorders. *Journal of Occupational Health Psychology*. DOI: 10.1037/ocp0000097. 그러나 나중에 비용 효율성을 고려했을 때 ACT가 확실히 우세했다. Finnes, A., Enebrink, P., Sampaio, F., Sorjonen, K., Dahl, J., Ghaderi, A., Nager, A., & Feldman, I. (2017). Cost-effectiveness of Acceptance and Commitment Therapy and a workplace intervention for employees on sickness absence due to mental disorders. *Journal of Occupational and Environmental Medicine, 59*, 1211-1220. DOI: 10.1097/JOM.000000000001156. 특히 만성 통증 영역에서 ACT 모델은 전반적으로 도움을 받을 수 있는 심리사회적 모델로 부상하고 있다. 이러한 주의 사항을 언급한 이유는, 아직 초기이고 배울 것이 많지만 이 책의 중심 주제인 심리적 유연성이 건강한 변화의 열쇠라는 점을 잘 뒷받침한다고 생각하기 때문이다. 그렇다고 연구가 다 똑같다는 뜻은 아니다. 과학은 결코 그렇게 단순하지 않다.

1 탈융합을 포함하는 인지적 유연성을 고려할 필요성이 있다는 것은 보다 유연한 사고의 전통적인 측정 결과에 의해 뒷받침된다. 예를 들면, Martin, M. M., & Rubin, R. B. (1995). A new measure of cognitive flexibility. *Psychological Reports, 76*, 623-626. 이는 심리적인 유연성이 보다 일반적으로 제공될 때 주로 도움이 된다. 예를 들면, Palm, K. M., & Follette, V. M. (2011). The roles of cognitive flexibility and experiential avoidance in explaining psychological distress in survivors of interpersonal victimization. *Journal of Psychopathology and Behavioral Assessment, 33*, 79-86.

2 이러한 결과들은 다음에서 모두 확인할 수 있다. Christoff, K., Gordon, A. M., Smallwood, J., Smith, R., & Schooler, J. W. (2009). Experience sampling during fMRI reveals default network and executive system contributions to mind wandering. *Proceedings of the National Academy of Sciences, 106*, 8719-8724. DOI: 10.1073/pnas.0900234106.

3 이에 대한 자료는 모두 다음의 리뷰 논문에 정리되어 있다. Levin, M. E., Luoma, J. B., & Haeger, J. A. (2015). Decoupling as a mechanism of change in mindfulness and acceptance: A literature review. *Behavior Modification, 39*, 870-911. DOI: 10.1177/0145445515603707.

4 이 분야에서 그들의 연구는 다음과 같다. Roemer, L., Orsillo, S. M., & Salters-Pedneault, K. (2008). Efficacy of an acceptance-based behavior therapy for generalized anxiety disorder: Evaluation in a randomized controlled trial. *Journal of Consulting and Clinical Psychology, 76*, 1083-1089.

5 다음 링크는 그녀의 칼럼이다. https://www.nbcnews.com/better/health/mental-trick-helped-me-claw-way-back-debilitating-anxiety-ncna834751.

6 Gillanders, D. T., et al. (2014). The development and initial validation of the Cognitive Fusion Questionnaire. *Behavior Therapy, 45*, 83-101. DOI: 10.1016/j.beth.2013.09.001.

7 Guilford, J. P. (1967). Creativity: Yesterday, today and tomorrow. *Journal of Creative Behavior, 1*, 3-14. DOI: 10.1002/j.2162-6057.1967.tb00002.x.

8 McMullen, J., Barnes-Holmes, D., Barnes-Holmes, Y., Stewart, I., Luciano, C., & Cochrane, A. (2008). Acceptance versus distraction: Brief instructions, metaphors, and exercises in increasing tolerance for self-delivered electric shocks. *Behaviour Research and Therapy, 46*, 122-129.

1 Baumeister, R. F., Campbell, J. D., Krueger, J. I., & Vohs, K. D. (2003). Does high self-esteem cause better performance, interpersonal success, happiness, or healthier lifestyles? *Psychological Science in the Public Interest, 4,* 1-44. 이에 대한 자세한 내용은 다음을 참조하라. Leary, M. R., & Baumeister, R. F. (2000). The nature and function of self-esteem: Sociometer theory. In M. P. Zanna (Ed.), *Advances in experimental social psychology* (Vol. 32, pp. 1-62). San Diego, CA: Academic Press.

2 자기결정 이론(self-determination theory)에 대한 연구자들의 방대한 양의 연구가 이를 보여 주며, 다른 연구들의 예시는 다음과 같다. Deci, E. L., & Ryan, R. M. (1995). Human autonomy: The basis for true self-esteem. In M. H. Kernis (Ed.), *Efficacy, agency, and self-esteem* (pp. 31-49). New York: Plenum Press; Deci, E. L., & Ryan, R. M. (2000). The "what" and "why" of goal pursuits: Human needs and the self-determination of behavior. *Psychological Inquiry, 11,* 227-268. 이 절의 다른 문제에 대해서는 다음을 참조하라. Crocker, J., Karpinski, A., Quinn, D. M., & Chase, S. K. (2003). When grades determine self-worth: Consequences of contingent self-worth for male and female engineering and psychology majors. *Journal of Personality and Social Psychology, 85,* 507-516; Brown, J. D. (1986). Evaluations of self and others: Self-enhancement biases in social judgments. *Social Cognition, 4,* 353-376.

3 Escalas, J. E., & Bettman, J. R. (2005). Self-construal, reference groups, and brand meaning. *Journal of Consumer Research, 32,* 378-389. DOI: 10.1086/497549.

4 Baumeister, R. F., Heatherton, T. F., & Tice, D. M. (1993). When ego threats lead to self-regulation failure-negative consequences of high self-esteem. *Journal of Personality and Social Psychology, 64,* 141-156. DOI: 10.1037/0022-3514.64.1.141; Crocker, J., & Park, L. E. (2004). The costly pursuit of self-esteem. *Psychological Bulletin, 130,* 392-414. DOI: 10.1037/0033-2909.130.3.392.

5 이러한 프로그램의 예를 보려면 Google에 'PEAK autism'을 검색해서 마크 딕슨Mark Dixon 의 버전을 찾아보라. 그는 또한 자폐 아동을 대상으로 ACT 및 RFT에 관한 탄탄한 책을 썼다. Belisle, J., Dixon, M. R., Stanley, C. R., Munoz, B., & Daar, J. H. (2016). Teaching foundational perspective-taking skills to children with autism using the PEAK-T curriculum: Single-reversal "I-you" deictic frames. *Journal of Applied Behavior Analysis, 49,* 965-969.

410

DOI: 10.1002/jaba.324.

6 나는 이 짧은 글에서 이와 정확히 똑같은 순간에 대해 썼다. Hayes, S. C. (2012). The women pushing the grocery cart. In R. Fields (Ed.), *Fifty-two quotes and weekly mindfulness practices: A year of living mindfully* (pp. 18-20). Tucson, AZ: FACES Conferences.

7 이 아이디어 중 일부는 마티유 빌라트Matthieu Villatte와 제니퍼 빌라트가 함께 한 연구에서 나왔다. Villatte, M. (2016). *Mastering the clinical conversation.* New York: Guilford Press.

8 이 연습은 처음 두 단계만 포함했지만, RFT 연구에 따르면 차이 관계구성(distinction relation) 뿐만 아니라 억제(containment) 또는 위계적 관계구성(hierarchical relation) 또한 중요 하다는 것을 분명히 보여 주었다. Foody, M., Barnes-Holmes, Y., Barnes-Holmes, D., & Luciano, C. (2013). An empirical investigation of hierarchical versus distinction relations in a self-based ACT exercise. *International Journal of Psychology and Psychological Therapy, 13*(3), 373-388. 나는 기초 연구가 ACT의 방법들을 계속 수정한다는 사실이 좋다. 그렇게 되 어 가야 한다.

제11장 세 번째 피벗: 수용. 고통으로부터 배우기

1 이 영역의 문헌은 빠르게 성장하고 있다. 다음 연구는 학대의 후성 유전학적 영향이 이후 자살하는 사람과도 연관이 있음을 보여 준다. McGowan, P. O., et al. (2009). Epigenetic regulation of the glucocorticoid receptor in human brain associates with childhood abuse. *Nature Neuroscience, 12*, 342-348. 다음 연구는 그것이 신체적 질병과 어떻게 관 련되는지 보여 준다. Yanh, B.-Z., et al. (2013). Child abuse and epigenetic mechanisms of disease risk. *American Journal of Preventive Medicine, 44*, 101-107. DOI: 10.1016/ j.amepre.2012.10.012.

2 Biglan, A. (2015). *The nurture effect.* Oakland, CA: New Harbinger.

3 Messman-Moore, T. L., Walsh, K. L., & DiLillo, D. (2010). Emotion dysregulation and risky sexual behavior in revictimization. *Child Abuse & Neglect, 34*, 967-976. DOI: 10.1016/ j.chiabu.2010.06.004.

4 Fiorillo, D., Papa, A., & Follette, V. M. (2013). The relationship between child physical abuse and victimization in dating relationships: The role of experiential avoidance. *Psychological Trauma: Theory, Research, Practice, and Policy, 5*(6), 562-569. DOI: 10.1037/

a0030968.

5 토드와 그의 팀은 이와 같은 일련의 연구를 수행했다. 다음은 좋은 예시다. Machell, K. A., Goodman, F. R., & Kashdan, T. B. (2015). Experiential avoidance and well-being: A daily diary analysis. *Cognition and Emotion, 29*, 351-359. DOI: 10.1080/02699931.2014.911143.

6 내 주장은 ACT에 대한 나의 첫 번째 주요 글에서 찾을 수 있다. Hayes, S. C. (1987). A contextual approach to therapeutic change. In Jacobson, N. (Ed.), *Psychotherapists in clinical practice: Cognitive and behavioral perspectives* (pp. 327-387). New York: Guilford Press. 주류 CBT는 2008년에 비슷한 관점에 도달했다. 예를 들면, 이 점에 대해 미셸 크래스케와 나눈 대화는 다음에 있다. Hayes, S. C. (2008). Climbing our hills: A beginning conversation on the comparison of ACT and traditional CBT. *Clinical Psychology: Science and Practice, 15*, 286-295.

제12장 네 번째 피벗: 현존, 현재에 살기

1 Teper, R., & Inzlicht, M. (2013). Meditation, mindfulness and executive control: The importance of emotional acceptance and brain-based performance monitoring. *Social Cognitive and Affective Neuroscience, 8*, 85-92. DOI: 10.1093/scan/nss045. 이러한 종류의 연구에서 다른 예는 다음과 같다. Riley, B. (2014). Experiential avoidance mediates the association between thought suppression and mindfulness with problem gambling. *Journal of Gambling Studies, 30*, 163-171. DOI: 10.1007/s10899-012-9342-9.

2 Royuela-Colomer, E., & Calvete, E. (2016). Mindfulness facets and depression in adolescents: Rumination as a mediator. *Mindfulness, 7*, 1092-1102. DOI: 10.1007/s12671-016-0547-3.

3 Parsons, C. E., Crane, C., Parsons, L. J., Fjorback, L. O., & Kuyken, W. (2017). Home practice in Mindfulness-Based Cognitive Therapy and Mindfulness-Based Stress Reduction: A systematic review and meta-analysis of participants' mindfulness practice and its association with outcomes. *Behaviour Research and Therapy, 95*, 29-41. DOI: 10.1016/j.brat.2017.05.004.

4 Hafenbrack, A. C., Kinias, Z., & Barsade, S. G. (2013). Debiasing the mind through meditation. *Psychological Science, 25*, 369-376. DOI: 10.1177/0956797613503853. 이 단

락에서 인용된 연구원은 INSEAD의 조직 행동 조교수인 조 키니아스Zoe Kinias다. 인용 출처: https://www.sciencedaily.com/releases/2014/02/140212112745.htm.

5 Hardy, R. R. (2001). *Zen master: Practical Zen by an American for Americans*. Tucson, AZ: Hats Off Books.

6 좋은 설명은 다음에서 찾을 수 있다. Singh, N. N., Lancioni, G. E., Manikam, R., Winton, A. W., Singh, A. A., Singh, J., & Singh, A. A. (2011). A mindfulness-based strategy for self-management of aggressive behavior in adolescents with autism. *Research in Autism Spectrum Disorders, 5*, 1153-1158. DOI: 10.1016/j.rasd.2010.12.012. 내가 언급한 효과에 대한 연구의 예시는 다음과 같다. Singh, N. N., Lancioni, G. E., Winton, A. W., Adkins, A. D., Wahler, R. G., Sabaawi, M., & Singh, J. (2007). Individuals with mental illness can control their aggressive behavior through mindfulness training. *Behavior Modification, 31*, 313-328. DOI: 10.1177/0145445506293585; Singh, N. N., Lancioni, G. E., Myers, R. E., Karazsia, B. T., Winton, A. W., & Singh, J. (2014). A randomized controlled trial of a mindfulness-based smoking cessation program for individuals with mild intellectual disability. *International Journal of Mental Health and Addiction, 12*, 153-168. DOI: 10.1007/s11469-013-9471-0; Singh, N. N., Lancioni, G. E., Singh, A. N., Winton, A. W., Singh, J., McAleavey, K. M., & Adkins, A. D. (2008). A mindfulness-based health wellness program for an adolescent with Prader-Willi syndrome. *Behavior Modification, 32,* 167-181. DOI: 10.1177/0145445507308582. 다음 단락에서 언급했듯이 이와 같은 주의력 훈련은 애드리언 웰스Adrian Wells의 MCT(Meta-Cognitive Therapy)의 핵심이다. 나는 그의 작업을 좋아하며 MCT를 탐색할 가치가 있는 방법이라고 본다. MCT를 위한 지원 기반이 점차 커지고 있다. Wells, A. (2011). *Metacognitive therapy for anxiety and depression*. New York: Guilford Press.

7 이 접근 방식은 리스 페이Les Fehmi가 개발했다. 리스를 만나 본 적이 없지만 그 때문에 나는 심리학자가 될 수 있었다. 나는 로욜라-메리마운트(Loyola-Marymount)의 학과장인 고(故) 시클릭Ciklic 신부에게서 안 좋은 편지를 받았다. 나는 캠퍼스의 초기 히피 중 한 사람이었는데, 훌륭한 시클릭 신부는 이를 별로 좋아하지 않았다. 내가 알 수 없게 그는 대학원 입학 추천서를 썼는데, 거기에 내가 마약 중독자라고 썼다(나는…… 보통의 히피가 아니긴 했다). 말할 필요도 없이 나는 어디에도 합격하지 못했다. 2년이 지난 뒤, 마지막으로 한 번 더 입학을 시도해 보기로 했다. 내 동생의 친구가 스토니 브룩에 있는 뉴욕 주립대학교의 새로운 교수진에게 문의를 했다(내가 대학원 과정으로 지원했던 곳이다). 그는 친절하게도 그 좋지 않은 편지의 내

413

용을 내게 알려줬다. 나는 시클릭 신부에게 세 번째로 편지를 요청하지 않았고, 여러 박사 과정에 합격했다. 마침내 공부가 시작되었다. 내게 도움을 준 스토니 브룩의 심리학자 이름이 무엇인지 맞혀 보라. 지금쯤이면 짐작할 수 있을 것이다. 바로 리스 페이다. 몇 년 전에 그에게 감사 편지를 썼다. 그는 그 사건을 기억하지 못했지만 내 인생을 바꿨다. 생각해 보라. 오늘날 당신의 작은 친절이 사람들의 삶을 근본적으로 바꿀 수도 있다. 당신은 이를 전혀 알지 못할 수도 있지만, 마침내 그러한 행동을 한다면 기억을 할 수도 있다. 매우 멋진 일이다.

8 사실 그것은 나에게 일어난 일이다! 1980년대 중반, 고(故) 길버트 고틀리엡Gilbert Gottlieb(진화와 초기 경험에 대한 기본 작업을 이루어 낸 뛰어난 사람이다)은 내게 그렇게 말했다. 그는 내 관심사의 폭을 보며, 내가 호사가(dilettante)라고 단도직입적으로 말했다. 그 말에 상처를 크게 받았지만 나는 진로를 바꾸지 않았다. 돌이켜 보면 솔직히 말해서 나는 다루기 힘든 사람이었다. …… 그리고 모든 것에 관심이 있었다. 아이러니하게도, 결국 그 폭은 상호 연결을 이루어 맥락적 행동과학(contextual behavioral science)을 만드는 데 도움이 되었기 때문에, 내가 결코 많은 것을 얻지 못한 게 아니다. 나는 그 대화 후에 그린즈버러의 노스캐롤라이나 대학교에 더 오래 머물지 않았다. 아론 브라운스타인은 죽었지만, 고틀리엡이 아론과 비슷한 행동을 해서 나는 은밀하게(그리고 다소 불공평하게) 그를 비난했고, 이는 그에게 큰 스트레스를 주었다. 나는 1년 후 리노에 있는 네바다 대학(그 후로 내가 있는 곳)으로 떠났다. 고클리엡의 작업이 이제 내 생각의 중요한 부분이라는 점은 아이러니하다. 이 미주를 쓰는 지금, 내 서류 가방에 그의 책이 있다! 관심사를 탐구하기 위해 그와 또 다른 대화를 나누길 바란다. 그러나 그 당시 그가 내 안에서 볼 수 있었던 것은 결코 생각을 바꾸지 않을 것 같은 미친 청년뿐이었다.

제13장 다섯 번째 피벗: 가치, 선택해서 마음 쓰기

1 행동주의자가 '자유로부터의 탈출'이라고 말하는 것이 이상하게 보일 수 있지만, 우리는 그러한 단어를 물체로 존재하는 것, 즉 존재론(ontology)으로 바꾸지 않고도 사용할 수 있다. 영성(spirituality)과 같은 단어조차도 행동적으로 합리적인 의미를 갖는다. Hayes, S. C. (1984). Making sense of spirituality. *Behaviorism*, 12, 99-110을 참조하라. 그것이 ACT 연구가 시작된 방법의 한 부분임을 깨달았다(나는 책 뒷부분의 영성 챕터에서 이 논문의 이야기를 썼다). 하지만 자유로 돌아와서, 나는 오래전에 연구를 했는데, 인간이 아닌 동물조차도 자신의 선택을 두려워하게 만드는 경험을 제공하면 자유에서 벗어날 수 있다는 것(일반적으로 선택을 매우 선호하지만)을 보여 주었다. 그들이 잘못된 선택을 하지 않았더라도 말이다. Hayes,

S. C., Kapust, J., Leonard, S. R., & Rosenfarb, I. (1981). Escape from freedom: Choosing not to choose in pigeons. *Journal of the Experimental Analysis of Behavior, 36,* 1-7. DOI: 10.1901/jeab.1981.36-1. 인간은 상징적 언어와 그것이 생성하는 인지 네트워크에 존재하는, 선택을 두려워하는 이유를 엄청나게 확대했다.

2 Richins, M. L. (2004). The Material Values Scale: Measurement properties and development of a short form. *Journal of Consumer Research, 31,* 209-219. DOI: 10.1086/383436.

3 그 연구에 대한 훌륭한 요약이 다음에 있다. Ryan, R. M., Huta, V., & Deci, E. L. (2008). Living well: A self-determination theory perspective on eudaimonia. *Journal of Happiness Studies, 9,* 139-170. DOI: 10.1007/s10902-006-9023-4.

4 존 폴 게티John Paul Getty는 살아 있는 거의 모든 사람보다 더 많은 부를 지녔음에도 불구하고 비슷한 질문에 대해 정확히 그런 식으로 대답했다고 한다.

5 나는 문자적인 의미에서 '자유 의지'를 주장하거나 반대하는 것이 아니다. 나는 행동주의자이며, 올림푸스산 꼭대기에 앉아서 우리가 이 모든 것을 하는 데에는 '이유'가 있다고 본다. 하지만 우리는 그곳에 살지 않으며, 자유의 언어는 반응할 수 있는 능력[즉, 책임(responsibility)]을 원래 있던 곳으로 되돌려 놓는다. 우리는 우리가 하는 일을 하고, 그것을 바탕으로 우리가 얻는 것을 얻는다. 그것이 우리가 정말로 필요로 하는 지식이며, 바로 여기, 우리 경험 속에 있다. 우리가 그것을 이해하는 데 자유의 언어가 도움이 된다면, 난 찬성이다.

6 이를 분명히 보여 주는 한 연구는 다음과 같다. Kashdan, T. B., & Breen, W. E. (2007). Materialism and diminished well-being: Experiential avoidance as a mediating mechanism. *Journal of Social and Clinical Psychology, 26,* 521-539. DOI: 10.1521/jscp.2007.26.5.521.

7 Wilson, K. G., Sandoz, E. K., Kitchens, J., & Roberts, M. (2010). The Valued Living Questionnaire: Defining and measuring valued action within a behavioral framework. *Psychological Record, 60, 249-272.* 내가 사용하는 버전에는 나중에 추가된 미학과 환경이 포함된다.

8 Sandoz, E., & Hebert, E. R. (2016). Meaningful, reminiscent, and evocative: An initial examination of four methods of selecting idiographic values-relevant stimuli. *Journal of Contextual Behavioral Science, 4,* 277-280. DOI: 10.1016/j.jcbs.2015.09.001.

9 Crocker, J., Niiya, Y., & Mischkowski, D. (2008). Why does writing about important values reduce defensiveness? Self-affirmation and the role of positive other-directed feelings. *Psychological Science, 19,* 740-747. DOI: 10.1111/j.1467-9280.2008.02150.x.

415

1 내가 말하고자 하는 한 가지 이유는 평가에서 그것들을 분리하는 것이 매우 어렵다는 것이다. 그것들을 떼어 놓으면 통계적으로 모든 것을 가로지르는 잠재 변수(깊은 기본적 구조)라고 불리는 것이 생긴다. 나는 그것을 설명하기 위해 상자의 여섯 면의 은유를 사용했다. 상자의 측면은 전체의 한 면을 나타낸다. 우리는 보통 정사각형의 나무 조각을 보고 "저건 상자의 한 면입니다."라고 말하지 않는다. 그러나 그것이 조립되고 분해된 후에 본다면, 정확히 그와 같이 말할 것이다. 여섯 개의 피벗도 그와 같다.

2 그 아이디어를 뒷받침하는 데이터가 있다. 예를 들어, 최근 연구에 따르면 통증을 받아들이는 만성 통증 환자에게서는 긍정적인 결과를 예상할 수 있지만, 주로 실제 행동의 변화와 관련이 있어야 그러했다. Jeong, S., & Cho, S. (2017). Acceptance and patient functioning in chronic pain: The mediating role of physical activity. *Quality of Life Research, 26*, 903-911. DOI: 10.1007/s11136-016-1404-5. 다음도 또한 참고하라. Villatte, J. L., Vilardaga, R., Villatte, M., Vilardaga, J. C. P., Atkins, D. A., & Hayes, S. C. (2016). Acceptance and Commitment Therapy modules: Differential impact on treatment processes and outcomes. *Behaviour Research and Therapy, 77*, 52-61. DOI: 10.1016/j.brat.2015.12.001. 이 연구에서는 유연성 기술이 빠진 상태에서 행동 변화 방법만 있는 경우에는 필요한 도구를 갖추지 못한 채로 사람들을 때로 고통스러운 영역에 빠뜨릴 수 있다는 것을 보여 주었다.

3 원래 연구는 1970년대 중반에 이루어졌다. 그 효과를 확인한 일련의 긴 후속 연구는 월터 미셸Walter Mischel의 저서에 요약되어 있다. Mischel, M. (2015). *The marshmallow test: Why self-control is the engine of success.* New York: Back Bay Books. 나는 미셸을 알고는 있었지만 그에 대해 잘 몰랐다. 그는 현장에서 거인이었다.

4 많은 연구들이 이것을 보여 준다. 예를 들면, Shimazu, A., Schaufeli, W. B., & Taris, T. W. (2010). How does workaholism affect worker health and performance? The mediating role of coping. *International Journal of Behavioral Medicine, 17*, 154. DOI: 10.1007/s12529-010-9077-x.

5 내 이전 학생인 마이크 투히그Mike Twohig와 더글러스 우즈Douglas Woods는 역습관과 이를 ACT와 관련된 행동적 기법들과 결합하는 방법에 대해 많은 연구를 했다. 그들은 머리카락을 뽑는 것에 적용할 수 있는 방법에 관한 대중적인 책을 썼다. 예를 들면, Woods, D., & Twohig, M. P. (2008). *Trichotillomania: An ACT-enhanced behavior therapy approach workbook.* New York: Oxford University Press. 이 분야에 관한 그들 연구의 한 예는 다음과 같다. Twohig,

M. P., Woods, D. W., Marcks, B. A., & Teng, E. J. (2003). Evaluating the efficacy of habit reversal: Comparison with a placebo control. *Journal of Clinical Psychiatry, 64*, 40-48.

6 예를 들면, Lyman, R. D. (1984). The effect of private and public goal setting on classroom on-task behavior of emotionally-disturbed children. *Behavior Therapy, 15*, 395-402.

7 Christakis, N., & Fowler, J. H. (2009). *Connected: The surprising power of our social networks and how they shape our lives.* New York: Little, Brown.

제3부 삶을 발전시키기 위해 ACT 도구모음 활용하기

1 이는 필자가 스펜서 스미스와 공동 저술한 책이다. Hayes, S. C., & Smith, S. (2005). *Get out of your mind and into your life: The new acceptance and commitment therapy.* Oakland, CA: New Harbinger.

2 당신의 가치를 분류할 수 있는, 상업적으로 이용 가능한 ACT 가치 카드팩과 웹사이트들이 있다. 구글링을 통해 이들을 쉽게 찾을 수 있을 것이나 http://www.stevenchayes.com에도 해당 자료 목록을 올려두었다.

417

3 도구모음 아이디어는 커크 스트로살로부터 차용했다(빌이라는 회원이 제공한 대중을 위한 ACT 목록을 통해 이것이 얼마나 유용한지 발견했다. 빌에게 감사를 표한다). 더 많은 도움을 위해 http://www.stevenchayes.com이나 내가 인용한 다른 ACT 책들을 참고하라. 또는 제1장 직전에 제시한 자료 안내를 참고하라.

4 나는 이로 인해 엘리너 오스트럼이 2009년 노벨상을 받았다고 생각한다. 그녀는 계획 경제와 **호모 이코노미쿠스**—협동을 통해 자신들의 공동 자원을 지키는 친사회적 집단으로의 진화—의 '보이지 않는 손' 사이에 '중간 경로'가 있음을 보여 주었다. 이를 위해 특정한 원칙이 필요하다는 것이다. 오스트럼의 설계 원칙과 ACT를 어떻게 연결하는지 알기를 원하면 http://www.prosocial.world를 참조하라. 이후 장에서 몇 가지 연구들을 다룰 예정이지만, 이를 직접적으로 설명하는 책은 다음과 같다. Atkins, P., Wilson, D. S., & Hayes, S. C. (2019). *Prosocial: Using evolutionary science to build productive, equitable, and collaborative groups.* Oakland, CA: Context Press.

5 이 프로그램의 이름은 '자조 플러스(self-help plus)'이다. 여기서 언급된 내용은 오픈 액세스 형식으로 다운받을 수 있다. Epping-Jordan, J. E., Harris, R., Brown, F. L., Carswell, K., Foley, C., García-Moreno, C., Kogan, C., & van Ommeren, M. (2016). Self-Help Plus

(SH+): A new WHO stress management package. *World Psychiatry, 15,* 295-296. DOI: 10.1002/wps.20355. 이는 오늘날 전 세계인들, 특히 망명자들을 대상으로 검증되고 있다. 유럽연합에서는 이를 위해 RE-DEFINE이라 불리는 대규모 펀드를 운영하고 있으며(http:// re-defineproject.eu), WHO는 이를 우간다의 남수단 망명자들을 대상으로 연구하고 있다.

Brown, F., Carswell, K., Augustinavicius, J., Adaku, A., Leku, M., White, R.,⋯⋯Tol, W. (2018). Self Help Plus: Study protocol for a cluster-randomised controlled trial of guided self-help with South Sudanese refugee women in Uganda. *Global Mental Health, 5,* E27. DOI: 10.1017/gmh.2018.17.

제15장 건강한 행동 취하기

1 이와 관련된 자료를 다음에서 찾을 수 있을 것이다. Forouzanfar, M. H., et al. (2013). Global, regional, and national comparative risk assessment of 79 behavioural, environmental and occupational, and metabolic risks or clusters of risks in 188 countries, 1990-2013: A systematic analysis for the Global Burden of Disease Study. *Lancet, 386,* 2287-2323. 어떤 측면에서 이 인상 깊은 분석은 행동이 건강에 미치는 영향을 사실상 과소평가하고 있는데, 이는 환경적인 독소에 노출되는 것과 같은 일들도 우리의 행동에서 비롯되기 때문이다. 가령 대기 오염도 우리의 과도한 에너지 사용과 이를 조장하는 정책에서 나온다. 나는 환경과 관련된 행동을 변화시키는 방법을 제시함으로써 환경주의자로서의 일을 시작했다. Cone, J. D., & Hayes, S. C. (1980). *Environmental problems/behavioral solutions.* Monterey, CA: Brooks/ Cole. (Republished in 1986 by Cambridge University Press; Reprinted in 2011.) 거대한 산업 조직체의 일원이 되어 내부에서 일하지 않는 한 내가 얻은 연구 자료들이 무시될 것이라는 사실을 알게 된 후에 이 분야를 떠났다. 이러한 목표가 너무 커서 이치에 맞지 않았다.

2 이 분야들 모두에 ACT 수행이 있다. 그렇다, 심지어 양치질하는 것에도 말이다(실은 두 개나 있다!). 내가 좋아하는 한 가지는 성인기 초기를 대상으로 수행된 것이다. Wide, U., Hagman, J., Werner, H., & Hakeberg, M. (2018). Can a brief psychological intervention improve oral health behavior? A randomized controlled trial. *BCM Oral Health, 18*(163), 1-8. DOI: 10.1186/s12903-018-0627-y. ACT 집단이 치아 관리를 더 잘했다. 개인적으로 가치 작업이 이와 같은 영역에 특히 중요하다고 생각한다. 관점 취하기나 정서적 개방성도 도움이 되기는 하지만 말이다. 나는 토드 살라Todd Sala라는 굉장히 진보적인 치과 의사를 알고 있는데 그는 냄새

가 나거나 양치를 하지 않은 사람에게 관심이 가는 상황을 상상해 보도록 요청함으로써("보통 젊은 남성은 이보다 더 많이 필요하죠."라고 그는 말한다) 부주의한 청소년과 젊은이들을 도우려 했다. 그렇다. 건강의 관점에서 관점 취하기를 해 보라.

3 물론 연구자들은 아무도 속임수를 써먹지 못하도록 비밀스럽게 초콜릿에 표시를 해 두고 이를 대체해 두었다. 이에 대한 연구를 다음에서 확인할 수 있다. Moffitt, R., Brinkworth, G., Noakes, M., & Mohr, P. (2012). A comparison of cognitive restructuring and cognitive defusion as strategies for resisting a craved food. *Psychology & Health, 27*, 77-94. DOI: 10.1080/08870446.2012.694436.

4 MacLean, P. S., Wing, R. R., Davidson, T., et al. (2015). NIH working group report: Innovative research to improve maintenance of weight loss. *Obesity, 23*, 7-15.

5 Brownell, K. D. (2000). *The LEARN program for weight management*. Dallas, TX: American Health.

6 이 영역에서 경직성에 대한 측정은 다음에서 논의된다. Lillis, J., & Hayes, S. C. (2008). Measuring avoidance and inflexibility in weight related problems. *International Journal of Behavioral Consultation and Therapy, 4*, 348-354. 우리가 사용한 체중 관련 수치심과 자기 낙인에 대한 측정 도구는 다음에서 논의되었다. Lillis, J., Luoma, J. B., Levin, M. E., & Hayes, S. C. (2010). Measuring weight self-stigma: The weight self-stigma questionnaire. *Obesity, 18*, 971-976. DOI: 10.1038/oby.2009.353. 신체 불만족에 대한 연구 자료는 다음에서 확인할 수 있다. Fallon, E. A., Harris, B. S., & Johnson, P. (2014). Prevalence of body dissatisfaction among a United States adult sample. *Eating Behaviors, 15*, 151-158. DOI: 10.1016/j.eatbeh.2013.11.007. 과체중 환자들을 수치스럽게 생각하는 의사들에 대한 연구 결과는 다음에서 확인할 수 있다. Harris, C. R., & Darby, R. S. (2009). Shame in physician-patient interactions: Patient perspectives. *Basic and Applied Social Psychology, 31*, 325-334. DOI: 10.1080/01973530903316922.

7 이에 대한 참고문헌은 바로 직전의 미주를 참조하라.

8 고통과 수치심은 신체적 고통과 건강 문제를 야기하는 경향이 있으므로 이를 줄이는 것 자체가 신체적인 유익을 가져다준다. Mereish, E. H., & Poteat, V. P. (2015). A relational model of sexual minority mental and physical health: The negative effects of shame on relationships, loneliness, and health. *Journal of Counseling Psychology, 62*, 425-437.

9 에밀리 리밍은 정신적 강인함에 대한 자신의 2016년 논문에서 이를 발견했으며, 다음에서 찾아볼 수 있다. Leeming, E. (2016). *Mental toughness: An investigation of verbal processes*

on athletic performance. Unpublished doctoral dissertation. University of Nevada, Reno (8장). 조만간 이 저술이 책의 형태로 발간되기를 바란다. 운동 중독에 대한 연구 자료는 다음에 제시되어 있다. Alcaraz-Ibanez, M., Aguilar-Parra, J., & Alvarez-Hernandez, J. F. (2018). Exercise addiction: Preliminary evidence on the role of psychological inflexibility. *International Journal of Mental Health and Addiction, 16,* 199-206. DOI: 10.1007/s11469-018-9875-y.

10 Vartanian, L. R., & Shaprow, J. G. (2008). Effects of weight stigma on exercise motivation and behavior: A preliminary investigation among college-aged females. *Journal of Health Psychology, 13,* 131-138. DOI: 10.1177/1359105307084318.

11 "갈망을 따라 행동함 없이 이 모든 것을 해낼 수 있다"는 미주 14에 이에 대한 몇 가지 저서들이 인용되어 있다.

12 내가 언급한 두 가지 모두 이제는 경험적인 증거들로 지지되고 있지만, 초창기에는 시행착오를 많이 겪으며 수행했다. 이에 대한 구체적인 연구 자료를 찾아보고자 한다면 온라인에서 '시간 제한 식사(time-restricted eating)'와 '밀가루 음식 피하기(avoiding flour)'에 관한 연구를 검색해 보라. 하지만 나는 위험천만한 일들을 시행착오의 방식으로 시도하지 않는 편이기는 하다. 당신은 이러한 위험을 무릅쓰기 전에 당신과 기꺼이 대화할 의향이 있는 현명하고 연구 지향적인 의사나 의학 문헌들을 조사하는 능력이 필요할 것이다. 내 내과 의사인 샤힌 앨리 Shaheen Ali 박사는 훌륭한 분이며, 나 역시 의학 문헌들을 많이 읽어 볼 기회가 있었다. 만약 당신에게 이러한 지원이 없다면 주의하여 일반적인 범위 안에서 시행착오 학습을 시도하라. 아둔한 시도를 위한 장이 아니다(장기간에 걸친 감독 없이 행해지는 단식, 당근만 먹는 것, 무엇이든 말이다).

13 Tapsell, L. C., Lonergan, M., Batterham, M. J., Neale, E. P., Martin, A., Thorne, R., Deane, F., & Peoples, G. (2017). Effect of interdisciplinary care on weight loss: A randomised controlled trial. *BMJ Open,* 7:e014533. DOI: 10.1136/bmjopen-2016-014533.

14 다이어트를 위한 탄탄한 ACT 서적들이 있지만 책의 형태로 평가된 것은 알지 못하므로, 도움이 된다고 알려진 이론들을 적용할 때 그것이 구체적으로 어떻게 이루어지는지 계속 주시할 필요가 있다(앞서 언급한 것처럼 이 책도 마찬가지다). 두 개의 좋은 서적은 다음을 참고하라. Lillis, J., Dahl, J., & Weineland, S. M. (2014). *The diet trap: Feed your psychological needs and end the weight loss struggle using Acceptance and Commitment Therapy.* Oakland, CA: New Harbinger; Bailey, A., Ciarrochi, J., & Harris, R. (2014). *The weight escape: How to stop dieting and start living.* Boulder, CO: Shambala.

15 우리 시대의 심리학자 중 한 명이자 (그리고 여전히 잘 나가는) 일종의 부업으로 운동을 하는 릭 위넷Rick Winett의 연구를 좋아한다. 다음의 참고문헌에서는 짧고 적절하게 진행된 저항력 훈련(resistance training) 세션이 건강에 상당히 유익한 이유에 대해 설명한다. Winett, R. A., & Carpinelli, R. N. (2001). Potential health-related benefits of resistance training. *Preventive Medicine, 33,* 503-513. DOI: 10.1006/pmed.2001.0909.

16 이 분야에서 내가 좋아하는 그의 책은 다음과 같다. Flaxman, P. E., Bond, F. W., & Livheim, F. (2013). *The mindful and effective employee: An acceptance and commitment therapy training manual for improving well-being and performance.* Oakland, CA: New Harbinger.

17 Bond, F. W., & Bunce, D. (2000). Mediators of change in emotion-focused and problem-focused worksite stress management interventions. *Journal of Occupational Health Psychology, 5,* 156-163.

18 Nota, J. A., & Coles, M. E. (2015). Duration and timing of sleep are associated with repetitive negative thinking. *Cognitive Therapy and Research, 39,* 253-261. DOI: 10.1007/s10608-014-9651-7.

19 Kapur, V. K., Redline, S., Nieto, F., Young, T. B., Newman, A. B., & Henderson, J. A. (2002). The relationship between chronically disrupted sleep and healthcare use. *Sleep, 25,* 289-296.

20 다음을 포함해서, 수면에 부수적인 효과를 줄 수 있는 몇 가지 ACT 연구의 예들이 있으다. McCracken, L. M., Williams, J. L., & Tang, N. K. Y. (2011). Psychological flexibility may reduce insomnia in persons with chronic pain: A preliminary retrospective study. *Pain Medicine, 12,* 904-912. DOI: 10.1111/j.1526-4637.2011.01115.x; Westin, V. Z., et al. (2011). Acceptance and Commitment Therapy versus Tinnitus Retraining Therapy in the treatment of tinnitus: A randomised controlled trial. *Behaviour Research and Therapy, 49,* 737-747. DOI: 10.1016/j.brat.2011.08.001; Kato, T. (2016). Impact of psychological inflexibility on depressive symptoms and sleep difficulty in a Japanese sample. *Springerplus, 5,* 712. DOI: 10.1186/s40064-016-2393-0. 불면증을 직접적인 표적으로 (성공적으로) 하는 이 분야의 ACT 연구로는 다음이 있다. Zetterqvist, V., Grudina, R., Rickardsson, J., Wicksell, R. K., & Holmström, L. (in press). Acceptance-based behavioural treatment for insomnia in chronic pain: A clinical pilot study. *Journal of Contextual Behavioral Science.* DOI: 10.1016/j.jcbs.2018.07.003.

21 Dalrymple, K. L., Fiorentino, L., Politi, M. C., & Posner, D. (2010). Incorporating principles

from Acceptance and Commitment Therapy into Cognitive-Behavioral Therapy for insomnia: A case example. *Journal of Contemporary Psychotherapy, 40*, 209-217. DOI: 10.1007/s10879-010-9145-1.

제16장 정신 건강

1 이 인용문들은 미국 정신의학회(APA)의 새 『정신질환의 진단 및 통계 편람(Diagnostic and Statistical Manual of Mental Disorders: DSM)』을 위한 전략을 개발한 연구 그룹에서 발췌한 것이다. Kupfer, D. J., et al. (2002). *A research agenda for DSM-V*. Washington, DC: American Psychiatric Association.

2 내 동료인 스테판 호프만Stefan Hofmann과 함께 했던 과정 기반 CBT에서 내가 쓴 글을 참고하라. Hayes, S. C., & Hofmann, S. (2018). *Process-based CBT: The science and core clinical competencies of cognitive behavioral therapy*. Oakland, CA: Context Press/New Harbinger.

3 많은 연구들에서 동일한 유전적 요인이 정적 또는 부적 방향을 취하는 방식으로 유전자가 환경과 상호작용한다는 것을 보여 주었다. 개인적으로 이에 대한 예시로서 다음의 연구를 추천한다. Gloster, A. T., Gerlach, A. L., Hamm, A., Höfler, M., Alpers, G. W., Kircher, T., et al. (2015). 5HTT is associated with the phenotype psychological flexibility: Results from a randomized clinical trial. *European Archives of Psychiatry and Clinical Neuroscience, 265*(5), 399-406.

4 DSM-V 작업 그룹[미주 1에서 언급된 쿠퍼Kupfer와 동료들(2002)의 연구를 참조하라]도 역시 분명하게 말한 바 있다. "대부분은 아닐지라도, 많은 증상들은 정상 범위의 행동과 인지 과정이 다소 임의적으로 정의된, 병리적으로 과장된 결과를 반영한다." 나도 이에 동의한다.

5 이러한 증상들을 '뇌 질환'이라고 부르는 연구자들을 어느 정도 참을 수 있는 한 가지 이유는, 그들 스스로도 거짓말을 하고 있는 것을 알지만 낙인을 줄이고자 그런 주장을 하고 있을 것이라는 생각에서다. 안타깝게도, 장기적으로 볼 때 이는 사실상 낙인의 어떤 측면을 증가시키는 것처럼 보인다. 그러한 연구를 수행하는 데 시간이 걸리기는 했지만 이런 이유에서 이것들이 바뀌기를 소망한다. Corrigan, P. W. & Watson, A. C. (2004). At issue: Stop the stigma: Call mental illness a brain disease. *Schizophrenia Bulletin, 30*, 477-479.

6 다음을 참고하라. Corrigan, P. W., & Watson, A. C. (2002). Understanding the impact of stigma on people with mental illness. *World Psychiatry, 1*(1), 16-20. https://www.ncbi.

nlm.nih.gov/pmc/articles/PMC1489832/; Corrigan, P. W., Larson, J. E., & Rusch, N. (2009). Self-stigma and the "why try" effect: impact on life goals and evidence-based practices. *World Psychiatry, 8*(2), 75-81. https://www.ncbi.nlm.nih.gov/pmc/articles/PMC2694098/.

7 Centers for Disease Control and Prevention et al. (2012). *Attitudes toward mental illness: Results from the Behavioral Risk Factor Surveillance System.* Atlanta: Centers for Disease Control and Prevention. https://www.cdc.gov/hrqol/Mental_Health_Reports/pdf/BRFSS_Full%20Report.pdf.

8 MacGill, M. (2017). What is depression and what can I do about it? *Medical News Today* (last updated November 30). https://www.medicalnewstoday.com/kc/depression-causes-symptoms-treatments-8933. 다음도 또한 참고하라. https://www.cdc.gov/nchs/fastats/depression.htm.

9 성적인 부작용에 관한 메타분석 연구는 다음에서 찾아볼 수 있다. Serretti, A., & Chiesa, A. (2009). Treatment-emergent sexual dysfunction related to antidepressants: A meta-analysis. *Journal of Clinical Psychopharmacology, 29*, 259-266. DOI: 10.1097/JCP.0b013e3181a5233f. 많은 연구들에서 심리치료에 비해 약물치료에서 장기적인 재발률이 유의미하게 높은 것으로 나타났다. 이에 대한 예시는 다음을 참고하라. Hollon, S. D., et al. (2005). Prevention of relapse following cognitive therapy vs medications in moderate to severe depression. *Archives of General Psychiatry, 62*, 417-422. DOI: 10.1001/archpsyc.62.4.417. 이 둘 모두는 제약 산업에서 충분하게 인정하는 데 실패한 심각한 문제들이다.

10 Khan, A., Faucett, J., Lichtenberg, P., Kirsch, I., & Brown, W. A. (2012) A systematic review of comparative efficacy of treatments and controls for depression. *PLoS ONE, 7*(7): e41778. DOI: 10.1371/journal.pone.0041778. 보다 넓은 범위의 논문을 위해 이전의 미주를 함께 참조하라.

11 이 연구들을 이전의 미주에 인용한 바 있다. 예를 들어 다음을 참고하라. Chawla, N., & Ostafin, B. D. (2007). Experiential avoidance as a functional dimensional approach to psychopathology: An empirical review. *Journal of Clinical Psychology, 63*, 871-890.

12 ACT에 관해 많은 성공적인 매개 연구들이 존재하며, 그 목록은 다음에서 이용할 수 있다. https://contextualscience.org/act_studies_with_mediational_data. 또한 http://bit.ly/ACTmediation2018에 나오는 요약 논문을 참조하라.

13 Eisma, M. C., et al. (2013). Avoidance processes mediate the relationship between

423

rumination and symptoms of complicated grief and depression following loss. *Journal of Abnormal Psychology, 122*, 961–970. DOI: 10.1037/a0034051.

14 Carlbring, P., et al. (2013). Internet-based behavioral activation and acceptance-based treatment for depression: A randomized controlled trial. *Journal of Affective Disorders, 148*, 331–337. DOI: 10.1016/j.jad.2012.12.020.

15 Craske, M. G., & Stein, M. B. (2016). Anxiety. *Lancet, 388*(10063), 3048–3059. DOI: 10.1016/S0140-6736(16)30381-6.

16 Arch, J. J., Eifert, G. H., Davies, C., Vilardaga, J., Rose, R. D., & Craske, M. G. (2012). Randomized clinical trial of cognitive behavioral therapy (CBT) versus acceptance and commitment therapy (ACT) for mixed anxiety disorders. *Journal of Consulting and Clinical Psychology, 80*, 750–765. DOI: 10.1037/a0028310.

17 Lee, E. B., An, W., Levin, M. E., & Twohig, M. P. (2015). An initial meta-analysis of Acceptance and Commitment Therapy for treating substance use disorders. *Drug and Alcohol Dependence, 155*, 1–7. DOI: 10.1016/j.drugalcdep.2015.08.004.

18 동료진과 나는 이를 여러 연구에서 탐구한 바 있다. 그 예로 다음을 참고하라. Luoma, J. B., Rye, A., Kohlenberg, B. S., & Hayes, S. C. (2013). Self-stigma in substance abuse: Development of a new measure. *Journal of Psychopathology and Behavioral Assessment, 35*, 223–234. DOI: 10.1007/s10862-012-9323-4; Luoma, J. B., Kohlenberg, B. S., Hayes, S. C., Bunting, K., & Rye, A. K. (2008). Reducing the self stigma of substance abuse through acceptance and commitment therapy: Model, manual development, and pilot outcomes. *Addiction Research & Therapy, 16*, 149–165. DOI: 10.1080/16066350701850295.

19 Hayes, S. C., Wilson, K. G., Gifford, E. V., Bissett, R., Piasecki, M., Batten, S. V., Byrd, M., & Gregg, J. (2004). A randomized controlled trial of twelve-step facilitation and acceptance and commitment therapy with polysubstance abusing methadone maintained opiate addicts. *Behavior Therapy, 35*, 667–688. DOI: 10.1016/S0005-7894(04)80014-5.

20 Volkow, N. D., Fowler, J. S., Wang, G. J., Baler, R., & Telang, F. (2009). Imaging dopamine's role in drug abuse and addiction. *Neuropharmacology, 56*(Suppl. 1), 3–8. DOI: 10.1016/j.neuropharm.2008.05.022.

21 Recovery First. "The Connection between Depression and Substance Abuse." https://www.recoveryfirst.org/co-occuring-disorders/depression-and-substance-abuse/.

22 Luoma, J. B., Kohlenberg, B. S., Hayes, S. C., & Fletcher, L. (2012). Slow and steady wins

the race: A randomized clinical trial of Acceptance and Commitment Therapy targeting shame in substance use disorders. *Journal of Consulting and Clinical Psychology, 80,* 43-53. DOI: 10.1037/a0026070.

23 이 인용문은 켈리 윌슨과 트로이 듀프레인Troy Dufrene의 중독에 관한 ACT 서적 13쪽에서 발췌한 것이다. Wilson, K., & Dufrene, T. (2012). *The wisdom to know the difference.* Oakland, CA: New Harbinger.

24 Wade, T. D., Keski-Rahkonen, A., & Hudson J. (2011). Epidemiology of eating disorders. In M. Tsuang & M. Tohen (Eds.), *Textbook in psychiatric epidemiology* (3rd ed., pp. 343-360). New York: Wiley. 섭식장애의 증가에 대한 연구 자료는 다음을 참고하라. Sweeting, H., Walker, L., MacLean, A., Patterson, C., Räisänen, U., & Hunt, K. (2015). Prevalence of eating disorders in males: A review of rates reported in academic research and UK mass media. *International Journal of Men's Health* 14(2). https://www.ncbi.nlm.nih. gov/pmc/articles/PMC4538851/. 병인론에 대한 연구 자료는 다음을 참고하라. National Eating Disorders Association. "What Are Eating Disorders? Risk Factors." https://www. nationaleatingdisorders.org/factors-may-contribute-eating-disorders.

425

25 이 단락에서 제시한 여러 요점들을 지지하는 많은 연구 결과들이 있다. 탐색을 위해 다음을 참고하라. Juarascio, A., Shaw, J., Forman, E., Timko, C. A., Herbert, J., Butryn, M.,······ Lowe, M. (2013). Acceptance and commitment therapy as a novel treatment for eating disorders: An initial test of efficacy and mediation. *Behavior Modification, 37,* 459-489. DOI: 10.1177/0145445513478633; Bluett, E. J., et al. (2016). The role of body image psychological flexibility on the treatment of eating disorders in a residential facility. *Eating Behaviors, 23,* 150-155. DOI: 10.1016/j.eatbeh.2016.10.002. 다음도 또한 확인해 보라. Ferreira, C., Palmeira, L., Trindade, I. A., & Catarino, F. (2015). When thought suppression backfires: Its moderator effect on eating psychopathology. *Eating and Weight Disorders-Studies on Anorexia Bulimia and Obesity, 20,* 355-362. DOI: 10.1007/s40519-015-0180-5; Cowdrey, F. A., & Park, R. J. (2012). The role of experiential avoidance, rumination and mindfulness in eating disorders. *Eating Behavior, 13,* 100-105. DOI: 10.1016/ j.eatbeh.2012.01.001. 끝으로, 다음을 참고하라. Pearson, A. N., Follette, V. M., & Hayes, S. C. (2012). A pilot study of Acceptance and Commitment Therapy (ACT) as a workshop intervention for body dissatisfaction and disordered eating attitudes. *Cognitive and Behavioral Practice, 19,* 181-197. DOI: 0.1016/j.cbpra.2011.03.001.

26 Kaye, W. H., Bulik, C. M., Thornton, L., Barbarich, N., & Masters, K. (2004). Comorbidity of anxiety disorders with anorexia and bulimia nervosa. *American Journal of Psychiatry, 161*, 2215-2221.

27 Strandskov, S. W., Ghaderi, A., Andersson, H., Parmskog, N., Hjort, E., Warn, A. S., Jannert, M., & Andersson, G. (2017). Effects of tailored and ACT-influenced Internet-based CBT for eating disorders and the relation between knowledge acquisition and outcome: A randomized controlled trial. *Behavior Therapy, 48*, 624-637.

28 Walden, K., Manwaring, J., Blalock, D. V., Bishop, E., Duffy, A., & Johnson, C. (2018). Acceptance and psychological change at the higher levels of care: A naturalistic outcome study. *Eating Disorders, 26*, 311-325. DOI: 10.1080/10640266.2017.1400862.

29 Manwaring, J., Hilbert, A., Walden, K., Bishop, E. R. & Johnson, C. (2018). Validation of the acceptance and action questionnaire for weight-related difficulties in an eating disorder population. *Journal of Contextual Behavioral Science, 7*, 1-7. 원척도는 다음 논문에서 개발되었다. Lillis, J., & Hayes, S. C. (2008). Measuring avoidance and inflexibility in weight related problems. *International Journal of Behavioral Consultation and Therapy, 4*, 348-354.

30 Bach, P., Gaudiano, B. A., Hayes, S. C., & Herbert, J. D. (2013). Acceptance and Commitment Therapy for psychosis: Intent to treat hospitalization outcome and mediation by believability. *Psychosis, 5*, 166-174. 환각을 다루는 방식을 통해 누가 고통을 겪게 될지 예측할 수 있다. 우리는 이를 위한 척도를 개발했으며 상당히 효과가 있다. Shawyer, F., Ratcliff, K., Mackinnon, A., Farhall, J., Hayes, S. C., & Copolov, D. (2007). The voices acceptance and action scale: Pilot data. *Journal of Clinical Psychology, 63*, 593-606. DOI: 10.1002/jclp.20366. ACT 개입은 또한 정신증적 증상의 발병, 특히 첫 번째 일화 이후에 종종 나타나는 우울증을 예방할 수 있다. Gumley, A., White, R., Briggs, A., Ford, I., Barry, S., Stewart, C., Beedie, S., McTaggart, J., Clarke, C., MacLeod, R., Lidstone, E., Salgado Riveros, B., Young, R., & McLeod, H. (2017). A parallel group randomised open blinded evaluation of acceptance and commitment therapy for depression after psychosis: Pilot trial outcomes (ADAPT). *Schizophrenia Research, 183*, 143-150.

426

1 Sprecher, S., & Regan, P. C. (2002). Liking some things (in some people) more than others: Partner preferences in romantic relationships and friendships. *Journal of Social and Personal Relationships, 19*, 463-481. DOI: 10.1177/0265407502019004048.

2 Uysal, A., Lin, H. L., Knee, C. R., & Bush, A. L. (2012). The association between self-concealment from one's partner and relationship well-being. *Personality and Social Psychology Bulletin, 38*, 39-51. DOI: 10.1177/0146167211429331.

3 La Guardia, J. G., Ryan, R. M., Couchman, C. E., Deci, E. L. (2000). Within-person variation in security of attachment: A self-determination theory perspective on attachment, need fulfillment, and well-being. *Journal of Personality and Social Psychology, 79*, 367-384. DOI: 10.1037//0022-3514.79.3.367.

4 커플을 위한 ACT에 대한 모든 문헌들의 결론은 작지만 점점 증가하고 있다. ACT 역시 증거기반 개입법인 통합적인 행동적 커플치료 및 정서중심 치료와 서로 유사한 점이 많다. IBCT에 대한 최근의 리뷰는 다음을 참고하라. Christensen, A., & Doss, B. D. (2017). Integrative behavioral couple therapy. *Current Opinion in Psychology, 13*, 111-114. DOI: 10.1016/j.copsyc.2016.04.022. EFT 문헌이 다음에서 리뷰되었다. Johnson, S. (2019). *Attachment theory in practice.* New York: Guilford Press. 결혼 문제에 대한 ACT에 관해 몇몇 무작위 실험 연구가 있지만, 대부분 소규모로 이루어졌으며 대부분이 이란에서 수행된 것이다(충분히 이상한 일이다).

5 Vohs, K. D., Finkenauer, C., & Baumeister, R. F. (2011). The sum of friends' and lovers' self-control scores predicts relationship quality. *Social Psychological and Personality Science, 2*, 138-145. DOI: 10.1177/1948550610385710.

6 이 악동들을 키우는 데 세 아내인 앵글, 린다, 재크, 그리고 스티비의 사랑하는 보모이자 명예 할머니인 잉게 스킨스, 그리고 이들을 사랑하고 돌봐 준 다른 이들로부터 엄청나게 많은 도움을 받지 않았다는 말은 아니다.

7 이와 같은 종류의 연구들이 꽤 많이 있다. 다음을 참고하라. Brockman, C., et al. (2016). Relationship of service members' deployment trauma, PTSD symptoms, and experiential avoidance to post-deployment family reengagement. *Journal of Family Psychology, 30*, 52-62. DOI: 10.1037/fam0000152; 그리고 Shea, S. E., & Coyne, L. W. (2011). Maternal dysphoric mood, stress, and parenting practices in mothers of head start preschoolers:

427

The role of experiential avoidance. *Child and Family Behavior Therapy, 33,* 231-247. DOI: 10.1080/07317107.2011.596004. 다음의 세 연구 또한 참고해 보라. Brassell, A. A., Rosenberg, E., Parent, J., Rough, J. N., Fondacaro, K., & Seehuus, M. (2016). Parent's psychological flexibility: Associations with parenting and child psychosocial well-being. *Journal of Contextual Behavioral Science, 5,* 111-120. DOI: 10.1016/j.jcbs.2016.03.001; Whittingham, K., Sanders, M., McKinlay, L., & Boyd, R. N. (2014). Interventions to reduce behavioral problems in children with cerebral palsy: An RCT. *Pediatrics, 133,* E1249-E1257. DOI: 10.1542/peds.2013-3620; Brown, F. L., Whittingham, K., Boyd, R. N., McKinlay, L., & Sofronoff, K. (2014). Improving child and parenting outcomes following paediatric acquired brain injury: A randomised controlled trial of Stepping Stones Triple P plus Acceptance and Commitment Therapy. *Journal of Child Psychology and Psychiatry, 55,* 1172-1183. DOI: 10.1111/jcpp.12227.

8 Polusny, M. A., et al. (2011). Effects of parents' experiential avoidance and PTSD on adolescent disaster-related posttraumatic stress symptomatology. *Journal of Family Psychology, 25,* 220-229; Cheron, D. M., Ehrenreich, J. T., & Pincus, D. B. (2009). Assessment of parental experiential avoidance in a clinical sample of children with anxiety disorders. *Child Psychiatry and Human Development, 40,* 383-403. DOI: 10.1007/s10578-009-0135-z.

9 Williams, K. E., Ciarrochi, J., & Heaven, P. C. L. (2012). Inflexible parents, inflexible kids: A 6-year longitudinal study of parenting style and the development of psychological flexibility in adolescents. *Journal of Youth and Adolescence, 41,* 1053-1066. DOI: 10.1007/s10964-012-9744-0.

10 연구 결과들이 다소 오래되기는 했지만, 다음 연구는 잘 알려져 있다. Friedman, J. M. H., Asnis, G. M., Boeck, M., & DiFiore, J. (1987). Prevalence of specific suicidal behaviors in a high school sample. *American Journal of Psychiatry, 144,* 1203-1206. 이렇게 높은 응답 비율을 얻기 위해 상당히 개방적인 방법으로 질문할 필요가 있지만, 여전히 이러한 결과는 우리 아이들이 자살에 대해 어느 정도 생각하고 있다는 것을 보여 준다. 왜 그러면 안 되는가? 당신은 그런 생각을 해 본 적이 없는가?

11 자살 문제를 가장 잘 드러내는 증거 기반의 연구 결과와 지침들을 잘 요약한 자료가 정신과 의사인 존 칠스John Chiles와 ACT의 공동 개발자인 커크 스트로살의 책에 제시되어 있다. Chiles, J. A., & Strosahl, K. (2005). *Clinical manual for assessment and treatment of suicidal patients.*

Washington, DC: American Psychiatric Association. 제2판이 출간되었으며 잘 알려진 스탠 퍼드의 로라 와이스 로버트Laura Weiss Roberts 교수가 세 번째 저자다. 개인적으로 이 책이 현존하는 책 중 자살 문제에 관해 가장 권위 있는 책이며, 이는 ACT 모델과 전적으로 호환 가능하다고 생각한다. 여러 연구들에서 ACT가 자살 문제를 도울 수 있음을 밝혔는데, 다음 연구가 이에 대한 좋은 예다. Ducasse, D., et al. (2018). Acceptance and Commitment Therapy for the management of suicidal patients: A randomized controlled trial. *Psychotherapy and Psychosomatics, 87*, 211-222. DOI: 10.1159/000488715.

12 Lenger, K. A., Gordon, C. L., & Nguyen, S. P. (2017). Intra-individual and cross-partner associations between the five facets of mindfulness and relationship satisfaction. *Mindfulness, 8*, 171-180. DOI: 10.1007/s12671-016-0590-0.

13 Wachs, K., & Cordova, J. V. (2007). Mindful relating: Exploring mindfulness and emotion repertoires in intimate relationships. *Journal of Marital and Family Therapy, 33*, 464-481. DOI: 10.1111/j.1752-0606.2007.00032.x.

14 Devries, K. M., et al. (2013). The global prevalence of intimate partner violence against women. *Science, 340*, 1527-1528. DOI: 10.1126/science.1240937. 다음 또한 참고하라. Ellsberg, M., et al. (2008). Intimate partner violence and women's physical and mental health in the WHO multi-country study on women's health and domestic violence: An observational study. *Lancet, 371*, 1165-1172. DOI: 10.1016/S0140-6736(08)60522-X.

15 이 책을 검증한 연구는 다음과 같다. Fiorillo, D., McLean, C., Pistorello, J., Hayes, S. C., & Follette, V. M. (2017). Evaluation of a web-based Acceptance and Commitment Therapy program for women with trauma related problems: A pilot study. *Journal of Contextual Behavioral Science, 6*, 104-113. DOI: 10.1016/j.jcbs.2016.11.003. 이 책 자체는 다음을 참고하라. Follette, V. M., & Pistorello, J. (2007). *Finding life after trauma*. Oakland, CA: New Harbinger. 온라인 버전의 책은 다음의 웹사이트를 참고하라. https://elearning.newharbinger.com.

16 Harvey, A., Garcia-Moreno, C., & Butchart, A. (2007). *Primary prevention of intimate-partner violence and sexual violence*. Geneva: World Health Organization.

17 Babcock, J. C., Green, C. E., & Robie, C. (2004). Does batterers' treatment work? A meta-analytic review of domestic violence treatment. *Clinical Psychology Review, 23*, 1023-1053. DOI: 10.1016/j.cpr.2002.07.001.

18 Zarling, A., Lawrence, E., & Marchman, J. (2015). A randomized controlled trial of

429

acceptance and commitment therapy for aggressive behavior. *Journal of Consulting and Clinical Psychology, 83*, 199-212. DOI: 10.1037/a0037946.

19 Zarling, A., Bannon, S., & Berta, M. (2017). Evaluation of Acceptance and Commitment Therapy for domestic violence offenders. *Psychology of Violence.* DOI: 10.1037/vio0000097. 이 연구에서 참가자들은 자신들이 선택할 수 있는 집단의 종류를 알지 못한 채 스케줄에 따라 자신의 그룹을 골랐으므로 완전하게 무선화되지 못했다. 향후 연구에서 이러한 결과를 보다 엄격하게 통제된 설계를 통해 검증해 볼 필요가 있다.

20 Posth, C., et al. (2016). Pleistocene mitochondrial genomes suggest a single major dispersal of non-Africans and a late glacial population turnover in Europe. *Current Biology, 26*, 827-833. DOI: 10.1016/j.cub.2016.01.037.

21 Putnam, R. (2007). E pluribus unum: Diversity and community in the twenty-first century-the 2006 Johan Skytte Prize Lecture. *Scandinavian Political Studies, 30*, 137-174. DOI: 10.1111/j.1467-9477.2007.00176.x.

22 암묵적 인지에 대한 보다 대중적인 측정 방법이 있지만, 이용 가능한 것 중 RFT 기반의 측정인 암묵적인 관계구성적 평가 절차(IRAP)가 경험적으로 가장 좋은 절차로 나타났다. 이에 대한 예는 다음을 참고하라. Barnes-Holmes, D., Waldron, D., Barnes-Holmes, Y., & Stewart, I. (2009). Testing the validity of the Implicit Relational Assessment Procedure and the Implicit Association Test: Measuring attitudes toward Dublin and country life in Ireland. *Psychological Record, 59*, 389-406. DOI: 10.1007/BF03395671. 이러한 이점은 내가 RFT가 마치 암묵적 편견을 측정하는 유일한 측정 도구인 것처럼 언급한 이유다. 다른 방법들이 더 인기가 있을 수 있겠지만, 경험적으로 말해 이것이 가장 훌륭한 것 같다. IRAP의 사용 방법의 예는 다음을 참고하라. Power, P. M., Harte, C., Barnes-Holmes, D., & Barnes-Holmes, Y. (2017). Exploring racial bias in a European country with a recent history of immigration of black Africans. *Psychological Record, 67*, 365-375. DOI: 10.1007/s40732-017-0223-6.

23 내 둘째 딸의 이름은 에스더 말라나다. 그녀는 그녀의 할머니와 같은 예술가다. 그녀의 이름은 나의 어머니와 외할머니의 중간 이름을 딴 것이다. 아기의 이름을 처음 들었을 때 내 어머니인 루스는 눈물이 났다고 이야기했다. 이는 마치 몇 세대에 걸친 고통스러운 굴레를 끝낸 것과 같은 일이었다.

24 Hooper, N., Villatte, M., Neofotistou, E., & McHugh, L. (2010). The effects of mindfulness versus thought suppression on implicit and explicit measures of experiential avoidance. *International Journal of Behavioral Consultation and Therapy, 6*(3), 233-244. DOI: 10.1037/

h0100910.

25 Levin, M. E., Luoma, J. B., Vilardaga, R., Lillis, J., Nobles, R., & Hayes, S. C. (2016). Examining the role of psychological inflexibility, perspective taking and empathic concern in generalized prejudice. *Journal of Applied Social Psychology, 46,* 180-191. DOI: 10.1111/jasp.12355.

제18장 수행 유연성 향상하기

1 Gagnon, J., Dionne, F., & Pychyl, T. A. (2016). Committed action: An initial study on its association to procrastination in academic settings. *Journal of Contextual Behavioral Science, 5,* 97-102. DOI: 10.1016/j.jcbs.2016.04.002. 다음도 또한 참고하라. Glick, D. M., Millstein, D. J., & Orsillo, S. M. (2014). A preliminary investigation of the role of psychological inflexibility in academic procrastination. *Journal of Contextual Behavioral Science, 3,* 81-88. DOI: 10.1016/j.jcbs.2014.04.002.

2 Scent, C. L., & Boes, S. R. (2014). Acceptance and Commitment Training: A brief intervention to reduce procrastination among college students. *Journal of College Student Psychotherapy, 28,* 144-156. DOI: 10.1080/87568225.2014.883887.

3 여러 개 중 하나의 예는 다음과 같다. O'Hora, D., et al. (2008). Temporal relations and intelligence: Correlating relational performance with performance on the WAIS-III. *Psychological Record, 58,* 569-583. DOI: 10.1007/BF03395638. 보다 최근의 정교화된 연구는 다음과 같다. Colbert, D., Dobutowitsch, M., Roche, B., & Brophy, C. (2017). The proxy-measurement of intelligence quotients using a relational skills abilities index. *Learning and Individual Differences, 57,* 114-122. DOI: 10.1016/j.lindif.2017.03.010. 또 다른 예는 다음을 참고하라. O'Toole, C., & Barnes-Holmes, D. (2009). Three chronometric indices of relational responding as predictors of performance on a brief intelligence test: The importance of relational flexibility. *Psychological Record, 59,* 119-132.

4 이 작업은 작은 파일럿 연구에서부터 시작되었다. Cassidy, S., Roche, B., & Hayes, S. C. (2011). A relational frame training intervention to raise intelligence quotients: A pilot study. *Psychological Record, 61,* 173-198. 이후 보다 정교화되고 잘 통제된 연구들이 수행되었는데 그중 한 연구는 다음과 같다. Hayes, J., & Stewart, I. (2016). Comparing the effects of

431

derived relational training and computer coding on intellectual potential in school-age children. *British Journal of Educational Psychology, 86,* 397-411. DOI: 10.1111/bjep.12114.

5 Presti, G., Torregrosssa, S., Migliore, D., Roche, B., & Cumbo, E. (2017). Relational Training Intervention as add-on therapy to current specific treatments in patients with mild-to-moderate Alzheimer's disease. *International Journal of Psychology and Neuroscience, 3*(2), 89-97.

6 예시는 다음과 같다. Mann, A., & Harter, J. (2016). The worldwide employee engagement crisis. Gallup. http://news.gallup.com/businessjournal/188033/worldwide-employee-engagement-crisis.aspx; Zenger, J., & Folkman, J. (2012). How damaging is a bad boss, exactly? *Harvard Business Review.* https://hbr.org/2012/07/how-damaging-is-a-bad-boss-exa.

7 이들의 연구에 대한 최근의 온라인 토론은 다음에서 확인할 수 있다. Butler, T., & Waldroop, J. "Job Sculpting: The Art of Retaining Your Best People." Harvard Business School. https://hbswk.hbs.edu/archive/job-sculpting-the-art-of-retaining-your-best-people.

8 Peng, J., Chen, Y. S., Xia, Y., & Ran, Y. X. (2017). Workplace loneliness, leader-member exchange and creativity: The cross-level moderating role of leader compassion. *Personality and Individual Differences, 104,* 510-515. DOI: 10.1016/j.paid.2016.09.020. 많은 연구에서 이러한 종류의 결과들을 보고하고 있다. 다음을 참고하라. Reb, J., Narayanan, J., & Chaturvedi, S. (2014). Leading mindfully: Two studies on the influence of supervisor trait mindfulness on employee well-being and performance. *Mindfulness, 5,* 36-45. DOI: 10.1007/s12671-012-0144-z. 다음의 연구 또한 참고하라. Leroy, H., Anseel, F., Dimitrova, N. G., & Sels, L. (2013). Mindfulness, authentic functioning, and work engagement: A growth modeling approach. *Journal of Vocational Behavior, 82,* 238-247. DOI: 10.1016/j.jvb.2013.01.012; Park, R., & Jang, S. J. (2017). Mediating role of perceived supervisor support in the relationship between job autonomy and mental health: moderating role of value-means fit. *International Journal of Human Resource Management, 28,* 703-723. DOI: 10.1080/09585192.2015.1109536.

9 이에 대한 메타분석은 다음의 연구에서 제공하고 있다. Judge, T. A., & Piccolo, R. F. (2004). Transformational and transactional leadership: A meta-analytic test of their relative validity. *Journal of Applied Psychology, 89,* 755-768. 이후 더 큰 메타분석에서도 동일한 결과가 관찰되었으며, 우연한 보상은 개인 수준에서, 변형적인 리더십은 팀 수준에서 특히

도움이 된다고 덧붙였다. Wang, G., Oh, I. S., Courtright, S. H., & Colbert, A. E. (2011). Transformational leadership and performance across criteria and levels: A meta-analytic review of 25 years of research. *Group and Organization Management, 36*, 223-270. DOI: 10.1177/1059601111401017. 다음도 또한 참고하라. King, E., & Haar, J. M. (2017). Mindfulness and job performance: A study of Australian leaders. *Asia Pacific Journal of Human Resources, 55*, 298-319. DOI: 10.1111/1744-7941.12143.

10 이는 잘 알려진 ACT 도구다. 내 버전은 이를 뒤집어 만들었지만, 케빈이 이를 승인하여 머리와 심장 대 손과 발이라는 이해하기 쉬운 은유를 사용할 수 있게 해 주었다. 이러한 변화 배경의 아이디어를 제공한 크리사 레빈Crissa Levin, 마이크 레빈Mike Levin, 자크 피스토렐로Jacque Pistorello에게 감사를 표한다.

11 Zhang, C. Q., et al. (2016). The effects of mindfulness training on beginners' skill acquisition in dart throwing: A randomized controlled trial. *Psychology of Sport and Exercise, 22*, 279-285. DOI: 10.1016/j.psychsport.2015.09.005. 다음 역시 참고하라. Gross, M., et al. (2016) An empirical examination comparing the Mindfulness-Acceptance-Commitment approach and Psychological Skills Training for the mental health and sport performance of female student athletes. *International Journal of Sport and Exercise Psychology, 16*, 431-451. DOI: 10.1080/1612197X.2016.1250802.

12 이에 대한 몇 가지 예시는 다음을 참고하라. Salazar, M. C. R., & Ballesteros, A. P. V. (2015). Effect of an ACT intervention on aerobic endurance and experiential avoidance in walkers. *Revista Costarricense de Psicologia, 34*, 97-111. 다음 역시 살펴볼 수 있다. Ruiz, F. J., & Luciano, C. (2012). Improving international-level chess players' performance with an acceptance-based protocol: Preliminary findings. *Psychological Record, 62*, 447-461. DOI: 10.1007/BF03395813; Ruiz, F. J., & Luciano, C. (2009). Acceptance and commitment therapy (ACT) and improving chess performance in promising young chess-players. *Psicothema, 21*, 347-352. 최근에는 음악적 수행에 대한 ACT에 관한 초기 연구들도 발표되었다. Juncos, D. G., & Markman, E. J. (2017). Acceptance and Commitment Therapy for the treatment of music performance anxiety: A single subject design with a university student. *Psychology of Music, 44*, 935-952.

13 Leeming, E. (2016). *Mental toughness: An investigation of verbal processes on athletic performance.* Unpublished doctoral dissertation. University of Nevada, Reno.

14 Timpka, T., Jacobsson, J., Dahlström, Ö., et al. (2015). The psychological factor "self-

blame" predicts overuse injury among top-level Swedish track and field athletes: A 12-month cohort study. *British Journal of Sports Medicine, 49*, 1472-1477. DOI: 10.1136/bjsports-2015-094622. 다음도 또한 참고하라. Nicholls, A. R., Polman, R. C. J., Levy, A. R., & Backhouse, S. H. (2008). Mental toughness, optimism, pessimism, and coping among athletes. *Personality and Individual Differences, 44*, 1182-1192. DOI: 10.1016/j.paid.2007.11.011.

15 DeGaetano, J. J., Wolanin, A. T., Marks, D. R., & Eastin, S. M. (2016). The role of psychological flexibility in injury rehabilitation. *Journal of Clinical Sport Psychology, 10*, 192-205. DOI: 10.1123/jcsp.2014-0023.

제19장 영적인 웰빙 함양하기

1 관련된 많은 연구 중 하나의 예로 상당히 많이 인용된 다음 연구를 참고하라. McClain, C. S., Rosenfeld, B., & Breitbart, W. (2003). Effect of spiritual well-being on end-of-life despair in terminally-ill cancer patients. *Lancet, 361*, 1603-1607. DOI: 10.1016/S0140-6736(03)13310-7. 실제적인 신체 건강을 다룬 연구의 예로 다음을 참고하라. Carmody, J., Reed, G., Kristeller, J., & Merriam, P. (2008). Mindfulness, spirituality, and health-related symptoms. *Journal of Psychosomatic Research, 64*, 393-403. DOI: 10.1016/j.jpsychores.2007.06.015.

2 이 넓은 정의에 잘 맞는 해당 영역의 예로는 영적 웰빙 척도(Spiritual Well-Being Scale)가 있다. Ellison, C. W. (1983). Spiritual well-being: Conceptualization and measurement. *Journal of Psychology and Theology, 11*, 330-340. 또 다른 예로 다음을 참고하라. Functional Assessment of Chronic Illness Therapy-Spiritual Well-Being (FACIT-Sp): Peterman, A. H., Fitchett, G., Brady, M. J., Hernandez, L., & Cella, D. (2002). *Annals of Behavioral Medicine, 24*, 49-58. DOI: 10.1207/S15324796ABM2401_06.

3 이러한 전체 시리즈 연구의 예는 다음을 참고하라. Thomas, L. E., Cooper, P. E., & Suscovich, D. J. (1983). Incidence of near-death and intense spiritual experiences in an intergenerational sample: An interpretation. *OMEGA-Journal of Death and Dying, 13*, 35-41. DOI: 10.2190/G260-EWY3-6V4H-EJU3.

4 Davis, J., Lockwood, L., & Wright, C. (1991). Reasons for not reporting peak experiences. *Journal of Humanistic Psychology, 31*, 86-94. DOI: 10.1177/0022167891311008.

5 Hayes, S. C. (1984). Making sense of spirituality. *Behaviorism, 12*, 99-110.

6 오늘날에는 환각제에 대한 활발한 탐구가 이루어지고 있는데, 자기탐구의 일환으로 1960년 대와 1970년대 전 세계로 퍼져 나가던 형태의 혼란스러운 방식이 아니라, 영적 여정의 일 부로서 보다 적합한 방식으로 이 경험을 성취하는 한 방법으로서 이루어진다. 마이클 풀런 Michael Poolan의 책에 이러한 새로운 분야의 연구가 요약되어 있다. Poolan, M. (2018). *How to change your mind: What the new science of psychedelics teaches us about consciousness, dying, addiction, depression, and transcendence.* New York: Penguin. 적절하게 사용된다 면 환각제는 어쩌면 '지각의 문'(앨더스 헉슬리Aldous Huxley가 이 주제에 대한 책 제목으로 유명 하게 언급한 것처럼)을 여는 계기가 될 수도 있지만, 여기서조차도 반복된 사용이 반복된 변 형적 경험을 의미하지는 않는다. ACT 학계는 ACT와 환각제의 사용을 조사하기 위해 특수 이 익 단체를 설립했으며, 2019년 이 주제에 대한 특별호가 제이슨 루오마Jason Luoma의 감독하에 『Journal of Contextual Behavioral Science』에 게재 준비 중이다.

7 환각제에 대한 관심은 심오한 영적 경험에 대한 연구를 보다 가능하게 만들고 있어서 이를 통해 우리는 사고방식과 영적 경험의 관계가 단순한 상관관계 이상의 의미를 갖는다는 것 을 확인할 수 있다. 이러한 내 주장을 뒷받침하는 예는 다음과 같다. Kuypers, K., Riba, J., de la Fuente Revenga, M., Barker, S., Theunissen, E., & Ramaekers, J. (2016). Ayahuasca enhances creative divergent thinking while decreasing conventional convergent thinking. *Psychopharmacology 233*, 3395-3403. DOI: 10.1007/s00213-016-4377-8.

8 문단에서 언급된 이 프로그램은 2013년에 시작되어 전 세계로 확산되었다. 훈련을 받은 다른 구체적인 개입들에는 동기 강화 면담, 문제해결적 치료가 있다. "Mental Health Integration for Chaplain Services (MHICS)." https://www.mirecc.va.gov/mentalhealthandchaplaincy/ docs/MHICS%20Brochure%20(2017-18).pdf. 훈련에 대한 기술은 사제를 위한 정신 건강 통합 보훈처 프로그램 웹사이트 https://www.mirecc.va.gov/mentalhealthandchaplaincy/ MHICS.asp에서 찾을 수 있다.

9 이 ACT 연구의 전체 분야에 대한 리뷰를 위해 다음을 참고하라. Nieuwsma, J. A., Walser, R. D., & Hayes, S. C. (Eds.). (2016). *ACT for clergy and pastoral counselors: Using Acceptance and Commitment Therapy to bridge psychological and spiritual care.* Oakland, CA: Context Press.

10 나는 성직자와 목회 상담자들을 위한 책을 편집한 바 있다. 이는 이전의 미주에 인용되어 있 다. 다음과 같이 기독교인들을 위한 ACT에 관한 책들도 출간되었다. Knabb, J. (2016). *Faith-based ACT for Christian clients: An integrative treatment approach.* New York: Routledge.

이와 어울리는 워크북은 다음을 참고하라. *Acceptance and commitment therapy for Christian clients: A faith-based workbook.* 비슷한 종류의 또 다른 책은 다음을 참고하라. Ord, I. (2014). *ACT with faith.* D.F. Mexico: Compass Publishing. 새로 발간된 다른 책들도 있는데 온라인 검색을 통해 이들을 찾을 수 있을 것이다.

11 Karekla, M., & Constantinou, M. (2010). Religious coping and cancer: Proposing an Acceptance and Commitment Therapy approach. *Cognitive and Behavioral Practice, 17,* 371-381. DOI: 10.1016/j.cbpra.2009.08.003.

제20장 질병과 장애에 대처하기

1 대략 말하면, 나는 CBT 학계의 일원이지만 ACT는 사고에 도전하는 것에 대한 우려에서 출발했다. 메타분석(연구 결과들을 전체적으로 요약한 것) 결과도 사고에 대한 도전이 그리 도움이 되지 않는다고 결론지었다. 다음을 참고하라. Longmore, R. J., & Worrell, M. (2007). Do we need to challenge thoughts in cognitive behavior therapy? *Clinical Psychology Review, 27,* 173-187. 또한 CBT에서 이러한 요소를 제거한 뒤 행동적 요소만 남겼을 때에도 효과는 비슷하거나 오히려 높은 경향을 보인다. 이와 관련된 대표적인 연구는 다음을 참고하라. Dimidjian, S., et al. (2006). Randomized trial of behavioral activation, cognitive therapy, and antidepressant medication in the acute treatment of adults with major depression. *Journal of Consulting and Clinical Psychology, 74*(4), 658-670. DOI: 10.1037/0022-006X.74.4.658.

2 문헌들이 다양하지만 교육이 당화 헤모글로빈에 미치는 영향에 대한 메타분석 연구에서는 개선이 '보통 수준'이라고 했다. 다음을 참고하라. Ellis, S. E., Speroff, T., Dittus, R. S., Brown, A., Pichert, J. W., & Elasy, T. A. (2004). Diabetes patient education: A meta-analysis and meta-regression. *Patient Education and Counseling, 52,* 97-105. DOI: 10.1016/S0738-3991(03)00016-8. 하지만 이러한 교육적 효과의 이득은 이를 구현하는 비용을 능가한다. 다음을 참고하라. Boren, S. A., Fitzner, K. A., Panhalkar, P. S., & Specker, J. E. (2009). Costs and benefits associated with diabetes education: A review of the literature. *Diabetes Educator, 35,* 72-96. DOI: 10.1177/0145721708326774.

3 커크와 패티는 이 주제에 대한 수많은 책과 논문들을 보유하고 있다. 예는 다음을 참고하라. Robinson, P. J., Gould, D. A., & Strosahl, K. D. (2011). *Real behavior change in primary*

care: Improving patient outcomes and increasing job satisfaction. Oakland, CA: New Harbinger.

4 이 연구는 중요한 결과를 보여 주었다. Hawkes, A. L., Chambers, S. K., Pakenham, K. I., Patrao, T. A., Baade, P. D., Lynch, B. M., Aitken, J. F., Meng, X. Q., & Courneya, K. S. (2013). Effects of a telephone-delivered multiple health behavior change intervention (CanChange) on health and behavioral outcomes in survivors of colorectal cancer: A randomized controlled trial. *Journal of Clinical Oncology, 31,* 2313-2321. 두 번째 연구 는 삶의 만족도와 같은 심리사회적인 결과를 보고했다. Hawkes, A. L., Pakenham, K. I., Chambers, S. K., et al. (2014). Effects of a multiple health behavior change intervention for colorectal cancer survivors on psychosocial outcomes and quality of life: A randomized controlled trial. *Annals of Behavioral Medicine, 48,* 359-370.

5 이 문헌들은 상당히 방대하다. 누구든 구글 학술검색(Google Scholar)에서 '심리적 유연성' 또 는 '심리적 경직성'과 [여기에 신체적인 건강을 기입]을 검색함으로써 내 주장의 진위를 검토 해 볼 수 있다. 최근의 리뷰 논문은 다음을 참고하라. Graham, C. D., Gouick, J., Krahé, C., & Gillanders, D. (2016). A systematic review of the use of Acceptance and Commitment Therapy (ACT) in chronic disease and long-term conditions. *Clinical Psychology Review, 46,* 46-58.

437

6 Gloster, A. T., Meyer, A. H., & Lieb, R. (2017). Psychological flexibility as a malleable public health target: Evidence from a representative sample. *Journal of Contextual Behavioral Science, 6,* 166-171. DOI: 10.1016/j.jcbs.2017.02.003.

7 Davis, E. L., Deane, F. P., Lyons, G. C. B., & Barclay, G. D. (2017). Is higher acceptance associated with less anticipatory grief among patients in palliative care? *Journal of Pain and Symptom Management, 54,* 120-125. DOI: 10.1016/j.jpainsymman.2017.03.012; Romero-Moreno, R., Losada, A., Márquez-González, M., & Mausbach, B. T. (2016). Stressors and anxiety in dementia caregiving: Multiple mediation analysis of rumination, experiential avoidance, and leisure. *International Psychogeriatrics, 28,* 1835-1844. DOI: 10.1017/S1041610216001009; Losada, A., Márquez-González, M., Romero-Moreno, R., & López, J. (2014). Development and validation of the Experiential Avoidance in Caregiving Questionnaire (EACQ). *Aging & Mental Health, 18,* 293.

8 Organisation for Economic Co-operation and Development. "Public Spending on Incapacity." https://data.oecd.org/socialexp/public-spending-on-incapacity.htm.

9 Reuben, D. B., et al. (2015). National Institutes of Health pathways to prevention workshop: The role of opioids in the treatment of chronic pain. *Annals of Internal Medicine, 162,* 295-300.

10 Nahin, R. L. (2015). Estimates of pain prevalence and severity in adults: United States, 2012. *Journal of Pain, 16,* 769-780. DOI: 10.1016/j.jpain.2015.05.002.

11 2018년 1월, 병원들을 인증하는 공동 위원회는 자신들이 그런 말을 한 적이 없다고 주장했다 (http://www.jointcommission.org/joint_commission_statement_on_pain_management/). 그러나 이는 사실이 아니다. 주의 깊게 읽는다면 그들이 해당 용어를 사용했고 모든 환자에게 통증 평가를 수행할 것을 제안했으며, 이는 제약회사들의 마케팅과 결부되어 문제가 되는 마약성 진통제 사용을 유도하기에 충분했다. 모두가 마약성 진통제 위기에 대한 책임에서 벗어나고 싶어 하지만, 많은 관련자의 손이 깨끗하지 않으며, 의도치 않았다고 할지라도 공동 위원회는 주요 역할을 했다.

12 De Ridder, D., Elgoyhen, A. B., Romo, R., & Langguth, B. (2011). Phantom percepts: Tinnitus and pain as persisting aversive memory networks. *Proceedings of the National Academy of Sciences of the United States of America, 108,* 8075-8080. DOI: 10.1073/pnas.1018466108. 환각지(phantom limb)의 사례는 이 네트워크에 대한 강력한 증거다. 다음을 참고하라. Nikolajsen, L., & Christensen, K. F. (2015). Phantom limb pain. In R. S. Tubbs et al. (Eds.), *Nerves and nerve injuries. Vol. 2: Pain, treatment, injury, disease and future directions* (pp. 23-34). London: Academic Press. DOI: 10.1016/B978-0-12-802653-3.00051-8; Flor, H. (2008). Maladaptive plasticity, memory for pain and phantom limb pain: Review and suggestions for new therapies. *Expert Review of Neurotherapeutics, 8.*

13 Elliott, A. M., Smith, B. H., Hannaford, P. C., Smith, W. C., & Chambers, W. A. (2002). The course of chronic pain in the community: Results of a 4-year follow-up study. *Pain, 99,* 299-307. DOI: 10.1016/S0304-3959(02)00138-0.

14 Wicksell, R. K., et al. (2009). Evaluating the effectiveness of exposure and acceptance strategies to improve functioning and quality of life in longstanding pediatric pain-a randomized controlled trial. *Pain, 141,* 248-257. 다음도 또한 참고하라. Thorsell, J., et al. (2011). A comparative study of 2 manual-based self-help interventions, Acceptance and Commitment Therapy and applied relaxation, for persons with chronic pain. *Clinical Journal of Pain, 27,* 716-723.

15 Dindo, L., Zimmerman, M. B., Hadlandsmyth, K., St. Marie, B., Embree, J., Marchman, J.,

438

Tripp-Reimer, B., & Rakel, B. (2018). Acceptance and Commitment Therapy for prevention of chronic post-surgical pain and opioid use in at-risk veterans: A pilot randomized controlled study. *Journal of Pain, 19,* 1211-1221. DOI: 10.1016/j.jpain.2018.04.016.

16 당뇨병 비율은 다음에 나온다. Guariguata, L., et al. (2014). Global estimates of diabetes prevalence for 2013 and projections for 2035. *Diabetes Research and Clinical Practice, 103,* 137-149. DOI: 10.1016/j.diabres.2013.11.002. 미확진 당뇨병의 비율은 다음에 제시되어 있다. Beagley, J., Guariguata, L., Weil, C., & Motalab, A. A. (2014). Global estimates of undiagnosed diabetes in adults. *Diabetes Research and Clinical Practice, 103,* 150-160. DOI: 10.1016/j.diabres.2013.11.001. 다음도 또한 참고하라. Shi, Y., & Hu, F. B. (2014). The global implications of diabetes and cancer. *Lancet, 383*(9933): 1947-1948. DOI: 10.1016/S0140-6736(14)60886-2. 비용에 대한 추정을 위해 다음을 참고하라. Zhang, P., Zhang, X., Brown, J., et al. (2010). Global healthcare expenditure on diabetes for 2010 and 2030. *Diabetes Research and Clinical Practice, 87,* 293-301.

17 당뇨병은 환자가 의학적 권고 사항을 준수하는 비율이 가장 낮은 질병 중 하나다. DiMatteo, M. R. (2004). Variations in patients' adherence to medical recommendations: A quantitative review of 50 years of research. *Medical Care, 42,* 200-209.

18 Gregg, J. A., Callaghan, G. M., Hayes, S. C., & Glenn-Lawson, J. L. (2007). Improving diabetes self-management through acceptance, mindfulness, and values: A randomized controlled trial. *Journal of Consulting and Clinical Psychology, 75*(2), 336-343. 이 프로토콜은 다음에서 이용할 수 있다. book form: Gregg, J., Callaghan, G., & Hayes, S. C. (2007). *The diabetes lifestyle book: Facing your fears and making changes for a long and healthy life.* Oakland, CA: New Harbinger.

19 이를 실시해 보고 싶다면 다음 웹페이지에서 해 볼 수 있다. http://www.stevenchayes.com.

20 Shayeghian, Z., Hassanabadi, H., Aguilar-Vafaie, M. E., Amiri, P., & Besharat, M. A. (2016). A randomized controlled trial of Acceptance and Commitment Therapy for Type 2 diabetes management: The moderating role of coping styles. *PLoS ONE, 11*(12), e0166599. DOI: 10.1371/journal.pone.0166599.

21 Adler, N. E., & Page, A. E. K. (Eds.). (2008). *Cancer care for the whole patient: Meeting psychosocial health needs.* Washington, DC: National Academies Press.

22 이에 대한 증거는 다음에서 확인할 수 있다. Páez, M. B., Luciano, C., & Gutiérrez, O. (2007). Tratamiento psicológico para el afrontamiento del cáncer de mama. Estudio comparativo

entre estrategias de aceptación y de control cognitivo. *Psicooncología, 4,* 75-95; Arch, J. J., & Mitchell, J. L. (2016). An Acceptance and Commitment Therapy (ACT) group intervention for cancer survivors experiencing anxiety at re-entry. *Psycho-Oncology, 25,* 610-615. DOI: 10.1002/pon.3890.

23 Angiola, J. E., & Bowen, A. M. (2013). Quality of life in advanced cancer: An Acceptance and Commitment Therapy approach. *Counseling Psychologist, 41,* 313-335. DOI: 10.1177/0011000012461955.

24 이 질문지는 다음 논문에 게재된 바 있다. Westin, V., Hayes, S. C., & Andersson, G. (2008). Is it the sound or your relationship to it? The role of acceptance in predicting tinnitus impact. *Behaviour Research and Therapy, 46,* 1259-1265. DOI: 10.1016/j.brat.2008.08.008. 이명으로 인한 고통감과 관련해서 수용의 역할에 대한 추가적인 자료는 다음에서 확인할 수 있다. Hesser, H., Bankestad, E., & Andersson, G. (2015). Acceptance of tinnitus as an independent correlate of tinnitus severity. *Ear and Hearing, 36,* e176-e182. DOI: 10.1097/AUD.0000000000000148. 이명 수용에 대한 척도는 다음 웹페이지에서 확인할 수 있다. http://www.stevenchayes.com.

25 Westin, V. Z., Schulin, M., Hesser, H., Karlsson, M., Noe, R. Z., Olofsson, U., Stalby, M., Wisung, G., & Andersson, G. (2011). Acceptance and Commitment Therapy versus Tinnitus Retraining Therapy in the treatment of tinnitus distress: A randomized controlled trial. *Behaviour Research and Therapy, 49,* 737-747.

26 Hesser, H., Westin, V., Hayes, S. C., & Andersson, G. (2009). Clients' in-session acceptance and cognitive defusion behaviors in acceptance-based treatment of tinnitus distress. *Behaviour Research and Therapy, 47,* 523-528. DOI: 10.1016/j.brat.2009.02.002.

27 Rost, A. D., Wilson, K. G., Buchanan, E., Hildebrandt, M. J., & Mutch, D. (2012). Improving psychological adjustment among late-stage ovarian cancer patients: Examining the role of avoidance in treatment. *Cognitive and Behavioral Practice, 19,* 508-517.

제21장 사회적 변혁

1 U.S. Department of State, Bureau of Economic and Business Affairs. "2013 Investment Climate Statement-Sierra Leone." March 2013.

2 Stewart, C., White, R. G., Ebert, B., Mays, I., Nardozzi, J., & Bockarie, H. (2016). A preliminary evaluation of Acceptance and Commitment Therapy (ACT) training in Sierra Leone. *Journal of Contextual Behavioral Science, 5*, 16-22. DOI: 10.1016/j.jcbs.2016.01.001.

3 이 프로토콜을 무료로 탐색해 볼 수 있으며, 관심이 있는 집단에 맞는다면 이를 적용하는 데 도움을 받을 수 있다. 다음의 웹페이지를 방문해 보라. http://www.prosocial.world.

에필로그

1 이 아름다운 시는 작가의 허가를 받고 실었다. 줄리아는 『두려움의 반대편(On the Other Side of Fear)』(Balboa Press, 2012)이라는 시집을 냈다. 여러분은 그녀의 전자책을 다음에서 찾을 수 있다. http://www.etsy.com/shop/juliafeh.

441

저자 소개

Steven C. Hayes

　미국 리노에 있는 네바다 대학교 심리학과 교수로서, 수용전념치료(Acceptance and Commitment Therapy: ACT)의 창시자다. 350편이 넘는 논문과 30권 이상의 책을 저술했다. 인간의 언어 및 인지의 본질을 탐구했으며, 이러한 연구를 바탕으로 인간의 괴로움을 이해하고 경감시키는 데 적용하고자 했다. 1992년 과학정보재단으로부터 저술의 인용 영향력에 근거하여 1986년부터 1990년까지 세계에서 가장 영향력 있는 심리학자 중 한 명으로 선정되었다.

역자 소개

문현미(Moon Hyunmee)

서울대학교 졸업 후 동 대학원에서 교육상담학 석사, 가톨릭대학교에서 상담심리학 박사를 받았다. 한국심리학회 상담심리사(1급), 한국인지행동치료학회 인지행동치료 전문가로서 마음사랑인지행동치료센터 수석 부소장을 지냈으며, 현재는 마음사랑의 집 원장으로서 수용전념치료 관련 교육과 심리상담 일을 하고 있다. 인간의 심리적 해방과 자유라는 가치를 위해 심리상담 일에 뛰어든 지 올해(2021년)로 35년째다. ACT 관련 논문으로「인지행동치료의 제3동향」(2005), 「심리적 수용 촉진 프로그램의 개발과 효과: 수용전념치료 모델을 중심으로」(2006) 등이 있으며, 역서로는『마음에서 빠져나와 삶 속으로 들어가라』(공역, 학지사, 2010),『우울증을 위한 ACT』(학지사, 2013) 등이 있다.

민혜원(Min Hyewon)

서울대학교 대학원 심리학과 석사과정(임상 및 상담심리학 전공)을 졸업하고 서울대학교병원 정신건강의학과 임상심리 레지던트 과정(3년)을 수료했다. 한국심리학회 임상심리전문가, 보건복지부 정신건강임상심리사(1급)로서, 현재는 마음사랑인지행동치료센터 선임상담원이자 서울대학교 심리학과 박사과정에 재학 중이다.

자유로운 마음
−삶의 가치를 향해 피벗하는 길−
A Liberated Mind: How to Pivot Toward What Matters

2021년 10월 15일 1판 1쇄 인쇄
2021년 10월 25일 1판 1쇄 발행

지은이 • Steven C. Hayes
옮긴이 • 문현미 · 민혜원
펴낸이 • 김진환
펴낸곳 • ㈜ 학지사

04031 서울특별시 마포구 양화로 15길 20 마인드월드빌딩
대표전화 • 02-330-5114   팩스 • 02-324-2345
등록번호 • 제313-2006-000265호

홈페이지 • http://www.hakjisa.co.kr
페이스북 • https://www.facebook.com/hakjisa

ISBN 978-89-997-2521-0 93180

정가 23,000원

출판 · 교육 · 미디어기업 학지사

간호보건의학출판 학지사메디컬 www.hakjisamd.co.kr
심리검사연구소 인싸이트 www.inpsyt.co.kr
학술논문서비스 뉴논문 www.newnonmun.com
교육연수원 카운피아 www.counpia.com